Society of Colonial Wars

IN THE STATE OF MARYLAND

GENEALOGIES OF THE MEMBERS AND
RECORD OF SERVICES OF ANCESTORS

VOLUME II

Edited for the Society

by

Francis Barnum Culver
B.A., F.I.A.G.

HERITAGE BOOKS
2013

HERITAGE BOOKS
AN IMPRINT OF HERITAGE BOOKS, INC.

Books, CDs, and more—Worldwide

For our listing of thousands of titles see our website
at
www.HeritageBooks.com

A Facsimile Reprint
Published 2013 by
HERITAGE BOOKS, INC.
Publishing Division
100 Railroad Ave. #104
Westminster, Maryland 21157

Originally published
Baltimore, Maryland
1940

— Publisher's Notice —
In reprints such as this, it is often not possible to remove blemishes from the original. We feel the contents of this book warrant its reissue despite these blemishes and hope you will agree and read it with pleasure.

International Standard Book Numbers
Paperbound: 978-0-7884-2060-3
Clothbound: 978-0-7884-6972-5

Dedicated to

ALFRED JENKINS SHRIVER
TWELFTH GOVERNOR OF THE SOCIETY OF COLONIAL WARS
IN THE STATE OF MARYLAND

It is fitting that this volume should be dedicated as a memorial to our former Governor, the late Alfred Jenkins Shriver, for its publication was made possible by his never flagging interest and untiring efforts up to the time of his death, the 3rd of September, 1939.

PREFACE

The present volume is the second pedigree book of members of the Society of Colonial Wars in the State of Maryland. The first volume was published in 1905. The present volume contains a comprehensive exhibit of the pedigrees of all members of this Society who have been enrolled during the period of thirty-five years since the compilation of the former volume and provides more than twice the amount of genealogical information. In the words of the preface to the 1905 pedigree book "it has been exceedingly difficult, in view of the wide field covered by the material, to control all the genealogical statements presented." For this reason, the Maryland Society confines its official responsibility as to accuracy solely to such pedigrees as have been passed by its Registrars and approved by past and present Registrars General of the General Society of Colonial Wars. However, the editor has made independent investigations of other pedigrees, for the purpose of establishing the credibility of the statements submitted to him by their sponsors.

Most of the names and service records under the caption "Services of Ancestors" will be found in the publications of the General Society of Colonial Wars; the others have come from sources equally authoritative.

An examination of the list of nine hundred and fifty qualifying colonial ancestors, in the "Services of Ancestors" section, reveals the fact that every one of our original thirteen colonies is represented. A slight innovation has been introduced here by the editor as follows: Under each ancestor's name, a record of his services that confer eligibility to membership in the Society of Colonial Wars is given first. This is generally followed by a *bracketed* note of other public services or honors with which the ancestor is credited, but which do not confer eligibility to membership in this Society.

THE PUBLICATION COMMITTEE
Henry Irvine Keyser, 2nd
Richard D. Steuart
John Moseley Walker
John Seymour T. Waters
Edward Boteler Passano, *Chairman*

OFFICERS

OF THE

SOCIETY OF COLONIAL WARS IN THE STATE OF MARYLAND

THE COUNCIL

EDWARD B. PASSANO
Governor

ROBERTSON GRISWOLD
Lieutenant Governor

CHARLES W. L. JOHNSON
Secretary

JOHN P. PACA, 5TH
Deputy Secretary

WALLIS GIFFEN
Treasurer

GEN. WASHINGTON BOWIE, JR.
Registrar

RICHARD D. STEUART
Historian

RALPH ROBINSON
Chancellor

DR. EDMUND P. H. HARRISON, JR.
Surgeon

REV. DR. JAMES M. MAGRUDER
Chaplain

ELECTED MEMBERS

ARTHUR L. JONES	GARNER WOOD DENMEAD	PHILIP SIDNEY MORGAN
DR. HENRY LEE SMITH	J. SEYMOUR T. WATERS	WILLIAM GRIMES DANCY
HON. ROBERT F. STANTON	CHARLES LEE PACKARD	CHARLES O'DONNELL MACKALL

FORMER GOVERNORS *ex officio*
RANDOLPH BARTON, JR.   A. MORRIS TYSON

DEPUTY GOVERNOR GENERAL
for Maryland
A. MORRIS TYSON, *ex officio*

SOCIETY OF COLONIAL WARS
IN THE STATE OF MARYLAND

(Extract from the Constitution)

PREAMBLE

WHEREAS, It is desirable that there should be adequate celebrations commemorative of the events of Colonial History happening from the settlement of Jamestown, Va., May 13, 1607 to the Battle of Lexington, April 19, 1775,

Therefore, The Society of Colonial Wars has been instituted to perpetuate the memory of these events and of the men who, in Military, Naval and Civil positions of high trust and responsibility, by their acts or counsel assisted in the establishment, defence and preservation of the American Colonies, and were in truth the founders of this Nation. With this end in view it seeks to collect and preserve manuscripts, rolls and records; to provide suitable commemorations or memorials relating to the American Colonial period to inspire in its members the paternal and patriotic spirit of their forefathers and in the community respect and reverence for those whose public service made our freedom and unity possible.

MEMBERSHIP

Any male person above the age of twenty-one years, of good moral character and reputation, shall be eligible to membership in the Society of Colonial Wars in the State of Maryland who is lineally descended in the male or female line from an ancestor:

(1) Who served as military or naval officer, or as a soldier, sailor or marine, or as a privateersman, under authority of the Colonies which afterward formed the United States, or in the forces of Great Britain which participated with those of the said Colonies in any wars in which the said Colonies were engaged, or in which they enrolled men, from the settlement of Jamestown, May 13, 1607 to the battle of Lexington, April 19, 1775; or,

(2) Who held office in any of the Colonies between the dates above mentioned, either as

(a) Director-General, Vice-Director-General, or member of the Council, or Legislative body, in the Colony of New Netherland; or,

(b) Governor, Lieutenant or Deputy Governor, Lord Proprietor, member of the King's or Governor's Council, or Legislative body, in the Colonies of New York, New Jersey, Virginia, Pennsylvania and Delaware;

(c) Lord Proprietor, Governor, Deputy Governor, or member of the Council or Legislative body, in Maryland and the Carolinas;

(d) Governor, Deputy Governor, Governor's Assistant, or Commissioner to the United Colonies of New England, or member of the Council, or body of Assistants, or Legislative body, in any of the New England Colonies.

EXPLANATORY NOTE

The numbering system used throughout this book is described below. It is to be understood that the figure 1 represents the individual whose pedigree is given, the figure 2 his father, and figure 3 his mother.

All even numbers represent males. All odd numbers represent females. Thus, numbers 4, 12, 166, 288, etc. represent males and numbers 5, 39, 163, 787, etc. females.

A wife is given by the number of her husband *plus one*. Conversely, a husband is given by the number of his wife *minus one*. Thus, number 485 is the wife of number 484 and number 1434 is the husband of number 1435.

The number of a father is *double* that of his child. Conversely, the number of a child is *half* that of its father. Thus, number 84 is the father of number 42 (son) and number 321 is the offspring (daughter) of number 642.

The number of a mother is *double* that of her child *plus one*. Conversely, the number of a child is *half* that of its mother *minus one*. Thus, number 47 is the mother of number 23 (daughter) and number 114 is the offspring (son) of number 229.

The direct male line is given by the geometric progression 2, 4, 8, 16, 32, 64, etc.

The abbreviations employed are few. In the pedigrees, b. = born, m. = married, d. = died. In the records of services, A. and H. A. Company = The Ancient and Honorable Artillery Company of Boston. The names of ancestors whose services confer eligibility to membership in the Society are printed in "boldface" or heavy type. The names of immigrants are indicated by asterisks (*).

PEDIGREES OF MEMBERS
1905-1939

1. HOWARD ELMER ASHBURY

First Generation

2. Joseph M. Ashbury, b. 3 Dec. 1842, d. 20 Jan. 1895, m. 25 Oct. 1870.
3. Emma Bartlett Elmer, b. 22 May 1843, d. 25 Oct. 1891.

Second Generation

6. Lewis Elmer, b. 28 Sept. 1814, d. 19 Jan. 1892, m. 5 Jan. 1837.
7. Mary Ann Wickersham, b. 5 Jan. 1816, d. 9 Nov. 1871.

Third Generation

12. Horace Elmer, b. 23 Sept. 1783, d. 1 June 1850, m. 14 Nov. 1807.
13. Susan Stewart, b. 30 Dec. 1788, d. 6 Apl. 1842.

Fourth Generation

24. William Elmer, b. 19 Jan. 1758, d. 24 May 1816, m. 29 June 1779.
25. Mary Allison, b. 16 Nov. 1762, d. 20 Apl. 1821.

Fifth Generation

50. William Allison, b. 1738, d. 1804, m. circa 1757/8.
51. Mary Jackson, b. 1740.

Sixth Generation

102. Michael Jackson, b. 1708, d. 1789, m. 10 Mch. 1729.
103. Eleanor Hamilton McDowel, b. 1710.

1. BERNARD ASHBY

First Generation
2. Samuel T. Ashby, b. 11 Feb. 1820, d. 5 June 1882, m. Feb. 1845.
3. Martha T. Chunn, b. 8 Jan. 1824, d. 29 Jan. 1881.

Second Generation
4. Nimrod Ashby, b. 7 Oct. 1778, d. 1 Jan. 1830.
5. Elizabeth Thomas Adams, b. 1782, d. 1863.

Third Generation
8. John Ashby, b. 1 Apl. 1740, d. 4 Apl. 1815.
9. Mary Turner, b. 28 May 1750, d. 27 Apl. 1826.

Fourth Generation
16. **Robert Ashby,** b. 1710, d. 1792.
17. Catherine Combs. Second Wife.

Fifth Generation
32. Thomas Ashby, d. 1752. Of Va.
33. Rose ——.

1. CHARLES GAMBRILL BALDWIN

FIRST GENERATION

2. Summerfield Baldwin, b. 16 Sept. 1832, d. 21 Feb. 1924, m. 1 June 1870.
3. Juliet Gambrill Sewell, b. 29 Aug. 1843, d. 16 Sept. 1918. Second Wife.

SECOND GENERATION

4. William Henry Baldwin, b. 11 Sept. 1792, d. 16 Apl. 1874, m. 7 Oct. 1817.
5. Jane Maria Woodward, b. 12 Nov. 1797, d. 7 Mch. 1866.
6. John Sewell, b. 1813, d. 1844.
7. Juliet Warfield Gambrill, b. 1814, d. 1845.

THIRD GENERATION

8. Henry Baldwin, b. circa 1753/4, d. 5 Oct. 1793, m. 25 Jan. 1790.
9. Maria Graham Woodward, b. 1768, d. 30 Nov. 1830. Second Wife.
10. Henry Woodward, b. 22 Apl. 1770, d. 26 Oct. 1822, m. 14 Feb. 1797.
11. Eleanor Williams, b. 29 Sept. 1772, d. 15 Aug. 1850.
12. John Sewell, b. circa 1761, d. 1817.
13. Lydia Baldwin, b. 1781, d. 9 Jan. 1850.
14. Augustine Gambrill, b. circa 1760, d. circa 1831, m. 20 July 1795.
15. Maria Graham Woodward, b. 1768, d. 30 Nov. 1830. (Widow Baldwin)

FOURTH GENERATION

16. Edward Baldwin, b. 15 Oct. 1725, d. 25 Aug. 1759, m. 1747.
17. Susan Meek.
18. William Garrett Woodward, b. 1725?, d. 1799, m. circa 1760.
19. Dinah Warfield, d. circa 1770. First Wife.
20. William Woodward, b. 1747, d. 1807.
21. Jane Ridgely, b. 1750, d. 21 Apl. 1817.
22. Thomas Williams, b. 1748, d. circa 1785, m. 1771.
23. Rachel Duckett, b. 1749.
24. John Sewell, b. 1725, d. 1805, m. ante 1760.
25. Mary Marriott, d. 1800.
26. James Baldwin.
27. Sarah Rawlings, b. 13 Dec. 1749.
28. Augustine Gambrill, b. circa 1732, d. 1790.
29. Sarah Sappington.
30. William Garrett Woodward, b. 1725?, d. 1799, m. circa 1760.
31. Dinah Warfield, d. circa, 1770. First Wife.

FIFTH GENERATION

32. Henry Baldwin,* b. circa 1700, d. 1730, m. 1724.
33. Mary ———.
34. James Meek, d. 1758.
35. Elizabeth ———.
36. William Woodward,* b. circa 1700, d. 1774.
37. Jane (Graham?), d. 1775.
38. Alexander Warfield, b. circa 1700, d. 1773, m. 3 Dec. 1723.
39. Dinah Davidge, b. 1705, d. 1779.
40. William Woodward, b. 6 Dec. 1716, d. circa 1790, m. ante 1744.
41. Alice Ridgely.
42. Westhall Ridgely, b. circa 1706?, d. 1772, m. circa 1730.
43. Sarah Isaac, b. circa 1710.
44. Thomas Williams, b. 25 Jan. 1717, d. circa 1770, m. 3 Mch. 1744.
45. Cave King, b. 1 June 1722.
46. Richard Duckett, b. 21 Feb. 1705, d. circa, 1790, m. 2 May 1735.
47. Elizabeth Williams. Second Wife.
48. John Sewell, b. ante 1700?, m. 1721.
49. Hannah Carroll.
50. Augustine Marriott, d. circa 1772.
51. Mary Warfield.
52. Edward Baldwin, b. 15 Oct. 1725, d. 1759, m. 1747.
53. Susan Meek.
54. Francis Rawlings, b. 11 Sept. 1714, d. circa 1794.
55. Lurana ———?
56. Augustine Gambrill, b. inter 1700/10, d. 1774.
57. Comfort ———.
58. Richard Sappington.
59. Margaret ———.
60. William Woodward,* b. circa 1700, d. 1774.
61. Jane (Graham?), d. 1775.
62. Alexander Warfield, b. circa 1700, d. 1773, m. 3 Dec. 1723.
63. Dinah Davidge, b. 1705, d. 1779.

SIXTH GENERATION

68. John Meek, d. 1712.
69. Mary ———.
72. Henry Woodward, b. 1665, d. circa 1730.
73. Mary Garrett, d. circa 1736.
76. Richard Warfield, b. 1676, d. Mch. 1755.
77. Ruth Crutchley, b. 1683, d. 1713.
78. John Davidge, d. circa 1755.
79. Elizabeth Hudson.
80. Abraham Woodward, b. 1686, d. Feb. 1745, m. 25 Aug. 1715.
81. Priscilla Ruley, b. circa 1694, d. 1773.
82. William Ridgely, b. 1678, d. 1719, m. 4 Mch. 1702.
83. Jane Westhall.
84. William Ridgely, b. 1678, d. 1719, m. 4 Mch. 1702.
85. Jane Westhall.
86. Richard Isaac, b. 1679, d. 1759.

87. Sarah Pottenger, b. 20 July 1688.
88. Thomas Williams, b. 1693, d. 1749.
89. Eleanor ——.
90. Francis King, b. circa 1690, m. 26 Sept. 1717.
91. Margaret Sprigg.
92. Richard Duckett,* b. circa 1675, d. circa 1754, m. 1699.
93. Charity Jacob.
94. Thomas Williams, d. circa 1749.
95. Eleanor ——.
96. Henry Sewell,* b. circa 1660?, d. 1726.
97. Mary Marriott.
98. Daniel Carroll.
100. John Marriott,* d. 1718.
101. Sarah Acton?
102. John Warfield, b. circa 1675, d. 1718, m. 16 Feb. 1696.
103. Ruth Gaither, b. 8 Sept. 1679.
104. Henry Baldwin,* b. circa 1700, d. 1730, m. 1724.
105. Mary ——.
106. James Meek, d. 1758.
107. Elizabeth ——.
108. John Rawlings, b. 1688, d. 1 Apl. 1727.
109. Eleanor Ridgely.
112. Joshua (?) Gambrill.
113. Ann Marriott.
116. John Sappington.
117. Mary ——.
120. Henry Woodward, b. 1665, d. circa 1730.
121. Mary Garrett, d. circa 1735.
124. Richard Warfield, b. 1676, d. 1755.
125. Ruth Crutchley, b. circa 1683, d. 1713.
126. John Davidge, b. circa 1680?, d. circa 1755?.
127. Elizabeth Hudson.

Seventh Generation

136. Guy Meek,* d. 1682.
137. Rachel ——.
146. James Garrett, b. 1630.
147. Sarah ——.
152. Richard Warfield,* d. 1704.
153. Elinor (Browne?).
154. Thomas Crutchley, d. 1710.
155. Margaret Baldwin.
156. Robert Davidge,* b. 1655, d. 1682.
157. Providence ——.
160. William Woodward, b. circa 1660, d. ante 1744.
162. Anthony Ruley,* d. 1728.
164. William Ridgely,* d. 1716.
165. Elizabeth ——.
168. William Ridgely, d. 1716.
169. Elizabeth ——.
172. Joseph Isaac,* d. circa 1688/9.
173. Margaret ——.
174. John Pottenger.*
175. Mary ——.
176. Baruch Williams, d. 1695, m. 1690.
177. Elinor Hilliary, b. 1672, d. 1724.
182. Thomas Sprigg, b. circa 1668/70, d. inter 1736/9.
183. Margaret Mariartee, d. 1739.
186. John Jacob.*
187. Anne Cheney.
188. Baruch Williams, d. 1695.
189. Elinor Hilliary, b. 1672, d. 1724.
204. Richard Warfield,* d. 1704.
205. Elinor (Browne?).
206. John Gaither,* d. Nov. 1702.
207. Ruth (Beard?).
212. John Meek, d. 1712.
213. Mary ——.
218. William Ridgely,* d. 1716.
219. Elizabeth ——.
224. William Gambrill?,* d. 1684.
226. John Marriott,* d. 1718.
227. Sarah Acton?
242. James Garrett, b. 1630.
243. Sarah ——.
248. Richard Warfield,* d. 1704.
249. Elinor (Browne?).
250. Thomas Crutchley,* d. 1710.
251. Margaret Baldwin.
252. Robert Davidge,* b. 1655, d. 1682.
253. Providence ——.

Eighth Generation

310. John Baldwin,* d. 1684.
311. Elizabeth ——?.
352. Thomas Williams.*
354. Thomas Hilliary,* d. 1698.
355. Elinor ——.
364. Thomas Sprigg,* b. 1630, d. 1704.
365. Elinor Nuthall.
366. Edward Mariartee.*
367. Honor ——.
374. Richard Cheney,* d. 1686.
376. Thomas Williams.*
378. Thomas Hilliary.*
379. Elinor ——.
412. John Gaither.*
413. Jane (Morley?).
414. ? Richard Beard.*
415. ? Rachel Robins.
424. Guy Meek,* d. 1682.
425. Rachel ——.
502. John Baldwin,* d. 1684.
503. Elizabeth ——.

Ninth Generation

730. John Nuthall,* d. 1667.
731. Elizabeth Bacon.

1. FRANCIS JOSEPH BALDWIN

(B. 24 Apr. 1874. Captain U. S. A. in World War, 1918)

FIRST GENERATION

2. Ephraim Francis Baldwin, Baltimore, Md., b. 4 Oct. 1837, d. 20 Jan. 1916, m. 1 May 1873. (Born in West Troy, N. Y., rem. to Baltimore, 1860.)
3. Ellen Douglas Jamison, Baltimore, Md., b. 11 Nov. 1851, d. 16 Mch. 1935.

SECOND GENERATION

4. Alonzo Clarke Baldwin, b. 24 Nov. 1807, d. 18 Apl. 1843, m. 16 May 1832. (Res. West Troy, N. Y.)
5. Mary Elizabeth Elder, b. 21 Oct. 1805, d. 10 Aug. 1872.
6. Dr. William Douglas Jamison, Baltimore, Md., (Surgeon, U. S. Marine Hospital); b. 1 Mch. 1821, d. 17 Feb. 1868, m. 14 Sept. 1847. (Member, Soc. of Cincinnati, 1843; Treasurer, Soc. of Cincinnati, 1864.)
7. Eleanor Addison Croxall, b. 27 Sept. 1827, d. 26 Nov. 1907.

THIRD GENERATION

8. Ephraim Baldwin, Jr., b. 4 Oct. 1781, d. 17 Oct. 1853, m. 27 Feb. 1803. (Res. West Troy, N. Y.)
9. Frances Sage, b. 27 Mch. 1781, d. 27 Nov. 1857.
10. Basil Spalding Elder, b. 29 Oct. 1773, d. 13 Oct. 1869, m. 18 Nov. 1801. (Res. Frederick Co., Md.)
11. Elizabeth M. Snowden, b. 6 May 1782, d. 20 Feb. 1860.
12. Cecilius Coûdon Jamison, Baltimore, Md., b. 18 July 1790, d. 13 Sept. 1863, m. 20 May 1817. (Member, Soc. of Cincinnati, 1831; Vice Pres., Soc. of Cincinnati, 1860.)
13. Ann Eilbeck Johnson, b. 10 Oct. 1793, d. June 1841. First Wife.
14. Richard Croxall, Baltimore Co., Md., b. 11 Nov. 1791, d. 25 Sept. 1872, m. 21 Nov. 1822.
15. Deborah Gittings, b. 1801, d. 13 Dec. 1834.

FOURTH GENERATION

16. Ephraim Baldwin, b. 1736/45, d. 10 Mch. 1829. (Res. Fredericktown, Dutchess County, New York.)
17. Phoebe ——?, b. 1748, d. 18 June 1825 (or, Catherine Sears?).
18. Daniel Sage, Canaan, N. Y., b. 1757, d. 20 June 1817, m. 1778.
19. Freelove ——, b. 1761, d. 3 Mch. 1835.
20. Thomas Elder, Emmittsburg, Md. Rem. to Ky., circa 1799, b. 4 Jan. 1748, d. 27 Dec. 1832, m. 12 Aug. 1771.
21. Elizabeth Spalding, b. 15 Jan. 1754, d. 30 July 1848.
22. Col. Francis Snowden, Baltimore Co., Md., b. 1757, d. 1812, m. 1776.
23. Eleanor Miles, d. 29 Aug. 1812.
24. Lieut. Adam Jamison, U. S. A., Lancaster Co., Pa., (rem. to Baltimore, Md., ante 1775); b. 20 May 1754, d. 16 Mch. 1795, m. 10 Dec. 1786. Lieut. 5th Md. Reg't. 1 June 1781, Rev. War; retired 1 Jan 1783. Original member, Soc. of Cincinnati.
25. Mary Johnson, b. 8 Sept. 1763, d. 8 Sept. 1821.
26. Rinaldo Johnson, b. 1753, d. 12 Nov. 1811. (Res. Baltimore Co., Md.)
27. Ann Eilbeck Mason, b. 1753, d. 1793.
28. James Croxall, Baltimore Co., Md., b. 27 Dec. 1751, d. 22 July 1809, m. 11 Mch. 1788.
29. Eleanor Gittings, b. 1766, d. 28 Apl. 1796.
30. James Gittings, Baltimore Co., Md., b. 1771, d. 9 Mch. 1820, m. 23 Feb. 1793.
31. Harriet Sterett, b. 27 Oct. 1775, d. 1822.

FIFTH GENERATION

32. James Baldwin, b. 1712, d. 24 Jan. 1783, m. circa 1733 or 1742. Of Lake Mahopac, Dutchess Co., N. Y. Later, was Judge, Westchester Co., N. Y.
33. Hannah Golden (Golding), bp. 1725, d. 1802.
40. William Elder, of Maryland, b. 1707, d. 22 Apl. 1775, m. ca. 1744.
41. Jacoba Clementina Livers, b. 1717, d. 19 Sept. 1807. Second Wife.
42. Basil Spalding, Charles Co., Md., d. 26 Sept. 1791.
43. Catherine Edelen, d. 1808.
44. John Baptist Snowden, Baltimore Co., Md., d. 1779.
45. Mary ——, d. 1810.
46. John Miles, Baltimore Co., Md.
47. Rebecca Keys.
48. Samuel Jamison, Little Britain, Pa., b. 1723, d. 20 Aug. 1771, m. 29 May 1745.
49. Catherine Coûdon, b. 10 Nov. 1729, d. 16 Oct. 1784.
50. Thomas Johnson, Baltimore Co., Md., b. 3 July 1710, d. 1791, m. 1752.
51. Ann Risteau, b. 4 Sept. 1736, d. 22 Nov. 1794.
52. Thomas Johnson, Baltimore Co., Md., b. 3 July 1710, d. 1791, m. 1752.
53. Ann Risteau, b. 4 Sept. 1736, d. 22 Nov. 1794.
54. Hon. (Col.) George Mason of "Gunston

Hall", Stafford Co., Va., b. 1725, d. 1792, m. 4 Apl. 1750. Author of Va. "Bill of Rights", 1776.
55. Ann Eilbeck, b. 1734, d. 9 Mch. 1773.
56. Charles Croxall of "Riverside", Balto. Co., Md., b. 27 June 1724, d. 25 June 1782, m. 23 July 1746.
57. Rebecca Moale, b. 29 Feb. 1728, d. 21 Nov. 1786.
58. James Gittings, "Long Green", Balto. Co., Md., b. 23 Apl. 1735, d. 15 Feb. 1823. (Member, Balto. Co. Committee, 1775. Major, Balto. Co. Militia, 1776. Member, Md. Assembly, 1789.)
59. Elizabeth Buchanan, b. 28 June 1742, d. 24 Aug. 1818.
60. James Gittings, "Long Green", Balto. Co., Md., b. 23 Apl. 1735, d. 15 Feb. 1823. (Member, Balto. Co. Committee, 1775. Major, Balto. Co. Militia, 1776. Member, Md. Assembly, 1789.)
61. Elizabeth Buchanan, b. 28 June 1742, d. 24 Aug. 1818.
62. John Sterett, Baltimore Co., Md., b. 1 Feb. 1751, d. 1 Jan. 1787, m. 19 Nov. 1771. (Member, Md. Assembly, 1783–'85.) Capt. Baltimore Militia, in Rev. War.
63. Deborah Ridgely, b. Apl. 1749, d. 1817.

SIXTH GENERATION

64. Thomas Baldwin, Westbury, L. I., d. 1728.
65. Elizabeth ——.
66. Ephraim, or Daniel Golden (Golding or Goulding). Westchester Co., N. Y.
67. Phoebe ——? or Catherine Fluelling.
80. William Elder,* in Maryland 1680.
82. Arnold Livers,* from England to Md., circa 1690.
84. John Spalding, Charles Co., Md., d. 1726.
85. Priscilla (Field) Smith.
86. Thomas Edelen, Charles Co., Md.
87. Comfort ——.
96. John Jamison,* Lancaster Co., Pa., (came from Scotland, 1713); b. 1693, d. post 1734.
97. Janet Keen. Second Wife.
98. James Cotidon, of Penna.
99. Esther Ewing.
100. Thomas Johnson, Baltimore Co., Md., d. 1767.
101. Alice ——.
102. Edward Risteau, Baltimore Co., Md.
103. Rachel ——.
104. Thomas Johnson, Baltimore Co., Md., d. 1767.
105. Alice ——.
106. Edward Risteau, Baltimore Co., Md.
107. Rachel ——.
108. Col. George Mason, Stafford Co., Va., b. 1690, d. 1735, m. 1721.
109. Anne Thomson, d. 13 Nov. 1762.
110. Col. William Eilbeck,* Charles Co., Md. (Came to Va. 1704.)
111. ?—— Edgar.
112. Richard Croxall,* of "Croxal Hall", England. Emigrated from Leicastershire, England, 1715; b. 1685, d. 1747.
113. Joanna Carroll,* d. 18 Mch. 1756.
114. John Moale,* Baltimore Co., Md., (fr. Devonshire to Md. 1719); b. 30 Oct. 1695, d. 10 May 1740, m. 17 Apl. 1723.
115. Rachel Hammond, b. 2 Sept. 1708, d. June 1750.
116. Thomas Gittings, Baltimore Co., Md., b. 1682, d. 1760, m. 1734. (Rem. from Kent Co., Md., ca. 1721.)
117. Mary (Lee) Lynch. Second Wife.
118. Dr. George Buchanan,* "Druid Hill", Balto. Co., Md., (fr. Auchentoroly, Scot., ca. 1723); b. 1698, d. 23 Apl. 1750, m. ante 1732.
119. Eleanor Rogers, b. 1705, d. 26 Aug. 1758.
120. Thomas Gittings, Baltimore Co., Md., b. 1682, d. 1760, m. 1734. (Rem. from Kent Co., Md., ca. 1721.)
121. Mary (Lee) Lynch. Second Wife.
122. Dr. George Buchanan,* "Druid Hill", Balto. Co., Md., (fr. Auchentoroly, Scot., ca. 1723); b. 1698, d. 23 Apl. 1750, m. ante 1732.
123. Eleanor Rogers, b. 1705, d. 26 Aug. 1758.
124. James Sterett, Baltimore Co., Md., b. 1721, d. 4 Nov. 1796, m. 1750. (Member, Com. of Observation, 1775.)
125. Mary McClure, d. post 1792.
126. John Ridgely, Baltimore Co., Md., b. 14 June 1723, d. 1771.
127. Mary Dorsey, b. 18 May 1725, d. 21 Feb. 1786.

SEVENTH GENERATION

128. George Baldwin, Hemstead, L. I., d. 1730.
129. Mary Ellison.
168. Thomas Spalding,* St. Mary's Co., Md., d. post 1698, m. ante 1674.
169. Katherine ——.
170. Edward Field, St. Mary's Co., Md.
192. "Sir" James Jamison,* Lancaster Co., Pa., (came from Scotland, 1713); b. ante 1670, d. ante 1743, m. circa 1692. [In Battle of Boyne under Wm. III 1690.]
193. Janet ——,* d. post 1743.
200. Anthony Johnson,* d. circa 1721, Baltimore Co., Md.
201. Katherine ——.
208. Anthony Johnson,* d. circa 1721, Baltimore Co., Md.
209. Katherine ——.
216. Col. George Mason, Stafford Co., Va., b. circa 1670, d. 1716, m. 1689.
217. Mary Fowke. First Wife.
218. Stevens Thomson,* b. 1670, d. circa 1713. (Came to Va. 1704.)

219. Dorothea Temple, d. 12 July 1713.
224. Richard Croxall, Warwickshire, England, d. post 1716.
226. Anthony O'Carroll, Lishenboy, Ireland, d. 1724.
228. Richard Moale, Devonshire, Eng.
229. Elizabeth ———.
230. **John Hammond,** Anne Arundel Co., Md., b. circa 1670, d. 22 Feb. 1743, m. circa 1696.
231. Anne Greenberry, d. 23 Jan. 1715.
234. James Lee.* Fr. Anne Arundel Co. to Balto. Co., Md. 1720, d. 1733, m. circa 1704.
235. Margaret (———) Wilson.
236. Mungo Buchanan, Scotland, d. 3 Apl. 1710, m. 22 Jan. 1687.
237. Anna Barclay.
238. Nicholas Rogers, "Druid Hill", Balto. Co., Md., d. 1720.
239. Eleanor ———, b. circa 1687, d. post 1762. (Step. dau. of Jabez Pierpont.)
242. James Lee.* Fr. Anne Arundel Co. to Balto. Co., Md. 1720, d. 1733, m. circa 1704.
243. Margaret (———) Wilson.
244. Mungo Buchanan, Scotland, d. 3 Apl. 1710, m. 22 Jan. 1687.
245. Anna Barclay.
246. Nicholas Rogers, "Druid Hill", Balto. Co., Md., d. 1720.
247. Eleanor ———, b. circa 1687, d. post 1762. (Step-dau. of Jabez Pierpont.)
248. John Sterett,* (Penna.), d. 5 Apl. 1748. (Came from North of Ireland.)
249. Martha Work.
250. Capt David McClure,* Lancaster Co., Penna., d. 1749.
251. Margaret Chambers.
252. Col. **Charles Ridgely,** b. 1702, d. 1772, m. 1721. (Acquired "Hampton", Balto. Co., 1745.)
253. Rachel Howard, d. 1750.
254. Caleb Dorsey, Anne Arundel Co., Md., b. 11 Nov. 1685, d. 1742, m. 24 Aug. 1704.
255. Eleanor Warfield, b. 10 July 1683, d. 1752.

EIGHTH GENERATION

256. George Baldwin,* bp. 1624, d. circa 1680; of Warwick, R. I., 1646; of Southampton, L. I., 1667.
257. Abigail ———. First Wife.
258. Thomas Ellison.
259. Martha Champion.
432. Col. **George Mason,*** Stafford Co., Va. (From Staffordshire, 1651); b. 1629, d. 1686, m. ante 1658.
433. Mary French?
434. Col. **Gerard Fowke,*** b. 1600, d. 1669, m. 1661. (Came to Westmoreland Co., Va., 1651.)
435. Anne Thorowgood, d. post 1672.
436. Sir William Thomson, London, England, b. 1644, d. 1739, m. 5 May 1688.

437. Mary Stevens.
452. Daniel O'Carroll, Litterluna, Ireland.
460. Maj. Gen. **John Hammond,*** Anne Arundel Co., Md. (Came to Md. circa 1660), b. 1643, d. 26 Nov. 1707. Near Annapolis.
461. Mary (Howard?).
462. Col. **Nicholas Greenberry,*** Anne Arundel Co., Md., b. 1627, d. 17 Dec. 1697. (Came to Md. 1674.)
463. Anne ———, b. 1648, d. 27 Apl. 1698.
472. Mungo Buchanan, Scotland, b. 1622, d. 1696.
473. Barbara Leckie.
476. Nicholas Rogers,* Anne Arundel Co., Md., d. 1690.
488. Mungo Buchanan, Scotland, b. 1622, d. 1696.
489. Barbara Leckie.
492. Nicholas Rogers,* Anne Arundel Co., Md., d. 1690.
502. Randle Chambers,* Lancaster Co., Penna., d. 1746.
503. Elizabeth ———.
504. Charles Ridgely, Baltimore Co., Md., d. 1705.
505. Deborah Dorsey.
506. John Howard, Anne Arundel Co., Md., d. circa 1704.
507. Mary Warfield, d. 1700. First Wife.
508. Hon. **John Dorsey,** Anne Arundel Co., Md., d. circa 1714, m. circa 1683.
509. Pleasance Ely, d. 1733.
510. Capt. **Richard Warfield,*** Anne Arundel Co., Md., d. 1704. (Came to Md. ca. 1660.)
511. Elinor (Browne?).

NINTH GENERATION

512. John Baldwin, Buckinghamshire, Eng. Churchwarden of Great Missenden Parish, Bucks., 1629–'30.
866. Edward French.*
867. Ann ———.
868. Roger Fowke.* (From Staffordshire, England, 1651.)
869. Mary Bailey.
870. Capt. **Adam Thorowgood,*** b. 1602, d. 1641, m. 1627. (Came to Va. 1621.)
871. Sarah Offley.
872. Henry Thomson, Yorkshire, Eng.
904. Anthony O'Carroll, Litterluna, Ireland
920. Thomas Hammond.* (Came to Md. circa 1660.)
944. Robert Buchanan, of Middle Tullie Chewan, Scotland.
976. Robert Buchanan, of Middle Tullie Chewan, Scotland.
1008. Robert Ridgely,* St. Mary's Co., Md., d. 1681. (Came to Md. 1665.)
1009. Martha ———.
1010. Hon. **John Dorsey,** Anne Arundel Co., Md., d. circa 1714, m. circa 1683.
1011. Pleasance Ely, d. 1733.
1012. John Howard, Anne Arundel Co., Md., d. 1696.

1013. Susanna (Norwood) Stevens.
1014. Capt. Richard Warfield,* Anne Arundel Co., Md., d. 1704. (Came to Md. ca. 1660.)
1015. Elinor (Browne?).
1016. Edward Dorsey,* Anne Arundel Co., Md., d. circa 1659.
1017. Anne ——.

TENTH GENERATION

1736. John Fowke, of Staffordshire, Eng.
1737. Dorothy Cupper.
1740. William Thorowgood, of England.
1741. Ann Edwards.
1742. Robert Offley, d. May 1625, m. 3 Feb. 1589.
1743. Anne Osborne, b. 1570, d. Jan. 1654, of London, Eng.
1808. Daniel O'Carroll, Litterluna, Ireland.
1888. Mungo Buchanan, Tullie Chewan, Scotland.
1952. Mungo Buchanan, Tullie Chewan, Scotland.
2020. Edward Dorsey,* Anne Arundel Co., Md., d. circa 1659.
2021. Anne ——.
2024. Matthew Howard.* (From Va. to Md. 1658.)
2025. Anne (Hall?).
2026. Capt. John Norwood,* Anne Arundel Co., Md., d. 1673.

ELEVENTH GENERATION

3486. Daughter of Sir Edward Osborne, d. 1591, (Lord Mayor of London); married.
3487. Anne Hewitt, dau. of Sir William Hewitt, (Lord Mayor of London).

1. SUMMERFIELD BALDWIN, JR.

First Generation
2. Summerfield Baldwin, b. 16 Sept. 1832, d. 21 Feb. 1924, m. 22 May 1860.
3. Fannie Cugle, b. 13 Dec. 1838, d. 21 July 1867. First Wife.

Second Generation
4. William Henry Baldwin, b. 11 Sept. 1792, d. 16 Apl. 1874, m. 7 Oct. 1817.
5. Jane Maria Woodward, b. 12 Nov. 1797, d. 7 Mch. 1866.
6. John Cugle, b. 17 Aug. 1813, d. 16 Jan. 1889.
7. Ann Sweetzer Hurst, b. 15 June 1811, d. 18 Dec. 1901.

Third Generation
8. Henry Baldwin, b. 23 Dec. 1753, d. 5 Oct. 1793, m. 25 Jan. 1790.
9. Maria Graham Woodward, b. 1768, d. 30 Nov. 1830. Second Wife.
10. Henry Woodward, b. 22 Apl. 1770, d. 26 Oct. 1822, m. 14 Feb. 1797.
11. Eleanor Williams, b. 29 Sept. 1772, d. 15 Aug. 1850.
12. John Cugle.
13. Ann Green.
14. John Hurst.

Fourth Generation
16. Edward Baldwin, b. 15 Oct. 1725, d. 26 Aug. 1759.
17. Susan Meek.
18. William Garrett Woodward, b. 1725?, d. 1799, m. circa 1760.
19. Dinah Warfield, d. circa 1770. First Wife.
20. William Woodward, b. 1747, d. 1807.
21. Jane Ridgely, b. 1750, d. 21 Apl. 1817.
22. Thomas Williams, b. 1748, d. circa 1785, m. 1771.
23. Rachel Duckett, b. 1749.

Fifth Generation
32. Henry Baldwin,* b. circa 1700, d. 1730, m. 1724.
33. Mary ——.
34. James Meek, d. 1758.
35. Elizabeth ——.
36. William Woodward,* b. circa 1700, d. 1774.
37. Jane (Graham?), d. 1775.
38. Alexander Warfield, b. circa 1700, d. 1773, m. 3 Dec. 1723.
39. Dinah Davidge, b. 1705, d. 1779.
40. William Woodward, b. 6 Dec. 1716, d. circa 1790, m. ante 1744.
41. Alice Ridgely.
42. Westhall Ridgely, b. circa 1706?, d. 1772, m. circa 1730.
43. Sarah Isaac, b. circa 1710.
44. Thomas Williams, b. 28 Jan. 1717, d. circa 1770, m. 3 Mch. 1744.
45. Cave King, b. 1 June 1722.
46. Richard Duckett, b. 21 Feb. 1705, d. circa 1790, m. 2 May 1735.
47. Elizabeth Williams, b. 1718. Second Wife.

Sixth Generation
68. John Meek, d. 1712.
69. Mary ——.
72. Henry Woodward,* b. circa 1665, d. circa 1730.
73. Mary Garrett, d. Sept. 1736.
76. Richard Warfield, b. circa 1676, d. Mch. 1755.
77. Ruth Crutchley, b. circa 1683, d. 1713.
78. John Davidge, d. circa 1755.
79. Elizabeth Hudson, d. 1721.
80. Abraham Woodward, b. 1686, d. Feb. 1745, m. 25 Aug. 1715.
81. Priscilla Ruley, b. circa 1694, d. 1773.
82. William Ridgely, b. 1678, d. 1719, m. 4 Mch. 1702.
83. Jane Westhall.
86. Richard Isaac, b. 1679, d. 1759.
87. Sarah Pottenger, b. 20 July 1688.
88. Thomas Williams, b. circa 1693, d. circa 1749.
89. Eleanor ——.
90. Francis King, b. circa 1690, m. 26 Sept. 1717.
91. Margaret Sprigg.
92. Richard Duckett,* b. circa 1675, d. circa, 1754, m. 1699.
93. Charity Jacob.
94. Thomas Williams, b. circa 1693, d. circa 1749.
95. Eleanor ——.

Seventh Generation
136. Guy Meek,* d. 1682.
137. Rachel ——.
146. James Garrett, b. 1630.
147. Sarah ——.
152. Richard Warfield,* d. 1704.
153. Elinor ——.
154. Thomas Crutchley, d. 1710.
155. Margaret Baldwin.
156. Robert Davidge,* b. 1655, d. 1682.
157. Providence ——.
160. William Woodward, b. circa 1660, d. ante 1744.
162. Anthony Ruley,* d. 1728.
164. William Ridgely, d. 1716.
165. Elizabeth ——.
172. Joseph Isaac,* d. circa 1688/9.
173. Margaret ——.

174. John Pottenger.*
175. Mary ——.
176. Baruch Williams, d. 1695.
177. Eleanor Hilliary, b. 1672, d. 1724.
182. Thomas Sprigg, b. circa 1668, d. inter 1736/9.
183. Margaret Mariartee, d. 1739.
186. John Jacob,* b. circa 1632, d. 29 Oct. 1726.
187. Anne Cheney.
188. Baruch Williams, d. 1695.
189. Eleanor Hilliary, b. 1672, d. 1724.

Eighth Generation

310. John Baldwin,* d. 1684.
311. Elizabeth ——.
352. Thomas Williams.*
354. Thomas Hilliary,* d. 1698.
355. Eleanor ——.
364. Thomas Sprigg,* b. 1630, d. 1704.
365. Elinor Nuthall.
366. Edward Mariartee.*
367. Honor ——.
374. Richard Cheney,* d. 1686.
376. Thomas Williams.*
378. Thomas Hilliary,* d. 1698.
379. Eleanor ——.

1. HOPE HORSEY BARROLL, JR.
1. LEWIN WETHERED BARROLL

FIRST GENERATION

2. Hope H. Barroll, b. 6 Aug. 1860, m. 9 Feb. 1888.
3. Margaret Spencer Wethered, b. 16 Nov. 1862.

SECOND GENERATION

6. John Leeds Barroll, b. 1 Feb. 1830, d. 6 Aug. 1866, m. 5 Dec. 1854.
7. Eleanora Keene Horsey, b. 19 Dec. 1835, d. 5 May 1905.

THIRD GENERATION

12. James Edmondson Barroll, b. 24 Aug. 1789, d. 24 Dec. 1875, m. 15 June 1824.
13. Henrietta Jane Hackett, b. 25 Dec. 1804, d. 17 Mch. 1877. Second Wife.

FOURTH GENERATION

26. John Hackett, m. 14 Feb. 1804.
27. Sarah Van Solengin Bedford, b. 2 Apl. 1782, d. 15 Nov. 1828.

FIFTH GENERATION

54. Peter Bedford, b. 28 Mch. 1759.

SIXTH GENERATION

108. Gunning Bedford, b. 1720, d. 1802, m. 1743.
109. Susanna Jacquette.

SEVENTH GENERATION

216. Gunning Bedford.
217. Mary ——.
218. John Jacquette.
219. Hannah Ellis.

EIGHTH GENERATION

436. John Paul Jacquette, Jr.

1. CARLYLE BARTON
1. RANDOLPH BARTON, JR.
2. RANDOLPH BARTON
(See Pedigree Book, 1905, p. 4 (revised))

FIRST GENERATION

2. RANDOLPH BARTON, b. 24 Apl. 1844, d. 15 Mch. 1921, m. 28 Dec. 1869.
3. Agnes P. Kirkland, b. 14 June 1849.

SECOND GENERATION

4. David W. Barton, b. 1801, d. 3 July 1863.
5. Fanny S. Jones, b. 15 Oct. 1808, d. Jan. 1890.

THIRD GENERATION

10. William Strother Jones, b. 7 Oct. 1783.
11. Anna Maria Marshall, b. 8 Aug. 1788, d. 23 Nov. 1823.

FOURTH GENERATION

22. Charles Marshall, b. 31 Jan. 1767, d. 1805.
23. Lucy Pickett, b. 2 May 1767, d. 1825.

FIFTH GENERATION

44. Thomas Marshall, b. 2 Apl. 1730, d. 22 June 1802, m. 1754.
45. Mary Randolph Keith, b. 28 Apl. 1737, d. 19 Sept. 1809.

SIXTH GENERATION

88. John Marshall, b. circa 1700, d. 1752, m. 1722.
89. Elizabeth Markham, b. 1704, d. 1775.

SEVENTH GENERATION

176. Thomas Marshall,* b. circa 1655, d. 1704.
178. Lewis Markham,* d. 1713.

1. EDWIN AUSTIN BAUGHMAN
2. LOUIS VICTOR BAUGHMAN

(See Pedigree Book, 1905, p. 5 (revised))

FIRST GENERATION

2. LOUIS VICTOR BAUGHMAN, b. 11 Apl. 1845, d. 30 Nov. 1906, m. 27 Sept. 1881.
3. Helen M. Abell, b. 8 Dec. 1856.

SECOND GENERATION

4. John W. Baughman, b. 1815, d. 1872, m. 2 Mch. 1844.
5. Mary Jane Jamison, b. 1815, d. 1904.

THIRD GENERATION

10. Baker Jamison, b. 1775, d. 1837.
11. Louisa Mudd, b. 1786, d. 25 May 1825.

FOURTH GENERATION

22. Joshua Mudd, b. 1749/50.
23. Ann Smith.

FIFTH GENERATION

46. Benjamin Smith, d. 1777.
47. Mary Neale, d. ante 1786.

SIXTH GENERATION

92. John Smith, d. 1736.
93. Jane Brooke.

SEVENTH GENERATION

186. Leonard Brooke, d. 1718.
187. Ann Boarman.

EIGHTH GENERATION

372. Baker Brooke, b. 16 Nov. 1628, d. 1679.
373. Ann Calvert.

NINTH GENERATION

746. Gov. Leonard Calvert,[*1] b. circa 1610, d. 9 June 1647, —— ——.

TENTH GENERATION

1492. ¹Son of Sir George Calvert, b. circa 1579, d. Apl. 1632, m. 22 Nov. 1604.
1493. Anne Mynne, b. 20 Nov. 1579, d. 8 Aug. 1622.

15

1. RICHARD CONSTABLE BERNARD

FIRST GENERATION
2. Alfred Duncan Bernard, b. 25 Mch. 1868, d. 19 Apl. 1916, m. 16 Nov. 1898.
3. Martha Hanson Constable, b. 24 Dec. 1876, d. 12 Apl. 1905.

SECOND GENERATION
6. William Ringgold Constable, b. 1830, d. 1907, m. 1 July 1852.
7. Frances Harriet Hodges, b. 1828, d. 1919.

THIRD GENERATION
12. John Stevenson Constable, b. 1800, d. 1866, m. 7 Sept. 1820.
13. Harriet Rebecca Ringgold, b. 1798.

FOURTH GENERATION
26. William Ringgold.
27. Martha Hanson.

FIFTH GENERATION
54. Hans Hanson, d. 1777.
55. Mary Hynson, d. 1 Feb. 1774.

SIXTH GENERATION
108. Hans Hanson, d. 1753.
109. Margaret Hanson.

SEVENTH GENERATION
216. Frederick Hanson, b. 22 May 1693, d. 1738, m. 14 Feb. 1712.
217. Mary Lowder, d. 1747.

EIGHTH GENERATION
432. Hans Hanson,* b. 1646, d. 2 Sept. 1730, m. 29 Mch. 1679.
433. Martha Kelso Ward.

1. JASPER MAUDUIT BERRY, JR.
1. THOMAS LANSDALE BERRY

First Generation

2. Jasper Mauduit Berry, b. 3 Aug. 1832, d. 15 Oct. 1906, m. 13 Feb. 1854.
3. Lydia Wilmer Emory, b. 17 Sept. 1834.

Second Generation

4. Thomas Lansdale Berry, b. 28 Sept. 1789, d. 6 Mch. 1856, m. 17 July 1816.
5. Christiana Duke Jackson, b. 2 Sept. 1794, d. 8 June 1873.

Third Generation

8. Benjamin Berry, b. 1768, d. 1815, m. 20 Nov. 1787.
9. Eleanor Lansdale, b. circa 1769, d. 18 June 1794.
10. William Jackson, b. 22 July 1750, d. 14 Sept. 1799, m. 16 Jan. 1776.
11. Elizabeth Duke, b. 26 Nov. 1752, d. 3 Feb. 1823.

Fourth Generation

16. John Berry, b. circa 1740, d. 17 Mch. 1786, m. circa 1767.
17. Eleanor Bowie Claggett, b. 1749, d. post 1786.
22. Benjamin Duke, b. 1730, d. 1772, m. circa 1752.
23. Mary Parran, b. circa 1732.

Fifth Generation

32. Benjamin Berry, b. circa 1697/8, d. circa 1765.
33. Eleanor Williams, d. post 1765.
34. Edward Claggett, b. 1706, d. post 1755, m. 1732.
35. Eleanor Bowie, b. 1709, d. post 1776.
44. James Duke, d. 1754.
45. Martha ——. First Wife.

Sixth Generation

64. Benjamin Berry, b. 23 Oct. 1670, d. 10 Feb. 1719.
65. Mary Hilleary.
68. Richard Claggett, b. 1680, d. 1752, m. 1705.
69. Deborah Dorsey (widow Ridgely).
88. James Duke, d. 1731.
89. Martha ——.

Seventh Generation

128. William Berry, b. 1635, d. 1691, m. 1669.
129. Margaret Marsh, d. 1688.
136. Thomas Claggett,* b. 1635/40, d. 1703/6.
137. Sarah ——, b. 1663.
138. John Dorsey, d. circa 1714, m. circa 1683.
139. Pleasance Ely.
176. James Duke.
177. Mary Dawkins.

Eighth Generation

256. James Berry,* d. circa 1685.
257. Elizabeth ——.
258. Thomas Marsh.*
272. Edward Claggett, b. 1605/7.
273. Margaret Adams.
276. Edward Dorsey,* d. 1659.
277. Anne ——.
352. James Duke.
353. Margaret ——.

Ninth Generation

544. George Claggett, b. circa 1570. Mayor of Canterbury.
546. Sir Thomas Adams, Lord Mayor of London.
704. Richard Duke,* b. 1613.

1. BENSON BLAKE, JR.

FIRST GENERATION

2. Benson Blake, b. 19 Feb. 1846, d. 27 Aug. 1916, m. 16 Dec. 1869.
3. Jennie Taylor Kyle, b. 12 Nov. 1849, d. 18 Aug. 1901.

SECOND GENERATION

4. Joseph Blake, b. 6 Dec. 1804, d. 18 May 1890, m. 7 Mch. 1833.
5. Lucy Christiana Groverman, b. 1808, d. 22 Oct. 1860.

THIRD GENERATION

8. Joseph Blake, b. circa 1760, d. 1843, m. 2 Aug. 1791.
9. Elizabeth Benson Blake, b. July 1771, d. May 1855.

FOURTH GENERATION

16. Joseph Blake, b. 1730, d. 1797, m. 7 Feb. 1759.
17. Mary Heighe.
18. Thomas Blake.
19. Elizabeth Bond.

FIFTH GENERATION

32. Richard Blake, d. 1746.
33. Susanna Nichols.

SIXTH GENERATION

64. Thomas Blake,* d. 1702.
65. Jane (Sutton) Isaac.

1. LEIGH BONSAL

First Generation
2. Stephen Bonsal, b. 2 Feb. 1831, d. 13 Feb. 1893, m. 7 June 1855.
3. Frances Land Leigh, b. 27 Jan. 1836, d. 13 June 1891.

Second Generation
4. Caleb Bonsal, b. 1775, d. 21 Apl. 1851, m. 1813.
5. Sarah Dawley, b. 24 Apl. 1792, d. 28 Jan. 1874.
6. John Purviance Leigh, b. 4 Mch. 1800, d. 22 Feb. 1865, m. 1823.
7. Frances Haynes Land, b. 28 Mch. 1803, d. 27 Jan. 1836.

Third Generation
8. Philip Bonsall, d. 1803, m. 10 June 1772.
9. Catharine Harrison, b. 22 Apl. 1750.
10. Dennis Dawley, d. 1805.
11. Elizabeth Haynes.
12. William Leigh, b. 1769, d. 13 Dec. 1809, m. 20 Feb. 1799.
13. Sarah Hunter Purviance, b. 1781, d. 26 July 1803.
14. Ree Land, d. 1823, m. 24 Dec. 1801.
15. Frances Haynes, (widow Brock).

Fourth Generation
16. Vincent Bonsall, d. 1696.
17. Grace Yarnall.
18. Caleb Harrison, b. 13 Jan. 1714, d. 1792, m. 23 June 1743.
19. Eleanor Fairlamb.
20. Dennis Dawley, d. 1779.
21. Elizabeth Bonney, d. 1805.
22. Erasmus Haynes, d. 1783.
24. Francis Leigh, d. 1782.
25. Elizabeth Roscoe.
26. Andrew Purviance, d. 1783.
27. Sarah Hunter, d. Feb. 1801.
28. Ree Land, d. 1801.
————. First Wife.
30. John Haynes, d. 1776, m. 1767.
31. Elizabeth Cornick, d. 1804.

Fifth Generation
32. Obadiah Bonsall, b. ante 1683, d. 1732.
33. Sarah Bethel.
34. Philip Yarnall, b. 29 Nov. 1696, d. 1758, m. 24 apl. 1720.
35. Mary Hoopes, b. 22 Nov. 1700, d. 1765.
36. Caleb Harrison, d. 1776, m. Nov. 1713.
37. Hannah Vernon.
38. Nicholas Fairlamb,* d. Oct. 1722, m. Oct. 1703.
39. Catherine Crosby.
40. Dennis Dawley, d. 1723.
41. Amey ————.
42. John Bonney, d. 1766.
43. Sarah ————.
44. Erasmus Haynes, d. 1753.
50. William Roscoe, Jr., d. 1752.
51. Lucy Bassett, b. 24 May 1699.
52. Samuel Purviance, d. 1781.
53. Mary Hunter.
56. Edward Land, d. 1778.
57. Frances ————.
60. John Haynes, d. 1768.
61. Elizabeth ————, d. 1769.
62. Lemuel Cornick, d 1774.
63. Frances Attwood, d. 1776.

Sixth Generation
64. Joseph (?) Bonsall,* to Penna. circa 1682.
66. John Bethel,* d. 1708.
67. Frances ————, d. 1699.
68. Philip Yarnall,* d. 1734, m. 1694.
69. Dorothy Baker, d. 1743.
70. Daniel Hoopes,* b. circa 1670, d. post 1746, m. 10 Dec. 1696.
71. Jane Worrilow.
74. Randal Vernon,* b. 1640, d. 1725, m. 14 Nov. 1670.
75. Sarah Bradshaw.
78. Richard Crosby, d. 1718.
79. Eleanor ————, d. 12 June 1712.
80. John Dawley, d. 1719.
81. Mary ————, d. post 1728.
84. John Bonney, d. 1724.
85. Mary ————.
88. James Haynes, d. 1730.
89. "Widow Woodhouse."
100. William Roscoe, d. 2 Nov. 1700.
101. Mary Wilson, d. 11 Jan. 1741.
102. William Bassett, b. circa 1670, d. 11 Oct. 1723, m. 28 Nov. 1693.
103. Joanna Burwell, b. 1672, d. 7 Oct. 1727.
106. Rev. Andrew Hunter.
112. Edward Land, d. 1722/3.
113. Mary ————.
120. James Haynes, d. 1730.
121. "Widow Woodhouse".
124. John Cornick, d. 1727.
————.
126. William Attwood, d. 1720.
127. Elizabeth ————.

Seventh Generation
138. John Baker,* d. 1685.
140. Joshua Hoopes,* d. circa 1723.
141. Isabel ————, d. circa 1691.
142. Thomas Worrilow, d. circa 1709.
143. Grace ————?.
160. Dennis Dawley,* d. 1687.
161. Margaret ————, d. 1701.
168. Richard Bonney, d. 1709.
202. William Wilson, d. 17 June 1713.
203. Jane ————.
204. William Bassett,* d. 1671.
205. Bridget Cary.

206. Lewis Burwell, b. circa 1650, d. 19 Dec. 1710.
207. Abigail Smith, b. 1656, d. 1692.
224. Renatus Land, d. 1681.
225. Frances ——.
252. Edward Attwood, d. post 1709.

Eighth Generation

276. John Baker, d. 1672. Of Shropshire, Eng.
410. Miles Cary,* b. 1620, d. 10 June 1667.
411. Anne Taylor.
412. Lewis Burwell,* b. circa 1623, d. 1653.
413. Lucy Higginson.
414. Anthony Smith.*
415. Martha Bacon.
448. Francis Land,* d. ante 1657.

Ninth Generation

820. John Cary, b. 10 Apl. 1583, d. post 1660.
821. Alice Hobson.
824. Edward Burwell.
825. Dorothy Bedell.
826. Robert Higginson,* d. 1649.
827. Joanna Tokesey.
830. Rev. James Bacon, d. 19 Nov. 1649.
831. Martha Honeywood.

Tenth Generation

1640. William Cary, b. 1550, d. 1683.
1641. Alice Goodall.
1642. Henry Hobson.
1643. Alice Davis.
1650. William Bedell.

1. ROBERT RICHARDSON BOWIE
2. CLARENCE KEATING BOWIE

FIRST GENERATION

2. CLARENCE KEATING BOWIE, b. 14 Feb. 1881, m. 11 Feb. 1908.
3. Helen Richardson, b. 14 Nov. 1883.

SECOND GENERATION

4. Reginald Bowie, b. 14 Dec. 1856, d. 5 Nov. 1926, m. 28 Jan. 1880.
5. Blanche Crouch, b. 7 Oct. 1858.

THIRD GENERATION

8. Walter William Weems Bowie, b. 31 Mch. 1814, d. 30 Apl. 1891, m. 1 Sept. 1836.
9. Adaline Snowden, b. 19 Oct. 1814, m. 8 Jan. 1865.

FOURTH GENERATION

16. Walter Bowie, Jr., b. 1785, d. 24 Apl. 1839, m. 30 Nov. 1812.
17. Amelia Margaret Weems, b. 1791, d. 7 Jan. 1852.

FIFTH GENERATION

32. Walter Bowie, b. 1748, d. 1811, m. 16 May 1771.
33. Mary Brookes, b. 2 Nov. 1747, d. 16 May 1812.

SIXTH GENERATION

64. William Bowie, b. 1722, d. 1791, m. circa 1745.
65. Margaret Sprigg, b. 20 Mch. 1726, d. Oct. 1804.

SEVENTH GENERATION

130. Edward Sprigg, b. circa 1695, d. 30 Nov. 1751, m. 26 Apl. 1720.
131. Elizabeth Pile, b. circa 1700, d. 1744. First wife.

EIGHTH GENERATION

260. Thomas Sprigg, b. circa 1668, d. post 1736, m. circa 1690.
261. Margaret Mariartee, d. 1739.

NINTH GENERATION

520. Thomas Sprigg,* b. circa 1630, d. 1704.
521. Elinor Nuthall, d. circa 1700.

1. REV. HENRY BRANCH, D.D.

FIRST GENERATION
2. David Mann Branch, b. 21 July 1809, d. 18 Dec. 1869, m. 25 May 1837.
3. Sarah Ellen Harris, b. 31 Oct. 1813, d. 21 Apl. 1875.

SECOND GENERATION
4. Matthew Branch.
5. Rebecca Bell, b. 18 Jan. 1777, d. Jan. 1859.
6. Ben James Harris, b. 1 Aug. 1774, d. 1834.
7. Sarah Ellyson, b. 27 Feb. 1777, d. 2 Oct. 1817.

THIRD GENERATION
8. Thomas Branch, b. 1735, d. 4 July 1815, m. 1760.
9. Mary Eldridge, b. 11 Mch. 1742/3.
10. Henry Bell, b. 17 Nov. 1745, d. 1811, m. 12 June 1773.
11. Rebecca Harrison, b. 9 Jan. 1752.
14. John Ellyson.
15. Agnes Woodson.

FOURTH GENERATION
16. Edward Branch, d. 1781.
17. Lucy ——.
18. Thomas Eldridge.
19. Martha Bolling.
20. David Bell, d. 1780.
21. Judith Cary, b. 12 Aug. 1726, d. 16 Apl. 1798.
22. Benjamin Harrison.
30. Charles Woodson.

FIFTH GENERATION
32. Benjamin Branch, d. 1750.
38. John Bolling, b. 27 Jan. 1676, d. 20 Apl. 1729.
39. Mary Kennon.
42. Henry Cary, b. 1675, d. 1749.
43. Anne Edwards.
60. George Woodson.

SIXTH GENERATION
64. Benjamin Branch, b. 1665, d. 1706.
65. Tabitha Osborne.
76. Robert Bolling,* b. 26 Dec. 1646, d. 17 July 1709.
77. Jane Rolfe.
78. Richard Kennon,* d. 1696.
79. Elizabeth Worsham.
84. Henry Cary, b. 1650, d. 1720.
85. Judith Lockey.

SEVENTH GENERATION
128. Christopher Branch, b. circa 1627, d. 1665.
154. Thomas Rolfe, b. circa 1615.
155. Jane (Poythress?).
168. Miles Cary,* b. 1620, d. 1667.
169. Anne Taylor.
170. Edward Lockey,* d. ante 1667.

EIGHTH GENERATION
256. Christopher Branch,* b. circa 1595/1602, d. 1681, m. 1619.
257. Mary Addie.
308. John Rolfe,* m. 5 Apl. 1614.
309. Pocahontas, d. 2 Mch. 1617.
338. Thomas Taylor,* d. 1656.

NINTH GENERATION
512. Lionel Branch, b. 1566, d. circa 1605.
513. Valentia Sparke.
514. Francis Addie.
618. Powhatan.

1. DUNCAN KENNER BRENT, JR.
1. JOSEPH LANCASTER BRENT
2. DUNCAN KENNER BRENT
4. JOSEPH LANCASTER BRENT

FIRST GENERATION

2. DUNCAN KENNER BRENT, b. 9 Oct. 1877, d. 15 May 1934, m. 5 Dec. 1900.
3. Harriet Carrington Brown, b. 1 Mch. 1879.

SECOND GENERATION

4. JOSEPH LANCASTER BRENT, b. 30 Nov. 1826, d. 27 Nov. 1905, m. 23 Apl. 1870.
5. Frances Rosella Kenner, b. 23 Apl. 1849, d. May 1928.
6. Thomas Richardson Brown, b. 8 Apl. 1845, d. 26 Jan. 1879.
7. Harriet Reynolds Carrington, b. 27 Oct. 1844, d. 31 May 1929.

THIRD GENERATION

8. William Leigh Brent, b. 29 Feb. 1784, d. 3 July 1848, m. 4 Apl. 1809.
9. Maria Fenwick, b. 27 Feb. 1792, d. 1 Jan. 1836.
10. Duncan Farrar Kenner, b. 11 Feb. 1813, d. 3 July 1887, m. 1 June 1839.
11. Anne Guillelmine Nanine Bringier, b. 24 Aug. 1822, d. 1911.
12. Thomas Richardson Brown, b. 3 Mch. 1807, d. 25 Dec. 1871, m. 2 May 1838.
13. Mary Elizabeth Hynson, b. 16 Jan. 1816, d. 21 Dec. 1869.
14. John Valandingham Kell Carrington, b. 19 July 1817, d. 3 Jan. 1854, m. 22 Oct. 1840.
15. Mary Hathaway Penniman, b. 24 June 1820, d. 20 Apl. 1903.

FOURTH GENERATION

16. Robert Brent, b. 17 June 1759, d. Sept. 1810, m. 26 Feb. 1783.
17. Dorothy Leigh, b. 1765, d. ante 1805.
18. James Fenwick, b. 1764, d. 3 Sept. 1823, m. 1790.
19. Henrietta Lancaster, b. circa 1770, d. ante 1802.
20. William Kenner, b. 4 June 1776, d. 11 May 1824, m. 19 Nov. 1801.
21. Mary Minor, b. 4 July 1787, d. 5 Oct. 1814.
22. Michel Douradou Bringier, b. 6 Dec. 1789, d. 13 Mch. 1847, m. 17 June 1812.
23. Louise Elizabeth Aglaé DuBourg, b. 4 Jan. 1798, d. 1878.
24. Thomas Brown, d. 21 Dec. 1809.
25. Elizabeth Richardson, b. 1782, d. 23 Aug. 1849.
26. Thomas Bowers Hynson, b. 11 Oct. 1787, d. 28 June 1839, m. 14 Jan. 1815.
27. Anne Dunn, b. 17 Nov. 1795, d. 14 Apl. 1837.
28. Elias Carrington, d. 4 Nov. 1822, m. 1816.
29. Aliceanna Kell, b. 15 Aug. 1780, d. 25 Sept. 1826.
30. William Penniman, b. 7 Oct. 1780, d. 14 Apl. 1825, m. 10 July 1819.
31. Henrietta Griffith, b. 16 Apl. 1795, d. 7 Mch. 1864.

FIFTH GENERATION

32. Robert Brent, b. 6 May 1734, d. 6 Jan. 1790, m. 5 Oct. 1756.
33. Anna Maria Parnham, b. circa 1739, d. 10 Dec. 1776.
34. William Leigh, m. circa 1763.
35. —— Doyne.
36. Ignatius Fenwick, b. 1735, m. circa 1763
37. Sarah Taney, b. circa 1743.
38. John Lancaster, b. 1759, d. Nov. 1794.
39. Mary ——, d. Dec. 1803.
40. Rodham Kenner.
41. Sarah ——.
42. Stephen Minor, b. 29 Feb. 1760, d. 1815.
43. Martha Ellis. First wife.
44. Marius Pons Bringier,* d. circa 1819.
45. Marie Françoise Durand. First wife.
46. Pierre François Ste. Columbe Du Bourg, d. Jan. 1830, m. 28 Feb. 1797.
47. Elizabeth Etiennette Bonne Charest de Lauzan, b. 11 Sept. 1782, d. 12 May 1811.
48. William Brown, d. 1795.
49. Ann Wickes.
50. James Richardson, b. 1752, d. 21 May 1819.
51. Lavinia Loker, b. 1760, d. 13 Dec. 1851.
52. Richard Hynson.
53. Araminta Bowers, d. 15 Feb. 1807.
54. Robert Dunn, b. 1761, d. 25 Oct. 1819.
55. Mary Bowers, d. 16 Sept. 1802.
56. Timothy Carrington, d. 1822.
57. Thomas Kell, d. 5 Apl. 1786, m. 30 May 1767.
58. Aliceanna Bond, d. 2 Apl. 1814.
59. Meshech Penniman, b. 21 May 1749, d. 1 Nov. 1827, m. 20 Aug. 1777.
60. Ruth Bailey, b. 2 June 1745, d. 22 Jan. 1805.
61. Nicholas Greenberry Griffith, b. 10 Nov. 1771, d. 5 Aug. 1803, m. 10 Dec. 1791.
62. Ann Ridgely, b. 8 Oct. 1771.

Sixth Generation

64. Robert Brent, b. circa 1704, d. 4 Feb. 1750, m. 6 May 1729.
65. Mary Wharton, b. 1706, d. 15 Jan. 1773.
66. Francis Parnham, d. 1756, m. ante 1738.
67. Mary ——.
72. Ignatius Fenwick, b. circa 1712, d. Oct. 1776, m. circa 1734.
73. Mary Cole, b. 1716, d. circa 1776.
74. Michael Taney, d. 1743.
75. Sarah Brooke. Second wife.
76. John Lancaster, d. May 1760.
77. Elizabeth Neale, d. ante 1757.
80. Richard Kenner.
81. Hannah ——.
84. William Minor, d. 1804, m. circa 1759.
85. Fanny Phillips, d. 1797. Second wife.
86. Richard Ellis, d. circa 1798.
87. Mary Cocke.
88. Pierre Bringier.
89. Agnes Arnoux.
90. Jean Baptiste Durand of Marseille.
91. Catalene Armoux.
92. Pierre Du Bourg, m. 27 Aug. 1760.
93. Marguerite Vogluzan.
94. François Charest de Lauzan.*
95. Perrine Thérèse de Gournay, d. 2 Feb. 1843.
96. John Browne, b. 1695, d. 7 Apl. 1747.
97. Jane de Courcy, b. 1700, d. 21 Dec. 1771.
98. Joseph Wickes, b. 1719, d. 1785, m. ante 1744.
99. Rebecca Dunn, b. June 1726.
102. William Loker, d. 14 Apl. 1771.
103. Elizabeth Smith, d. 1795.
104. **Charles Hynson**, b. 1713, d. 1782, m. 30 Nov. 1739.
105. Phoebe Carville.
106. Thomas Bowers, d. 15 Jan. 1791.
107. Mary Lewis.
108. James Dunn, b. 1728.
109. Elizabeth Hynson.
110. Thomas Bowers, d. 15 Jan. 1791.
111. Mary Lewis.
118. John Bond, b. circa 1712, d. ante 1795, m. 1739.
119. Aliceanna Webster, b. circa 1715, d. 13 Oct. 1767.
120. William Penniman, b. 7 July 1706, d. 4 May 1780, m. 16 Oct. 1729.
121. Ruth Thayer, b. 26 June 1707, d. 17 Aug. 1776.
122. Benjamin Bailey, b. circa 1712/3.
123. Ruth Tilden, b. 1716.
124. Henry Griffith, b. 16 Mch, 1745, d. 1809, m. 13 Nov. 1766.
125. Sarah Warfield, b. 12 Nov. 1746, d. 1776.
126. Charles Greenberry Ridgely, b. 3 Oct. 1735, d. 6 Sept. 1783.
127. Sarah Macgill, b. 5 Nov. 1737, d. 30 May 1807.

Seventh Generation

128. Robert Brent, b. ante 1682, m. 8 July 1702.
129. Susannah Seymour.
130. Henry Wharton, b. 1674, d. Feb. 1745.
131. Jane Doyne, d. ante 1745.
132. John Parnham, d. Apl. 1738.
133. Elizabeth Pile, d. ante 1738.
144. Ignatius Fenwick, d. 1732.
145. Eleanor ——, d. 1737.
146. Edward Cole, b. 1690, d. Mch. 1762, m. 10 Jan. 1715.
147. Ann Neale, d. post 1761.
148. Michael Taney, d. 1702.
149. Dorothy Brooke, b. 1678, d. 1730.
150. John Brooke, b. 1687, d. 1735.
151. Sarah ——.
154. Raphael Neale, b. 1683, d. July 1743.
155. Mary Brooke, d. May 1763.
160. Richard Kenner, b. 3 Mch. 1673, d. 1719.
161. Elizabeth Winder, b. 1691.
168. Stephen Minor, b. 1705, m. 1732.
169. Athaliah Updike.
170. Theophilus Phillips of Md.
172. John Ellis, d. circa 1762.
173. Elizabeth Smith.
174. Abraham Cocke, d. post 1760.
175. —— Stratton.
176. Jean Bringier, m. 1711.
177. Marie Douradou.
184. Pierre François DuBourg, m. 12 Dec. 1713.
185. Catherine Dutuc.
186. David Vogluzan.
187. Marguerite Caillé Gobain.
188. Etienne Charest, b. 26 Feb. 1718, d. 6 Aug. 1783, m. 22 Oct. 1742.
189. Catherine Totier.
190. Isaac Michel de Gournay.
191. Adele de Rohan.
192. Edward Browne, d. 1716.
193. Mary Erickson, d. 7 Jan. 1734.
194. Thomas Coursey, d. 1701. m. 16 Oct. 1699.
195. Anne Harris.
196. Samuel Wickes, d. 1732, m. 13 Jan. 1706.
197. Frances Wilmer, b. 26 Feb. 1688, d. 1736.
198. Robert Dunn, b. 1692, d. 1745.
199. Ann Miller, b. 4 Feb. 1698.
204. Thomas Loker.
206. James Smith, d. 27 Nov. 1753.
207. Mary Parker.
208. Thomas Hynson, b. 1690, d. 1738, m. 19 Oct. 1710.
209. Wealthy Ann Tilden.
210. John Carville, d. 1709.
211. Mary Phillips, d. 1738.
212. William Bowers, d. 1747.
213. Jane Deane.
214. Thomas Lewis, d. 2 Feb. 1768.
216. Robert Dunn, b. 1692, d. 1745.
217. Ann Miller, b. 4 Feb. 1698.
218. Thomas Hynson, b. 1690, d. 1738, m. 19 Oct. 1710.
219. Wealthy Ann Tilden.
220. William Bowers, d. 1747.
221. Jane Deane.
222. Thomas Lewis, d. 2 Feb. 1768.

236. Thomas Bond, b. 1679, d. circa 1755, m. 1700.
237. Ann Robinson.
238. John Webster, b. 1670, d. 1755.
240. James Penniman, b. 11 Feb. 1683, d. 1724, m. 12 July 1705.
241. Abigail Thayer, b. 13 July 1685.
242. Ebenezer Thayer, b. 7 July 1665, d. 11 June 1720.
243. Ruth ——.
244. Joseph Bailey, b. 1679.
245. Jerusha Pierce, b. 1681.
246. Nathaniel Tilden, b. 1678.
247. Ruth Tilden, b. 1678.
248. **Henry Griffith**, b. 14 Feb. 1720, d. 28 Sept. 1794, m. 9 Apl. 1741.
249. Elizabeth Dorsey, d. 24 Dec. 1749. First wife.
250. John Warfield, b. 1716, d. 1776, m. 1740.
251. Rachel Dorsey, b. 1717.
252. **Henry Ridgely**, b. 1690, d. circa 1750, m. 2 Oct. 1722.
253. Elizabeth Warfield, d. 1762.
254. James Macgill, b. 20 Nov. 1701, d. 26 Dec. 1779, m. 1728.
255. Sarah Hilliary.

EIGHTH GENERATION

256. **George Brent,*** d. 1698.
257. Elizabeth Green, b. 1655, d. 1686.
258. Daniel Seymour.
260. **Jesse Wharton,*** d. 1677, m. circa 1672.
261. Elizabeth Sewall, d. 1710.
262. Joshua Doyne, d. 1698.
263. Jane ——, d. 1739.
266. **Joseph Pile**, b. ante 1659, d. Nov. 1692.
288. Richard Fenwick, b. 1652, d. 1714.
289. —— ——. Second Wife.
292. Edward Cole, b. Nov. 1657, d. Dec. 1717.
293. Elizabeth Slye, b. 1669, d. post 1717.
294. James Neale, d. Oct. 1727, m. Dec. 1687.
295. Elizabeth Lord, d. 1734. Second wife.
296. Michael Taney, d. 1692.
297. Mary ——, d. post 1685.
298. Roger Brooke, d. 20 Sept. 1637, d. 8 Apl. 1700.
299. Dorothy Neale. First wife.
300. Roger Brooke, b. 20 Sept. 1637, d. 8 Apl. 1700.
301. Mary Wolesley. Second wife.
308. **Anthony Neale**, b. 1659, d. 1723.
309. Elizabeth Roswell.
310. **Baker Brooke,*** b. 16 Nov. 1628, d. 1679, m. circa 1664.
311. Anne Calvert.
320. **Richard Kenner,***.
321. Elizabeth Rodham.
322. Thomas Winder.
323. Elizabeth Brereton.
336. William Minor, b. 6 Nov. 1670, d. 18 Apl. 1725.
337. Anna Beckwith.
338. Lawrence Updike, d. 10 June 1745
344. John Ellis.
345. Elizabeth Ware.
346. Obadiah Smith.
347. Mary Cocke.
348. Stephen Cocke.
349. Sarah Marston.
352. Ignace Bringier.
354. Baron Douradou d'Auvergne.
368. Louis Du Bourg, m. 5 Sept. 1668.
369. Anne Hanaud.
370. Charles Dutuc.
371. Marie Guillon.
376. Etienne Charest, b. 24 Apl. 1678, d. 11 May 1734.
377. Thérèse du Roy.
384. Edward Browne,* came 1655, d. 1678, m. 28 Oct. 1668.
385. Sarah Williams.
386. Matthew Erickson, d. 1705.
387. Dorothy ——.
388. **Henry Coursey,*** d. inter 1695/7.
389. Elizabeth Smythe. (Widow Carpenter).
392. **Joseph Wickes,*** b. 1620, d. 1692.
393. Ann Hynson. Second wife.
394. **Simon Wilmer,*** d. 1699, m. circa 1681.
395. Rebecca Tilghman, d. 1725.
396. **Robert Dunn**, b. 1674, d. 1729.
397. Mary Harris, d. Dec. 1709.
398. Michael Miller, b. 1675, d. 1738.
399. Martha Wickes, d. 1746.
408. Thomas Loker.*
412. —— Smith.
413. —— Thompson.
414. George Parker, d. 1711.
415. Susanna Parrott.
416. **Charles Hynson**, b. 1662, d. May 1711, m. 25 Mch. 1687.
417. Margaret Harris.
418. Charles Tilden,* d. 1699.
419. Mary ——.
420. Thomas Carville,* d. 1717.
421. Mary ——.
422. James Phillips,* d. 1689.
423. Susanna (——) Orchard, d. 1708.
426. William Deane.
417. Sarah Ricaud.
428. Thomas Lewis, d. 1708.
429. Esther ——.
432. **Robert Dunn**, b. 1674, d. 1729.
433. Mary Harris, d. Dec. 1749.
434. Michael Miller, b. 1675, d. 1738.
435. Martha Wickes, d. 1746.
436. **Charles Hynson**, b. 1662, d. May 1711, m. 25 Mch. 1687.
437. Margaret Harris.
438. Charles Tilden,* d. 1699.
439. Mary ——.
442. William Deane.
443. Sarah Ricaud.
444. Thomas Lewis, d. 1708.
445. Esther ——.
472. Peter Bond, d. 1705.
473. —— ——. First Wife.
480. **Joseph Penniman**, b. 1 Aug. 1639, d. 5 Nov. 1705.
481. Waiting Robinson, d. 21 Aug. 1690.

482. Thomas Thayer, d. 7 Dec. 1705, m. 25 Mch. 1680.
483. Abigail Veazie, d. 11 Jan'y. 1712.
484. Thomas Thayer, b. 1624, d. 9 May 1693.
485. Anne ——.
488. John Bailey.
489. Sarah White.
490. Benjamin Pierce.
491. Martha Adams.
492. Nathaniel Tilden, b. 1650.
493. Mary Sharpe, b. 1652.
494. Stephen Tilden, b. 1629.
495. Hannah Little, b. 1641.
496. Orlando Griffith, b. 17 Oct. 1688, d. Mch. 1757, m. 6 June 1717.
497. Katherine Howard, b. circa 1702, d. Feb. 1783.
498. Edward Dorsey, b. circa 1701, d. 1767.
499. Sarah Todd.
500. John Warfield, b. circa 1675, d. 1718, m. 16 Feb. 1696.
501. Ruth Gaither, b. 8 Sept. 1679.
502. Joshua Dorsey, d. 8 Nov. 1747, m. 16 May 1711.
503. Ann Ridgely, d. 1771.
504. Henry Ridgely, b. 3 Oct. 1669, d. 19 Mch. 1700.
505. Katherine Greenberry, b. 1674, d. ante 1703.
506. Benjamin Warfield, b. 1680, d. 1717, m. 1705.
507. Elizabeth Duvall, b. 4 Aug. 1687.
510. Thomas Hilliary.
511. Eleanor Young.

NINTH GENERATION

512. George Brent.
513. Marianna Peyton.
514. William Green.
516. Florentius Seymour, d. 3 Nov. 1682.
522. Henry Sewall,* d. circa 1664/5.
523. Jane Lowe.
532. John Pile,* d. circa 1675.
533. Sarah ——.
576. Cuthbert Fenwick,* b. 1614, d. 1655, m. 1649.
577. Jane Eltonhead, d. 1660.
584. Robert Cole,* d. Sept. 1663.
585. Rebecca (——) Knott.
586. Robert Slye,* b. 1615, d. 1670.
587. Susannah Gerard.
588. James Neale,* d. Mch. 1684.
589. Ann Gill, d. 1698.
590. John Lord.* Of Va.
596. Robert Brooke,* b. 3 June 1602, d. 20 July 1655, m. 11 May, 1635.
597. Mary Mainwaring, d. 29 Nov. 1663. Second Wife.
598. James Neale,* d. Mch. 1684.
599. Ann Gill, d. 1698.
600. Robert Brooke,* b. 3 June 1602, d. 20 July 1655, m. 11 May 1635.
601. Mary Mainwaring. Second Wife.
602. Walter Wolesley.
616. James Neale,* d. Mch. 1684.
617. Ann Gill, d. 1698.
618. William Roswell.
619. Emma (——) Turner.
620. Robert Brooke,* b. 3 June 1602, d. 20 July 1655, m. 25 Feb. 1627.
621. Mary Baker. First Wife.
622. Leonard Calvert,* b. inter 1606/11, d. 1647.
642. Matthew Rodham.*
644. John Winder.* Of Md.
646. Thomas Brereton,* d. 1688.
647. Jane Claiborne.
672. Clement Minor, m. 1669.
673. Frances (——) Willey.
688. John Ellis.*
689. Susanna ——.
692. John Smith.
694. William Cocke, b. 1655, d. 1693, m. 1678.
695. Jane Clarke.
696. Thomas Cocke, b. 1638, d. 1696, m. 1663.
697. Margaret Jones.
736. François Du Bourg, m. 7 Jan. 1623.
737. Françoise Delpech.
738. Jean Louis de Hanaud.
739. Louise de Bazour.
752. Etienne Charest, b. 1631, d. 6 May 1699, m. 27 Nov. 1670.
753. Catherine Bissot.
770. Morgan Williams.*
771. Sarah ——.
772. John Erickson,* came 1652, d. 1676.
773. Elizabeth ——, d. 1684.
786. Thomas Hynson,* b. 1619/20, d. 1667.
787. Grace ——.
790. Richard Tilghman,* b. 3 Sept. 1626, d. 7 Jan. 1676.
791. Mary Foxley, d. ante 1702.
792. Robert Dunn,* b. 1630, d. 12 May 1676.
793. Joan Porter, d. 1692.
794. William Harris,* b. 1650, d. 1712.
795. Jane ——, d. 1700.
796. Michael Miller,* b. 1644, d. Aug. 1699.
797. Alice (——) Stevens, d. ante 1681.
798. Joseph Wickes,* b. 1620, d. 1692, m. 1656.
799. Marie (——) Hartwell. First Wife.
826. George Thompson.
828. John Parker.*
830. Gabriel Parrott,* d. Dec. 1704.
832. Thomas Hynson,* b. circa 1619/20, d. 1667.
833. Grace ——.
834. William Harris,* b. 1650, d. 1712.
854. Benjamin Ricaud.
864. Robert Dunn,* b. 1630, d. 12 May 1676.
865. Joan Porter, d. 1692.
866. William Harris,* b. 1650, d. 1712.
867. Jane ——, d. 1700.
868. Michael Miller,* b. 1644, d. Aug. 1699.
869. Alice (——) Stevens, d. ante 1681.
870. Joseph Wickes,* b. 1620, d. 1692, m. 1656.
871. Marie (——) Hartwell. First Wife.
872. Thomas Hynson,* b. circa 1619/20, d. 1667.

873. Grace ——.
874. **William Harris,*** b. 1650, d. 1712.
886. Benjamin Ricaud.
960. James Penniman,* d. 1665.
961. Lydia Eliot.
962. **William Robinson,*** d. 1668.
964. Thomas Thayer, d. 9 May 1693.
965. Anne ——.
966. William Veazie, d. 1681.
967. Eleanor Thompson, b. 1626.
968. Thomas Thayer, d. 1665.
969. Marjorie (Wheeler?).
976. John Bailey.
978. Gowen White.
979. Elizabeth Ward.
980. **Michael Pierce,*** b. 1615, d. 1676.
982. John Adams, Jr.
983. Jane James.
984. **Joseph Tilden,*** b. 1615, d. 1670.
985. Elizabeth Twisden.
986. Robert Sharpe.
988. Nathaniel Tilden.*
989. Lydia Huckstep.
990. Thomas Little.*
991. Anne Warren.
992. William Griffith,* d. 1699.
993. Sarah Maccubbin, d. 1716.
994. John Howard, d. 1704, m. circa 1701.
995. Katherine Greenberry, b. 1674, d. ante 1703.
996. Edward Dorsey, d. 1701.
997. Ruth ——.
998. Lancelot Todd, d. 1735.
999. Elizabeth Rockhold.
1 00. **Richard Warfield,*** d. 1704.
1001. Eleanor (Browne?).
1002. John Gaither,* d. 1702.
1004. Edward Dorsey,* d. 1705.
1005. Sarah Wyatt. First Wife.
1006. Henry Ridgely, b. 3 Oct. 1669, d. 19 Mch. 1700.
1007. Katherine Greenberry.
1008. **Henry Ridgely,*** d. 13 July 1710.
1009. Elizabeth ——. First Wife.
1010. **Nicholas Greenberry,*** b. 1627, d. 17 Dec. 1697.
1011. Anne ——.
1012. **Richard Warfield,*** d. 1704.
1013. Eleanor (Browne?).
1014. John Duvall.
1015. Elizabeth Jones.
1020. Thomas Hilliary,* d. 1697.
1022. George Young.

TENTH GENERATION

1024. Sir Richard Brent.
1025. Elizabeth Reed.
1026. Sir John Peyton.
1027. Alice Peyton.
1032. William Seymour, Jr., d. post 1653.
1044. Richard Sewall.
1045. Mary Dugdale.
1046. Vincent Lowe, b. 1593, d. post 1634.
1047. Ann Cavendish.
1154. Richard Eltonhead, b. 1582.
1155. Ann Sutton.
1174. **Thomas Gerard,*** b. 1600, d. 1673.
1175. Susannah Snow.
1178. Benjamin Gill,* d. 11 Nov. 1655.
1192. Thomas Brooke, b. 1561, d. 1612.
1193. Susan Foster.
1194. Roger Mainwaring.
1198. Benjamin Gill,* d. 11 Nov. 1655.
1200. Thomas Brooke, b. 1561, d. 1612.
1201. Susan Foster.
1202. Roger Mainwaring.
1234. Benjamin Gill,* d. 11 Nov. 1655.
1240. Thomas Brooke, b. 1561, d. 1612.
1241. Susan Foster.
1244. Sir George Calvert, b. circa 1578, d. Apl. 1632, m. 22 Nov. 1604.
1245. Anne Mynne, d. 8 Aug. 1622.
1294. **William Claiborne,*** b. circa 1589, d. 1676.
1344. Thomas Minor.*
1345. Grace Palmer.
1384. John Smith.*
1388. **Richard Cocke,*** b. circa 1600, d. 1665.
1389. Mary Aston.
1390. Daniel Clarke.*
1392. **Richard Cocke,*** b. circa 1600, d. 1665.
1393. —— ——. First Wife.
1472. François DuBourg.
1473. Jeanne Lastours.
1504. Pierre Charest.
1505. Renée Merle.
1934. **William Thompson,*** (1599-1666).
1960. John Pierce.
1964. John Adams.
1982. **Richard Warren,*** d. 1628.
1986. John Maccubbin.
1987. Eleanor Carroll.
1988. John Howard.
1989. Eleanor Carroll.
1992. **John Dorsey,** d. ca. 1714.
1993. Pleasance Ely.
1996. Thomas Todd.
2010. Nicholas Wyatt.
2028. Mareen Duvall.
2044. —— Young.
2045. Thomasine Parker.

ELEVENTH GENERATION

2688. Clement Minor.
2778. **Walter Aston,*** b. 1607, d. 1656.
4090. **William Parker,*** d. 1673 in London.

1. JAMES DORSEY BROWN, JR.

FIRST GENERATION
2. James Dorsey Brown, b. 28 Oct. 1854, d. 17 Mch. 1919, m. 10 Jan. 1906.
3. Ella Welsh, b. 31 Mch, 1879.

SECOND GENERATION
4. Thomas H. Brown.
5. Martha Robb.
6. Asa Hyatt Welsh, b. 19 Oct. 1848, d. 1 Feb. 1919, m. 26 Dec. 1876.
7. Mary Jane Miller, b. 31 Mch. 1853, d. 28 Oct. 1914.

THIRD GENERATION
8. Garrett Brown, b. circa 1794, d. 1870.
9. Mary Fenby, b. circa 1793, d. 1865.
12. William Warner Welsh, b. 24 June 1818, d. 11 Aug. 1875, m. 31 May 1843.
13. Mary Ann Hyatt, b. 3 Dec. 1824, d. 11 Feb. 1857.

FOURTH GENERATION
16. Thomas Brown, d. 1808?
17. Elinor Gordon, b. 1758, d. 1804.
18. Peter Fenby.
19. Ann Fletcher, b. 1763, d. 1810.
24. Warner Welsh, b. 21 Aug, 1786, d. 3 Mch. 1832, m. 1811.
25. Marab Scott, d. 25 Dec. 1823.
26. Asa Hyatt, b. 18 Dec. 1787, d. 20 Aug. 1848, m. 12 May 1812.
27. Mary Ann Phillips, b. 18 Nov. 1796, d. 28 Apl. 1859.

FIFTH GENERATION
48. Samuel Welsh, b. circa 1750, d. 21 Mch. 1822.
49. Rachel Griffith, b. 28 Nov. 1749, d. ante 1794.
52. Eli Hyatt, b. 16 Oct. 1754, d. 23 July 1815, m. 25 July 1780.
53. Mary Ann Warfield, b. Oct. 1761, d. 7 Mch. 1820.
54. Levi Phillips, b. 1 Sept. 1771, d. 3 Mch. 1844.
55. Eleanor Swearingen, b. 23 May 1773, d. 12 Mch. 1844.

SIXTH GENERATION
96. John Welsh, b. 3 Feb. 1720, d. ante 1784, m. circa 1741.
97. Hannah Hammond, b. 26 Apl. 1723, d. circa 1780?
98. **Henry Griffith**, b. 14 Feb. 1720, d. 28 Sept. 1794, m. 9 Apl. 1741.
99. Elizabeth Dorsey, d. 24 Dec. 1749. First wife.
104. Meshach Hyatt, b. circa 1723, d. 1807.
105. Sarah ———. First wife.
106. John Warfield, b. 15 Jan. 1722.
107. Elizabeth Dorsey.
110. Van Swearingen, b. 1722, d. 1784.
111. Margaret Stull.

SEVENTH GENERATION
192. John Welsh, d. 1734, m. circa 1715.
193. Rachel ———. Second wife.
194. John Hammond, d. 1753, m. circa 1722.
195. Ann Dorsey, d. circa 1786.
196. Orlando Griffith, b. 17 Oct. 1688, d. Mch. 1757, m. 6 June 1717.
197. Katherine Howard, b. circa 1702, d. Feb. 1783.
198. Edward Dorsey, b. circa 1701, d. 1767, m. circa 1723.
199. Sarah Todd.
208. Seth Hyatt.
209. Alice ———.
212. Richard Warfield, b. circa 1697, d. 1765, m. 1721.
213. Marian Caldwell. First wife.
220. Van Swearingen, b. circa 1691, d. circa 1803?
221. Elizabeth Walker, b. 23 Dec. 1695.

EIGHTH GENERATION
384. John Welsh,* d. 1683.
385. Ann (———) Grosse.
388. **Charles Hammond**, d. 23 Nov. 1713.
389. Hannah Howard.
390. **Edward Dorsey**, d. 1705.
391. Margaret ———. Second wife.
392. William Griffith,* d. 1699.
393. Sarah MacCubbin, d. 1716.
394. John Howard, b. circa 1668, d. 1704, m. circa 1701.
395. Katherine Greenberry, b. 1674, d. ante 1703.
396. Edward Dorsey, d. 1701.
397. Ruth ———.
398. Lancelot Todd, d. 1735.
399. Elizabeth ———.
416. Charles Hyatt.
417. Sarah ———.
424. John Warfield, b. circa 1675, d. 1718, m. 16 Feb. 1696.
425. Ruth Gaither, b. 8 Sept. 1679.
440. Thomas Van Swearingen, d. 1710.
441. Jane ———.
442. Charles Walker, d. 1730.
443. Rebecca Isaac.

NINTH GENERATION
776. **John Hammond**,* b. 1643, d. 24 Nov. 1707.
777. Mary (Howard?).
778. Philip Howard,* d. 1701.
779. Ruth Baldwin.
780. Edward Dorsey,* d. circa 1659.
786. John MacCubbin, d. 1686.
787. Elinor ———, d. 1711.
788. John Howard, d. 1696.
789. Susanna (———) Stevens.
790. **Nicholas Greenberry**,* b. 1627, d. 17 Dec. 1697.
791. Anne ———, b. 1648, d. 27 Apl. 1698.
792. John Dorsey,[1] d. circa 1715.
793. Pleasance Ely.

848. **Richard Warfield**,* d. 1704.
849. Elinor (Browne?).
850. **John Gaither**,* d. 1702.
851. Ruth (Beard?).
880. **Gerritt Van Swearingen**,* b. 1636, d. 1698.

881. Barbara de Barrette.
884. Charles Walker.*
886. Joseph Isaac,* d. 1688.
887. Margaret ——.

TENTH GENERATION

1584. ¹Edward Dorsey,* d. circa 1659.

1. MURRAY PEABODY BRUSH

FIRST GENERATION
2. Edmund J. Brush, b. 27 July 1837, d. 18 Aug. 1904, m. 20 June 1865.
3. Judith Peabody, b. 21 Aug. 1842.

SECOND GENERATION
6. Jeremiah Dodge Peabody, b. 23 Jan. 1805, d. 1875, m. 22 Dec. 1829.
7. Ellen Murray Hanna.

THIRD GENERATION
12. Thomas Peabody, b. 7 Sept. 1762, d. 1811, m. Dec. 1788.
13. Judith Dodge, b. 25 July 1770, d. 22 June 1830.

FOURTH GENERATION
24. David Peabody, b. 4 Oct. 1724, d. 1774.
25. Mary Gaines, b. 1730, d. Apl. 1806.

FIFTH GENERATION
48. David Peabody, b. 12 July 1678, d. Apl. 1726, m. 1704.
49. Sarah Pope, b. 1683, d. 29 Sept. 1756.

SIXTH GENERATION
96. John Peabody, b. 1642, d. 1720, m. 1665.
97. Hannah Andrews, b. 1642, d. 1702.

SEVENTH GENERATION
192. **Francis Peabody,*** b. 1614, d. 1698.
193. Mary Foster, b. 1618, d. 9 Apl. 1705.

1. HOWARD MOHLER CAMPBELL

First Generation
2. John Mills Campbell, b. 13 Feb. 1868, m. 21 Dec. 1892.
3. Sadie Brown, b. 8 Apl. 1868, d. 16 Oct. 1908.

Second Generation
4. John Wesley Campbell, b. 22 Sept. 1841, d. 11 June 1876, m. 11 June 1863.
5. Adaline Calvert, b. 14 May 1843.

Third Generation
10. John Lewis Calvert, b. 28 Apl. 1803, d. 30 Apl. 1863, m. 30 Aug, 1825.
11. Elizabeth Anne Slack, b. 7 Nov. 1807, d. 12 Nov. 1882.

Fourth Generation
20. Francis Calvert, b. 1751, d. 11 July 1823, m. 22 Dec. 1791.
21. Elizabeth Witt, b. 1772, d. 1806.

Fifth Generation
40. Jacob Calvert, b. 1720, d. 1772, m. 1750.
41. Sarah Crupper.

Sixth Generation
80. John Calvert, b. circa 1690, d. 1739, m. 1711.
81. Elizabeth Harrison.

Seventh Generation
160. George Calvert, d. 1668, d. circa 1740.
161. Elizabeth Doyne.

Eighth Generation
320. William Calvert,* b. circa 1642, d. 10 Jan. 1682/3, m. circa 1662.
321. Elizabeth Stone, b. circa 1642, d. post 1712.

Ninth Generation
640. Leonard Calvert,* b. circa 1610, d. 9 June 1647, m. circa 1640/2.
641. —— ——?
642. William Stone,* b. circa 1604, d. 1660.
643. Verlinda Cotton, d. 1675.

Tenth Generation
1280. Sir George Calvert, b. circa 1579, d. Apl. 1632, m. 22 Nov. 1604.
1281. Anne Mynne, b. 20 Nov. 1579, d. 1622.

1. LEE CUMMINS CAREY

First Generation
2. William Lee Carey, b. Aug. 1860, d. July 1933, m. Oct. 1885.
3. Martha Susan Raymond Dirickson, b. 17 Oct. 1869.

Second Generation
6. James Covington Dirickson, b. 1833, d. 1907, m. 11 Oct. 1865.
7. Eliza Blackiston Cummins, b. 3 Feb. 1844, d. 1908.

Third Generation
12. James Dirickson, b. 1796.
13. Henrietta Purnell, b. 1796.
14. Daniel Cummins, b. 18 Apl. 1820, d. 8 June 1861, m. 13 Apl. 1833.
15. Martha Ann Raymond, b. 1819, d. 1866.

Fourth Generation
24. Levin Dirickson, b. 1771, d. 1817.
25. Elizabeth Covington, b. 1777, d. 1829.
26. Littleton Robins Purnell, b. 1770, d. 1824.
27. Mary Ironshire, b. 1777, d. 1813.
28. John Cummins, b. 1777, d. 29 July 1833, m. 1806.
29. Susan Holliday Wilson, b. 29 June 1788, d. 17 Oct. 1842.
30. Jacob Raymond, b. 1788, d. 1852.
31. Eliza Blackiston, b. 1792, d. 1853.

Fifth Generation
48. Joseph Dirickson, d. 1794.
49. Comfort Tunnell.
50. John Covington.
51. Tabitha Evans.
52. William Purnell, b. 1739, d. 1795.
53. Mary Robins, b. 1743, d. 1808.
54. Joseph Ironshire, d. 1780.
55. Esther Collier.
56. Daniel Cummins, b. 1738, d. 1787.
57. Frances Wells, d. 1798.
58. George Wilson, d. 1798, m. 1775.
59. Susan Holliday, b. 29 Feb. 1756, d. 15 Mch. 1815.
60. James Raymond, b. 1739, d. 1817.
61. Angelica Moore.
62. Ebenezer Blackiston, b. 1767, d. 1829.
63. Susan Holliday, b. 1770, d. 1841.

Sixth Generation
96. Joseph Dirickson, d. 1768.
97. Mary Waples.
100. Isaac Covington, d. 1762.
102. Elisha Evans.
103. Elizabeth Walton.
104. Elisha Purnell, b. 1706, d. 1767.
105. Mary Selby.
106. Thomas Robins, b. 1702.
107. Aralanta Purnell.
108. Isaac Ironshire, d. 1735.
109. Mary Brevard.
112. Timothy Cummins, d. 1746.
113. Agnes ——.
116. George Wilson.
117. Margaret Hall.
118. Robert Holliday, m. 1752.
119. Phoebe Morris, b. 1720.
120. Presly Raymond, d. 1757.
121. Mary Steel, d. 1758.
122. John Moore, d. 1776.
123. Henrietta ——, d. 1777.
124. George Blackiston, d. 1778.
125. Martha ——.

Seventh Generation
192. Andrew Dirickson, d. 1715.
193. Mary Andrews.
204. John Evans.
205. Sarah Campbell.
208. Thomas Purnell, d. 1723.
209. Elizabeth Hammond.
210. William Selby.
211. Grace Houston.
212. Thomas Robins.
213. Elizabeth Bowdoin.
214. John Purnell, d. circa 1755.
215. Elizabeth Ratcliffe.
232. George Wilson.
233. Mary Kennard.
238. James Morris, b. 8 May 1688, d. 31 Oct. 1747, m. 8 Jan. 1709.
239. Margaret Cook, b. 1690, d. 9 Nov. 1766.
240. Jonathan Raymond, d. 1728.
241. Judith Brereton, b. 1678.
242. James Steel.
243. Mary ——.
248. Benjamin Blackiston, d. 1760.
249. Sarah ——.

Eighth Generation
408. John Evans.
409. Elizabeth ——.
416. Thomas Purnell,* d. 1695.
417. Elizabeth Dorman.
420. Daniel Selby.*
424. John Robins, b. circa 1636.
425. Esther Littleton.
428. Thomas Purnell, d. 1723.
429. Elizabeth Hammond.
464. James Wilson.
465. Catherine ——.
476. Anthony Morris,* b. 1654, d. 1721, m. 30 Jan. 1676.
477. Mary Jones, d. 1688.
482. William Brereton, d. 1690.
483. Sarah Smith.
496. John Blackiston, b. 1699, d. 1733.
497. Hannah ——.

Ninth Generation
848. Obedience Robins,* b. circa 1602, d. 1662.
849. Grace O'Neill?

850. **Nathaniel Littleton,*** d. 1654.
851. **Anne Southey,** d. 1656.
856. **Thomas Purnell,*** d. 1695.
857. **Elizabeth Dorman.**
952. **Anthony Morris,** b. 1630, d. 1656, m. 1653.
953. **Elizabeth Senior.**
964. **Thomas Brereton.**
966. **Samuel Smith.**
992. **John Blakiston,** d. 1679.
993. **Sarah** ——.

Tenth Generation

1696. Thomas Robins.
1697. Mary Bulkley.
1700. Sir Edward Littleton of Henley, Shropshire.
1701. Mary Walter.
1702. Henry Southey,* d. 1623.
1703. Elizabeth ——.
1984. George Blackiston, d. 1669.
1985. Barbara Lawson.

1. JAMES BUTTERWORTH RANDOL CARROLL

FIRST GENERATION
2. Charles Carroll, b. 12 Aug. 1873, d. 7 July 1931, m. 20 Nov. 1900.
3. Mary C. Randol, b. 19 Sept. 1874.

SECOND GENERATION
4. Robert Goodloe Harper Carroll, b. 1840, d. 27 Jan. 1915, m. 25 June 1872.
5. Mary Digges Lee, b. 9 Sept. 1842, d. 29 Feb. 1876. Second Wife.

THIRD GENERATION
8. Charles Carroll of Doughoregan, b. 25 July 1801, m. Oct. 1825.
9. Mary Digges Lee, b. 9 June 1800, d. 9 June 1861.

FOURTH GENERATION
16. Charles Carroll of Homewood, b. 2 Mch. 1775, d. 3 Apl. 1825, m. 17 July 1800.
17. Harriet Chew, b. 22 Oct. 1775, d. 8 Apl. 1861.

FIFTH GENERATION
32. Charles Carroll of Carrollton, b. 19 Sept. 1737, d. 14 Nov. 1832, m. 5 June 1768.
33. Mary Darnall, b. 19 Mch. 1749, d. 10 June 1782.

SIXTH GENERATION
64. Charles Carroll of Annapolis, Md., b. 2 Apl. 1702, d. 30 May 1782.
65. Elizabeth Brooke, b. 17 May 1709, d. 12 Mch. 1761.

SEVENTH GENERATION
128. Charles Carroll,* b. 1660, d. 30 July 1720, m. 14 Feb. 1693.
129. Mary Darnall, b. 1678, d. Feb. 1742.

EIGHTH GENERATION
258. **Henry Darnall**,* d. 9 June 1711, m. 1677.
259. Eleanor Hatton,* b. 1642, d. May 1724. (Widow Brooke)

1. WILLIAM GARNETT CHISOLM

FIRST GENERATION

2. William Edings Chisolm, b. 31 May 1855, d. 12 Oct. 1903, m. 28 Dec. 1886.
3. Helen Garnett, b. 16 May 1860.

SECOND GENERATION

4. James J. Chisolm, b. 7 June 1827, d. 23 Feb. 1862, m. 17 June 1847.
5. Margaret Swinton Bryan, b. 20 May 1829, d. 24 Aug. 1860.
6. Edgar Malcolm Garnett, b. 28 Apl. 1821, d. 22 Dec. 1900, m. 16 July 1851.
7. Emily M. D. Hayward, b. 3 Jan. 1829.

THIRD GENERATION

8. George Chisolm, b. 22 Oct. 1796, d. 31 Aug. 1837, m. 14 Jan. 1823.
9. Sarah M. Edings, b. 8 May 1802, d. 19 Jan. 1835.
12. Muscoe Garnett, b. 12 July 1786, d. 1869, m. 1807.
13. Maria Battaile.
14. Thomas Hayward, b. 15 Oct. 1796, d. 27 Jan. 1868, m. 4 Dec. 1816.
15. Margaret W. Savage, b. Sept. 1796, d. 1 Mch. 1888.

FOURTH GENERATION

16. George Chisolm, b. 19 Feb. 1772, d. 31 Oct. 1835, m. 21 Jan. 1796.
17. Providence Hext Prioleau, b. 28 July 1776, d. 6 Dec. 1860.
26. Hay Battaile.
27. Mary Champe Willis.
30. William Savage, d. 1835.
31. Esther Lane Dennis.

FIFTH GENERATION

34. Hext Prioleau, b. 31 Oct. 1753, d. 23 Aug. 1779, m. 9 Apl. 1775.
35. Margaret Williams.
54. Lewis Willis, b. 11 Nov. 1734, d. 1813.
55. Mary Champe.
60. John Savage, d. July 1792.
61. Margaret Waters.

SIXTH GENERATION

68. Samuel Prioleau, b. 25 Dec. 1717, m. 14 Oct. 1739.
69. Providence Hext, d. 18 Feb. 1775.
108. Henry Willis, d. circa 1741.
109. Mildred Washington, b. 1696. (Widow Gregory).
122. William Waters, m. 1739.
123. Rose Ann Harmanson.

SEVENTH GENERATION

136. Samuel Prioleau,* b. circa 1690, d. Apl. 1752, m. circa 1713.
137. Mary Magdalena Gendron, b. 1691, d. 1765.
218. Lawrence Washington, b. Sept. 1659, d. 1698, m. 1690.
219. Mildred Warner, d. 1701.
246. George Harmanson,* d. 1734.
247. Elizabeth Yeardley.

EIGHTH GENERATION

436. John Washington,* b. circa 1632, d. Jan. 1677, m. Jan. 1659.
437. Anne Pope, d. 1668. First Wife.
438. Augustine Warner, b. 3 June 1642, d. 18 June 1681.
439. Mildred Reade.
494. Argall Yeardley, d. 1682, m. 1678.
495. Sarah Michael.

NINTH GENERATION

874. Nathaniel Pope,* d. 1660.
875. Luce ——.
876. Augustine Warner,* b. 9 Oct. 1611, d. 24 Dec. 1674.
877. Mary ——, b. 13 May 1614, d. 11 Aug. 1662.
878. George Reade,* b. 25 Oct. 1608, d. 1671.
879. Elizabeth Martiau.[1]
988. Argall Yeardley,*[2] b. circa 1621, d. 1656, m. 1649.
989. Anne Custis.
990. John Michael,* d. 1679.
991. Elizabeth ——.

TENTH GENERATION

1758. [1]Nicolas Martiau,* b. circa 1591, d. 1657.
1976. [2]Sir George Yeardley,* b. circa 1580, d. Nov. 1627, m. —— ——.
1977. Temperance Flowerdew.

35

1. FREDERICK MORGAN COLSTON

FIRST GENERATION
2. Josiah Colston.
3. Eliza Pendleton Tutt.

SECOND GENERATION
6. Charles Pendleton Tutt, b. 1780, d. Oct. 1831, m. 14 Feb. 1806.
7. Ann Mason Chichester, b. 16 Oct. 1789, d. 12 July 1882.

THIRD GENERATION
14. Richard McCarty Chichester, b. 27 Feb. 1769, d. 29 Aug. 1817.
15. Ann Thomson Mason, b. 22 Feb. 1769, d. 29 Aug. 1817.

FOURTH GENERATION
30. Thomson Mason, b. 1730/33, d. 26 Feb. 1785.
31. Mary Barnes. First Wife.

FIFTH GENERATION
60. George Mason, b. circa 1692, d. 1735, m. 1721.
61. Anne Thomson. Second Wife.

SIXTH GENERATION
120. George Mason, b. circa 1670, d. 1716.
121. Mary Fowke. First Wife.

SEVENTH GENERATION
240. George Mason,* d. 1686.

1. GEORGE WEBB CONSTABLE

First Generation
2. William Pepper Constable, b. 1882.
3. Hyla Webb, b. 1888.

Second Generation
4. Albert Constable, b. 24 Oct. 1838, d. 22 Aug. 1904. Member, Md. Legislature. Of Cecil County, Md.
5. Elizabeth Black Groome, b. 17 July 1844. Sister of James Black Groome, Md. Governor and U. S. Senator.
6. George Regester Webb, b. 26 Dec. 1858, d. 8 July 1919.
7. Mary Rebecca Cox, b. Sept. 1861.

Third Generation
8. Albert Constable, b. 3 June 1805, d. 22 Aug. 1855. Member, U. S. Congress; Judge, Balto.-Cecil Co.'s Circuit.
9. Hannah Archer, b. 1 Aug. 1805, d. 24 July 1871.
10. John Charles Groome, b. 8 June 1800, d. 30 Nov. 1866. Aide de camp to Gov. Veazey of Md. Styled "Colonel."
11. Elizabeth Riddle Black, b. 15 Feb. 1816, d. 10 Sept. 1902.
12. William George Webb, b. 4 Feb. 1832, d. 17 Dec. 1899.
13. Amanda Woods, b. 1831, d. 1879.
14. James Hyland Cox, b. 12 Jan. 1835, d. 1882.
15. Mary Richard Shields, b. 1843, d. 1920.

Fourth Generation
16. John Constable,* b. 1766, d. Feb. 1844. From Eng. to Kent Co., Md. Captain.
17. Isabella Conner Stevenson, b. 1769, d. 24 July 1839.
18. Dr. John Archer, b. 9 Oct. 1777, d. 1830. Surgeon in War of 1812.
19. Ann Stump, b. 29 Jan. 1786, d. 17 Aug. 1867.
20. Dr. John Groome, b. 2 May 1769, d. 18 May 1830. Of Elkton, Md. Mem. Md. Legislature.
21. Elizabeth Jennette Black, b. 24 Jan. 1763, d. 7 May 1817. (Widow Wallace).
22. James Rice Black, b. 1785, d. 1839. Of Newcastle, Del. Styled Judge.
23. Maria E. Stokes of Phila., Pa.
24. Charles Webb,* b. 1780, d. 1849. From England to Baltimore, Md.
25. Clarissa Legg, b. 1797, d. 1880. Of Annapolis, Md.

Fifth Generation
32. Robert Constable,* d. 1788. Came to Chestertown, Md.
33. Sarah (Ingram?)
34. William Stevenson, b. circa 1739, d. 23 Oct. 1786.
35. Isabella Conner, b. 1735, d. 29 Nov. 1782. (Widow Bordley).
36. Dr. John Archer, b. 5 May 1741, d. 28 Sept. 1810. Member, Com. of Obs. for Harford Co., Md.
37. Catherine Harris, d. 1815.
38. John Stump, b. 1752, d. 1816.
39. Cassandra Wilson.
40. Charles Groome, b. 2 Mch. 1732, d. 29 Mch. 1791.
41. Martha Dunn, d. 21 May 1771.
42. James Black, b. 1732, d. 30 Nov. 1794.
43. Jennette Wallace, b. 1741, d. 22 Apl. 1774. First Wife.
44. James Black, b. 1732, d. 30 Nov. 1794.
45. Mary Rice, b. 1756, d. 1833. Third Wife.
46. William Stokes.* From Gloucestershire to Va.
47. Mary Axon.*

Sixth Generation
68. Dr. William Stevenson,* d. 1739, m. 25 Sept. 1735. Of Annapolis, Md.
69. Francina Augustina Frisby, b. 16 Aug. 1719, d. 1766.
70. John Conner, d. 1751. Of Chestertown, Md.
71. Elizabeth Harris.
72. Thomas Archer, b. 1720, d. Aug. 1772.
73. Elizabeth Stevenson, b. 1715, d. 1774.
74. Thomas Harris of Pa.
75. Mary McKinney.
76. John Stump, b. 1728, d. 1797. From Cecil to Harford Co., Md.
77. Hannah Husband.
78. Henry Wilson, b. 1721, m. 1743. Member, Com. of Obs. for Harford County, Md.
79. Priscilla Gover, b. 11 June 1714.
80. Samuel Groome, d. 1767. Of Kent Co., Md.
81. Margaret Hynson, b. 7 Sept. 1697.
82. Robert Dunn, b. 1692, d. 1745.
83. Anne Miller, b. 4 Feb. 1698.
84. James Black.* From Ireland to Kent Co., Md.
86. Andrew Wallace.
87. Eleanor ——.
88. James Black.* From Ireland to Md.
90. Evan Rice. Styled Judge.

Seventh Generation
138. James Frisby, b. 3 Aug. 1684, d. 1719, m. 9 Feb. 1714.
139. Ariana Vanderheyden, b. 1690, d. 1741.
140. James Conner.
141. Elinor ——.
142. James Harris, d. 1743.
143. Augustina Vanderheyden.
144. John Archer,* b. circa 1680. From Ireland to Cecil Co., Md.

145. Esther Irwin.
152. Johann Stumpf,* d. 1747. Emigrated to Cecil Co., Md.
153. Mary Catherin` Bakerin.
154. William Husband, b. circa 1699, d. circa 1768, m. 20 May 1720.
155. Mary (Kinkey?).
156. William Wilson, b. 1692, d. 1753.
157. Rachel Child.
158. Samuel Gover, d. 1744, m. 1706.
159. Elizabeth (Duvall?) Roberts, d. 1763.
160. Daniel Groome, b. 1654, d. 1690.
161. Ann Revett.
162. Charles Hynson, b. 1662, d. May 1711, m. 25 March 1687.
163. Margaret Harris.
164. Robert Dunn, b. 1674, d. 1729.
165. Mary Harris, d. Dec. 1709.
166. Michael Miller, b. 1675, d. 1738.
167. Martha Wickes, d. 1746.

EIGHTH GENERATION

276. James Frisby, b. 1651, d. 1704.
277. Sarah Read.
278. Matthias Vanderheyden.*
279. Ariana Margaretta Herman.
280. Philip Conner.
286. Matthias Vanderheyden.*
287. Ariana Margaretta Herman.
308. William Husband,* d. 1717. From St. Mary's to Cecil Co., Md. ante 1703.
310. Herman Kinkey. From Del. to Cecil Co., Md. (?)
311. Margaret ——.
312. John Wilson, d. 1762.
313. Margaret ——.

316. Robert Gover,* d. 4 April 1700. Anne Arundel Co., Md.
317. —— First wife.
320. John Groome, d. 1680. Of Suffolk, England.
324. Thomas Hynson,* b. 1619, d. 1667.
325. Grace ——.
326. William Harris,* b. 1650, d. 1712.
327. Jane ——, d. 1700.
328. Robert Dunn,* b. 1630, d. 12 May 1676.
329. Joan Porter, d. 1692.
330. William Harris,* b. 1650, d. 1712.
331. Jane ——, d. 1700.
332. Michael Miller,* b. 1644, d. 1699.
333. Alice (——) Stevens.
334. Joseph Wickes,* b. 1620, d. 1692.
335. Maria (——) Hartwell. First wife.

NINTH GENERATION

552. James Frisby,* d. 1674. From Va. to Cecil Co., Md.
558. Augustine Herman,* b. 1605, d. 1686.
559. Jannetje Varleth. First wife.
560. Philip Conner.* Of Kent Co., Md.
574. Augustine Herman,* b. 1605, d. 1686.
575. Jannetje Varleth. First wife.
624. John Wilson. Of Anne Arundel Co., Md.

TENTH GENERATION

1116. Augustine Ephraim Herman. Of Prague, Bohemia.
1117. Beatrice Redel.
1148. Augustine Ephraim Herman. Of Prague, Bohemia.
1149. Beatrice Redel.

1. LOUIS DUNCAN CORIELL

First Generation
2. Alvin Coriell, b. 4 Dec. 1843, d. 1 Sept. 1904, m. 18 May 1869.
3. Mary Aurelia Lawrence, b. 7 Feb. 1847, d. 14 June 1921.

Second Generation
4. Isaac Coriell, b. 3 Mch. 1809, d. 4 Nov. 1882, m. 30 June 1832.
5. Hannah Maria Van Vliet, b. 20 June 1809, d. Nov. 1885.
6. Thomas John Lawrence, b. 1797, d. Apl. 1852.
7. Emerald Sutton.

Third Generation
8. Isaac Coriell, b. 7 Mch. 1775, m. 24 Nov. 1802.
9. Mary Smalley, b. 25 Mch. 1784.
10. John Van Vliet, b. 8 Apl. 1770, d. 4 Mch. 1826, m. post 1803.
11. Charity Sebring, bp. 23 May 1784.
12. John Lawrence, d. 1831.
13. Mary Sewell.
14. Lewis Sutton, b. 9 May 1781, m. 27 Oct. 1803.
15. Martha Ann Dorsey, b. 1785, d. 4 Apl. 1847.

Fourth Generation
16. David Coriell, b. 11 Dec. 1735, d. 23 Sept. 1803.
17. Elizabeth Whitehead, b. 19 June 1737, d. 22 Mch. 1813.
18. Abraham Smalley, b. 2 May 1748, d. 20 Oct. 1809, m. 8 Oct. 1772.
19. Catharine Emans, b. 25 Jan. 1756, d. 24 Jan. 1836.
20. Derrick Van Vliet, b. 5 May 1722, d. 16 Sept. 1788, m. 6 May 1759.
21. Ellen Pittenger, b. 21 Sept. 1727, d. 21 Sept. 1788.
22. Jans Sebring, b. 1 Jan. 1753.
23. Phebe Voorhees, bp. 8 July 1753.
24. John Lawrence, d. post 1783.
30. Philip Dorsey.

Fifth Generation
32. David Coriell, b. July 1704, d. inter 1777/9, m. ante 1728.
33. Elsie Slecht, bp. 29 May 1705, d. ante 1777.
36. Andrew Smalley, b. 20 Dec. 1726, d. ante 1790, m. 22 Feb. 1747.
37. Agnes Coriell, b. 8 May 1728, d. post 1782.
38. Andries Emans, b. 1728, d. 1786, m. Nov. 1752.
39. Sarah Van Duyn, bp. 26 Mch. 1729, d. 7 Jan. 1805.
40. Gerret Van Vliet, bp. 4 July 1697, d. 1777, m. circa 1721.
41. Judith Van Neste, bp. 8 Mch. 1699.
44. Johannes Sebring, bp. 5 Feb. 1727, m. 1 Oct. 1748.
45. Geertje Tunison, bp. 26 Mch. 1729.
46. Aaron Voorhees.
47. Maria ——.
48. John Lawrence, d. 1764.
49. Elizabeth ——. Second Wife.

Sixth Generation
64. Abraham Coriell, b. 1675.
65. Agnes Van Court?.
66. Abraham Slecht, d. circa 1712, m. ante 1704.
67. Jannetje Van der Hoeven.
72. Jonathan Smalley, b. 10 Apl. 1683, d. 1763, m. circa 1707.
73. Sarah Fitz Randolph.
76. John Emans, d. 24 Mch. 1752.
77. Tenntje Van Dyck, b. 18 Apl. 1707, d. 1 Apl. 1752.
78. William Van Duyn, bp. 4 May 1695.
79. Sybrach Verkerk, bp. 4 May 1695.
80. Derrick Van Vliet, m. 16 May 1685.
81. Anna Andries, b. 10 Sept. 1662.
82. Jeronimus Van Neste, bp. 7 July 1658, m. 22 Aug. 1691.
83. Neeltje Hendricks.
88. Johannes Sebring, b. circa 1687.
89. Altje ——.
92. Albert Jans Voorhees.
96. George Lawrence, d. circa 1763.
97. Mary ——.

Seventh Generation
132. Hendrick Cornelisse Slecht, d. 1 May 1705, m. 8 Aug. 1666.
133. Elsie Barens, d. post 1708.
144. John Smalley, b. 8 Sept. 1644, d. 1733, m. 18 Oct. 1676.
145. Lydia Martin.
146. John Fitz Randolph, (1653-1727).
147. Sarah Bonham (1664-1738).
152. Andries Emans, d. 1728, m. 24 Nov. 1693.
153. Rebecca Van Cleef, d. 15 Nov. 1755.
154. Jan Van Dyke, b. circa 1680, d. 18 Dec. 1764, m. 16 June 1706.
155. Antje Verkerk, bp. 20 Jan. 1684, d. 27 June 1764.
156. Denyo Gerretse Van Duyn, d. 1729, m. Feb. 1691.
157. Maria Huykens.
162. Andries Barentse, d. 1663.
163. Hilletjen Hendrick.
164. Pieter Pieterse Van Neste, d. post 1698, m. circa 1652.
165. Judith Joris Rapalje, b. 5 July 1635, d. ante 1726.
176. Cornelis Sebring, d. 1723, m. 3 Sept. 1682.
177. Altje Fredericksc Lubbertsc, bp. 25 July 1658.

192. John Lawrence, d. 1698.
193. Margaret ——.

EIGHTH GENERATION

264. Cornelis Barentse Slecht,* d. 1671.
265. Tryntje Tyssen Bos, d. ante 1684.
288. John Smalley,* d. 30 July 1692, m. 29 Nov. 1638.
289. Ann Waldron, d. 29 Jan. 1694.
294. Nicholas Bonham,* b. circa 1638, d. 20 July 1684, m. 1 Jan. 1658.
295. Hannah Fuller.
306. Jan Van Cleef,* b. 1628, d. circa 1698?, m. circa 1660.
307. Engeltje Pieterse.
308. Jan Janse Van Dyke, d. 1736, m. May 1673.
309. Tenntje Thyssen Van Pelt, b. 1648.
310. Roeloff Janse Verkerk, b. circa 1654, d. post 1721, m. 7 Aug. 1681.
311. Catherine Simons.
312. Gerret Cornelise Van Duyn, d. 1706.
313. Jacomina Jacobse Swarts.
330. Joris Jansen Rapalje,* d. circa 1665.
331. Catalyntje Trico, b. 1605, d. 11 Sept. 1689.
354. Frederick Lubbertse,* b. 1609, d. 1679, m. 17 Aug. 1657.
355. Tryntje Hendricks, d. post 1693.

NINTH GENERATION

590. Samuel Fuller,* b. circa 1612, d. 31 Oct. 1683, m. Apl. 1635. (Son of Edward) "Mayflower" passengers.
591. Jane Lothrop, bp. 29 Sept. 1614, d. ante 1683.
616. Jan Thomasse Van Dyck,* d. 1673.
617. Tryntje Aeliesa Halgen.
626. Jacob Hellaker Swarts, b. 1612.
627. Tenntje Teunes.
662. Joris Trico.

1. LEWIS WARRINGTON COTTMAN
2. JAMES HOUGH COTTMAN
(See Pedigree Book, 1905, p. 18 (revised))

FIRST GENERATION

2. JAMES HOUGH COTTMAN, b. 4 Feb. 1847, d. 17 Nov. 1919, m. 30 Nov. 1871.
3. Caroline Cary Chubb, b. 16 Nov. 1851, d. June 1914.

SECOND GENERATION

4. James S. Cottman, b. 23 Feb. 1804, d. 9 June 1863, m. 25 Apl. 1844.
5. Elizabeth McElderry Boggs, b. 11 Feb. 1818, d. 30 Dec. 1883.

THIRD GENERATION

8. Lazarus Cottman, b. 14 June 1764, d. 20 Aug. 1842, m. 11 Jan. 1796.
9. Elizabeth Morris Bishop, b. 14 Oct. 1775, d. 27 Dec. 1822.
10. J. Hermanus Boggs, b. 1785, d. 27 June 1863, m. 12 Mch. 1806.
11. Margaret Parks, b. 1784, d. 3 Oct. 1836.

FOURTH GENERATION

16. Joseph Cottman, b. 2 Nov. 1713.
17. Margaret Bosman, b. 1733, d. 18 Nov. 1793.
18. Dr. Smith Bishop, m. 2 Jan. 1774.
19. Hannah Stewart.
20. Alexander Boggs,* b. 1755, d. 30 Mch. 1837.
21. Ann Alricks, b. 7 Oct. 1760, d. 20 Sept. 1847.
22. John Parks, b. 19 July 1755, d. 1812.
23. Margaret Gibson.

FIFTH GENERATION

32. John Cottman.
33. Mary ——.
38. James Stewart of Worcester Co., Md.
39. Hannah Hough.
40. Andrew Boggs,* d. 1765. From Ireland to Pa. in 1724.
41. Ann Patton, b. 1719, d. 1789.
42. Hermanus Alricks, b. 1710, d. 14 Dec. 1772, m. 1754.
43. Ann West, b. 1733, d. 21 Nov. 1791. Second Wife.
46. Andrew Gibson, d. 1782.
47. Elizabeth Hopkins.

SIXTH GENERATION

76. Peter Stewart, m. 1732.
77. Mary Vokes.
78. Edmund Hough,* d. 1763.
79. Hannah ——.
84. Wessels Alricks.

SEVENTH GENERATION

154. Bartholomew Vokes.*
168. Pieter Alricks,* b. circa 1630, d. circa 1697, m. 9 Feb. 1664.
169. Maria Wessels.

EIGHTH GENERATION

336. Siegfried Alricks.

1. FRANCIS BARNUM CULVER

First Generation
2. William Edward Culver, b. 3 July 1803, d. 12 Mch. 1876, m. 9 Jan. 1868.
3. Jane McClintock, b. 23 Dec. 1833, d. 19 May 1920. Second Wife.

Second Generation
4. Solomon Culver, b. 18 Aug. 1760, d. 2 Apl. 1835, m. circa 1783.
5. Lodamia Burr, b. 13 Sept. 1764, d. 3 Oct. 1834.
6. Matthew McClintock,* b. 3 Mch. 1806, d. 13 Dec. 1885, m. 2 Oct. 1832. (Settled in Penna., 1828.)
7. Susan Appleby, b. 8 Jan. 1815, d. 13 Oct. 1877.

Third Generation
8. Jonathan Culver, b. 5 Mch. 1726, d. 1808, m. 16 Nov. 1749.
9. Sarah Hinman, b. 5 July 1731, d. post 1808.
10. Samuel Burr, b. 1728, d. 13 Aug. 1815, m. 28 Dec. 1752.
11. Christian Cadwell, b. 24 Sept. 1735, d. 29 Jan. 1782.
12. Samuel McClintock, b. 1772, d. 1856. Of Donegal, Ireland.
13. Jane Rankin, d. 1852.
14. John Appleby, b. 1 Oct. 1789, d. 16 Feb. 1834, m. 15 Mch. 1814.
15. Elizabeth Sheild, b. 1790, d. 3 Feb. 1865.

Fourth Generation
16. Samuel Culver, b. 11 Feb. 1691, d. circa 1770, m. 13 May 1714.
17. Hannah Hibberd, b. 1691, d. 6 July 1770.
18. Samuel Hinman, b. 1705, d. 1784, m. circa 1726.
19. —— ——.
20. Stephen Burr, bp. 27 Aug. 1699, d. circa 1785, m. circa 1725.
21. Violet Shepard, b. 1700.
22. James Cadwell, b. 3 Apl. 1697, d. 29 Aug. 1771, m. 24 July 1734.
23. Sarah Merry, b. 27 Mch. 1706.
24. Alexander McClintock, b. ante 1750.
25. Ann Patterson.
26. Samuel Rankin.
28. Thomas Appleby,* d. ante 1828. Of Montgomery Co., Md.
30. William Sheild, b. 1760, d. 2 Sept. 1816, m. 8 Apl. 1786.
31. Rachel Ball, b. 22 July 1766, d. 21 July 1857.

Fifth Generation
32. Edward Culver, b. 1654, d. 7 Apl. 1732, m. 15 Jan. 1682.
33. Sarah Backus, b. 14 June 1663, d. post 1705.
34. Robert Hibberd, bp. 7 Mch. 1648, d. 29 Apl. 1710, m. circa 1672.
35. Mary Walden, b. 1655, d. 7 Mch. 1736.
36. Edward Hinman, b. 1672, d. post 1723, m. circa 1698.
37. Hannah Jenner?, b. 25 Aug. 1678, d. 25 Aug. 1777.
40. John Burr, b. 23 Apl. 1670, d. 5 May 1741, m. circa 1693.
41. Sarah ——, b. 1675, d. 4 Sept. 1767.
42. Thomas Shepard, b. 12 Nov. 1666, d. circa 1744, m. 5 Sept. 1695.
43. Susanna Scott. First Wife.
44. Thomas Cadwell, b. 5 Dec. 1662, d. circa 1740, m. 23 Sept. 1687.
45. Hannah Butler.
46. Cornelius Merry, b. 1666, d. 9 Aug. 1760.
47. Bethia ——.
60. John Sheild, d. 1775.
61. Martha Ann ——.
62. James Ball, b. 23 Feb. 1731, d. 9 Jan. 1808, m. circa 1756.
63. Elizabeth Kemp, b. 23 July 1732, d. 20 July 1814.

Sixth Generation
64. Edward Culver,* b. circa 1610, d. 1685, m. 19 Sept. 1638.
65. Anne Ellis, b. 1618.
66. William Backus, b. 1637, d. 1721, m. 1659.
67. Sarah Charles, b. Oct. 1637.
68. Robert Hibberd,* bp. 13 Mch. 1614, d. 7 May 1684. (From Salisburg, Eng.)
69. Joan ——, d. 1696. :
70. Edward Walden,* d. 1679.
72. Edward Hinman,* d. 26 Nov. 1681, m. circa 1652.
73. Hannah Stiles, b. circa 1630, d. 1677.
80. Samuel Burr, b. circa 1636, d. 1682, m. circa 1660.
81. Mary Baysey.
84. John Shepard, b. circa 1627, d. 13 June 1707, m. 4 Oct. 1649.
85. Rebecca Greenhill, b. circa 1634, d. 22 Dec. 1689.
88. Thomas Cadwell,* d. 9 Oct. 1694, m. 1658.
89. Elizabeth Stebbins. (Widow of Robert Wilson.)
90. Thomas Butler, b. circa 1636, d. 1688.
91. Sarah Stone.
92. Cornelius Merry,* b. circa 1640.
93. Rachel Ballard.
120. William Sheild, d. 1733, m. 17 Feb. 1723.
121. Margaret Huff.
124. John Ball, d. 1760, m. 1716.
125. Mary ——.

126. John Kemp, b. 1681, d. circa 1750, m. 1 Jan. 1706.
127. Mary Ball.

SEVENTH GENERATION

130. John Ellis,* b. 1596.
132. William Backus,* d. circa 1663.
134. John Charles,* d. 1673.
146. Francis Stiles,* b. circa 1601, d. 1652.
147. Sarah ——, d. 1682.
160. Benjamin Burr,* b. circa 1610, d. 31 Mch. 1681.
161. Anne ——, d. 31 Aug. 1683.
162. John Baysey,* d. 1671. (From Co. Essex, Eng.)
163. Elizabeth ——, d. 1673.
168. Edward Shepard,* d. 1680.
169. Violet (Stanley?), d. 9 June 1648. First Wife.
170. Samuel Greenhill,* d. circa 1638. (From Staplehurst, Co. Kent.)
171. Rebecca ——.
178. Edward Stebbins,* d. circa 1665. (From Co. Essex, Eng.)
179. Frances ——, d. 1673.
180. Richard Butler,* d. 6 Aug. 1684, m. circa 1636.
181. Elizabeth (Bigelow?). Second Wife.
182. Rev. Samuel Stone,* bp. 30 July 1602, d. 20 July 1663.
183. —— ——. First Wife.

186. William Ballard.*
240. William Sheild,* d. 1717.
241. Mary Parker.
242. Morgan? Huff.
248. Thomas Ball,* d. 1722. Of the Devonshire family settled near Dungannon, Ireland.
249. Susannah ——.
252. Robert Kemp,* b. circa 1650, d. 1702, m. circa 1678.
253. Elizabeth Webb.
254. Thomas Ball,* d. 1722. Of the Devonshire family settled near Dungannon, Ireland.
255. Susannah ——.

EIGHTH GENERATION

292. Thomas Stiles, d. 1614. Of Bedfordshire, Eng.
293. Maria ——, d. 1614.
336. John Shepard.
337. Rebecca Waller?.
364. John Stone of Hertford, Eng.
482. Thomas Parker,* d. 1695.
483. Elizabeth ——, d. 1714.
496. John Ball,* d. ante 1694.
497. Mary ——.
506. Edmund Webb,* d. 1685.
508. John Ball,* d. ante 1694.
509. Mary ——.

1. CORBIN BRAXTON DALLAM

First Generation
2. Henry Clay Dallam, b. 18 Nov. 1828, d. 7 Mch. 1887, m. 16 Dec. 1856.
3. Betty Braxton, b. 17 May 1835, d. 3 Oct. 1927.

Second Generation
4. Francis Johnson Dallam, b. 16 Mch. 1787, d. 30 Apl. 1857, m. 2 Mch. 1815.
5. Sarah Phillips Wilmer, b. 11 Nov. 1789, d. 30 May 1857. (Widow Phillips.)
6. Corbin Braxton, b. 23 May 1792, d. 12 Feb. 1852, m. 12 Feb. 1824.
7. Mary Williamson Tomlin, b. 10 Nov. 1806, d. 23 Dec. 1872.

Third Generation
8. Josias William Dallam, b. 5 Nov. 1747, d. 9 Dec. 1820, m. 25 Jan. 1770.
9. Sarah Smith, b. 31 Mch. 1749, d. 18 Nov. 1797. First Wife.
10. Rev. James Jones Wilmer, b. 15 Jan. 1750, d. 14 Apl. 1814, m. 21 May 1783.
11. Sarah Magee, b. circa 1764, d. ante 1803. First Wife.
12. George Braxton, b. 1767?, d. 1838.
13. Mary Walker Carter, b. 1763.
14. John Walker Tomlin, b. 30 Nov. 1778, d. 4 Dec. 1815, m. 23 Oct. 1804.
15. Margaret Ball, b. circa 1782, d. 13 May 1819.

Fourth Generation
16. William Dallam, b. circa 1713, d. 21 Sept. 1761, m. 10 Jan. 1737.
17. Elizabeth Johnson, b. Oct. 1719, d. 24 Oct. 1748. First Wife.
18. William Smith, d. 1777, m. 23 Dec. 1743.
19. Elizabeth Rigby.
20. Simon Wilmer, b. 12 Apl. 1713, d. circa 1769, m. 17 Nov. 1735.
21. Mary Price.
22. Daniel Magee, d. inter 1772/6, m. circa 1763/4.
23. Sarah Phillips, b. 22 Aug. 1738, d. post 1776. (Widow Hall.)
24. Carter Braxton, b. 10 Sept. 1736, d. 10 Oct. 1797, m. 1760.
25. Elizabeth Corbin, d. 1791. Second Wife.
26. Charles Carter, b. 1732, d. 1806.
27. Mary Walker Carter, b. 1736, d. 1770. First Wife.
28. Walker Tomlin, d. circa 1802, m. inter 1770/4.
29. Sarah Fauntleroy. (Widow Fauntleroy.) First Wife.
30. Williamson Ball of Lancaster Co., Va.
31. Priscilla Churchill. Third Wife.

Fifth Generation
32. Richard Dallam,* d. circa 1714, m. circa 1702.
33. Elizabeth Martin, b. circa 1685, d. 31 Dec. 1778.
34. Joseph Johnson, d. 1731, m. 5 July 1713.
35. Anne Todd, b. ante 1697, d. Feb. 1720.
36. William Smith,* d. 30 Jan. 1732, m. ante 1715.
37. Elizabeth Martin, b. circa 1685, d. 31 Dec. 1778. (Widow Dallam.)
38. Nathan Rigby, b. 28 Apl. 1695.
39. Cassandra Coale. First Wife.
40. Lambert Wilmer, b. 2 Oct. 1682, d. 1732.
41. Anne Pyner.
42. John Price of Wales.
46. James Phillips, b. 13 Dec. 1716, m. 27 Sept. 1737.
47. Sarah Knight, b. 1 Apl. 1719.
48. George Braxton, d. 1761, m. 1733.
49. Mary Carter, b. 1712, d. 17 Sept. 1736.
50. Richard Corbin, b. 1708, d. post 1783, m. 1737.
51. Elizabeth Tayloe.
52. John Carter, b. 1690, d. 31 July 1742, m. 1723.
53. Elizabeth Hill, d. 1777.
54. Charles Carter, b. 1707, d. 1764, m. 1728.
55. Mary Walker.
56. Robert Tomlin, d. 1761.
57. ? Winnifred Webb?.
58. John Fauntleroy, b. 1724, d. 1766, m. circa 1750.
59. Judith Littlepage. First Wife.
60. George Ball, m. circa 1735.
61. Judith (Payne?).
62. Armistead Churchill, b. 25 July 1704, d. 1763.
63. Hannah Harrison, b. 1706, d. 1776.

Sixth Generation
66. William Martin,* d. 1690.
67. ? Isabella ———.
68. Henry Johnson,* d. 1689, m. circa 1677.
69. Elizabeth Gouldsmith, d. 1699. (Widow Utie)
70. James Todd, d. ante May 1709, m. ante June 1696.
71. Elizabeth ———.
74. William Martin,* d. 1690.
75. ? Isabella ———.
76. James Rigby, d. 1700.
77. Elizabeth Smith, d. 1700.
78. Philip Coale, b. 6 Sept. 1673, d. 1734, m. 6 Apl. 1697.
79. Cassandra Skipwith, b. 28 Oct. 1678, d. 1746.
80. Simon Wilmer,* d. 1699, m. circa 1681.
81. Rebecca Tilghman, d. 1722.

CORBIN BRAXTON DALLAM 45

82. Thomas Pyner.
92. James Phillips, d. 30 Mch. 1720, m. 1716.
93. Joanna (Todd?), d. 14 Oct. 1735.
94. Stephen Knight, d. 1745, m. 24 Feb. 1708.
95. Sarah Frisby.
96. George Braxton, b. circa 1678, d. 1 July 1748.
98. Robert Carter, b. 1663/4, d. 4 Aug. 1732, m. 9 Apl. 1701.
99. Elizabeth (Landon) Willis, b. 1684, d. 3 July 1719. Second Wife.
100. Gawin Corbin, d. post 1744.
101. Jane Lane, d. post 1715. Second Wife.
102. John Tayloe, b. 15 Feb. 1687, d. 1747.
103. Elizabeth Gwynn, b. 31 Dec. 1692, d. Nov. 1761.
104. Robert Carter, b. 1663, d. 4 Aug. 1732, m. 1688.
105. Judith Armistead, b. 1665, d. 1700. First Wife.
106. Edward Hill, b. 1638, d. 1700.
107. Anne (? Williams).
108. Robert Carter, b. 1663, d. 4 Aug. 1732, m. 9 Apl. 1701.
109. Elizabeth (Landon) Willis, b. 1684, d. 1719.
110. Joseph Walker, d. 1723.
111. Sarah Berkley. (Widow Ring).
112. Robert Tomlin.
113. Esther Walker.
116. William Fauntleroy, b. 1684, d. 1757.
117. Apphia Bushrod.
120. William Ball, d. circa 1745.
121. Hannah Beale.
124. William Churchill,* b. circa 1649, d. circa 1710, m. 5 Oct. 1703.
125. Elizabeth Armistead. (Widow Wormley). Second Wife.
126. Nathaniel Harrison, b. 8 Aug. 1677, d. 30 Nov. 1727.
127. Mary (——) Young, (née Cary?).

SEVENTH GENERATION

138. George Gouldsmith,* d. 1666.
139. Mary (Collett?).
140. Thomas Todd,* b. circa 1620, d. 1676.
141. Anne Gorsuch, b. circa 1638.
152. James Rigby,* b. 1630, d. 1681.
153. Katherine ——.
154. Nathan Smith,* d. 1684.
155. Margaret Burridge, d. 1699.
156. William Coale, d. 30 Oct. 1678.
157. Elizabeth Thomas.
158. George Skipwith, d. 18 Dec. 1683.
159. Elizabeth Thurston, d. 19 Feb. 1710.
162. Dr. Richard Tilghman,* b. 3 Sept. 1626, d. 7 Jan. 1676.
163. Mary Foxley, d. inter 1699/1702.
184. James Phillips,* d. 1680.
185. Susannah (——) Orchard.
186. Thomas Todd,* b. circa 1620, d. 1676.
187. Anne Gorsuch, b. circa 1638.
190. James Frisby, b. 1651, d. 1704.
191. Sarah Reade.

196. John Carter,* b. circa 1615, d. circa 1670.
197. Sarah Ludlow, d. 1699. Fourth Wife.
198. Sylvanus Landon.
200. Henry Corbin,* b. 1629, d. 1675.
201. Alice Eltonhead, d. circa 1684.
202. John Lane.
204. William Tayloe,* d. ante 1710.
205. Anne Corbin, b. 1664, d. 1704.
206. David Gwynn,* d. circa 1705.
207. Catherine Griffin, d. 1728.
208. John Carter,* b. circa 1615, d. circa 1670.
209. Sarah Ludlow, d. 1699. Fourth Wife.
210. John Armistead, d. 1698.
211. Judith ——.
212. Edward Hill,* d. 1663.
216. John Carter,* b. circa 1615, d. circa 1670.
217. Sarah Ludlow, d. 1699. Fourth Wife.
218. Sylvanus Landon.
222. Edmund Berkley, d. ante 1674.
223. Mary (Pettus?), b. 1648, d. 18 Mch. 1704.
224. Robert Tomlin, d. 1688.
225. Rebecca Fox, d. 1714.
226. John Walker,* d. 1668.
232. William Fauntleroy, d. 1686.
233. Catharine Griffin, d. 1728.
234. John Bushrod, b. 30 Jan. 1663, d. 6 Feb. 1719.
235. Hannah Keene, b. 4 Feb. 1676, d. 1739.
240. William Ball,* b. 1641, d. 1694.
241. Margaret (?) Williamson.
250. John Armistead, d. 1698.
251. Judith ——.
252. Benjamin Harrison, b. 20 Sept. 1645, d. 30 Jan. 1713.
253. Hannah ——, b. 13 Feb. 1652, d. 16 Feb. 1699.

EIGHTH GENERATION

276. —— Gouldsmith.
277. Elizabeth ——.*
280. Geoffrey Todd, d. 1637.
281. Margaret ——.
282. Rev. John Gorsuch, d. ante 1652, m. 1628.
283. Anne Lovelace, d. 1652.
314. Philip Thomas,* d. 1676.
315. Sarah Harrison, d. 1687.
318. Thomas Thurston,* d. 1693.
319. Bridget ——.
324. Oswald Tilghman, b. 4 Oct. 1579, d. 1628, m. 13 Jan. 1612.
325. Abigail Tayler, b. 1586, d. 1626.
372. Geoffrey Todd, d. 1637.
373. Margaret ——.
374. Rev. John Gorsuch, d. ante 1652, m. 1628.
375. Anne Lovelace, d. 1652.
380. James Frisby,* d. 1674.
381. Mary ——.
382. Thomas Reade.
394. Gabriel Ludlow, b. 1587.
395. Phyllis ——.

400. Thomas Corbin, b. 1594, d. 1637.
401. Winnifred Grosvenor.
402. Richard Eltonhead, b. 1582.
403. Anne Sutton.
410. **Henry Corbin,*** b. 1629, d. 1675, m. 1649.
411. Alice Eltonhead, d. circa 1684.
414. Samuel Griffin,* d. 1703.
415. Sarah (——) Griffin.
418. Gabriel Ludlow, b. 1587.
419. Phyllis ——.
420. William Armistead, bp. 1610.
421. Anne ——.
434. Gabriel Ludlow, b. 1587.
435. Phyllis ——.
450. David Fox, d. circa 1670.
464. Moore Fauntleroy,* d. 1663.
465. Mary Hill.
466. Samuel Griffin,* d. 1703.
467. Sarah (——) Griffin.
468. Richard Bushrod,* b. inter 1622/5.
469. Apphia ——.
470. William Keene, b. 1642, d. 1684.
471. Elizabeth Rogers, d. 1722.
480. **William Ball,*** b. circa 1615, d. 1680.
481. Hannah Atherold.
500. William Armistead, bp. 1610.
501. Anne ——.
504. **Benjamin Harrison,*** d. inter 1643/7.
505. Mary ——, d. 1688.

NINTH GENERATION

564. Daniel Gorsuch, b. 1569, d. 1638, m. 30 Sept. 1597.
565. Alice Hall, b. 1576, d. 1663.
566. Sir William Lovelace, b. 1584, d. 1628.
567. Anne Barne, d. 1633.
648. William Tilghman, b. 1518, d. 1594, m. circa 1575.
649. Susanna Whetenhall. Fourth Wife.
650. Rev. Francis Tayler.
748. Daniel Gorsuch, b. 1569, d. 1638.
749. Alice Hall, b. 1576, d. 1663.
750. Sir William Lovelace, b. 1584, d. 1628.
751. Anne Barne, d. 1633.
788. Thomas Ludlow, d. 1607.
789. Janet Pyle.
800. George Corbin.
801. Mary Faunt.
802. Gawin Grosvenor.
803. Dorothy Pudsey.
804. William Eltonhead.
805. Anne Bowers.
806. Edward Sutton.
820. Thomas Corbin, b. 1594, d. 1637.
821. Winnifred Grosvenor.
822. Richard Eltonhead, b. 1582.
823. Anne Sutton.
836. Thomas Ludlow, d. 1607.
837. Janet Pyle.
840. Anthony Armistead.
841. Frances Thompson.
868. Thomas Ludlow, d. 1607.
869. Janet Pyle.
928. John Fauntleroy, d. 1644.
929. Phebe Wilkinson.
930. Thomas Hill.
940. Thomas Keene.
941. Mary ——.
942. John Rogers.
943. Ellen ——.
1000. Anthony Armistead.
1001. Frances Thompson.

1. BRYAN GRIMES DANCY
1. WILLIAM GRIMES DANCY
1. FRANK BATTLE DANCY, JR.
2. FRANK BATTLE DANCY

FIRST GENERATION

2. FRANK BATTLE DANCY, b. 4 Aug. 1860, d. 1 July 1922, m. 8 Dec. 1887.
3. Elizabeth Hanrahan Grimes, b. 3 Oct. 1863.

SECOND GENERATION

4. William Francis Dancy, b. 11 Oct. 1818, d. 9 May 1860, m. 14 Jan. 1858.
5. Mary Eliza Battle, b. 11 Jan. 1829, d. 13 Aug. 1905.

THIRD GENERATION

10. James Smith Battle, b. 25 June 1786, d. 18 July 1854, m. 3 Dec. 1822.
11. Sally Harriet Westray, b. 7 Feb. 1803, d. 15 July 1840.

FOURTH GENERATION

20. Jacob Battle, b. 22 Apl. 1754, d. 1 Apl. 1814, m. 21 July 1785.
21. Penelope Langley, b. 14 Apl. 1762, d. 26 May 1800.

FIFTH GENERATION

40. **Elisha Battle**, b. 9 Jan. 1723, d. 6 Mch. 1799, m. 1742.
41. Elizabeth Sumner, d. 19 Jan. 1794.

SIXTH GENERATION

80. William Battle, b. 1682, d. 1749.
81. Sarah Hunter.

SEVENTH GENERATION

160. John Battle,* d. 1690.
161. Elizabeth ——.

1. NICHOLAS LEEKE DASHIELL
(See Pedigree Book, 1905, p. 19)

FIRST GENERATION

2. Nicholas Leeke Dashiell, b. 1 July 1814, d. 28 Feb. 1895, m. 20 Dec. 1855.
3. Louisa Turpin Wright, b. 17 Nov. 1832, d. 15 Oct. 1919.

SECOND GENERATION

4. Henry Dashiell, b. 9 Feb. 1769, d. 4 Oct. 1830, m. 24 Jan. 1799.
5. Mary Leeke, b. 17 Apl. 1780, d. 9 May 1869.
6. Turpin Wright, b. 3 Dec. 1793, d. 23 Jan. 1869, m. 1 Apl. 1830.
7. Mary Holland Harris, b. 4 Oct. 1798, d. 27 Dec. 1865.

THIRD GENERATION

8. Thomas Dashiell, b. 1726, d. inter 1773/8.
9. Jean Rencher, d. post 1770.
10. Nicholas Leeke, b. 29 Sept. 1749, d. 31 Jan. 1824.
11. Mary Farrell, b. circa 1756, d. 3 May 1802.
12. Joshua Wright, b. 13 Oct. 1757, d. 3 May 1814, m. 22 Feb. 1781.
13. Sarah Turpin, b. 13 Jan. 1756, d. 1 July 1830.
14. Benton Harris, b. 31 July 1767, d. 11 June 1830, m. 4 Mch. 1795.
15. Anne Harris, b. 6 Nov. 1775, d. 24 Mch. 1815.

FOURTH GENERATION

16. **Henry Dashiell**, b. 28 Mch. 1702, d. 1756, m. circa 1725.
17. Jane ——.
18. **Underwood Rencher**, b. 1692.
19. Sarah ——.
20. Richard Leeke.
21. Lucy ——.
22. William Farrell.

24. Jacob Wright, d. 26 May 1797, m. May 1754.
25. Elizabeth Bayley, d. 23 Nov. 1811.
26. **William Turpin**, b. circa 1728, d. 19 Jan. 1782, m. circa 1748.
27. Constance Cannon, b. 9 Dec. 1728, d. 13 Aug. 1783.
28. Abraham Harris, d. 15 June 1798.
29. Direction Butler, d. 20 Nov. 1823.
30. Zachariah Harris.
31. Tabitha ——.

FIFTH GENERATION

32. **Thomas Dashiell**, b. 23 Apl. 1666, d. 1755, m. 1686.
33. Elizabeth Mitchell, b. 27 Dec. 1670.
36. John Rencher, d. 1711.
37. Frances ——.
52. Denwood Turpin.
54. James Cannon.
55. Sarah ——.
56. Robert Harris.
60. Stephen Harris.

SIXTH GENERATION

64. James Dashiell,* b. 1634, d. Aug. 1697. m. circa 1659.
65. Ann ——, b. 1639, d. ante 1705.
66. George Mitchell.
67. Isabel ——.

SEVENTH GENERATION

128. James Dashiell,* b. 1604, d. inter 1645/50, m. 24 Nov. 1631.
129. Margaret Inglis.
130. Edward Cannon.
131. Ann ——.

EIGHTH GENERATION

256. Jacques de Chiel, b. 1575, d. circa 1625, m. 16 May 1699.
257. Elizabeth Robesoun.

48

1. JAMES PHILEMON DAVIDSON

First Generation
2. Charles F. Davidson, b. 29 Sept. 1865, m. 2 June 1891.
3. Anna Loletia Davidson, b. 27 Nov. 1864.

Second Generation
6. John Philemon Chew Paca Davidson, b. 17 Mch. 1835, d. 27 Nov. 1897, m. 11 Aug. 1863.
7. Cata Weems, b. 1 Jan. 1841.

Third Generation
12. James Davidson, b. 5 Mch. 1805, d. 24 Feb. 1888, m. 30 Apl. 1832.
13. Anna Maria Paca, b. 1812, d. 16 Jan. 1841.

Fourth Generation
26. John Philemon Paca, b. 17 Mch. 1771, d. 8 Jan. 1840.
27. Juliana Tilghman, d. 13 Feb. 1861.

Fifth Generation
52. William Paca, b. 31 Oct. 1740, d. 23 Oct. 1799, m. 26 May 1763.
53. Ann Mary Chew, d. 15 Jan. 1774. First Wife.

Sixth Generation
104. John Paca, b. 1712, d. 1785, m. 2 Nov. 1732.
105. Elizabeth Smith, d. 1783.

Seventh Generation
208. Aquila Paca, d. 10 Sept. 1721.
209. Martha Phillips.

Eighth Generation
416. Robert Paca,* d. 1681, m. circa 1670.
417. Mary Parker,* b. 1633, d. 22 Dec. 1699.

1. SEPTIMUS DAVIS

First Generation
2. Samuel Griffith Davis, b. 18 Jan. 1837, d. 30 July 1913, m. 7 Dec. 1859.
3. Anne Eliza Guy Hollister, b. 27 Sept. 1834, d. 21 Apl. 1880.

Second Generation
4. Dr. Septimus Davis, b. 12 Oct. 1801, d. 7 Jan. 1857, m. 7 Apl. 1836.
5. Frances Ann Griffith, b. 26 Mch. 1808, d. 18 Nov. 1898.
6. Wesley Hollister, b. 16 Aug. 1805, d. 30 Aug. 1848.
7. Mary Clarke, d. 19 Sept. 1858.

Third Generation
8. Dr. Elijah Davis, b. 22 July 1760, d. 29 June 1829, m. 18 Dec. 1788.
9. Mary Gouldsmith Garrettson, b. 28 May 1770, d. 11 Apl. 1815.
10. Samuel Gouldsmith Griffith, b. 1 Sept. 1777, d. Dec. 1820, m. 2 June 1807.
11. Mary Leypold, b. circa 1778, d. 20 Aug. 1835.
12. Amasa Hollister, b. 30 May 1768, d. 30 Mch. 1847, m. 1790.
13. Mehitabel Everts, b. Apl. 1768, d. 26 June 1843.

Fourth Generation
16. James Davis, b. 8 Nov. 1718, d. 8 Mch. 1802, m. 5 Mch. 1739.
17. Mary Davis, bp. 28 Sept. 1718, d. 16 Nov. 1791.
18. George Garrettson, b. 11 Mch. 1748, d. 18 Dec. 1775, m. 24 Mch. 1768.
19. Martha Presbury, b. 19 May 1749, d. 30 Jan. 1777.
20. Samuel Griffith, b. 7 Apl. 1737, d. 18 May 1794, m. 15 Mch. 1764.
21. Frenetta Garrettson, b. 19 Jan. 1746, d. 5 Sept. 1777.
22. John Leypold, b. 26 Oct. 1731, d. 2 July 1810.
23. Ann. D. Breidenhart, b. circa 1752, d. 14 Aug. 1825.
24. Nathaniel Hollister, b. 1731, d. 1810, m. 29 Oct. 1754.
25. Mehitabel Mathison, b. circa 1738, d. 26 Sept. 1824.

Fifth Generation
32. Morris David, d. 1724.
33. Mary Evans, b. 13 Aug. 1687.
34. John Davis, bp. June 1716, d. 22 May, 1757.
35. Jane Miles, bp. 24 July 1710, d. 17 Feb. 1756.
36. George Garrettson, b. 26 Nov. 1703, d. 22 Jan. 1756, m. 1 Nov. 1744.
37. Martha Presbury, b. 27 Oct. 1718, d. 29 Sept. 1767. (Widow Todd).
38. George Presbury, b. 18 Aug. 1710, d. 1786.
39. Isabella Robinson. Second Wife.
42. George Garrettson, b. 26 Nov. 1703, d. 22 Jan. 1756, m. 1 Nov. 1744.
43. Martha Presbury, b. 27 Oct. 1718, d. 29 Sept. 1767. (Widow Todd).
44. Johannes Leypold,* b. 1704, d. 1772.
45. Catharine ——.
46. John Christopher Breidenhart,* b. 1725, d. 1785.
47. Maria Dorothea Fesler, b. 1729, d. 1765.
48. Gideon Hollister, b. 23 Sept. 1699, d. 15 Feb. 1785, m. 1723.
49. Rachel Talcott, b. 6 Oct. 1706, d. 13 June 1790.

Sixth Generation
64. James David,* b. circa 1673, d. 31 Aug. 1743. From Wales to Pa. 1701.
66. John Evans, d. 1708.
72. Garrett Garrettson, b. 1677, d. 24 Oct. 1738, m. 5 Dec. 1702.
73. Elizabeth Freeborne, d. 4 Feb. 1748.
74/76. James Presbury,* b. circa 1684, d. 1746, m. 26 Feb. 1708.
75/77. Martha Gouldsmith.
78. William Robinson, d. circa 1719. Of Baltimore Co., Md.
79. Elizabeth ——, d. Oct. 1737.
84/85. See above, 72-73.
86. James Presbury, b. circa 1684, d. 1746, m. 26 Feb. 1708.
87. Martha Gouldsmith.
96. Thomas Hollister, b. 14 Jan. 1672, d. 12 Oct. 1741, m. circa 1696.
97. Dorothy Hills, b. circa 1677, d. 5 Oct. 1741.
98. Nathaniel Talcott, b. 28 Jan. 1678, d. 30 Jan. 1758, m. 18 Mch. 1703.
99. Elizabeth Robbins, b. 29 Dec. 1684, d. 26 Aug. 1768.

Seventh Generation
144. Rutgertson Garretts,* b. 1650, d. 1682.
145. Semelia ——.
146. Thomas Freeborne, d. circa 1714.
150/154. George Gouldsmith, d. 1692.
151/155. Martha Beedle, b. 1667, d. 4 Feb. 1720.
174. George Gouldsmith, d. 1692.
175. Martha Beedle, b. 1667, d. 4 Feb. 1720.
192. John Hollister, b. circa 1642, d. 24 Nov. 1711, m. 20 Nov. 1667.
193. Sarah Goodrich, d. 1700.
194. Joseph Hills, bp. 17 Mch. 1650, d. 8 Nov. 1713.
195. Elizabeth ——.
196. Samuel Talcott, b. circa 1635 d. 10 Nov. 1691, m. 7 Nov. 1661.
197. Hannah Holyoke, b. 9 June 1644, d. 2 Feb. 1678/9.

198. Joshua Robbins, b. 1652, d. 15 Dec. 1738, m. 24 Dec. 1680.
199. Elizabeth Butler, b. circa 1665, d. 24 Apl. 1736.

EIGHTH GENERATION

288. Garrett Rutten, d. 1664.
289. Mary ——. (She m. (2) Edw. Beedle.)
300/308. George Gouldsmith,* d. 1666.
301/309. Mary ——.
302/310. Edward Beedle,* d. 1693.
303/311. Mary (——) Rutten.
348. George Gouldsmith,* d. 1666.
349. Mary ——.
350. Edward Beedle,* d. 1693.
351. Mary (——) Rutten.
384. John Hollister,* b. circa 1612. d. Apl. 1665.
385. Joanna Treat, d. Oct. 1694.
386. William Goodrich, d. 1676.
387. Sarah Marvin, b. 1632, d. 1702.
388. William Hills,* d. 1683.
389. Phyllis Lyman,* bp. 12 Sept. 1611. First Wife.
392. John Talcott,* b. circa 1600, d. Mch. 1660.
393. Dorothy Mott,* d. Feb. 1670.
394. Elizur Holyoke,* b. 1618, d. 8 Feb. 1676, m. 20 Nov. 1640.
395. Mary Pynchon, d. 26 Oct. 1657.
396. John Robbins,* d. 27 June 1660.
397. Mary Welles.* (Niece of Gov. Thomas Welles.)
398. Samuel Butler, b. 1639, d. 20 Dec. 1692.
399. Elizabeth Olmsted, d. 12 Oct. 1681.

NINTH GENERATION

600/616. —— Gouldsmith.
601/617. Elizabeth ——.*
696. —— Gouldsmith.
697. Elizabeth ——.*
770. Richard Treat,* bp. 28 Aug. 1584, d. 3 Mch. 1669/70, m. 27 Apl. 1615.
771. Alice Gaylord, bp. 10 may 1594. Second Wife.
772. William Goodrich.
774. Matthew Marvin,* b. circa 1600, d. 1687.
775. Elizabeth ——.
778. Richard Lyman,* bp. 30 Oct. 1580, d. 1641.
779. Sarah Osborne.
784. John Talcott, d. 1604.
785. Anne Skinner.
786. John Mott.
787. Alice Harrington.
788. Edward Holyoke,* d. 4 May 1660.
789. Prudence (?) Stockton.
790. William Pynchon,* b. circa 1585, d. 29 Oct. 1662.
791. Ann Andrews, d. 1650.
794. Robert Welles, d. circa 1628.
795. Joan ——.
796. Richard Butler,* d. 1684.
797. Elizabeth ——, d. 11 Sept. 1691.
798. Nicholas Olmsted,* bp. 15 Feb. 1612, d. 31 Aug. 1684, m. 28 Sept. 1640.
799. Sarah Loomis, d. 1667.

TENTH GENERATION

1540. Robert Treat, d. Feb. 1599.
1541. Honora ——, d. Sept. 1627.
1568. John Talcott, d. 1606.
1576. John Holyoke, d. 1587.
1578. Rev. John Stockton.
1580. John Pynchon, d. circa 1610.
1581. Frances Brett.
1582. William Andrews.
1588. Robert Welles, b. circa 1540, d. circa 1619.
1589. Alice ——.
1596. James Olmsted,* b. 1580, d. 1640, m. 26 Oct. 1605.
1597. Joyce Cornish, d. 1621.
1598. Joseph Lomis,* d. 1658. Of Windsor, Conn.
1599. Mary White, d. 1652.

1. WALTER IRELAND DAWKINS

First Generation

2. Young Parran Dawkins, b. 3 Oct. 1820, d. 23 Oct. 1883, m. 26 May 1842.
3. Alethea Elizabeth Dorsey, b. 1824, d. 25 Oct. 1878.

Second Generation

4. James Dawkins, b. 1793, d. 6 Mch. 1826, m. 1816.
5. Mary Parran, b. 1795.
6. Walter Dorsey.
7. Ann Ireland.

Third Generation

8. Joseph Dawkins, b. circa 1769.
9. Mary ——.
10. Alexander Parran, b. 1757, d. 1805.
11. Millie King, b. 1761, d. 1815.

Fourth Generation

16. William Dawkins, b. 3 Aug. 1734, d. post 1786.
20. Young Parran, b. 1711, d. 1772, m. post 1740.
21. Elizabeth Smith. (Widow Wilkinson).

Fifth Generation

32. William Dawkins, b. inter 1695/8, d. Sept. 1756, m. 1720.
33. Mary Mackall, b. circa 1700.
40. Alexander Parran.
41. Mary Young.
42. Charles Somerset Smith, b. 1698, d. 1738, m. ante 1720.
43. Jane Crabb. First Wife.

Sixth Generation

64. Joseph Dawkins, b. 1674, d. Apl. 1715, m. 1695.
65. Sarah ——.
66. James Mackall,* b. 1677, d. 1717.
67. Ann Brooke, d. 1733.
84. Richard Smith, d. 1714, m. 1697.
85. Maria Johanna Somerset. (Widow Lowther).
86. Thomas Crabb, d. 1720.
87. Elizabeth (Watson?).

Seventh Generation

128. Joseph Dawkins, d. 1685.
129. Mary Hall.
134. Roger Brooke, b. 20 Sept. 1637, d. 8 Apl. 1700.
135. Mary Wolesley. Second Wife.
168. Richard Smith,* d. post 1689.
169. Eleanor ——.
170. Charles Somerset.
171. Catherine Baskerville. Second Wife.

Eighth Generation

258. James Hall.
259. —— Edwin.
268. Robert Brooke,* b. 3 June 1602, d. 20 July 1655, m. 11 May 1635.
269. Mary Mainwaring. Second Wife.
270. Walter Wolesley.

Ninth Generation

518. William Edwin,* b. 1612, d. 1663, m. 1637. (Arrived in Md. 1634.)
519. Mary Whitehead.
536. Thomas Brooke, b. 1561, d. 1612.
537. Susan Foster.
538. Roger Mainwaring.

1. LESTER TILTON WIGGINS DAY, M.D.

(Surname Day legally adopted)

FIRST GENERATION

2. Lester Tilton Wiggins, b. 23 Feb. 1844, d. 31 Oct. 1871, m. 19 Nov. 1868.
3. Sarah Maria DeVere, b. 21 Dec. 1836, d. 16 Feb. 1926. (She m. (2) in 1876, Albert Day.)

SECOND GENERATION

4. John Wiggins, b. 12 Mch. 1810, d. 19 May 1894, m. 7 Oct. 1832.
5. Lydia Hendrickson Tilton, b. 2 Nov. 1812, d. 26 Sept. 1901.

THIRD GENERATION

10. Humphrey Tilton, b. 10 Apl. 1786, d. 27 Apl. 1826, m. 20 Sept. 1811.
11. Catherine Hendrickson, b. 8 Jan. 1788, d. 24 Sept. 1881.

FOURTH GENERATION

20. Samuel Tilton, b. 3 Aug. 1753, d. 1820. Of Monmouth Co., N. J.
21. Lydia Willett, b. 22 Mch. 1757.
22. Cornelius Hendrickson, b. 28 Aug. 1747, d. 10 Oct. 1802, m. 24 Mch. 1784.
23. Lydia Vanderbilt, b. 22 Mch. 1757, bp. 22 Nov. 1761, d. 22 Oct. 1822.

FIFTH GENERATION

44. Daniel Hendrickson, d. 24 June 1788, m. 22 Dec. 1743.
45. Catherine Covenhoven, b. 2 June 1720, d. 5 May 1810.

SIXTH GENERATION

88. Daniel Hendrickson,* d. Jan. 1728, m. circa 1692.
89. Catherine Van Dyke, d. post 1736.
90. Cornelius Covenhoven, b. 20 Nov. 1672, d. 16 May 1736, m. 8 Sept. 1700.
91. Margaret Schenck.

SEVENTH GENERATION

178. Jan Janse Van Dyke,* b. 1652, d. 1736, m. 9 May 1673.
179. Teuntje Thyssen Van Pelt, b. 1648.
182. Roelof Martense Schenck, b. 1619, d. 1705.

EIGHTH GENERATION

356. Jan Thomassen Van Dyke,* b. 1605, d. 1673.
357. Teuntje Hagen.
358. Matthys Janse Lanen Van Pelt. From Liége, Belgium.

1. GARNER WOOD DENMEAD

FIRST GENERATION

2. Adam Denmead, b. 21 Apl. 1856, d. 31 July 1898, m. 30 Apl. 1878.
3. Gertrude B. Wood, b. 6 June 1856, d. 21 Feb. 1932.

SECOND GENERATION

4. Talbott Denmead, b. 27 Jan. 1828, d. 27 Mch. 1876.
5. Mary E. Allen, b. 24 Aug. 1829, d. 26 Jan. 1894.
6. William H. Wood, b. 12 Sept. 1812, d. 3 Jan. 1889, m. 4 May 1841.
7. Mary Tongue Garner, b. 22 June 1823, d. 30 Dec. 1889.

THIRD GENERATION

8. Adam Denmead, b. 17 July 1804, d. 10 Aug. 1864.
9. Virginia Placide, b. 1807, d. 27 Oct. 1881.
12. Samuel Wood, Jr.
13. Ann Boswell.
14. Robert Samuel Hanson McPherson Garner, b. 1793, d. 31 Oct. 1844.
15. Harriet Ann McPherson, b. 24 Jan. 1801, d. 5 Nov. 1827.

FOURTH GENERATION

16. Adam Denmead, b. 1767.
17. Mary Jones, b. 1769.
28. Hezekiah Garner, b. 1760, d. 1798.
29. Mary Elizabeth Hanson McPherson, b. 1763, d. 1795.
30. Thomas McPherson.
31. Mary Tongue.

FIFTH GENERATION

32. Henry Denmead,* b. 1740.
33. Mary Conway.
58. Thomas McPherson, b. 1729, d. 1793.
59. Elizabeth Hanson, b. 1730, d. 1789.

SIXTH GENERATION

118. Samuel Hanson, b. 6 Dec. 1705, d. 1749, m. circa 1729.
119. Mary Fendall, d. 1759.

SEVENTH GENERATION

236. Robert Hanson, b. 1680, d. 1748.
237. Benedicta Hoskins, b. 18 Dec. 1685, d. circa 1714. First Wife.
238. John Fendall, b. circa 1674, d. 1734.
239. Elizabeth Hanson, d. circa 1735. (Widow Marshall).

EIGHTH GENERATION

472. John Hanson,* b. circa 1630, d. 1713.
473. Mary Hussey.
474. Philip Hoskins,* b. circa 1657, d. post 1716.
478. Randolph Hanson.
479. Barbara Hatton. (Widow Johson).

1. JOHN McPHERSON DENNIS
(See Pedigree Book, 1905, p. 21)

First Generation
2. George Robertson Dennis, b. 16 Mch. 1831, d. Sept. 1902, m. 6 June 1864.
3. Fanny McPherson, b. 29 May 1836.

Second Generation
4. Littleton Upshur Dennis, b. 17 Jan. 1804, d. 16 Apl. 1833, m. 27 June 1826.
5. Sarah Waters Robertson, d. 1832.
6. John McPherson, b. 16 Apl. 1796, d. 11 Mch. 1874.
7. Frances Russell Johnson, b. 14 Dec. 1799, d. 30 May 1890.

Third Generation
8. Littleton Dennis, b. 21 July 1765, d. 16 Aug. 1833, m. 4. Dec. 1788.
9. Elizabeth Upshur, b. 1769, d. 11 May 1819.
10. George Robertson.
11. Mary Waters.
12. John McPherson, b. 1 Nov. 1762, d. 2 Dec. 1829, m. 11 Sept. 1783.
13. Sarah Smith, b. 12 Feb. 1767, d. 7 July 1821.
14. Thomas Jennings Johnson, b. 26 Nov. 1766, d. 30 May 18—?.
15. Elizabeth Russell, b. 31 Mch. 1778, d. 1801.

Fourth Generation
16. Littleton Dennis, b. 3 Feb. 1728, d. 6 May 1774, m. 12 Aug. 1754.
17. Susanna Upshur, b. 8 July 1733, d. 17 Nov. 1784.
18. John Upshur, m. 4 Dec. 1763.
19. Anne Emerson, b. 24 Aug. 1745, d. 9 Nov. 1775.
20. Rev. James Robertson, d. 1767.
21. Leah Dennis, b. 2 June 1745.
22. John Waters.
23. Elizabeth ——.
24. **Robert McPherson,** b. 1730, d. 19 Feb. 1789, m. 1751.
25. Agnes Miller, d. 12 Sept. 1802.
26. James Smith,* b. 4 Sept. 1743, d. 1801.
27. Susan ——.
28. Thomas Johnson, b. 4 Nov. 1732, d. 26 Oct. 1819, m. 16 Feb. 1766.
29. Ann Jennings.
30. William Russell, b. 1741, d. 8 May 1805.
31. Frances Lux, b. 1747, d. 13 Oct. 1793.

Fifth Generation
32. John Dennis, b. 12 Aug. 1704, d. 31 Aug. 1766, m. 10 Nov. 1724.
33. Mary Purnell, d. 1768.
34. Abel Upshur, b. circa 1702, d. Jan. 1754.
35. Rachel Revell, b. circa 1702, d. 30 Oct. 1749.
36. Abel Upshur.
37. Rachel Revell.
38. Rev. Arthur Emerson.*
40. Rev. James Robertson, b. 1672, d. 1734.
42. John Dennis, b. 12 Aug. 1704, d. 31 Aug. 1766, m. 10 Nov. 1724.
43. Mary Purnell, d. 1768.
48. Robert McPherson,* b. 1689, d. 25 Dec. 1749.
49. Janet ——.
56. Thomas Johnson, b. 19 Feb. 1702, d. 15 Apl. 1777, m. 30 Mch. 1725.
57. Dorcas Sedgewick, b. 11 Nov. 1707.
58. Thomas Jennings, d. 1759.
59. Rebecca Saunders.
62. **Darby Lux,*** b. 30 Jan. 1696, d. 14 Oct. 1750, m. 16 May 1722.
63. Ann Saunders, b. 3 June 1705, d. 30 Oct. 1784.

Sixth Generation
64. John Dennis, b. 12 Feb. 1676, d. 1741.
65. Sarah Littleton, d. 1732. First Wife.
66. William Purnell.
68. Arthur Upshur, d. July 1738.
69. Sarah Brown.
70. John Revell, d. 1729.
71. Agnes Burton.
112. Thomas Johnson,* d. 1716.
113. Mary Baker.
118. Robert Saunders, d. 26 July 1755, m. 31 Aug. 1698.
119. Rebecca Groome, d. 19 Mch. 1752.
124. Rev. William Lux, b. 1659, d. 1715.
125. Elizabeth ——.
126. Robert Saunders, d. 26 July 1755, m. 31 Aug. 1698.
127. Rebecca Groome, d. 19 Mch. 1752.

Seventh Generation
128. Donnack Dennis,* d. circa 1716, m. 31 July 1662.
129. Elise Nihulian.
130. Southey Littleton, b. 1645, d. 1679.
131. Elizabeth Bowman. Second Wife.
136. Arthur Upshur,* b. 1624, d. 26 Jan. 1709.
138. Thomas Brown, d. 1705/6.
139. Susanna Denwood.
140. Edward Revell, d. 1687.
141. Frances ——.
142. William Burton.*
143. Anne Stratton.
236. James Saunders,* d. May 1707.
238. Moses Groome,* d. 1698.
239. Amy ——.
252. James Saunders,* d. May 1707.
254. Moses Groome,* d. 1698.
255. Amy ——.

55

EIGHTH GENERATION
256. John Dennis,* d. circa 1679/81.
260. **Nathaniel Littleton,*** d. 1654.
261. Anne Southey, d. 1656.
262. **Edmund Bowman,*** b. 1625, d. 1691.
276. John Brown.*
277. Ursula ——.
278. Levin Denwood,* d. 1665.
279. Mary ——.
280. **Randall Revell,*** b. circa 1611, d. May 1685.

1. SAMUEL KING DENNIS

First Generation
2. Samuel K. Dennis, b. 15 Dec. 1839, d. 5 May 1892, m. 20 Apl. 1865.
3. Sally Handy Crisfield, b. 15 Feb. 1844, d. 6 Apl. 1919.

Second Generation
4. John Upshur Dennis, b. 10 Apl. 1793, d. 23 Dec. 1851, m. 30 June 1838.
5. Louisa Jane Holland, b. 20 Oct. 1819, d. 30 Jan. 1900. Third Wife.

Third Generation
8. Littleton Dennis, b. 21 July 1765, d. 16 Aug. 1833, m. 4 Dec. 1788.
9. Elizabeth Upshur, b. 29 May 1769, d. 11 May 1819.

Fourth Generation
16. Littleton Dennis, b. 3 Feb. 1728, d. 6 May 1774, m. 12 Aug. 1754.
17. Susanna Upshur, b. 8 July 1733, d. 17 Nov. 1784.
18. John Upshur, m. 4 Dec. 1763.
19. Anne Emerson, b. 24 Aug. 1745, d. 9 Nov. 1775.

Fifth Generation
32. **John Dennis,** b. 12 Aug. 1704, d. 31 Aug. 1766, m. 10 Nov. 1724.
33. Mary Purnell, d. 1768.
34. Abel Upshur, b. 1702, d. Jan. 1754.
35. Rachel Revell, b. 1702, d. 30 Oct. 1749.
36. Abel Upshur, b. 1702, d. Jan. 1754.
37. Rachel Revell, b. 1702, d. 30 Oct. 1749.
38. Rev. Arthur Emerson.*

Sixth Generation
64. John Dennis, b. 12 Feb. 1676, d. 1741.
65. Sarah Littleton, d. 1732.
66. William Purnell. Of Snowhill, Md.
68. Arthur Upshur, d. July 1738.
69. Sarah Brown.
70. John Revell, d. 1729.
71. Agnes Burton.
72. Arthur Upshur, d. July 1738.
73. Sarah Brown.
74. John Revell.
75. Agnes Burton.

Seventh Generation
128. Donnack Dennis, b. circa 1640, d. Feb. 1716, m. 31 July 1662.
129. Elise Nihulian.*
130. **Southey Littleton,** b. 1645, d. Sept. 1679.
131. Elizabeth Bowman.
136. Arthur Upshur,* b. 1624, d. 26 Jan. 1709.
137. Mary Clark.
138. Thomas Brown, d. 1705.
139. Susanna Denwood.
140. Edward Revell, d. 1687.
141. Frances ———.
142. William Burton.
143. Anne Stratton.

Eighth Generation
256. **John Dennis,*** b. circa 1616, d. circa 1681.
260. **Nathaniel Littleton,*** d. 1654.
261. Anne Southey, d. 1656.
262. **Edmund Bowman,*** b. 1625, d. 1691.
276. Thomas Brown.
277. Ursula ———.
278. Levin Denwood.*
279. Mary (Cutting?).
280. **Randall Revel,*** b. 1611, d. May 1685.

1. VALENTINE SHERMAN DOEBLER

FIRST GENERATION

2. Valentine Smith Doebler, b. 10 Apl. 1824, d. 17 Oct. 1866, m. 17 Feb. 1853.
3. Elizabeth Hepburn, b. 8 Feb. 1832, d. 25 May 1907.

SECOND GENERATION

6. John Hepburn, b. 16 Nov. 1806, d. 24 Nov. 1878, m. 8 Mch. 1831.
7. Caroline Wheeler, b. 6 June 1807, d. 24 Aug. 1878.

THIRD GENERATION

14. Ephraim Wheeler, b. 21 Jan. 1779, d. 12 Nov. 1853, m. 13 May 1802.
15. Elizabeth Wakeman, b. 25 Oct. 1778, d. 12 Dec. 1832.

FOURTH GENERATION

30. Gideon Wakeman, b. 17 Dec. 1737, d. 30 Mch. 1792, m. 1759.
31. Anne Adams, b. 19 Feb. 1740, d. post 1782.

FIFTH GENERATION

60. Joseph Wakeman, b. 1703, d. 22 June 1762, m. 23 Oct. 1727.
61. Abigail Allen, b. 1705, d. 1804.

SIXTH GENERATION

120. Joseph Wakeman, b. 1670, d. 5 Dec. 1726, m. circa 1697.
121. Elizabeth Hawley, b. 6 May 1679. d. 18 Aug. 1753.

SEVENTH GENERATION

240. Rev. Samuel Wakeman, bp. 7 June 1635, d. 8 Mch. 1692, m. 28 Sept. 1656.
241. Hannah Goodyear, d. 1721.

EIGHTH GENERATION

480. John Wakeman,* bp. 29 Mch. 1601, d. 1661, m. 28 Jan. 1629.
481. Elizabeth Hopkins,* bp. 7 Oct. 1610, d. 1658.

NINTH GENERATION

960. Francis Wakeman, d. 2 Sept. 1626, m. 6 Oct. 1589.
961. Anne Good, d. 29 Jan. 1621.

1. CHARLES CLARKE DUKE

First Generation
2. James O'Connor Duke, b. 10 Oct. 1826, d. 17 June 1922, m. 4 Mch. 1856.
3. Emily Jane Benson, b. 15 May 1836, d. 14 July 1908.

Second Generation
6. Perry Benson, b. 26 Feb. 1797, d. 16 May 1854, m. 26 June 1830.
7. Susan Ellen Kemp, b. 5 Oct. 1811, d. 23 June 1894. Second Wife.

Third Generation
12. James Benson, b. 1774, d. 1814, m. 1795.
13. Anne Bromwell, b. circa 1775.

Fourth Generation
24. Perry Benson, b. 1751, d. 1814, m. circa 1772.
25. Mary Ann Hopkins.

Fifth Generation
48. Nicholas Benson, b. 1 Mch. 1699, d. 1775, m. 1722.
49. Rachel ——, b. 1701.

Sixth Generation
96. James Benson,* d. 1709.
97. Margaret ——.

1. WILLIAM BERNARD DUKE

FIRST GENERATION
2. John Francis Duke, b. 25 July 1835, d. 18 Dec. 1915, m. 30 Dec. 1865.
3. Margaret Nuthall, b. 4 Jan. 1844, d. 5 Mch. 1898.

SECOND GENERATION
4. John Duke, b. circa 1800, d. circa 1838, m. circa 1823.
5. Mary Ann Dent.

THIRD GENERATION
10. George Dent, b. 21 Dec. 1756, d. 15 Oct. 1842.
11. Elizabeth Mills.

FOURTH GENERATION
20. Thomas Dent, b. circa 1730, d. ante 1790.
21. Elizabeth Edwards.

FIFTH GENERATION
40. George Dent, d. 1750.
41. Mary ———.

SIXTH GENERATION
80. John Dent,* d. 1712.
81. Mary (Hatch?), d. post 1712.

1. HENRY HURD DUNTON

First Generation
2. William Rush Dunton, Jr., b. 24 July 1868, m. 1 July 1897.
3. Edna Drusilla Hogan.

Second Generation
4. Jacob Dunton, b. 3 Aug. 1833, d. 18 Jan. 1897, m. 3 Sept. 1858.
5. Annie M. Gemmill, b. 28 Nov. 1833, d. 10 Dec. 1893.

Third Generation
8. Isaac Dunton, b. 26 May 1802, d. 14 Nov. 1846.
9. Mary S. Rush, b. 3 Mch. 1803, d. 15 Jan. 1887.

Fourth Generation
18. William Rush, b. 1757, d. 17 Jan. 1833.
19. Martha Wallace.

Fifth Generation
36. Joseph Rush, b. 3 Jan. 1720, m. 19 Sept. 1750.
37. Rebecca Lincoln.
38. John Wallace.

Sixth Generation
72. William Rush, d. 31 Jan. 1733, m. 1 Mch. 1712.
73. Elizabeth Hodges.
76. Philip Wallace.*

Seventh Generation
144. William Rush, b. 1 July 1652, d. 1693.

Eighth Generation
288. John Rush,* (Settled at Byberry, Pa., 1684); m. 8 June 1648.
289. Susanna Lucas.

1. RICHARD MAREEN DUVALL

First Generation
2. Richard Isaacs Duvall, b. 4 Sept. 1814, d. 23 Jan. 1870, m. 30 May 1855.
3. Rachel Maria Waring, b. 21 Mch. 1828, d. 2 May 1865. Second Wife.

Second Generation
4. Barton Duvall, b. 1776, d. 15 Oct. 1831, m. 26 Nov. 1811.
5. Hannah Isaac, b. 1788, d. 10 Mch. 1826.
6. Francis Waring, b. 1792, d. Feb. 1837/8, m. 18 Feb. 1814.
7. Elizabeth Turner, b. Apl. 1792, d. 10 Apl. 1841.

Third Generation
8. Samuel Duvall, b. 7 July 1740, d. Sept. 1804, m. 1767.
9. Mary Higgins, b. ante 1750, d. post 1804.
10. Richard Isaac, b. circa 1755, d. circa 1836, m. circa 1784.
11. Anne Williams, b. circa 1764, d. post 1794.
12. James Waring, b. 12 Oct. 1755, d. 18 Dec. 1813, m. 14 Jan. 1785.
13. Elizabeth Hilleary, b. 23 Jan. 1763, d. 2 Mch. 1829.
14. Richard Warfield Turner, d. Oct. 1795, m. 10 Jan. 1791.
15. Eleanor Williams, b. 29 Sept. 1772, d. 15 Aug. 1850.

Fourth Generation
16. Samuel Duvall, b. 27 Nov. 1707, d. circa 1775, m. 16 May 1732.
17. Elizabeth Mullikin, b. 25 Sept. 1711, d. post 1775.
18. —— Higgins.
19. Sarah ——, d. circa 1786.
20. Joseph Isaac, d. 10 Oct. 1774, m. circa 1745.
21. Hannah Bryant.
22. Stockett Williams, d. circa 1775.
23. Mary Waters, b. 15 Jan. 1735, d. circa 1788.
24. Basil Waring, d. 26 May 1776.
25. Elizabeth Belt, d. post 1776.
26. Henry Hilleary, b. 15 Feb. 1726, d. circa 1787.
27. Cassandra Magruder.
28. Philip Turner, b. 10 June 1728, d. circa 1796, m. circa 1765.
29. Rachel Warfield.
30. Thomas Williams, b. 1748, d. circa 1785, m. 1771.
31. Rachel Duckett, b. 1749.

Fifth Generation
32. Mareen Duvall, "The Younger", b. circa 1680, d. June 1741, m. 21 Oct. 1701.
33. Elizabeth Jacob, d. 1752.
34. James Mullikin, b. circa 1685, d. circa 1740, m. circa 1708.
35. Charity Belt.
40. Richard Isaac, d. 1759.
41. Sarah Pottenger, b. 20 July 1688.
42. Richard Bryant, b. 25 Sept. 1699.
44. Richard Williams, d. Sept. 1768.
45. Eleanor Stockett, b. 8 Dec. 1693.
46. John Waters, b. 10 Dec. 1698, d. circa 1774, m. 28 Jan. 1724.
47. Charity Ijams.
48. Basil Waring, d. 1733, m. 31 Jan. 1709.
49. Martha Greenfield.
50. Benjamin Belt.
51. Elizabeth ——.
52. Thomas Hilleary.
53. Eleanor Young.
54. John Magruder, m. 1 Dec. 1715.
55. Susanna Smith.
56. John Turner, d. 1738, m. 1 July 1718.
57. Elizabeth Brashears, b. 27 July 1699, d. 1730/4.
58. Richard Warfield, d. 1765.
59. Sarah ——.
60. Thomas Williams, b. 28 Jan. 1717, d. circa 1770, m. 3 Mch. 1744.
61. Cave King, b. 1 June 1722.
62. Richard Duckett, b. 21 Feb. 1705, d. circa 1790, m. 2 May 1735.
63. Elizabeth Williams. Second Wife.

Sixth Generation
64. Mareen Duvall,* d. 1694.
65. Susannah ——.
66. John Jacob.*
67. Anne Chaney.
68. James Mullikin.
69. Jane Prather.
70. John Belt,* d. 1698.
71. Elizabeth ——.
80. Joseph Isaac,* d. 1688/9.
81. Margaret ——.
82. John Pottenger.*
83. Mary Beall.
88. Joseph Williams.*
89. Edith Cromwell.
90. Thomas Stockett, b. 17 Apl. 1667, d. 1732, m. 12 Mch. 1689.
91. Mary Sprigg, d. 27 Jan. 1694. First Wife.
92. Samuel Waters.
93. Sarah Arnold.
94. William Ijams, m. 27 Aug. 1696.
95. Elizabeth Plummer.
96. Basil Waring.*
97. Sarah Marsham.
98. Thomas Greenfield,* b. circa 1649, d. 1715.
99. Martha Truman.
100. John Belt.*
101. Elizabeth ——.
104. Thomas Hilleary, d. 1697.

105. Eleanor Sprigg.
106. George Young.
107. Elizabeth ——.
108. Samuel Magruder, d. 1711.
109. Sarah ——.
110. Nathan Smith, d. 1711.
111. Elizabeth Coale, b. 30 Aug. 1671.
112. John Turner, d. 1723.
113. Sarah ——, d. 1739.
114. Samuel Breashears, d. circa 1740.
116. John Warfield, b. circa 1675, d. 1718, m. 16 Feb. 1696.
117. Ruth Gaither, b. 8 Sept. 1679.
120. Thomas Williams, b. 1693, d. 1749.
121. Eleanor ——.
122. Francis King, b. circa 1690, m. 30 Sept. 1717.
123. Margaret Sprigg.
124. Richard Duckett,* b. circa 1675, d. circa 1754, m. 26 Jan. 1699.
125. Charity Jacob.
126. Thomas Williams, d. circa 1749.
127. Eleanor ——.

SEVENTH GENERATION

134. Richard Cheney.*
136. James Mullikin.*
137. Mary ——.
180. Thomas Stockett,* d. 1671, m. 15 May 1665.
181. Mary Wells.
182. Thomas Sprigg,* b. 1630, d. 1704.
183. Eleanor Nuthall.
184. John Waters,* d. 1704.
186. Richard Arnold,* d. circa 1684.
187. Martha Thomas.
188. William Ijams, d. 1703.
189. Elizabeth Clark.
190. Thomas Plummer, d. 1694.
191. Elizabeth Yates.
192. Sampson Waring,* b. circa 1618, d. circa 1668.
194. Richard Marsham.
198. James Truman,* b. 1622, d. 1672.
199. Anne Storer.
210. Thomas Sprigg,* b. circa 1630, d. 1704.
211. Eleanor Nuthall.

216. Alexander Magruder.*
220. Thomas Smith,* d. 1685.
221. Alice ——.
222. William Coale, d. circa 1679.
223. Elizabeth Thomas.
224. John Turner, d. circa 1703.
225. Margaret ——.
228. Benjamin Brashears.
229. Mary ——.
232. Richard Warfield,* d. 1704.
233. Ellen ——.
234. John Gaither,* d. 1702.
235. Ruth ——.
240. Baruch Williams, b. circa 1665?, d. 1695, m. 1690.
241. Eleanor Hilleary, b. 1672, d. 1724.
246. Thomas Sprigg, b. circa 1668, d. circa 1736.
247. Margaret Mariartee.
250. John Jacob.*
251. Anne Cheney.
252. Baruch Williams, d. 1695.
253. Eleanor Hilleary.

EIGHTH GENERATION

362. Richard Wells,* d. 1667.
366. John Nuthall,* b. 1600, d. 1667.
367. Elizabeth Bacon.
374. Philip Thomas,* b. circa 1620, d. 1675.
375. Sarah Harrison.
378. Daniel Clark.
422. John Nuthall,* d. 1667.
423. Elizabeth Bacon.
446. Philip Thomas,* d. circa 1675.
447. Sarah Harrison, d. 1687.
468. John Gaither.*
469. Jane (Morley?).
480. Thomas Williams.*
492. Thomas Sprigg,* b. 1630, d. 1704.
493. Eleanor Nuthall.
502. Richard Cheney.*
504. Thomas Williams.*

NINTH GENERATION

986. John Nuthall,* b. 1600, d. 1667.
987. Elizabeth Bacon.

1. WILLIAM WINCHESTER EARECKSON

First Generation
2. William Rose Eareckson, b. 6 Aug. 1867, d. 10 Dec. 1919, m. 2 June 1891.
3. Bettie Gambrill Jones, b. 18 Oct. 1871.

Second Generation
4. Roderick Winchester Eareckson, b. 1825.
5. Ellen Sophie Rose.
6. Isaac Thomas Jones, b. 2 Dec. 1838, d. 10 Jan. 1907, m. 3 June 1869.
7. Mary Gambrill, b. 17 July 1847, d. 31 Aug. 1919.

Third Generation
8. Roderick Eareckson, b. 1786, d. 1855.
9. Caroline Winchester.
10. William Rose, b. 1797, d. 1871.
11. Sarah Elizabeth Wright Powell, b. 21 Aug. 1820.
12. Edward Jones, b. 1807, d. 17 Nov. 1864, m. 20 Feb. 1838.
13. Maria Fayette Croxall, b. 1 Sept. 1814, d. 25 Mch. 1887.
14. Richard Gambrill, b. 25 Feb. 1804, d. 20 Dec. 1888, m. 17 May 1825.
15. Mary Iglehart, b. 15 Mch. 1805, d. 16 Mch. 1891.

Fourth Generation
16. Charles Eareckson.
17. Mary Barnes.
20. William Rose, b. 1774.
21. Elizabeth ——.
22. William Powell, b. 15 May 1793, m. 3 Dec. 1818.
23. Ellender Wright, b. 17 Aug. 1791.
24. Isaac Jones, b. 1 Apl. 1780, d. 14 July 1862, m. 1805.
25. Sarah Hopkins.
26. Thomas Croxall, b. 10 Apl. 1791, d. 21 Oct. 1861, m. 9 Sept. 1813.
27. Mary Long, b. 1791, d. 19 May 1868.
28. Augustine Gambrill, b. circa 1760, d. circa 1831, m. 20 July 1795.
29. Maria Graham Woodward, b. circa 1768, d. 30 Nov. 1830.
30. Richard Iglehart, b. 11 Sept. 1772, d. 18 Mch. 1855, m. 19 Jan. 1800 (license).
31. Ann Hammond, b. circa 1782, d. 27 Mch. 1869.

Fifth Generation
32. Charles Eareckson.
33. Elizabeth Wilson.
40. Robert Rose of Scotland.
48. Henry Jones, b. 14 Aug. 1733, m. 4 Oct. 1777.
49. Rebecca Knighton.
52. Charles Moale Croxall, b. 7 Oct. 1756, d. 6 Nov. 1831, m. 26 July 1781.
53. Mary Morris, b. 1763, d. 1824.
54. Thomas Long.
55. Rachel Morgan.
56. Augustine Gambrill, b. circa 1732, d. 1790.
57. Sarah Sappington.
58. William Garrett Woodward, b. 1725? d. 1799, m. circa 1760.
59. Dinah Warfield, d. circa 1770. First wife.
60. John Iglehart, b. circa 1745, d. circa 1813.
61. Mary Denune (?).
62. William Hammond, m. 2 Oct. 1780.
63. Mary (Pindell?), d. 30 Jan. 1849.

Sixth Generation
64. Matthew Eareckson.
65. Elizabeth ——.
96. Richard Jones, m. 15 July 1718.
97. Elizabeth Clarke.
104. Charles Croxall, b. 27 June 1724, d. 25 June 1782, m. 23 July 1746.
105. Rebecca Moale, b. 29 Feb. 1728, d. 21 Nov. 1786.
112. Augustine Gambrill, b. inter 1700/10, d. 1774, m. circa 1728.
113. Comfort ——.
114. Richard Sappington, b. circa 1723? d. circa 1772?
115. Margaret ——.
116. William Woodward, b. 1700, d. 1774.
117. Jane (Graham?), d. 1775.
118. Alexander Warfield, b. circa 1700, d. 1773, m. 3 Dec. 1723.
119. Dinah Davidge, b. 1705, d. 1779.
120. Jacob Iglehart.*
121. Jane Perry.
122. William Denune,* m. 24 Feb. 1728.
123. Elizabeth Duvall, b. 20 July 1706, d. 1761.

Seventh Generation
128. Matthew Eareckson.
129. Dorothy ——.
192. Joseph Jones.
193. Mary Pybern.
194. Richard Clarke.
195. Elizabeth ——.
208. Richard Croxall,* b. 1685, d. 1747.
209. Joanna Carroll,* d. 18 Mch. 1756.
210. John Moale,* b. 30 Oct. 1695, d. 10 May 1740, m. 17 Apl. 1723/7.
211. Rachel Hammond, b. 2 Sept. 1708, d. June 1750.
224. Joshua (?) Gambrill.
225. Ann Marriott.
228. John Sappington, m. 13 Apl. 1722.
229. Mary ——.
232. Henry Woodward, b. circa 1665.
233. Mary Garrett, d. circa 1735.
236. Richard Warfield, b. 1676, d. 1755.
237. Ruth Crutchley, b. circa 1683, d. 1713.

WILLIAM WINCHESTER EARECKSON

238. John Davidge, b. circa 1680? d. circa 1755.
239. Elizabeth Hudson.
242. John Perry, d. 1753.
243. Elizabeth ——.
246. Mareen Duvall ("the younger"), d. 1741, m. 21 Oct. 1701.
247. Elizabeth Jacob, d. 1752.

Eighth Generation

256. John Eareckson, d. 1673.
257. Elizabeth ——, d. 1684.
384. Joseph Jones.
385. Elizabeth Clarke.
388. Neale Clarke.
416. Richard Croxall of Warwickshire, Eng.
418. Anthony Carroll, d. 1724.
420. Richard Moale.
421. Elizabeth ——.
422. John Hammond, b. 1675, d. 23 Feb. 1743.
423. Ann Greenberry, d. 23 Jan. 1715.
448. William (?) Gambrill.*
450. John Marriott,* d. 1718.
451. Sarah Acton?
466. James Garrett, b. 1630.
467. Sarah ——.
472. Richard Warfield,* d. 1704.
473. Elinor (Browne?).
474. Thomas Crutchley,* d. 1710.
475. Margaret Baldwin.
476. Robert Davidge,* b. 1655, d. 1682.
477. Providence ——.
492. Mareen Duvall,* d. 1694.
493. Susannah ——.
494. John Jacob.*
495. Ann Cheney.

Ninth Generation

768. Henry Jones.
770. John Clarke.
836. Daniel O'Carroll of Litterluna, Ireland
844. John Hammond,* b. 1643, d. 24 Nov. 1707.
845. Mary ——.
846. Nicholas Greenberry,* b. 1627, d. 17 Dec. 1697.
847. Ann ——, b. 1648, d. 27 Apl. 1698.
950. John Baldwin,* d. 1684.
951. Elizabeth ——.
990. Richard Cheney.*

Tenth Generation

1672. Anthony O'Carroll.
1688. Thomas Hammond.*

1. GUSTAVUS WARFIELD EVANS
2. FRANK GARRETTSON EVANS

FIRST GENERATION

2. FRANK GARRETTSON EVANS, b. 28 Feb. 1863, d. 28 May 1931, m. 10 June 1909.
3. Ella Gertrude Warfield. Second wife.

SECOND GENERATION

4. Henry Cotheal Evans, b. 25 July 1837, d. 24 Nov. 1908, m. 4 Oct. 1860.
5. Mary Elizabeth Garrettson, b. 2 May 1841, d. 10 July 1918.
6. Gustavus Warfield, b. 24 Nov. 1849, d. 12 Sept. 1907, m. 16 Apl. 1878.
7. Ella Gertrude Hoffman, b. 25 Dec. 1858, d. 21 Feb. 1929.

THIRD GENERATION

8. Benjamin McCombs Evans, b. 17 Apl. 1800, d. 11 Apl. 1864.
9. Mary Ann Gilliard, b. 13 May 1806, d. 14 Apl. 1843.
10. James Aquila Garrettson, b. 6 Nov. 1817, d. 25 May 1872, m. 27 June 1839.
11. Eleanor Ball, b. 30 May 1821, d. 21 Dec. 1910.
12. Evan William Warfield, d. 17 Feb. 1904.
13. Sally Ann Warfield, d. 10 Mch. 1881.
14. Henry Kemp Hoffman, b. 19 Jan. 1824, d. 23 Nov. 1885, m. 15 July 1857.
15. Lucy Miller Winston, b. 24 June 1833, d. 1 May 1905.

FOURTH GENERATION

16. Crowell Evans.
17. Frances Marsh.
18. John Gilliard, b. 8 July 1781, d. 20 Nov. 1826, m. 4 July 1802.
19. Letitia Fitzpatrick, b. 27 July 1783, d. 3 Nov. 1824.
20. Richard Garrettson.
21. Elizabeth Osborn, b. 1794, d. 1858.
22. Walter Ball, b. 26 Sept. 1795, d. 25 Sept. 1863, m. 13 Sept. 1815. (lic.)
23. Mary Ball, b. 12 Jan. 1794, d. 25 June 1865.
24. Gustavus Warfield, b. 1784, d. 1866.
25. Mary Thomas
26. Charles Dorsey Warfield.
27. Ruth Hammond Griffith.
30. Fayette Henry Winston.
31. Martha Ann Dix.

FIFTH GENERATION

32. John Evans, b. 1732.
36. John Gilliard, m. 7 July 1778.
37. Margaret Crush.
42. Benjamin Osborn.
43. Elizabeth Garrettson, b. 1763, d. 1833.
44. William Ball, b. circa 1768, d. 17 July 1841, m. Feb. 1788.
45. Sarah Dorsey, b. 1771, d. 23 Oct. 1828.
46. William Ball, d. 1815.
47. Elizabeth Dukehart, b. 29 Sept. 1771, d. July 1833.
48. Charles Alexander Warfield, b. 14 Dec. 1751, d. 29 Jan. 1813.
49. Elizabeth Ridgely, b. circa 1752, d. 8 Sept. 1808.
50. Evan W. Thomas.
51. Martha Gray.
54. Philemon Griffith, b. 29 Aug. 1756, d. 29 Sept. 1836.
55. Eleanor Jacob.
60. George Winston.
61. Dorothea Spotswood Henry.

SIXTH GENERATION

64. John Evans, b. 1700, d. 1738.
72. John de Gilliard.
73. Isabella ———,* b. 1725, d. 1807.
90. Nicholas Dorsey, b. 2 June 1725, d. 27 Sept. 1792.
91. Elizabeth Worthington, b. 1722, d. 17 Nov. 1803.
92. William Ball.
93. Rebecca ———.
94. Valerius Dukehart.
95. Mary Humphrey.
96. Azel Warfield, b. 1726.
97. Sarah Griffith, b. 30 Aug. 1730.
98. Henry Ridgely, IV, b. 17 May 1728, d. 28 June 1790, m. 11 Nov. 1750.
99. Anne Dorsey, b. 15 Oct. 1730, d. 15 Sept. 1767.
102. George Gray.
103. Martha ———.
108. Henry Griffith, b. 14 Feb. 1720, d. 28 Sept. 1794, m. 14 June 1751.
109. Ruth Hammond, b. 1733, d. 29 Jan. 1782. Second wife.
122. Patrick Henry, b. 1736, d. 1799.
123. Dorothea Spotswood Dandridge. Second wife.

SEVENTH GENERATION

128. John (Lott?) Evans.*
180. Joshua Dorsey, b. circa 1686, d. 28 Nov. 1747, m. 16 May 1711.
181. Anne Ridgely, d. 1771.
182. John Worthington, b. Jan. 1690, d. 12 Dec. 1763, m. 8 Jan. 1714.
183. Helen Hammond.
192. Alexander Warfield, d. 1773, m. 3 Dec. 1723.
193. Dinah Davidge, d. circa 1780.
196. Henry Ridgely, III, d. 14 Feb. 1750, m. 2 Oct. 1722.
197. Elizabeth Warfield, b. 27 Mch. 1706, d. 1762.
198. Joshua Dorsey, b. 1685, d. 28 Nov. 1747, m. 16 May 1711.
199. Anne Ridgely, d. 1771.

216. Orlando Griffith, b. 17 Oct. 1688, d. Mch. 1757, m. 6 June 1717.
217. Katherine Howard, b. circa 1702, d. Feb. 1783.
218. John Hammond, d. 1753, m. circa 1722.
219. Ann Dorsey, d. circa 1786.
246. Nathaniel West Dandridge, b. 7 Sept. 1729, d. 16 Jan. 1786.
247. Dorothea Spotswood. First wife.

EIGHTH GENERATION

256. Lott Evans, d. 17 Dec. 1681.
360. Edward Dorsey, d. 1705.
361. Sarah Wyatt. First wife.
362. Henry Ridgely, b. 3 Oct. 1669, d. 19 Mch. 1700.
363. Katherine Greenberry, b. 1674, d. ante 1703.
364. John Worthington,* b. 1650, d. 9 Apl. 1701.
365. Sarah Howard, d. 21 Dec. 1726.
366. Thomas Hammond, b. circa 1666, d. 1724.
367. Rebecca Larkin. (Widow Lightfoot).
384. Richard Warfield, b. 1676, d. 23 Feb. 1755.
385. Ruth Crutchley, d. 1713.
392. Henry Ridgely, II.
393. Katherine Greenberry.
394. Benjamin Warfield, d. 28 Feb. 1718, m. circa 1704.
395. Elizabeth Duvall, b. 4 Aug. 1687.
396. Edward Dorsey, d. 1705.
397. Sarah Wyatt. First wife.
398. Henry Ridgely, II, b. 3 Oct. 1669, d. 19 Mch. 1700.
399. Katherine Greenberry, b. 1674, d. ante 1703.
432. William Griffith,* d. 1699.
433. Sarah Maccubbin, d. 22 Apl. 1716.
434. John Howard, b. circa 1668, d. 1704, m. circa 1701.
435. Katherine Greenberry, b. 1674, d. ante 1703.
436. Charles Hammond, d. Nov. 1713.
437. Hannah Howard.
438. Edward Dorsey, d. 1705.
439. Margaret ——. Second wife.
492. William Dandridge, d. 1743.
493. Unity West, d. 1755. Second wife.
494. Alexander Spotswood,* b. 1676, d. 7 June 1740.
495. Anne Butler Brayne.

NINTH GENERATION

720. Edward Dorsey,* d. circa 1659.
721. Anne ——.
722. Nicholas Wyatt,* d. 1673.
723. Damaris ——.
724. Henry Ridgely,* d. 13 July 1710.
725. Elizabeth ——. First wife.
726. Nicholas Greenberry,* b. 1627, d. 17 Dec. 1697.
727. Ann ——, b. 1648, d. 27 Apl. 1698.
730. Matthew Howard,* d. circa 1693.
731. Sarah Dorsey, d. ante 1691.
732. John Hammond,* b. 1643, d. Nov. 1707.
733. Mary ——.
734. John Larkin.*
768. Richard Warfield,* d. 1704.
769. Elinor (Browne?).
770. Thomas Crutchley, d. 1710.
771. Margaret Baldwin.
788. Richard Warfield,* d. 1704.
789. Elinor (Browne?).
790. John Duvall,* d. 20 Apl. 1711, m. circa 1686.
791. Elizabeth Jones.
792. Edward Dorsey,* d. circa 1659.
793. Anne ——.
794. Nicholas Wyatt,* d. 1673.
795. Damaris ——.
796. Henry Ridgely,* d. 13 July 1710.
797. Elizabeth ——. First wife.
798. Nicholas Greenberry,* b. 1627, d. 17 Dec. 1697.
799. Anne ——, b. 1648, d. 1698.
866. John Maccubbin,* d. 1686.
867. Elinor ——.
868. John Howard, d. 1696.
869. Susanna (——) Stevens.
870. Nicholas Greenberry,* b. 1627, d. 17 Dec. 1697.
871. Anne ——, b. 1648, d. 1698.
872. John Hammond,* b. 1643, d. Nov. 1707.
873. Mary (Howard?).
874. Philip Howard,* d. 1701.
875. Ruth Baldwin.
876. Edward Dorsey,* d. circa 1659.
877. Anne ——.
986. Nathaniel West, d. 1727.
987. Martha (——) Mason.

TENTH GENERATION

1972. John West, d. 1689, m. ——.
1973. Unity Croshaw.

ELEVENTH GENERATION

3944. John West,* b. 1590, d. 1659.
3946. Joseph Croshaw,* d. 1667.

1. HENRY COTHEAL EVANS
2. FRANK GARRETTSON EVANS

First Generation

2. FRANK GARRETTSON EVANS, b. 28 Feb. 1863, d. 28 May 1931, m. 3 June 1891.
3. Olivia Walter Cook, b. 1 Sept. 1871, d. 1906. First wife.

Second Generation

4. Henry Cotheal Evans, b. 25 July 1837, d. 24 Nov. 1908, m. 4 Oct. 1860.
5. Mary Elizabeth Garrettson, b. 2 May 1841, d. 10 July 1918.

Third Generation

8. Benjamin McCombs Evans, b. 17 Apl. 1800, d. 11 Apl. 1864.
9. Mary Ann Gilliard, b. 13 May 1806, d. 14 Apl. 1843.
10. James Aquila Garrettson, b. 6 Nov. 1817, d. 25 May 1872, m. 27 June 1839.
11. Eleanor Ball, b. 30 May 1821, d. 21 Dec. 1910.

Fourth Generation

16. Crowell Evans.
17. Frances Marsh.
18. John Gilliard, b. 8 July 1781, d. 20 Nov. 1826, m. 4 July 1802.
19. Letitia Fitzpatrick, b. 27 July 1783, d. 3 Nov. 1824.
20. Richard Garrettson.
21. Elizabeth Osborn, b. 1794, d. 1858.
22. Walter Ball, b. 26 Sept. 1795, d. 25 Sept. 1863, m. 13 Sept. 1815. (lic.)
23. Mary Ball, b. 12 Jan. 1794, d. 25 June 1865.

Fifth Generation

32. John Evans, b. 1732.
36. John Gilliard, m. 7 July 1778.
37. Margaret Crush.
42. Benjamin Osborn.
43. Elizabeth Garrettson, b. 1763, d. 1833.
44. William Ball, b. circa 1768, d. 17 July 1841, m. Feb. 1788.
45. Sarah Dorsey, b. 1771, d. 23 Oct. 1828.
46. William Ball, d. 1815.
47. Elizabeth Dukehart, b. 29 Sept. 1771, d. July 1833.

Sixth Generation

64. John Evans, b. 1700, d. 1738.
72. John de Gilliard.
73. Isabella ——,* b. 1725, d. 1807.
90. Nicholas Dorsey, b. 2 Jan. 1725, d. 27 Sept. 1792.
91. Elizabeth Worthington, b. 1722, d. 17 Nov. 1803.
92. William Ball.
93. Rebecca ——.
94. Valerius Dukehart.
95. Mary Humphrey.

Seventh Generation

128. John (Lott?) Evans.*
180. Joshua Dorsey, b. circa 1686, d. 8 Nov. 1747, m. 16 May 1711.
181. Ann Ridgely, d. 1771.
182. John Worthington, b. Jan. 1690, d. 12 Dec. 1763, m. 8 Jan. 1714.
183. Helen Hammond.

Eighth Generation

256. Lott Evans, d. 17 Dec. 1681.
360. Edward Dorsey, d. 1705.
361. Sarah Wyatt. First wife.
362. Henry Ridgely, b. 3 Oct. 1669, d. 19 Mch. 1700.
363. Katherine Greenberry, b. 1674, d. ante 1703.
364. John Worthington,* b. 1650, d. 9 Apl. 1701.
365. Sarah Howard, d. 21 Dec. 1726.
366. Thomas Hammond, b. circa 1666, d. 1724.
367. Rebecca Larkin. (Widow Lightfoot).

Ninth Generation

720. Edward Dorsey,* d. circa 1659.
721. Anne ——.
722. Nicholas Wyatt,* d. 1673.
723. Damaris ——.
724. Henry Ridgely,* d. 13 July 1710.
725. Elizabeth ——. First wife.
726. Nicholas Greenberry, b. 1627, d. 17 Dec. 1697.
727. Ann ——, b. 1648, d. 27 Apl. 1698.
730. Matthew Howard,* d. circa 1693.
731. Sarah Dorsey, d. ante 1691.
732. John Hammond,* b. 1643, d. Nov. 1707.
733. Mary ——.
734. John Larkin.*

1. HARRY WILLSON FALCONER

FIRST GENERATION

2. William Hamilton Falconer, b. 3 Apl. 1820, d. 11 Apl. 1890, m. 7 Jan. 1856.
3. Mary Ann Jemima Boteler, b. 10 Feb. 1826, d. 14 June 1912.

SECOND GENERATION

4. Elisha Falconer, b. 1772, d. 21 June 1847, m. 6 Jan. 1810.
5. Eleanor Norwood, b. 27 Aug. 1787.

THIRD GENERATION

10. Belt Norwood, b. circa 1755/60, m. 3 Oct. 1785.
11. Sarah Gaither.

FOURTH GENERATION

22. Edward Gaither, b. 20 Dec. 1714, d. 1777, m. circa 1750.
23. Eleanor Whittle.

FIFTH GENERATION

44. Benjamin Gaither, b. 20 Feb. 1681, d. 1741, m. 8 Sept. 1709.
45. Sarah Chew Burgess, b. 20 Dec. 1694, d. 1750.

SIXTH GENERATION

90. Edward Burgess, b. 1651, d. 4 Mch., 1722.
91. Sarah Chew, b. circa 1670, d. 1740.

SEVENTH GENERATION

180. William Burgess,* b. circa 1622, d. 24 Jan. 1686.
181. Elizabeth Robins, b. circa 1620?

EIGHTH GENERATION

362. Edward Robins,* b. 1602, d. July 1641.
363. —— ——.

NINTH GENERATION

724. Thomas Robins.
725. Mary Bulkley.

1. J. HENRY FERGUSON

FIRST GENERATION
2. J. Henry Ferguson, b. 3 Oct. 1823, d. 18 Nov. 1899, m. 6 June 1846.
3. Lavinia Ward Henderson, b. 9 June 1824, d. 21 Oct. 1876.

SECOND GENERATION
6. Andrew F. Henderson, b. 5 Oct. 1790, d. 15 Apl. 1842, m. 1821.
7. Susan Ward, b. 19 Feb. 1796, d. 26 Sept. 1858.

THIRD GENERATION
14. William Ward, b. 28 Sept. 1760, d. 4 Dec. 1835, m. 25 Nov. 1784.
15. Anne Veazey, b. 19 Apl. 1766, d. 3 Oct. 1826.

FOURTH GENERATION
30. Edward Veazey, d. 1874, m. 1757.
31. Elizabeth De Coursey.

FIFTH GENERATION
60. John Veazey, b. 12 Feb. 1701, d. 4 May 1777.
61. Rebecca Ward, b. 22 Nov. 1705, d. 24 Apl. 1761.

SIXTH GENERATION
122. John Ward, b. circa 1673, d. 1747, m. 17 Feb. 1701.
123. Mary ——.

1. CHARLES BEATTY FINLEY, JR.
2. CHARLES BEATTY FINLEY

FIRST GENERATION
2. CHARLES BEATTY FINLEY, b. 20 Apl. 1845, m. 20 Oct. 1869.
3. Rebecca McBride Brown, b. 30 Nov. 1845.

SECOND GENERATION
4. James B. Finley, b. 7 June 1794, d. 14 May 1851, m. 31 Mch. 1840.
5. Mary Ewing Moore, b. 12 Jan. 1805, d. 17 Aug. 1888.

THIRD GENERATION
10. Samuel Moore, b. 3 Feb. 1774, d. 18 Feb. 1861, m. 14 Mch. 1798.
11. Mary Patterson, b. 20 Mch. 1777, d. 24 Feb. 1861.

FOURTH GENERATION
22. Robert Patterson, b. 30 May 1743, d. 22 July 1824, m. 9 May 1774.
23. Amy H. Ewing, b. 20 Jan. 1751, d. 23 May 1844.

FIFTH GENERATION
46. Maskell Ewing, b. 31 Mch. 1721, d. 1 Apl. 1796, m. 31 Mch. 1743.
47. Mary Pagett, b. 15 May 1725, d. 30 Oct. 1798.

SIXTH GENERATION
92. Thomas Ewing, b. 1695, d. 28 Feb. 1748, m. 27 Mch. 1720.
93. Mary Maskell, b. 4 Sept. 1701, d. 17 Dec. 1784.

SEVENTH GENERATION
186. Thomas Maskell, b. circa 1661, d. 2 Jan. 1732, m. 1700.
187. Mercy Stathem, b. 1680, d. 29 Apl. 1741.

EIGHTH GENERATION
372. Thomas Maskell,* d. Aug. 1671, m. 10 May 1660.
373. Bethia Parsons, b. 21 May 1642, d. 1681.

NINTH GENERATION
746. **Thomas Parsons,*** b. 1605, d. 1661, m. 28 June 1641.
747. Lydia Brown.

1. JOHN RIDGELY FISHER

First Generation
2. William Harmanus Fisher, b. 3 Sept. 1859, m. 18 Nov. 1884.
3. Edith Ridgely, b. 25 June 1864, d. 27 Dec. 1913.

Second Generation
6. John Randolph Ridgely, b. 1819, d. 22 Dec. 1896, m. 5 Dec. 1846.
7. Mary Louisa Ball, b. 16 Jan. 1824, d. 10 Aug. 1896.

Third Generation
14. Walter Ball, b. 26 Sept. 1795, d. 25 Sept. 1863, m. 13 Sept. 1815. (lic.)
15. Mary Ball, b. 12 Jan. 1794, d. 25 June 1865.

Fourth Generation
28. William Ball, b. circa 1768, d. 17 July 1841, m. Feb. 1788.
29. Sarah Dorsey, b. 1771, d. 23 Oct. 1828.

Fifth Generation
58. Nicholas Dorsey, b. 2 June 1725, d. 27 Sept. 1792.
59. Elizabeth Worthington, b. 1722, d. 17 Nov. 1803.

Sixth Generation
116. Joshua Dorsey, b. circa 1686, d. 28 Nov. 1747, m. 16 May 1711.
117. Anne Ridgely, d. 1771.

Seventh Generation
234. Henry Ridgely, b. 3 Oct. 1669, d. 19 Mch. 1700.
235. Katherine Greenberry, b. 1674, d. ante 1703.

Eighth Generation
468. Henry Ridgely,* d. 13 July 1710.
469. Elizabeth ——. First wife.

1. WALTER DAVID FOCKE

First Generation
2. Edward Lewis Focke, b. 12 Aug. 1820, d. 23 Nov. 1908.
3. Elizabeth Luce Smull, b. 24 Sept. 1827, d. 4 Apl. 1916.

Second Generation
4. Johann Peter Frederick Focke,* b. 20 Aug. 1772, d. 15 June 1822, m. 1799.
5. Metta Stock, b. 27 Oct. 1781, d. 29 July 1831.
6. David Burke Smull, b. 16 Nov. 1799, d. 20 Dec. 1886.
7. Elizabeth Smull Edes, b. 18 Sept. 1802, d. 11 July 1884.

Third Generation
8. Bernard Detrick Focke.
9. Charlotte Paris.
10. John Frederick Stock, b. 8 Jan. 1737.
11. Metta Schutte, b. 6 Apl. 1741.
12. Jacob Smull, d. 12 Jan. 1819.
13. Elizabeth Luce (Widow Hopkins), d. 25 July 1811.
14. William Edes, b. 29 Nov. 1769, d. Mch. 1807.
15. Margaret Smull, b. circa 1775, d. 2 Nov. 1832.

Fourth Generation
24. Johann Conrad Smull, d. 1809.
25. Sarah Margaret ——.
26. Elijah Luce, b. 8 May 1740, d. 18 Sept. 1804.
27. Mary March, b. 25 Oct. 1751, d. ante 1795.
28. Benjamin Edes, b. 15 Oct. 1732, d. 11 Dec. 1803.
29. Martha Starr, bp. 22 Jan. 1729, d. 28 May 1806.
30. Johann Conrad Smull, d. 1809.
31. Sarah Margaret ——.

Fifth Generation
48. Christian Schmolle.*
52. Stephen Luce, b. 25 Sept. 1714, d. 10 Mch. 1801.
53. Content Presbury, d. 9 Sept. 1773.
54. Thomas March.
55. Mary Hill.
56. Peter Edes, b. 15 Sept. 1705, d. 25 July 1767.
57. Martha Hall, b. 10 Mch. 1703, d. 24 Jan. 1756.
58. Joseph Starr, b. 26 Aug. 1687, d. July 1741.
59. Margaret Bullman, b. 1687, d. Feb. 1771.
60. Christian Schmolle.*

Sixth Generation
104. Zephaniah Luce, b. 1695, d. 1779.
105. Hope Norton, d. 1777.
112. John Edes, bp. 22 June 1686, d. 16 Jan. 1721.
113. Grace Lawrence, b. 3 June 1683, d. 12 Aug. 1758.
114. Stephen Hall, b. 1667, d. 7 Nov. 1740.
115. Grace Willis, b. 23 Aug. 1665, d. 12 Nov. 1721.
116. Eleazer Starr, d. 27 Sept. 1712.
117. Mary ——.
118. Alexander Bullman.
119. Margaret ——.

Seventh Generation
208. Experience Luce, b. 1673, d. 1747.
209. Elizabeth Manter, b. 1674.
224. John Edes,* b. 31 Mch. 1651, d. 1693.
225. Mary Tufts, b. 19 June 1655, d. post 1696.
226. George Lawrence, b. 1637, d. 1707.
227. Elizabeth Crispe, b. 1637, d. 1681.
228. Stephen Hall.
229. Ruth Davis, bp, 1644.
230. Thomas Willis, b. 28 Dec. 1638, d. 14 Aug. 1725.
231. Grace Tay, b. 23 Aug. 1645, d. 23 Jan. 1716.
232. John Starr, b. 1633, d. 1704.
233. Martha ——.

Eighth Generation
416. Henry Luce, b. circa 1644, d. ante 1689, m. circa 1670.
417. Remember Litchfield, b. 1644.
418. John Manter, b. 1632, m. 1 July 1657.
419. Martha Lombard, bp. 3 Nov. 1639.
448. John Edes.
450. Peter Tufts, b. 1617, d. 15 May 1700.
451. Mary Pierce, b. 15 June 1635, d. 10 Jan. 1703.
456. John Hall.
457. Mary Wright.
458. Dollar Davis,* b. 1600, d. 1673.
459. Margery Willard, b. 7 Nov. 1602.
460. George Willis,* b. 1602, d. 1690.
461. Jane Palfrey.
462. William Tay, d. 1683.
463. Grace Newhall, b. 1621, d. 11 Apl. 1712.
464. Comfort Starr,* b. 1585, d. 1659.
465. Elizabeth ——, b. 1595, d. 25 June 1658.

Ninth Generation
832. Thomas Luce.*
834. Lawrence Litchfield,* b. circa 1614, d. 1657, m. circa 1640.
835. Judith Dennis, b. 1620, d. Sept. 1685.
836. Richard Manter.*
838. Bernard Lombard,* b. 1607, d. 1667.
896. John Edes, b. circa 1585, d. 1661.
897. Thomasine Dorsham.
900. James Tufts.
902. Thomas Pierce, b. 1583, d. 7 Oct. 1666.
903. Elizabeth ——, b. 1596.
918. Richard Willard, b. 1543, d. 6 Jan. 1617
926. Abram Newhall, b. 1584, d. 1613.
927. Frances ——, b. 1594, d. 1687.

1. COLEMAN RANDALL FREEMAN

First Generation
2. John Douglas Freeman, b. 11 Feb. 1882, m. 3 Nov. 1909.
3. Eleanor Washington Perine, b. 21 Apl. 1888.

Second Generation
4. Bernard Freeman, b. 7 Oct. 1842, d. 16 Jan. 1938, m. 23 Jan. 1879.
5. Georgia Randall, b. 10 Dec. 1851, d. 19 Sept. 1924.
6. Elias Glenn Perine, b. 14 June 1829, d. 15 June 1922, m. 25 Apl. 1865.
7. Eliza Ridgely Beall Washington, b. 16 Nov. 1844, d. 28 Jan. 1919.

Third Generation
8. John Douglas Freeman, b. 16 Apl. 1800, d. 20 Aug. 1891, m. circa 1831.
9. Eleanor Ann Semmes, b. 1813.
10. William Coleman Randall, b. 1812, d. 21 Nov. 1885.
11. Mary Stanley Hart, b. 5 Nov. 1818.
12. David Maulden Perine, b. 8 Aug. 1796, d. 24 Dec. 1882, m. 1 Mch. 1818.
13. Mary Glenn, b. 30 Mch. 1797, d. 29 Sept. 1861.
14. Lewis William Washington, b. 30 Nov. 1812, d. 1 Oct. 1871.
15. Mary Anne Barroll, b. 19 Oct. 1817, d. 16 Nov. 1844.

Fourth Generation
16. James Freeman, b. 1763, d. 3 Oct. 1807, m. 6 Sept. 1785.
17. Eleanor Douglas, b. 25 Feb. 1761, d. 1 May 1830.
18. Bennet Barton Semmes, b. 10 Apl. 1767, d. 1832, m. circa 1812.
19. Eleanor Semmes, b. 4 Sept. 1792. Second wife.
20. James Graves Randall, d. 1863.
21. Sallie C. Coleman.
22. Thomas Hart, b. 9 Oct. 1780, d. 17 Apl. 1866, m. 18 Jan. 1810.
23. Anne Barnett, b. 29 Aug. 1786, d. 31 Aug. 1862.
24. Maulden Perine, b. 21 Feb. 1771, d. 23 Sept. 1797, m. 22 Oct. 1793.
25. Hephzibah Brown, b. 15 Nov. 1769, d. 4 Nov. 1832.
26. Elias Glenn, b. 26 Aug. 1769, d. 6 Jan. 1846, m. 21 Aug. 1794.
27. Ann Carson, b. 13 Aug. 1770, d. 6 Apl. 1847.
28. George Corbin Washington, b. 20 Aug. 1789, d. 17 July 1854, m. 1 Sept. 1807.
29. Eliza Ridgely Beall, b. 22 Nov. 1786, d. 1 July 1820.
30. James Barroll, b. 14 Oct. 1777, d. 21 Jan. 1845, m. 15 Dec. 1812.
31. Mary Anne Crockett, b. 10 Sept. 1789, d. 12 Jan. 1868.

Fifth Generation
32. Nathaniel Freeman, b. 1733, d. 6 Aug. 1807, m. circa 1760.
33. Ann Douglas, b. 1740, d. 2 Aug. 1800.
34. John Douglas, d. 1778.
35. Frances Barnes.
36. Ignatius Semmes, b. 1740, d. 1794.
37. Eleanor Ann Simms.
38. Robert Doyne Semmes, b. 11 Nov. 1753, d. 27 Sept. 1814, m. 11 Sept. 1791.
39. Mary Ann Neale, b. 1766, d. 9 June 1802. Third wife.
40. James Randall, rem. from Va. to Ga.
41. Rosana Graves.
46. Abraham Barnett, b. 1740, d. 1792, m. inter 1765/8.
47. Mary Brownfield, d. inter 1814/19.
48. Peter Perine, b. 1735, d. 1775, m. 13 Nov. 1760.
49. Hannah Amos.
50. David Brown, b. circa 1735, d. 4 May 1816.
51. Susanna ——.
52. Samuel Glenn, b. circa 1737, d. 1802, m. 7 July 1762.
53. Jane Barnaby, d. 15 Aug. 1808.
56. William Augustine Washington, b. 25 Nov. 1757, d. 2 Oct. 1810, m. 25 Sept. 1777.
57. Jane Washington, b. circa 1758, d. circa 1791. First wife.
58. Thomas Beall, b. 27 Sept. 1748, d. 5 Oct. 1819, m. 26 Sept. 1773.
59. Anne Orme, b. 29 July 1752, d. 9 Apl. 1827.
60. Rev. William Barroll, b. circa 1734, d. 1778, m. 1761.
61. Anne Williamson, b. 173-?
62. Benjamin Crockett, b. 25 May 1751, d. 22 Apl. 1792, m. 6 Mch. 1785.
63. Jane Donnellan, b. 1762, d. 15 Aug. 1827.

Sixth Generation
66. John Douglas, b. 1709, d. 1780, m. ante 1740.
67. Eleanor Howard.
68. John Douglas, b. 1709, d. 1780, m. ante 1740.
69. Eleanor Howard.
70. Godshall Barnes, b. 1692, d. 1768.
71. —— ——.
72. Alexius Semmes, b. 1695, d. circa 1752, m. circa 1733.
73. Virlinda (——) Sanders, d. 1756.
74. James Simms.
75. Sarah Eleanor Ann Lee (Widow Key).
76. Ignatius Semmes, d. 1764.
77. Mary Doyne, b. 1731, d. 1799.
78. Raphael Neale.

COLEMAN RANDALL FREEMAN 75

79. Sarah Howard.
92. William Barnett, b. 1718, d. 1778.
93. Mary Spratt.
96. William Perine, b. 1710, d. 1768.
97. Jane ——.
104. Dr. Jacob Glenn, b. 1686, d. 1746.
105. Rachel Copper?
106. John Barnaby, d. 1770.
112. Augustine Washington, b. circa 1720, d. 1762, m. circa 1744.
113. Anne Aylett, b. inter 1726/31, d. post 1758.
114. John Augustine Washington, b. 13 Jan. 1736, d. 17 Feb. 1787, m. 14 Apl. 1756.
115. Hannah Bushrod, b. circa 1738, d. 1816.
116. George Beall, b. 1695, d. 15 Mch. 1780.
117. Elizabeth Brooke, b. 1699, d. 2 Oct. 1748.
118. John Orme, b. 13 Feb. 1722, d. 1772.
119. —— ——.
120. William Barroll, d. 1754.
121. Abigail Jones, d. ante 1768.
122. Alexander Williamson, b. 1712, d. 21 Aug. 1760.
123. Sarah Ringgold.
124. Benjamin Crockett, d. 1760, m. 30 June 1750.
125. Elizabeth Chew.
126. Thomas Donnellan, b. circa 1727, d. 11 Sept. 1810.

SEVENTH GENERATION

132. Benjamin Douglas, b. 1686, d. 1749, m. 1708.
133. Elizabeth Land, b. 4 Apl. 1691, d. 1749.
134. John Howard, d. 1743, m. circa 1725.
135. Rebecca Brooke, b. 1709, d. 1763.
140. Matthew Barnes, b. 1670, d. 1745.
141. Elizabeth ——.
144. Anthony Semmes, b. circa 1669, d. 1708.
145. Bathia ——.
148. Anthony Simms of Charles Co., Md.
149. Sarah ——.
150. Arthur Lee, d. 1760.
151. Charity Hanson (Widow Howard).
154. Robert Doyne, b. 1709, d. 1760.
156. William Neale, b. circa 1710, d. 1763.
157. Anne Brooke.
184. William Barnett,* from Londonderry, Ireland.
186. Thomas Spratt,* from Co. Down, Ireland, d. 1757.
208. Johannes Glen, b. 1648, d. 1731, m. 1667
209. Annatje Peek, d. 1690.
224. Augustine Washington, b. circa 1694, d. 12 Apl. 1743, m. 20 Apl. 1715.
225. Jane Butler, b. 21 Dec. 1699, d. 24 Nov. 1729. First wife.
226. William Aylett, b. 1700?, d. 1744, m. circa 1725.
227. Anne Ashton, d. ante 1731. First wife.
228. Augustine Washington, b. circa 1694, d. 12 Apl. 1743, m. 6 Mch. 1731.
229. Mary Ball, b. circa 1707, d. 25 Aug. 1789. Second wife.
230. John Bushrod, d. 1760.
231. Jane Corbin. First wife.
232. George Beall, b. 1650? d. 1757?
233. Elizabeth Gordon?
234. Thomas Brooke, b. circa 1659/60, d. 7 Jan. 1731, m. circa 1698.
235. Barbara Dent, b. 1676, d. 1764. Second wife.
236. Rev. John Orme, b. 21 Jan. 1691, d. 28 Apl. 1758, m. 14 Mch. (1720?).
237. Ruth Edmondston, b. 22 Sept. 1705, d. 1775.
240. William Barroll, d. post 1729.
241. Anne ——.
242. John Jones of Wales.
244. Rev. Alexander Williamson, d. 1740.
245. Anne Hynson.
246. Thomas Ringgold, d. 1729, m. 1 May 1712.
247. Rebecca Wilmer, b. 27 July 1696, d. circa 1750.
248. Gilbert Crockett, d. 1739, m. circa 1727.
249. Mary Chew, d. Nov. 1777.
250. Benjamin Chew, b. circa 1700, d. 1762, m. Jan. 1727.
251. Sarah Bond, d. 1769.

EIGHTH GENERATION

264. John Douglas, b. 1664, d. 1706.
265. Mary ——.
266. Richard Land, d. 1695.
267. Penelope Theobald, d. 1702.
268. Edmund Howard,* d. 1713.
269. Margaret Dent (sister of Barbara).
270. Thomas Brooke, b. 1660, d. 1731.
271. Barbara Dent, b. 1676, d. 1754. Second wife.
288. Marmaduke Semmes? d. 1693.
289. Fortune (——) Medford? d. 1701.
296. Anthony Simms, of St. Mary's Co., Md.
300. Philip Lee, b. 1683, d. 1744.
301. Sarah Brooke, d. 1724.
302. Samuel Hanson, b. 1685, d. 1740.
303. Elizabeth Story.
308. Jesse Doyne, d. 1727.
309. Elizabeth Brent.
312. Roswell Neale, b. 1685, d. 1751.
313. Mary Brent, d. 1716.
314. Leonard Brooke, d. 1718.
315. Anne Boarman.
416. Sander Leendertse Glen,* d. 1685.
417. Catalyn Dongan, d. 1684.
448. Lawrence Washington, b. Sept. 1659, d. 1698, m. 1690.
449. Mildred Warner, d. Jan. 1701.
450. Caleb Butler, d. 1709.
451. Mary Foxhall, d. 1713.
452. William Aylett,* d. post 1725/6.
454. Henry Ashton, b. 30 July 1671, d. 3 Nov. 1731.
455. Elizabeth Hardidge, b. 1678, d. 25 Feb. 1722. First wife.
458. Joseph Ball, b. 25 May 1649, d. 1711.
459. Mary (Montague?).
460. John Bushrod, b. 30 Jan. 1663, d. 26 Feb. 1719.
461. Hannah Keene, b. 4 Feb. 1676, d. 1739.
462. Gawen Corbin, d. 1 Jan. 1745, m. 1704.

463. Jane Lane. Second wife.
464. Ninian Beall,* b. 1624/30, d. 1717.
465. Ruth (Moore?)
468. Thomas Brooke, b. 23 June 1632, d. 1676, m. circa 1658.
469. Eleanor Hatton, b. 1642, d. circa 1725.
470. Thomas Dent,* d. 1676.
471. Rebecca Wilkinson, d. 1726.
472. Moses Orme.
474. Archibald Edmondston, d. circa 1734.
475. Jane Beall.
480. William Barroll, d. 3 June 1698.
481. Mary ——, d. 11 June 1698.
490. John Hynson, d. 1705.
491. Rachel ——. First wife.
492. Thomas Ringgold, d. 1711.
493. Sarah ——, d. 1699. First wife.
494. Simon Wilmer,* d. 1699.
495. Rebecca Tilghman, d. 1722.
500. William Chew, d. Feb. 1710, m. 20 Dec. 1690.
501. Sydney Wynne.

NINTH GENERATION

528. John Douglas,* b. 1636, d. 1678.
529. Sarah Bonner.
534. Clement Theobald,* d. 1675.
535. Mary ——.
540. Thomas Brooke,* b. 1632, d. 1676.
541. Eleanor Hatton, b. 1642, d. 1724.
542. Thomas Dent,* d. 1676.
543. Rebecca Wilkinson, d. 1726.
600. Richard Lee, b. 1647, d. 1714.
601. Letitia Corbin, b. 1657, d. 1706.
602. Thomas Brooke, b. 1660, d. 1731.
603. Anne ——. First wife.
604. John Hanson,* d. 1714.
605. Mary Hussey.
606. Walter Story, b. 1666, d. 1726.
607. Mary Morris.
616. Joshua Doyne,* d. 1698.
618. Robert Brent, d. 1696.
619. Ann Baugh.
624. Anthony Neale, b. 1659, d. 1724.
625. Elizabeth Roswell.
626. George Brent, d. circa 1700.
627. Mary Sewall.
628. Baker Brooke,* b. 1628, d. 1679.
629. Ann Calvert.
630. William Boarman,* d. 1709.
631. Mary Jarboe, d. 1739.
896. John Washington,* b. circa 1632, d. Jan. 1677, m. circa 1658.
897. Anne Pope, d. ante 1669.
898. Augustine Warner, Jr., b. 3 June 1642, d. 19 June 1681.
899. Mildred Reade.
902. John Foxhall.
903. Martha ——.
908. John Ashton, d. 1677.
909. Grace (Meese?).
910. William Hardidge, d. post 1693.
911. Frances Gerard.
916. William Ball,* b. circa 1615, d. 1680, m. 1638.

917. Hannah Atherold.
920. Richard Bushrod,* b. circa 1622/5, d. post. 1663.
921. Apphia ——.
922. William Keene,* b. 1642, d. 1684.
923. Elizabeth Rogers, d. 1722.
924. Henry Corbin,* b. 1627, d. 1676.
925. Alice Eltonhead, d. 1684.
926. John Lane.
927. Elizabeth ——.
936. Robert Brooke,* b. 1602, d. 1655, m. 1627.
937. Mary Baker, d. 1634. First wife.
938. Richard Hatton.
939. Margaret ——.*
942. Rev. William Wilkinson,* d. 1663.
943. Naomi ——.
948. Thomas Edmondston.*
950. Ninian Beall,* b. 1624, d. 1717.
960. James Barroll, d. ante 1652.
961. Susan ——.
980. Thomas Hynson,* b. 1620, d. 1667.
981. Grace ——.
984. James Ringgold,* d. 1686.
985. ——. First wife.
990. Richard Tilghman,* b. 1626, d. 1676.
991. Mary Foxley,* d. circa 1700.
1000. Samuel Chew,* d. 15 Mch. 1677. m. circa 1658.
1001. Anne Ayres, d. 13 Apl. 1695.
1002. Thomas Wynne,* b. 1630, d. 1692.
1003. Martha Buttall.

TENTH GENERATION

1080. Robert Brooke,* b. 3 June 1602, d. 20 July 1655, m. 25 Feb. 1627.
1081. Mary Baker, d. 1634. First wife.
1082. Richard Hatton.
1083. Margaret ——.*
1086. Rev. William Wilkinson,* d. 1663.
1200. Richard Lee,* d. 1664.
1201. Anna ——.
1202. Henry Corbin,* b. 1629, d. 1676.
1203. Alice Eltonhead, d. 1684.
1210. Thomas Hussey.*
1236. George Brent.
1237. Mariana Peyton.
1238. Edmond Baugh.*
1248. James Neale,* b. 1615, d. 1684.
1249. Anne Gill.
1250. William Roswell, b. 1637, d. 1695.
1254. Henry Sewall,* d. 1665.
1256. Robert Brooke,* b. 1602, d. 1655.
1258. Leonard Calvert,* d. 1647.
1262. John Jarboe,* d. 1674.
1794. Nathaniel Pope,* d. 1660.
1798. George Reade,* b. 1608, d. 1671.
1799. m. Eliza Martiau.
1822. Thomas Gerard,* d. 1673, m. ——.
1823. Susanna Snow.
2000. John Chew.*

ELEVENTH GENERATION

3598. Nicholas Martiau,* d. 1657.

1. WILLIAM FREELAND FULLAM

FIRST GENERATION
2. N. S. Fullam, b. 1831, m. 1854.
3. Rhoda Anna Stowits, b. 1831, d. 1881.

SECOND GENERATION
4. Nelson Fullam, b. 2 Nov. 1805, d. 15 May 1878, m. 2 Mch. 1828.
5. Alexina Seymour, b. 1812, d. 1886.

THIRD GENERATION
8. Elisha Fullam, b. 14 Feb. 1752, d. 20 May 1824.
9. Abigail Nichols.

FOURTH GENERATION
16. Elisha Fullam, b. 26 June 1725, d. 22 Sept. 1801, m. 21 Jan. 1744.
17. Sarah Hager, b. circa 1723.

FIFTH GENERATION
32. Jacob Fullam, b. 19 Nov. 1692, d. 8 May 1725, m. 28 Feb. 1715.
33. Tabitha Whitney, b. 22 Aug. 1696.

SIXTH GENERATION
64. Francis Fullam,* b. circa 1670, d. 15 Jan. 1758.
65. Sarah Livermore, b. 18 Feb. 1671, d. 10 May 1724.

1. LOUIS DORSEY GASSAWAY

FIRST GENERATION
2. Louis Gardner Gassaway, b. 21 Nov. 1838, d. 20 Dec. 1889, m. 4 Mch. 1862.
3. Marian B. Dorsey, b. 12 Oct. 1840, d. 7 Mch. 1920.

SECOND GENERATION
4. Louis Gardner Gassaway, d. 1841, m. 17 May 1837.
5. Ellen Brewer, b. 22 June 1817, d. 18 May 1881.

THIRD GENERATION
8. Louis C. Gassaway, m. 17 June 1809.
9. Rebecca Hendry.

FOURTH GENERATION
16. Thomas Gassaway, b. 1747, d. 1787?.
17. Elizabeth Brice.

FIFTH GENERATION
32. Henry Gassaway, b. 1723?, d. 1776?.
33. Rebecca Chapman, d. 7 May 1752.

SIXTH GENERATION
64. Thomas Gassaway, b. 20 Feb. 1683, d. 12 Sept. 1739, m. 18 Dec. 1701.
65. Susanna Hanslap, b. 8 Feb. 1682, d. 24 Feb. 1740.

SEVENTH GENERATION
128. Nicholas Gassaway,* d. 1691.
129. Anne Besson.
130. Henry Hanslap,* b. 1635, d. 30 Sept. 1698.

EIGHTH GENERATION
258. Thomas Besson,* b. 1616, d. 1679.
259. Hester ———.

1. GEORGE THORNBURGH MACAULAY GIBSON

FIRST GENERATION
2. George S. Gibson, Jr., b. 9 May 1834, d. 11 Sept. 1885, m. 30 Apl. 1857.
3. Rebecca Macaulay, b. 2 Apl. 1832.

SECOND GENERATION
4. George S. Gibson, d. 30 Jan. 1872.
5. Maria Tyson, d. 23 May 1857.

THIRD GENERATION
10. Nathan Tyson, b. 10 Jan. 1757, d. 15 Mch. 1819, m. 29 Sept. 1801.
11. Mary Randall, d. 1843.

FOURTH GENERATION
20. Isaac Tyson, b. 20 Aug. 1718, d. 8 Sept. 1796, m. 26 May 1749.
21. Esther Shoemaker, b. 2 Apl. 1732, d. 8 Sept. 1786.

FIFTH GENERATION
42. Isaac Shoemaker, b. 23 Aug. 1700, d. 23 Aug. 1741, m. circa 1722.
43. Dorothy Penrose, b. 1703, d. 11 Aug. 1764.

SIXTH GENERATION
86. Bartholomew Penrose, b. circa 1678, d. 17 Nov. 1711.
87. Hester Leech, b. 1685, d. 1 Apl. 1713.

SEVENTH GENERATION
174. Tobias Leech,* b. 1 Jan. 1652, d. 13 Nov. 1726, m. 26 Dec. 1679.
175. Hester Ashmead, b. circa 1660, d. 11 Aug. 1726.

1. WALLIS GIFFEN

First Generation
2. James Fortescue Giffen, b. 11 June 1839, d. 11 June 1893, m. 27 Sept. 1869.
3. Louise Elizabeth Wallis, b. 16 Apl. 1850.

Second Generation
6. John Samuel Wallis, b. 8 Feb. 1825, d. 6 Oct. 1897, m. 12 Apl. 1849.
7. Louisa Mather, b. 17 Aug. 1827, d. 16 Sept. 1871.

Third Generation
12. Philip Wallis, d. 23 Oct. 1844, m. 27 Jan. 1814.
13. Elizabeth Custis Teackle, b. 21 Nov. 1790, d. 3 July 1854.

Fourth Generation
26. Severn Teackle, b. 25 Oct. 1756, d. 25 Jan. 1794, m. 23 Feb. 1786.
27. Lucretia Edmondson, b. 28 Oct. 1766.

Fifth Generation
52. Thomas Teackle, b. 11 Nov. 1711, d. 20 July 1769, m. 9 Nov. 1732.
53. Elizabeth Custis, b. 27 Aug. 1718.
54. Pollard Edmondson.
55. Rachel Birckhead.

Sixth Generation
104. John Teackle, b. circa 1678?, d. 3 Dec. 1721, m. 2 Nov. 1710.
105. Susannah Upshur.
108. John Edmondson.
109. Margaret Pollard, d. ante 1730.

Seventh Generation
208. Rev. Thomas Teackle,* b. circa 1629, d. 26 Jan. 1695.
209. Margaret Nelson. Second Wife.
210. Arthur Upshur.
211. Sarah Brown.
216. James Edmondson, b. 1670, d. ante 1730.
217. Magdalene Stevens.

Eighth Generation
416. Thomas Teackle, d. 1646.
418. Robert Nelson, d. circa 1678. Of London.
419. Mary Temple.
432. John Edmondson,* d. 1698.
433. Sarah ——.

Ninth Generation
838. Sir John Temple.

1. CHARLES BERKLEY GILLET
1. FRANCIS WARRINGTON GILLET
1. GEORGE MARTIN GILLET, JR.
2. GEORGE MARTIN GILLET

First Generation
2. GEORGE MARTIN GILLET, b. 9 July 1865, m. 3 Nov. 1891.
3. Mary Frances Koons, b. 5 June 1865.

Second Generation
4. George M. Gillet, b. 3 Feb. 1833, d. 3 Apl. 1865, m. 3 Dec. 1857.
5. Antoinette Jacobsen, b. 5 June 1840, d. 13 May 1910.

Third Generation
8. Martin Gillet, b. 31 Dec. 1787, d. 1 Jan. 1837, m. 23 Feb. 1808.
9. Eliza Edwards, b. 3 Mch. 1791, d. 17 Feb. 1858.

Fourth Generation
16. Joseph Gillet, b. 15 Nov. 1756, m. 2 Mch. 1780.
17. Mary Miner. Second Wife.

Fifth Generation
32. Jonathan Gillet, b. 22 Mch. 1720, d. 3 Sept. 1779, m. 11 Jan. 1747.
33. Phoebe Marvin.

Sixth Generation
64. Jonathan Gillet, b. 28 June 1685, d. 3 Jan. 1755, m. 3 Jan. 1717.
65. Sarah Ely, d. 4 July 1759.

Seventh Generation
128. Josiah Gillet, bp. 14 July 1650, d. 29 Oct. 1736, m. 30 June 1676.
129. Joanna Taintor, b. Apl. 1657, d. 23 Jan. 1735.

Eighth Generation
256. Jonathan Gillet,* d. 1667.
257. Mary ——.

1. JAMES McCLURE GILLET

First Generation
2. Edgar Gillet, b. 13 Oct. 1858, d. 5 May 1896, m. 5 Dec. 1885.
3. Mary Virginia McClure, b. 18 Feb. 1862, d. 9 May 1936.

Second Generation
4. George M. Gillet, b. 3 Feb. 1833, d. 3 Apl. 1865, m. 3 Dec. 1857.
5. Antoinette Jacobsen, b. 5 June 1840, d. 13 May 1910.

Third Generation
8. Martin Gillet, b. 31 Dec. 1787, d. 1 Jan. 1837, m. 23 Feb. 1808.
9. Eliza Edwards, b. 3 Mch. 1791, d. 17 Feb. 1858.

Fourth Generation
16. Joseph Gillet, b. 15 Nov. 1756, m. 2 Mch. 1780.
17. Mary Miner. Second Wife.

Fifth Generation
32. Jonathan Gillet, b. 22 Mch. 1720, d. 3 Sept. 1779, m. 11 Jan. 1747.
33. Phoebe Marvin.

Sixth Generation
64. Jonathan Gillet, b. 28 June 1685, d. 3 Jan. 1755, m. 3 Jan. 1717.
65. Sarah Ely, d. 4 July 1759.

Seventh Generation
128. Josiah Gillet, bp. 14 July 1650, d. 29 Oct. 1736, m. 30 June 1676.
129. Joanna Taintor, b. Apl. 1657, d. 23 Jan. 1735.

Eighth Generation
256. Jonathan Gillet,* d. 1667.
257. Mary ——.

1. RUFUS KING GOODENOW, JR.

(See Pedigree Book, 1905, p. 131)

FIRST GENERATION

2. Rufus King Goodenow, b. 7 Feb. 1855, d. 25 Nov. 1931, m. 8 Nov. 1883.
3. Susan Trigg Wade, b. 18 Nov. 1856, d. Aug. 1929.

SECOND GENERATION

4. John Goodenow, b. 1 Feb. 1817, d. 1 Jan. 1898, m. 1844.
5. Sarah Porter Appleton, b. 25 Dec. 1813, d. 1 Jan. 1894.

THIRD GENERATION

10. John White Appleton, b. 29 Nov. 1780, d. 27 Mch. 1862.
11. Sophia Williams, b. 14 Aug. 1789, d. 16 Jan. 1860.

FOURTH GENERATION

20. Samuel Appleton, b. 1739, d. 1819.
21. Mary White, b. 1749, d. 1834.

FIFTH GENERATION

40. Isaac Appleton, b. 1704, d. 1794.
41. Elizabeth Sawyer, b. 1710, d. 1785.

SIXTH GENERATION

80. Isaac Appleton, b. 1664, d. 1747.
81. Priscilla Baker, b. 1674, d. 1731.

SEVENTH GENERATION

160. Samuel Appleton, b. 1624, d. 1696.
161. Mary Oliver, b. 1640, d. 1698.

EIGHTH GENERATION

320. Samuel Appleton,* b. 1586, d. 1670.
321. Judith Everard.

NINTH GENERATION

640. Thomas Appleton, d. 1603.
641. Mary Isaac.

TENTH GENERATION

1280. William Appleton.
1281. Rose Sexton.

1. MAURICE GREGG

First Generation
2. Andrew Alexander Gregg, b. 8 Jan. 1826, d. Oct. 1865, m. June 1860.
3. Roselia Morris.

Second Generation
4. Thomas Gregg,* b. circa 1781, d. 1835. From Londonderry, Ire. to Baltimore, Md., in 1816.
5. Elizabeth McHadoo, b. circa 1782, d. 1855.
6. George Washington Morris.
7. Roselia Golibart, d. 1882.

Third Generation
8. John Gregg,* d. *ante patrem*. Of Galdonagh, Ire.
9. Mary Alexander.
10. James McHadoo.
11. Letitia Elliott.
12. Thomas Coke Morris, b. 7 Dec. 1782, d. ——, m. 1 Mch. 1807.
13. Margaret Shaeffer.
14. Joseph Golibart,* native of France.
15. Rhoda Zane.

Fourth Generation
16. Robert Gregg of Galdonagh Glebe, Co. Donegal, Ireland.
17. Elizabeth Wilson.
18. James Alexander of Tibben, Co. Donegal, Ireland.
24. Thomas Morris, b. 1750, d. 13 Oct. 1822.
25. Letitia Lucas, b. 20 May 1755, d. 2 Jan. 1832.
30. Silas Zane of Alexandria, Va.

Fifth Generation
48. William Morris, in Baltimore, Md., circa 1769.
49. Rebecca (Reed) Rock. Second Wife.
50. Basil Lucas, b. 24 Dec. 1718, d. circa 1779, m. 1 Dec. 1743.
51. Margaret Belt, b. 10 June 1719, d. circa 1770.

Sixth Generation
100. Thomas Lucas, b. 1688 (?), d. 1756.
101. Anne Hungerford.
102. John Belt, b. 1675 (?), m. 10 Feb. 1701.
103. Lucy Lawrence, b. 1685, d. 1727.

Seventh Generation
200. Thomas Lucas,* b. 1650 (?), d. 1722.
201. Dorothy ——.
202. William Hungerford, d. 1704, m. circa 1686.
203. Margaret Barton.
204. John Belt,* d. 1698.
205. Elizabeth ——.
206. Benjamin Lawrence,* d. 1685, m. 1676.
207. Elizabeth Talbott.

Eighth Generation
404. William Hungerford,* d. ante 1682.
406. William Barton, b. 1634, d. 1717.
407. —— Smoot.
414. Richard Talbott,* d. 1663.
415. Elizabeth Ewen.

Ninth Generation
812. William Barton.*
814. William Smoot,* b. 1598, d. post 1666.
815. Grace (——) Wood.
830. Richard Ewen,* d. 1660.
831. Sophia ——.

1. CHARLES SYLVESTER GRINDALL

FIRST GENERATION
2. John Thomas Grindall, b. circa 1813, d. 17 May 1885, m. 23 June 1840.
3. Eliza Armstrong, b. 1815, d. 12 May 1883.

SECOND GENERATION
4. John Gibson Grindall, m. 17 Nov. 1808.
5. Ellen Wheeler.

THIRD GENERATION
10. Thomas Wheeler, d. ante 1808.
11. ―― ――. First Wife.

FOURTH GENERATION
20. Benjamin Wheeler, b. 29 Oct. 1731, d. 1802, m. circa 1750.
21. Mary Neale.

FIFTH GENERATION
42. Roswell Neale, b. 1685, d. 24 Mch. 1751.
43. Elizabeth Blakiston. Second Wife.

SIXTH GENERATION
84. Anthony Neale, b. 1659, d. 1723, m. 1681.
85. Elizabeth Roswell. First Wife.
86. See Pedigree Book, 1905, p. 57.

SEVENTH GENERATION
168. James Neale,* b. circa 1615, d. 1684.
169. Anne Gill.
170. William Roswell, b. 1637, d. 1695.
171. Emma Langworth.

EIGHTH GENERATION
338. Benjamin Gill,* d. 22 Nov. 1655.

1. BENJAMIN HOWELL GRISWOLD, JR.
1. ROBERTSON GRISWOLD
2. BENJAMIN HOWELL GRISWOLD

(See Pedigree Book, 1905, pp. 29, 30)

First Generation

2. BENJAMIN HOWELL GRISWOLD, b. 3 Oct. 1845, m. 21 Dec. 1871.
3. Carrie Grieves Robertson, b. 23 Sept. 1849.

Second Generation

4. Rev. Whiting Griswold, b. 10 May 1815, d. 24 July 1840, m. 12 Sept. 1843.
5. Ellen Maria Howell, b. 25 Dec. 1820, d. 12 Mch. 1912. Lineage, etc., Ped. Book, 1905, Chart 30, Plate II.

Third Generation

8. Chester Griswold, b. 8 Sept. 1782, d. 27 Nov. 1867, m. 16 Jan. 1805.
9. Rhoda Griswold, b. 17 Oct. 1787, d. 6 May 1832.

Fourth Generation

16. Elizur Griswold, b. 3 Oct. 1753, d. 1787, m. 1777.
17. Tryphena Birge, b. 18 July 1757, d. 23 July 1836.
18. Elias Griswold, b. 6 Oct. 1750, d. 12 Dec. 1829, m. 8 Dec. 1773.
19. Rhoda Flower, b. 1 June 1756, d. 1825.

Fifth Generation

32. Ebenezer Griswold, b. 25 Oct. 1702, d. 7 Dec. 1779, m. 13 Dec. 1734.
33. Deborah Grimes, d. 7 June 1765.
34. Elisha Birge, b. 22 June 1731.
35. Mary Muckleston, d. 9 Dec. 1786. (See Ped. Book, 1905, Chart 29.)
36. Ebenezer Griswold, b. 25 Oct. 1702, d. 7 Dec. 1779, m. 13 Dec. 1734.
37. Deborah Grimes, d. 7 June 1765.

Sixth Generation

64. Jacob Griswold, b. 15 Apl. 1660, d. 22 July 1737, m. 10 Dec. 1685.
65. Mary Wright, b. 15 Apl. 1665, d. 25 Apl. 1735.
66. Henry Grimes.
68. Joseph Birge, m. 8 Nov. 1721.
69. Dorothy Kilbourn, b. 17 Apl. 1697.
72. Jacob Griswold, b. 15 Apl. 1660, d. 22 July 1737, m. 10 Dec. 1685.
73. Mary Wright, b. 15 Apl. 1665, d. 25 Apl. 1735. (See above.)

Seventh Generation

128. Michael Griswold,* b. circa 1597, d. Nov. 1684.
129. Ann ——.
130. Joseph Wright, b. 1639, d. 17 Dec. 1714, m. 10 Dec. 1663.
131. Mary Stoddard, b. 1645, d. 23 Aug. 1683.
136. Joseph Birge, b. 2 Nov. 1651, d. 18 July 1705.
137. Mary ——, d. 11 Apl. 1690.
138. Joseph Kilbourn, b. 1672, d. 1744, m. 4 June 1696.
139. Dorothy Butler, d. 19 Aug. 1709.
144. Michael Griswold,* b. circa 1597, d. Nov. 1684.
145. Ann ——.
146. Joseph Wright, b. 1639, d. 17 Dec. 1714, m. 10 Dec. 1663.
147. Mary Stoddard, b. 1645, d. 23 Aug. 1683.

Eighth Generation

260. Thomas Wright,* bp. 19 Nov. 1610, d. 1670.
261. Margaret ——.
262. John Stoddard,* d. Dec. 1664, m. 1642.
263. Mary Foote, b. 1623.
272. Richard Birge,* d. 29 Sept. 1651, m. 5 Oct. 1641.
273. Elizabeth Gaylord.
276. John Kilbourn, bp. 29 Sept. 1624, m. 1664.
277. Sarah Bronson, d. 4 Dec. 1711.
278. Samuel Butler.
292. Thomas Wright,* bp. 19 Nov. 1610, d. 1670.
293. Margaret ——.
294. John Stoddard, d. Dec. 1664, m. 1642.
295. Mary Foote, b. 1623.

Ninth Generation

526. Nathaniel Foote,* b. circa 1593, d. 1644, m. 1615.
527. Elizabeth Deming, b. circa 1600, d. 28 July 1688.
546. William Gaylord,* b. 1585, d. 20 July 1673.
547. —— ——, d. 20 June 1657.
552. Thomas Kilbourn,* b. 1578, d. ante 1639.
553. Frances ——.
554. John Bronson,* b. circa 1600, d. 1680.
590. Nathaniel Foote,* b. circa 1593, d. 1644, m. 1615.
591. Elizabeth Deming, b. circa 1600, d. 28 July 1688.

1. CHARLES CHAUNCEY HALL

FIRST GENERATION

2. Charles Washington Hall, b. 2 July 1854, d. 26 Feb. 1921, m. 25 Oct. 1881.
3. Ellen Brown, b. 19 Dec. 1858.

SECOND GENERATION

4. Charles Hall.
5. Catharine Norris.
6. Albert Moore Brown, b. 1825, d. 1880.
7. Ellen Howard, b. 1829, d. 1920.

THIRD GENERATION

8. Washington Hall, b. 24 Aug. 1776.
9. Ann Gwinn.
10. Otho Norris, d. 1830.
11. Cornelia Wright.
12. Garrett Brown, b. circa 1794, d. 1870.
13. Mary Fenby, b. 1793, d. 1865.
14. Robert Howard, b. 1795, d. 1865.
15. Phoebe Ann Hayes, b. 1807, d. 1888.

FOURTH GENERATION

16. Elihu Hall, b. 1723, d. 1790, m. 16 June 1757.
17. Catharine Orrick.
20. Jacob Norris, b. 10 May 1753, d. 1807, m. 30 Mch. 1785.
21. Avarilla Gallion.
24. Thomas Brown, d. 1808?
25. Elinor Gordon, b. 1758, d. 1804.
26. Peter Fenby.
27. Ann Fletcher, b. 1763, d. 1810.
28. Archibald Howard. Of Co. Antrim, Ireland.
29. Elizabeth Hume. Of Scotland.
30. John Hayes, b. 1757, d. 1822.
31. Belinda Barton, b. 1780, d. 1818.

FIFTH GENERATION

32. Elihu Hall, b. 28 Feb. 1692, d. 1753, m. 1722.
33. Elizabeth (Harrison) Chew.
34. John Orrick, b. 1685, d. 20 Oct. 1749.
35. Susan Hammond.
40. John Norris, b. 4 Mch. 1723, d. 1772, m. 1744.
41. Susannah Bradford.
48. James Brown, d. 1754/6.
49. —— Stewart.
52. Samuel Fenby.
53. Theodosia ——.
54. William Fletcher.
55. —— North.
60. James Hayes, b. 1705, d. 1788.
61. Phoebe Spence, b. 1717, d. 1792.

SIXTH GENERATION

64. Elisha Hall, b. 8 July 1663, d. Feb. 1717.
65. Sarah (Hooper) Wingfield.
66. Richard Harrison.
67. Elizabeth Smith.
68. James Orrick.*
69. Mary ——.
70. Thomas Hammond, d. 1724.
71. Rebecca (Larkin) Lightfoot.
80. Benjamin Norris, b. 20 Aug. 1698, d. 1770.
81. Sarah Whittaker.
82. William Bradford, b. 1739, d. 12 Feb. 1794.
83. Sarah MacComas.
96. John Brown, d. 1716.
97. Elizabeth Sickmore.
98. James Stewart.
99. Mary ——.
120. Richard Hayes.
121. Elizabeth ——.

SEVENTH GENERATION

128. Richard Hall,* b. 1635, d. 1688.
129. Elizabeth ——.
130. Richard Hooper.
131. Mary ——.
140. John Hammond,* b. 1643, d. 24 Nov. 1707.
141. Mary ——.
142. John Larkin.*
160. John Norris,* b. circa 1660, d. 1740, m. ante 1685.
161. Elizabeth Parsons, d. 1714.
162. John Whittaker,* d. 1713.
163. Catharine ——.
164. William Bradford.
165. Elizabeth Lightbody.
166. Daniel MacComas, b. 12 Jan. 1697, d. 1765, m. 26 Dec. 1734.
167. Martha Scott, b. 27 Feb. 1714, d. 1786.
192. Thomas Browne, d. 1708.
193. Margaret ——.

EIGHTH GENERATION

256. Richard Hall,* b. 1611, d. 1666, m. 1635.
257. Ann Bennett.
260. Henry Hooper,* d. 1676.
261. Sarah ——.
322. Thomas Parsons,* d. circa 1684.
323. Isabella ——, d. 1717. She m. (2) Benjamin Capel.
328. John Bradford of London.
329. Mary Skinner.
332. Daniel MacComas,* d. 1699.
333. Elizabeth ——.
334. Daniel Scott, b. circa 1680, d. 20 Mch. 1745, m. circa 1708.
335. Elizabeth (Whittaker ?) Love, d. 1758.

NINTH GENERATION

512. Richard Hall, bp. 20 Aug. 1573, d. 1645, m. 5 Dec. 1595.
513. Alice Pendenbury.
656. William Bradford of Yorkshire.
658. Matthew Skinner of London.
668. Daniel Scott,* b. circa 1655, d. 15 Feb. 1724, m. ante 1680.
669. Jane Johnson, d. Dec. 1733.

TENTH GENERATION

1316. Robert Skinner. Bishop of Bristol.
1338. John (?) Johnson.*
1339. Deborah ——, d. 1700.

1. THOMAS EDWARD HAMBLETON
2. FRANK SHERWOOD HAMBLETON

First Generation
2. FRANK SHERWOOD HAMBLETON, b. 27 Mch. 1855, d. 15 Aug. 1908, m. 16 Jan. 1884. (See Ped. Book, 1905, p. 33, as revised and corrected.)
3. Anna Brooks Crawford.

Second Generation
4. Thomas Edward Hambleton, b. 18 May 1829, m. 14 Sept. 1852.
5. Arabella Stansbury, b. 10 Nov. 1829, d. 25 Aug. 1893.

Third Generation
8. Thomas Edward Hambleton, b. 15 May 1798, d. 18 May 1876, m. 2 Dec. 1824.
9. Sarah Ann Slingluff, b. 13 Nov. 1801, d. 30 July 1895.
10. Dixon Stansbury, b. circa 1783, d. 1841, m. 1817.
11. Sophia Levy, d. 1830.

Fourth Generation
16. John Hambleton, b. 1755, d. 22 Dec. 1832, m. 17 June 1793.
17. Margaret Bond.
18. Jesse Slingluff, b. 1 Jan. 1775, m. 11 Sept. 1799.
19. Elizabeth Deardorff, b. 18 Apl. 1775.
20. Edmund Stansbury, b. 6 Oct. 1746, d. 1801.
21. Belinda Slade. (Widow Talbott)
22. Sampson Levy.
23. —— Dunham.

Fifth Generation
32. William Hambleton, b. ante 1733, d. 1795.
33. Mary Auld.
34. Thomas Bond, b. circa 1733, m. 3 Feb. 1765.
35. Catherine Fell.
40. Dixon Stansbury, b. 6 Dec. 1720, d. 1805, m. 4 Jan. 1741.
41. Penelope Body, b. 27 Nov. 1724.
42. William Slade, d. 1785, m. 13 Aug. 1741.
43. Elizabeth Dulany.
46. —— Dunham.
47. Ann ——.

Sixth Generation
64. John Hambleton, d. 1773.
65. Mary Studham.
66. John Auld, b. 9 Jan. 1702, d. 12 July 1766.
67. Mary Sherwood, b. 25 May 1704, d. 30 Sept. 1795.
68. Thomas Bond, b. 1704, d. 1787, m. 13 Apl. 1725.
69. Elizabeth Scott.
70. William Fell, d. Jan. 1746, m. 8 Jan. 1732.
71. Sarah Bond.
80. Thomas Stansbury, d. 1766.
81. Jane Dixon.
82. Stephen Body, d. 1742, m. 10 Feb. 1723.
83. Elizabeth ——.

Seventh Generation
128. William Hambleton, b. 1663, d. 1725.
129. Margaret Sherwood, d. 1755.
130. Thomas Studham, d. 1737.
131. Jane ——.
132. James Auld,* b. 1665, d. 1721.
133. Sarah Elliott, b. 1 Feb. 1670.
134. Daniel Sherwood, b. 20 Mch. 1668, d. 15 Aug. 1738, m. 26 Dec. 1689.
135. Mary Hopkins, b. 6 June 1672.
136. Thomas Bond, b. 1679, d. 1756, m. 30 Sept. 1700.
137. Ann Robinson.
138. Daniel Scott, b. circa 1680, d. 20 Mch. 1745.
139. Elizabeth (Whittaker?). (Widow of Robt. Love.)
142. Thomas Bond, b. 1679, d. 1756, m. 30 Sept. 1700.
143. Ann Robinson.
160. Tobias Starnborough,* b. 1652, d. 1709.
161. Sarah Raven.

Eighth Generation
256. William Hambleton,* b. 1636, d. 1677.
257. Sarah Watkins.
258. Hugh Sherwood,* b. 1632, d. 1710.
259. Mary (——) Brooke.
266. Edward Elliott,* b. 1639, d. post 1707.
267. ——. First Wife.
268. Hugh Sherwood,* b. circa 1632, d. 1710.
269. Mary (——) Brooke.
270. Thomas Hopkins,* d. 1701.
271. Elizabeth Lowe.
272. Peter Bond,* d. 1705.
273. ——. First Wife.
276. Daniel Scott,* b. circa 1655, d. 15 Feb. 1724.
277. Jane Johnson.
278. ? John Whittaker.*
284. Peter Bond,* d. 1705.
285. ——. First Wife.
320. Detmar Sternberg.*
321. Renske ——.

Ninth Generation
514. John Watkins.*
515. Frances ——.

1. EDWARD CUYLER HAMMOND
2. EDWARD HAMMOND

First Generation

2. EDWARD HAMMOND, b. 3 Apl. 1865, m. 14 Jan. 1909.
3. Agnes Cuyler, b. 23 Apl. 1869, d. 19 June 1936.

Second Generation

4. Edward Hammond, b. 17 Mch. 1812, d. 19 Oct. 1882, m. 2 June 1842.
5. Mary Catherine Mackubin, b. 4 June 1822, d. 21 May 1900.
6. Richard Matthai Cuyler, b. 26 Apl. 1825, d. 18 May 1879, m. 25 Apl. 1861.
7. Emily Charlotte Potter, b. 28 Aug. 1841, d. 4 May 1896.

Third Generation

8. Lloyd Thomas Hammond, b. 11 Aug. 1779, d. 12 May 1838, m. 17 Nov. 1803.
9. Elizabeth Meriweather, b. 22 Oct. 1787, d. 17 Dec. 1820.
10. George Mackubin, b. 1789, d. 1853, m. 2 June 1812.
11. Eleanor Maccubbin, b. 11 May 1795, d. 9 Dec. 1858.
12. Richard Randolph Cuyler, b. 19 Oct. 1796, d. 18 Apl. 1865, m. 22 Dec. 1819.
13. Mississippi Gordon, b. 18 Jan. 1800, d. 15 Feb. 1833.
14. James Potter, b. 29 Aug. 1793, d. 25 Jan. 1862, m. 4 Jan. 1827.
15. Sarah Jones Grimes, b. 12 June 1808, d. 4 June 1847.

Fourth Generation

16. Philip Hammond, b. 23 May 1744, d. 21 Apl. 1799.
17. Barbara Ariana Raitt, b. 13 July 1743, d. 28 Aug. 1815.
18. Reuben Meriweather, b. 15 Dec. 1743, d. 1794.
19. Sarah Dorsey, b. 1747, d. 1809.
20. Richard Mackubin, b. 1762, d. 8 Nov. 1821, m. 19 Apl. 1788.
21. Catherine Waters, b. 1767, d. 25 Jan. 1822.
22. Charles Maccubbin, b. 1 Jan. 1756, d. 20 June 1799, m. 12 May 1793.
23. Sarah Allen, b. 1774, d. 1836.
24. Jeremiah Latouche Cuyler, b. 4 June 1768, d. 6 May 1839, m. 21 Apl. 1793.
25. Margaret Elizabeth Clarendon, b. 27 Dec. 1777, d. 8 Aug. 1835.
26. Ambrose Gordon.
27. Elizabeth Mead.
28. John Potter,* b. 12 Apl. 1765, d. 24 Oct. 1849, m. 22 Aug. 1791.
29. Catherine Fuller, b. 1770, d. 26 Nov. 1848.
30. John Grimes.
31. Catherine Jones Glen.

Fifth Generation

32. Nathaniel Hammond, b. circa 1708, d. 1762, m. 20 Jan. 1732.
33. Ann Welsh, b. 10 July 1716, d. 1780.
34. John Raitt, d. 1758.
35. Ann ——.
36. Nicholas Meriwether, b. 1719, d. 1758.
37. Frances Morton, d. post 1772.
38. Thomas Beale Dorsey, b. 18 Jan. 1727, d. 1 Nov. 1771, m. 1747.
39. Ann Worthington, b. 1730, d. 23 Nov. 1771.
40. Richard Mackubin, d. Aug. 1779.
41. Elizabeth Creagh, d. 1800.
42. Nathan Waters, d. post 1790, m. circa 1754.
43. Catherine Willson, d. 1798?.
44. Nicholas Maccubbin, bp. 1710, d. 1787 (?), m. 21 July 1747.
45. Mary Clare Carroll, b. 13 May 1727, d. circa 1781.
46. John Allen, b. 1743, m. 15 Dec. 1763.
47. Eleanor Brewer, b. 1736.
48. Teleman Cuyler, b. 1730, d. 29 Sept. 1772.
49. Jeanne Latouche, b. 14 July 1738, d. Sept. 1799.
50. Smith Clarendon.
51. Margaret Meek.
52. Jonathan Rhea Gordon.
53. Margaret Cole.
56. James Potter of Ireland.
57. Catherine Stewart.
62. John Glen, b. 1744, d. 13 May 1799.
63. Sarah Jones, d. 10 Jan. 1810.

Sixth Generation

64. Charles Hammond, d. Nov. 1713.
65. Hannah Howard.
66. John Welsh, d. 1734, m. 1715.
67. Rachel ——. Second Wife.
72. David Meriwether, b. 1690, d. 1743.
73. Anne Holmes, d. 11 Nov. 1735.
76. Caleb Dorsey, b. 11 Nov. 1685, d. 2 Dec. 1741, m. 1704.
77. Eleanor Warfield, b. 1683, d. post 1742.
78. John Worthington, b. 12 Jan. 1689/90, d. circa 1765, m. 8 Jan. 1714.
79. Helen Hammond, b. circa 1695, d. circa 1735.
80. John Mackubin, d. 1736.
81. Ann ——.
82. Patrick Creagh, d. circa 1761.
83. Frances ——, b. 1703.
84. William Waters, d. inter 1737/43, m. 3 Nov. 1724.
85. Rachel Duvall, b. 1705, d. post 1743.
86. John Willson, d. 1751.
87. Martha Wood.
88. Zachariah Maccubbin, b. 4 Dec. 1679, d. circa 1754/6, m. 20 July 1704.
89. Susannah Nicholson.

90. Charles Carroll,* b. 1691, d. 29 Sept. 1755.
91. Dorothy Blake, b. circa 1712, d. 8 July 1743.
92. George Allen, d. post 1743.
93. Rebecca ——.
94. John Brewer, b. 1709, d. 1788, m. 1727.
95. Eleanor Maccubbin, b. 1708, d. 1779.
96. Henry Cuyler, b. 1677, d. 1766, m. 1710.
97. Maria Jacob, bp. July 1692.
98. Jeremiah Latouche of N. Y.
104. Peter Gordon.
105. Margaret Rhea.
124. James Glen,* b. 1701, d. 18 July 1777.
125. Elizabeth Wilson.
126. Noble Wymberley Jones, b. 1732, d. 9 Jan. 1805.
127. Sarah Davis.

SEVENTH GENERATION

128. John Hammond,* b. 1643, d. 24 Nov. 1707.
129. Mary ——.
130. Philip Howard, d. 1701.
131. Ruth Baldwin.
132. John Welsh,* d. 1684.
133. Anne (——) Grosse.
144. Nicholas Meriwether, d. 1744.
145. Elizabeth Crawford, d. 1762.
146. George Holmes.
152. John Dorsey, d. 1714/15, m. 1683/4.
153. Pleasance Ely.
154. Richard Warfield,* d. 1704.
155. Elinor (Browne?).
156. John Worthington,* b. 1650, d. 9 Apl. 1701.
157. Sarah Howard, d. 1726.
158. Thomas Hammond, d. 1724.
159. Rebecca (Larkin) Lightfoot.
160. John Maccubin,* d. 1686.
161. —— Howard, d. circa 1670. First Wife.
168. John Waters,* d. 1704.
169. Elizabeth (Giles?), d. 1747.
170. John Duvall, d. 1711.
171. Elizabeth Jones.
176. John Maccubin,* d. 1686.
177. Elinor ——. Second Wife.
178. Nicholas Nicholson, d. 1688.
179. Hester (Larkin) Gough.
180. Charles Carroll.
181. Clare Dunn.
182. Charles Blake,* d. 1732.
183. Henrietta Maria Lloyd.
188. John Brewer, b. 1686, d. 1730, m. 14 Feb. 1705.
189. Dinah Battee, b. 1 Dec. 1690.
190. William Maccubbin, d. 1745.
191. Sarah Westhall, b. 1680.
192. Hendrick Cuyler,* bp. 11 Aug. 1637, d. 1690, m. 1660.
193. Anna Schepmoes.*
252. Noble Jones,* b. 1702, d. 1775.
254. John Davis.
255. Theodora ——.

EIGHTH GENERATION

256. Thomas Hammond.*
260. Matthew Howard.* To Md. from Va. 1649.
261. Anne (Hall?).
262. John Baldwin,* d. 1684.
263. Elizabeth ——.
288. Nicholas Meriwether,* b. 1631, d. 1678.
289. Elizabeth ——.
290. David Crawford.*
304. Edward Dorsey.*
314. Matthew Howard, d. 1692.
315. Sarah Dorsey, d. ante 1692.
316. John Hammond,* b. 1643, d. 24 Nov. 1707.
317. Mary ——.
318. John Larkin,* b. 1614, d. 1702.
319. Katharine Roberts?.
322. Samuel Howard, d. 1703.
323. Catherine Warner.
340. Mareen Duvall,* d. 1694.
342. William Jones,* d. 1705.
343. Elizabeth ——.
358. John Larkin,* b. 1614, d. 1702.
359. Katherine Roberts?.
360. John Carroll.
361. Mary Dillon.
362. O'Connor Dunn.
363. Jane Birmingham.
364. Charles Blake of London.
366. Philemon Lloyd, b. circa 1646, d. 22 June 1685.
367. Henrietta Maria Neale, d. 21 May 1697.
376. John Brewer, b. 1644, d. 1690.
377. Sarah Ridgely.
378. Ferdinando Battee, d. 1706.
379. Elizabeth (Hood?).
380. John Maccubin,* d. 1686.
381. Elinor ——. Second Wife.
382. George Westhall, d. 1702.
383. Sarah Wade.

NINTH GENERATION

628. Matthew Howard.*
629. Anne (Hall?).
630. Edward Dorsey.*
632. Thomas Hammond.*
638. ? Andrew Roberts,* d. 1682.
644. Matthew Howard.*
645. Ann (Hall?).
646. James Warner,* d. 1673.
647. Elizabeth ——.
718. Andrew Roberts,* d. 1682.
732. Edward Lloyd,* d. 1695.
733. Alice Crouch.
734. James Neale,* b. 1615, d. 1685.
735. Anne Gill.
752. John Brewer.*
753. Elizabeth (Heathcote?), d. 1668.
754. Henry Ridgely,* d. 1710.
766. Robert Wade, d. 1694.

TENTH GENERATION

1470. Benjamin Gill,* d. 1655.

1. EDWARD MACKUBIN HAMMOND

First Generation

2. William Allen Hammond, d. 28 Sept. 1892, m. 2 Jan. 1872.
3. Alice Hammond, b. 4 Oct. 1847, d. 10 Aug. 1893.

Second Generation

6. Edward Hammond, b. 17 Mch. 1812, d. 18 Oct. 1882, m. 2 June 1842.
7. Mary Catherine Mackubin, b. 4 June 1822, d. 23 June 1900.

Third Generation

12. Lloyd Thomas Hammond, b. 11 Aug. 1779, d. 12 May 1838, m. 17 Nov. 1803.
13. Elizabeth Meriwether, b. 22 Oct. 1787, d. 17 Dec. 1820.

Fourth Generation

24. Philip Hammond, b. 23 May 1744, d. 1799.
25. Barbara Ariana Raitt, b. 13 July 1743, d. 28 Aug. 1815.

Fifth Generation

48. Nathaniel Hammond, b. 1708, d. Apl. 1762, m. 20 Jan. 1732.
49. Ann Welsh, b. 10 July 1716, d. 1780.

Sixth Generation

96. Charles Hammond, b. circa 1672, d. 21 Nov. 1713, m. circa 1691.
97. Hannah Howard.

Seventh Generation

192. John Hammond,* b. 1643, d. 24 Nov. 1707.
193. Mary ——.

1. JAMES ETCHBERGER HANCOCK

First Generation

2. John Francis Hancock, b. 9 Sept. 1834, d. 12 Nov. 1923, m. 6 Feb. 1862.
3. Frances Ann Etchberger, b. 13 Jan. 1841.

Second Generation

4. John Hancock, b. 29 Oct. 1799, d. 10 Aug. 1853, m. 18 June 1833.
5. Mary Leeke, b. 21 Mch. 1809, d. 16 Apl. 1893.
6. James Etchberger, b. 9 Nov. 1804, d. 27 Jan. 1893, m. 17 Jan. 1836.
7. Frances Ann Despeaux, b. 9 Feb. 1815, d. 19 July 1865.

Third Generation

8. Francis Hancock, b. 1772, d. 17 Aug. 1831, m. 5 Dec. 1798, (lic.).
9. Jemima Selby.
10. Israel Leeke, b. 18 Aug. 1774.
11. Ann Owens.
12. William Etchberger, b. 30 Aug. 1779, d. 29 Sept. 1815, m. 25 Sept. 1803.
13. Charlotte Cunningham, b. 25 Aug. 1780, d. 28 Jan. 1844.
14. John Despeaux, b. 1792, d. 27 July 1826, m. 1813.
15. Rachel Ardrey, b. circa 1795, d. 18 Mch. 1816.

Fourth Generation

16. Stephen Hancock, b. 25 May 1747, d. 7 Oct. 1809.
17. Margaret Cromwell, b. 21 Feb. 1742, d. ante 1779.
18. Joseph Selby, b. 19 Mch. 1760.
19. Jemima ——.
20. Joseph Leeke, b. 25 Feb. 1717, m. 1760.
21. Ann ——.
24. William Etchberger, b. 1743, d. 13 Feb. 1823, m. 17 Mch. 1778.
25. Magdalena Schiflern, b. 1753, d. 1844.
26. James Cunningham.
27. Bethiah (Cunningham?), d. 12 Oct. 1844.
28. Joseph Despeaux,* b. 7 May 1758, d. 30 Sept. 1820.
29. Frances Demanche, b. 14 Apl. 1770, d 16 Dec. 1835.

Fifth Generation

32. Stephen Hancock, b. 13 Mch. 1704, m. 19 May 1741.
33. Helen Leshoday.
34. John Cromwell, b. 1711, d. 1772, m. 1 Dec. 1738.
35. Comfort Robosson, b. 1 Dec. 1721, d. 1777.
36. Benjamin Selby, b. circa 1725, m. 4 Aug. 1757.
37. Elizabeth Boone, b. 3 Oct. 1740.
40. Henry Leeke, b. 1680, m. 7 June 1705.
41. Elizabeth Ward.
56. Antoine Despeaux.
57. Jeanne Marie Senal, d. 1793.
58. Henri Demanche.*
59. Margaret Cassard.

Sixth Generation

64. William Hancock, b. circa 1675.
65. Jane ——.
68. Joshua Cromwell, d. post 1748.
69. Frances Ingraham?.
70. Oneal Robosson.
71. Martha Barnes.
72. John Selby.
74. John Boone, b. 23 Mch. 1707, d. 6 June 1757, m. 17 Feb. 1731.
75. Mary Burley, b. 5 Oct. 1714, d. 1760.
82. Robert Ward, d. 1709.
118. Jean Cassard.* From France to Penna. 1740.

Seventh Generation

128. **Stephen Hancock.***
136. John Cromwell,* b. ante 1650, d. ante 1714.
140. George Robosson, d. 1698.
144. Edward Selby, d. 6 Aug. 1709.
148. Robert Boone, b. 1680, d. 9 Feb. 1759, m. 17 Sept. 1702.
149. Elizabeth Moss.
150. John Burley.

Eighth Generation

288. Edward Selby,* d. 8 Aug. 1680.
296. **Humphrey Boone,*** d. 20 Nov. 1709.
297. Rebecca Burley.
298. Richard Moss.
299. Elizabeth (Hammond?).

Ninth Generation

594. Robert Burley, d. 1672.
595. Mary ——.

1. JOHN CUSTIS HANDY

First Generation
2. Littleton Dennis Handy, b. 17 June 1844.
3. Mary Ellen Matthews, b. 25 July 1852, d. 24 Oct. 1911.

Second Generation
4. Littleton Dennis Handy, b. 1809, d. 14 Oct. 1857.
5. Sophia Ellen Jones, d. 1866.

Third Generation
8. John Custis Handy, b. 1768, d. 31 Aug. 1840.
9. Elizabeth Chaillé, b. 1770, d. 22 Jan. 1840.

Fourth Generation
16. Samuel Handy, b. 15 Aug. 1741, d. 25 May 1828, m. 27 Nov. 1767.
17. Mary Gore, b. 29 Oct. 1749, d. 25 Jan. 1825.

Fifth Generation
32. Samuel Handy, d. 1755.
33. Mary Dennis, b. 1726.

Sixth Generation
64. William Handy, b. 24 Jan. 1686, d. 1734.
65. Elizabeth ——.
66. John Dennis, b. 12 Aug. 1704, d. 31 Aug. 1766, m. 10 Nov. 1724.
67. Mary Purnell, d. 1768.

Seventh Generation
128. Samuel Handy,* d. 15 May 1721, m. 31 Mch. 1679.
129. Mary Sewell.
132. John Dennis, b. 12 Feb. 1676, d. 1741.
133. Sarah Littleton, d. 1732.
134. William Purnell.

Eighth Generation
264. Donnack Dennis,* d. circa 1716, m. 31 July 1661.
265. Elise Nihulian.*
266. Southey Littleton, b. 1645, d. 1679.
267. Elizabeth Bowman. Second Wife.

Ninth Generation
528. John Dennis,* d. circa 1679.
532. Nathaniel Littleton,* d. 1654.
533. Anne Southey, d. 1656.
534. Edmund Bowman,* b. 1625, d. 1691.

1. BENEDICT HENRY HANSON, JR.

First Generation
2. Benedict Henry Hanson, b. 14 Aug. 1866, m. 14 Aug. 1912.
3. Rebecca Janney Cox, b. 5 Aug. 1878.

Second Generation
4. Aquilla Brown Hanson, b. 26 Aug. 1833, d. 10 May 1905, m. 1 Dec. 1864.
5. Ann Elizabeth Middleton, b. 30 Jan. 1846, d. 25 Mch. 1928.
6. Henry Cox, b. 5 Dec. 1848, d. 1 Feb. 1915, m. 11 Dec. 1873.
7. Elizabeth Janney Merrefield, b. 5 Sept. 1850, d. 21 Feb. 1926.

Third Generation
8. Benedict Henry Hanson, b. 23 Dec. 1809, d. 1 Nov. 1882, m. 24 Sept. 1829.
9. Lydia Barnes, b. 17 Aug. 1809, d. 6 Feb. 1881.
10. John Wells Middleton, b. 6 Apl. 1807, d. 4 Dec. 1891, m. 10 May 1838.
11. Rebecca Jane Duvall, b. 31 Jan. 1816, d. 17 Dec. 1893.
12. Henry Newton Cox, b. 1813, d. 11 Jan. 1877, m. 1843.
13. Susan Gantt Worthington, b. 6 Mch. 1820, d. 26 Sept. 1902.
14. Joseph Merrefield, b. 19 Dec. 1820, d. 3 July 1902, m. 18 July 1848.
15. Rebecca Janney, b. 21 Mch. 1826, d. 19 Apl. 1898.

Fourth Generation
16. Benedict Hollis Hanson, b. circa 1785, m. 27 Dec. 1807.
17. Ann Matthews.
20. Electus Middleton, b. 25 Dec. 1773, d. 12 Jan. 1815, m. 28 June 1798.
21. Ann Parsons, b. 28 Feb. 1773, d. 4 Nov. 1832.
22. William Jones Duvall.
23. Elizabeth Ferguson Paul.
24. James Cox, m. 12 June 1804.
25. Hannah Jackson, b. 26 July 1782.
26. William Worthington, d. 11 Feb. 1853, m. 21 Dec. 1802.
27. Harriet Anderson, b. 7 May 1782, d. 6 June 1862.
28. Joseph Merrefield, b. 6 Mch. 1770, d. 22 Sept. 1825, m. 15 Apl. 1815.
29. Sarah Williams, b. 1 Jan. 1793, d. 13 Oct. 1825.
30. Joseph Janney, b. 21 July 1780, d. 22 Nov. 1841.
31. Hannah Howell Hopkins, b. 22 June 1791, d. 15 Mch. 1858.

Fifth Generation
32. Hollis Hanson, b. 22 Feb. 1748, d. circa 1802, m. 30 Apl. 1782.
33. Mary Dorsey, b. 2 Aug. 1756.
44. Thomas Duvall, b. 15 Aug. 1739.
45. —— (Jones) Waters.
48. Fleet Cox, b. 1725, d. 28 June 1791, m. 1753.
49. Elizabeth Wright.
50. Richard Jackson, d. 1815, m. 20 Feb. 1772.
51. Rebecca Rowzie.
52. William Worthington, b. 3 Feb. 1756, d. 7 Dec. 1837.
53. Achsah Cole.
54. John Anderson.
55. Lucy (Beall?), b. 28 Nov. 1760, d. 1850.
58. John Williams, d. 1793, m. 27 Dec. 1783.
59. Mary Martin, d. 1793.
60. Joseph Janney, m. 28 Sept. 1764.
61. Hannah Jones, b. 30 Nov. 1742.
62. Elisha Hopkins, b. 15 Oct. 1752, d. 30 Sept. 1809, m. 27 June 1777.
63. Hannah Howell.

Sixth Generation
64. John Hanson, b. 14 Nov. 1720, d. post 1776.
65. Semelia ——, d. ante 1776. First Wife.
66. Greenberry Dorsey, b. 10 Mch. 1730, d. 1798.
67. Frances Frisby, b. 4 Aug. 1741, d. ante 1776. First Wife.
88. Benjamin Duvall, b. 4 Apl. 1711, m. 25 June 1738.
89. Mary Wells.
96. Presley Cox, b. 1698, d. 30 Sept. 1766, m. 17 Oct. 1723.
97. Margaret Fleet.
98. Richard Wright, b. 1710, d. 21 Oct. 1741, m. circa 1730.
99. Elizabeth Wiggington.
100. Richard Jackson.
101. Ann Newton.
104. John Worthington, b. 1728, d. 1790.
105. Susannah Hood.
118. William Martin.
120. Abel Janney, d. 1774, m. 2 Aug. 1733.
121. Sarah Baker, b. 2 Oct. 1712, d. 1778.
122. John Jones.
123. Rebecca Head.
124. Gerrard Hopkins, b. 7 Mch. 1709, d. 3 July 1777, m. 7 May 1730.
125. Mary Hall.
126. Isaac Howell, b. 17 May 1722, d. 19 Apl. 1759.
127. Patience Roberts, b. 1 Feb. 1725. (Widow Gray)

Seventh Generation
128. Benjamin Hanson, d. 16 Jan. 1736.
129. Sarah (Hollis?), b. 1 Mch. 1690.
132. Greenberry Dorsey, b. circa 1710, d. 29 Apl. 1782.
133. Mary Belt, b. 1713, d. 1758.
134. Peregrine Frisby, b. Apl. 1711, d. circa 1747, m. 26 Jan. 1739.

BENEDICT HENRY HANSON, JR. 95

135. Mary Holland, b. 1721, d. 1749.
176. Mareen Duvall, b. 1680, d. June 1741, m. 21 Oct. 1701.
177. Elizabeth Jacob, d. Feb. 1752.
192. Carnock Cox,* d. 1751.
193. Mary Presley.
194. Henry Fleet, d. 1728.
195. Elizabeth Wildey.
196. Francis Wright, b. 1661, d. 1713.
197. Martha Cox. Second Wife.
200. Richard Jackson.
201. Eleanor ——.
202. Willoughby Newton, b. 1702, d. 7 Dec. 1766.
203. Sarah Eskridge, b. 1708, d. 2 Dec. 1753.
208. John Worthington, b. Jan. 1690, d. 12 Dec. 1760, m. circa 1728.
209. Comfort Hammond. Second Wife.
210. William Hood, m. 1 July 1728.
211. Elizabeth Maccubbin, d. 1784.
240. Joseph Janney, b. 26 Jan. 1675, d. circa 1728, m. 18 June 1703.
241. Rebecca Biles, b. 27 Oct. 1680.
242. Samuel Baker, b. 1 Aug. 1676 (O.S.), m. 4 Sept. 1703 (O.S.).
243. Rachel Warder.
248. Gerrard Hopkins, b. 8 Oct. 1683, d. 1744, m. Jan. 1701.
249. Margaret Johns, b. 11 Oct. 1683, d. circa 1750.
250. Richard Hall, b. 8 July 1690, d. 7 Aug. 1739, m. 4 Sept. 1712.
251. Mary Hosier, b. 1685, d. 14 May 1762. (Widow Johns)
252. Jacob Howell, b. 18 Mch. 1687, d. 17 Mch. 1768, m. 17 Aug. 1709.
253. Sarah Vernon, b. 1680, d. 13 Jan. 1759.
254. Robert Roberts, b. 7 Nov. 1673, d. 11 Nov. 1728, m. 1703.
255. Priscilla Johns, b. 21 Mch. 1682, d. 1 Apl. 1725.

EIGHTH GENERATION

256. ?Thomas Hanson, d. 1714. Of Balto. Co., Md.
257. Sarah Ray.
258. William Hollis, b. circa 1653, d. Jan. 1704.
259. Mary Clark, d. Jan. 1704.
264. John Dorsey, m. 22 Aug. 1702.
265. Comfort Stimpson, b. circa 1684, d. 1748.
266. John Belt, m. 10 Feb. 1701.
267. Lucy Lawrence, b. 1685, d. 1727.
268. Thomas Frisby, b. 15 Feb. 1681, d. circa 1716, m. circa 1703.
269. Frances Wells, d. 1713. First Wife.
270. Francis Holland, b. 25 Sept. 1691, d. 7 Aug. 1738.
271. Susanna Utie, b. 24 Sept. 1695, d. 1745.
352. Mareen Duval,* d. 1694.
353. Susannah ——.
354. John Jacob.*
355. Ann Chaney.
386. Peter Presley, d. 1693.
387. Elizabeth Thompson.
388. Henry Fleet,* b. 1595, d. 1661.
392. Richard Wright, b. 1633, d. 1663.
393. Ann Mottrom.
394. Vincent Cox.
404. Thomas Newton, b. 1678, d. 1728, m. 1702.
405. Elizabeth Storke, b. 1687, d. 1759.
406. George Eskridge.
407. Rebecca Bonum.
416. John Worthington,* b. 1650, d. 9 Apl. 1701.
417. Sarah Howard, d. 21 Dec. 1726.
418. John Hammond, b. circa 1676, d. 22 Feb. 1743.
419. Anne Greenberry.
422. Zachariah Maccubbin, d. 4 Dec. 1753, m. 20 July 1704.
423. Susannah Nicholson.
480. Thomas Janney, b. 11 Jan. 1634, d. 12 Feb. 1696.
481. Margarey Heath.
482. William Biles,* b. 1650, d. 10 Mch. 1710.
483. Johanna ——.
484. Henry Baker,* m. 6 Aug. 1667 (O.S.).
485. Margaret Hardmann.*
486. Willoughby Warder. Of Bucks Co., Pa.
496. Gerrard Hopkins,* d. 1692.
497. Thomasin ——?.
498. Richard Johns,* b. 1649, d. 16 Dec. 1717, m. 7 July 1676.
499. Elizabeth Kensey, d. 1716.
500. Elisha Hall, b. 8 July 1663, d. 6 Feb. 1716/17, m. 28 Sept. 1688.
501. Sarah Hooper. (Widow Wingfield)
502. Henry Hosier, d. 1710.
503. Rebecca Keddy.
504. John Howell,* d. 26 Jan. 1721.
506. Randall Vernon,* b. 1640, d. 18 Oct. 1725, m. 1670.
507. Sarah Bradshaw, d. 1719.
508. Hugh Roberts,* d. 18 June 1702.
509. Jane Owen, d. 1686.
510. Richard Johns,* b. 1649, d. 1717, m. 1676.
511. Elizabeth Kensey, d. 1716.

NINTH GENERATION

514. John Ray, d. 1695.
516. William Hollis,* d. 1680.
528. Joshua Dorsey, d. 1688.
529. Sarah ——.
530. Thomas Stimpson.*
531. Rachel Beard.
534. Benjamin Lawrence,* d. 1685, m. 1676.
535. Elizabeth Talbott, b. circa 1656.
536. James Frisby, b. circa 1651, d. 1704, m. circa 1675.
537. Sarah Read.
538. George Wells, d. 1696.
539. Blanche Gouldsmith, d. 1704.
540. William Holland,* d. 1732.
541. Margaret Holland, d. 1719.
542. George Utie, d. 1695.
543. Mary Beedle, d. 1697.
772. William Presley,* d. 1655.

BENEDICT HENRY HANSON, JR.

773. Jane ——.
776. William Fleet.
777. Deborah Scott.
786. John Mottrom,* b. 1610, d. 1655.
808. John Newton, b. 1639, d. 1697.
809. Rose ——.
810. Nehemiah Storke, b. 1666, d. 1692, m. 1685.
811. Behethland Gilson, b. 1666, d. 1693.
814. Samuel Bonum.
834. Matthew Howard, d. circa 1693.
835. Sarah Dorsey, d. ante. 1691.
836. John Hammond,* b. 1643, d. 24 Nov. 1707.
837. Mary ——.
838. Nicholas Greenberry,* b. 1627, d. 1697.
844. John Maccubbin, d. 1686, m. circa 1671.
845. Elinor ——. Second Wife.
846. Nicholas Nicholson.*
847. Hester Larkin.
960. Thomas Janney, b. 27 July 1605, d. 14 Dec. 1692, m. 3 Sept. 1625.
961. Elizabeth Worthington, d. 19 Dec. 1681.
998. Hugh Kensey,* d. 1667.
999. Margaret ——.
1000. Richard Hall,* d. 1688.
1001. Elizabeth ——.
1002. Henry Hooper,* d. 1676.
1003. Sarah ——.
1004. Henry Hosier,* d. 1686.
1005. Joanna ——.
1006. Stephen Keddy, d. 1686.
1012. James Vernon.
1016. Robert ap Hugh, d. 1683.
1017. Elizabeth Owen,* d. 1699.
1018. Owen ap Evan.
1022. Hugh Kensey,* d. 1667.
1023. Margaret ——.

Tenth Generation

1056. Edward Dorsey,* d. 1659.

1062. Richard Beard,* d. 1675.
1063. Rachel Robins.
1070. Richard Talbott,* d. circa 1663, m. circa 1655.
1071. Elizabeth Ewen, d. 1704.
1072. James Frisby,* d. 1674.
1073. Mary ——.
1076. Richard Wells,* d. 1667.
1077. Frances ——.
1078. Samuel Gouldsmith,* d. 1671.
1079. Joanna ——.
1082. Francis Holland,* d. 1684.
1083. Margaret ——, d. 1699.
1084. George Utie,* d. 1678.
1085. Susanna Gouldsmith.
1086. Edward Beedle,* d. 1692.
1087. Mary (——) Rutten.
1554. Charles Scott.
1620. William Storke, b. 1624, d. 1676.
1622. Andrew Gilson, b. 1628, d. 1698, m. 1664.
1623. Behethland Bernard, b. 1635, d. 1720.
1668. Matthew Howard.*
1669. Anne (Hall?).
1670. Edward Dorsey,* d. 1659.
1671. Anne ——.
1672. Thomas Hammond.*
1694. John Larkin.*
1920. Randle Janney, b. 1580, d. 1618, m. 1602.
1921. Ellen Alrodt.

Eleventh Generation

2126. Edward Robins,* b. 1602.
2142. Richard Ewen,* d. 1660.
2170. Samuel Gouldsmith,* d. 1671.
3246. Thomas Bernard, d. 1651.
3247. Mary Behethland.

Twelfth Generation

6494. Robert Behethland.

1. DR. EDMUND PENDLETON HUNTER HARRISON, JR.

First Generation
2. Edmund Pendleton Hunter Harrison, b. 27 Dec. 1857, m. 19 Apl. 1892.
3. Caroline Henderson Webster.

Second Generation
4. Peyton Randolph Harrison, b. 17 June 1832, d. 21 July 1861, m. 20 Dec. 1854.
5. Sarah Forrest Hunter, b. 7 July 1833, d. 11 Jan. 1926.
6. Edwin Hanson Webster.
7. Caroline Henderson McCormick.

Third Generation
8. Rev. Peyton Harrison, b. 19 Nov. 1800, d. 10 Sept. 1887, m. 6 Jan. 1825.
9. Jane Cary Carr, b. 2 Dec. 1807, d. 21 July 1859.
10. Edmund Pendleton Hunter, b. 25 Mch. 1809, d. 9 Sept. 1854, m. 2 Mch. 1832.
11. Martha Crauford Abell.
12. Henry Webster, b. 16 Mch. 1793, d. 1872, m. 15 Oct. 1818.
13. Martha Hanson, b. 1795, d. 1850.
14. James McCormick.
15. Elizabeth Henderson, b. 1779.

Fourth Generation
16. Randolph Harrison, b. 11 Feb. 1761, d. 1839, m. 20 Mch. 1790.
17. Mary Randolph, b. 1773.
18. Dabney Carr, b. 27 Apl. 1773, d. 8 Jan. 1837, m. 28 June 1802.
19. Elizabeth Overton Carr, b. 1 Jan. 1780, d. 18 June 1838.
20. David Hunter, b. 3 May 1761, d. 24 Mch. 1829, m. 19 Nov. 1791.
21. Elizabeth Pendleton.
22. John Abell, m. 1799.
23. Sarah Forrest, b. 1775.
24. Rev. Richard Webster, b. 7 Apl. 1740.
25. Phoebe Smith. Second Wife.
28. James McCormick. Of Ireland.
30. Dr. Philip Henderson, d. 1812, m. 1776.
31. Rebecca Matthews, d. 1827.

Fifth Generation
32. Carter Henry Harrison, b. 1729, d. 1794, m. 1764.
33. Susan Randolph, b. 1743.
34. Thomas Isham Randolph.
35. Jane Cary, b. 1751.
36. **Dabney Carr,** b. 26 Oct. 1743, d. 16 May 1773, m. 20 July 1765.
37. Martha Jefferson, b. 29 May 1746, d. 3 Sept. 1811.
38. Overton Carr, b. 1752, d. 1804.
39. Anne Addison, d. 1807.
40. David Hunter, m. 1747.
41. Martha McIlhaney.
42. Philip Pendleton.
43. Agnes Patterson.
46. Zachariah Forrest, b. 1742, d. 1817, m. 1764.
47. Nancy Edwards.
48. Samuel Webster, b. circa 1700, m. 2 Feb. 1726.
49. Elizabeth Dallam.
50. George Smith.

Sixth Generation
64. Benjamin Harrison, b. 1693, d. 1745.
65. Anne Carter.
66/68. **Isham Randolph,** b. 24 Feb. 1687, d. 2 Nov. 1742, m. 25 July 1717.
67/69. Jane Rogers, d. 1761.
70. Archibald Cary, b. 21 Feb. 1721, d. 26 Feb. 1787, m. 31 May 1744.
71. Mary Randolph, b. 17 Nov. 1727, d. 25 Nov. 1781.
72. John Carr, b. 25 Dec. 1706, d. 17 June 1778, m. 27 Dec. 1737.
73. Barbara Overton, b. 20 Apl. 1720, d. Dec. 1794.
74. Peter Jefferson, b. 29 Feb. 1708, d. 17 Aug. 1757, m. 3 Oct. 1739.
75. Jane Randolph, b. 1720, d. 31 Mch. 1776.
76. John Carr, b. 25 Dec. 1706, d. 17 June 1778, m. 27 Dec. 1737.
77. Barbara Overton, b. 20 Apl. 1720, d. Dec. 1794.
78. John Addison, b. 16 Sept. 1713, d. 1764.
79. Susannah Wilkinson.
80. Hugh Hunter, d. 1732.
81. Isabella Semple.
82. Moses McIlhaney.
83. Rebecca Hooe.
84. Nathaniel Pendleton, b. 1715, d. 1793, m. circa 1740.
85. Elizabeth Clayton.
86. William Patterson.
87. Nancy Wallace.
92. Thomas Forrest, b. 1718, d. 1778.
93. Frances Hazel.
94. Ninian Edwards.
96. John Webster, b. 1670, d. 1755.
97. Mary ——.
98. Richard Dallam,* d. circa 1714, m. circa 1702.
99. Elizabeth Martin, b. circa 1685, d. 31 Dec. 1778.

Seventh Generation
128. **Benjamin Harrison,** b. 1673, d. 10 Apl. 1710.
129. Elizabeth Burwell, b. 1677, d. 1734.
130. Robert Carter, b. circa 1664, d. 4 Aug. 1732, m. 1688.
131. Judith Armistead, d. circa 1701. First Wife.
132. **William Randolph,*** b. 1650, d. 11 Apl. 1711, m. 1677.
133. Mary Isham, b. 1659, d. 29 Dec. 1735.
140. Henry Cary, d. 1749, m. 1719.

141. Anne Edwards.
142. Richard Randolph, b. 1691, d. 17 Dec. 1748, m. 1723.
143. Jane Bolling, b. 1703, d. 4 Mch. 1766.
144. See below (152)
146. See below (154)
148. Thomas Jefferson, b. 1679, d. 1731, m. 1697.
149. Mary Field, b. 3 Feb. 1680, d. Aug. 1715.
150. Isham Randolph, b. 24 Feb. 1687, d. 2 Nov. 1742, m. 25 July 1717.
151. Jane Rogers, d. 1761.
152. Thomas Carr, b. 1678, d. 29 May 1737, m. 1704.
153. Mary Dabney, d. 7 Sept. 1748.
154. James Overton, b. 14 Aug. 1688, d. 18 June 1749.
155. Elizabeth Garland, d. 1739.
156. Thomas Addison, b. 1679, d. 17 June 1727, m. 7 June 1709.
157. Eleanor Smith, b. 1690, d. 1761. Second Wife.
160. Andrew Hunter, b. 1640, d. 1733. Of Ireland.
168. Henry Pendleton, b. 1683, d. 1721.
169. Mary Taylor, b. 1688, d. 1770.
170. Samuel Clayton, bp. 30 Sept. 1689, d. 1735.
171. Elizabeth Pendleton.
184. Richard Forrest.
186. Zachariah Hazel.
198. William Martin,* d. 1690.
199. ? Isabella ——.

Eighth Generation

256. Benjamin Harrison, b. 20 Sept. 1645, d. 30 Jan. 1713.
257. Hannah (Churchill?), b. 1652, d. 1699.
258. Lewis Burwell,* b. 1648/50, d. 19 Dec. 1710.
259. Abigail Smith, b. 11 Mch. 1656, d. 12 Nov. 1692.
260. John Carter,* d. circa 1670.
261. Sarah Ludlow, d. 1699. Fourth Wife.
262. John Armistead,* b. 1635, d. 1698.
263. Judith ——.
264. Richard Randolph, b. 1621, d. 1671, m. 1647.
265. Elizabeth Ryland.
266. Henry Isham,* b. circa 1626, d. circa 1676.
267. Katherine (——) Royall.
280. Henry Cary, b. 1650, d. Aug. 1720, m. 1671.
281. Judith Lockey.
284. William Randolph,* b. 1650, d. 1711.
285. Mary Isham, b. 1659, d. 1735.
286. John Bolling, b. 29 Jan. 1676, d. 20 Apl. 1729, m. 1697.
287. Mary Kennon.
296. Thomas Jefferson, d. 1697.
297. Martha Branch.
298. Peter Field, b. 1647, d. 1707, m. 1675.
299. Judith Soane.
300. William Randolph,* b. 1650, d. 11 Apl. 1711, m. 1677.
301. Mary Isham, d. 29 Dec. 1735.
304. Thomas Carr,* b. circa 1650, d. inter 1709/14.
306. George Dabney.
308. William Overton,* b. 3 Dec. 1638.
309. Mary Waters.
310. James Garland.
312. John Addison,* d. 1705, m. circa 1677.
313. Rebecca Wilkinson, d. 1725.
314. Walter Smith, b. 1652, d. 1711.
315. Rachel Hall, d. 28 Oct. 1730.
336. Philip Pendleton,* b. circa 1650, d. 1721, m. 1682.
337. Isabella Hurtt.
338. James Taylor,* d. 1698.
339. Mary Gregory.
340.? Samuel Clayton,* d. circa 1701/4.
341. Susannah ——.
342. Philip Pendleton,* b. circa 1654, d. 1721, m. circa 1682.
343. Isabella Hurtt.
368. Patrick Forrest, b. 1625, d. 1675.
369. Eleanor Cheverell.

Ninth Generation

512. Benjamin Harrison,* b. circa 1600, d. inter 1643/7.
513. Mary ——, d. 1688.
516. Lewis Burwell,* b. 5 Mch. 1621, d. 19 Nov. 1653.
517. Lucy Higginson, d. 16 Nov. 1675.
518. Anthony Smith.
519. Martha Bacon.
522. Gabriel Ludlow, b. 1587.
523. Phyllis ——.
528. William Randolph, b. 1572, d. 1660.
529. Dorothy Lane, d. 1657.
530. Richard Ryland.
532. William Isham, b. 1578, d. ante 1631.
533. Mary Brett.
560. Miles Cary,* b. 1620, d. 1667.
561. Anne Taylor.
562. Edward Lockey,* d. ante 1667.
568. See above (264).
570. See above (266).
572. Robert Bolling,* b. 26 Dec. 1646, d. 17 July 1709, m. 1675.
573. Jane Rolfe, d. 1 Oct. 1678. First Wife.
574. Richard Kennon,* d. 1696.
575. Elizabeth Worsham.
594. William Branch.
595. Jane (Hatcher?).
596. John Field.
598. Henry Soane,* d. 1662.
599. Judith ——.
600. Richard Randolph, b. 1621, d. 1671.
601. Elizabeth Ryland.
602. Henry Isham,* d. 1676.
603. Catherine (——) Royall.
612. Cornelius Dabney.*
624. Rev. Lancelot Addison.
625. Jane Gulston.
626. Rev. William Wilkinson,* b. 1612, d. 1663.
627. Naomi ——?.
628. Richard Smith,* d. 1690.

629. Eleanor ——.
630. **Richard Hall,*** d. 1688.
631. Elizabeth ——.
672. Henry Pendleton, b. 1615, d. 1680.
673. Elizabeth ——.
678. John Gregory,* d. 1676.
736. Peter Forrest, b. 1601, d. 1665.
738. John Cheverell.

TENTH GENERATION

1032. Edward Burwell, b. 1579, d. 1620.
1033. Dorothy Bedell.
1034. **Robert Higginson,*** d. Aug. 1649.
1035. Lucy Torksey.
1038. Rev. James Bacon, d. 19 Nov. 1649.
1039. Martha Honeywood.
1044. Thomas Ludlow, d. 1607.
1045. Janet Pyle.
1056. Robert Randolph, b. circa 1540, m. circa 1565.
1057. Rose Roberts.
1064. Sir Euseby Isham, b. 1553, d. 1626.
1065. Anne Borlase.
1066. William Brett.
1120. John Cary, m. 1610.
1121. Alice Hobson.
1122. Thomas Taylor,* d. 1656.
1124. ? John Lockey. Of London.
1144. John Bolling.
1145. Mary ——.
1146. Thomas Rolfe, b. 1615, d. post 1663.
1147. Jane Poythress.
1150. William Worsham.*
1151. Elizabeth ——.
1188. **Christopher Branch,*** d. 1682.
1189. Mary Addie.
1200. William Randolph, b. 1572, d. 1660.
1201. Dorothy Lane.
1204. William Isham, m. 1625.
1205. Mary Brett.
1344. Henry Pendleton.
1345. Susan Camden.
1472. Thomas Forrest.

ELEVENTH GENERATION

2292. John Rolfe,* m. 5 Apl. 1614.
2293. Pocahontas, d. 2 Mch. 1617. (Dau. of Powhatan).

1. GEORGE HARRISON

First Generation
2. Joseph Nathan Harrison, b. 8 Mch. 1822, d. 26 Feb. 1890, m. 14 Nov. 1857.
3. Julia Anne Turner, b. 10 Mch. 1838, d. 11 Jan. 1918.

Second Generation
4. Thomas Edwards Harrison, b. 18 Apl. 1786, d. 2 Aug. 1866.
5. Cecilia Dent, b. 22 Jan. 1797, d. 8 Dec. 1858.
6. Meveral Chapman Turner, b. 2 Dec. 1802, d. 25 July 1852, m. 31 Jan. 1832.
7. Jane Maria Spencer, b. 9 Nov. 1811, d. 15 Dec. 1876.

Third Generation
8. John Harrison, d. post 1797.
9. ? Mary Abigail Smoot?, d. post 1797. Second Wife.
10. Gideon Dent, d. 1814.
11. Mary ——.
12. William Turner, b. May 1775, d. 4 Oct. 1815, m. 6 Jan. 1799.
13. Kitty Waters, b. 3 July 1781, d. 3 July 1857.
14. Isaac Spencer, d. circa 1829.

Fourth Generation
16. William Harrison, d. 1770.
17. Elizabeth ——.
20. Benjamin Dent, d. 1778.
24. William Turner, d. (will dated 1801), m. 1 July 1764.
25. Rhoda Dent, b. 4 Nov. 1744.
26. James Waters, m. 17 Sept. 1780.
27. Baden King.

Fifth Generation
32. John Harrison, d. circa 1738.
33. Elizabeth ——.
40. John Dent, b. ca. 1674, d. 1732.
41. Katherine Turner, d. post 1732.
48. Edward Turner, d. (will dated 1772).
49. Eleanor ——, d. (will dated 1781).
50. Hatch Dent, b. 1707, d. 1783, m. circa 1728.
51. Ann Chapman.
52. James Waters,* d. 1771.
53. Susannah ——.

Sixth Generation
80. John Dent,* d. 1712.
81. Mary (Hatch?).
96. Samuel Turner, d. (will dated 1746).
97. Lydia Dent.
100. John Dent, b. ca. 1674, d. 1732.
101. Katherine Turner, d. post 1732.

Seventh Generation
192. Edward Turner, b. ca. 1636, d. 1709.
200. John Dent,* d. 1712.
201. Mary Hatch.

Eighth Generation
384. William Turner.*

1. JOHN TRIPLETT HAXALL

First Generation
2. Bolling Walker Haxall, b. 13 July 1815, d. 26 June 1885, m. 30 Dec. 1845.
3. Anne Triplett, b. 11 Mch. 1820, d. 1888.

Second Generation
4. Philip Haxall,* b. 10 Apl. 1770, d. 26 Dec. 1831, m. 20 July 1801.
5. Clara Walker, b. 9 July 1780, d. 29 Mch. 1857.

Third Generation
10. Robert Walker, b. 10 Oct. 1729.
11. Elizabeth Starke.

Fourth Generation
22. William Starke, d. circa 1756, m. circa 1727/8.
23. Mary Bolling, b. 25 Jan. 1708.

Fifth Generation
46. Robert Bolling, b. 25 Jan. 1682, d. 1749, m. 1706.
47. Anne Cocke.

Sixth Generation
92. Robert Bolling,* b. 26 Dec. 1646, d. 17 July 1709, m. 1681.
93. Anne Stith. Second Wife.

1. NATHAN WILLIAMS HAYNES

FIRST GENERATION

2. David Oliphant Haynes, b. 29 Aug. 1858, m. 15 Oct. 1885.
3. Helen Dunham Williams, b. 24 Oct. 1860.

SECOND GENERATION

6. Nathan Gallup Williams, b. 28 June 1833, d. 7 Aug. 1896, m. 14 Apl. 1858.
7. Helen Dunham, b. Oct. 1838, d. 7 Dec. 1866.

THIRD GENERATION

12. Warren Williams, b. 15 Apl. 1789, m. 12 June 1815.
13. Elizabeth Gallup, b. 21 Jan. 1795, d. 19 Oct. 1874.

FOURTH GENERATION

26. Christopher Gallup, b. 22 June 1764, d. 30 July 1849, m. 1792.
27. Martha Stanton, b. 17 June 1766, d. 12 Feb. 1818.

FIFTH GENERATION

52. Nathan Gallup, b. 1727, d. 19 Jan. 1799, m. 25 Apl. 1749.
53. Sarah Giddings, b. 28 Nov. 1730, d. 18 Sept. 1778.

SIXTH GENERATION

104. Benadam Gallup, b. 18 Apl. 1693, d. 30 Sept. 1755, m. 11 Jan. 1716.
105. Eunice Cobb, b. 18 Sept. 1693, d. 1 Feb. 1759.

SEVENTH GENERATION

208. Benadam Gallup, b. 1655, d. 2 Aug. 1727.
209. Esther Prentice, b. 20 July 1660, d. 18 May 1751.

EIGHTH GENERATION

416. John Gallup,* b. 1616, d. 19 Dec. 1675.
417. Hannah Lake.

NINTH GENERATION

832. John Gallup,* b. 1590, d. 11 Jan. 1650.
833. Christobel ——,* d. 27 Sept. 1655.

TENTH GENERATION

1664. John Gallup.
1665. —— Crabbe.

1. HERRING DE LA PORTE HENDRICK
2. CALVIN WHEELER HENDRICK

First Generation
2. CALVIN WHEELER HENDRICK, b. 21 June 1865, m. 29 Nov. 1892.
3. Sarah Rebecca Herring b. 25 Aug. 1869.

Second Generation
4. Rev. Calvin Styles Hendrick, b. 17 Mch. 1838, d. 14 Sept. 1865, m. 7 Aug. 1861.
5. Elizabeth Campbell, b. 14 Mch. 1841.
6. William Francis Herring, b. 5 June 1834, d. 24 Nov. 1886, m. 5 Nov. 1861.
7. Chloe Perry Conyers, b. 16 June 1835.

Third Generation
10. Rev. Alexander W. Campbell, b. 4 May 1803, d. 9 June 1848, m. 4 Sept. 1832.
11. Mary W. Moseley, b. 1805, d. 1845.
14. William Denson Conyers, b. 13 Feb. 1794, d. 25 Feb. 1868, m. 6 Nov. 1822.
15. Betty Perry, b. 10 Feb. 1799, d. 31 Jan. 1841.

Fourth Generation
22. Dr. Bennett Williamson Moseley, d. 1811, m. 1800.
23. Elizabeth Winston, b. 1783, d. 1856.
28. Ross Conyers, b. 9 Dec. 1768, d. 16 Oct. 1826.
29. Betsey Denson.

Fifth Generation
46. Edmund Winston, b. circa 1745, d. circa 1818.
47. Alice Winston, b. 20 Mch. 1753, d. Feb. 1784.
58. William Denson, b. 20 Dec. 1732, m. 1 June 1761.
59. Rebecca Eley.

Sixth Generation
92. William Winston, b. circa 1700, m. circa 1730.
93. Sarah Dabney.
94. Anthony Winston, b. 29 Sept. 1723, m. 27 Feb. 1747.
95. Alice Taylor, b. 21 May 1730.
116. William Denson, m. 20 Dec. 1723.
117. Amy Small.

Seventh Generation
184. Isaac Winston, d. ante 1760.
185. Sarah Dabney.
190. James Taylor, b. 20 Mch. 1703, d. 1 Mch. 1784.
191. Alice Catlett. (née Thornton)
232. John Denson, b. 20 Mch. 1666, m. 12 Sept. 1692.
233. Mary Brydall.

Eighth Generation
382. Francis Thornton, b. 24 Jan. 1682, d. post 1750.
383. Mary (Taliaferro?).
464. **William Denson.*** Of Isle of Wight County, Va.
465. Frances ——.

Ninth Generation
764. Francis Thornton, b. 5 Nov. 1651.
765. Alice Savage. First Wife.

Tenth Generation
1528. William Thornton.* Living in 1708.
1530. **Anthony Savage.***

1. JOHN BOYNTON PHILIP CLAYTON HILL

FIRST GENERATION

2. Charles Ebenezer Hill, b. 7 Feb. 1848, d. 7 Apl. 1917, m. 23 Nov. 1875.
3. Keturah Watts Clayton, b. 25 Apl. 1849, d. 7 Apl. 1907.

SECOND GENERATION

4. Rev. Joseph Bancroft Hill, b. 25 Nov. 1796, d. 16 June 1864, m. 26 Aug. 1845.
5. Harriet Brown, b. 20 June 1819, d. 18 Mch. 1910.
6. Philip Coleman Clayton, b. 7 Nov. 1812, d. 1882, m. 8 Nov. 1837. Of Annapolis, Md.
7. Catherine Guest Schwärer, b. 1819, d. 19 May 1901.

THIRD GENERATION

8. Rev. Ebenezer Hill, b. Jan. 1766, d. 20 May 1854, m. 18 Nov. 1795.
9. Rebecca Bancroft, b. 5 Mch. 1771, d. 11 July 1797. Second Wife.
10. Isaac Brown, b. 10 July 1794, d. 13 Apl. 1879, m. 30 Dec. 1818.
11. Sally Flagg.
12. Philip Clayton, b. circa 1780, d. 22 June 1868, m. 24 Oct. 1809.
13. Mary Ann Brewer, b. 11 Apl. 1785, d. 22 Nov. 1863.
14. John George Schwärer, b. 24 Sept. 1794, d. 23 Feb. 1862. Annapolis, Md.
15. Keturah Watts, b. 8 July 1793, d. 29 July 1860.

FOURTH GENERATION

16. Samuel Hill, b. 20 Feb. 1716, d. 21 June 1798.
17. Sarah Cutler, b. 5 Sept. 1735, d. 30 Dec. 1808.
18. Ebenezer Bancroft, b. 1 Apl. 1738, d. 22 Sept. 1827, m. 5 May 1758.
19. Susannah Fletcher, b. 28 Oct. 1743, d. 4 Oct. 1823.
20. Stephen Brown, b. 11 Aug. 1769, d. 1851, m. 19 Oct. 1793.
21. Eunice Proctor, b. 16 Feb. 1773, d. 9 Aug. 1863.
22. Josiah Flagg, b. 13 Dec. 1750, d. 30 May 1824, m. 30 June 1788.
23. Esther Wetherbee, b. 3 Dec. 1763, d. 6 Aug. 1832.
24. Samuel Clayton.
25. Harriet (Strother?).
26. Thomas Stockett Brewer, b. 6 Feb. 1754, m. 22 Aug. 1782.
27. Susannah Sarah Lampley, b. 5 Apl. 1759, d. 31 Oct. 1856.
28. —— Schwärer,* m. 24 Dec. 1788.
29. Maria Miller.
30. —— Watts. Of Anne Arundel Co., Md.
31. —— Watkins.

FIFTH GENERATION

32. Samuel Hill, b. 18 Feb. 1671, d. 4 Aug. 1755.
33. Deborah ——, d. 27 June 1748.
34. Ebenezer Cutler, b. 24 July 1700, d. 17 Jan. 1777, m. 3 Mch. 1723.
35. Anna Whitney, b. 22 May 1702, d. 24 Aug. 1793.
36. Timothy Bancroft, b. 14 Dec. 1709, d. 21 Nov. 1772.
37. Elizabeth Farwell, b. 1715, d. 23 Sept. 1754.
38. Joseph Fletcher, b. 6 July 1713, d. 17 July 1784, m. 21 May 1735.
39. Elizabeth Underwood, b. 2 Feb. 1714, d. 23 Nov. 1802.
40. Hopestill Brown, b. 22 July 1742, d. 1812, m. 22 July 1765.
41. Ruth Hosmer, b. 6 Nov. 1745.
42. Nathaniel Proctor, b. 5 Nov. 1723, d. 30 Oct. 1806, m. 27 May 1762.
43. Mary Warren, b. 7 Oct. 1733, d. 15 Oct. 1813.
44. Josiah Flagg, b. 1722.
45. Elizabeth ——.
46. Paul Wetherbee, m. 11 June 1746.
47. Hannah Pierce.
48. Samuel Clayton, d. post 1791.
49. Ann Coleman.
52. Joseph Brewer, b. 17 Dec. 1713, m. circa 1736.
53. Mary Stockett, b. 20 Jan. 1704/5.
54. John Lampley, m. 23 Mch. 1759.
55. Sarah Lusby.

SIXTH GENERATION

64. Ralph Hill,* d. 9 Apl. 1695, m. 15 Nov. 1660.
65. Martha Toothaker, b. 1635, d. 4 Jan. 1704.
68. John Cutler, b. 19 May 1663, d. 24 Sept. 1714, m. 1 Jan. 1694.
69. Mary Stearns, b. 8 Oct. 1663, d. 24 Feb. 1733.
70. Jonathan Whitney, b. 20 Oct. 1658, d. Mch. 1735, m. 1691.
71. Sarah Hapgood, b. 1672.
72. Ebenezer Bancroft, b. 26 Apl. 1667, d. 6 June 1717, m. 16 May 1692.
73. Abigail Eaton, b. 1676, d. 24 Mch. 1716.
74. Henry Farwell, b. 18 Dec. 1674, d. 1738, m. 23 Jan. 1696.
75. Susannah Richardson, b. 1676.
76. Joseph Fletcher, b. 10 June 1689, d. 4 Oct. 1772, m. 17 Nov. 1712.
77. Sarah Adams, b. 12 July 1691, d. 24 Apl. 1761.
78. Joseph Underwood, b. 28 May 1681, d. 19 Jan. 1761, m. 1707.

104

JOHN BOYNTON PHILIP CLAYTON HILL 105

79. Susannah Parker, b. 1689, d. 18 Feb. 1769.
80. Jotham Browne, b. 17 Sept. 1708, d. 25 Feb. 1798.
81. Hepzibah Robbins, b. 29 Mch. 1715, d. 2 Jan. 1784.
82. James Hosmer, b. 26 Feb. 1709, d. 24 May 1760, m. 27 June 1732.
83. Elizabeth Davis, b. 11 Jan. 1714, d. 8 Jan. 1801.
84. Robert Proctor, b. 3 Jan. 1689, d. 2 Nov. 1755, m. 8 May 1718.
85. Mary Harwood.
88. Allen Flagg, b. 9 Feb. 1691, m. 10 Apl. 1717.
89. Abigail Fiske, b. 1698, d. 1730.
92. **Ephraim Wetherbee,** b. 1682, d. 1745.
93. Elizabeth Hall.
94. Samuel Pierce.
95. Rebecca Converse.
96. Philip Clayton, d. 1786.
97. Ann Coleman. (Sister of Robert)
98. Robert Coleman.
99. Sarah Ann Saunders.
104. John Brewer, b. 20 Aug. 1686, m. 14 Feb. 1705.
105. Dinah Battee, b. 30 Dec. 1690.
106. Thomas Stockett, b. 17 Apl. 1667, d. Nov. 1732, m. 9 Apl. 1700.
107. Damaris Welsh. Second Wife.
110. Thomas Lusby.
111. Sarah ——, b. 16 Sept. 1716.

Seventh Generation

128. Ralph Hill,* d. 29 Apl. 1663.
129. Elizabeth Parker. First Wife.
130. Roger Toothaker.* Of Plymouth Colony.
136. James Cutler,* b. 1606, d. 1694, m. 1662.
137. Phebe Page.
138. Isaac Stearns, b. 6 Jan. 1632, d. 29 Aug. 1676, m. 24 June 1660.
139. Sarah Beers.
140. **Jonathan Whitney,*** b. 1634, d. 1702, m. 30 Oct. 1656.
141. Lydia Jones.
142. **Shadrack Hapgood,*** b. 1642, d. 2 Aug. 1675.
143. Elizabeth Treadway.
144. **Thomas Bancroft,*** b. 1622, d. 19 Aug. 1691, m. 15 Sept. 1648.
145. Elizabeth Metcalf,* b. 4 Oct. 1626, d. 11 May 1711.
146. John Eaton, d. 1691, m. 1658.
147. Elizabeth Kendall, b. 1642.
148. **Joseph Farwell,*** b. 20 Feb. 1642, d. 31 Dec. 1722, m. 25 Dec. 1666.
149. Hannah Learned, b. 24 Aug. 1649.
150. **Josiah Richardson,** bp. 7 Nov. 1635, d. 22 June 1695, m. 6 June 1659.
151. Remembrance Underwood, b. 25 Feb. 1640.
152. Joshua Fletcher, b. 30 Mch. 1648, d. 21 Nov. 1713, m. 18 July 1682.
153. Sarah Wiley.
154. Pelatiah Adams, b. 6 Jan. 1646, d. 29 Apl. 1725, m. inter 1670/80.
155. Ruth ——, d. 18 Sept. 1719.
156. Joseph Underwood, b. 1650, d. 1691.
157. Elizabeth ——.
158. Nathaniel Parker, b. 1651.
159. Bethiah Polly, bp. 1659.
160. Josiah Browne, b. 23 June 1685, d. 1774, m. 26 Jan. 1708.
161. Abigail Moore, b. 2 Dec. 1686, d. ante 30 Dec. 1718.
162. Samuel Robbins, b. 30 May 1686, d. 1748, m. 16 Dec. 1706.
163. Rebecca Granby.
164. Thomas Hosmer, b. 6 July 1672, d. 2 Nov. 1754, m. 13 Feb. 1696.
165. Hannah Hartwell, b. 8 Oct. 1675, d. 5 Jan. 1755.
166. Stephen Davis, b. 30 Mch. 1686, m. 26 Mch. 1713.
167. Elizabether Fletcher, b. 2 Apl. 1688.
168. Peter Proctor, b. 1650, d. 1 Aug. 1730, m. 30 Jan. 1689.
169. Mary Patterson, b. 22 Aug. 1666, d. 12 Oct. 1724.
176. Allen Flagg, b. 16 May 1665, d. Nov. 1711, m. 12 Mch. 1685.
177. Sarah Ball, b. 1666.
178. **Nathaniel Fiske,** b. 12 July 1653, d. 23 Sept. 1735, m. 13 Apl. 1677.
179. Mary Warren, b. 25 Nov. 1651, d. 12 May 1734.
184. John Wetherbee,* d. 1711, m. 18 Sept. 1672.
185. Mary Howe, b. 13 June 1654, d. 5 June 1684.
188. Benjamin Pierce.
189. Hannah Brooks.
190. Josiah Converse, b. 15 Mch. 1660, d. 15 July 1717.
191. Ruth Marshall.
192. Samuel Clayton, bp. 30 Sept. 1689, d. 1735.
193. Elizabeth Pendleton, d. Jan. 1761.
196. Thomas Coleman.
197. Sarah ——.
208. John Brewer, b. circa 1644, d. 5 Apl. 1690.
209. Sarah Ridgely.
210. Fernando Battee,* d. 1706.
211. Elizabeth Hood.
212. **Thomas Stockett,*** d. Apl. 1671.
213. Mary Wells.
214. John Welsh,* d. 1684, m. circa 1675.
215. Mary ——. Second Wife.

Eighth Generation

256. John Hill, b. 1529, d. 1611.
257. Jane Rodney.
258. John Parker.
274. John Page,* b. circa 1586, d. 18 Dec. 1676.
275. Phebe Payne,* b. 1590, d. 25 Sept. 1677.
276. Isaac Stearns,* d 19 June 1671.
277. Mary Barker,* d. 2 Apl. 1677.
278. **Richard Beers,*** b. 1612, d. 4 Sept. 1675.

279. Elizabeth ——.
280. John Whitney, bp. 20 July 1592, d. 1 June 1673.
281. Eleanor ——, b. 1597, d. 11 May 1659.
282. Lewis Jones,* d. 11 Apl. 1684.
283. Anna Stone,* b. 1624, d. 1 May 1680.
286. Nathaniel Treadway,* d. 1669.
287. Sufferance Haynes.
290. Michael Metcalf,* b. 17 June 1587, d. 27 Dec. 1664.
291. Sarah Ellwyn,* b. 17 June 1593, d. 30 Nov. 1644.
292. William Eaton, d. 1673.
293. Martha ——, d. 1680.
294. Thomas Kendall, d. 1681.
295. Rebecca ——, b. 1618, d. 1703.
296. Henry Farwell,* d. 1 Aug. 1670, m. 16 Apl. 1629.
297. Olive Welby, b. 1604.
298. Isaac Learned,* d. 1657, m. 9 July 1646.
299. Mary Stearns, bp. 6 Jan. 1627, d. 1663.
300. Ezekiel Richardson,* b. 1602, d. 21 Oct. 1647.
301. Susannah ——.
302. William Underwood.*
303. Sarah ——.
304. William Fletcher,* b. 1622, d. 6 Nov. 1677, m. 7 Oct. 1645.
305. Lydia Bates, d. 12 Oct. 1704.
308. Thomas Adams,* b. 1612, d. 20 July 1688.
309. Mary Blackmore.
312. Joseph Underwood, d. ante 1677.
316. Thomas Parker,* b. 1605, d. 1683.
317. Amy ——.
318. John Polly,* b. 1618, d. 1689.
319. Bethiah Cowdrey.
320. Jabez Browne, b. 1644, d. 1692.
321. Deborah Haynes.
322. Benjamin Moore, b. 13 Dec. 1648.
323. Dorothy Wright.
324. Nathaniel Robbins, b. 1649, d. 1719, m. 4 Aug. 1669.
325. Mary Brazier.
328. James Hosmer, b. 1637, d. 21 Apl. 1676, m. 13 Oct. 1658.
329. Sarah White.
330. Samuel Hartwell, b. 24 Mch. 1645, d. 1725, m. 26 Oct. 1665.
331. Ruth Wheeler.
332. Samuel Davis, b. 1640, m. 11 Jan. 1666.
333. Mary Meadows.
334. Samuel Fletcher, b. 6 Oct. 1657.
335. Elizabeth Wheeler.
336. Robert Proctor,* d. 28 Apl. 1697, m. 31 Dec. 1645.
337. Jane Hildreath.
338. James Patterson,* d. 14 July 1701, m. 29 May 1662.
339. Rebecca Stevenson.
352. Thomas Flagg,* b. 1616, d. 6 Feb. 1698.
353. Mary ——, b. 1619, d. 1703.
354. John Ball, b. 1644, d. 1722, m. 1665.
355. Sarah Bullard.
356. Nathan Fiske,* b. circa 1615, d. 21 June 1676.

357. Susannah ——.
358. Daniel Warren, b. 5. Feb. 1628, d. 1715.
359. Mary Barron, d. 13 Feb. 1716.
376. Anthony Pierce,* b. 1609, d. 1678, m. 1633.
377. Anne ——, d. 1683.
378. Joshua Brooks.
379. Hannah Mason, b. 23 Sept. 1636.
380. Josiah Converse d. 3 Feb. 1690, m. 26 Mch. 1651.
381. Esther Champney.
384. (John?) Clayton.*
386. Philip Pendleton,* b. circa 1650, d. 1721, m. 1682.
387. Isabella Hurtt.
392. Robert Coleman,* d. 1712.
393. Ann (Spilsby?).
416. John Brewer,* d. ante 1667.
417. Elizabeth ——, d. circa 1667.
418. Henry Ridgely,* d. 1710.
419. Sarah. Second Wife.
422. Thomas Hood.
424. Thomas Stockett. Of Co. Kent, Eng.
425. Frances Aylesworth.
426. Richard Wells,* d. 1667.
427. Frances ——.

NINTH GENERATION

512. Robert Hill, d. Oct. 1574.
513. Margaret Fauntleroy, d. Dec. 1582.
514. Richard Rodney.
550. William Payne.*
551. Agnes Neeve.
560. Thomas Whitney, d. Apl. 1637.
561. Mary Bray, d. Sept. 1629.
566. Simon Stone,* b. 1585, d. 22 Sept. 1665, m. 5 Aug. 1616.
567. Joan Clarke.
574. Walter Haynes,* b. 1583, d. 14 Feb. 1665.
575. Elizabeth ——, d. 15 June 1659.
580. Rev. Leonard Metcalf. Of County Norfolk, Eng.
582. Thomas Ellwyn, b. 1564, d. 1648.
592. William Farwell,* d. 5 Sept. 1637.
594. Richard Welby, m. 1564.
595. Frances Bulkley.
596. William Learned,* d. 1646.
597. Judith ——.
598. Isaac Stearns,* d. 19 June 1671.
599. Mary Barker, d. 2 Apl. 1677.
608. Robert Fletcher,* b. 1592, d. 13 Apl. 1677.
610. John Bates.
616. Henry Adams,* d. Oct. 1646.
617. Edith Squire.*
638. William Cowdrey,* b. 1602, d. 1687.
639. Joanna ——, d. 1666.
640. Thomas Browne,* b. 1609, d. 3 Nov. 1688.
641. Bridget Bateman.
642. Josiah Haynes, b. 1623, m. 13 Oct. 1642.
643. Elizabeth Noyes.
644. John Moore, b. 1610, d. 6 Jan. 1674.
645. Elizabeth Whale, d. 14 Dec. 1690.
646. Edward Wright.

647. Hannah Upson.
648. Richard Robbins,* b. circa 1610, d. post 1683.
649. Rebecca ——.* First Wife.
656. James Hosmer,* b. Dec. 1605, d. 7 Feb. 1685.
657. Mary ——, d. 1641.
658. John White.*
659. Joan ——, d. 1654.
660. William Hartwell.*
661. Susan ——.
662. Obadiah Wheeler.
664. Dolor Davis,* b. circa 1593, d. June 1673, m. 24 Mch. 1625.
665. Margery Willard,* b. 1602.
668. Francis Fletcher.
669. Elizabeth Wheeler.
670. Thomas Wheeler.
674. **Richard Hildreath,*** b. 1605, d. 1688.
675. Sarah ——, d. 15 June 1644.
678. Andrew Stevenson.
708. John Ball, d. 1675.
709. Elizabeth Peirce, d. 1665.
710. George Bullard.
711. Beatrice Hall. Second Wife.
712. Nathaniel Fiske.
713. Dorothy Symonds.
716. John Warren,* b. 1585, d. 13 Dec. 1667.
717. Margaret ——, d. 6 Nov. 1662.
718. **Ellis Barron,*** b. circa 1600, d. 30 Oct. 1676.
719. Hannah ——, d. 1650. First Wife.
752. John Pierce,* d. 12 Mch. 1667.
753. Elizabeth ——.
756. **Thomas Brooks,*** d. 21 May 1667.
757. Grace ——, d. 12 May 1664.
758. **Hugh Mason,*** b. 1605, d. 1678, m. 1632.
759. Esther Welles, b. 1610, d. 1692.
760. Edward Converse,* b. 1590, d. 10 Aug. 1663, m. 1617.
761. Sarah Taylor,* d. 14 Jan. 1662.
762. Richard Champney,* d. 26 Nov. 1669.
763. Jane ——.
772. Henry Pendleton, b. 1615, d. 1680.
773. Elizabeth ——.
848. Thomas Stockett.
849. Lucia Wood.
850. Walter Aylesworth.
851. Jane Stockett.

TENTH GENERATION

1024. Giles Hill, b. circa 1469, d. 30 Apl. 1547.
1025. Agatha Brent, b. 1479.
1026. Peter Fauntleroy.
1027. Joanna Flamock.
1120. Robert Whitney.
1121. Elizabeth Guillims.
1122. John Bray.
1134. William Clarke,* b. 1609, d. 1690.
1160. Leonard Metcalf.
1188. Thomas Welby, d. 1570, m. 20 July 1560.
1189. Elizabeth Thimbley.
1190. Rev. Edward Bulkley, D.D.
1191. Olive Irby.
1284. Walter Haynes,* d. 14 Feb. 1665.
1285. Elizabeth ——.
1286. Peter Noyes,* d. 1657.
1287. Abigail ——.
1290. Philemon Whale,* d. 1 Feb. 1676, m. 9 Nov. 1657.
1291. Elizabeth (——) Griffin. Third Wife.
1204. Stephen Upson.
1336. Robert Fletcher,* b. 1592, d. 3 Apl. 1677.
1338. George Wheeler,* b. 1614, d. 1687.
1339. Katherine ——, d. 2 Jan. 1684.
1416. John Ball,* d. Oct. 1656.
1417. Joanna King.
1418. John Peirce, d. 12 Mch. 1661.
1419. Elizabeth ——.
1424. Nathaniel Fiske.
1425. Alice Henel.
1426. John Symonds.
1518. Thomas Welles.
1544. Henry Pendleton, b. circa 1575, d. 1635, m. 30 Sept. 1605.
1545. Susan Camden.
1696. Lewis Stockett, b. 1558, d. 1603.
1698. Michael Wood.
1702. Lewis Stockett, b. 1558, d. 1603.

1. THOMAS GARDNER HILL

(See Pedigree Book, 1905, p. 39)

First Generation
2. Norman Alan Hill, b. 7 Sept. 1882, m. 11 Dec. 1907.
3. Emily Heflebower.

Second Generation
4. Thomas Hill, b. 31 Oct. 1834, d. 1907, m. 6 Nov. 1862.
5. Harriet Louisa Westcott, b. 3 Oct. 1838, d. 1921.

Third Generation
8. Thomas Gardner Hill, b. 1793, d. 1849.
9. Martha Ann Bryant, b. 1800, d. 1867.
10. George Burgin Westcott, b. 10 Feb. 1801, d. 22 Mch. 1887, m. 14 June 1831.
11. Mary Ann Hynson, b. 11 Oct. 1801, d. 16 May 1841.

Fourth Generation
16. George Hill,* b. 1764, d. 1813.
17. Jean Gardner, d. 1793.
18. William Bryant.
19. Rachel Hall.
20. Samuel Westcott, b. 26 Jan. 1757, d. 18 Mch. 1834, m. 22 Apl. 1778.
21. Mary Buck, b. 2 June 1762, d. 16 July 1816.
22. Richard Hynson, b. 3 Feb. 1749, d. 1801
23. Araminta Bowers.

Fifth Generation
40. Samuel Westcott, d. 11 Mch. 1792.
41. Hannah Shaw.
42. John Buck, d. 25 Jan. 1783, m. 17 July 1761.
43. Lorana Whitacar, d. 16 Dec. 1775.
44. Charles Hynson, b. 14 Jan. 1713, d. 1782, m. 30 Nov. 1739.
45. Phoebe Carvill, b. circa 1709(?).
46. Thomas Bowers.
47. Jane Lewis.

Sixth Generation
80. Ebenezer Westcott, d. Mch. 1748.
81. Barbara ——.
82. Carl Shaw. Fairfield, N. J.
83. Hannah ——.
84. Jeremiah Buck, d. 1759.
85. Mary ——.
88. Thomas Hynson, b. 1690, d. 1738, m. 19 Oct. 1710.
89. Wealthy Ann Tylden.
90. John Carvill, d. 1709.
91. Mary Phillips, d. 1738.
94. Thomas Lewis.

Seventh Generation
160. Daniel Westcott, d. 1702.
161. Abigail ——.
164. Edmund Shaw, d. 1719. Of Fairfield, N. J.
165. Rachel Carl.
168. Henry Buck, b. 1680, d. 1725.
169. Rachel ——.
176. Charles Hynson, b. 1662, d. 24 May 1711, m. 25 Mch. 1687.
177. Margaret Harris.
178. Charles Tylden,* d. 1699.
179. Mary ——.
180. Thomas Carvill,* d. 1717. Of St. Mary's Co., Md., 1669.
181. Mary ——.
182. James Phillips,* d. 1680.
183. Susannah (——) Orchard, b. 1648, d. 1708.

Eighth Generation
320. Richard Westcott,* d. 1651. Conn. 1637.
321. Joanna ——.
328. Richard Shaw.* E. Hampton, L. I.
329. —— Garlick.
336. Henry Buck,* b. 1626, d. 7 July 1712, m. 31 Oct. 1660.
337. Elizabeth Churchill, b. 15 May 1642.
352. Thomas Hynson,* b. circa 1620, d. circa 1667.
353. Grace ——.
354. William Harris,* b. circa 1650, d. 1712.
355. Jane ——.

Ninth Generation
658. Josiah Garlick.* New London, Conn. 1657.
674. Josiah Churchill,* d. 1687, m. 1637(?). Wethersfield, Conn., 1637.
675. Elizabeth Foote, d. 8 Sept. 1700.

Tenth Generation
1350. Nathaniel Foote,* b. 1593, d. 1644, m. 1638.
1351. Elizabeth Deming.

1. ANDERSON DANA HODGDON
2. ALEXANDER LEWIS HODGDON

First Generation

2. ALEXANDER LEWIS HODGDON, b. 23 June 1860, m. 25 Apl. 1888.
3. Lillian Coolbaugh, b. 6 Jan. 1869.

Second Generation

4. James Hodge Hodgdon, b. 1824, d. 23 Apl. 1862, m. 29 Sept. 1859.
5. Sarah Dana, b. 2 Oct. 1835, d. 24 June 1909.
6. Johnson R. Coolbaugh, b. 25 Aug. 1835, m. 5 Mch. 1857.
7. Susan Huntington Dana, b. 24 Apl. 1838, d. 30 Dec. 1904.

Third Generation

8. Samuel Hodgdon.
9. Patience Rodgers.
10. Anderson Dana, b. 26 Feb. 1802, d. July 1835, m. 1834.
11. Mary Hammer, b. 1813, d. 5 June 1885.
12. William Coolbaugh, b. 10 Feb. 1799, d. May 1880.
13. Margaret Vought, d. 10 Jan. 1872.
14. Francis Dana, b. 23 May 1796, d. 23 Mch. 1848, m. 20 Nov. 1818.
15. Sophia Whitcomb, b. 20 Nov. 1798, d. 27 Dec. 1884.

Fourth Generation

16. Samuel Hodgdon, b. 8 Sept. 1745, m. 1780.
17. Mary Hodge.
20. Anderson Dana, b. 11 Aug. 1765, d. June 1847.
21. Sarah Stevens, b. 19 Jan. 1766.
24. Benjamin Coolbaugh, b. 10 Dec. 1767, d. 13 Feb. 1815.
25. Jerusha Runyon, b. 16 Mch. 1777, d. 27 Oct. 1855.
26. David Vought, b. 1782, d. 7 Oct. 1865.
27. Ellen Huyck.
28. Anderson Dana, b. 11 Aug. 1765, d. June 1847.
29. Sarah Stevens, b. 19 Jan. 1766.
30. John Whitcomb, b. 10 June 1766, m. 1789.
31. Sarah Marsh.

Fifth Generation

32. Benjamin Hodgdon, d. 26 Apl. 1772, m. 20 Oct. 1735.
33. Rebecca Marshall, d. 9 June 1773.
34. Andrew Hodge, b. 1711, d. 1789.
35. Jane McCulloh.
40. Anderson Dana, b. 1735, d. 3 July 1778, m. 5 June 1757.
41. Susannah Huntington, b. 23 June 1730.
42. Asa Stevens, b. 22 June 1734, d. 3 July 1778, m. Oct. 1761.
43. Sarah Adams, b. 31 Dec. 1737.
48. William Coolbaugh.
49. Sarah Johnson.
50. Absalom Runyon. Of N. J.
52. Godfrey Vought, b. 1761, d. Apl. 1849.
53. Polly Croft, b. 1767, d. Feb. 1860.
56. Anderson Dana, b. 1735, d. 3 July 1778, m. 5 June 1757.
57. Susannah Huntington, b. 23 June 1730.
58. Asa Stevens, b. 22 June 1734, d. 3 July 1778, m. Oct. 1761.
59. Sarah Adams, b. 31 Dec. 1737.
62. Timothy Marsh, b. Oct. 1714.
63. Sarah Coe.

Sixth Generation

64. Alexander Hodgdon.
65. Jane Shakleford.
80. Jacob Dana, b. 1698, d. 1791.
81. Abigail Adams.
82. Caleb Huntington.
83. Lydia Griswold.
84. Jonathan Stevens, b. May 1710, m. 3 Mch. 1732.
85. Mary Tracey.
86. Samuel Adams.
87. Mary ——.
112. Jacob Dana, b. 1698, d. 1791.
113. Abigail Adams.
114. Caleb Huntington.
115. Lydia Griswold.
116. Jonathan Stevens, b. May 1710, m. 3 Mch. 1732.
117. Mary Tracey.
118. Samuel Adams.
119. Mary ——.
124. John Marsh, b. 1668, d. 1 Oct. 1744, m. 6 Jan. 1698.
125. Elizabeth Pitkin, d. 1 Dec. 1748.
126. Thomas Coe.

Seventh Generation

128. Nicholas Hodgdon.*
129. Esther Wines.
160. Jacob Dana, b. 1654, d. 1698.
161. Patience Sylvester.
164. Samuel Huntington, b. 1 Mch. 1665, d. 10 May 1717, m. 1686.
165. Mary Clark, d. 1743.
166. Thomas Griswold.
168. Simon Stevens, b. 13 Aug. 1677, m. circa 1701.
169. Mary Wilder, b. 12 May 1679.
170. Thomas Tracey.
171. Martha Bradford.
172. Henry Adams.
224. Jacob Dana, b. 1654, d. 1698.
225. Patience Sylvester.
228. Samuel Huntington, b. 1 Mch. 1665, d. 10 May 1717, m. 1686.

229. Mary Clark, d. 1743.
230. Thomas Griswold.
232. Simon Stevens, b. 13 Aug. 1677, m. circa 1701.
233. Mary Wilder, b. 12 May 1679.
234. Thomas Tracey.
235. Martha Bradford.
236. Henry Adams.
248. **John Marsh**, b. circa 1643, d. 1727, m. 28 Nov. 1666.
249. Sarah Lyman.
250. **William Pitkin,*** b. circa 1636, d. 15 Dec. 1694, m. circa 1660.
251. Hannah Goodwin, b. circa 1639, d. 12 Feb. 1724.
252. Robert Coe.
253. Barbara Parmelee.

EIGHTH GENERATION

320. Richard Dana,* d. 2 Apl. 1690.
321. Ann Bullard.
328. **Simon Huntington**, b. 1629, d. 1706, m. 1653.
329. Sarah Clark, b. 1633, d. 1721.
332. Thomas Griswold.
333. Mary Tracey.
336. Cyprian Stevens,* m. 22 Nov. 1672.
337. Mary Willard, b. 7 Sept. 1653, d. 1693.
340. Thomas Tracey, b. 1610, d. 1685.
341. —— (——) Mason.
344. **Thomas Adams**, b. 1612, d. 20 July 1688, m. 1642.
345. Mary (Blackmore?), b. 1613, d. 23 Mch. 1695.
448. Richard Dana,* d. 2 Apl. 1690.
449. Ann Bullard.
456. **Simon Huntington**, b. 1629, d. 1706, m. 1653.
457. Sarah Clark, b. 1633, d. 1721.
460. Thomas Griswold.
461. Mary Tracey.
464. Cyprian Stevens,* m. 22 Nov. 1672.
465. Mary Willard, b. 7 Sept. 1653, d. 1693.
468. **Thomas Tracey**, b. 1610, d. 1685.
469. —— (——) Mason.
472. **Thomas Adams**, b. 1612, d. 20 July 1688, m. 1642.
473. Mary (Blackmore?), b. 1613, d. 23 Mch. 1695.
496. John Marsh,* b. 1618, d. 1688, m. circa 1640.
497. Anne Webster, d. 9 June 1662. First wife.
498. Richard Lyman,* b. 24 Feb. 1618, d. 3 June 1662.
499. Hepzibah Ford, d. 1683.
500. Roger Pitkin of London.
502. Ozias Goodwin,* b. circa 1596, d. circa 1683.
503. Mary Woodward.
504. **John Coe**, b. 1658, d. 1741.
505. Mary Hawley.

NINTH GENERATION

656. Simon Huntington,* d. 1633.
657. Margaret Baret.
658. John Clark,* d. 1674.
664. **Edward Griswold,*** b. 1607, d. 1691.
665. Margaret ——.
674. **Simon Willard,*** b. circa 1605, d. 24 Apl. 1676.
675. Mary Dunster.
680. Nathaniel Tracey.*
688. Henry Adams,* d. 6 Oct. 1646.
912. Simon Huntington,* d. 1633.
913. Margaret Baret.
914. John Clark,* d. 1674.
920. **Edward Griswold,*** b. 1607, d. 1691.
921. Margaret ——.
930. **Simon Willard,*** b. circa 1605, d. 24 Apl. 1676.
931. Mary Dunster.
936. Nathaniel Tracey.*
944. Henry Adams,* d. 6 Oct. 1646.
994. **John Webster,*** b. 1590, d. 1661.
995. Anne Baret.
996. Richard Lyman, b. 30 Oct. 1580, d. 1641.
997. Sarah Osborne.
998. Thomas Ford.*
1006. Robert Woodward.*
1008. **Robert Coe,*** b. 1596, d. 1672.
1009. Hannah Mitchell.
1010. **Joseph Hawley,*** b. 1603, d. 1690.

1. CHARLES WORTHINGTON HOFF

First Generation
2. Charles Worthington Hoff, b. 13 Jan. 1854, d. 11 Apl. 1915, m. 4 June 1896.
3. Violet Hand Browne, b. 23 May 1864.

Second Generation
4. John Francis Hoff, b. 10 Jan. 1814, d. 18 Dec. 1881, m. 29 Oct. 1839.
5. Juliana Johnson Ross, b. 2 Mch. 1816, d. 12 Dec. 1884.
6. William Hand Browne, b. 31 Dec. 1828, d. 13 Dec. 1912, m. 4 June 1863.
7. Mary Catherine Owings, b. 11 Jan. 1832, d. 17 May 1911.

Third Generation
10. William Ross, b. 1 Mch. 1772, d. 19 Dec. 1852, m. 4 Mch. 1806.
11. Catherine Worthington Johnson, b. 21 Sept. 1785, d. 1 May 1864.
14. Thomas Owings, b. 11 Dec. 1802, d. 18 Dec. 1866, m. 11 Mch. 1823.
15. Mary Jennings, b. 22 Apl. 1802, d. 9 Sept. 1876.

Fourth Generation
22. Baker Johnson, b. 30 Sept. 1747, d. 18 June 1811, m. 9 Dec. 1784.
23. Catherine Worthington, b. 27 Oct. 1761, d. 9 June 1814.
28. Jesse Owings, b. 14 Sept. 1779, d. 19 Sept. 1812, m. 12 Dec. 1801.
29. Hannah Hood, b. 6 Mch. 1786, d. 28 Jan. 1838.

Fifth Generation
46. Nicholas Worthington, b. 29 Mch. 1734, d. 1 Nov. 1793, m. 1 Oct. 1751.
47. Catherine Griffith, b. 31 May 1732, d. 18 Dec. 1793.
56. Thomas Owings, b. 18 Oct. 1740, d. 23 Aug. 1822, m. 27 Nov. 1760.
57. Ruth Lawrence, b. 22 Dec. 1745, d. 27 July 1827.
58. John Hood, b. 1742, d. 15 Dec. 1794, m. 28 Apl. 1785.
59. Elizabeth Gaither, b. 9 July 1746, d. 10 Aug. 1807.

Sixth Generation
92. **Thomas Worthington,** b. 8 Jan. 1691, d. 9 Apl. 1753, m. 23 July 1711.
93. Elizabeth Ridgely, d. 8 Dec. 1734.
94. Charles Griffith, b. 20 Jan. 1693, d. 6 Oct. 1771, m. 1727.
95. Catherine Baldwin, b. 1705, d. 13 May 1733. Second wife.
112. **Samuel Owings,** b. 1 Apl. 1702, d. 6 Apl. 1775.
113. Urath Randall, b. 1 Jan. 1713, d. 1793.
114. Levin Lawrence, b. 6 Mch. 1712, d. 1756.
115. Susannah Dorsey, b. 12 Dec. 1717, d. 1756.
118. Henry Gaither, b. 7 May 1724, d. 1773, m. circa 1745.
119. Martha Ridgely, b. 1728, d. 31 Oct. 1797.

Seventh Generation
184. **John Worthington,*** b. 1650, d. 9 Apl. 1701.
185. Sarah Howard, d. 21 Dec. 1726.
186. Henry Ridgely, b. 3 Oct. 1669, d. 19 Mch. 1700.
187. Katherine Greenberry, b. circa 1674, d. ante 1703. Second wife.
188. William Griffith,* d. 1699.
189. Sarah Maccubbin, b. circa 1668, d. 22 Apl. 1716.
228. Benjamin Lawrence, d. 1719, m. 1701.
229. Rachel Mariartee.
230. John Dorsey, b. 15 June 1688, d. 1764, m. 8 Apl. 1708.
231. Honor (Stafford?).
236. Benjamin Gaither, b. 1682, d. 1741, m. circa 1709.
237. Sarah Burgess.
238. William Ridgely, d. 1755.
239. Elizabeth Duvall.

Eighth Generation
370. Matthew Howard, d. circa 1692.
371. Sarah Dorsey, d. ante 1691.
372. **Henry Ridgely,*** d. 13 July 1710.
373. Elizabeth ———. First wife.
374. **Nicholas Greenberry,*** b. 1627, d. 17 Dec. 1697.
375. Ann ———, b. 1648, d. 27 Apl. 1698.
378. John Maccubbin,* d. 1686.
379. Elinor ———, d. 1711.
456. Benjamin Lawrence,* d. circa 1685.
457. Elizabeth Talbott.
458. Edward Mariartee.*
459. Honor ———.
460. **Edward Dorsey,** d. 1705.
461. Sarah Wyatt. First wife.
472. John Gaither,* d. 1702.
473. Ruth Beard.
474. **Edward Burgess,** d. 1722.
475. Sarah Chew, d. 1740.
476. Charles Ridgely, d. 1705.
477. Deborah Dorsey.
478. Lewis Duvall, m. 1699.
479. Martha Ridgely.

Ninth Generation
740. Matthew Howard,* d. ante 1659.
741. Anne (Hall?).
742. Edward Dorsey.*
743. Anne ———.
914. Richard Talbott,* d. 1663.
915. Elizabeth Ewen, d. 1 Jan. 1704.
920. Edward Dorsey.*

111

921. Anne ——.
922. Nicholas Wyatt,* d. 1673.
923. Damaris ——.
946. Richard Beard.*
947. Rachel Robins.
948. **William Burgess,*** b. 1622, d. 24 Jan. 1687.
949. Elizabeth Robins.
950. **Samuel Chew,** b. circa 1630, d. 15 Mch. 1677, m. circa 1658.
951. Anne Ayres, d. 13 Apl. 1695.
952. Robert Ridgely,* d. circa 1682.
953. Martha ——.
954. **John Dorsey,** d. 1715, m. circa 1680.
955. Pleasance Ely.
956. Mareen Duvall,* d. 1694.
957. —— ——. First wife.
958. Robert Ridgely,* d. circa 1682.
959. Martha ——.

TENTH GENERATION

1830. **Richard Ewen,*** d. circa 1660.
1831. Sophia ——.
1898. Edward Robins,* b. 1602, d. ante 1646.
1900. **John Chew,*** d. ante 1668.
1901. Sarah ——, d. ante 1651.
1902. William Ayres.
1903. Sarah ——.
1908. Edward Dorsey.*
1909. Anne ——.

1. CHARLES THOMAS HOLLOWAY

First Generation
2. Reuben Ross Holloway, b. 13 June 1855, d. 13 Dec. 1908, m. 28 Jan. 1892.
3. Ella Virginia Houck, b. 3 Sept. 1862.

Second Generation
6. Jacob Wever Houck, b. 2 July 1822, d. 22 May 1888, m. 15 Nov. 1852.
7. Susannah Frances Porter, b. 26 Sept. 1832, d. 24 Mch. 1911.

Third Generation
14. James Porter, b. 1797, d. 30 Sept. 1845, m. 26 Nov. 1829.
15. Elizabeth Frances Todd, b. 1809, d. 1860.

Fourth Generation
30. Bernard Todd, d. 1816.
31. Mary Greene.

Fifth Generation
60. Thomas Todd, d. 1798.
61. ——— ———.

Sixth Generation
20. Thomas Todd, d. 1739.
21. Eleanor Dorsey, b. 4 Jan. 1716, d. 1760.

Seventh Generation
240. Thomas Todd, d. 1715.
241. Elizabeth ———.
242. Caleb Dorsey, b. 11 Nov. 1685, d. 2 Dec. 1741, m. 24 Aug. 1704.
243. Elinor Warfield, b. 1683, d. post 1742.

Eighth Generation
480. Thomas Todd, b. circa 1660, d. 16 Jan. 1725.
481. Elizabeth Bernard.
484. John Dorsey, d. circa 1715, m. 1684.
485. Pleasance Ely.
486. **Richard Warfield,*** d. 1704.
487. Elinor (Browne?)

Ninth Generation
960. **Thomas Todd,*** d. 1676.
961. Anne Gorsuch.
962. **William Bernard,*** d. 1668.
963. Lucy Higginson (Widow Burwell).
968. Edward Dorsey.*

Tenth Generation
1922. Rev. John Gorsuch, d. 1647?, m. 1628.
1923. Anne Lovelace.

Eleventh Generation
3846. Sir William Lovelace.

1. GUY TILGHMAN ORME HOLLYDAY

First Generation
2. John Guy Hollyday, b. 10 May 1845, d. 15 Mch. 1912, m. 28 May 1873.
3. Virginia May Lannáy, b. 3 May 1851.

Second Generation
6. Louis F. Lannáy, b. 25 Dec. 1820, d. 26 Mch. 1890, m. 11 Sept. 1846.
7. Martha Ann Fairall, b. 2 May 1820, d. 2 Aug. 1859.

Third Generation
14. Erasmus Fairall, b. 1796, m. 1818.
15. Harriet Woodward.

Fourth Generation
30. Henry Woodward.
31. Mary White.

Fifth Generation
62. William White.
63. Elizabeth Orme, b. 14 Sept. 1737.

Sixth Generation
126. Rev. John Orme, b. 21 Jan. 1691, d. 28 Apl. 1758, m. 14 Mch (1720?).
127. Ruth Edmondston, b. 22 Sept. 1705, d. 1775.

Seventh Generation
254. Archibald Edmondston, d. 1734.
255. Jane Beall.

Eighth Generation
510. Ninian Beall,* b. 1624, d. 1717.
511. Ruth (Moore?).

1. THOMAS WORTHINGTON HOLLYDAY

FIRST GENERATION
2. George Tilghman Hollyday, b. 14 Mch. 1846, d. 22 June 1888, m. 9 Oct. 1878.
3. Louisa M. Worthington, b. 20 June 1857, d. 8 Oct. 1881.

SECOND GENERATION
4. William Hollyday, b. 19 May 1804, d. 16 July 1868, m. 12 Sept. 1837.
5. Louisa Lamar Tilghman, b. 6 Oct. 1820, d. Feb. 1901.

THIRD GENERATION
8. James Hollyday, b. 1 Nov. 1758, d. 8 Jan. 1807, m. 1793.
9. Susan Stewart Tilghman, d. 1843.

FOURTH GENERATION
16. Henry Hollyday, b. 9 Mch. 1725, d. 11 Nov. 1789, m. 9 Dec. 1749.
17. Anna Maria Robins, b. 13 Mch. 1732, d. 16 Aug. 1804.

FIFTH GENERATION
32. James Hollyday, b. 18 June 1696, d. 8 Oct. 1747, m. 3 May 1721.
33. Sarah Covington, b. 1683, d. 1755.

SIXTH GENERATION
64. Thomas Hollyday,* b. 1658, d. 1703, m. circa 1694.
65. Mary Truman, d. 1699.

1. GRANVILLE BOWDLE HOPKINS

First Generation
2. William James Hopkins, b. 18 Nov. 1848, d. 7 Feb. 1899, m. 12 Mch. 1890.
3. Wilhelmina Amanda Mullikin, b. 5 Sept. 1850, d. 1 Jan. 1928.

Second Generation
4. Josiah Hopkins, b. 30 July 1822, d. 26 May 1872, m. 16 Jan. 1845.
5. Agnes Redditt, b. 1820, d. 14 Aug. 1887.
6. George W. Mullikin, b. 14 Feb. 1827, d. 27 Dec. 1910, m. 18 Dec. 1849.
7. Amanda Bowdle, b. 30 June 1831, d. 2 July 1857.

Third Generation
8. Thomas Hopkins, b. 22 June 1789, d. Dec. 1856, m. 20 Oct. 1813.
9. Mary Mills.
10. James Redditt,* d. 1869, from Edinburgh.
11. Isabelle ——.
12. William Mullikin, d. 23 Dec. 1827, m. 4 Oct. 1822.
13. Mary Higgins, b. 26 Jan. 1795, d. 18 Dec. 1858, (Widow Brown).
14. Thomas Bowdle, b. 8 June 1786, d. 3 July 1836, m. 9 Nov. 1820.
15. Nancy (Ann) Bowdle, b. 28 Aug. 1800, d. 22 June 1852.

Fourth Generation
16. Thomas Hopkins, b. circa 1750, d. circa 1817, m. 14 Oct. 1780.
17. Sarah George, b. (1736?).
18. Thomas Mills.
19. Alice Collison.
24. Thomas Mullikin, b. 16 Mch. 1763, d. 19 Feb. 1818, m. 21 Apl. 1791.
25. Sarah Brown. First wife.
26. John Saywell Higgins, b. 15 Sept. 1762, d. 11 Mch. 1841, m. 20 July 1786.
27. Mary Jenkins, b. 24 Apl. 1764, d. 25 Feb. 1813.
28. William Bowdle.
29. Elizabeth ——.
30. Henry Bowdle, b. 1757, d. 1816, m. 5 Nov. 1779.
31. Ruth Mullikin, b. 16 Dec. 1760, d. 31 May 1822.

Fifth Generation
32. Francis Hopkins, b. circa 1725, d. post 1801, m. 30 Apl. 1745.
33. Susannah Watts, b. 16 Feb. 1728.
34. Joseph George, d. 1756 m. 1729.
35. Sarah Bartlett.
48. Samuel Mullikin, b. 12 Nov. 1723, d. 8 May 1777, m. 1 May 1750.
49. Ruth Parrott, b. 8 June 1732, d. 12 July 1802.
50. William Brown, b. 1752, d. 29 Dec. 1811, m. 28 Apl. 1770.
51. Mary Bryan.
52. James S. Higgins, b. 19 Apl. 1731, d. 24 Aug. 1779.
53. Eleanor Cornish, d. 28 Aug. 1795.
54. Matthew Jenkins.
55. Mary White, b. 4 Dec. 1732, d. 19 Feb. 1817.
56. Thomas Bowdle, m. 27 May 1740.
57. Mary Mears.
60. Henry Bowdle, b. Jan. 1729, d. Jan. 1798, m. circa 1750.
61. Elizabeth Skinner, b. 8 Dec. 1734, d. ante 1798.
62. Samuel Mullikin, b. 12 Nov. 1723, d. 8 May 1777, m. 1 May 1750.
63. Ruth Parrott, b. 8 June 1732, d. 12 July 1802.

Sixth Generation
64. Dennis Hopkins, d. 1769, m. 28 June 1720.
65. Sarah Edmondson, d. ante 1769.
66. John Watts, d. 1761, m. 1720.
67. Susannah Stanton.
68. Robert George,* d. 1732, m. 1699.
69. Barbara Everett.
70. John Bartlett, b. 1675, d. 1748.
71. Mary Townsend, b. 1685.
96. Samuel Mullikin, b. circa 1698, d. circa 1750, m. 24 Sept. 1722.
97. Ann Holmes, d. 1773.
98. William Parrott, d. ante Dec. 1755.
100. Adam Brown,* d. 1752, m. 11 Feb. 1730.
101. Sarah Long, d. circa 1784.
104. John Higgins, m. 1725.
105. Rebecca Saywell, b. 23 Oct. 1693.
106. Noah Cornish,* d. circa 1736.
107. Janette ——, d. 1777.
108. Matthew Jenkins, b. 4 Jan. 1701, d. ante 1763.
109. Elizabeth Parrott, b. 13 Dec. 1701, d. circa 1765.
110. James White, d. circa 1740, m. 1 Oct. 1724.
111. Sarah Cliff, b. 16 Nov. 1707, d. circa 1742.
112. Thomas Bowdle, d. 1726.
113. —— ——.
120. Loftus Bowdle, b. circa 1677?, d. 1736, m. 27 Feb. 1716.
121. Ann Thomas, b. circa 1699, d. 1766. Second wife.
122. Thomas Skinner, b. circa 1705, d. 1768.
123. Sarah ——.
124. Samuel Mullikin, b. circa 1698, d. circa 1750, m. 24 Sept. 1722.
125. Anne Holmes, d. 1773.
126. William Parrott, d. ante Dec. 1755.

Seventh Generation
128. Dennis Hopkins, b. 1668, d. 1739.
129. Elizabeth ——.
130. Thomas Edmondson, b. 1721, m. 1699.
131. Mary (——) Grayson, d. 1742.

GRANVILLE BOWDLE HOPKINS

132. George Watts,* d. 1686.
133. Ann ——.
134. Francis Stanton,* d. 1703.
135. Susannah (Coppin) Ward.
138. Philip Everett,* d. 1699.
139. Barbara ——, d. post 1707.
140. Thomas Bartlett,* b. 1635, d. 1711.
141. Mary Goodchild, d. 1717.
142. Richard Townsend,* d. 1722.
143. Ann ——.
192. John Mullikin, b. 1659, d. 1736, m. 1684.
193. Jane Abbott, b. 1659, d. 4 Aug. 1701.
194. John Holmes.*
196. Benjamin Parrott, d. 1724, m. 1704.
197. Jane (Clark?)
202. John Long, b. circa 1670, d. circa 1713, m. circa 1698.
203. Sarah Combes.
210. James Saywell,* d. 1703, m. 30 Jan. 1687.
211. Mary Price, b. 8 Dec. 1671, d. 11 Jan. 1702.
216. Thomas Jenkins,* d. 1719.
217. Rachel Lewis, d. 8 Feb. 1768.
218. George Parrott, d. circa 1719, m. circa 1700.
219. Hannah Martin.
220. Richard White,* b. 1633, d. 10 Jan. 1719
222. John Cliff, b. 1681, d. 19 Nov. 1723, m. 28 Aug. 1701.
223. Elizabeth ——.
224. Thomas Bowdle,* d. 21 Apl. 1697, m. ante 1682.
225. Phoebe Loftus, d. 1702.
240. Thomas Bowdle,* d. 21 Apl. 1697, m. ante 1682.
241. Phoebe Loftus, d. 1702.
242. William Thomas, b. 18 Oct. 1669, d. 1 Apl. 1740, m. 1690.
243. Jean Riddell.
244. William Skinner, b. circa 1669, d. circa 1745, m. 23 Oct. 1701.
245. Elizabeth Bailey.
248. John Mullikin,* b. 1659, d. 1736, m. 1684.
249. Jane Abbott, d. 4 Aug. 1701.
250. John Holmes.*
252. Benjamin Parrott, d. 1724.
253. Jane (Clark?).

EIGHTH GENERATION

256. Dennis Hopkins.*
257. Grace ——.
260. John Edmondson,* d. 1698.
261. Sarah ——.
270. John Coppin.*
384. Patrick Mullikin,* d. 1686.
385. Joan ——.
386. Samuel Abbott,* d. 1703.
392. William Parrott,* d. circa 1668.
393. Ann Abrahams.
404. Thomas Long,* d. 1686.
405. Mary ——, d. 1686.
406. William Combes,* d. 1690.
407. Elizabeth Roe, d. 1719.
422. John Price, d. 21 July 1702.

434. Matthew Lewis,* d. 1711.
436. George Parrott, d. ante 1692, m. 3 Nov. 1677.
437. Elizabeth Bodwell.
438. Thomas Martin,* d. circa 1705.
444. John Cliff,* d. circa 1697.
445. Eleanor ——.
484. Tristram Thomas,* b. circa 1633, d. 1686.
485. Anne Coursey.
488. Thomas Skinner, d. ante 1675.
489. Elizabeth ——.
490. Henry Bailey, d. 1733.
491. Elizabeth Adams, d. 1739.
498. Samuel Abbott,* d. 1703.
504. William Parrott,* d. circa 1668.
505. Ann Abrahams.

NINTH GENERATION

814. Edward Roe,* d. 1676.
815. Mary (——) Duncombe.*
872. William Parrott,* d. circa 1668.
873. Ann Abrahams.
874. Atwell Bodwell,* d. circa 1663.
875. Elizabeth ——.
968. Christopher Thomas,* b. 1609, d. 1670.
969. Elizabeth (——) Higgins.
980. Richard Bailey.*
981. Rachel ——.
982. James Adams.*

TENTH GENERATION

1936. Tristram Thomas, of Kent., Eng.

1. IRA HOLDEN HOUGHTON

FIRST GENERATION
2. Charles Emory Houghton, b. 24 Aug. 1827, d. 2 Jan. 1908, m. 5 Oct. 1858.
3. Caroline Sellman McMurray, b. 19 Sept. 1829, d. 22 Oct. 1910.

SECOND GENERATION
4. Steadman Houghton, b. 28 Aug. 1799, d. 9 May 1888, m. 17 Nov. 1825.
5. Ann Andrews Cragin, b. 20 Oct. 1801, d. 14 Aug. 1843. First wife.
6. Samuel McMurray, b. 2 Oct. 1792, d. 1850, m. 1815.
7. Sally Sellman, b. 5 Oct. 1795, d. 17 Oct. 1869.

THIRD GENERATION
8. Thomas Houghton, b. 8 Jan. 1767, d. 1 May 1846, m. Dec. 1785.
9. Betsey White, b. 26 Jan. 1767, d. 27 Feb. 1860.

FOURTH GENERATION
18. John White, b. 30 Nov. 1738, d. 8 June 1812, m. 19 June 1766.
19. Lydia Jefts, d. 26 Sept. 1823.

FIFTH GENERATION
36. John White, b. 1714, d. 23 Feb. 1797, m. 19 Mch. 1735.
37. Lois Wilder, bp. 16 Aug. 1719, d. 2 Dec. 1790.

SIXTH GENERATION
72. John White, b. 20 Sept. 1684, d. 12 Sept. 1725.
73. Eunice Wilder, b. circa 1690, d. 15 May 1778.

1. CHARLES MORRIS HOWARD

First Generation
2. Francis Key Howard, b. 25 Oct. 1826, d. 29 May 1872.
3. Lydia Eliza Hollingsworth Morris, b. 25 Nov. 1827, d. 16 Jan. 1921.

Second Generation
4. Charles Howard, b. 26 Apl. 1802, d. 18 June 1869, m. 9 Nov. 1825.
5. Elizabeth Phoebe Key, b. 10 Oct. 1803, d. 9 Sept. 1897.
6. John Boucher Morris, b. 5 Oct. 1785, d. 24 Dec. 1874, m. 28 Mch. 1817.
7. Anna Maria Hollingsworth, b. 11 Nov. 1783, d. 3 Feb. 1847. Second wife.

Third Generation
8. John Eager Howard, b. 4 June 1752, d. 12 Oct. 1827, m. 18 May 1787.
9. Margaretta O. Chew, b. 17 Dec. 1760, d. 29 May 1824.
10. Francis Scott Key, b. 1 Aug. 1779, d. 11 Jan. 1843, m. 19 Jan. 1802.
11. Mary Tayloe Lloyd, b. 26 May 1784, d. 18 May 1859.
12. James Round Morris, b. 1750, d. 1795, m. 1780.
13. Leah Winder, b. 1761, d. 1822.
14. Thomas Hollingsworth, b. 21 July 1747, d. 5 Sept. 1815, m. Apl. 1777.
15. Anne Adams, b. Nov. 1756, d. Nov. 1826.

Fourth Generation
16. Cornelius Howard, b. 1707, d. 14 June 1777, m. 24 Jan. 1738.
17. Ruth Eager, b. 23 May 1721, d. 17 Nov. 1796.
18. Benjamin Chew, b. 29 Nov. 1722, d. 20 Jan. 1810, m. 12 Sept. 1757.
19. Elizabeth Oswald, b. 6 May 1732, d. May 1819. Second wife.
20. John Ross Key, b. 19 Sept. 1754, d. 13 Oct. 1821, m. 19 Oct. 1775.
21. Anne Phoebe Dagworthy Charlton, b. 6 Feb. 1756, d. 8 July 1830.
22. Edward Lloyd, b. 15 Dec. 1744, d. 8 July 1796, m. 19 Nov. 1767.
23. Elizabeth Tayloe, b. 17 Mch. 1750, d. 17 Feb. 1825.
24. John Morris,* b. 1720, d. 15 Feb. 1782, m. circa 1747.
25. Mary Round, b. 1723, d. 1764/70.
26. William Winder, b. 16 Mch. 1715, d. 24 Oct. 1792, m. 22 Sept. 1743.
27. Esther Gilliss, b. 6 Oct. 1724, d. 9 Oct. 1767.
28. Zebulon Hollingsworth, b. 8 Aug. 1696, d. 1763, m. 21 July 1741.
29. Mary Jacobs. Second wife.
30. George Adams.
31. Elizabeth ——.

Fifth Generation
32. Joshua Howard,* b. 1665, d. 1738.
33. Joanna O'Carroll, d. 1763.
34. John Eager, b. 23 Feb. 1691, d. 11 Apl. 1722.
35. Jemima Morray, d. 18 Sept. 1725.
36. Samuel Chew, b. 30 Oct. 1693, d. 16 June 1744, m. 22 Oct. 1715.
37. Mary Galloway, b. 15 July 1697, d. 26 May 1734. First wife.
38. James Oswald of Penna.
39. Mary Turner.
40. Francis Key, b. 1732, d. Nov. 1770, m. 12 Dec. 1752.
41. Anne Arnold Ross, b. 9 Oct. 1727, d. 5 Jan. 1811.
42. Arthur Charlton, b. 1771, m. 14 July 1742.
43. Eleanor Harrison.
44. Edward Lloyd, b. 8 May 1711, d. 27 Jan. 1770, m. 26 Mch. 1739.
45. Anne Rousby, b. 1721, d. 11 May 1769.
46. John Tayloe, b. 1721, d. 18 Apl. 1779, m. 11 July 1747.
47. Rebecca Plater, b. 8 Aug. 1731, d. 27 Jan. 1787.
48. John Morris of New Jersey, m. post 1716.
49. Eliphal Wright.
50. James Round, b. 1693, d. 1738, m. 1722.
51. Catharine Watts?, d. 1764.
52. John Winder, b. 7 Mch. 1676, d. 1716.
53. Jane Dashiell, b. 30 July 1675.
54. Thomas Gilliss, b. 1695, d. 2 Jan. 1780, m. circa 1724.
55. Priscilla Denwood.
56. Henry Hollingsworth,* b. 7 Sept. 1658, d. 1721, m. 22 Aug. 1688.
57. Lydia Atkinson of Co. Armagh, Ireland.

Sixth Generation
68. George Eager,* d. circa 1706.
69. Mary ——. (Widow Wheelock-Bucknall).
70. James Morrey,* d. 1704.
71. Jemima Morgan.
72. Benjamin Chew, b. 13 Apl. 1671, d. 3 Mch. 1700, m. 8 Dec. 1692.
73. Elizabeth Benson, b. 1677.
74. Samuel Galloway, b. 7 July 1659, d. 13 Feb. 1720, m. Apl. 1689.
75. Anne Webb, d. 20 Jan. 1723.
80. Philip Key,* bp. 21 Mch. 1697, d. 20 Aug. 1764.
81. Susanna Gardiner. First wife.
82. John Ross,* b. 13 Aug. 1696, d. 18 Sept. 1766, m. 18 Oct. 1720.
83. Alicia Arnold,* bp. 30 July 1700, d. 9 July 1746.
84. Thomas Charlton, d. 1743.
85. Alice ——, d. 1761.

88. Edward Lloyd, b. 7 Feb. 1670, d. 28 Mch. 1719, m. 1 Feb. 1703.
89. Sarah Covington, b. 1683, d. 4 Apl. 1755
90. John Rousby, d. Aug. 1744.
91. —— ——. Second wife.
92. John Tayloe, b. 15 Feb. 1687, d. 1747.
93. Elizabeth (Gwynne) Lyde, b. 31 Dec. 1692, d. Nov. 1761.
94. George Plater, b. 1695, d. 17 May 1755, m. 10 June 1729.
95. Rebecca (Addison) Bowles, b. 3 Jan. 1703, d. inter 1742/9.
98. John Wright.
99. Mary Townsend.
100. William Round.
101. Martha Wood.
104. John Winder,* d. 1698.
105. Bridget ——.
106. James Dashiell, b. 1634, d. Aug. 1697, m. circa 1659.
107. Ann Cannon, b. circa 1639, d. ante 1705.
108. John Gilliss, d. 1720.
109. Mary ——.
110. Levin Denwood, b. 6 Nov. 1670.
111. Esther ——.
112. Valentine Hollingsworth,* b. circa 1632, d. circa 1710, m. 7 Apl. 1655.
113. Ann Ree, b. 1628, d. 1 Feb. 1671. First wife.

Seventh Generation

142. Thomas Morgan,* d. 1697.
144. Samuel Chew, b. circa 1630, d. 15 Mch. 1677, m. circa 1658.
145. Anne Ayres, d. 13 Apl. 1695.
146. John Benson, d. 1676.
147. Elizabeth Smith, d. 6 Mch. 1694.
148. Richard Galloway,* d. 28 Jan. 1663.
149. Hannah ——.
160. Richard Key of London.
161. Mary ——, d. 1706.
162. John Gardiner, d. 1717.
163. Susanna Barton, d. ante 1706. First wife.
164. Henry (?) Ross, m. 11 Aug. 1695.
165. Jane ——.
166. Michael Arnold, b. circa 1675, d. 5 Nov. 1731, m. 16 Feb. 1697.
167. Anne Knipe, b. circa 1677, d. Sept. 1703.
168. Edward Charlton.
169. Judith ——, d. Jan. 1719.
176. Philemon Lloyd, b. 1646, d. 22 June 1685.
177. Henrietta Maria Neale, b. 1647, d. 21 Dec. 1697.
178. Nehemiah Covington, b. 1713, m. 15 Nov. 1679.
179. Rebecca Denwood.
180. John Rousby,* d. 1 Feb. 1685.
181. Barbara Morgan.
184. William Tayloe,* d. ante 1710.
185. Anne Corbin, d. 1704.
186. David Gwynne, d. 1704.
187. Catharine Griffin, d. 1728.
188. George Plater, b. circa 1663/4, d. 1707.
189. Anne Burford, d. 1717.
190. Thomas Addison, b. circa 1679, d. 17 June 1727, m. 21 Apl. 1701.
191. Elizabeth Tasker, b. 1686, d. 10 Feb. 1706.
198. Henry Townsend, d. 1695.
199. Anne Coles. First wife.
212. James Dashiell, b. 1604, d. 1645/50, m. 24 Nov. 1631.
213. Margaret Ingles. First wife.
214. Edward Cannon.
215. Ann ——.
216. Thomas Gilliss.
217. Mary ——.
220. Levin Denwood, d. 1726, m. circa 1669.
221. Priscilla ——.
224. Henry Hollingsworth of Co. Armagh, Ireland.
225. Katharine ——.
226. Nicholas Ree of Co. Armagh, Ireland.

Eighth Generation

288. John Chew,* d. circa 1655.
289. Sarah ——, d. ante 1651.
290. William Ayres.*
291. Sarah ——.
294. Thomas Smith,* d. 1685.
295. Alice ——, d. 1698.
324. Richard Gardiner,* d. 1687.
325. Elizabeth Weire.
332. Michael (?) Arnold.
334. Thomas Knipe, b. circa 1638, d. 5 Aug. 1711.
335. Anne Wolseley, d. 24 Aug. 1685.
352. Edward Lloyd,* d. 1696.
353. Alice Crouch.
354. James Neale,* d. 1684.
355. Anne Gill.*
356. Nehemiah Covington,* d. 1681.
357. Mary ——.
358. Levin Denwood.*
359. Mary ——.
362. Henry Morgan.* d. 1663.
363. Frances ——.
370. Henry Corbin,* b. circa 1629, d. 8 Jan. 1675, m. 25 Feb. 1655.
371. Alice Eltonhead,* d. 1684. (Widow Burnham).
374. Samuel Griffin,* d. 1703.
375. Sarah ——.
378. Thomas Burford,* d. 1687.
379. Anne ——, d. 1699.
380. John Addison,* d. 1705, m. 1677.
381. Rebecca (Wilkinson) Dent.
382. Thomas Tasker,* d. Aug. 1700.
383. Elizabeth (Thompson) Brooke?
424. Jacques de Chiel, b. 1575, d. circa 1625, m. 16 May 1599.
425. Elizabeth Robesoun.
440. Levin Denwood,* d. circa 1665.
441. Mary ——.

Ninth Generation

648. Luke Gardiner,* d. 1674.
649. Elizabeth Hatton.*
650. John Weire, d. 1675.

651. Honoria ——, d. 1685.
668. Rev. Thomas Knipe.
670. Devereux Wolseley.
671. Elizabeth Zouche.
710. Benjamin Gill,* d. 1655.
760. Rev. Lancelot Addison.
761. Jane Gulston.
762. Rev. William Wilkinson, b. 1612, d. 1663.
763. Naomi ——?

TENTH GENERATION

1296. Richard Gardiner,* d. 1649.
1298. Richard Hatton.
1299. Margaret ——.*
1340. Sir Thomas Wolseley.
1341. Helen Broughton.
1342. Sir John Zouche.
1343. Isabel Lowe.

1. JOHN DUVALL HOWARD

FIRST GENERATION

2. William Howard, b. 7 Sept. 1825, d. 4 June 1883, m. 13 July 1852.
3. Octavia Duvall.

SECOND GENERATION

4. Gov. George Howard, b. 21 Nov. 1799, d. 2 Aug. 1846, m. 26 Dec. 1811.
5. Prudence Gough Ridgely, d. 5 July 1847.

THIRD GENERATION

8. John Eager Howard, b. 4 June 1752, d. 12 Oct. 1827, m. 18 May 1787.
9. Margaretta Chew, b. 16 Dec. 1760, d. 29 May 1824.

FOURTH GENERATION

18. Benjamin Chew, b. 29 Nov. 1722, d. 20 Jan. 1810, m. 12 Sept. 1757.
19. Elizabeth Oswald, b. 6 May 1732, d. May 1819. Second wife.

FIFTH GENERATION

36. Samuel Chew, b. 30 Oct. 1693, d. 16 June 1743, m. 22 Oct. 1715.
37. Mary Galloway, b. 15 July 1697, d. 26 May 1734. First wife.

SIXTH GENERATION

72. Benjamin Chew, b. 12 Apl. 1671, d. 3 Mch. 1700, m. 8 Dec. 1692.
73. Elizabeth Benson, b. 1677.
74. Samuel Galloway, b. 7 July 1659, d. 13 Feb. 1720, m. Apl. 1689.
75. Anne Webb, d. 20 Jan. 1723.

SEVENTH GENERATION

144. Samuel Chew, b. circa 1630, d. 15 Mch. 1677, m. circa 1658.
145. Anne Ayres, d. 13 Apl. 1695.
146. John Benson,* d. 1676.
147. Elizabeth Smith, d. 6 Mch. 1694.
148. Richard Galloway,* d. 28 Jan. 1663.
149. Hannah ——.

EIGHTH GENERATION

288. John Chew,* d. circa 1668.
289. Sarah ——, d. ante 1651.
290. Rev. William Ayres.*
291. Sarah ——.
294. Thomas Smith,* d. 1685.
295. Alice ——.

1. WILBUR ROSS HUBBARD
2. WILBUR WATSON HUBBARD

First Generation
2. WILBUR WATSON HUBBARD, b. 19 Sept. 1860, d. 12 Sept. 1938, m. 20 Nov. 1890.
3. Etta Belle Ross, b. 21 Sept. 1865.

Second Generation
4. Thomas R. Hubbard, b. 28 June 1831, d. 20 July 1910, m. 29 Nov. 1859.
5. Josephine Mason Watson, b. 22 Aug. 1842, d. 28 Dec. 1901.
6. James Evans Ross, b. 19 Oct. 1831, d. 4 Jan. 1900, m. 3 Mch. 1859.
7. Miriam Elizabeth Warren, b. 3 Apl. 1838.

Third Generation
8. Lemuel Hubbard, b. 1799, d. Sept. 1881, m. 4 Aug. 1823.
9. Mary Rumbold, b. 1806, d. 1902.
10. George W. Watson, b. 29 Jan. 1819, d. 16 Nov. 1861, m. 10 May 1841.
11. Mary Jane Rust, b. 11 Dec. 1823, d. 18 Jan. 1853.
12. Hugh Ross, b. 10 May 1785, d. 31 Aug. 1873, m. 23 June 1829.
13. Rebecca Glenn.
14. Solomon Townsend Warren, b. 9 Nov. 1809, d 1866, m. 9 July 1833.
15. Kittie Maria Clements, b. 6 Apl. 1811, d. Apl. 1874.

Fourth Generation
16. Edward Hubbard, d. Oct. 1827.
17. Anne ——.
20. Isaac Watson, b. 1790, d. 16 Jan. 1834, m. 26 Feb. 1806.
21. Eunice Spencer, b. 10 Feb. 1787, d. 8 Aug. 1845.
22. Clement Rust.
23. Sallie Dudley.
24. William Ross, b. 11 Jan. 1737, d. Apl. 1818, m. 24 Jan. 1757.
25. Margaret Evans, d. 1793.
26. William Glenn, b. 11 Dec. 1759, d. 14 Sept. 1839, m. 1785.
27. Rebecca Headington, b. 17 Mch. 1765, d. 9 Sept. 1859.
28. Samuel Warren, b. 23 Mch. 1768, d. 22 Oct. 1848, m. 4 Aug. 1796.
29. Miriam Townsend, b. 6 Sept. 1774, d. 7 Nov. 1865.
30. Joel Clements, b. 27 July 1781, d. 1865, m. 7 Nov. 1802.
31. Margaret Roe, b. 1781, d. 5 Oct. 1820.

Fifth Generation
32. Jesse Hubbard, b. 1742, d. 1807.
33. Priscilla Stevens.
40. Jesse Watson, b. 10 Jan. 1744, d. 20 Oct. 1832.
41. Rachel Collins, b. 1744, d. 26 Feb. 1833.
42. Luke Spencer.
43. Percy Mason.
44. Peter Rust.
45. Sarah Jackson.
48. Hugh Ross, d. circa 1780.
49. Elizabeth ——.
52. Robert Glenn, d. Nov. 1799, m. circa 1752.
53. Isabella Clendenin, b. 1732, d. 1810.
54. Zebulon Headington of Harford Co., Md.
56. Benjamin Warren, b. 13 May 1729, d. 1772, m. 10 Feb. 1757.
57. Elizabeth Fullerton. Third wife.
58. Solomon Townsend, b. 10 Sept. 1733, d. 3 Aug. 1815.
59. Elizabeth Goslin, b. 13 Feb. 1750.
60. James Clements, d. 1810, m. 18 Oct. 1778.
61. Elizabeth Ann Baggs.

Sixth Generation
64. Solomon Hubbard.
65. Margaret Mahoun.
66. William Stevens.
80. Bethuel Watson, b. 1725, d. 1797.
81. Elizabeth Smith.
106. James Clendenin.
107. —— ——.
112. Benjamin Warren, d. 1762.
113. Mary Edmonds Clifton, b. 13 Feb. 1712.
114. John Fullerton.
115. Ann ——.
116. Charles Townsend, d. 1772.
118. Waitman Goslin.
119. Sarah ——.
120. Richard Clements.
122. Isaac Baggs.
123. —— ——.

Seventh Generation
128. John Hubbard, d. Oct. 1773.
129. Elizabeth Scott.
130. John Mahoun.
132. Walter Stevens.
160. William Watson, b. 1700, d. 1781.
161. Naomi ——.
226. Robert Clifton.
227. Mary Edmonds.
232. William Townsend.
240. John C. Clements, d. circa 1760.

Eighth Generation
256. Humphrey Hubbard, d. 1742.
258. Day Scott.
259. Anne Day.
320. Isaac Watson, b. 1677.
452. Thomas Clifton.*
454. Robert Edmonds,* d. 1706.

455. Priscilla Heathered.
480. Lambert Clements.

NINTH GENERATION

512. Humphrey Hubbard,* d. 1710.
513. Elizabeth ——.
518. Edward Day.*
640. Luke Watson,* b. circa 1630, d. 1705.
641. Sarah ——.
910. Thomas Heathered,* d. 1695.
911. Ann ——.
960. Thomas Clements, d. circa 1698.

TENTH GENERATION

1920. John Clements, d. in Md. 1676.
1921. Mary ——.

ELEVENTH GENERATION

3840. Jeremiah Clements,* b. 1607, d. 1635.
3841. Edy ——.

TWELFTH GENERATION

7680. Jeremy Clements, d. in England 1609.
7681. Elizabeth Fuller,ᵃ came to Va. 1611.

1. JOHN BAKER THOMPSON HULL

FIRST GENERATION
2. Robert Hull, b. 20 Sept. 1810, d. 25 Apl. 1886, m. 7 July 1852.
3. Susan Rebecca Thompson, b. 27 Jan. 1833.

SECOND GENERATION
6. Lucas Powell Thompson, b. 15 July 1797, m. 15 Jan. 1823.
7. Susanna Caroline Tapscott.

THIRD GENERATION
14. James Tapscott.
15. Susanna Howard Baker.

FOURTH GENERATION
28. Henry Tapscott, d. 1781, m. 1758.
29. Mary Shearman.

FIFTH GENERATION
58. Martin Shearman.
59. Ann Chinn.

SIXTH GENERATION
118. Rawleigh Chinn, d. 1742, m. circa 1700.
119. Esther Ball, d. May 1751.

SEVENTH GENERATION
238. Joseph Ball, b. 24 May 1649, d. June 1711.
239. Elizabeth Romney, d. circa 1700. First wife.

EIGHTH GENERATION
476. William Ball,* b. circa 1615, d. 1680, m. 2 July 1638.
477. Hannah Atherold.

1. JOHN EDWARD HURST

First Generation

2. John Edward Hurst, b. 21 Oct. 1832, d. 6 Jan. 1904, m. 25 May 1858.
3. Mary Rebecca Smith Bell, b. 2 Mch. 1836, d. 15 Dec. 1910.

Second Generation

4. Stephen Hurst, b. 1794, d. 23 Oct. 1846, m. 29 Jan. 1829.
5. Ann Jones. Second wife.
6. Ephraim Bell, b. 2 Dec. 1798, d. 7 Aug. 1875, m. 29 Apl. 1835.
7. Julia Ann Deagan, b. 16 June 1803, d. 25 Jan. 1875.

Third Generation

8. Samuel Edward Hurst,* b. 3 Feb. 1765, d. 26 Oct. 1822, m. 30 Nov. 1786.
9. Lavina Littleton.
10. John Jones.
12. John Bell, b. circa 1770, d. Mch. 1824.
13. Mary Kerr.
14. Patrick Deagan,* d. 28 Feb. 1808, m. 24 Oct. 1799.
15. Mary MacComas.

Fourth Generation

16. Edward Hurst, b. 18 Jan. 1744, d. 3 May 1795, m. 23 Mch. 1764.
17. Sarah ——, d. 5 May 1795.
24. William Bell, b. 2 Mch 1744, d. Dec. 1781.
25. Christiana ——.
30. James MacComas, b. 13 Sept. 1735, d. 19 Feb. 1791, m. 15 Nov. 1761.
31. Elizabeth Hillen, b. 1744.

Fifth Generation

48. John Bell, b. 18 Feb. 1710.
49. Susannah ——.
60. Daniel MacComas, b. 12 Jan. 1697, d. 1765, m. 26 Dec. 1734.
61. Martha Scott, b. 27 Feb. 1714, d. 1786.
62. Solomon Hillen, b. circa 1708, d. ante 1752, m. 7 Oct. 1729.
63. Elizabeth Raven.

Sixth Generation

96. Richard Bell, b. 1679, d. Dec. 1725, m. 28 Aug. 1704.
97. Jane Jarboe.
120. Daniel MacComas,* d. 1699.
121. Elizabeth ——.
122. Daniel Scott, b. circa 1680, d. 20 Mch. 1745, m. circa 1708.
123. Elizabeth (Whittaker?), b. circa 1687, d. 1758. (Widow Love.)
124. John Hillen, b. 1 Jan. 1680, d. 2 Apl. 1727, m. circa 1706.
125. Mary (Harrison) James.
126. Luke Raven, d. 1735.
127. Esther ——.

Seventh Generation

244. Daniel Scott,* b. circa 1655, d. 15 Feb. 1724.
245. Jane Johnson, d. Dec. 1733.
246. ?John Whittaker.
248. John Hillen,* d. 1683, m. 1679.
249. Joanna Hooker, b. 1660.

Eighth Generation

490. John (?) Johnson
491. Deborah ——, d. 1700.
498. Thomas Hooker, d. 1684.
499. Joanna ——, d. 12 Feb. 1677.

1. IREDELL WADDELL IGLEHART

FIRST GENERATION

2. L. Iredell Iglehart, b. 5 Oct. 1856, d. 31 Aug. 1915, m. 19 Oct. 1880.
3. Anne Calhoun Robinson, b. 1 Aug. 1858.

SECOND GENERATION

6. Alexander L. Robinson.
7. Margaret Louisa Hall, b. 1825.

THIRD GENERATION

14. Benedict William Hall, b. 6 May 1790, d. 18 Feb. 1843, m. 19 Oct. 1820.
15. Anne Calhoun, b. 8 June 1795, d. 9 Apl. 1858. Second Wife.

FOURTH GENERATION

28. Josias Carvill Hall, b. 7 Feb. 1746, d. 17 Aug. 1814, m. 21 Mch. 1780.
29. Janet Smith b. 15 Feb. 1752, d. Mch. 1822.
30. William Calhoun, b. 30 Nov. 1767, d. June 1808, m. 22 Nov. 1792.
31. Lydia Cattell, b. 8 Oct. 1773, d. 8 Aug. 1850.

FIFTH GENERATION

56. **John Hall**, b. 13 Dec. 1701, d. 1 May 1774.
57. Hannah Matthews, b. 1712, d. 20 Jan. 1782.
58. William Smith, b. 12 Apl. 1728, d. 27 Mch. 1814, m. 30 Mch. 1751.
59. Elizabeth Buchanan.
60. James Calhoun,* b. 17 Apl. 1743, d. 14 Sept. 1816.
61. Anne Gist, b. 1747, d. 4 Mch. 1799.
62. Benjamin Cattell, b. 1751, d. 1782, m. 1772.
63. Mary McCall, b. 2 June 1749, d. post 1792.

SIXTH GENERATION

112. **John Hall**, b. 1658, d. Aug. 1737.
113. Martha Beadle, b. 1 Oct. 1667, d. 4 Feb. 1720.
116. James Smith.*
117. Mary ———.
118. Robert Buchanan.
120. John Calhoun.*
121. Rebecca Ewing.
124. William Cattell, d. 1751.
125. Ann Frazier, d. 20 Aug. 1743.
126. **George McCall**, b. 16 Apl. 1724, d. 3 July 1756.
127. Lydia Abbott, d. 7 July 1795.

SEVENTH GENERATION

224. John Hall,* d. ante 1672.
225. Mary Parker, d. 22 Dec. 1699.
226. Edward Beadle,* d. circa 1692.
227. Mary ———.
248. **William Cattell**,* b. 1682, d. 24 Aug. 1752.
249. Mary Godfrey, d. 24 Jan. 1729.
250. John Fraser, d. 14 Jan. 1754.
251. Judith Warner, d. 1772.
252. George McCall,* b. 1685, d. 1740, m. 9 Aug. 1716.
253. Anne Yeates.

1. JAMES DAVIDSON IGLEHART

First Generation

2. John Wilson Iglehart, b. 10 Apl. 1814, d. 21 July 1881, m. 9 Jan. 1838.
3. Matilda Davidson, b. 1807, d. 3 Feb. 1877.

Second Generation

4. John Iglehart, b. 24 Oct. 1788, d. Apl. 1870, m. 23 Apl. 1811.
5. Mary E. Smoot.

Third Generation

10. Henley Smooth, d. Oct. 1811.
11. Eleanor Briscoe, b. 12 Sept. 1750, d. 1800.

Fourth Generation

20. Charles Smoot, b. Dec. 1771, d. 1807, m. 15 Dec. 1795.
21. Ann Egerton, b. 25 Dec. 1771.

Fifth Generation

40. Thomas Smoot,* b. circa 1630, d. Jan. 1704.
41. Elizabeth Barton, d. ante 1704.

Sixth Generation

80. William Smoot,* b. circa 1600, d. post 1666.
81. Grace (——) Wood.

1. ROGERS ISRAEL

First Generation

2. Thomas Beale Israel, b. 16 July 1821, d. 24 Nov. 1904, m. 11 May 1848.
3. Elizabeth R. Hiss, b. 26 Jan. 1829, d. 16 Oct. 1886.

Second Generation

4. Fielder Israel, b. 22 Sept. 1793, d. 14 Aug. 1848, m. 31 Oct. 1816.
5. Sarah Simpson, b. 23 July 1790, d. 3 Apl. 1862.

Third Generation

8. Beale Israel, m. 11 Dec. 1792.
9. Elizabeth Burgess, b. 23 May 1765, d. 29 July 1810.

Fourth Generation

18. Joseph Burgess, b. 27 Jan. 1727, d. 17 Feb. 1808, m. 13 Jan. 1751.
19. Elizabeth Dorsey, b. 13 Dec. 1735.

Fifth Generation

36. John Burgess.
37. Jane ——?.
38. Michael Dorsey, b. 15 Mch. 1713, d. 1776.
39. Ruth Todd.

Sixth Generation

72. Edward Burgess, d. 1722.
73. Sarah Chew, d. 1740.
76. John Dorsey, b. 15 June 1688, d. 1764, m. 8 Apl. 1708.
77. Honor (Stafford?).
78. Lancelot Todd, d. 1735.
79. Elizabeth ——.

Seventh Generation

144. William Burgess,* b. 1622, d. 24 Jan. 1687.
145. Elizabeth Robins.
146. Samuel Chew,* b. circa 1630, d. 15 Mch. 1677, m. circa 1658.
147. Anne Ayres, d. 13 Apl. 1695.
152. Edward Dorsey, d. 1705.
153. Sarah Wyatt. First Wife.

Eighth Generation

290. Edward Robins,* b. 1602, d. ante 1646.
292. John Chew,* d. ante 1668.
293. Sarah ——, d. ante 1651.
294. William Ayres.*
295. Sarah ——.
304. Edward Dorsey,* d. circa 1659.
305. Anne ——.
306. Nicholas Wyatt.*
307. Damaris ——.

1. LLOYD LOWNDES JACKSON

First Generation
2. Lloyd L. Jackson, b. 3 Feb. 1846, d. 19 Mch. 1921, m. 30 Nov. 1871.
3. Annie E. Lester, b. 1848, d. 19 Sept. 1923.

Second Generation
6. James M. Lester, b. 9 Nov. 1812, d. 25 Dec. 1872, m. 18 July 1839.
7. Elizabeth Reese, b. 12 Nov. 1821, d. 16 Oct. 1889.

Third Generation
14. John L. Reese, b. 1787, d. 19 Sept. 1871, m. 14 Feb. 1812.
15. Jemima Sanks, b. 1790, d. 11 July 1853.

Fourth Generation
28. Joseph Reese, b. ante 1767, d. post 1811, m. 28 Dec. 1785.
29. Mary Lee, d. post 1801.

Fifth Generation
56. John Rees, b. 18 Nov. 1718, d. 1 Dec. 1807, m. 11 Nov. 1745.
57. Catherine Evans, b. 6 Sept. 1724, d. 16 Sept. 1805.

Sixth Generation
112. John Rees, b. 1688.
113. Hannah ——, d. circa 1764.

Seventh Generation
224. John Rees, b. circa 1650, d. 1698, m. circa 1678.
225. Hannah ——, b. 1656, d. 1741.

1. BENJAMIN WHEELER JENKINS

First Generation
2. Felix Jenkins, b. 11 Oct. 1825, d. 9 Oct. 1909, m. May 1860.
3. Nancy Spaulding Jenkins, b. 8 Aug. 1833, d. 2 Nov. 1904.

Second Generation
4. Felix Jenkins, b. Oct. 1787, m. 1820.
5. Frances Helen Wheeler, b. 1799, d. Oct. 1888.

Third Generation
10. Benjamin Wheeler, b. 29 Oct. 1731, d. 1802.
11. Eliza (Green) Thomas. d. 1802. Second Wife.

Fourth Generation
20. Thomas Wheeler, b. 19 May 1708, d. 1770.
21. Sarah Scott. First Wife.

Fifth Generation
40. Benjamin Wheeler, b. 1686, d. 13 Oct. 1741, m. ante 1705.
41. Elizabeth ——, d. 21 June 1742.
42. Daniel Scott, b. circa 1680, d. 20 Mch. 1745.
43. Elizabeth (Whittaker?). (Widow of Robt. Love.)

Sixth Generation
80. Thomas Wheeler, b. 18 Mch. 1661, d. 1736.
81. —— ——.
84. Daniel Scott,* b. circa 1655, d. 15 Feb. 1724.
85. Jane Johnson.

Seventh Generation
160. John Wheeler,* b. circa 1630, d. 1694.
161. Mary ——, b. circa 1630, d. post 1694.
170. ? John Johnson.*
171. Deborah ——.

1. CHARLES WILLIAM LEVERETT JOHNSON

(See Pedigree Book, 1905, (revised))

First Generation

2. William Woolsey Johnson, b. 23 June 1841, d. 14 May 1927, m. 12 Aug. 1869.
3. Susannah Leverett Batcheller, b. 12 Mch. 1850, d. 12 Mch. 1916.

Second Generation

4. Charles Frederick Johnson, b. 10 Sept. 1804, d. 6 July 1882, m. 23 Apl. 1835.
5. Sarah Dwight Woolsey, b. 27 Oct. 1805, d. 28 Feb. 1870.
6. Rev. Breed Batcheller, b. 3 Apl. 1807, d. 6 Apl. 1856, m. Apl. 1839.
7. Sarah Miller Leverett, b. 15 July 1808 d. 11 July 1887.

Third Generation

8. Robert Charles Johnson, b. 1 May 1766, d. 24 Sept. 1806, m. 27 Aug. 1795.
9. Catherine Ann Bayard, d. 19 Dec. 1806.
10. William Walton Woolsey, b. 17 Sept. 1766, d. 18 Aug. 1839, m. 2 Apl. 1792.
11. Elizabeth Dwight, b. 29 Jan. 1772, d. 8 Dec. 1813.
12. John Batcheller, b. 29 Apl. 1772.
13. Hannah Griswold, b. 11 July 1779.
14. Thomas Leverett, b. 10 July 1765, d. 8 Apl. 1833, m. 6 Nov. 1790.
15. Susannah Johnson,* b. 22 Apl. 1769, d. 13 Feb. 1854.

Fourth Generation

16. **William Samuel Johnson**, b. 7 Oct. 1727, d. 14 Nov. 1819, m. 5 Nov. 1749.
17. Ann Beach, b. 25 Apl. 1729, d. 26 Apl. 1796. First Wife.
18. Nicholas Bayard, b. 14 Nov. 1736, m. 20 Apl. 1762.
19. Catherine Livingston, b. ante 1743, d. 1798.
20. Benjamin Woolsey, b. 12 Feb. 1720, d. 9 Sept. 1771, m. 1757.
21. Anne Muirson, b. 10 Feb. 1737, d. 14 Aug. 1807. Second Wife.
22. Timothy Dwight, b. 27 May 1726, d. 10 June 1777, m. 8 Nov. 1760.
23. Mary Edwards, b. 4 Apl. 1734, d. 28 Feb. 1807.
24. **Breed Batcheller**, b. 1740, d. 1785, m. 11 May 1766. Of Keene, N. H.
25. Ruth Davis, b. 27 May 1745, d. 26 June 1840.
26. —— Griswold.
27. —— Wilder.
28. John Leverett, b. 28 Jan. 1727, d. 10 June 1777, m. 19 Dec. 1757.
29. Mary Greenleaf, b. 8 July 1795.
30. Andrew Johnson,* b. 27 Mch. 1713, d. 5 Apl. 1771, m. 8 Apl. 1764.
31. Susannah Currell,* b. 1740, d. 7 Sept. 1775.

Fifth Generation

32. Rev. Dr. Samuel Johnson, b. 14 Oct. 1696, O.S., d. 6 Jan. 1772, m. 26 Sept. 1725.
33. Charity Floyd, b. 6 Apl. 1692, d. 1 June 1758. (Widow Nicoll) First Wife.
34. William Beach, b. 7 July 1694, d. 26 July 1751, m. 30 Nov. 1725.
35. Sarah Hull, b. 13 Aug. 1701; d. 9 Feb. 1763.
36. Nicholas Bayard, bp. 28 Aug. 1698, d. 1765, m. 1 July 1729.
37. Elizabeth Rynders, b. 17 Sept. 1705. First Wife.
38. Peter Van Brugh Livingston, b. 1710, d. 1793, m. 1739.
39. Mary Alexander, b. 16 Oct. 1721, d. 24 Sept. 1767.
40. Rev. Benjamin Woolsey, b. 19 Nov. 1687, d. 15 Aug. 1756, m. 1714.
41. Abigail Taylor, b. 1695, d. 29 Mch. 1771.
42. Dr. George Muirson, b. 1708, d. 1786.
43. Anna Smith, b. 20 Dec. 1706.
44. Timothy Dwight, b. 19 Oct. 1694, d. 30 Apl. 1771, m. 16 Aug. 1716.
45. Experience King, b. 17 Apl. 1693, d. 15 Dec. 1763.
46. Rev. Jonathan Edwards, b. 5 Oct. 1703, d. 22 Mch. 1758, m. 28 July 1727.
47. Sarah Pierpont, b. 9 Jan. 1710, d. 2 Oct. 1758.
48. John Batcheller,* d. 1763.
56. Knight Leverett, b. 1 Jan. 1703, d. 11 July 1753, m. 1 Feb. 1726.
57. Abigail Buttolph, b. 23 Nov. 1704, d. 21 Jan. 1774.

Sixth Generation

64. Samuel Johnson, b. 5 June 1670, d. 3 May 1727, m. 1696.
65. Mary Sage, b. 15 Nov. 1672, d. Mch. 1726.
66. Richard Floyd, b. 12 May 1665, d. 28 Feb. 1728, m. 12 May 1686.
67. Margaret Nicoll, b. 30 May 1662, d. 1 Feb. 1718.
68. Isaac Beach, b. 27 June 1669, d. 30 Apl. 1741, m. 3 May 1693.
69. Hannah Birdsey, bp. 5 Feb. 1671, d. 15 Oct. 1750.
70. Joseph Hull.
71. Mary Nichols.
72. Samuel Bayard, b. 5 Sept. 1669, d. circa 1741, m. 12 Mch. 1696.
73. Margaret Van Cortlandt, b. 29 July 1674, d. ante 1745.
74. Barent Rynders, m. circa 1695.
75. Hester Leisler, b. circa 1670.
76. Philip Livingston, b. 1686, d. 1749, m. 19 Sept. 1709.
77. Catherine Van Brugh, bp. 10 Nov. 1689, d. 20 Feb. 1756.

132

78. James Alexander,* b. 1693, d. 1756, m. circa, 1721. Earl of Stirling.
79. Mary Spratt, b. 1693, d. 1760.
80. George Woolsey, b. 10 Oct. 1652, d. 19 Jan. 1740.
81. Hannah ——.
82. John Taylor.
83. Mary Whitehead.
84. Rev. George Muirson, b. circa 1675, d. 12 Oct. 1708, m. 20 June 1707.
85. Gloriana Smith, b. 24 Jan. 1690, d. 7 Oct. 1710.
86. Henry Smith, b. 19 Jan. 1678, m. 9 Jan. 1705. Styled Judge.
87. Anna Shepard, b. 30 Jan. 1685, d. 7 May 1735.
88. Nathaniel Dwight, b. 25 Nov. 1666, d. 7 Nov. 1711, m. 9 Dec. 1693.
89. Mehitabel Partridge, b. 26 Aug. 1675, d. 19 Oct. 1756.
90. John King, b. July 1657, d. 20 Mch. 1720, m. 4 Nov. 1686.
91. Mehitabel Pomeroy, b. 3 July 1666, d. 8 Nov. 1755.
92. Rev. Timothy Edwards, b. 1669, d. 27 Jan. 1758, m. 6 Nov. 1694.
93. Esther Stoddard, b. 2 June 1672, d. 19 Jan. 1771.
94. Rev. James Pierpont, b. 4 Jan. 1660, d. 22 Nov. 1714, m. 26 July 1698.
95. Mary Hooker, b. 3 July 1673, d. 1 Nov. 1740. Third Wife.
112. Thomas Leverett, b. 1674, d. 1706, m. 11 Dec. 1701.
113. Rebecca Winsor.
114. Nicholas Buttolph, b. 3 Mch. 1668, d. 29 Jan. 1737, m. 28 June 1699.
115. Mary Gutteridge.

SEVENTH GENERATION

128. William Johnson, b. circa 1629, d. 27 Oct. 1702, m. 2 July 1651. Of Guilford, Conn.
129. Elizabeth Bushnell, d. 27 Apl. 1672.
130. David Sage,* m. 1664.
131. Mercy Wyllys.
132. Richard Floyd,* b. 1624, d. 1700.
133. Susannah ——, b. 1626, d. Jan. 1706.
134. Matthias Nicoll,* b. 1621, d. 22 Dec. 1687.
135. Abigail Johns.
136. John Beach,* d. circa 1677.
137. Mary ——.
138. John Birdsey, Jr.
139. Phebe Wilcoxson.
144. Nicholas Bayard,* b. circa 1644, d. 1707, m. 23 May 1666.
145. Judith Varleth.*
146. Stephen Van Cortlandt, b. 7 May 1643, d. 1700, m. 10 Sept. 1671.
147. Gertrude Schuyler, b. 4 Feb. 1654.
150. Jacob Leisler, d. 1690.
151. Elsie Symons.
152. Robert Livingston,* b. 13 Dec. 1654, d. 20 Apl. 1728, m. 1683.
153. Alida Schuyler, b. 28 Feb. 1656, d. Feb. 1709. (Widow Van Rensselaer)
154. Pieter Van Brugh, b. 4 July 1666, d. Feb. 1739/40, m. 2 Nov. 1688.
155. Sarah Cuyler.
156. David Alexander.
158. John Spratt.
159. Maria de Peyster. (Widow Provost)
160. George Woolsey,* b. 27 Oct. 1610, d. 19 Aug. 1698, m. 9 Dec. 1647.
161. Rebecca Cornell, b. circa 1620, d. 5 Feb. 1712.
166. Daniel Whitehead.
170/172. William Smith,* b. 2 Feb. 1655, d. 18 Feb. 1705, m. 26 Nov. 1675.
171/173. Martha Tunstall, d. 1 Sept. 1709.
174. Rev. Thomas Shepard, b. 3 July 1658, m. 22 July 1682.
175. Mary (Anderson) Lynde.
176. Timothy Dwight, b. 1639, d. 1718, m. 9 Jan. 1665.
177. Ann Flint, b. 1643, d. 29 Jan. 1685.
178. Samuel Partridge, b. 15 Oct. 1645, d. 25 Dec. 1740, m. 24 Sept. 1668.
179. Mehitabel Crow, b. 1652, d. 8 Dec. 1730.
180. John King, b. circa 1629, d. 3 Dec. 1703, m. 18 Nov. 1646.
181. Sarah Holton, d. 8 May 1683.
182. Medad Pomeroy, b. 9 Aug. 1638, d. 30 Dec. 1716, m. 21 Nov. 1661.
183. Experience Woodward.
184. Richard Edwards, b. 1647, d. 20 Apl. 1718, m. 19 Nov. 1667.
185. Elizabeth Tuthill.
186. Rev. Solomon Stoddard, b. 1643, d. 11 Feb. 1729, m. 8 Mch. 1670.
187. Esther Warham, b. 1644, d. 10 Feb. 1736. Widow Mather.
188. John Pierpont,* b. 1619, d. 7 Dec. 1682.
189. Thankful Stow.
190. Rev. Samuel Hooker, b. circa 1635, d. 6 Nov. 1697, m. 22 Sept. 1658.
191. Mary Willett, b. 4 May 1643.
224. Hudson Leverett, b. 3 May 1640, d. 1694, m. 1661.
225. Sarah Payton, b. 1643, d. 1679. First Wife.
226. Joshua Winsor, b. 6 June 1647.
227. Sarah ——.
228. Thomas Buttolph, b. 12 June 1637, d. 5 Sept. 1660.
229. Mary Baxter, b. 1640, d. circa 1721.
230. Robert Gutteridge (Goodrich).
231. Mary ——.

EIGHTH GENERATION

256. Robert Johnson,* d. 1661.
257. Adlin ——.
258. Francis Bushnell, d. 4 Dec. 1681.
259. Mary ——.
262. John Wyllys.
268. Rev. Matthias Nicolls, m. circa 1620.
269. Martha Oakes.
276. John Birdsey.*
277. Philippa Smith.
278. William Wilcoxson,* d. 1652.
279. Margaret ——.
288. Samuel Bayard, d. 1646, m. 21 Oct. 1638.

289. Annake Stuyvesant,* d. post 1683.
290. Caspar Varleth.
291. Judith ——.
292. Oloff Stevensen Van Cortlandt,* b. 1600, d. 4 Apl. 1684, m. 26 Feb. 1642.
293. Anne Loockerman, d. 14 May 1683.
294. Philip Pieterse Schuyler,* b. 1628, d. 9 May 1683, m. 12 Dec. 1650.
295. Margaretta Van Slichtenhorst, d. 1711.
304. Rev. John Livingstone, b. 21 June 1603, d. 9 Aug. 1672.
305. Janet Fleming.
306. Philip Pieterse Schuyler,* b. 1628, d. 9 May 1683. See 294.
308. Johannes Van Brugh,* b. 1624, d. 1697, m. 27 Mch. 1658.
309. Katrine Roaloffse Janse.
310. Hendrick Cuyler,* d. 1690.
311. Anna Schepmoer.*
312. Alexander Alexander.
320. Benjamin Woolsey.
322. Thomas Cornell,* d. 1656.
323. Rebecca Briggs, d. 8 Feb. 1673.
342/346. Henry Tunstall.
348. Rev. Thomas Shepard, m. 3 Nov. 1656.
349. Ann Tyng.
352. John Dwight,* d. 3 Feb. 1660.
353. Hannah ——.
354. Rev. Henry Flint.*
355. Margary Hoar.
356. William Partridge,* d. 27 Jan. 1668.
357. Mary Smith, d. 20 Jan. 1680.
358. John Crow,* b. 1625, d. 16 Jan. 1686.
359. Elizabeth Goodwin.
362. William Holton, b. 1611.
364. Eltweed Pomeroy.*
366. Henry Woodward.
368. William Edwards, b. 1620.
369. Agnes (——) Spencer.
370. William Tuthill, b. 1609.
371. Elizabeth ——, b. 1612.
372. Anthony Stoddard,* d. 1687, m. 1642.
373. Mary Downing.
374. Rev. John Warham,* d. 1670.
375. Jane ——, d. 1645.
376. James Pierrepont.
377. Margaret ——.
378. John Stow,* d. 26 Oct. 1643.
379. Elizabeth ——.
380. Rev. Thomas Hooker,* b. 7 June 1586, d. 7 July 1647.
381. Susanna ——.
382. Thomas Willett,* b. 1610, d. 1674.
383. Mary Brown.
448. Sir John Leverett,* b. 1616, d. 1679, m. 1639. Governor of Mass.
449. Hannah Hudson, b. 1621, d. 1643, m. 1639.
450. Bezaleel Payton.
451. Mary Greenough.
452. Robert Winsor.
453. Rebecca ——.
456. Thomas Buttolph,* b. 1603.
457. Ann ——, b. 1612.
458. Nicholas Baxter.
459. Ann Brigham.

NINTH GENERATION

516. Francis Bushnell,* d. 1646.
517. Rebecca ——.
536. John Nicolls.
537. Joane Grafton.
576. Rev. Lazare Bayard, m. 1607.
577. Judith (Beyers?).
578. Rev. Balthazar Stuyvesant, d. 1637.
579. Margaretta Hardenstein, d. 2 May 1625. First Wife.
584. Stephen Van Cortlandt, b. 1566.
585. Catharine ——.
590. Brant Arentse Van Slichtenhorst,* b. 1610, d. 1668.
608. Rev. William Livingstone.
609. Agnes Livingston.
610. Bartholomew Fleming.
618. Roeloffse Jansen.
619. Annake Webber.
624. John Alexander.
640. Thomas Woolsey
696. Rev. Thomas Shepard,* b. 5 Nov. 1605, d. 25 Aug. 1649.
697. Margaret Touteville.
698. William Tyng.
710. —— Hoar.
711. Joanna ——.
718. William Goodwin,* b. 1606, d. 11 Mch. 1673.
719. Susanna ——.
736. Rev. Richard Edwards.
746. Emanuel Downing.* d. 1658.
747. Anne Ware. First Wife.
752. William Pierrepont.
753. Elizabeth ——.
760. Thomas Hooker, d. July 1635.
766. John Brown,* d. 10 Apl. 1662.
767. Dorothy ——, b. 1584, d. 27 Jan. 1674.
896. Thomas Leverett,* d. 3 Feb. 1650, m. 29 Oct. 1610.
897. Anne Fisher, d. 16 Oct. 1656.
898. Ralph Hudson,* b. circa 1593.
899. Mary ——,* b. 1593.

TENTH GENERATION

1072. William Nicolls.
1073. Mary Woodhull.
1152. Nicholas Bayard.
1153. Blandina Condé.
1494. Sir James Ware.
1495. Mary Briden.

1. DR. CHRISTOPHER JOHNSTON, JR.
2. CHRISTOPHER JOHNSTON

First Generation
2. CHRISTOPHER JOHNSTON, b. 8 Dec. 1856, d. 26 June 1914.
3. Madeline Tasker Tilghman, b. 10 June 1863.

Second Generation
4. Christopher Johnston, b. 27 Sept. 1822, d. 11 Oct. 1891, m. 26 Sept. 1855.
5. Sarah L. C. Smith, b. 12 Jan. 1835, d. 7 July 1879.
6. Richard Lloyd Tilghman, b. 20 Aug. 1811, d. 19 Sept. 1867.
7. Agnes Riddell Owen, b. 24 Nov. 1814, d. 18 Mch. 1897.

See Pedigree Book, 1905, Page 53, Plate I.
See Pedigree Book, 1905, Page 54, Plate II.

Third Generation
12. William Gibson Tilghman, b. 24 Sept. 1785, d. 20 June 1844, m. 13 Dec. 1808.
13. Ann Polk, b. 14 Mch. 1788, d. 29 Sept. 1860.
14. Kennedy Owen, b. 4 Feb. 1774, d. 25 Mch. 1817, m. 18 Dec. 1806.
15. Agnes Riddell, b. 21 May 1788, d. Aug. 1869.

Fourth Generation
24. Richard Tilghman, b. 6 Apl. 1740, d. 12 Apl. 1809, m. 2 Aug. 1784.
25. Mary Gibson, b. 26 Sept. 1766, d. 1 Dec. 1790.
26. Daniel Polk, b. 28 Feb. 1750, d. 29 Mch. 1796, m. 9 Feb. 1775.
27. Margaret Nutter White.
28. Robert Owen, b. 1 Aug. 1750, m. ante 1774.
29. Rebecca Swearingen, b. circa 1756.
30. Robert Riddell,* b. circa 1760, d. 5 May 1809, m. 12 Mch. 1786.
31. Mary Hawksworth, b. circa 1761, d. 25 Jan. 1806.

Fifth Generation
48. **William Tilghman,** b. 22 Sept. 1711, d. 1782, m. 2 Aug. 1736.
49. Margaret Lloyd, b. 16 Feb. 1714.
50. John Gibson, b. 1729, d. 5 May 1790, m. 1750.
51. Elizabeth Sherwood, d. 1797.
52. Robert Polk, b. 1707, d. 1770.
53. Alice (Nutter?), d. 1773.
54. Thomas White, b. 15 Aug. 1729, d. 15 Feb. 1795.
55. Margaret Nutter.
56. Lawrence Owen, b. 20 Apl. 1714, d. 2 May 1761, m. 1738.
57. Sarah (Kennedy?).
58. Samuel Swearingen, b. 6 Sept. 1728, m. 28 May 1752.
59. Anne Farrell.

Sixth Generation
96. **Richard Tilghman,** b. 23 Feb. 1672, d. 23 Feb. 1738, m. 7 Jan. 1700.
97. Anna Maria Lloyd, b. 1676, d. Dec. 1748.
98. James Lloyd, b. 7 Mch. 1680, d. 29 Sept. 1723, m. 12 Jan. 1709.
99. Ann Grundy, b. Apl. 1690, d. 18 Nov. 1731.
100. Woolman Gibson, b. 28 Mch. 1694, d. 1742, m. 18 Apl. 1718.
101. Sarah Dawson. First Wife.
104. Robert Polk, d. 1727, m. circa 1699.
105. Grace (Gilliss?).
108. John White, d. 1757.
109. Elizabeth ——.
110. David Nutter of Sussex Co., Del.
116. Van Swearingen, b. circa 1691, d. post 1767.
117. Elizabeth Walker, b. 23 Dec. 1695.
118. Kennedy Farrell of Frederick Co., Md.
119. Isabel ——.

Seventh Generation
192. Richard Tilghman,* bp. 27 Sept. 1627, d. 7 Jan. 1676.
193. Mary Foxley, d. inter 1699/1702.
194/196. Philemon Lloyd, b. 1646, d. 22 June 1685.
195/197. Henrietta Maria Neale, d. 1697.
198. Robert Grundy,* d. 1720.
199. Deborah Shrigley. (Widow Boyden)
200. Jacob Gibson, d. 1741.
201. Alice Woolman.
202. Ralph Dawson, d. 1708.
203. Mary O'Mealy.
208. Robert Polk,* b. 1638, d. 1703.
209. Magdalene Tasker,* d. circa 1727.
216. Edward White,* d. circa 1694.
217. Elizabeth ——.
232. Thomas Van Swearingen, b. circa 1665, d. 1710.
233. Jane ——.
234. Charles Walker, b. 1668, d. 1730.
235. Rebecca Isaac.

Eighth Generation
384. Oswald Tilghman, b. 4 Oct. 1579, d. 1628, m. Nov. 1626.
385. Elizabeth Packnam. Second Wife.
388/392. **Edward Lloyd,*** b. inter 1600/15. d. 1695/6.
389/393. Alice Crouch. First Wife.
394. James Neale,* b. 1615, d. 1684.
395. Anne Gill, d. 1698.
404. **Richard Woolman,*** d. 1681.
240. Ralph Dawson,* d. 1706.

405. Mary ——.
406. Brian O'Mealy,* d. 1685.
407. Mary Lewis (?), d. 1694.
464. Gerrit Van Swearingen,* b. 1636, d. 1698.
465. Barbara de Barrette.
470. Joseph Isaac,* d. 1688.
471. Margaret ——.

NINTH GENERATION

768. William Tilghman, b. 1518, d. 1594, m. circa 1575.
769. Susanna Whetenhall.
788. Raphael Neale, m. 9 July 1612. Of London.
789. Jane (——) Forman.
790. Benjamin Gill,* d. 22 Nov. 1655.

1. EDWARD CROXALL JONES
2. ARTHUR LAFAYETTE JONES

First Generation
2. ARTHUR LAFAYETTE JONES, b. 12 Oct. 1858, m. 14 Nov. 1889.
3. Ella McKenney Jones.

Second Generation
4. Edward Jones, b. 1807, d. 17 Nov. 1864, m. 20 Feb. 1838.
5. Maria Fayetta Croxall, b. 1 Sept. 1814, d. 25 Mch. 1887.

Third Generation
10. Thomas Croxall, b. 1790, d. 21 Oct. 1861, m. 9 Sept. 1813.
11. Mary Long, b. 1792, d. 19 May, 1868.

Fourth Generation
20. Charles Moale Croxall, b. 7 Oct. 1756, d. 6 Nov. 1831, m. 26 July, 1781.
21. Mary Morris, d. 6 July, 1824.

Fifth Generation
40. Charles Croxall, b. 27 June, 1724, d. 25 June, 1782, m. 23 July, 1746.
41. Rebecca Moale, b. 29 Feb. 1728, d. 21 Nov. 1786.

Sixth Generation
80. Richard Croxall,* b. 1685, d. 1747.
81. Joanna Carroll.
82. John Moale,* b. 30 Oct. 1695, d. 10 May 1740, m. 17 Apl. 1723.
83. Rachel Hammond, b. 2 Sept. 1708, d. June 1750.

Seventh Generation
164. Richard Moale.
165. Elizabeth ——.
166. John Hammond, b. circa 1668/70, d. 22 Feb. 1743, m. circa 1696.
167. Anne Greenberry, d. 23 Jan. 1715.

Eighth Generation
332. John Hammond,* b. 1643, d. 26 Nov. 1707.
333. Mary ——.
334. Nicholas Greenberry,* b. 1627, d. 17 Dec. 1697.
335. Anne ——, b. 1648, d. 27 Apl. 1698.

Ninth Generation
664. Thomas Hammond.*

1. EDWARD KEY

First Generation
2. Philip Barton Key, b. 2 Sept. 1804, d. 4 May 1854, m. 1833.
3. Maria Laura Sewall, b. 7 June 1812, d. 10 Dec. 1897.

Second Generation
4. Philip Barton Key, b. 12 Apl. 1757, d. 28 July 1815.
5. Ann Plater, b. 1774, d. 18 Dec. 1834.

Third Generation
8. Francis Key, b. circa 1731, d. Nov. 1770, m. 12 Dec. 1752.
9. Ann Arnold Ross, b. 9 Oct. 1727, d. 5 Jan. 1811.

Fourth Generation
16. Philip Key,* b. 21 Mch. 1696, d. 20 Aug. 1764.
17. Susanna Gardiner.

Fifth Generation
34. John Gardiner, d. 1717.
35. Susanna Barton. First Wife.

Sixth Generation
68. Richard Gardiner, d. 1687.
69. Elizabeth Weire.

Seventh Generation
136. Luke Gardiner,* d. 1674.
137. Elizabeth Hatton.*
138. John Weire.*
139. Honoria ——, d. 1685.

Eighth Generation
272. Richard Gardiner.*
274. Richard Hatton.
275. Margaret ——.*

1. HENRY IRVINE KEYSER, 2nd

First Generation

2. Henry Barroll Keyser, b. 9 Sept. 1865, d. 6 July 1904, m. 1 June 1892.
3. Caroline Fischer, b. 28 June 1870, d. 20 Sept. 1932.

Second Generation

4. Henry Irvine Keyser, b. 16 Dec. 1837, d. 7 May 1916, m. 17 Nov. 1864.
5. Mary Anne Washington, b. 1 June 1841, d. 8 Dec. 1931.
6. Louis Christian Fischer, b. 3 Aug. 1834, d. 29 Nov. 1899.
7. Ann Franklin Gill, b. 13 Oct. 1839, d. 24 July 1887.

Third Generation

8. Samuel Stouffer Keyser, b. 18 Feb. 1805, d. 20 Feb. 1871, m. 15 Oct. 1834.
See Pedigree Book (1905), Page 55, Plate I, Lineage of Robert Brent Keyser.
9. Elizabeth Wyman, b. 17 Sept. 1812, d. 19 Feb. 1886.
See Pedigree Book (1905), Page 55, Plate I, Lineage of Robert Brent Keyser.
10. Lewis William Washington, b. 30 Nov. 1812, d. 1 Oct. 1871, m. 17 May 1836.
11. Mary Anne Barroll, b. 19 Oct. 1817, d. 16 Nov. 1844.
12. Philip Leopold Charles Fischer, b. 25 Feb. 1796, d. 1 July 1844.
13. Caroline M. Alcock, b. 6 July 1807, d. 25 Oct. 1862.
14. Richard Wordsworth Gill, b. 14 Oct. 1793, d. 26 Jan. 1852.
15. Ann Elizabeth Deale, b. 16 Nov. 1805, d. 18 Feb. 1869.

Fourth Generation

20. George Corbin Washington, b. 20 Aug. 1789, d. 17 July 1854, m. 1 Sept. 1807.
21. Eliza Ridgely Beall, b. 22 Nov. 1786, d. 1 July 1820.
22. James Barroll, b. 14 Oct. 1777, d. 21 Jan. 1845, m. 15 Dec. 1812.
23. Mary Anne Crockett, b. 10 Sept. 1789, d. 12 Jan. 1868.
24. Louis Christian Fischer.
25. Dorothea ——.
26. William Alcock.
27. Ann ——.
28. John Gill, b. 4 June 1765, d. 17 Mch. 1856, m. 14 Feb. 1791.
29. Esther Lowry, b. 13 Sept. 1775, d. 28 July 1855.
30. James Deale, b. 15 Oct. 1771, d. 5 Feb. 1837, m. 17 Feb. 1805.
31. Mary Franklin, b. 30 Apl. 1777, d. 25 Mch. 1812.

Fifth Generation

40. William Augustine Washington, b. 25 Nov. 1757, d. 2 Oct. 1810, m. 25 Sept. 1777.
41. Jane Washington, b. circa 1758, d. circa 1791. First Wife.
42. Thomas Beall, b. 27 Sept. 1748, d. 5 Oct. 1819, m. 26 Sept. 1773.
43. Anne Orme, b. 29 July 1752, d. 9 Apl. 1827.
44. Rev. William Barroll,* b. circa 1734, d. 1778, m. 1761.
45. Anne Williamson, b. 3 Jan. 173-?.
46. Benjamin Crockett, b. 25 May 1751, d. 22 Apl. 1792, m. 6 Mch. 1785.
47. Jane Donnellan, b. 1762, d. 15 Aug. 1827.
56. Thomas Gill, b. 1725, d. 10 Oct. 1794.
57. Elizabeth Wordsworth, b. 1726, d. 1 Apl. 1798.
58. William Lowry, b. 17 Feb. 1752, d. 27 July 1836, m. 7 Sept. 1772.
59. Olivia Pickens, b. 24 July 1753, d. 3 Sept. 1808.
60. John Deale, b. 1 June 1743.
61. Margaret Lewin, b. 13 Mch. 1748.
62. Jacob Franklin, b. 20 Nov. 1743, d. 28 Oct. 1819, m. 5 Mch. 1776.
63. Ann Batlee, b. 29 Dec. 1748, d. 29 Nov. 1788.

Sixth Generation

80. Augustine Washington, b. circa 1720, d. 1762, m. circa 1744.
81. Anne Aylett, b. inter 1726/31, d. post 1758.
82. John Augustine Washington, b. 13 Jan. 1736, d. 17 Feb. 1787, m. 14 Apl. 1756.
83. Hannah Bushrod, b. circa 1738, d. 1816.
84. George Beall, b. 1695, d. 15 Mch. 1780.
85. Elizabeth Brooke, b. 1699, d. 2 Oct. 1748.
86. John Orme, b. 13 Feb. 1722, d. 1772.
87. —— ——.
88. William Barroll, d. 1754.
89. Abigail Jones, d. ante 1768.
90. Alexander Williamson, b. 1712, d. 21 Aug. 1760.
91. Sarah Ringgold.
92. Benjamin Crockett, d. 1760, m. 30 June 1750.
93. Elizabeth Chew.
94. Thomas Donnellan, b. circa 1727, d. 11 Sept. 1810.
112. Richard Gill, b. 4 Mch. 1688, d. 31 July 1760.
113. Mary Beatson, d. 13 Mch. 1780.
114. William Wordsworth.
115. Ann ——.
120. James Deale, m. 12 Jan. 1731.
121. Rachel Giles, b. 1 Jan. 1712.
122. Louis Lewin.
123. Elizabeth ——.
124. Jacob Franklin, b. 1702, d. 1773.
125. Mary Giles, b. 11 Mch. 1718, d. 1781.

Seventh Generation

160. Augustine Washington, b. circa 1694, d. 12 Apl. 1743, m. 20 Apl. 1715.

140   HENRY IRVINE KEYSER, 2nd

161. Jane Butler, b. 21 Dec. 1699, d. 24 Nov. 1729. First Wife.
162. William Aylett, b. 1700?, d. 1744, m. circa 1725.
163. Anne Ashton, d. ante 1731. First Wife.
164. Augustine Washington, b. circa 1694, d. 12 Apl. 1743, m. 6 Mch. 1731.
165. Mary Ball, b. circa 1707, d. 25 Aug. 1789. Second Wife.
166. John Bushrod, d. 1760.
167. Jane Corbin. First Wife.
168. George Beall, b. 1650?, d. 1757?.
169. (Elizabeth Gordon?).
170. Thomas Brooke, b. circa 1659, d. 7 Jan. 1731, m. circa 1698.
171. Barbara Dent, b. 1676, d. 1764.
172. Rev. John Orme, b. 21 Jan. 1691, d. 28 Apl. 1758, m. 14 Mch. (1720?).
173. Ruth Edmondston, b. 22 Sept. 1705, d. 1775.
176. William Barroll, d. post 1729.
177. Anne ——.
178. John Jones of Wales.
180. Rev. Alexander Williamson, d. 1740.
181. Anne Hynson.
182. Thomas Ringgold, d. 1729, m. 1 May 1712.
183. Rebecca Wilmer, b. 27 July 1696, d. circa 1750.
184. Gilbert Crockett, d. 1739, m. circa 1727.
185. Mary Chew, d. Nov. 1777.
186. Benjamin Chew, b. circa 1700, d. 1762, m. Jan. 1727.
187. Sarah Bond, d. 1769.
224. John Gill, b. 6 Aug. 1648, d. 1713.
225. Elizabeth ——.
242. John Giles.
243. Rachel Griffith.
248. Robert Franklin, d. 19 Nov. 1730.
249. Artridge Giles.
250. John Giles.
251. Rachel Griffith.

EIGHTH GENERATION

320. **Lawrence Washington**, b. Sept. 1659, d. 1698, m. 1690.
321. Mildred Warner, d. Jan. 1701.
322. Caleb Butler, d. 1709.
323. Mary Foxhall, d. 1713.
324. **William Aylett**,* d. post 1725/6.
326. **Henry Ashton**, b. 30 July 1671, d. 3 Nov. 1731.
327. Elizabeth Hardidge, b. 1678, d. 25 Feb. 1722. First Wife.
330. **Joseph Ball**, b. 25 May 1649, d. 1711.
331. Mary (Montague?).
332. John Bushrod, b. 30 Jan. 1663, d. 26 Feb. 1719.
333. Hannah Keene, b. 4 Feb. 1676, d. 1739.
334. Gawen Corbin, d. 1 Jan. 1745, m. 1704.
335. Jane Lane. Second Wife.
336. **Ninian Beall**,* b. 1624/30, d. 1717.
337. Ruth (Moore?).

340. **Thomas Brooke**,* b. 23 June 1632, d. 1676, m. circa 1658.
341. Eleanor Hatton, b. 1642, d. circa 1725.
342. Thomas Dent,* d. 1676.
343. Rebecca Wilkinson, d. 1726.
344. Moses Orme.
346. **Archibald Edmondston**, d. circa 1734.
347. Jane Beall.
352. William Barroll, d. 3 June 1698.
353. Mary ——, d. 11 June 1698.
362. John Hynson, d. 1705.
363. Rachel ——. First Wife.
364. Thomas Ringgold, d. 1711.
365. Sarah ——, d. 1699. First Wife.
366. Simon Wilmer,* d. 1699.
367. Rebecca Tilghman, d. 1722.
372. William Chew, d. Feb. 1710, m. 20 Dec. 1690.
373. Sydney Wynne.
448. John Gill.
496. Robert Franklin,* d. 1681.
497. Sarah Puddington.

NINTH GENERATION

640. **John Washington**,* b. circa 1632, d. Jan. 1677, m. circa 1659.
641. Anne Pope, d. ante 1669.
642. **Augustine Warner, Jr.**, b. 3 June 1642, d. 19 June 1681.
643. Mildred Reade.
646. John Foxhall.
647. Martha ——.
652. John Ashton, d. 1677.
653. Grace (Meese?).
654. William Hardidge, d. post 1693.
655. Frances Gerard.
660. **William Ball**,* b. circa 1615, d. 1680, m. 1638.
661. Hannah Atherold.
664. **Richard Bushrod**,* b. circa 1622/5, d. post, 1663.
665. Apphia ——.
666. **William Keene**,* b. 1642, d. 1684.
667. Elizabeth Rogers, d. 1722.
668. **Henry Corbin**,* b. 1627, d. 1676, m. 1655.
669. Alice Eltonhead, d. 1684.
670. John Lane.
671. Elizabeth ——.
680. **Robert Brooke**,* b. 1602, d. 1655, m. 1627.
681. Mary Baker, d. 1634. First Wife.
682. Richard Hatton.
683. Margaret ——.*
686. Rev. William Wilkinson, d. 1663.
687. Naomi ——?.
692. Thomas Edmondston.
694. **Ninian Beall**,* b. 1624, d. 1717.
695. Ruth (Moore?).
704. James Barroll, d. ante 1652.
705. Susan ——.
724. **Thomas Hynson**,* b. 1620, d. 1667.
725. Grace ——.
728. **James Ringgold**,* d. 1686.
729. —— ——. First Wife.

734. Richard Tilghman,* b. 1626, d. 1676.
735. Mary Foxley,* d. circa 1700.
744. Samuel Chew,* d. 15 Mch. 1677, m. circa 1658.
745. Anne Ayres, d. 13 Apl. 1695.
746. Thomas Wynne,* b. 1630, d. 1692.
747. Martha Buttall.

TENTH GENERATION

1282. Nathaniel Pope* (d. 1660).
1286. George Reade* (d. 1671).
1287. Eliza Martiau.
1310. Thomas Gerard,* d. 1673, m. (1) ——.
1311. Susanna Snow.
1488. John Chew,* d. ante 1668.

ELEVENTH GENERATION

2574. Nicholas Martiau* (d. 1657).

1. THOMSON KING

First Generation
2. Thomson Mason King, b. 8 Jan. 1840, d. 6 Jan. 1908, m. 1883.
3. Mary Emily Thompson, b. 8 Oct. 1849, d. Jan. 1927.

Second Generation
6. Rev. Henry Pendleton Thompson, b. 1811, d. 1893, m. 1847.
7. Phoebe Elizabeth McAffee, b. 1821, d. 1849.

Third Generation
12. Samuel Thompson, d. 1813, m. 15 Sept. 1806.
13. Nancy Lillard.

Fourth Generation
24. Leonard Thompson.
25. Emily Napier.

Fifth Generation
48. Joseph Thompson, b. 1703, d. 1764.
49. Sarah Claiborne, b. 1713, d. 1777.

Sixth Generation
98. Thomas Claiborne, b. 1680, d. 1732.
99. Anne Fox, b. 20 May 1684, d. 4 May 1733.

Seventh Generation
196. Thomas Claiborne, b. 17 Aug. 1647, d. 7 Oct. 1683.
197. Sarah Fenn.
198. Henry Fox of Va.
199. Anne West.

Eighth Generation
392. William Claiborne,* b. 1587/9, d. 1676, m. 1638.
393. Elizabeth Buller.
398. John West, d. 1689.
399. Unity Croshaw.

Ninth Generation
784. Edmund Claiborne.
785. Grace Bellingham.
796. John West,* b. 1590, d. 1659.
797. Anne ——.
798. Joseph Croshaw,* d. 1667.

Tenth Generation
1592. Sir Thomas West, m. 1571. Second Lord Delaware.
1593. Anne Knollys.

1. CHARLES WILLIS LARNED, M.D.

First Generation
2. Frank H. Larned, b. 22 Aug. 1827, d. 8 Jan. 1891, m. 9 Nov. 1858.
3. Helen Murray, b. 19 Jan. 1841.

Second Generation
4. Benjamin F. Larned, b. 6 Sept. 1794, d. 6 Sept. 1862, m. 14 Oct. 1823.
5. Lucy Fearing Willis, b. 4 Mch. 1799, d. 12 Nov. 1847.

Third Generation
8. Darius Larned, b. 24 Sept. 1760, d. 3 Jan. 1829, m. 1790.
9. Eunice Marsh, b. 9 Sept. 1767, d. 12 Aug. 1843.

Fourth Generation
18. Parez March, b. 25 Oct. 1729, d. 20 May 1784, m. 1759.
19. Sarah Williams, b. 1736, d. 2 June 1817.

Fifth Generation
36. Job Marsh, b. 11 June 1690, d. 29 Aug. 1746, m. 24 Sept. 1713.
37. Mehitabel Porter, b. 12 Sept. 1694, d. 13 July 1739.

Sixth Generation
72. Daniel Marsh, b. circa 1653, d. 24 Feb. 1725, m. 5 Nov. 1676.
73. Harriet (Lewis) Crow, d. 1697.

Seventh Generation
144. John Marsh,* d. 28 Sept. 1688, m. circa 1642.
145. Anne Webster, d. 6 June 1662.

Eighth Generation
290. John Webster,* d. 5 Apl. 1661.
291. Agnes ——.

1. JOHN HOLLADAY LATANÉ

First Generation
2. James Allen Latané, b. 15 Jan. 1831, d. 21 Feb. 1902, m. 7 Nov. 1855.
3. Mary Minor Holladay, b. 4 May 1837.

Second Generation
4. Henry Waring Latané, b. 29 July 1782, d. June 1860, m. 28 June 1818.
5. Susan Allen, d. Sept. 1878.

Third Generation
8. William Latané, b. 17 June 1750, m. 5 July 1776.
9. Anne Waring.

Fourth Generation
18. Francis Waring, b. 23 July 1717, d. 1771.
19. Lucy Cocke.

Fifth Generation
38. William Cocke,* b. 1672, d. 1720.
39. Elizabeth Catesby.

1. HOWARD HALL MACY LEE

First Generation
2. Benjamin Franklin Lee, b. 24 Dec. 1837, d. 3 May 1897, m. 14 Mch. 1867.
3. Catherine Elizabeth Ford, b. 10 May 1849, d. 26 Mch. 1925.

Second Generation
4. Edward Lee, b. 1795.
5. Julia Ann Whittington Collinson, b. 8 Aug. 1809, d. 18 Jan. 1895.
6. James Davis Ford, b. 27 Mch. 1826, d. 10 June 1850.
7. Mary Hall, b. 5 July 1826, d. 26 Mch. 1904.

Third Generation
8. Stephen Lee.
9. Rachel Welsh.
10. William Collinson, b. 29 Apl. 1781, d. 4 Sept. 1830.
11. Eliza Whittington, b. 17 Aug. 1788, d. 28 Sept. 1833.
12. George Washington Ford, b. 29 Oct. 1795, d. 8 Oct. 1887.
13. Elizabeth Ann Dorsey, b. 16 May 1793, d. 18 Apl. 1881.
14. James Hall, b. 13 May 1803, d. 3 Oct. 1890.
15. Catherine Gould Leonard, b. 26 Oct. 1805, d. 11 Apl. 1890.

Fourth Generation
18. John Welsh, b. 16 Jan. 1730, d. 1817.
19. Susanna Rawlings.
20. Edward Collinson.
21. Charity ——.
22. John Whittington.
23. Mary ——.
24. John Ford, b. 1752, d. 1824.
25. Millicent Hyland.
26. Benedict Dorsey.
27. Margaret Watkins.
28. Benjamin Hall.
29. Elizabeth Sadler.
30. Jacob Leonard, b. 22 Jan. 1777, d. 30 Dec. 1870.
31. Catherine Gould, b. 17 Oct. 1781, d. 14 Nov. 1872.

Fifth Generation
36. Robert Welsh, b. circa 1684, d. 1762, m. 24 Feb. 1707.
37. Catherine Lewis.
48. Charles Ford, b. 3 Feb. 1719, d. 1765.
49. Mary ——.
50. Stephen Hyland, b. 1744, d. 19 Mch. 1806, m. 20 Mch. 1777.
51. Araminta Hamm. Second Wife.
52. Thomas Dorsey.
53. Mary Ann Warfield.
60. Jacob Leonard.
61. Elizabeth ——.

62. John Gould, b. 27 Jan. 1762, d. 30 Apl. 1807.
63. Lillias Eddo, b. 10 Aug. 1762.

Sixth Generation
72. John Welsh,* d. 1684.
73. Mary ——. Second Wife.
74. James Lewis.
75. Catherine ——.
100. John Hyland, d. 3 Nov. 1756, m. 29 Apl. 1739.
101. Martha Tilden, d. 28 Aug. 1766.
102. Thomas Hamm.*
104. Henry Dorsey, b. 8 Nov. 1712, d. 1770, m. 1735.
105. Elizabeth Worthington, d. 1776.
106. Benjamin Warfield, b. 1702, d. 1769, m. 1731.
107. Rebecca Ridgely, b. 1695, d. 1755.
120. Jacob Leonard, b. 31 Dec. 1713, d. 2 Nov. 1801.

Seventh Generation
200. Nicholas Hyland, d. circa 1720.
201. Millicent ——.
202. Marmaduke Tilden, d. 20 June 1726.
203. Rebecca Wilmer, b. 4 Mch. 1703.
208. Joshua Dorsey, b. circa 1686, d. 8 Nov. 1747, m. 16 May 1711.
209. Anne Ridgely, d. 1771.
210. Thomas Worthington, b. 8 Jan. 1691, d. 12 Mch. 1753, m. 23 July 1711.
211. Elizabeth Ridgely, d. 8 Dec. 1734.
214. Nicholas Ridgely, b. 12 Feb. 1694, d. 1755, m. 26 Nov. 1711.
215. Sarah Worthington. First Wife.

Eighth Generation
400. John Hyland,* d. 17 Jan. 1695.
401. Jane ——. Second Wife.
404. Marmaduke Tilden, d. 1671.
406. Lambert Wilmer, d. 1732.
407. Ann Pyner.
416. Edward Dorsey, d. 1705.
417. Sarah Wyatt. First Wife.
418. Henry Ridgely. (See below)
419. Katherine Greenberry. (See below)
420. John Worthington,* b. 1650, d. 9 Apl 1701.
421. Sarah Howard.
422/428. Henry Ridgely, b. 3 Oct. 1669, d. 19 Mch. 1700.
423/429. Katherine Greenberry, b. 1674, d. ante 1703.
430. John Worthington,* b. 1650, d. 6 Apl. 1701.
431. Sarah Howard.

Ninth Generation
812. Simon Wilmer,* d. 1698, m. circa 1681.
813. Rebecca Tilghman, d. 1722.
814. Thomas Pyner.

145

815. Joanna Hosier.
832. Edward Dorsey,* d. circa 1659.
833. Anne ——.
834. Nicholas Wyatt,* d. 1673.
835. Damaris ——.
842. Matthew Howard, d. 1692.
843. Sarah Dorsey.
844/856. **Henry Ridgely,** d. 13 July 1710.
845/857. Elizabeth ——. First Wife.
846. Nicholas Greenberry,* b. 1627, d. 17 Dec. 1697.
847. Anne ——, b. 1648, d. 27 Apl. 1698.

862. Matthew Howard, d. 1692.
863. Sarah Dorsey.

TENTH GENERATION

1626. Richard Tilghman,* b. 3 Sept. 1626, d. 7 Jan. 1676.
1627. Mary Foxley.
1630. Henry Hosier.*
1684. Matthew Howard.*
1685. Anne (Hall?).
1686. Edward Dorsey.*
1726. Edward Dorsey.*

1. CHARLES THABOR LeVINESS, III

FIRST GENERATION

2. Charles Thabor LeVines, Jr., b. 27 Feb. 1878, m. 30 Apl. 1901.
3. Alice Jones Dorman, b. 20 May 1880.

SECOND GENERATION

6. Levin Richard Whittingham Dorman, b. 30 Sept. 1848, d. 5 Oct. 1931, m. 20 Nov. 1872.
7. Alice Henry Jones, b. 31 Mch. 1855, d. 17 Sept. 1934.

THIRD GENERATION

12. Levin Robert Dorman, b. 7 Feb. 1819, d. 21 July 1905, m. 18 June 1845.
13. Rachel Waller, b. 16 Nov. 1823, d. 3 Aug. 1893.

FOURTH GENERATION

24. Levin Dorman, Jr., b. 13 Aug. 1786, d. 12 June 1833, m. 9 Nov. 1813.
25. Elizabeth Dashiell, b. 28 July 1795, d. Apl. 1828.

FIFTH GENERATION

50. John Dashiell, b. 11 Aug. 1757, d. 25 May 1818, m. 7 Mch. 1789.
51. Eleanor Dashiell, b. 26 May 1766, d. 27 Aug. 1821.

SIXTH GENERATION

100. Jesse Dashiell, b. 1716, d. 17 June 1778, m. 10 Aug. 1739.
101. Susannah Townsend.

SEVENTH GENERATION

200. James Dashiell, b. 30 Oct. 1690, d. 1737, m. 1713.
201. Bridget Winder.

EIGHTH GENERATION

400. James Dashiell, b. 1660, d. 21 Feb. 1709, m. 1689.
401. Mary Waters, b. 28 Aug. 1667, d. 1697.

NINTH GENERATION

800. **James Dashiell,*** b. 1634, d. Aug. 1607, m. circa 1659.
801. Ann Cannon, b. 1639, d. ante 1705.

1. AUSTIN JENKINS LILLY

FIRST GENERATION
2. Henry J. Lilly, b. 18 Sept. 1848, d. 21 May 1905, m. 13 Sept. 1876.
3. M. Helen Jenkins, b. 28 Mch. 1851.

SECOND GENERATION
6. Edward F. Jenkins, b. 4 Jan. 1816, d. 24 Aug. 1891, m. 5 Nov. 1839.
7. Sarah C. Jenkins, b. 4 Sept. 1814, d. 3 Mch. 1899.

THIRD GENERATION
12. Edward Jenkins, b. 27 Mch. 1774, d. 12 Apl. 1833, m. 15 Feb. 1803.
13. Ann Spalding, b. 28 May 1786, d. 3 Feb. 1841.

FOURTH GENERATION
24. Michael Jenkins, b. 2 Dec. 1736, d. 1802, m. 21 Dec. 1761.
25. Charity Ann Wheeler, b. circa 1744, d. 10 Oct. 1820.

FIFTH GENERATION
50. Thomas Wheeler, b. 19 May 1708, d. 1770.
51. Sarah Scott, d. post 1745. First Wife.

SIXTH GENERATION
100. Benjamin Wheeler, b. ante 1686, d. 1741.
101. Elizabeth ——.

SEVENTH GENERATION
200. Thomas Wheeler, b. 18 Mch. 1660, d. circa 1736.

EIGHTH GENERATION
400. John Wheeler,* b. circa 1630, d. 1694.
401. Mary ——, b. circa 1630, d. post 1694

1. WILLIAM HENRY LLOYD

First Generation

2. John Strawbridge Lloyd, b. 26 Mch. 1872, d. 18 Sept. 1918.
3. Edith Mercer Parker, b. 4 Jan. 1875.

Second Generation

4. William Henry Lloyd, b. 27 Jan. 1839, d. 2 Jan. 1907, m. 21 Oct. 1869.
5. Helen Borden, b. 1 Aug. 1847, d. 28 Feb. 1902.
6. Robert Mercer Parker, b. 27 Dec. 1838, d. 17 July 1914, m. 19 Mch. 1872.
7. Frances Hopkins Borden, b. 21 July 1847, d. 7 July 1919.

Third Generation

8. William Lloyd, b. 15 June 1809, d. 8 July 1860, m. 31 Mch. 1831.
9. Elizabeth Spackman, b. 8 Mch. 1813, d. 14 Oct. 1874.
10. Samuel Borden, b. 13 July 1818, d. 17 Apl. 1857, m. 20 Apl. 1843.
11. Julia Elizabeth Strawbridge, b. 20 Dec. 1818, d. 9 Sept. 1857.
12. Rev. Alvin Hallett Parker, b. 24 Oct. 1797, d. 6 July 1864, m. 13 May 1826.
13. Jane Dalzell Mercer, b. 31 May 1805, d. 29 Nov. 1865.
14. Edward Parker Borden, b. 20 Apl. 1814, d. 12 Nov. 1871.
15. Mary Jane Hopkins, b. 1814. First wife.

Fourth Generation

16. Thomas Lloyd, b. 14 June 1765, d. 15 Feb. 1840, m. 6 Apl. 1797.
17. Sarah Smith, b. 19 May 1770, d. 25 June 1840.
18. Samuel Spackman, b. 4 Feb. 1780, d. 10 Feb. 1852, m. 22 Feb. 1804.
19. Ann Bellerby, b. 4 Nov. 1777, d. 7 July 1842.
20. Josiah Borden, b. 10 Nov. 1769.
21. Mary Robbins, b. 15 Feb. 1779, d. 15 Sept. 1867.
22. John Strawbridge, b. 25 Apl. 1780, d. 4 Apl. 1858, m. 14 Apl. 1810.
23. Frances Taylor, b. 8 Feb. 1781, d. 18 Apl. 1836.
24. Ebenezer Parker, b. 11 Oct. 1770, d. 23 Sept. 1851, m. 3 Feb. 1794.
25. Mercy Holly, b. 15 Oct. 1769, d. 6 Nov. 1833.
26. Robert Mercer, b. 1763, d. 14 Mch. 1857, m. 5 Feb. 1801.
27. Elizabeth Dalzell, b. 1774, d. 8 Jan. 1858.
28. Francis Borden, b. 20 Mch. 1780.
29. —— Irwin.
30. Charles B. Hopkins, d. 26 Jan. 1817.

Fifth Generation

32. Thomas Lloyd, b. 22 June 1737, d. 9 May 1809, m. 25 Dec. 1753.
33. Mary Tyson, b. 12 Jan. 1730, d. 22 June 1790.
34. William Smith, b. circa 1740, d. 26 July 1782, m. 12 Feb. 1766.
35. Elizabeth Garrigues, b. circa 1744, d. 5 June 1828.
36. George Spackman,* b. 20 Jan. 1741, d. 4 Sept. 1798, m. 11 May 1775.
37. Thomasine Bond, b. 1755, d. 29 July 1832.
38. John Bellerby,* b. 5 May 1739, d. 1798, m. 23 July 1765.
39. Hannah Galloway.*
40. Francis Borden, b. 1743, m. 24 Feb. 1763.
41. Elizabeth Parker, b. 4 Nov. 1745.
42. Aaron Robbins.
43. Mary Antrim.
44. John Strawbridge,* b. 1749, d. 1793, m. 23 July 1778.
45. Hannah Evans, b. 23 Sept. 1758.
46. John Taylor, m. 3 June 1772.
47. Anne Huston, d. 14 Aug. 1809.
48. Jabez Parker, b. 27 Sept. 1729, d. Mch. 1796, m. 10 Jan. 1751.
49. Sarah Hallett, b. 20 May 1732, d. Oct. 1794.
50. Jonathan Holly, b. 16 Apl. 1721.
51. Martha Betts, b. 4 Apl. 1724.
52. George Mercer.*
53. Martha Miles.
54. Robert Dalzell, d. 16 Sept. 1796.
55. Jane London,* b. 1745, d. 17 Aug. 1825.
56. Francis Borden, b. 1743, m. 24 Feb. 1763.
57. Elizabeth Parker, b. 4 Nov. 1745.

Sixth Generation

64. Thomas Lloyd,* b. 8 Mch. 1698, d. 29 Dec. 1781, m. 14 Mch. 1724.
65. Mary Harker, b. 6 Aug. 1700, d. 29 July, 1765.
66. Derrick Tyson, b. 9 Sept. 1696, d. 1776, m. Aug. 1727.
67. Anne Hooton, b. 1705, d. 1734.
68. Joseph Smith.
69. Margaret ——.
70. Isaac Garrigues, b. circa 1715, d. 15 Jan. 1785, m. 4 Dec. 1741.
71. Sarah Powell, d. 12 Jan. 1780.
72. Isaac Spackman, d. 1746.
73. Hester Beale, b. 20 Nov. 1701.
74. Samuel Bond, b. 19 June 1717, m. 29 Apl. 1749.
75. Thomasine Downing, b. 2 Aug. 1727, d. 16 Oct. 1773.
80. Francis Borden, b. 1709, d. 1753, m. 4 Mch. 1732.
81. Lydia Woolley, b. 1714.

82. Josiah Parker, m. 3 Jan 1743.
83. Margaret Woolley.
84. Daniel Robbins, d. 22 June 1714.
86. John Antrim, d. 1782, m. 9 Mch. 1726.
87. Mary Garwood.
88. John Strawbridge,* b. circa 1706, d. 1796.
80. —— Miller.
90. George Evans, b. 1732, d. 1818, m. 25 Oct. 1757.
91. Rachel Gilpin, b. 1736, d. 1784.
94. Alexander Huston, d. 1777, m. 19 Sept. 1745.
95. Elizabeth Hassell, d. 2 Apl. 1784.
96. Jacob Parker, b. 21 Dec. 1702, d. 26 June 1776, m. 23 June 1735.
97. Rebecca Tobey, b. 1706, d. 7 Mch. 1786.
98. David Hallett, b. 1693, d. 24 May 1783, m. 19 June 1719.
99. Mary Annable, b. 1701, d. Nov. 1787.
100. Joseph Holly, b. 24 Mch. 1686, m. 18 June 1713.
101. Waitstill Webb, b. 1690.
102. James Betts.
106. Samuel Miles.* Of Ireland.
107. Martha ——.*
112. Francis Borden, b. 1709, d. 1753, m. 4 Mch. 1732.
113. Lydia Woolley, b. 1714.
114. Josiah Parker, m. 3 Jan. 1743.
115. Margaret Woolley.

Seventh Generation

128. John Lloyd. Of Wales.
130. Adam Harker,* d. 2 Dec. 1754, m. 19 Nov. 1696.
131. Grace Hall,* b. 1669, d. 10 Dec. 1747.
132. Rynear Tyson,* b. circa 1649, d. 27 July 1745, m. circa 1677.
133. Margaret Kunders.
134. Thomas Hooton,* d. 1744, m. 28 Aug. 1697.
135. Mary Lippincott, b. circa 1670.
140. Matthew Garrigues,* d. 1726.
141. Susanna ——, d. 1746.
142. William Powell,* b. 1672, d. 1732, m. 9 Oct. 1707.
143. Sarah Armitt,* b. 1676, d. 1726.
148. Joseph Bond, b. 1679, d. ante 1749, m. 3 Mch. 1706.
149. Anne Shires.
150. Thomas Downing,* b. 1691, d. 1772.
151. Thomasine ——.
160. Francis Borden, b. 1680, d. 1759.
161. Mary ——.
162. Thomas Woolley, m. 13 July 1707.
163. Patience Tucker.
164. Peter Parker, d. 1744.
165. Elizabeth ——.
166. William Woolley.
172. James Antram,* d. 1736, m. 14 Mch. 1696.
173. Mary Hance, b. 1680.
174. Thomas Garwood, m. 28 July 1693.
175. Jane White.
180. John Evans, b. 1700, d. 1772.
182. Samuel Gilpin, b. 7 June 1694, d. 7 Dec. 1767, m. 25 Jan. 1722.
183. Jane Parker, b. 1701, d. 1775.
188. Hugh Huston.
189. Jean ——.
190. Samuel Hassell,* d. 1751, m. 1718.
191. Anne Bulkley.
192. Benjamin Parker, b. 15 Mch. 1674, d. 5 Feb. 1718, m. 8 Dec. 1698.
193. Rebecca Lombard, b. May 1676.
194. Thomas Tobey, b. 2 Feb. 1676, d. 28 Feb. 1757, m. 18 Nov. 1700.
195. Rebecca Knowles, b. 2 Mch. 1675, d. 4 Mch. 1758.
196. Jonathan Hallett, b. 20 Nov. 1647, d. 12 Jan. 1717, m. 30 Jan. 1684.
197. Abigail Dexter, b. 1663, d. 2 Sept. 1715.
198. John Annable, b. 1673, m. 16 June 1692.
199. Experience Taylor, b. 1672.
200. Increase Holly, d. 1726, m. 2 Apl. 1679.
201. Elizabeth Newman.
202. Samuel Webb, b. 1652, d. 1729.
203. Hannah ——.
224. Francis Borden, b. 1680, d. 1759.
225. Mary ——.
226. Thomas Woolley, m. 13 July 1707.
227. Patience Tucker.
230. William Woolley.
231. —— ——.

Eighth Generation

260. James Harker.
262. Richard Hall.
266. Tunes Kunders.*
267. Elizabeth Styphers.*
270. John Lippincott, b. 1644, d. 1720.
271. Ann ——, d. 1707.
284. William Powell,* d. 20 Feb. 1721.
285. Christian ——.
286. John Armitt,* d. 1701.
287. Jane Woolwich.
296. James Bond,* m. 1670.
297. Anna Poole.*
298. John Shires.*
299. Jennet ——.*
320. Francis Borden, b. circa 1634, d. circa 1703, m. 12 Apl. 1677.
321. Jane (Vickars?).
324. John Woolley, b. Oct. 1659, d. post 1714.
325. Mercy Potter.
332. John Woolley, b. Oct. 1659, d. post 1714.
333. Mercy Potter.
346. John Hance,* b. 1635, d. 1710.
347. Elizabeth Hanson.
348. John Garwood.*
350. Peter White.*
360. John Evans,* b. 1677.
361. Lydia ——.*
364. Joseph Gilpin,* b. 1664, d. 9 Nov. 1741, m. 23 Feb. 1691.
365. Hannah Glover,* b. 1675, d. 1757.
382. Samuel Bulkley.*
383. Anne Jones.

384. Robert Parker,* d. Sept. 1681, m. 2 Aug. 1667.
385. Patience Cobb.
386. Thomas Lombard, m. 23 Dec. 1665.
387. Elizabeth Darby.
388. Thomas Tobey, b. 1651, d. 1676.
389. Mehitabel Crowell.
390. John Knowles, d. 1675.
391. Apphia Bangs, b. 1651, d. 1707.
392. Andrew Hallett, b. 1608, d. 1684, m. circa 1644.
393. Anne Besse(y), d. circa 1694.
394. Thomas Dexter, d. 1686, m. 8 Nov. 1648.
395. Elizabeth (Vincent?), d. 1714.
396. Samuel Annable, b. 22 Jan. 1646, m. 1 June 1667.
397. Mehitabel Allyn, b. 1648.
398. Edward Taylor,* m. 19 Feb. 1665.
399. Mary Merks.
400. John Holly,* b. 1618, d. 25 May 1681.
401. Mary ——.
402. William Newman,* b. 1610, d. post 1676.
403. Elizabeth ——.
404. Richard Webb,* d. 1675.
405. Elizabeth Gregory, d. 1680.
448. Francis Borden, b. circa 1634, d. circa 1703, m. 12 Apl. 1677.
449. Jane Vickars.
452/460. John Woolley, b. Oct. 1659, d. post 1714.
453/461. Mercy Potter.

NINTH GENERATION

540. Richard Lippincott,* d. 1683.
541. Abigail ——,* d. 1697.
572. Richard Armitt.*
574. Thomas Woolwich.*
640. Richard Borden,* b. 1601, d. 25 May 1671.
641. Joan (Fowler?),* b. 1604, d. 15 July 1688.
642. Thomas Vickars.*
648. Emanuel Woolley.*
649. Elizabeth ——.*
650. Thomas Potter,* d. 1702.
651. Sarah ——.*
664. Emanuel Woolley.*
665. Elizabeth ——.*

666. Thomas Potter,* d. 1702.
667. Sarah ——.*
694. Thomas Hanson,* d. 1666.
695. Mary ——.*
766. Griffith Jones,* d. 1720.
767. Sarah ——.*
770. Henry Cobb,* b. 1596, d. 1679.
771. Patience Hurst, d. 1648.
772. Bernard Lombard,* b. 1607, d. post 1664.
774. John Darby,* d. 1655.
775. Alice ——.
776. Thomas Tobey,* m. 18 Nov. 1650.
777. Martha Knott.
778. John Crowell,* d. 1673.
779. Elishua ——.
780. Richard Knowles,* b. 1622.
782. Edward Bangs,* b. 1592, d. 1678.
783. Lydia Hicks.
784. Andrew Hallett,* b. 1607, d. ante 1654.
785. Mary ——.*
786. Anthony Besse(y),* b. 1609, d. 1657.
787. Jane ——.
788. Thomas Dexter,* d. 1677.
792. Anthony Annable,* b. 1599, d. 1674.
793. Anne Clark.
794. Thomas Allyn,* d. 1680.
810. John Gregory, bp. 1646.
811. Hannah ——.
896. Richard Borden,* b. 1601, d. 25 May 1671.
897. Joan (Fowler?),* b. 1604, d. 15 July 1688.
898. Thomas Vickars,* d. 1695.
904. Emanuel Woolley.*
905. Elizabeth ——.*
906. Thomas Potter,* d. 1702.
907. Sarah ——.*

TENTH GENERATION

1542. James Hurst,* d. 1657.
1543. Catherine Garland (Gartend).
1548. Augustine Darby.
1549. Agnes ——, d. 21 May 1650.
1554. George Knott,* d. 1648.
1555. Martha ——.
1566. Robert Hicks,* d. 24 Mch. 1647.
1567. Margaret Winslow.
1620. John Gregory,* d. 1689.

1. JOHN DUDLEY LONG

First Generation

2. David Franklin Long, b. 20 April 1833, Princess Anne, Md.; d. 13 Feb. 1910, Kalispell, Mont.; m. 22 Dec. 1864, Jeffersonville, Ind.
3. Mary Ann Downs, b. 2 Jan. 1845, Marshall, Mo.; d. 17 April 1911, Kalispell, Mont.

Second Generation

4. David Long, b. 25 Dec. 1800, Wor. Co., Md.; d. 4 Sept. 1874, Columbus, Ind.; m. 1 Dec. 1823, Som. Co., Md.
5. Anne Mills, b. 1804, Som. Co., Md.; d. 2 May 1869, Columbus, Ind.
6. Thomas Jefferson Downs, b. 14 June 1814, Clark Co., Ind.; d. 10 Oct. 1887, Terre Haute, Ind.; m. 1 Feb. 1837, Clark Co., Ind.
7. Nancy Current Bowen, b. 5 July 1818, Clark Co., Ind.; d. 27 Aug. 1860, Jeffersonville, Ind.

Third Generation

8. Coulbourne Long, b. ca. 1757, Wor. Co., Md.; d. ca. 14 Feb. 1809, Wor. Co., Md.; m. 28 Aug. 1799, Wor. Co., Md.
9. Mary ——, relict of Edward Davis, b. ca. 1755 or later; d. 1801/9, Wor. Co., Md.
10. Jonathan Mills, III, b. ca. 1774, Som. Co., Md.; d. ca. 3 April 1838, Som. Co., Md.; m. 16 Dec. 1796, Wor. Co., Md.
11. Leah Tull, b. ca. 1777, Wor. Co., Md.; d. 1850 or later, Wor. Co., Md.
12. James Downs, b. 20 Jan. 1791, Jefferson Co., Ky.; d. 14 April 1826, Clark Co., Ind.; m. 29 July 1813, Clark Co., Ind.
13. Ann Caroline Redman, b. 22 Dec. 1792, Montgomery Co., Md.; d. 15 Jan. 1875, Jeffersonville, Ind.
14. Joseph Bowen, Jr., b. 20 Sept. 1777, Salem County, N. J.; d. 30 April 1839, Clark Co., Ind.; m. 20 Nov. 1798, Cumberland Co., N. J.
15. Nancy Current, b. 8 April, 1780, Cumberland Co., N. J.; d. 7 July 1858, Clark Co., Ind.

Fourth Generation

16. **David Long**, b. ca. 1714/5, Som. Co., Md.; d. ca. 21 July 1783, Wor. Co., Md.; m. bef. 13 April 1747, Wor. Co., Md.
17. Abigail Griffin, b. ca. 1726, Som. Co., Md.; d. ca. 26 Mar. 1784, Wor. Co., Md.
20. Jonathan Mills, II, b. ca. 1752, Som. Co., Md.; d. ca. 17 Nov. 1818, Sussex Co., Del.; m. ca. 1773.
22. Jacob Tull, b. ca. 1747, Som. Co., Md.; d. ca. 23 Dec. 1797, either Wor. or Som. Co., Md.; m. ca. 1770, Wor. Co., Md.
23. Sarah Brown, b. ca. 1752, Wor. Co., Md.; d. aft. 4 Nov. 1800.
24. Thomas Downs, b. 1 Oct. 1765, Penn. or Md.; d. 27 Feb. 1824, Clark Co., Ind.; m. 2 Mar. 1789, Jefferson Co., Ky.
25. Priscilla Stewart, b. 3 Sept. 1773, Redstone Fort, Va., now Brownsville, Penn.; d. 2 Sept. 1854, Clark Co., Ind.
26. Benjamin Redman, b. 3 Aug. 1750, Prince George's Co., Md.; d. aft. 1830, Bartholomew Co., Ind.; m. ca. 1773, Prince George's Co., Md.
27. Anne Wynne, b. 30 April 1755, Prince George's Co., Md.; d. 3 Sept. 1820, Clark Co., Ind.
28. Joseph Bowen, Sr., b. ca. 1755, Salem Co., N. J.; d. 1779, Salem Co., N. J.; m. ca. 1776, Cumberland Co., N. J.
29. Anna Reeves, b. ca. 1760, Cumberland Co., N. J.; d. February 1821, Cumberland Co., N. J.
30. Joel Current, b. ca. 1743, Salem Co., N. J.; d. 1795 or later, Cumberland Co., N. J.; m. ca. 1779, Cumberland Co., N. J.
31. Mary Wood, b. 14 Nov. 1747, Cumberland Co., N. J.; d. 10 April 1813, Salem Co., N. J.

Fifth Generation

32. John Longue (Long), b. 1 Jan. 1674/5, Som. Co., Md.; d. ca. 16 June 1718, Som. Co., Md.; m. ca. 1705.
33. Anne (Taylor?), d. aft. 20 Aug. 1718, Som. Co., Md.
34. William Griffin, b. 1701, Som. Co., Md.; d. ca. 20 Mar. 1727/8, Som. Co., Md.; m. ca. 1723, Som. Co., Md.
35. Margaret Tomlinson, b. ca. 1705, Som. Co., Md.; d. aft. 27 Aug. 1744.
40. Jonathan Mills, I, b. ca. 1711, Som. Co., Md.; d. 1754, Som. Co., Md.; m. ca. 1737.
41. Ruth (Handy?), b. ca. 1720; d. 1755 or later.
44. George Tull, b. 27 May 1677, Som. Co., Md.; d. ca. 14 April 1747, Som. Co., Md.
45. Elizabeth ——, b. prob. ca. 1715; d. aft. 20 July 1751, Som. Co., Md.
46. George Brown, b. ca. 1720, Som. Co., Md.; d. ca. 27 June 1788, Wor. Co., Md.; m. ca. 1745, Wor. Co., Md.

47. Sarah Denston, b. ca. 1725, Som. Co., Md.; d. ca. 19 Nov. 1796, Wor. Co., Md.
50. James Stewart, Jr., b. 8 June 1743, Frederick Co., Va.; d. ca. 22 Mar. 1813, Clark Co., Ind.; m. 1 June 1765, Frederick Co., Va.
51. Rebecca Merchant, b. 23 Mar. 1747/8, Frederick Co., Va.; d. 15 July 1829, Clark Co., Ind.
54. Josias Wynne, b. 1 Feb. 1726/7, Prince George's Co., Md.; d. ca. 21 Dec. 1763, Prince George's Co., Md.; m. ca. 1747, Prince George's Co., Md.
55. Anne Downing, alias Dunning, b. 1727, Prince George's Co., Md.; d. 1796 or later, Prince George's Co., Md.
58. James Reeves, b. ca. 1715/20, Suffolk Co., N. Y.; d. 25 Nov. 1801, Cumberland Co., N. J.; m. 1st ca. 1747.
59. Sarah Garrison, b. prob. ca. 1730, Salem Co., N. J.; d. ca. 1775 Cumberland Co., N. J.
60. Nicholas? Current, b. prob. ca 1720; m. 27 Sept. 1742, Salem Co., N. J.
61. Mary Powell.
62. James Wood, b. 13 Mar. 1711/2, Suffolk Co., N. Y.; d. ca. 1748, Cumberland Co., N. J.; m. 16 Aug. 1744, Salem Co., N. J.
63. Margaret Booth, b. prob. ca. 1725 in Suffolk Co., N. Y.; d. bef. 7 Jan. 1782, Cumberland Co., N. J.

SIXTH GENERATION

64. Samuel Long,* b. ca. 1645, prob. in Eng.; d. ca. 10 Dec. 1695, Som. Co., Md.; m. 15 Feb. 1667/8, Som. Co., Md.
65. Jane Michell, alias Minchell, Minshull, b. ca. 1653, Northampton Co., Va.; d. 5 Dec. 1692, Som. Co., Md.
68. Enoch Griffin, b. ca. 1675; d. aft. 1 June 1709; m. ca. 1700, Som. Co., Md.
69. Jane Wouldhave, b. 1679/83, Som. Co., Md.; d. bef. 8 June 1713, Som. Co., Md.
70. Samuel Tomlinson, Jr., b. ca. 1675, Northampton Co., Va.; d. ca. 3 April 1734, Som. Co., Md.; m. ca. 12 June 1700, Som. Co., Md.
71. Abigail Seaward, b. ca. 1681, Accomac Co., Va.; d. ca. 17 Aug. 1749, Som. Co., Md.
80. William Mills, b. ca. 1675; d. ca. 21 Mar. 1750/1, Som. Co., Md.; m. ca. 1703, Som. Co., Md.
81. Hannah Noble, b. 10 April 1686, Som. Co., Md.; d. 1715 or later, Som. Co., Md.
88. Richard Tull,* b. prob. ca. 1645 in England; d. 11 June 1711, Som. Co., Md.; m. 1st January 1671/2.
89. Martha Rhoades,* b. 6 Mar. 1654/5, Southampton Co., England; d. ca. 1709, Som. Co., Md.
92. ——, Brown, d. ca. 1722, Som. Co., Md.; m. ca. 1717, Som. Co., Md.
93. Anne Wilson, b. prob. ca. 1700, d. aft. 23 April 1747, Queen Anne's Co., Md.
94. John Denston, b. prob. ca. 1700; d. ca. 31 Jan. 1765, Wor. Co., Md.; m. prob. ca. 1720, Som. Co., Md.
95. Margaret ——, d. aft. 31 Jan. 1765, Wor. Co., Md.
100. James Stewart, Sr., b. prob. ca. 1715, d. 1758 or later; m. prob. ca. 1740.
101. Elizabeth ——, d. 10 May 1758 or later.
102. William Merchant, b. ca. 1725; d. ca. 18 June 1772, Berkeley Co., W. Va.; m. ca. 1747, Frederick Co., Va.
103. Priscilla (Taylor?), b. prob. ca. 1730; d. aft. 18 Aug. 1772, Berkeley Co., W. Va.
108. John Wynne, Jr., b. 1680, St. Mary's Co., Md.; d. 21 Mar. 1752, Prince George's Co., Md.; m. 5 Feb. 1717/8, Prince George's Co., Md.
109. Anne Smallwood, b. 1700/1, Charles Co., Md.; d. 20 Feb. 1752, Prince George's Co., Md.
110. James Dunning, alias Downing, b. ca. 1698, Prince George's Co., Md.; d. ca. 12 May 1748, Prince George's Co., Md.; m. 24 Jan. 1720/1, Prince George's Co., Md.
111. Anne Acton, b. ca. 1704, Prince George's Co., Md.; d. 1750 or later, Prince George's Co., Md.
116. John Reeves, b. 5 July 1673, Suffolk Co., N. Y.; d. 13 Aug. 1753, Suffolk Co., N. Y.; m. 14 May 1696, Suffolk Co., N. Y.
117. Rachel Foster, b. 2 Feb. 1674/5, Suffolk Co., N. Y.; d. 24 Aug. 1751, Suffolk Co., N. Y.
118. Jacob Garrison, b. prob. ca. 1695, Salem Co., N. J.; d. 1750, Cumberland Co., N. J.; m. 4 Feb. 1719/20, Salem Co., N. J.
119. Mary Wallin, b. ca. 1700, Salem Co., N. J.; d. 1750 or later, Cumberland Co., N. J.
124. Richard Wood, b. ca. 1680, Suffolk Co., N. Y.; d. ca. 26 Aug. 1731, Suffolk Co., N. Y.; m. 10 April 1704, Suffolk Co., N. Y.
125. Hannah Reeves, b. 9 Feb. 1681/2, Suffolk Co., N. Y.; d. 1741 or later Suffolk Co., N. Y.

SEVENTH GENERATION

130. Jeoffrey Minshull,* bapt. 26 Mar. 1621, Parish of Wistaston, Cheshire, England; d. 8 April 1675, Som. Co., Md.; m. ca. 18 May 1650, Northampton Co., Va.
131. Frances Carsley, alias Kersley, b. ca.

1633, Accomac Co., Va.; d. aft. 27 April 1688, Som. Co., Md.
138. William Wouldhave,* b. prob. ca. 1648, Yorkshire, England; d. ca. 5 Mar. 1703/4, Som. Co., Md.; m. bef. 30 Mar. 1679, Accomac Co., Va.
139. Anne Hill, b. prob. ca. 1655, Northampton Co., Va.; d. ca. 1703, Som. Co., Md.
140. Samuel Tomlinson, Sr.,* b. prob. 1640; d. ca. 13 Feb. 1695/6, Som. Co., Md.; m. bef. 30 Dec. 1674, Northampton Co., Va.
141. Margaret ——, relict of John Haggaman of Northampton Co., Va., b. 1631; d. 1684/96.
142. Josias Seaward, b. ca. 1648; d. ca. 11 June 1690, Som. Co., Md.; m. prior 29 Mar. 1680, Accomac Co., Va.
143. Margaret Parker, b. ca. 1659, Northampton Co., Va.; d. 1695 or later, Accomac Co., Va.
160. (John?) Mills.
161. Jennet Smith, b. ca. 1650; d. 1722 or later, Som. Co., Md.; m. prob. ca. 1670.
162. William Noble, b. prob. ca. 1655; d. ca. 7 June 1709, Som. Co., Md.; m. 1st ca. 1679.
163. Jennett ——, b. prob. ca. 1660; d. 1686/96, Som. Co., Md.
178. Dr. John Rhoades,* b. prob. ca. 1630, Southampton Co., England, d. 1674, Sussex Co., Del., murdered by the Indians; m. 1st ca 1652 to Katherine ——, Southampton Co., England; (m. 2nd ca. 1660 to Elizabeth ——.)
179. Katherine ——, b. prob. ca. 1635 in Southampton Co., England; d. 1660/63.
186. George Wilson, b. prob. ca. 1675; d. ca. 23 April 1747, Som. Co., Md.; m. prob. ca. 1700.
187. Mary ——, b. prob. ca. 1680; d. ca. 23 April 1747, Som. Co., Md.
188. William Denston, b. prob. ca. 1670; d. ca. 4 Jan. 1726/7, Som. Co., Md.; m. prob. ca. 1695.
189. Elizabeth ——, b. prob. ca. 1675; d. aft. 5 Feb. 1731/2. Som. Co., Md.
204. Richard Merchant, b. prob. ca. 1700; d. 1 Sept. 1752, Frederick Co., Va.; m. prob. ca. 1725.
205. Mary ——, b. prob. ca. 1705; d. aft. 1 Sept. 1752, Frederick Co., Va.
216. Dr. John Wynne,* b. ca. 1635, Guisborough, Yorkshire, England; d. ca. 10 Mar. 1684/5, St. Mary's Co., Md.; m. ca. 1678, St. Mary's Co., Md.
217. Anne ——. After death of Dr. John Wynne, Anne, widow, m. Dr. James Berry bef. 10 Aug. 1686.
218. William Smallwood, b. ca. 1671, Charles Co., Md.; d. ca. 12 June 1706, Charles Co., Md., m. ante 20 Mch. 1694, Charles Co., Md.
219. Elizabeth (Breade?), b. bef. 9 Sept. 1678, Charles Co., Md.; d. bet. 3 Aug. 1701 and 13 Jan. 1701/2, Charles Co., Md. (First wife)
220. Terence Dunning, b. prob. ca. 1675, Charles Co., Md.; d. ca. 13 Aug. 1712, Prince George's Co., Md.; m. ca. 1697, Prince George's Co., Md.
221. Elizabeth ——, b. prob. 1680; d. 1719 or later, Prince George's Co., Md.
222. Henry Acton, b. prob. ca. 1675; d. ca. 14 Jan. 1743/4, Prince George's Co., Md.; m. 1703 Prince George's Co., Md.
223. Anne ——, (relict of Richard Gambrah (d. 1703) of Prince George's Co., Md.), b. prob. ca. 1680; d. aft. 14 Jan. 1743/4, Prince George's Co., Md.
232. Thomas Reeves, b. 5 July 1646, Roxbury, Mass.; d. 1685, Suffolk Co., N. Y.; m. ca. 1672, Suffolk Co., N. Y.
233. Rebecca ——, b. prob. ca. 1650; d. ca. 1694, Suffolk Co., N. Y.
234. John Foster, of Suffolk Co., N. Y.
238. Thomas Wallin, b. prob. ca. 1675, Salem Co., N. J.; d. 1707 or later, Salem Co., N. J.; m. ca. 1699 or before, Salem Co., N. J.
239. Sarah Bacon, b. prob. ca. 1680, Salem Co., N. J.; d. aft. 26 Jan. 1725/6, Salem Co., N. J.
250. Thomas Reeves, b. 5 July 1646, Roxbury, Mass.; d. 1685, Suffolk Co., N. Y.; m. ca. 1672, Suffolk Co., N. Y.
251. Rebecca ——, b. prob. ca. 1650; d. ca. 1694, Suffolk Co., N. Y.

EIGHTH GENERATION

262. Henry Carsley,* alias Kersley, b. 1601, prob. in London, Eng.; d. 1635, Accomac Co., Va.; m. ca. 1630, in Va. Came to Virginia in 1623, and was at Elizabeth Cittye, Va., 16 Feb. 1623/4.
263. Elizabeth (Jones?),* b. ca. 1614, prob. in England; d. aft. 28 Nov. 1635, Accomac Co., Va.
278. Richard Hill, Jr., b. prob. ca. 1630; d. ca. 28 Mar. 1680, Som. Co., Md.; m. prob. ca. 1655, Northampton Co., Va.
279. Willmott ——, b. prob. ca. 1635; d. ca. 7 April 1698, Som. Co., Md.
286. George Parker,* b. ca. 1626, Eng.; d. ca. 7 Oct. 1674, Accomac Co., Va.; m. ca. 1658, Northampton Co., Va.
287. Florence Cade, b. prob. ca. 1635; d. aft. 13 Jan. 1674/5, Accomac Co., Va.
372. (Robert?) Wilson, d. ca. 6 Aug. 1688, Som. Co., Md. Came from Virginia.
373. Elizabeth ——, d. aft. 6 Aug. 1688, Som. Co., Md.
436. Col. James Smallwood,* b. ca. 1640 or before, prob. in Virginia; d. ca. 12

Jan. 1714/5. Appears first in the records of Charles Co., 1664.
437. Hester Evans, b. prob. ca. 1645; d. bet. 9 Aug. 1692 and 20 Mar. 1693/4, Charles Co., Md.
464. Thomas Reeves,* b. prob. ca. 1620, Southampton, Eng.; d. 5 Nov. 1650, Springfield, Mass.; m. 15 April 1645, Roxbury, Mass.
465. Hannah Rowe,* b. prob. ca. 1625; d. aft. 1660, prob. in Springfield, Mass.
478. William Bacon, b. prob. ca. 1655, Salem Co., N. J.; d. ca. 26 Jan. 1725/6, Salem Co., N. J.; m. prob. ca. 1679.
479. Mary ———.
500. Thomas Reeves. (Same as 464.)
501. Hannah Rowe. (Same as 465.)

NINTH GENERATION

956. Samuel Bacon,* b. prob. ca. 1630; d. Salem Co., N. J.; m. prob. ca. 1654, Salem Co., N. J.
957. Martha ———, b. prob. ca. 1635; d. aft. 1695, Salem Co., N. J.

1. GUSTAV WILHELM LÜRMAN
1. RICHARD LLOYD TILGHMAN LÜRMAN
1. THEODOR GERHARD LÜRMAN

First Generation
2. Theodor Gerhard Lürman, b. 14 Aug. 1849, m. 23 June 1885.
3. Nannie Allen Tilghman, b. 10 Sept. 1855, d. 7 June 1918.

Second Generation
4. Gustav Wilhelm Lürman,* b. 11 Sept. 1808, d. 8 July 1866, m. 6 Oct. 1835.
5. Frances Lyman Donnell, b. 5 Nov. 1815, d. 15 Mch. 1885.
6. Richard Lloyd Tilghman, b. 20 Aug. 1811, d. 19 Sept. 1867, m. 28 Feb. 1843.
7. Agnes Riddell Owen, b. 24 Nov. 1814, d. 18 Mch. 1897.

Third Generation
8. Stephan Lürman, b. 13 Mch. 1764, d. 29 June 1816, m. 1806.
9. Sophie Charlotte Oelrichs, b. 1773. Third Wife.
10. John Donnell,* b. circa 1752, d. 9 Nov. 1827, m. 15 Oct. 1798.
11. Ann Teackle Smith, b. 15 Oct. 1781, d. 1858.
12. William Gibson Tilghman, b. 24 Sept. 1785, d. 20 June 1844, m. 13 Dec. 1808.
13. Anna Polk, b. 14 Mch. 1788, d. 29 Sept. 1860.
14. Kennedy Owen, b. 4 Feb. 1774, d. 25 Mch. 1817, m. 18 Dec. 1806.
15. Agnes Riddell, b. 21 May 1788, d. 1869.

Fourth Generation
16. Johann Dietrich Lürman, b. 1734, d. 23 Apl. 1788, m. 7 Feb. 1763.
17. Catherine Eliz^th von der Becke, b. 6 Feb. 1742, d. 22 Mch. 1833.
18. Rev. Heinrich Oelrichs, b. 16 Mch. 1732, d. 6 Jan. 1805, m. 9 Jan. 1765.
19. Wilhelmina Johanna Luise Lorent, b. 9 Jan. 1748, d. Mch. 1810.
20. William Donnell, d. 1782.
21. Eleanor Gamble.
22. Isaac Smith, b. 4 Nov. 1734, d. 23 Mch. 1813, m. 14 Mch. 1759.
23. Elizabeth Custis Teackle, b. 13 Dec. 1742, d. 19 Aug. 1829.
24. Richard Tilghman, b. 6 Apl. 1740, d. 12 Apl. 1809, m. 2 Aug. 1784.
25. Mary Gibson, b. 21 Sept. 1766, d. 1 Dec. 1790.
26. Daniel Polk, b. 28 Feb. 1750, d. 29 Mch. 1796, m. 9 Feb. 1775.
27. Margaret Nutter White.
28. Robert Owen, b. 1 Aug. 1750, m. 1773.
29. Rebecca Ruth Swearingen, b. circa 1756.
30. Robert Riddell,* b. circa 1760, d. 5 May 1809, m. 12 Mch. 1786.
31. Mary Hawksworth, b. circa 1761, d. 25 Jan. 1806.

Fifth Generation
32. Johann Stephan Lürman, b. 22 Oct. 1699, d. 12 Oct. 1762, m. 26 Oct. 1728.
33. Margarethe Marie Wilhelmina Wieler, b. 25 Dec. 1702, d. 24 May 1749.
34. Johann Conrad von der Becke, b. 6 Oct. 1708, d. Dec. 1786, m. 27 Oct. 1740.
35. Anna Maria Cramer, b. 30 Oct. 1724.
36. Heinrich Oelrichs, b. 13 Sept. 1691, d. 5. Aug. 1744, m. 7 Mch. 1730.
37. Anna Koehne, b. 17 Oct. 1697.
38. Heinrich Jeremias Lorent.
39. Elizabeth des Comptes.
44. Isaac Smith, d. 1760, m. ante 1725.
45. Sarah West.
46. Thomas Teackle, b. 11 Nov. 1711, d. 28 July 1769, m. 9 Nov. 1732.
47. Elizabeth Custis, b. 29 Aug. 1718.
48. William Tilghman, b. 22 Sept. 1711, d. 1782, m. 2 Aug. 1736.
49. Margaret Lloyd, b. 16 Feb. 1716.
50. John Gibson, b. 1729, d. 5 May 1790, m. 1750.
51. Elizabeth Sherwood, d. 1797.
52. Robert Polk, b. circa 1707, d. 1770.
53. Alice Nutter, d. 1773.
54. Thomas White, b. circa 1730, d. 1795.
55. Margaret Nutter.
56. Lawrence Owen, b. 20 Apl. 1714, d. 2 May 1761.
57. Sarah ———.
58. Samuel Swearingen, b. 6 Sept. 1728, m. 28 May 1752.
59. Anne Farrell.

Sixth Generation
64. Stephan Lürman, b. 1667, d. 14 Sept. 1746, m. 3 Feb. 1695.
65. Anna Eliz^th Reinhardt, d. 31 Mch. 1752.
66. Bernhard Wieler.
68. Johann von der Becke, m. 19 May 1697.
69. Catherine Eliz^th Pütter.
70. Gunther Gerhard Cramer, b. 1700.
71. Anna Maria Lürman, b. 5 Sept. 1708.
72. Heinrich Oelrichs, b. 6 Oct. 1645, d. May 1693, m. 27 Nov. 1677.
73. Margarethe Timmermann, b. 16 Mch. 1660, d. 30 Apl. 1704.
74. Werner Koehne, b. 1656, d. 1737, m. 1689.
75. Anna Von Aschen, b. 1669, d. 1718.
88. John Smith.
89. Joanne Sheppard.

90. John West, d. 1718?, m. ante 1702. ("The Younger")
91. Frances Yeardley. First Wife.
92. John Teackle, b. 2 Sept. 1678, d. 3 Dec. 1721, m. 2 Nov. 1710.
93. Susannah Upshur.
94. Thomas Custis, b. circa 1685, d. 1721, m. 24 June 1717.
95. Anne Kendall. Second Wife.
96. Richard Tilghman, b. 23 Feb. 1672, d. 23 Feb. 1738, m. 7 Jan. 1700.
97. Anna Maria Lloyd, b. 1676, d. Dec. 1748.
98. James Lloyd, b. 7 Mch. 1680, d. 27 Sept. 1723, m. 12 Jan. 1709.
99. Ann Grundy, b. 25 Apl. 1690.
100. Woolman Gibson, b. Mch, 1694, d. 1742, m. 18 Apl. 1718.
101. Sarah Dawson. First Wife.
104. Robert Polk, d. 1727.
105. Grace ——.
106. Christopher Nutter. Of Maryland.
110. David Nutter. Of Delaware.
112. ?Rev. Robert Owens, d. circa 1715.
116. Van Swearingen, b. circa 1691, d. post 1767.
117. Elizabeth Walker, b. 22 Dec. 1695.
118. Kennedy Farrell.
119. Isabel ——.

SEVENTH GENERATION

128. Stephan Lürman, b. 1624, d. 26 Mch. 1692. Of Iserlohn, Ger.
138. Moritz Heinrich Pütter.
139. Margarethe Elizabeth Grävink.
142. Diederich Lürman, b. 4 Nov. 1675.
143. Catherine Elizabeth Brede, b. 31 Aug. 1677.
144. Johann Oelrichs, b. 11 Jan. 1606, d. 1 Jan. 1652, m. 11 Jan. 1634.
145. Maria Dwerhagen.
148. Franz Koehne, b. 1626, d. 1689, m. 1656.
149. Lucia Baker, d. 1680.
178. John Sheppard, d. 1709.
179. Joan ——.
180. John West, b. circa 1639, d. 27 May 1703.
181. Matilda Scarborough, b. circa 1644, d. 1721.
182. Argall Yeardley, d. 1682, m. circa 1678.
183. Sarah Michael.
184. Rev. Thomas Teackle,* b. 1624, d. 25 Jan. 1695.
185. Margaret Nelson. Second Wife.
186. Arthur Upshur, d. 1738.
187. Sarah Brown.
188. Edmund Custis,* b. 1650, d. 1701.
189. Tabitha Whittington.
190. William Kendall, d. 1696.
191. Ann Mason.
192. Richard Tilghman,* b. 3 Sept. 1626, d. 7 Jan. 1676.
193. Mary Foxley, d. inter. 1699/1702.
194. Philemon Lloyd, b. 1646, d. 22 June 1685.
195. Henrietta Maria Neale, b. 1647, d. 1697.
196. Philemon Lloyd, b. 1646, d. 22 June 1685, m. circa 1669.
197. Henrietta Maria Neale, b. 1647, d. 1697.
198. Robert Grundy,* d. 1720, m. 1689.
199. Deborah Shrigley.
200. Jacob Gibson, d. 1741.
201. Alice Woolman.
202. Ralph Dawson, d. 1708, m. ante 1694.
203. Mary O'Mealy.
208. Robert Polk, d. 1703.
209. Magdalen Tasker, d. circa 1728.
232. Thomas Swearingen, d. 1710.
233. Jane ——.
234. Charles Walker, d. 1730.
235. Rebecca Isaac.

EIGHTH GENERATION

278. Reinhard Grävink.
279. Margarethe Westenius.
288. Volkhand Oelrichs, b. 1571, d. 1616.
289. Elizabetha Hüneken, b. 1578, d. 1628.
290. Jürgen Dwerhagen.
291. Gesche Hopper.
296. Werner Koehne, b. 1600, d. 1653.
297. Metta Dreyer, b. 1599.
360. Anthony West,* d. 1652.
361. Mary Anne ——.
362. Edmund Scarborough, b. 1617, d. 1671.
363. Mary ——, d. 1691.
364. Argall Yeardley, b. 1621, d. 1656.
365. Ann Custis. Second Wife.
366. John Michael,* d. 1679.
367. Elizabeth (Thorowgood?).
372. Arthur Upshur,* b. 1624, d. 1709.
373. Mary (Clark?).
374. Thomas Brown, d. 1706.
375. Susanna Denwood.
376. Thomas Custis. Of Baltimore; Ireland.
378. William Whittington, b. 1650, d. 1720.
379. Tabitha Smart. First Wife.
380. William Kendall,* d. 1686.
381. Susanna Baker, d. 1683.
384. Oswald Tilghman, b. 4 Oct. 1579, d. 1628, m. 13 Jan. 1612.
385. Abigail Tayler, b. circa 1586. First Wife.
388. Edward Lloyd,* d. 1696.
389. Alice Crouch. First Wife.
392. Edward Lloyd,* d. 1696.
393. Alice Crouch. First Wife.
394. James Neale,* b. 1615, d. 1684.
395. Anne Gill, d. 1698.
404. Ralph Dawson,* d. 1706.
405. Mary ——.
406. Brian O'Mealy,* d. 1685.
464. Gerritt Van Swearingen,* b. 1636, d. 1698.
465. Barbara de Barrette.
470. Joseph Isaac,* d. 1688.
471. Margaret ——.

NINTH GENERATION
558. Rev. Heinrich Westenius. Of Germany.
576. Hans Oelrichs, d. 1596, m. 1568.
577. Gesche Schlepen, d. 1585.
578. Johann Hüneken.
579. Isabella Schmedermann.
594. Franz Dreyer, b. 1552, d. 1612, m. 1586.
595. Anna Schumacher, d. 1631.
724. Edmund Scarborough,* b. 1588, d. 1635.
725. Hannah Butler.
728. Sir George Yeardley,* d. 1627.
729. Temperance Flowerdew.
730. John Custis. Of Rotterdam.
731. Joan ——.
748. John Brown.*
749. Ursula ——.
750. Levin Denwood,* d. 1665.
751. Mary ——.
752. John Custis. Of Rotterdam.
753. Joan ——.
756. William Whittington,* d. 1859.
757. Elizabeth Weston.
758. John Smart.
759. Tabitha Scarborough.
768. William Tilghman, b. 1518, d. 1594, m. circa 1575.
769. Susanna Whetenhall.
770. Rev. Francis Tayler.
788. Raphael Neale, m. 1612.
789. Jane (——) Forman.
790. Benjamin Gill, d. 1655.

TENTH GENERATION
1518. Edmund Scarborough.* See above.

1. AUSTIN MacCARTHY MacDONNELL
1. EDWARD ORRICK McDONNELL

First Generation
2. Eugene McDonnell, b. 11 Oct. 1836, d. 8 Mch. 1902, m. 19 Sept. 1883.
3. Ann Smith Chilton, b. 8 Mch. 1860, d. 5 Mch. 1936.

Second Generation
4. John McDonnell, b. 1787, d. 17 Sept. 1859.
5. Mary McCarthy, d. 29 Sept. 1857.
6. John Augustine Chilton, b. 20 Sept. 1812, d. 27 Aug. 1886, m. 16 June 1858.
7. Catherine McLane Massie, b. 25 Dec. 1828, d. 7 July 1859.

Third Generation
8. John McDonnell of Carig-Gawn.
9. Johanna Clare.
10. Eugene McCarthy.
11. Ellen Roche.
12. Joseph Chilton, b. 20 Sept. 1774, d. 10 Nov. 1841, m. 25 Apl. 1795.
13. Ann Smith, b. 20 June 1775, d. 1820.
14. John Whitney Massie, b. 20 Oct. 1791, d. 29 July 1840, m. 25 Feb. 1824.
15. Mary Stuart Foote, b. 18 Dec. 1794, d. 14 Mch. 1878.

Fourth Generation
22. David Roche.
24. **John Chilton**, b. 29 Aug. 1739, d. 11 Sept. 1777, m. 10 Apl. 1768.
25. Letitia Blackwell, b. 3 Oct. 1750, d. 1774.
26. Thomas Smith, b. 1747, d. 1796, m. 13 June 1769.
27. Elizabeth Adams, b. 20 June 1754.
28. Thomas Massie.
29. Mollie Morehead?
30. William Foote, b. ca 1755, d. 1838, m. 6 Aug. 1783.
31. Sarah Alexander, b. 22 Nov. 1767.

Fifth Generation
48. Thomas Chilton, b. 1699, d. 1775, m. 1723.
49. Jemima Cooke, b. circa 1707, d. 1795.
50. **Joseph Blackwell**, b. 9 July 1715, d. June 1787, m. circa 1740.
51. Lucy Steptoe, b. 1716.
52. Augustine Smith, d. circa 1781, m. 1745.
53. Nancy Marshall.
54. John Adams.
55. Sarah Stacy Gibbons.
60. George Foote, b. 1706, d. 1759, m. 31 Dec. 1731.
61. Mary James, d. 1759.
62. **William Alexander,*** b. 3 Mch. 1744, d. 3 Apl. 1814, m. 18 Apl. 1765.
63. Sigismunda Mary Massie, d. 18 Apl. 1832.

Sixth Generation
96. John Chilton, d. 11 July 1726.
97. Mary ——. Second wife.
98. Mordecai Cooke, b. 1680, d. 1715, m. 1706.
99. Elizabeth Buckner, b. 1690.
100. Samuel Blackwell, b. 23 Sept. 1680, d. 5 Aug. 1732, m. 1709.
101. Margery Downing, b. 1690.
102. John Steptoe.
103. Elizabeth ——.
104. John Smith.
105. Mary Ann Atkins.
106. **John Marshall**, b. circa 1700, d. April 1752.
107. Elizabeth Markham, b. 1704, d. 1775.
108. John Adams, m. 1725.
109. Elizabeth Naylor.
110. George Gibbons.
120. Richard Foote, b. 31 Jan. 1666, in Cornwall, Eng., d. 21 Mch. 1729.
124. Philip Alexander, b. 22 July 1704, d. 17 July 1753, m. 11 Nov. 1726.
125. Sarah Hooe, b. 1708, d. 14 Aug. 1758.
126. Sigismund Massie.
127. Mary Stuart, b. 1726, d. 1782.

Seventh Generation
192. John Chilton, b. 1630, d. 1708.
193. Jane ——.
196. Thomas Cooke, b. circa 1651, d. 1732.
197. Mary ——.
198. Richard Buckner, b. 1662, d. 1733.
199. Elizabeth Cooke, b. 1672, d. 1748.
200. Joseph Blackwell.
202. William Downing, b. 1669.
203. Elizabeth ——.
204. Anthony Steptoe, b. 1653, d. 1709.
205. Lucy Stephens.
212. Thomas Marshall, b. circa 1655, d. 1704.
213. Mary Jane Pendleton?
214. John Markham.
240. Richard Foote, b. 10 Aug. 1632 in Cornwall, Eng., d. 21 Mch. 1727, m. Dec. 1657.
241. Hester Hayward, b. 24 Mch. 1640.
248. Philip Alexander, m. 1695.
249. Sarah Ashton, d. 1749.
250. Rice Hooe, d. 1758, m. 1699.
251. Frances Townshend, b. 1665.
252. Sigismund Massie.
254. Rev. David Stuart, d. 1749.
255. Jane Gibbons.

Eighth Generation
384. John Chilton, b. 1590, d. 1652. Of Kent, Eng.

385. Catherine Heanage, b. 1600, d. 1658.
396. John Buckner, b. 1631, d. 1695.
397. Deborah Ferrers.
398. Mordecai Cooke, b. 1649, d. 1718.
399. Frances Ironmonger, b. 1654, d. 1695.
480. John Foote. Of Cornwall.
482. Nicholas Hayward, of London, Eng.
496. John Alexander,* d. 1677.
498. John Ashton, d. 1677.
499. Grace Meese.
500. Rice Hooe.
501. Catherine Taliaferro.
502. Robert Townshend, b. 1640, d. 1675.
503. Mary Langhorne.
510. William Gibbons, of Wiltshire.
511. Hannah ——.

NINTH GENERATION

770. John Heneage, d. 1605.
771. Jane Wingfield.
792. Thomas Buckner, b. 1590, d. 1639.
794. Thomas Ferrers, d. 1646.
795. Mary Bernard.
796. Mordecai Cooke, d. 1666, m. 1648.
797. Susannah ——. d. 1669. Widow Peasley.
798. William Ironmonger, b. 1629, d. 1695.
799. Elizabeth Jones, d. 1665.
992. John Alexander.
996. Charles Ashton, b. 1621.
997. Isabella ——.
998. Henry Meese, d. post 1681.
1000. Rice Hooe,* b. 1599, d. 1655.
1001. Sarah ——.
1004. Richard Townshend,* b. 1596, d. 1648.
1005. Frances Baldwin.
1006. Needham Langhorne of Northamptonshire.

TENTH GENERATION

1540. John Heneage, d. 1552.
1541. Ann Cope.
1542. Sir Ludwig Wingfield.
1584. Hugh Buckner, b. 1545, d. 1592.
1590. Thomas Bernard, d. 1628.
1591. Sara ——.
1596. Samuel Ironmonger, b. 1607, d. 1628.
1597. Bridget Cordray, b. 1604.
1598. Richard Jones, of Northampton, Eng.
1599. Sarah Thomas.
1984. William Alexander.
1985. Janet Erskine.
2000. Sir Thomas Hoo.
2001. Elizabeth ——.
2008. Sir Roger Townshend.
2009. Mary Devers.
2012. Robert Langhorne.
2013. Margaret Needham.

1. EDWARD LeROY McINTYRE

First Generation
2. Edward J. McIntyre, b. 14 Nov. 1879, m. 21 June 1910.
3. Araminta Holland Allender.

Second Generation
4. Edward P. McIntyre, b. 1856, d. 6 Mch. 1927, m. 5 Feb. 1879.
5. Katherine Moan, b. 1859, d. 1899.
6. William R. Allender, b. 13 Oct. 1839, d. 12 Feb. 1914, m. 6 June 1874.
7. Araminta Holland, b. 1854, d. 1885.

Third Generation
8. Patrick McIntyre, d. 1874.
9. Ann O'Hara, d. 1872.
10. Michael O'Neal Moan, b. 1804, d. 1869.
11. Katherine Trainor, d. 1866.
12. Nicholas Bowen Allender, b. 1795, d. 1885, m. 1836.
13. Avarilla Day Holland, b. 1816, d. 1899.
14. George Holland, d. 1884, m. 1853.
15. Mary B. Devine, b. 1833, d. 1896.

Fourth Generation
16. John McIntyre.
17. Mary ——.
18. Edward O'Hara.
19. Katherine ——.
20. John Moan.
21. Ellen ——.
22. Owen Trainor.
23. Mary ——.
24. William Taylor Allender, d. 1838, m. 1788.
25. Ann Sollers.
26. Aaron Holland, d. 1855, m. 1811.
27. Rebecca Ady, d. 1859. (Widow Robinson).
28. Aaron Holland, d. 1855, m. 1811.
29. Rebecca Ady, d. 1859. (Widow Robinson).
30. Edward Devine.

Fifth Generation
48. Joshue Allender.
49. Avarilla Day, b. 1735.
50. John Sollers.
51. Mary Bowen.
52. John Holland.
54. William Ady, b. 1745, d. 1804, m. 1770.
55. Clarinda Standeford, b. 1737.
56. John Holland.
58. William Ady, b. 1745, d. 1804, m. 1770.
59. Clarinda Standeford, b. 1737.
60. Thomas Devine.

Sixth Generation
96. Joshue Allender.
97. Mary ——.
98. Edward Day, d. 1746, m. 1722.
99. Avarilla Taylor.
100. Sabret Sollers, d. 1760.
101. Mary ——.
102. Benjamin Bowen, d. 1770.
103. Mary ——.
104. John Holland, d. 1793.
105. Elizabeth Sicklemore.
108. Jonathan Ady, m. 1742.
109. Rebecca Yorke, b. 1724.
110. James Standeford.
111. Martha Watkins, b. 1715.
112. John Holland, d. 1793.
113. Elizabeth Sicklemore.
116. Jonathan Ady, m. 1742.
117. Rebecca Yorke, b. 1724.
118. James Standeford.
119. Martha Watkins, b. 1715.

Seventh Generation
192. William Allender.*
196. Nicholas Day,* d. 1704.
197. Sarah ——, d. 1730.
198. John Taylor,* d. 1737.
200. John Sollers,* d. 1699.
201. Ann ——.
204. Benjamin Bowen, d. 1741.
205. Sarah Cox.
210. Sutton Sicklemore.
211. Prudence ——.
218. James Yorke, d. 1724.
219. Rachel ——.
222. Samuel Watkins.
223. Mary Wright.
234. James Yorke, d. 1724.
235. Rachel ——.
238. Samuel Watkins.
239. Mary Wright.

Eighth Generation
408. Jonas Bowen,* d. 1690.
409. Martha ——, d. 1703.
436. George Yorke.
437. Hannah Skelton.
444. Francis Watkins,* d. 1696.
445. Christina Wright.
446. William Wright, d. 1723.
447. Ann ——.
468. George Yorke.
469. Hannah Skelton.
476. Francis Watkins,* d. 1696.
477. Christina Wright.
478. William Wright, d. 1723.
479. Ann ——.

Ninth Generation
872. William Yorke, d. 1690.
874. Israel Skelton, d. 1706.
875. Mary ——.
890. John Wright.
891. Jane Lawson, d. 1696.

936. William Yorke, d. 1690.
938. Israel Skelton, d. 1706.
939. Mary ——.
954. John Wright.
955. Jane Lawson, d. 1696.

TENTH GENERATION

1782. John Lawson,* d. 1668.
1783. Mary ——.
1910. John Lawson,* d. 1668.
1911. Mary ——.

1. W. WALLACE McKAIG

FIRST GENERATION

2. Mervyn McKaig, b. 28 Oct. 1849, m. 11 Nov. 1880.
3. Florence Worthington Pearre, b. 20 Sept. 1857.

SECOND GENERATION

6. George A. Pearre, b. Aug. 1820, d. 22 May 1883.
7. Mary Worthington.

THIRD GENERATION

14. Reuben Meriwether Worthington.
15. Rebecca Smith, b. 1798, d. 12 July 1879.

FOURTH GENERATION

30. Joseph Sim Smith, d. 5 Sept. 1822, m. 26 Feb. 1789.
31. Elizabeth Price, b. 3 Aug. 1765.

FIFTH GENERATION

60. Clement Smith, d. 1792.
61. Barbara Sim.
62. **Thomas Price**, b. 3 Sept. 1732, d. 1795.
63. Mary ——.

SIXTH GENERATION

120. **Walter Smith**, b. circa 1692, d. 1734, m. circa 1714.
121. Susanna Brooke, d. 1767.
122. Patrick Sim,* d. 24 Oct. 1740.
123. Mary Brooke, d. 1758.
124. John Price, m. 7 Dec. 1731.
125. Rebecca King.

SEVENTH GENERATION

240. **Walter Smith**, d. 1711, m. 1686.
241. Rachel Hall, b. 1671, d. 28 Oct. 1730.
242. Clement Brooke, b. 1676, d. 1737, m. ante 1704.
243. Jane Sewall, d. 1761.
246. **Thomas Brooke**, b. 1660, d. 25 Jan. 1731.
247. Barbara Dent, b. 1676, d. 1754. Second wife.

EIGHTH GENERATION

480. **Richard Smith**.*
481. Eleanor ——.*
482. **Richard Hall**,* d. 1688.
483. Elizabeth ——.
484. **Thomas Brooke**,* b. 23 June 1632, d. 1676.
485. Eleanor Hatton, b. 1642, d. 1725.
486. **Nicholas Sewall**,* b. circa 1655, d. Apl. 1737.
487. Susanna Burgess, b. circa 1662.
492. **Thomas Brooke**,* b. 23 June 1632, d. 1676.
493. Eleanor Hatton, b. 1642, d. 1725.
494. **Thomas Dent**,* d. 1676.
495. Rebecca Wilkinson, d. 1726.

NINTH GENERATION

968. **Robert Brooke**,* b. 3 June 1602, d. 20 July 1655, m. 25 Feb. 1627.
969. Mary Baker, d. 1634. First wife.
970. Richard Hatton. Dead in 1649.
971. Margaret ——.* Immigrated 1649.
972. **Henry Sewall**,* d. 1665.
973. Jane Lowe.*
974. **William Burgess**,* b. 1622, d. 24 Jan. 1687.
975. Sophia (——) Ewen.
990. **Rev. William Wilkinson**,* d. 1663.

163

1. CHARLES O'DONNELL MACKALL
1. ROBERT McGILL MACKALL

First Generation
2. Charles Mackall, b. 26 Sept. 1846, d. 1 Nov. 1927, m. 15 Dec. 1880.
3. Eliza (Ida) Bowie Mackenzie, b. 9 May 1861, d. 30 May 1929.

Second Generation
4. Richard Levin Mackall, b. 3 Jan. 1812, d. 11 Aug. 1863, m. 12 Dec. 1839.
5. Ann Belt.
6. Colin Mackenzie, b. 20 Oct. 1825, d. 17 Feb. 1876, m. 1 Dec. 1853.
7. Christiana S. Bowie, b. 21 Mch. 1833, d. 28 Feb. 1906.

Third Generation
8. Leonard Mackall, b. 21 Mch. 1768, d. 24 Apl. 1843, m. 1788.
9. Catherine Beall, b. 4 July 1773, d. 1853.
10. James Belt, Jr., m. 14 Dec. 1813.
11. Mary Gordon Macgill.
12. John Pinkerton Mackenzie, b. 8 Apl. 1800, d. 14 Jan. 1864, m. Oct. 1823.
13. Theresa A. M. Carrere.
14. William Duckett Bowie, b. 7 Oct. 1803, d. 18 July 1873, m. 8 Feb. 1825.
15. Eliza Mary Oden, d. 1849.

Fourth Generation
16. **Benjamin Mackall**, b. 16 Feb. 1723, d. 1795.
17. Rebecca Covington.
18. Brooke Beall, b. circa 1750, d. 1798.
19. Margaret Johns, d. 22 July 1840.
22. John Duvall Macgill, d. Jan. 1827.
23. Elizabeth Belt.
24. Colin Mackenzie, b. 1775, d. 1 Sept. 1827, m. 23 May 1799.
25. Sarah Pinkerton, b. 1778, d. 25 May 1854.
26. John Carrere.
27. Mary ——.
28. William Bowie, b. 29 Jan. 1776, d. 10 Sept. 1826, m. 14 Dec. 1802.
29. Catherine Duckett, b. 4 Dec. 1783, d. 23 Jan. 1871.
30. Benjamin Oden, b. 1762, d. 1829, m. 27 Jan. 1791.
31. Rachel Sophia West.

Fifth Generation
32. **Benjamin Mackall**, b. 1675, d. 1761.
33. Barbara (Smith) Holdsworth.
34. Leonard Covington.
35. Priscilla Magruder.
36. Samuel Beall, b. 1713, m. May 1743.
37. Eleanor Brooke, b. 1721.
38. Thomas Johns.
39. Sarah Hollyday.
44. John Macgill, b. 1735, m. 4 Dec. 1759.
45. Elizabeth Duvall, b. 28 Aug. 1739.
46. Tobias Belt.
47. Mary (Gordon) Hamilton.
48. Thomas Mackenzie,* b. 1729, d. 1789, m. 26 Aug. 1768.
49. Ann Johns. Second wife.
56. Walter Bowie, b. 1748, d. 1811, m. 16 May 1771.
57. Mary Brooke, b. Nov. 1747, d. 16 May 1812.
58. Baruch Duckett, b. 1745, m. 11 Jan. 1783.
59. Mary Beans.
62. Stephen West.
63. Hannah Williams.

Sixth Generation
64. James Mackall,* b. 1630/5, d. 1693, m. 1666.
65. Mary (Graham?), b. 1649, d. 1717.
66. Richard Smith.
70. Alexander Macgruder.
71. Susanna ——.
72. John Beall.
74. Thomas Brooke, b. 1682, d. 1745, m. 1705.
75. Lucy Smith, d. 1770.
76. Richard Johns.
77. Margaret Crabb.
78. Leonard Hollyday.
79. —— Brady.
88. Rev. James Macgill,* b. 20 Nov. 1701, d. 26 Dec. 1779.
89. Ellen Hilleary.
90. John Duvall, b. 20 Feb. 1713, m. 1737.
91. Ann Fowler.
94. George Gordon.
98. Abraham Johns.
99. Elizabeth Hance.
112. William Bowie, b. 1721, d. 1791, m. circa 1745.
113. Margaret Sprigg, b. 20 Mch. 1727, d. Oct. 1804.
114. Benjamin Brookes, m. 1745.
115. Elizabeth Townley.
116. Richard Duckett, b. 21 Feb. 1705, d. circa 1790, m. 2 May 1735.
117. Elizabeth Williams. Second wife.
118. William Beans, d. 1801, m. 1745.
119. Mary Bowie, b. 1726, d. 1792.
124. Stephen West,* b. circa 1690, d. 1752, m. 28 Apl. 1726.
125. Martha Hall, b. 27 Oct. 1708, d. 8 Apl. 1752.
126. —— Williams.
127. Christiana Black.

Seventh Generation
148. Thomas Brooke, b. 1660, d. Jan. 1731.
149. Anne ——. First wife.
150. Walter Smith, d. 1711.

151. Rachel Hall.
152. Abraham Johns, b. 1677, d. 1707.
153. Margaret Hutchins, d. 1733.
156. Leonard Hollyday.
157. Sarah Smith. First wife.
178. Thomas Hilleary, d. 4 Feb. 1728.
179. Eleanor Young.
196. Isaac Johns, b. 1692, d. 1734.
197. Ann Galloway, d. 1728.
198. Benjamin Hance, b. 1692, d. 1773, m. 1711.
199. Mary Hutchins.
224. John Bowie,* d. 1759, m. Dec. 1707.
225. Mary Mullikin, d. 1750.
226. Osborne Sprigg, b. circa 1706, d. 7 Jan. 1750.
227. Elizabeth ——, d. 1727. First wife.
230. William Townley.
231. Elizabeth Smith.
232. Richard Duckett,* b. circa 1675, d. circa 1754, m. 26 Jan. 1699.
233. Charity Jacob.
234. Thomas Williams, d. circa 1749.
235. Eleanor ——.
236. William Beans, b. 1686, d. 1765.
237. Elizabeth Bradley.
238. John Bowie,* d. 1759, m. Dec. 1707.
239. Mary Mullikin, d. 1750.
248. Sir John West of Bucks, Eng.
250. Rev. Henry Hall,* b. 17 June 1676, d. 1 Apl. 1722, m. 5 Feb. 1702.
251. Mary Duvall, b. 1683.

EIGHTH GENERATION

296. Thomas Brooke,* b. 1632, d. 1676.
297. Eleanor Hatton.
300. Richard Smith.*
301. Eleanor ——.
302. Richard Hall,* d. 1688.
304. Richard Johns,* d. 1717.
305. Elizabeth Kensey, d. 1716.
312. Thomas Hollyday,* d. 1703.
313. Mary Truman.
316. Thomas Hilleary, d. 1697.
317. Eleanor Sprigg.
318. George Young.
319. Elizabeth ——.
392. Richard Johns,* b. circa 1645, d. 1717.
393. Elizabeth Kensey, d. 1 Feb. 1715/16.
394. Samuel Galloway.
395. Ann Webb.
396. John Hance, d. 1709.
397. Mary Sewell.
398. Francis Hutchins,* d. 1699.
399. Elizabeth Burrage. Second wife.
450. James Mullikin,* d. 1715.
452. Thomas Sprigg, b. circa 1670, d. circa 1739.
453. Margaret Mariartee, d. 1739.
466. John Jacob.*
467. Anne Cheney.
468. Baruch Williams, d. 1695.
469. Eleanor Hilleary.
478. James Mullikin,* d. 1715.
502. Mareen Duvall,* d. 1694.
503. Susannah ——.

NINTH GENERATION

592. Robert Brooke,* b. 3 June 1602, d. 20 July 1655.
593. Mary Baker.
594. Richard Hatton.
595. Margaret ——.*
610. Hugh Kensey,* d. 1667.
611. Margaret ——.
626. James Truman.*
627. Ann Storer.
634. Thomas Sprigg,* b. 1630, d. 1704.
635. Eleanor Nuthall.
786. Hugh Kensey,* d. 1667.
787. Margaret ——.
788. Richard Galloway.*
789. Hannah ——.
792. John Hance,* d. 1684.
794. John Sewell.*
795. Eleanor ——.
904. Thomas Sprigg,* b. 1630, d. 1704.
905. Eleanor Nuthall.
906. Edward Mariartee.*
907. Honor ——.
934. Richard Cheney.*
936. Thomas Williams.*
938. Thomas Hilleary *

1. REV. JAMES MITCHELL MAGRUDER, D.D.

First Generation
2. William Howard Magruder, b. 2 Apl. 1837, d. 27 July 1913, m. 20 Feb. 1860.
3. Ann Elizabeth Mitchell, b. 20 Feb. 1840, d. 12 Aug. 1883.

Second Generation
4. William Howard Magruder, b. 4 June 1791, d. 5 Nov. 1838, m. 24 July 1827.
5. Elvira Walker, b. 2 Jan. 1810, d. 18 Sept. 1852.
6. William Mitchell, b. 1815, d. 1844, m. 13 Sept. 1837.
7. Ann Maria Lane, b. 1817, d. 29 May 1841.

Third Generation
8. Leonard Magruder, b. 4 Apl. 1763, d. 25 Feb. 1795, m. ante 1788.
9. Susannah Priscilla Hawkins, b. inter 1760/3.
12. William Mitchell, b. 1785, d. 1830, m. 1806.
13. Ann Elizabeth Shackelford, d. circa 1835.
14. Samuel Lane, b. 1760, d. 1850.
15. Dicey Ann McGhee, b. 1778, d. 1851. Second wife.

Fourth Generation
16. Alexander Magruder, b. 1713, d. Oct. 1779, m. 6 Dec. 1744.
17. Elizabeth Howard, b. 1725, d. 2 Sept. 1803.
18. John Stone Hawkins, b. 18 July 1734, d. Nov. 1763, m. circa 1759.
19. Elizabeth Skinner.
24. George Mitchell of N. C., b. 1725, d. 1791.
25. Ann Hall.
26. William Shackelford, b. 1732, d. 1790.
27. Elizabeth ——.

Fifth Generation
32. Alexander Magruder, b. 1672, d. 1746, m. circa 1710.
33. Susannah Busey.
34. William Stevens Howard, b. 3 Nov. 1684, d. May 1734, m. circa 1720.
35. Sarah Briscoe, d. May 1735. Second wife.
36. John Hawkins, b. 15 Aug. 1713, d. 20 Feb. 1757, m. 17 Feb. 1731.
37. Susannah Frazer.
38. Nathaniel Skinner.
39. Elizabeth Covington.
48. Abraham Mitchell,* d. Dec. 1747.
50. William Hall,* d. circa 1783, of N. C.
51. Elizabeth ——.
52. John Shackelford, b. 9 Apl. 1712, d. 23 Apl. 1778.
53. Ann ——.

Sixth Generation
64. Alexander Magruder,* d. 1677, m. circa 1671.
65. Elizabeth' (Hawkins?)
66. Hezekiah Busey.*
68. Edmund Howard,* d. ante 1714, m. 26 May 1681.
69. Margaret Dent.
70. Philip Briscoe,* d. circa 1724.
71. Susanna Swann.
72. John Hawkins, d. 1772.
73. Elizabeth ——, d. Nov. 1772.
74. Rev. John Frazer,* d. 1742, m. 1706.
75. Ann Blizzard,* d. 1773.
76. Robert Skinner, d. circa 1713.
77. Ann Mackall.
78. Levin Covington, d. 1725.
79. Margery Hollyday, b. 1699, d. 1764.
104. Francis Shackelford.*
105. Sarah ——.

Seventh Generation
138. Thomas Dent,* b. 1631, d. 1676.
139. Rebecca Wilkinson, d. 1726.
142. Edward Swann.
143. Susanna ——.
144. John Hawkins,* d. 1705.
145. Elizabeth ——, d. 1705.
150. Giles Blizzard of London.
151. Mary Eden.
152. Robert Skinner,* d. 1686.
153. Alice ——. First wife.
154. James Mackall,* d. 1693.
155. Mary (Graham?), d. 1717.
156. Nehemiah Covington, b. 1713, m. 15 Nov. 1679.
157. Rebecca Denwood.
158. Thomas Hollyday,* d. 1703, m. circa 1694.
159. Mary Truman.

Eighth Generation
278. Rev. William Wilkinson,* b. 1602, d. 1663.
279. Naomi ——?
288. Henry Hawkins,* d. 1699.
289. Elinor ——.
312. Nehemiah Covington,* d. 1681.
313. Mary ——.
314. Levin Denwood,* circa 1667.
315. Mary ——.
316. James Hollyday.*
318. James Truman,* b. 1622, d. 1672.
319. Ann Storer, b. 1642, d. 1714.

1. WARREN KEACH MAGRUDER

First Generation
2. Edward Boteler Magruder, b. 12 Sept. 1857, d. 24 Dec. 1936, m. 10 Nov. 1880.
3. Annie May Keach, d. 13 Aug. 1905.

Second Generation
4. Thomas Jefferson Magruder, b. 1823, d. 25 July 1892, m. 28 Mch. 1844.
5. Sarah Ann Peyton Boteler, b. 28 Aug. 1824, d. 12 Aug. 1916.

Third Generation
8. Edward Magruder, b. 1778, d. 1842, m. 1815.
9. Theresa Barron, b. 5 Jan. 1794, d. 1881. Second wife.
10. John D. Boteler, b. 1801, m. 12 Oct. 1820.
11. Eliza Mills, b. 1799.

Fourth Generation
16. Haswell Magruder, b. 1736, d. 1811.
17. Charity Beall.
18. Oliver Barron, d. 1823.
19. Mary ——, d. circa 1795. First wife.
20. Walter Boteler, b. 22 Oct. 1763, d. 22 Feb. 1829.
21. Jemima ——, b. inter 1763/6, d. 29 Jan. 1831.

Fifth Generation
32. **Samuel Magruder,** b. 1708, d. 1790.
33. Jane Haswell.
34. James Beall, Jr.
35. Mary Edmondston.
36. Samuel Cooksey Barron, d. Nov. 1788.
37. Millicent Burch?
40. Charles Boteler, d. ante 1790
41 Sophia Drury

Sixth Generation
64. Samuel Magruder, b. circa 1687, d. 1779.
65. Eleanor Wade.
66. John Haswell, d. post 1750.
67. Sarah ——.
72. Thomas Barron, d. 1751.
73. Mary Lemaster.
80. Henry Boteler, d. Aug. 1713.
81. Catherine Lingan.
82. Charles Drury.
83. Alice ——.

Seventh Generation
128. Samuel Magruder, b. circa 1661, d. 1711.
129. Sarah (Beall?), d. 1734.
130. **Robert Wade,*** d. 1714.
144. Thomas Barron,* d. 1716.
145. Mary Cooksey?
146. Abraham Lemaster,* d. Dec. 1722.
160. Charles Boteler.*
161. —— ——.
162. **George Lingan,*** d. 1708.
163. Anne ——.

Eighth Generation
256. Alexander Magruder,* d. circa 1677.

1. WILLIAM LUKE MARBURY

First Generation
2. Fendall Marbury, b. 23 Apl. 1830, d. 17 Mch. 1896, m. 6 Oct. 1857.
3. Catherine Taylor Marshall, b. 18 Dec. 1832, d. 27 Mch. 1866.

Second Generation
6. Alexander J. Marshall, b. 21 Feb. 1803, d. 21 Feb. 1882, m. 26 Dec. 1827.
7. Maria Rose Taylor, b. 30 Nov. 1808, d. 8 Jan. 1844.

Third Generation
12. Charles Marshall, b. 31 Jan. 1767, d. 1805, m. 13 Apl. 1787.
13. Lucy Pickett, b. 2 May 1767, d. 1825.

Fourth Generation
24. Thomas Marshall, b. 2 Apl. 1730, d. 22 June 1802, m. 1754.
25. Mary Randolph Keith, b. 28 Apl. 1737, d. 19 Sept. 1809.

Fifth Generation
50. Rev. James Keith,* d. circa 1758.
51. Mary Isham Randolph.

Sixth Generation
102. Thomas Randolph, b. 1689, d. 1730, m. 1712.
103. Judith Fleming, d. inter 1732/40.

Seventh Generation
204. William Randolph,* b. 1651, d. 11 Apl. 1711, m. circa 1680.
205. Mary Isham, b. 1659, d. 1735.

Eighth Generation
408. Richard Randolph, b. 22 Feb. 1621, d. 1671, m. circa 1647.
409. Elizabeth Ryland, d. 1669.

Ninth Generation
816. William Randolph, b. 1572, d. 1660.
817. Dorothy Lane, b. 1590, d. 1657.

1. RICHARD ELLIOTT MARINE

First Generation
2. William Matthew Marine, b. 25 Aug. 1843, d. 2 Mch. 1904, m. 9 Nov. 1871.
3. Harriet Perkins Hall, b. 16 Sept. 1845.

Second Generation
4. Rev. Fletcher Elliott Marine, b. 1 Mch. 1821, d. 19 Sept. 1889, m. 7 Sept. 1842.
5. Hester Eleanor Knowles, b. 7 July 1820 d. 17 Dec. 1896.

Third Generation
8. Matthew Marine, b. 19 Aug. 1797, d. 27 Nov. 1854, m. 9 Apl. 1818.
9. Nancy Rawlings, b. 9 Jan. 1803, d. 16 Apl. 1870.

Fourth Generation
16. William Marine, b. circa 1759, d. 1811, m. 4 Dec. 1787.
17. Mary Fletcher, b. circa 1768, d. 1810.

Fifth Generation
32. Zorobabel Mareen, b. 2 Aug. 1736, d. 1 Mch. 1821, m. circa 1757.
33. Mary Hayward, b. 1737.

Sixth Generation
66. Francis Hayward, b. 1700, d. 1757, m. circa 1728.
67. Mary ——, d. post 1760.

Seventh Generation
132. Francis Hayward, b. 1656, d. 1735.
133. Sarah ——, d. ante 1734.

Eighth Generation
264. Francis Hayward,* b. circa 1633, d. 1657, m. circa 1653.
265. Mary Warren. (She m. (2) Barth. Ennalls.)

1. JAMES GRAHAM MARSTON, M.D.

FIRST GENERATION

2. James Henry Marston, b. 6 Mch. 1859, d. 10 Dec. 1916, m. 18 June 1890.
3. Ella Virginia Graham, b. 10 July 1865, d. 9 Jan. 1892.

SECOND GENERATION

4. Frederick William Marston, b. 13 Feb. 1816, d. 11 Oct. 1890, m. 13 Feb. 1844.
5. Mary Chaytor, b. 22 Dec. 1824, d. 18 Jan. 1897.

THIRD GENERATION

8. John Marston, b. circa 1785, d. circa 1841, m. 2 Apl. 1805.
9. Sarah Roby, b. 1782, d. 8 Oct. 1854.

FOURTH GENERATION

18. Henry Roby, b. 14 Oct. 1757, d. 15 Jan. 1847, m. 28 Nov. 1781.
19. Sarah Sloane, b. 1763, d. 26 Oct. 1839.

FIFTH GENERATION

36. Rev. Joseph Roby, b. 12 May 1724, d. 31 Jan. 1803, m. 13 Apl. 1752.
37. Rachel Proctor, b. 1726, d. 8 Mch. 1792.

SIXTH GENERATION

72. Joseph Roby, b. 20 Aug. 1693, m. 14 Apl. 1719.
73. Priscilla Grafton.

SEVENTH GENERATION

144. William Roby,* b. 26 Apl. 1648, d. 23 Jan. 1718, m. 1686.
145. Elizabeth Greenough, b. 30 Nov. 1664, d. 27 Feb. 1712.

EIGHTH GENERATION

288. Thomas Roby, b. 27 Sept. 1611, d. 21 Jan. 1673, m. 26 Aug. 1640.
289. Ellen Cherebough, b. 1610, d. 13 May 1676.

NINTH GENERATION

576. Thomas Roby, b. ante 1579, d. 27 Mch. 1653, m. 1606.
577. Mary Coxon, b. 20 Apl. 1586, d. 26 Apl. 1641.

TENTH GENERATION

1152. Thomas Roby of Castle Donington, Eng., d. 12 Apl. 1588, m. 25 Nov. 1569.
1153. Joane Cowley, d. Oct. 1579 (Yorkshire, Eng.).

1. EDWARD BENNETT MATHEWS

First Generation

2. Jonathan Bennett Mathews, b. 26 May 1832, m. 18 Sept. 1860.
3. Sophia Lucinda Shailer, b. 3 Mch. 1837.

Second Generation

6. Rev. William Hosmer Shailer, b. 20 Nov. 1807, d. 23 Feb. 1881, m. 22 May 1836.
7. Elizabeth Paine Hascall, b. 5 Apl. 1814, d. 17 Dec. 1886.

Third Generation

14. Rev. Daniel Hascall, b. 24 Feb. 1782, d. 28 June 1852, m. 26 Apl. 1809.
15. Sophia Strong, b. 23 Feb. 1785, d. 26 May 1836.

Fourth Generation

28. Joseph Hascall, b. 16 June 1741, d. 24 Dec. 1814, m. 14 Dec. 1769.
29. Alice Fitch, b. 18 Aug. 1751, d. 10 Oct. 1843.

Fifth Generation

58. William Fitch, b. Aug. 1720, m. 27 Jan. 1741.
59. Mary Paine, b. 12 Apl. 1723.

Sixth Generation

116. Daniel Fitch, b. 2 Feb. 1693, d. 3 Aug. 1752, m. 5 Mch. 1718.
117. Anna Cook, d. 27 July 1735.

Seventh Generation

232. James Fitch, b. 2 Aug. 1649, d. 10 Nov. 1727, m. 8 May 1687.
233. Alice Bradford, b. 1663, d. 1747. (Widow Adams.)

Eighth Generation

466. William Bradford, b. 17 June 1624, d. 20 Feb. 1704, m. ante 1652.
467. Alice Richards, b. 1628, d. 12 Dec. 1671.

Ninth Generation

932. William Bradford,* b. 1589, d. 9 May 1657, m. 14 Aug. 1623.
933. Alice (Carpenter) Southworth, d. 22 Mch. 1670.

1. THOMAS MURRAY MAYNADIER

First Generation
2. John Henry Maynadier, b. 1831, d. 15 Apl. 1906, m. 14 June 1854.
3. Laura Matilda Littig, b, 25 Jan. 1834.

Second Generation
4. Henry Gustavus Maynadier, b. 1805, d. 1848, m. 1827.
5. Elizabeth Yellott, b. 12 Sept. 1809, d. Mch. 1888.
6. Thomas Littig.
7. Sarah Jane Bond.

Third Generation
8. William Murray Maynadier.
9. Sarah Brown.
10. John Yellott, b. 20 Jan. 1778, d. 1830.
11. Rebecca Ridgely Coleman, b. 1787, d. 1853.
14. Thomas Emerson Bond, d. 1855.
15. Christiana Birckhead.

Fourth Generation
18. William Brown,* d. 1796.
19. Catherine Scott.
22. Rev. John Coleman, b. circa 1758, d. 20 Jan. 1816, m. 22 Dec. 1783.
23. Pleasance Goodwin, d. 1844.
30. Solomon Birckhead.
31. Jane McCulloh.

Fifth Generation
46. Lyde Goodwin,* b. 1718, d. 28 Nov 1755, m. 25 Apl. 1742.
47. Pleasance Ridgely, b. 24 Nov. 1724.

Sixth Generation
92. Austin Goodwin of Bristol, Eng.
93. Susannah Lyde, b. 12 Feb. 1678, d. 1738.
94. Charles Ridgely, b. 1702, d. 1772, m. 1721.
95. Rachel Howard, d. 1750.

Seventh Generation
186. Cornelius Lyde, b. 16 Mch. 1640, d. 1717.
188. Charles Ridgely, d. 1705.
189. Deborah Dorsey.
190. John Howard, d. circa 1704.
191. Mary Warfield, d. circa 1700.

Eighth Generation
376. Robert Ridgely,* d. 1681.
377. Martha ——.
378. John Dorsey, b. ante 1660, d. 1714.
379. Pleasance Ely.
380. John Howard, d. 1696.
381. Susanna (Norwood?).
382. Richard Warfield,* d. 1704.
383. Ellen (Browne?).

Ninth Generation
756. Edward Dorsey,* d. circa 1659.
757. Anne ——.
760. Matthew Howard.*
761. Anne (Hall?).

1. ROBERT WILLIAM BAINBRIDGE MAYO, M.D.

First Generation

2. Charles James Stovin Mayo, b. 13 Mch. 1858, d. 8 July 1909, m. 1 Oct. 1882.
3. Mary Reynolds, b. 26 May 1866, d. 25 Dec. 1924.

Second Generation

4. John Campbell Mayo, b. 1832, d. 1870, m. 1856.
5. Mary Lewis Stovin, b. 1838, d. 1864.

Third Generation

8. Robert Mayo, b. 1806, d. Sept. 1883, m. 5 May 1831.
9. Emily Ann Campbell, b. 1814, d. 1895.

Fourth Generation

16. Joseph Mayo, b. 21 Mch. 1771, d. 1 Oct. 1820, m. 28 July 1792.
17. Jane Poythress.

Fifth Generation

32. Joseph Mayo, b. 1739, d. 1802, m. circa 1760.
33. Martha Tabb.

Sixth Generation

64. William Mayo,* bp. 4 Oct. 1684, d. 1 Nov. 1744.
65. Ann Perrott. Second wife.

1. WILLIAM PAINTER MEEKER
2. RICHARDS CARSON MEEKER

FIRST GENERATION

2. RICHARDS CARSON MEEKER, b. 31 May 1869, m. 20 Oct. 1897.
3. Helen C. Painter, b. 2 June 1866.

SECOND GENERATION

4. Cornelius Irving Meeker, b. 1 Dec. 1816 d. 17 May 1904.
5. Kate Carson Smith, b. 24 Dec. 1842, d. 21 June 1919.

THIRD GENERATION

10. Richards Carson Smith, b. 15 Sept. 1814, d. 24 Dec. 1897, m. 6 Nov. 1838.
11. Elizabeth Ann Smith, b. 7 May 1816, d. 2 Dec. 1893.

FOURTH GENERATION

22. Matthew Smith,* b. 29 July 1779, d. 11 July 1865, m. 23 Aug. 1809.

23. Catherine Marsh, b. 13 Mch. 1790, d. 23 Sept. 1870.

FIFTH GENERATION

46. John Marsh, b. 1 Feb. 1756, d. Feb. 1800.
47. Sarah Fitz Randolph, b. 21 Feb. 1763, d. 2 Feb. 1799.

SIXTH GENERATION

94. Hartshorne Fitz Randolph.
95. Ruth Dennis.

SEVENTH GENERATION

188. Edward Fitz Randolph.
189. Katherine Hartshorne.

EIGHTH GENERATION

378. **Richard Hartshorne,*** b. 1641, d. 1722.
379. Margaret Carr.

1. JAMES ALFRED MERRITT
1. ROBERT GWATHMEY MERRITT
(See Pedigree Book, 1905, p. 67)

FIRST GENERATION

2. James Alfred Merritt, b. 27 Mch. 1843, d. 30 Apl. 1901, m. 19 Jan. 1869.
3. Emma Henrietta Wickes, b. 8 July 1851.

SECOND GENERATION

6. Simon Wickes, b. 14 Oct. 1818, d. 20 Sept. 1870, m. 13 Apl. 1841.
7. Elizabeth Marion Hatchison, b. 18 Jan. 1822, d. Nov. 1856.

THIRD GENERATION

12. Simon Wickes, b. 1781, d. 1848, m. 1815.
13. Elizabeth Blake, b. 1798, d. 12 Sept. 1878.

FOURTH GENERATION

24. Simon Wickes, b. 1745, d. 1814, m. 1774.
25. Mary Freeman.

FIFTH GENERATION

48. Joseph Wickes, b. 1719, d. 1785.
49. Rebecca Dunn, b. June 1726.

SIXTH GENERATION

96. Samuel Wickes, d. 1732, m. 13 Jan. 1706.
97. Frances Wilmer, b. 26 Feb. 1688, d. 1736.

SEVENTH GENERATION

192. Joseph Wickes,* b. Oct. 1620, d. 1692.
193. Ann Hynson.

1. NATHAN ATHERTON MIDDLETON

(See Pedigree Book, 1905, p. 70)

FIRST GENERATION

2. Harvey Middleton, b. 27 June 1852, m. 26 Oct. 1881.
3. Cornelia Scribner, b. 17 July 1861.

SECOND GENERATION

4. Nathan Middleton, b. 26 Apl. 1816, d. 25 Feb. 1892, m. 28 Mch. 1838.
5. Hannah S. Atherton, b. 1 Feb. 1818, d. 28 May 1902.

THIRD GENERATION

10. George Atherton, b. 17 July 1780, d. 6 May 1850, m. 15 Nov. 1810.
11. Susanna Knight, b. 1 Aug. 1782, d. 15 May 1818.

FOURTH GENERATION

20. Henry Atherton, b. 10 Dec. 1732, d. 30 Apl. 1812, m. 11 Nov. 1766.
21. Hannah Waterman, b. 27 Oct. 1744, d. 7 June 1800.

FIFTH GENERATION

42. Humphrey Waterman, b. 2 Aug. 1710, d. 6 Feb. 1759, m. 30 Apl. 1733.
43. Hannah Thomas, b. 17 Dec. 1709, d. 17 Aug. 1772.

SIXTH GENERATION

84. Isaac Waterman, b. 1680, d. 1748, m. 1708.
85. Priscilla Pemberton, b. 1692, d. 29 Apl. 1771.

SEVENTH GENERATION

170. Phinehas Pemberton,* b. 1650, d. 1702, m. 1677.
171. Phoebe Harrison, b. 1660, d. 1696.

EIGHTH GENERATION

342. James Harrison,* b. 1625, d. 1687.
343. Anne Heath, b. 1624, d. 1690.

1. JOHN HURST MORGAN
1. PHILIP SIDNEY MORGAN

FIRST GENERATION

2. DeWitt Clinton Morgan, b. 2 Mch. 1830, d. 23 Aug. 1894, m. 11 May 1865.
3. Sarah Berry Hurst, b. 25 Sept. 1842, d. 22 Oct. 1913.

SECOND GENERATION

4. Gerard Morgan, b. 8 June 1784, d. 17 Mch. 1846, m. 1810.
5. Rosanna Brown, b. 17 Apl. 1789, d. 31 Dec. 1858.
6. John Hurst, b. 19 Sept. 1807, d. 12 Apl. 1880, m. 19 Oct. 1841.
7. Susan Lansdale Berry, b. 18 Feb. 1818, d. 6 Nov. 1880. Second wife.

THIRD GENERATION

8. Nicholas Morgan.
9. Mary Butler.
10. John Brown, b. 15 Feb. 1743/4, d. 6 Feb. 1830.
11. Mary Donnelly, b. 1762, d. 7 July 1824.
12. Samuel Edward Hurst,* b. 3 Feb. 1765, d. 25 Oct. 1826, m. 26 July 1803.
13. Elizabeth Yardley, b. 1775, d. 26 Jan. 1822.
14. John Berry, b. 2 Nov. 1791, d. 17 Oct. 1856, m. 2 Jan. 1812.
15. Sarah Duke Jackson, b. 21 Aug. 1785, d. 27 Oct. 1859.

FOURTH GENERATION

16. John Morgan.
17. Anna ——.
18. Absalom Butler.
19. Mary ——.
28. Benjamin Berry, b. 1768, d. 1815, m. 20 Nov. 1787.
29. Eleanor Lansdale, b. circa 1769, d. 18 June 1794.
30. William Jackson, b. 22 July 1750, d. 14 Sept. 1799, m. 16 Jan. 1776.
31. Elizabeth Duke, b. 26 Nov. 1752, d. 3 Feb. 1823.

FIFTH GENERATION

32. Thomas Morgan.
33. —— ——.
56. John Berry, b. circa 1740, d. 17 Mch. 1786, m. circa 1767.
57. Eleanor Bowie Claggett, b. 1749, d. post 1786.
58. Thomas Lancaster Lansdale, b. 14 Aug. 1727, d. 1788.
59. Mary Taneyhill.
60. Alexander Jackson, d. circa 1802.
61. Deborah Mauduit, d. 1812.
62. Benjamin Duke, b. 1730, d. 1772, m. circa 1752.
63. Mary Parran, b. circa 1732.

SIXTH GENERATION

64. Charles Morgan, d. 1719.
65. —— ——.
112. Benjamin Berry, b. circa 1697/8, d. circa 1765.
113. Eleanor Williams, d. post 1765.
114. Edward Claggett, b. 1706, d. post 1755, m. 1732.
115. Eleanor Bowie, b. 1709, d. post 1776.
116. Isaac Lansdale, d. 1733.
117. Margaret ——.
120. John Jackson.
121. Ruth Beall.
122. William Mauduit, d. 1749.
123. Mary ——.
124. James Duke, d. 1754.
125. Martha ——. First wife.

SEVENTH GENERATION

128. Charles Morgan, m. 18 Dec. 1654.
129. Catalyntje ——.
224. Benjamin Berry, b. 23 Oct. 1670, d. 10 Feb. 1719.
225. Mary Hilleary, d. post 1719.
228. Richard Claggett, b. 1680, d. 1752, m. 1705.
229. Deborah Dorsey.
230. John Bowie,* d. 1759, m. 1707.
231. Mary Mullikin.
242. Alexander Beall, d. 1744.
248. James Duke, d. ante 1731.
249. Martha ——.

EIGHTH GENERATION

448. William Berry,* b. 1635, d. 1691, m. 1669.
449. Margaret Marsh, d. 1688.
456. Thomas Claggett,* b. circa 1635/40, d. 1703/6.
457. Sarah ——.
458. John Dorsey, d. circa 1714, m. circa 1763.
459. Pleasance Ely.
462. James Mullikin, d. 1715.
496. James Duke.
497. Mary Dawkins.

NINTH GENERATION

896. James Berry,* d. 1657.
897. Elizabeth ——.
912. Edward Claggett, b. 1605/7.
913. Margaret Adams.
916. Edward Dorsey,* d. 1659.
917. Anne ——.
992. James Duke.
993. Margaret ——.

TENTH GENERATION

1984. Richard Duke.*

1. TILGHMAN VICKERS MORGAN
2. JOHN HURST MORGAN

First Generation

2. JOHN HURST MORGAN, b. 25 Apl. 1866, d. 21 Mch. 1931, m. 28 Jan. 1897.
3. Mary Croxall Vickers, b. 27 Mch. 1877.

Second Generation

4. DeWitt Clinton Morgan, b. 2 Mch. 1830, d. 23 Aug. 1894, m. 11 May 1865.
5. Sarah Berry Hurst, b. 25 Sept. 1842, d. 22 Oct. 1913.

Third Generation

10. John Hurst, b. 19 Sept. 1807, d. 12 Apl. 1880, m. 19 Oct. 1841.
11. Susan Lansdale Berry, b. 18 Feb. 1818, d. 6 Nov. 1880.

Fourth Generation

22. John Berry, b. 2 Nov. 1791, d. 17 Oct. 1856, m. 2 Jan. 1812.
23. Sarah Duke Jackson, b. 21 Aug. 1785, d. 27 Oct. 1859.

Fifth Generation

44. Benjamin Berry, Jr., b. 1768, d. 16 July 1815, m. 20 Nov. 1787.
45. Eleanor Lansdale. First wife.

Sixth Generation

88. John Berry, b. 1736, d. 1786, m. 1767.
89. Eleanor Bowie Clagett, b. 1749.

Seventh Generation

178. Edward Clagett, b. 1706, m. circa 1732.
179. Eleanor Bowie, b. 1709, d. post 1776.

Eighth Generation

356. Richard Clagett, b. circa 1681, d. 1752, m. circa 1705.
357. Deborah Dorsey. (Widow Ridgely.)

Ninth Generation

714. John Dorsey, d. circa 1715.
715. Pleasance Ely.

Tenth Generation

1428. Edward Dorsey.*

1. JOHN STEWART MORTON
1. SAMUEL PACKWOOD MORTON, JR.

First Generation
2. Samuel Packwood Morton, b. 10 June 1832, d. 25 Feb. 1905, m. 20 Aug. 1860.
3. Catherine Margaret Wiegel, b. 16 Nov. 1836, d. 16 Dec. 1909.

Second Generation
4. George Copeland Morton, b. 7 Sept. 1803, d. 1 Nov. 1868, m. 6 Apl. 1830.
5. Mary Ann Packwood, b. 4 Aug. 1811, d. 22 Sept. 1883.

Third Generation
8. Nathaniel Morton, b. 9 Apl. 1765, d. 22 Jan. 1808, m. 1 Mch. 1798.
9. Sarah Copeland, b. 29 Sept. 1775, d. 17 June 1870.
10. Samuel Packwood, b. 15 Feb. 1775, d. 23 Aug. 1858.
11. Alice Woodward, d. 27 July 1840.

Fourth Generation
16. John Morton, b. 9 Feb. 1730, d. 1796, m. 15 Sept. 1750.
17. Mary Anderson, b. 19 Nov. 1736.
18. John Copeland, b. 10 Feb. 1735.
19. Mary Hollis.
20. William Packwood.

Fifth Generation
32. Thomas Morton, b. circa 1690, d. 1731, m. circa 1718.
33. Elizabeth Woodson, b. circa 1699.
36. John Copeland.
37. Mary ——, d. 1744.
38. William Hollis, b. 1696, m. circa 1720.
39. Ann Rhoades.

Sixth Generation
64. ? John Morton* of Virginia.
65. ? Joan (——) Hughes.
66. Richard Woodson, b. circa 1662, d. 1730.
67. Anne Smith.
76. William Hollis, b. circa 1653, d. 1704.
77. Mary Clark, d. 1704.

Seventh Generation
132. Robert Woodson, b. 1634, d. post 1707.
133. Elizabeth Ferris.
134. Obadiah Smith, d. 1746.
135. Mary Cocke, b. 1690, d. 1754.

Eighth Generation
264. Dr. John Woodson,* b. 1586, d. 1644.
265. Sarah ——.
266. Richard Ferris* of Va.
270. William Cocke, b. 1655, d. 1693, m. 1689
271. Sarah Flower. Second wife.

Ninth Generation
540. Col. Richard Cocke,* b. 1600, d. 1665.
541. Mary Aston.

Tenth Generation
1082. Col. Walter Aston,* b. 1607, d. 1656.

Eleventh Generation
2164. Walter Aston,* b. 9 July 1584, d. 13 Aug. 1639.

1. WILLIAM PARKE CUSTIS MUÑOZ

First Generation
2. Dr. Edmund A. Muñoz, m. 7 Dec. 1901.
3. Lena Wise Custis, b. 7 Dec. 1868.

Second Generation
6. William Parke Custis, b. 8 July 1835, d. 16 Nov. 1900.
7. Eliza Susan Horsey, b. 26 July 1840, d. 3 Apl. 1919.

Third Generation
12. William Samuel Custis, b. 14 Oct., 1809, d. 1876, m. 1832.
13. Eleanor Douglas Wise, d. 1868.
14. John Arnold Elzey Horsey, b. Jan. 1810, d. Sept. 1841.
15. Sarah Anne Custis, b. 27 Feb. 1818, d. 7 Aug. 1861.

Fourth Generation
24. John Custis, b. 2 May 1778, d. 5 July 1828.
25. Tabitha Douglas. (Widow Gillett)
26. Tully Wise.
27. Margaret White. (Widow Fisher)
28. John L. Horsey, b. 28 Mch. 1777, d. Dec. 1835, m. 15 Sept. 1808.
29. Susan Rencher. Second Wife.
30. William Sturgis Custis, b. 7 Nov. 1782, d. 28 Oct. 1836.
31. Eliza Stran, b. 11 Feb. 1792, d. 16 July 1837.

Fifth Generation
48. John Custis, b. 23 Feb. 1750, d. 3 Mch. 1809, m. 17 Dec. 1772.
49. Catherine Parker, b. 3 Mch. 1753.
52. John Wise, b. 27 July 1723, d. 1770.
53. Margaret Douglas.
56. John Horsey, b. 1750, m. 1 May 1776.
57. Amelia Leatherbury.
58. John Rencher.
59. Sarah Mason.
60. William Smith Custis, d. 14 July 1821.
61. Leah ———.
62. William Stran, b. 27 Dec. 1741, d. 4 June 1816.
63. Sallie Seymour.

Sixth Generation
96. Thomas Custis, b. 22 Sept. 1726, d. 6 Jan. 1764, m. 21 June 1748.
97. Cassandra Wise, b. 7 Apl. 1728, d. 26 Apl. 1803.
98. George Parker, b. 28 Oct. 1735, d. 5 Sept. 1784.
104. John Wise, d. 1761.
105. Scarborough Robinson.
106. **George Douglas,*** b. 1698, d. 1758.
107. Tabitha Drummond.
112. John Horsey, d. 1765.
113. Elizabeth Horsey.
116. William Rencher.
117. Martha Lindow.
118. Richard Mason.
120. William Custis, d. 1766.
124. James Stran.
125. Sinah Parramore.

Seventh Generation
192. John Custis, d. Jan. 1732.
193. Anne ———. Second Wife.
194. John Wise, d. 1761.
195. Scarborough Robinson.
208. John Wise.
209. Matilda West.
210. **Tully Robinson,** b. 1658, d. 1723.
211. Sarah West.
214. Hill Drummond.
224. Stephen Horsey, b. 15 Apl. 1688, d. 1761.
225. Elizabeth Revell.
226. Nathaniel Horsey, b. 1689, d. 1721.
227. Martha Outerbridge.
232. Thomas Rencher, b. 1687.
233. Bridget Shiles.
234. James Lindow.
235. Margaret ———.
240. Edward Custis, d. 1739.
250. **Thomas Parramore,** d. 1774.
251. Johanna Custis, d. 1773. (Widow Hope)

Eighth Generation
384. Thomas Custis, b. circa 1685, d. 1721.
385. Elizabeth Custis. First Wife.
418. **John West,** b. circa 1638, d. 27 May 1703.
419. Matilda Scarborough, b. circa 1644, d. 1721.
448. Stephen Horsey, d. 1721.
449. Hannah Revell, d. 1731.
450. John Revell, d. 1729.
451. Agnes Burton.
452. Nathaniel Horsey, b. 1 Jan. 1664.
453. Sarah Revell.
480. Henry Custis, b. 1651, d. 1708.
481. Rachel Revell, d. 1719.
502. William Custis, b. 1633, d. 1726.

Ninth Generation
768. Edmund Custis,* b. 1650, d. 1701.
769. Tabitha Whittington.
770. **John Custis,** b. 1653, d. 1713.
771. Margaret Michael. First Wife.
836. Anthony West,* d. 1652.
837. Mary Anne ———.
838. **Edmund Scarborough,** b. 1617, d. 1671.
839. Mary ———, d. 1691.
896. **Stephen Horsey,*** d. 1671, m. 1650.
897. Sarah (———) Williams.
898. Randall Revell.
899. Catherine ———.
900. Edward Revell, d. 1687.
901. Frances ———.

902. William Burton.*
903. Anne Stratton.
904. **Stephen Horsey,*** d. 1671, m. 1750.
905. Sarah (——) Williams.
906. Randall Revell.
907. Catherine ——.
960. **William Custis,*** b. 1633, d. 1726.
962. **Edward Revell,** d. 1687.
963. Frances ——.

TENTH GENERATION

1536. Thomas Custis of Baltimore, Ireland.
1538. **William Whittington,** b. 1650, d. 1720.
1539. Tabitha Smart.
1540. **John Custis,*** b. 1630, d. 1696.
1541. Elizabeth Robinson.
1542. John Michael, d. 1679.
1543. Elizabeth ——.
1676. **Edmund Scarborough,*** b. 1588, d. 1635.
1677. Hannah (Butler?).
1800. **Randall Revell,*** b. 1611, d. 1686.
1806. Thomas Stratton.
1807. Agnes ——.
1920. John Custis of Rotterdam.
1921. Joan ——.
1924. **Randall Revell,*** b. 1611, d. 1686.

1. BENJAMIN PATTEN NICKLIN
1. JOHN BAILEY NICKLIN, JR.

FIRST GENERATION

2. John Bailey Nicklin, b. 5 Aug. 1843, d. 6 May 1919, m. 6 Sept. 1871.
3. Elizabeth Pringle Kaylor, b. 24 Oct. 1850, d. 2 Aug. 1925.

SECOND GENERATION

4. John Bailey Nicklin, b. 23 Feb. 1803, d. 22 Oct. 1891, m. 23 Mch. 1830.
5. Catherine Thornton Pendleton, b. 3 Aug. 1806, d. 11 Aug. 1874.
6. Daniel Pringle Kaylor, b. 22 July 1825, d. 17 May 1898.
7. Sarah Whitfield McBryde, b. 1826, d. 1873.

THIRD GENERATION

8. Joseph Nicklin, b. 29 Sept. 1776, d. 5 Nov. 1853, m. 1802.
9. Elizabeth Calvert, b. 21 Feb. 1777, d. 15 Dec. 1833.
10. Benjamin Pendleton, b. 19 Nov. 1781, d. 23 Mch. 1853.
11. Elizabeth Strother, b. 1 Jan. 1784, d. 12 Nov. 1822.
12. George Kaylor, b. 1782, d. 1832, m. 1805.
13. Mary Pringle, b. 1785, d. 1875.
14. Henry McBryde.
15. Mary Whitfield.

FOURTH GENERATION

16. Joseph Nicklin, b. 1743, d. 1801.
17. Martha Richards, b. 1745, d. 1815.
18. John Calvert, b. 1742, d. 1790, m. 1772.
19. Helen Bailey. Second Wife.
20. William Pendleton, b. 1748, d. 1817.
21. Elizabeth Ferguson, b. 1756, d. 1799.
22. Benjamin Strother, b. 22 June 1750, d. 22 Oct. 1807, m. 1778.
23. Catherine Price, b. 10 Dec. 1753, d. 9 Sept. 1805.
26. Peter Pringle, m. 1779.
27. Mary Gleane.

FIFTH GENERATION

32. Joseph Nicklin, d. 1752.
33. Mary Hopton.
34. Edward Richards, d. 1765.
35. Elizabeth ———.
36. George Calvert, b. 1712, d. 19 May 1782, m. circa 1740.
37. Anne Crupper. First Wife.
38. John Bailey, b. 1713, d. 1789.
39. Helen Newsom, d. 1801.
40. Nathaniel Pendleton, b. 1715, d. 1793, m. circa 1740.
41. Elizabeth Clayton. (Widow Anderson)
42. Benjamin Ferguson, d. 1760, m. 1754.
43. Sarah Anne (Watkins?).
44. Anthony Strother, b. 1710, d. 1765, m. 1733.
45. Beheathland Storke, b. 1716, d. 1753.
46. William Price, b. 1725, d. 1756.
47. Jane Brown, b. 1730, d. 1782.
54. Anthony Gleane.
55. Jane ———.

SIXTH GENERATION

64. Joseph Nicklin, b. 1685, d. 1765.
65. Susanna Marshall.
66. John Hopton.
67. Rachel ———.
68. Joseph Richards.
72. John Calvert, b. circa 1692, d. 1739, m. circa 1711.
73. Eliza. Harrison.
74. Richard Crupper.
75. Anne (Farthing?).
76. George Bailey, b. 1676, d. 1754.
77. Sarah McClane.
78. Thomas Newsom.
79. Helen Smith.
80. Henry Pendleton, b. 1683, d. 1721, m. 1701.
81. Mary Taylor, b. 1688, d. 1770.
82. Samuel Clayton, bp. 30 Sept. 1689, d. 1735.
83. Elizabeth Pendleton, d. 1761.
84. Samuel Ferguson, b. 1698, d. 1772.
85. Anne Brown.
86. Edward Watkins.
87. Mary Taylor, b. 1688, d. 1770.
88. William Strother, d. 1726.
89. Margaret Thornton, b. 2 Apl. 1678.
90. William Storke, b. 1690, d. 1726.
91. Elizabeth Hart.
92. John Price, d. 1726.
93. Jane Smith, d. 1724.
94. William Brown.
95. Mary Middleton.
108. Anthony Gleane, b. 1715, d. 1776.
109. Sarah ———.

SEVENTH GENERATION

130. Joseph Richards, d. 1710.
137. Joane ———.
144. George Calvert, b. circa 1668, d. post 1739, m. circa 1690.
145. Elizabeth Doyne.
146. Thomas Harrison.
147. Sytha Short?
152. John Bailey, d. 1743.
154. Hector McClane, d. 1722.
155. Sarah Morgan.
156. Thomas Newsom, d. 1722.
157. Mary ———.
160. Philip Pendleton,* b. 1654, d. 1721.
161. Isabella Hurt.

BENJ. PATTEN AND JOHN BAILEY NICKLIN, JR. 183

162. James Taylor,* d. 1698.
163. Mary Gregory, b. 1666, d. 1746.
164. Samuel Clayton,* d. inter 1701/4.
165. Susannah ——.
166. Philip Pendleton,* b. 1654, d. 1721.
167. Isabella Hurt.
168. John Ferguson, d. 1717.
169. Anne Stubbleson, d. 1735.
170. Daniel Brown, d. 1746.
171. Elizabeth Coleman.
174. James Taylor,* d. 1698.
175. Mary Gregory, b. 1666, d. 1746.
176. William Strother, d. 1702.
177. Dorothy (Savage?).
178. Francis Thornton, b. 5 Nov. 1651.
179. Alice Savage. First Wife.
180. Nehemiah Storke, d. 1693, m. 1685.
181. Beheathland Gilson, b. 1666, d. 1693.
182. Edward Hart, d. 1703.
183. Margaret Field.
184. Robert Price, d. 1690.
185. Jane ——.
186. John Smith, d. 1722.
187. Elizabeth ——.
188. David Brown, d. 1730.
190. Benjamin Middleton, d. 1756.
216. Anthony Gleane, b. 1680, d. 1734.
217. Susanna Buckhout.

Eighth Generation

288. William Calvert,* b. circa 1643, d. 10 Jan. 1682, m. circa 1662.
289. Elizabeth Stone.
290. Robert Doyne.
292. Burr Harrison,* b. 1637, d. 1710.
293. —— ——.
308. Hector McClane.*
309. Anne ——.
310. Thomas Morgan,* d. 1697.
320. Henry Pendleton, b. 1615, d. 1680.
321. Elizabeth ——.
326. John Gregory,* d. 1676.
327. Elizabeth ——.
338. Stubble Stubbleson, d. 1669.
340. Francis Brown, d. 1709.
341. Elizabeth ——.
342. Robert Coleman, b. 1655, d. 1712.
343. Anne Spilsby, d. 1717.
350. John Gregory,* d. 1676.
351. Elizabeth ——.
352. William Strother.*
356. William Thornton,* living in 1708.
358. Anthony Savage.*
360. William Storke, d. 1676.
362. Andrew Gilson, m. 1664.
363. Beheathland Bernard, b. 1640, d. 1720.
366. Abraham Field, d. 1674.
367. Mary Ironmonger.
368. William Price, b. 1606.
372. John Smith, d. 1696.
376. William Brown.
377. Hester Hall.
380. John Middleton.
381. Elizabeth ——.
432. Anthony Gleane,* b. 1630, d. 1691.
433. Esther (——) Ellis.

Ninth Generation

576. Leonard Calvert,* b. inter 1606/11, d. 9 June 1647, m. circa 1642.
577. ——?
578. William Stone,* b. circa 1604, d. 1660.
579. Verlinda Graves, d. 1675.
640. Henry Pendleton.
641. Susan Camden.
680. Francis Brown of York Co., Va.
684. Richard Coleman.
685. Margaret Claiborne.
726. Thomas Bernard,* d. ante Oct. 1651.
727. Mary Beheathland.
736. John Price.*

Tenth Generation

1152. Sir George Calvert, b. circa 1578/9, d. Apl. 1632, m. 22 Nov. 1604.
1153. Anne Mynne, b. 20 Nov. 1579, d. 8 Aug. 1622.
1368. Henry Coleman,* b. 1594.
1369. Catherine ——.

1. BENNET BISCOE NORRIS

First Generation
2. James Biscoe Norris, b. 24 Jan. 1837, d. 28 July 1907, m. 23 Mch. 1868.
3. Theodora Mary Anderson, b. 4 Dec. 1839, d. 30 Oct. 1913.

Second Generation
6. Theodore Anderson, b. 13 Feb. 1797, d. 13 May 1840, m. 1830.
7. Adaline M. Knott, b. 12 Dec. 1812, d. 10 Nov. 1894.

Third Generation
14. Clement Knott, d. 1814, m. 1803.
15. Mary Blakiston, b. 6 Dec. 1778, d. 9 Feb. 1849.

Fourth Generation
30. Nehemiah Herbert Blakiston, d. 1816, m. 30 Jan. 1772.
31. Mary Cheseldine, d. circa 1800.

Fifth Generation
60. John Blakiston, d. 18 Jan. 1756.
61. Eleanor Dent.

Sixth Generation
120. John Blakiston, d. 1724.
121. Anne Guibert.
122. George Dent, b. 1690, d. 1754.
123. Ann Herbert.

Seventh Generation
240. **Nehemiah Blakiston,** * d. circa 1693, m. 6 May 1669.
241. Elizabeth Gerard, d. 1716.
244. **William Dent,** d. 1704.
245. Elizabeth ——.
246. William Herbert.

Eighth Generation
480. John Blakiston, b. Aug. 1603, d. 1650, m. 9 Nov. 1626.
481. Susannah Chambers.
482. **Thomas Gerard,** * d. 1673.
483. Susannah Snow. First Wife.
488. **Thomas Dent,** * d. 1676.
489. Rebecca Wilkinson.

Ninth Generation
960. Rev. Marmaduke Blakiston, d. Sept. 1639, m. 30 June 1595.
961. Margaret James, d. Mch. 1636.

1. CHARLES O'DONOVAN, M.D.

First Generation

2. Dr. Charles O'Donovan, b. 7 Apl. 1860, d. 24 Jan. 1930, m. 2 June 1895.
3. Mary Rosa Shriver, b. 24 Sept. 1874.

Second Generation

4. Charles O'Donovan, b. 1829, d. 1889.
5. Henrietta Hyatt Jenkins, b. 1834, d. 1918.
6. Albert Shriver, b. 3 June 1838, d. 30 Dec. 1895, m. 26 Apl. 1866.
7. Anne Jenkins, b. 21 May 1841, d. 28 Sept. 1906.

Third Generation

8. John H. O'Donovan,* b. 1804, d. 1869. From Dublin, Ireland.
9. Phoebe Fitzgerald,* b. 1805, d. 1880.
10. Hugh Jenkins, b. 1798, d. 1863.
11. Elizabeth A. Wintkle, b. 1802, d. 1836.
12. William Shriver, b. 23 Dec. 1796, d. 11 June 1879, m. 21 Nov. 1826.
13. Margaret Josephine Owings, b. 29 Aug. 1808, d. 16 Apl. 1895.
14. Alfred Jenkins, b. 22 Jan. 1810, d. 16 Aug. 1875, m. 18 Feb. 1835.
15. Elizabeth Cecilia Hickley, b. 6 Sept. 1815, d. 5 Apl. 1903.

Fourth Generation

24. Andrew Shriver, b. 7 Nov. 1762, d. 20 Sept. 1847, m. 31 Dec. 1786.
25. Elizabeth Shultz, b. 15 Aug. 1766, d. 27 Sept. 1839.
26. John Owings.
27. Margaret McAlister.
28. Edward Jenkins, b. 27 Mch. 1774, d. 12 Apl. 1833, m. 15 Feb. 1803.
29. Ann Spalding, b. 28 May 1786, d. 3 Feb. 1841.
30. Robert Hickley, b. circa 1782, d. 10 Dec. 1845.
31. Eleanor Cooper, b. 1788, d. 1874.

Fifth Generation

48. David Shriver, b. 40 Mch. 1735, d. 30 Jan. 1826, m. 8 May 1761.
49. Rebecca Ferree, b. 21 Jan. 1742, d. 24 Nov. 1810.
50. John Shultz, b. circa 1732, d. 3 May 1820.
52. Robert Owings. Of Penna.
56. Michael Jenkins, b. 25 Dec. 1736, d. 1802, m. 21 Dec. 1761.
57. Charity Ann Wheeler, b. circa 1744, d. 10 Oct. 1820.
58. William Spalding, b. circa 1754, d. 3 Aug. 1803, m. 1784.
59. Mary Lilly, b. 10 Oct. 1767, d. 15 Dec. 1801.
60. James Hickley,* d. Jan. 1797.

Sixth Generation

96. Andrew Shriver, b. 6 Sept. 1712, d. 1797, m. 1733.
97. Anna Maria Keiser, b. 1710.
98. Abraham Ferree, d. 1775.
99. Elizabeth Eltinge, b. 1719.
104. Robert Owings, b. circa 1699 (?), m. 23 Dec. 1730.
105. Hannah Forquer (Farquar?).
112. William Jenkins, b. 1683, d. 1755.
113. Mary Courtney, d. post 1755.
114. Thomas Wheeler, b. 19 May 1708, d. 1770.
115. Sarah Scott, d. post 1745. First Wife.

Seventh Generation

192. Andreas Schreiber,* b. 7 Sept. 1673, d. 1723, m. 3 Aug. 1706.
193. Anna Margaretta Hess, bp. 22 Oct. 1674.
194. Ulrich Keiser.
195. Veronica ——.
196. Philip Ferree,* b. 1687, d. 1753, m. 4 June 1713.
197. Leah Du Bois, b. circa 1687, d. 1758.
198. Cornelius Eltinge, bp. 29 Dec. 1681, d. 1754, m. 3 Sept. 1704.
199. Rebecca Van Mceteren, bp. 26 Apl. 1686, d. 1756.
224. Thomas Jenkins,* b. circa 1641, d. 1727, m. 1669.
225. Ann (Spalding?), d. 1729.
226. Thomas Courtney, b. 1641, d. 1706.
228. Benjamin Wheeler, b. ante 1686, d. 1741.
229. Elizabeth ——.
230. Daniel Scott, b. 1680, d. 20 Mch. 1745, m. circa 1708.
231. Elizabeth (Whittaker) Love, d. 1758.

Eighth Generation

386. Hans Theobold Hess.
387. Margaretta ——.
392. Daniel Ferree.
393. Mary Warenbeer,* d. 1716.
394. Abraham Du Bois, b. 1657, d. 1731, m. 1681.
395. Margaret Deyo.
396. Jan Eltinge,* b. 29 July 1632.
397. Jacomyntje Sleght.
398. Joost Janse Van Mecteren, b. circa 1656, m. 12 Dec. 1682.
399. Sarah Du Bois, bp. 9 Oct. 1661, d. post 1726.
452. James Courtney,* d. 1642, m. circa 1639.
453. Mary Lawne, b. circa 1614.
456. Thomas Wheeler, b. 18 Mch. 1660, d. circa 1736.
460. Daniel Scott,* d. 15 Feb. 1724.
461. Jane Johnson.

NINTH GENERATION

788. **Louis Du Bois,** * b. 27 Oct. 1626, d. ante June 1696, m. 10 Oct. 1655.
789. Catherine Blancjean, d. circa 1706.
790. Christian Deyo.
792. Roeloffe Eltinge.
793. Aeltje ——.
794. **Cornelis Barents Slecht,** * d. 1671.
796. Jan Joosten Van Meeteren.*
797. Macyken Hendrickson.
798. **Louis Du Bois,** * b. 27 Oct. 1626, d. ante June 1696, m. 10 Oct. 1655.
799. Catherine Blancjean, d. circa 1706.

912. **John Wheeler,** * b. circa 1631, d. 1694.
913. Mary ——, b. circa 1630, d. post 1694.
922. John (?) Johnson.
923. Deborah ——.

TENTH GENERATION

1576. Crétien Du Bois, d. ante 1655. Of France.
1578. **Mathese Blancjean,** * d. 1695.
1579. Madeleine Jorisse.
1596. Crétien Du Bois, d. ante 1655. Of France.
1598. **Mathese Blancjean,** * d. 1695.
1599. Madeleine Jorisse.

1. FRANKLIN BUCHANAN OWEN

First Generation
2. William Tilghman Owen, b. 13 Feb. 1850, d. 9 Jan. 1900, m. 10 June 1873.
3. Mary Tilghman Buchanan, b. 29 Nov. 1852.

Second Generation
4. Kennedy Riddell Owen, d. Mch. 1858, m. 1 Nov. 1840.
5. Anna Maria Tilghman, b. 6 Mch. 1821.
6. Franklin Buchanan, b. 17 Sept. 1800, d. 11 May 1874, m. 19 Feb. 1835.
7. Anne Catherine Lloyd, b. 14 June 1808, d. 7 Jan. 1892.

Third Generation
8. Kennedy Owen, b. circa 1774, d. 25 Mch. 1817, m. 18 Dec. 1806.
9. Agnes Riddell, b. 21 May 1788, d. Aug. 1869.
10. William Gibson Tilghman, b. 24 Sept. 1785, d. 20 June 1844, m. 13 Dec. 1808.
11. Anna Polk, b. 14 Mch. 1788, d. 29 Sept. 1860.
12. Dr. George Buchanan, b. 19 Sept. 1763, d. 9 July 1808, m. 11 June 1789.
13. Laetitia McKean, b. 6 Jan. 1769, d. 9 Feb. 1845.
14. Edward Lloyd, b. 22 July 1779, d. 2 June 1834, m. 30 Nov. 1797.
15. Sally Scott Murray, b. 30 Oct. 1775, d. 9 May 1854.

Fourth Generation
16. Robert Owen, b. 1 Aug. 1750, m. circa 1773.
17. Rebecca Swearingen.
18. Robert Riddell,* b. circa 1760, d. 5 May 1809, m. 12 Mch. 1786.
19. Mary Hawksworth, b. circa 1761, d. 25 Jan. 1806.
20. Richard Tilghman, b. 6 Apl. 1740, d. 12 Apl. 1809, m. 2 Aug. 1784.
21. Mary Gibson, b. 26 Sept. 1766, d. 1 Dec. 1790.
22. Daniel Polk, b. 28 Feb. 1750, d. 29 Mch. 1796, m. 9 Feb. 1775.
23. Margaret Nutter White.
24. Andrew Buchanan, b. 22 Oct. 1734, d. 12 Mch. 1786, m. 20 July 1760.
25. Susanna Lawson, b. 12 Jan. 1743, d. 26 Aug. 1798.
26. Thomas McKean, b. 19 Mch. 1734, d. 24 June 1817, m. 21 July 1763.
27. Mary Borden, b. 21 July 1744, d. 12 Mch. 1773. First Wife.
28. Edward Lloyd, b. 15 Dec. 1744, d. 8 July 1796, m. 19 Nov. 1767.
29. Elizabeth Tayloe, b. 6 Mch. 1750, d. 17 Feb. 1825.
30. Dr. James Murray, b. 2 Jan. 1741, d. 1 Dec. 1819, m. 6 Oct. 1773.
31. Sarah Ennalls Maynadier, b. 8 Dec. 1751, d. 1837. (Widow Nevett)

Fifth Generation
32. Lawrence Owen, b. 20 Apl. 1714, d. 2 May 1761, m. circa 1738.
33. Sarah ———.
34. Samuel Swearingen, b. 6 Sept. 1728, m. 28 May 1752.
35. Anne Farrell.
40. William Tilghman, b. 22 Sept. 1711, d. 1782, m. 2 Aug. 1736.
41. Margaret Lloyd, b. 16 Feb. 1714.
42. John Gibson, b. 1729, d. 5 May 1790, m. 1750.
43. Elizabeth Sherwood, d. 1797.
44. Robert Polk, b. 1707, d. 1770.
45. Alice ———, d. 1773.
46. Thomas White, b. 15 Aug. 1729, d. 15 Feb. 1795.
47. Margaret Nutter.
48. Dr. George Buchanan,* b. 1698, d. 23 Apl. 1750.
49. Eleanor Rogers, b. 1705, d. 26 Aug. 1758.
50. Alexander Lawson, b. 1710, d. 14 Oct. 1760, m. 13 Nov. 1735.
51. Dorothy Smith, b. 1716.
52. William McKean,* b. 1704/7, d. 18 Nov. 1769.
53. Letitia Finney,* d. 1742. First Wife.
54. Joseph Borden, b. 1 Aug. 1719, d. 8 Apl. 1791, m. 22 Sept. 1743.
55. Elizabeth Rogers, b. 10 July 1725, d. 2 Nov. 1807.
56. Edward Lloyd, b. 8 May 1711, d. 27 Jan. 1770, m. 26 Mch. 1739.
57. Anne Rousby, b. 1721, d. 11 May 1769.
58. John Tayloe, b. 1721, d. 18 Apl. 1779, m. 11 July 1747.
59. Rebecca Plater, b. 8 Aug. 1731, d. 27 Jan. 1787.
60. Dr. William Murray, b. 15 July 1708, d. 13 Apl. 1769, m. 22 Jan. 1740.
61. Anne Smith, b. 7 Dec. 1720, d. 18 Aug. 1807.
62. Rev. Daniel Maynadier, b. 26 Aug. 1724, d. 30 Dec. 1772, m. 11 May 1746.
63. Mary Murray, b. 1729.

Sixth Generation
68. Van Swearingen, b. circa 1691, d. circa 1803?.
69. Elizabeth Walker, b. 23 Dec. 1695.
70. Kennedy Farrell.
71. Isabel ———.
80. Richard Tilghman, b. 23 Feb. 1672, d. 23 Feb. 1738, m. 7 Jan. 1700.
81. Anna Maria Lloyd, b. 1676, d. Dec. 1748.
82. James Lloyd, b. 7 Mch. 1680, d. 27 Sept. 1723, m. 12 Jan. 1709.

83. Ann Grundy, b. 25 Apl. 1690, d. 18 Nov. 1731.
84. Woolman Gibson, b. 28 Mch. 1694, d. 1742, m. 18 Apl. 1718.
85. Sarah Dawson. First Wife.
88. Robert Polk, d. 1727.
89. Grace ——.
92. John White, d. 1757.
93. Elizabeth ——.
96. Mungo Buchanan, d. 3 Apl. 1710, m. 22 Jan. 1687.
97. Anna Barclay.
98. Nicholas Rogers, d. 1720.
99. Eleanor ——, d. post, 1762.
100. James Lawson, d. post 1760. Of Scotland.
102. Walter Smith, b. 1692, d. 1734, m. circa 1714.
103. Susanna Brooke, d. 1767.
104. —— McKean.
105. Susanna ——, d. 1731.
106. Robert Finney, b. 1668, d. Mch. 1755.
107. Dorothea ——, b. 1670, d. May 1752.
108. Joseph Borden, b. 12 May 1687, d. 22 Sept. 1765, m. circa 1717.
109. Mary Ann Conover?, b. 1688, d. 11 Mch. 1745.
110. Samuel Rogers, b. 1692, d. 17 Sept. 1756.
111. Mary ——, b. 1690, d. 14 Apl. 1738.
112. Edward Lloyd, b. Feb. 1670, d. 28 Mch. 1719, m. 1 Feb. 1703.
113. Sarah Covington, b. 1683, d. 4 Apl. 1755.
114. John Rousby, d. Aug. 1744.
115. —— ——. Second Wife.
116. John Tayloe, b. 15 Feb. 1687, d. 1747.
117. Elizabeth Gwynn, b. 31 Dec. 1692, d. Nov. 1761.
118. George Plater, b. 1695, d. 17 May 1755, m. 10 June 1729.
119. Rebecca Addison, b. 3 Jan. 1703, d. inter 1742/9.
122. James Smith, b. 1683, d. Mch. 1760, m. 21 Jan. 1706.
123. Sarah Hynson.
124. Rev. Daniel Maynadier, d. 23 Feb. 1745.
125. Hannah Martin. (Widow Parrott)
126. Dr. William Murray, b. 1692, d. 11 Nov. 1763, m. 2 Sept. 1719.
127. Sarah Ennalls, b. 14 Sept. 1697, d. 19 Nov. 1742. First Wife.

SEVENTH GENERATION

136. Thomas van Swearingen, d. 1710.
137. Jane ——.
138. Charles Walker, d. 1730.
139. Rebecca Isaac.
160. Richard Tilghman,* bp. 27 Sept. 1627, d. 7 Jan. 1676.
161. Mary Foxley, d. circa 1702.
162. Philemon Lloyd, b. 1646, d. 22 June 1685, m. 1669.
163. Henrietta Maria Neale, b. circa 1647, d. 1697.

164. Philemon Lloyd, b. 1646, d. 22 June 1685.
165. Henrietta Maria Neale, b. circa 1647, d. 1697.
166. Robert Grundy,* d. 1720.
167. Deborah Shrigley.
168. Jacob Gibson, d. 1741, m. ante 1690.
169. Alice Woolman.
170. Ralph Dawson, d. 1708, m. circa 1694.
171. Mary Omely.
176. Robert Polk,* d. 1703.
177. Magdalen Tasker,* d. 1727.
184. Edward White,* d. circa 1694.
185. Elizabeth ——.
192. Mungo Buchanan, b. 1622, d. ante 1690.
193. Barbara Leckie.
196. Nicholas Rogers,* d. 1690.
197. —— ——.
204. Walter Smith, d. 1711, m. 1686.
205. Rachel Hall, b. 1670, d. 28 Oct. 1730.
206. Clement Brooke, b. 1676, d. 1737.
207. Jane Sewell, d. 1761.
216. Benjamin Borden, b. May 1649, d. post 1718, m. 22 Sept. 1670.
217. Abigail Grover, b. circa 1656, d. 8 Jan. 1720.
224. Philemon Lloyd, b. 1646, d. 22 June 1685.
225. Henrietta Maria Neale, b. 1647, d. 21 May 1697.
226. Nehemiah Covington, d. 1713, m. 15 Nov. 1679.
227. Rebecca Denwood.
228. John Rousby,* d. 1 Feb. 1685.
229. Barbara Morgan.
232. William Tayloe,* d. ante 1710.
233. Anne Corbin, d. 1704.
234. David Gwynn, d. 1704.
235. Catherine Griffin, d. 1728.
236. George Plater, b. circa 1664, d. 1707, m. circa 1694.
237. Anne Burford.
238. Thomas Addison, b. 1679, d. 17 June 1727, m. 21 Apl. 1701.
239. Elizabeth Tasker, b. 1686, d. 10 Feb. 1706. First Wife.
246. John Hynson, d. May 1705.
247. Rachel ——.
250. Thomas Martin, d. 1705.
251. Jane ——. Second Wife.
254. Henry Ennalls, b. 3 Mch. 1675, d. 31 Mch. 1734, m. 31 Mch. 1695.
255. Mary Hooper, b. 1674, d. 27 July 1745.

EIGHTH GENERATION

272. Gerrett van Swearingen* b. 1636, d. 1698.
273. Barbara de Barrette.
278. Joseph Isaac,* d. 1688.
279. Margaret ——.
320. Oswald Tilghman, b. 4 Oct. 1579, d. 1628, m. Nov. 1626.
321. Elizabeth Packnam. Second Wife.
324. Edward Lloyd,* b. circa 1615, d. 1696.
325. Alice Crouch.

FRANKLIN BUCHANAN OWEN 189

326. James Neale,* d. 1684.
327. Anne Gill, d. 1698.
328. Edward Lloyd,* d. 1696.
329. Alice Crouch.
330. James Neale,* d. 1684.
331. Anne Gill, d. 1698.
338. Richard Woolman,* d. 1681.
339. Alice ——.
340. Ralph Dawson,* d. 1706.
341. Mary ——.
342. Bryan Omely,* d. circa 1685.
343. Mary Lewis, d. 1694.
384. Robert Buchanan of Scotland.
408. Richard Smith.*
409. Eleanor ——.
410. Richard Hall,* d. 1688.
411. Elizabeth ——.
412. Thomas Brooke,* b. 23 June 1632, d. 1676.
413. Eleanor Hatton,* b. 1642, d. 1725.
414. Nicholas Sewell,* b. 1655, d. 1737.
415. Susanna Burgess.
432. Richard Borden,* b. 1601, d. 25 May 1671.
433. Joan ——, b. 1604, d. 15 July 1688.
434. James Grover, d. 1686.
435. Rebecca ——.
448. Edward Lloyd,* d. 1696.
449. Alice Crouch.
450. James Neale,* d. 1684.
451. Anne Gill.*
452. Nehemiah Covington,* d. 1681.
453. Mary ——.
454. Levin Denwood.*
455. Mary ——.
458. Henry Morgan,* d. 1663.
459. Frances ——.

466. Henry Corbin,* b. circa 1629, d. 1675.
467. Alice Eltonhead, d. 1684.
470. Samuel Griffin,* d. 1703.
471. Sarah (——) Griffin.
474. Thomas Burford,* d. Mch. 1687.
475. Anne ——.
476. John Addison,* d. 1705, m. 1677.
477. Rebecca Wilkinson.
478. Thomas Tasker,* d. 1700, m. 1676.
479. ? Elizabeth Thompson.
492. Thomas Hynson,* b. 1620, d. 1667.
493. Grace ——.
508. Bartholomew Ennalls,* d. 1688.
509. Mary (Warren?) Hayward.
510. Henry Hooper, b. 1643, d. 1720, m. 1669.
511. Elizabeth Denwood.

NINTH GENERATION

654. Benjamin Gill,* d. 1655.
662. Benjamin Gill,* d. 1655.
824. Robert Brooke,* b. 3 June 1602, d. 20 July 1655.
825. Mary Baker.
826. Richard Hatton.
827. Margaret ——.*
828. Henry Sewell.*
829. Jane Lowe.
830. William Burgess,* b. 1622, d. 24 Jan. 1687.
902. Benjamin Gill,* d. 1655.
954. Rev. William Wilkinson, d. 1663.
955. Naomi ——.
1020. Henry Hooper,* d. 1676.
1021. Sarah ——.
1022. Levin Denwood.*
1023. Mary ——.

1. JOHN PHILEMON PACA, 5th
2. JOHN PHILEMON PACA

FIRST GENERATION

2. JOHN PHILEMON PACA, b. 10 Apl. 1861, d. 23 Jan. 1931, m. 17 June 1896.
3. Bessie Miller, b. 8 Nov. 1875.

SECOND GENERATION

4. John Philemon Paca, b. 30 June 1833, d. 4 Jan. 1892, m. 1 Dec. 1859.
5. Florence Murray Keys, b. 7 Sept. 1841, d. 3 Oct. 1923.

THIRD GENERATION

8. John Philemon Paca, d. 15 Dec. 1835, m. 22 Mch. 1831.
9. Esther Nicholson, b. 11 Jan. 1810, d. 8 Apl. 1874.
10. Bayley Keys, b. 12 May 1791, d. 3 July 1868, m. 1 July 1818.
11. Priscilla Taylor, b. 29 June 1802, d. 13 Feb. 1865.

FOURTH GENERATION

16. John Philemon Paca, b. 17 Mch. 1771, d. 8 Jan. 1840.
17. Juliana Tilghman, d. 13 Feb. 1861.
18. James Nicholson, b. 12 May 1781, d. 10 Nov. 1820, m. 5 Aug. 1804.
19. Margaretta D. Emerson, b. 1785, d. 7 Feb. 1838.
20. Richard Keys, b. 1756, d. 28 Apl. 1830.
21. Mary Bayley, b. 1758, d. 25 Dec. 1829.
22. Joseph Taylor, b. 1 July 1774, d. 27 June 1864, m. 18 Aug. 1801.
23. Frances Blakiston, b. 1773, d. 1 Oct. 1807.

FIFTH GENERATION

32. **William Paca,** b. 31 Oct. 1740, d. 23 Oct. 1799, m. 26 May 1763.
33. Ann Mary Chew, d. 15 Jan. 1774. First Wife.
34. Richard Tilghman, b. 28 Jan. 1746, d. 28 May 1805.
35. Mary Tilghman.
36. Joseph Nicholson, b. circa 1734, d. 28 Sept. 1786, m. 28 July 1757.
37. Elizabeth Hopper, b. 7 Nov. 1739, d. 13 July 1806.
40. James Keys* of Chester Co., Pa.
42. James Bayley,* b. 1719, d. Nov. 1793.
43. Mary Boyd.
46. James Blakiston, b. 28 Nov. 1746, d. 16 Nov. 1822.
47. Priscilla Bradshaw, b. 1746, d. 1 Mch. 1796.

SIXTH GENERATION

64. John Paca, b. 1712, d. 1785, m. 2 Nov. 1732.

65. Elizabeth Smith.
66. Samuel Chew, b. circa 1704, d. 15 Jan. 1737, m. circa 1727.
67. Henrietta Maria Lloyd.
68. **Matthew Tilghman,** b. 17 Feb. 1718, d. 4 May 1790.
69. Anna Lloyd, b. 13 Feb. 1724.
70. **Edward Tilghman,** b. 3 July 1713, d. 9 Oct. 1785, m. 25 Apl. 1759.
71. Juliana Carroll, b. 3 Jan. 1729.
72. Joseph Nicholson, b. 6 Aug. 1709, d. 1787, m. 1732.
73. Hannah Smith, b. 14 Mch. 1708, d. 1767. (Widow Scott)
74. **William Hopper,** b. 11 July 1707, d. 15 Apl. 1772.
75. Esther Sweatnam, d. 21 Oct. 1740. First Wife.
84. Thomas Bayley, d. 1737.
85. Mary ———.
92. Michael Blakiston, bp. 2 Dec. 1711, d. 2 Mch. 1758.
93. Anne Bradshaw, d. 1771.
94. John Bradshaw.

SEVENTH GENERATION

128. Aquila Paca, d. 10 Sept. 1721, m. 11 Sept. 1699.
129. Martha Phillips.
130. William Smith,* d. 30 Jan. 1732, m. circa 1714.
131. Elizabeth Martin, d. 31 Dec. 1778. (Widow Dallam)
132. Samuel Chew, b. 28 May 1683, d. 31 Oct. 1736, m. 26 Aug. 1703.
133. Mary Harrison, b. 31 Dec. 1684, d. 4 Aug. 1725.
134. Philemon Lloyd, b. 1672, d. 1732.
135. ——— (———) Freeman.
136. **Richard Tilghman,** b. 23 Feb. 1672, d. 23 Feb. 1738, m. 7 Jan. 1700.
137. Anna Maria Lloyd, b. 1676, d. Dec. 1748.
138. James Lloyd, b. 7 Mch. 1680, d. 27 Sept. 1723.
139. Ann Grundy, b. 25 Apl. 1690.
140. **Richard Tilghman.**
141. Anna Maria Lloyd.
142. Dominick Carroll, d. 24 Jan. 1737, m. 3 Dec. 1725.
143. Mary (Sewall) Frisby.
144. William Nicholson,* d. 15 Feb. 1719, m. 15 Aug. 1704.
145. Elizabeth Burgess,* b. 5 Aug. 1682, d. 13 Mch. 1717.
146. **James Smith,** b. 1683, d. 1760, m. 26 Jan. 1706.
147. Sarah Hynson.
148. William Hopper,* d. 1711.
149. Mary ———.
150. William Sweatnam.

151. —— ——.
168. Thomas Bayley.
184. John Blakiston, b. 1669, d. Dec. 1733.
185. Hannah ——.

EIGHTH GENERATION

256. Robert Paca,* d. 1681.
257. Mary Parker, b. 1633, d. 22 Dec. 1699.
258. James Phillips,* d. 1680.
259. Susanna (——) Orchard.
262. William Martin,* d. 1690.
263. ? Isabella ——.
264. Samuel Chew, b. circa 1660, d. 10 Oct. 1718, m. 14 Apl. 1682.
265. Anne ——.
268. Philemon Lloyd, b. 1646, d. 22 June 1685, m. 1669.
269. Henrietta Maria Neale, d. 21 May 1697.
272. Richard Tilghman,* bp. 27 Sept. 1627, d. 7 Jan. 1676.
273. Mary Foxley.
274/276. Philemon Lloyd, b. 1646, d. 22 June 1685, m. 1669.
275/277. Henrietta Maria Neale, d. 21 May 1697.
278. Robert Grundy,* d. 1720.
279. Deborah Shrigley.
280. See 272.
282. See 274.
286. Nicholas Sewall,* b. circa 1655, d. Apl. 1737.
287. Susanna Burgess, b. circa 1662.
290. Edward Burgess, d. 1723.
291. Sarah Chew, d. 1740.
294. John Hynson, d. May 1705.
295. Rachel ——. First Wife.
368. John Blakiston, b. circa 1649, d. 1679.
369. Sara ——,* d. 1683.

NINTH GENERATION

514. William Parker.*
528. Samuel Chew,* d. 15 Mch. 1677, m. circa 1658.
529. Anne Ayres, d. 13 Apl. 1695.
536. Edward Lloyd,* d. 1696.
537. Alice Crouch. First Wife.
538. James Neale,* d. 1684.
539. Anna Gill, d. 1698.
544. Oswald Tilghman, b. 4 Oct. 1579, d. 1628, m. Nov. 1626.
545. Elizabeth Packnam. Second Wife.
548. Edward Lloyd,* d. 1696.
549. Alice Crouch. First Wife.
554. James Neale,* d. 1684.
555. Anna Gill, d. 1698.
572. Henry Sewall,* d. 1665.
573. Jane Lowe.*
574. William Burgess,* b. 1622, d. 24 Jan. 1687.
575. Sophia (——) Ewen.
580. William Burgess,* b. 1622, d. 24 Jan. 1687.
581. Elizabeth Robins.
582. Samuel Chew,* d. 15 Mch. 1677.
583. Anne Ayres, d. 13 Apl. 1695.
588. Thomas Hynson,* b. 1620, d. 1667.
589. Grace ——.
736. George Blakiston, b. 1616, d. 30 Sept. 1669.
737. Barbara Lawson.

TENTH GENERATION

1056. John Chew,* d. ante 1665.
1057. Sarah ——.
1058. William Ayres.*
1059. Sarah ——.
1078. Benjamin Gill,* d. 1655.
1088. William Tilghman, b. 1518, d. 1594.
1089. Susanna Whetenhall.
1110. Benjamin Gill,* d. 1655.
1146. Vincent Lowe.
1147. Anne Cavendish.
1162. Edward Robins,* d. ante 1646.
1163. Jane ——.
1164. See 1056.
1166. See 1058.
1472. Rev. Marmaduke Blakiston, b. circa 1570, d. 3 Sept. 1638, m. 30 June 1597.
1473. Margaret James, d. 10 Mch. 1636.

1. CHARLES LEE PACKARD
1. JOSEPH PACKARD
2. JOSEPH PACKARD

FIRST GENERATION

2. JOSEPH PACKARD, b. 10 Apl. 1842, m. 27 Dec. 1882.
3. Meta Hanewinckel, b. 6 Aug. 1856.

SECOND GENERATION

4. Joseph Packard, b. 23 Dec. 1812, d. 8 May 1902, m. 23 June 1838.
5. Rosina Jones, b. 16 May 1814, d. 19 July 1891.

THIRD GENERATION

10. Walter Jones, b. 7 Oct. 1776, d. 14 Oct. 1861, m. 17 May 1808.
11. Anne Lucinda Lee, b. 5 May 1790, d. 15 May 1835.

FOURTH GENERATION

22. Charles Lee, b. 1758, d. 24 June 1815, m. 11 Feb. 1789.
23. Anne Lee, b. 1 Dec. 1770, d. 9 Sept. 1804.

FIFTH GENERATION

46. Richard Henry Lee, b. 20 Jan. 1732, d. 9 June 1794, m. 6 June 1769.
47. Anne Gaskins, d. 10 Jan. 1796. (Widow Pinkard)

SIXTH GENERATION

92. Thomas Lee, b. 1690, d. 14 Nov. 1750, m. May 1722.
93. Hannah Ludwell, b. 5 Dec. 1701, d. 25 Jan. 1750.

SEVENTH GENERATION

184. Richard Lee, b. circa 1647, d. 12 Mch. 1714.
185. Letitia Corbin, b. circa 1657, d. 6 Oct. 1706.

EIGHTH GENERATION

368. Richard Lee,* d. circa 1665.
369. Anna ——.

1. CHARLES McKEW PARR

First Generation
2. Charles E. Parr, b. 21 June 1852, d. 7 Oct. 1926, m. 26 July 1883.
3. Helen Beauregard McKew, b. 15 June 1862, d. 5 Mch. 1927.

Second Generation
6. Dr. D. I. McKew, b. 5 Nov. 1829, d. 10 Feb. 1885, m. 26 Apl. 1853.
7. Victorine Hilger, b. 25 Sept. 1824, d. 26 Apl. 1898.

Third Generation
14. Abraham Hilger,* b. 13 Dec. 1782, d. circa 1825, m. 5 July 1821.
15. Sophia Robinson, b. 11 Dec. 1803, d. Apl. 1891.

Fourth Generation
30. David Robinson, d. 1842, m. 19 Apl. 1800.
31. Katharine Johnson, b. 1785, d. circa 1845.

Fifth Generation
60. Hampton Robinson, b. circa 1717, d. 1774, m. 5 Feb. 1752.
61. Rebecca Jones.

Sixth Generation
120. Thomas Robinson, m. circa 1716.
121. Mary Hampton, d. circa 1719.

Seventh Generation
240. Thomas Robinson, d. circa 1715.
241. Rachel Clarke.

Eighth Generation
482. Neale Clarke, d. 1678.
483. Rachel Beard.

Ninth Generation
966. Richard Beard,* d. 1681.
967. Rachel Robins.

Tenth Generation
1934. Edward Robins,* b. 1602, d. circa 1646.

Eleventh Generation
3868. Thomas Robins.
3869. Mary Bulkley.

1. DALRYMPLE PARRAN

First Generation
2. William J. Parran, b. 14 Sept. 1828, d. 30 Aug. 1898.
3. Sarah Rebecca Bourne, b. 13 June 1838, d. 16 Jan. 1912.

Second Generation
4. Samuel Parran, b. 1780, d. 1845.
5. Elizabeth Dalrymple, b. 1799, d. 1850.

Third Generation
8. John Parran, b. 1752, d. 1822.
9. Ann Bourne, b. 1758.

Fourth Generation
16. Young Parran, b. 1711, d. 1772.
17. Elizabeth Smith, b. 1720. (Widow Wilkinson)

Fifth Generation
34. Charles Somerset Smith, b. 1697, d. 1738.
35. Margaret Smith.

Sixth Generation
68. Richard Smith, d. 1714, m. 1696.
69. Mary Johanna Somerset, d. 1697. (Widow Lowther) Third Wife.

Seventh Generation
136. Richard Smith,* d. circa 1689.
137. Eleanor ——.
138. Charles Somerset.
139. Catherine Baskerville. Second Wife.

1. FRANCIS JOSEPH PARRAN

FIRST GENERATION
2. William Alexander Parran, b. 5 Feb. 1826, d. 14 Feb. 1902, m. 5 Dec. 1849.
3. Anne Elizabeth Sollers, b. 22 May 1828, d. 25 Feb. 1918.

SECOND GENERATION
4. Charles Somerset Smith Parran, b. 1800, d. 1828, m. 1825.
5. Sarah Ireland Somervell, b. 1808, d. 29 Sept. 1875.

THIRD GENERATION
8. Alexander Parran, b. 1757, d. 1805.
9. Mollie King.

FOURTH GENERATION
16. Young Parran, b. 1711, d. 1772.
17. Elizabeth Smith, b. 1720. (Widow Wilkinson)

FIFTH GENERATION
34. Charles Somerset Smith, b. 1697, d. 1738.
35. Margaret Smith.

SIXTH GENERATION
68. Richard Smith, d. 1714, m. 1696.
69. Mary Johanna Somerset, d. 1697. (Widow Lowther) Third Wife.

SEVENTH GENERATION
136. Richard Smith,* d. circa 1689.
137. Eleanor ——.
138. Charles Somerset.
139. Catherine Baskerville. Second Wife.

1. CHARLES LATHROP PARSONS, JR.

First Generation

2. Charles Lathrop Parsons, b. 23 Mch. 1867, m. 29 Dec. 1887.
3. Alice Douglas Robertson, b. 20 June 1870, d. 29 Apl. 1936.

Second Generation

4. Benjamin F. Parsons, b. 7 Nov. 1827, d. 16 Nov. 1907, m. 20 Dec. 1859.
5. Leonora Frances Bartlett, b. 9 Oct. 1837, d. 21 Nov. 1920.
6. James Douglas Robertson,* b. 1 May 1833, d. 26 Oct. 1914, m. 20 July 1869.
7. Anna Guerard, b. 8 Jan. 1836, d. 30 Jan. 1916. (Widow Crowel)

Third Generation

8. Willard Parsons, b. 20 July 1795, d. 6 May 1876, m. 6 June 1820.
9. Tryphosa Naramore, b. 8 July 1797, d. 20 Jan. 1876.
10. John Chandler Bartlett, b. 16 Dec. 1803, d. 1 Jan. 1865, m. 5 Jan. 1836.
11. Lucy Anne Lathrop, b. 22 Oct. 1813, d. 5 July 1840.
12. John Robertson. Of Scotland.
13. Agnes Orr.
14. Jacob De Veaux Guerard, m. 6 Mch. 1821.
15. Alice Screven.

Fourth Generation

16. Solomon Parsons, b. 28 Aug. 1763, d. 26 Jan. 1805, m. 25 Nov. 1790.
17. Lucinda Packard, b. 8 Apl. 1765, d. 6 July 1850.
18. Alpheus Narramore, b. 1766, d. May 1806, m. 17 Nov. 1791.
19. Marcy White, b. 3 Oct. 1764.
20. Cyrus McCall Bartlett, b. 13 July 1778, d. 28 Aug. 1835, m. 1801.
21. Betsy McCall, b. 16 Oct. 1779, d. 10 Sept. 1866.
22. Charles Lathrop, b. 9 Mch. 1788, d. 9 July 1822, m. 1 Dec. 1810.
23. Roxey Chapman, b. 7 Oct. 1789, d. 12 Jan. 1875.
28. Joseph Guerard, m. 1788.
29. Elizabeth Martha DeVeaux.
30. Richard Bedon Screven, b. 6 Sept. 1778, d. 1856.
31. Alice Bedon.

Fifth Generation

32. Benjamin Parsons, b. 2 Oct. 1720, d. 1 Apl. 1777,* m. 1746.
33. Rebecca Sheldon, b. 6 Dec. 1727, d. 28 Oct. 1811.
34. Joshua Packard, b. 20 Apl. 1741.
35. ———.
36. Samuel Narramore, b. Apl. 1730, d. 9 Dec. 1777, m. 23 Oct. 1755.
37. Deborah Colton.
38. William White, b. 26 Mch. 1737, d. 7 Nov. 1821.
39. Marcy Dresser, b. 18 Sept. 1742, d. 1 Jan. 1823.
40. Chandler Bartlett, b. 22 Jan. 1733, d. 2 Apl. 1818.
41. Delight McCall, b. 19 Mch. 1744, d. post 1814.
42. Hobart McCall, b. 26 Mch. 1750, d. 26 Jan. 1825, m. 30 Sept. 1773.
43. Lucy Strong, b. 1756, d. Oct. 1786.
44. Charles Lathrop, b. 17 Mch. 1755, d. 11 Sept. 1849, m. 20 Jan. 1779.
45. Lucy Stark, b. 20 Dec. 1758, d. 11 Apl. 1790.
46. Tennant Chapman, b. 1762, d. 19 May 1827.
47. Susannah Tennant, b. 28 Nov. 1765, d. 17 July 1792.
56. John Guerard.
57. Marianne Godin.
58. Jacob DeVeaux, m. 21 June 1768.
59. Elizabeth Barnwell, b. 18 Jan. 1749.
60. John Screven.
61. Elizabeth Pendarvis.
62. Josiah (Pendarvis) Bedon. (Name changed by S. C. Legislature.)
63. Elizabeth Louisa Stobo.

Sixth Generation

64. Ebenezer Parsons, b. 21 Dec. 1675, d. 1 July 1744, m. 15 Dec. 1703.
65. Mercy Stebbins, b. 12 Feb. 1683, d. 1 Nov. 1753.
66. Benjamin Sheldon, b. 1697, d. 28 Aug. 1773.
67. Mary Strong, b. 16 Jan. 1701, d. 26 May 1770.
68. Zeth Packard, b. 1703, d. 1788, m. Oct. 1726.
69. Mercy Bryant.
72. Samuel Narramore.
73. Rachel ———.
74. Nathaniel Colton, b. 22 Aug. 1703, m. 25 Jan. 1728.
75. Sarah Mighill.
76. Benjamin White, m. 18 May 1732.
77. Abigail Brown.
78. Richard Dresser, b. 22 Sept. 1714, d. 27 Aug. 1797, m. 12 Nov. 1741.
79. Dorothy Marcy, b. 1725, d. 1770.
80. Josiah Bartlett, b. 24 May 1701, d. 16 Mch. 1782.
81. Mercy Chandler, b. 1708, d. 18 Jan. 1781.
82. Benajah McCall, b. 19 Aug. 1712.
83. Hannah Otis, b. 27 Feb. 1718.
84. Archippus McCall, b. 9 Aug. 1723, d. 2 Dec. 1798.
85. Deborah Marsh, b. 9 Nov. 1726.
86. Daniel Strong, b. 1719, d. 1806.
87. Ester Chappell, d. 1808.

CHARLES LATHROP PARSONS, JR.

88. Cyprian Lathrop, b. 2 June 1722, d. 6 Oct. 1785.
89. Mary Stark, b. 1726, d. 8 Oct. 1813.
90. Abiel Stark, b. 8 Jan. 1724, d. 25 Sept. 1770, m. 1756.
91. Chloe Hinckley, b. 9 Nov. 1734.
92. Solomon Chapman, Jr.
93. Prudence Tennant.
94. Caleb Tennant, m. 8 Sept. 1762.
95. Sarah Wightman, b. 29 May 1745.
112. John Guerard,* d. circa 1712.
113. Martha ——.
114. Benjamin Godin.
115. Mary Mazyck.
116. Israel DeVeaux.
117. Hannah Martin.
118. John Barnwell.
119. Martha Chaplin.
120. James Screven, b. 1704, d. 1758.
121. Mary Hyrne Smith, b. 9 Oct. 1717.
122. Josiah Pendarvis.
123. Alice Bedon.
124. Josiah Pendarvis.
125. Alice Bedon.
126. Richard Park Stobo.
127. Mary Harvey.

Seventh Generation

128. **Joseph Parsons**, b. 1 Nov. 1647, d. 29 Nov. 1729.
129. Elizabeth Strong, b. 1648, d. 1736.
130. Samuel Stebbins, b. 21 Jan. 1659, d. 3 Sept. 1732, m. 4 Mch. 1678.
131. Mary French, b. 27 Feb. 1659, d. 26 June 1697.
132. Thomas Sheldon, b. 6 Aug. 1661, d. June 1725, m. 1685.
133. Mary Hinsdale, b. 22 Jan. 1665, d. Sept. 1718.
134. Ebenezer Strong, b. 2 Aug. 1671, d. 12 Nov. 1729, m. 25 Oct. 1695.
135. Mary Holton, b. 22 July 1680, d. 8 Dec. 1705.
136. Israel Packard, b. 27 Apl. 1680.
137. Hannah ——.
148. Ephraim Colton, b. 9 Apl. 1648, d. 14 May 1713.
149. Ester Marshfield, b. 6 Sept. 1667, d. 20 Jan. 114.
150. James Mighill.
156. Richard Dresser, b. 1678, d. 31 July 1728, m. 29 June 1708.
157. Mary Peabody.
158. Moses Marcy, b. 1702, m. 1723.
159. Prudence Morris, b. 9 Aug. 1702.
160. Ichabod Bartlett, d. 1716, m. 28 Dec. 1699.
161. Elizabeth Waterman, b. 1679, d. Oct. 1708.
162. Edmond Chandler, d. 1722.
163. Elizabeth Alden, d. 1732.
164. James Mackall, b. 30 Oct. 1690, m. 15 Nov. 1711.
165. Rachel Turner. First Wife.
166. Nathaniel Otis, b. 1689, d. 1772.
167. Hannah Thatcher, bp. 12 Oct. 1690, d. 1776.
168. James Mackall, b. 30 Oct. 1690, m. 28 Jan. 1718.
169. Hannah Green, b. 1692, d. 30 Mch. 1755. Second Wife.
170. Ebenezer Marsh, b. 3 Nov. 1701, d. 1 Apl. 1773, m. Nov. 1725.
171. Deborah Buell, b. 24 Jan. 1708, d. July 1784.
172. Stephen Strong, b. 1690, d. 1785, m. 16 Jan. 1718.
173. Abigail Buell, b. 26 Mch. 1702, d. 1788.
174. Caleb Chappell, b. 7 Mch. 1697, d. 28 May 1776, m. 6 Dec. 172-.
175. Elizabeth Hutchinson, b. 1700, d. 1785.
176. Benjamin Lathrop, b. 31 July 1699, d. circa 1774, m. 13 Nov. 1718.
177. Martha Adgate, b. 1694, d. 26 Mch. 1740.
178. Abiel Stark, b. Feb. 1696, d. 1721.
179. Mary Walworth, b. 1685, d. 1771.
182. Gershom Hinckley, b. 2 Apl. 1682, d. 24 Nov. 1774, m. 29 Oct. 1712.
183. Mary Buell, d. 22 Feb. 1744.
184. Solomon Chapman.
188. Daniel Tennant.
189. Ann Green.
190. Abraham Wightman, b. 1711, m. 1737.
191. Susannah Stark.
224. Jacob Guerard.
230. Isaac Mazyck.
231. Marianne le Serrarier.
232. Andre DeVeaux.*
—— ——.
236. **John Barnwell**,* b. in Ireland, 1671, d. June 1724.
237. Anne Berners.
238. John Chaplin.
240. William Screven, b. circa 1676, d. post 1750.
241. Catherine Stoll.
242. **Thomas Smith**, b. circa 1669, d. 30 Aug. 1738, m. 1713.
243. Mary Hyrne, d. 9 Nov. 1776.
244. Joseph Pendarvis.*
246. Richard Bedon.
248. Joseph Pendarvis.*
250. Richard Bedon.
252. James Stobo.

Eighth Generation

256. **Joseph Parsons**,* b. 1617, d. 9 Oct. 1683.
257. Mary Bliss, d. 1712.
258. **John Strong**,* b. 1605, d. 14 Apl. 1699.
259. Abigail Ford,* b. 1614, d. 1685.
260. **John Stebbins**,* b. 1626, d. 7 Mch. 1679, m. 17 Dec. 1657.
261. Abigail Bartlett, d. 15 July 1689.
262. John French, d. 1 Feb. 1697.
263. Freedom Kingsley, d. 26 July 1689.
264. Isaac Sheldon, d. 27 July 1708, m. 1653.
265. Mary Woodford, d. 17 Apl. 1684.
266. **Samuel Hinsdale**, d. 18 Sept. 1675.
267. Mehitabel Johnson, b. 1644, d. 4 Aug. 1689.

268. Ebenezer Strong, b. 1643, d. 11 Feb. 1729, m. 14 Oct. 1668.
269. Hannah Clapp, b. 1646.
270. William Holton, d. 1711, m. 26 Nov. 1676.
271. Sarah Marshfield, b. 2 Feb. 1656, d. 1711.
272. Zacheus Packard, d. 1723, m. circa 1678.
273. Sarah Howard.
296. George Colton,* d. 1699.
297. Deborah Gardner.
298. Samuel Marshfield,* m. 28 Dec. 1664.
299. Catherine Chapin. (Widow Gilbert) Second Wife.
316. John Marcy, d. 27 Dec. 1724.
317. Sarah ——,* d. 1743.
318. Edward Morris, m. 24 May 1683.
319. Elizabeth Bowen.
320. Benjamin Bartlett, b. 1638, d. 1691, m. 1656.
321. Sarah Brewster.
322. Joseph Waterman, b. 1639.
323. Sarah Snow.
324. Joseph Chandler,* d. 1725.
325. Mercy ——.
326. Jonathan Alden, b. 1627, d. Feb. 1697/8, m. 10 Dec. 1672.
327. Abigail Hallett, b. 1644, d. 17 Aug. 1725.
328. James Mackall,* d. 9 May 1695.
329. Anna ——.
332. Joseph Otis, b. 1665, d. 1754, m. 20 Nov. 1688.
333. Dorothy Thomas, b. 6 Nov. 1670.
334. John Thatcher, d. 8 May 1713, m. 11 Jan. 1684.
335. Lydia Gorham.
340. John Marsh, b. 1668, d. 1 Oct. 1744, m. 6 Jan. 1698.
341. Elizabeth Pitkin, d. 1 Dec. 1748.
342. John Buell, b. 17 Feb. 1671, d. 9 Apl. 1746, m. 20 Nov. 1695.
343. Mary Loomis, d. 4 Nov. 1768.
344. Jedediah Strong, b. 7 Aug. 1667, d. 12 Oct. 1709, m. 8 Nov. 1688.
345. Abiah Ingersoll, b. 1663, d. 1732.
346. John Buell, b. 17 Feb. 1671, d. 9 Apl. 1746, m. 20 Nov. 1695.
347. Mary Loomis, d. 4 Nov. 1768.
348. Caleb Chappell, b. 7 Oct. 1671, d. 29 Mch. 1733.
349. Ruth ——, b. 1669, d. Dec. 1768.
352. Israel Lathrop, b. Oct. 1659, d. 28 Mch. 1733, m. 8 Apl. 1686.
353. Rebecca Bliss, d. 22 Aug. 1737.
354. Thomas Adgate, b. 1670, d. 1760, m. 1692.
355. Ruth Brewster, d. 1734.
356. Aaron Stark, m. 27 Nov. 1676.
357. Mehitable Shaw.
358. William Walworth.
359. Mary Seaton.
364. John Hinckley, 24 May 1644, d. 7 Dec. 1709, m. July 1688.
365. Bethia Lothrop, b. 1647, d. 1694.
368. William Chapman, m. 1690.
369. Hannah Lester.
376. Alexander Tennant.
378. Benjamin Green, d. 1719.
379. Humility Coggeshall.
380. Valentine Wightman, b. 16 Apl. 1681, d. 9 June 1747, m. 17 Feb. 1703.
381. Susannah Holmes.
382. John Stark (brother of 178), b. 1694, m. 10 Nov. 1715.
383. Martha Walworth (sister of 179).
480. Rev. William Soreven,* m. 23 July 1674.
481. Bridget Cutt.
484. Thomas Smith,* b. 1648, d. 16 Nov. 1694.
485. 485. Barbara Schencking. First Wife.
486. Edward Hyrne.

NINTH GENERATION

504. Archibald Stobo.
518. Thomas Ford.*
520. Rowland Stebbings,* b. 1594, d. 1671.
521. Sarah ——.
522. Robert Bartlett,* d. 14 Mch. 1676. (Arrived 1632)
526. John Kingsley.*
528. Isaac Sheldon.*
530. Thomas Woodford,* d. 6 Mch. 1667.
531. Mary Blott.*
532. Robert Hinsdale, b. 1642, d. 18 Sept. 1675.
533. Ann Woodward, d. 1666.
534. Humphrey Johnson.*
535. Ellen Cheney.
536. John Strong,* b. 1605, d. 14 Apl. 1699.
537. Abigail Ford,* b. 1614, d. 6 July 1685.
538. Nicholas Clapp,* b. 1612, m. circa 1635.
539. Sarah Clapp.
540. William Holton,* b. 1611, d. 12 Aug. 1691.
541. Mary ——.
542. Samuel Marshfield,* b. circa 1626, d. 8 May 1692, m. 18 Feb. 1652.
543. Ester Wright,* d. 3 Apl. 1664. First Wife.
544. Samuel Packard,* d. 1684.
546. John Howard,* b. 1625, d. 1700.
547. Mary Hayward.
640. Robert Bartlett,* b. 1603, d. 1676. (Arrived 1623)
641. Mary Warren,* d. 1683.
642. Love Brewster, d. 1650.
643. Sarah Collier.
644. Robert Waterman,* d. 10 Dec. 1652, m. 11 Dec. 1636.
645. Elizabeth Bourne.
646. Anthony Snow,* d. post 1680.
647. Abigail Warren.
652. John Alden,* b. 1599, d. 12 Sept. 1686, m. 1621.
653. Priscilla Mullins.*
654. Andrew Hallett, b. 1615, d. 1684.
655. Ann Besse, d. 1684.
664. John Otis,* b. 1620, d. 16 Jan. 1683/4.
665. Mary Jacob.
666. Nathaniel Thomas, b. 1643, d. 22 Oct. 1718, m. 19 Jan. 1664.

667. Deborah Jacobs, bp. 26 Nov. 1643, d. 17 June 1696.
668. **Anthony Thatcher,** b. 1589, m. Feb. 1635.
669. Elizabeth Jones.
670. **John Gorham,** b. 25 June 1621, d. 5 Feb. 1676, m. 1643.
671. Desire Howland.
680. **John Marsh,** b. circa 1643, d. 1727, m. 28 Nov. 1666.
681. Sarah Lyman.
682. **William Pitkin,*** b. circa 1635/6, d. 15 Dec. 1694, m. circa 1660.
683. Hannah Goodwin, b. circa 1639, d. 12 Feb. 1724.
684. See below (692).
686. John Loomis.
687. Sarah Warner.
688. Jedediah Strong, b. 7 May 1637, d. 22 May 1733, m. 18 Nov. 1662.
689. Freedom Woodward.
690. John Ingersoll, m. 2 Dec. 1657.
691. Abigail Bascom.
692. **Samuel Buell,** b. 2 Sept. 1641, d. 11 July 1720, m. 18 Nov. 1662.
693. Deborah Griswold, d. 7 Feb. 1719.
694. See above (686).
696. **George Chappell,*** b. circa 1615, d. 1709.
697. Margery ———.
704. **Samuel Lothrop,*** d. 29 Feb. 1700, m. 28 Nov. 1644.
705. Elizabeth Scudder.
706. Thomas Bliss.
707. Elizabeth ———.
708. Thomas Adgate, b. 1620, d. 21 July 1707.
709. Mary Marvin, b. 1629, d. 29 Mch. 1713.
710. Benjamin Brewster, b. 1654, d. 10 Sept. 1710, m. Feb. 1659.
711. Ann Dart.
712. **Aaron Stark,** b. ca. 1608, d. 1685.
728. Samuel Hinckley, of Barnstable, Mass.
730. Thomas Lothrop, b. 1621, m. 11 Dec. 1639.
731. Sarah Linnell, b. 1607.
736. William Chapman, d. 1699.
738. Daniel Lester, b. 1642, d. 1716/17.
739. Ann Steelman.
760. George Wightman.
761. Elizabeth Opdyke, b. 27 July 1644.
962. Robert Cutt.*
963. Mary Hoel.
970. **Bernard Schencking.***
971. Elizabeth ———.

TENTH GENERATION

1062. Robert Blott.
1066. **Peter Woodward,*** d. 9 May 1685.
1068. John Johnson,* d. 1649.
1070. William Cheney.
1074. Thomas Ford.*
1076. Richard Clapp.
1084. Thomas Marshfield.

1086. Samuel Wright, d. 17 Oct. 1665.
1094. Thomas Hayward,* d. 1681.
1282. Richard Warren,* d. 1628.
1284. William Brewster,* b. circa 1566, d. 1644.
1286. William Collier,* d. 1670.
1287. Jane ———.
1290. Thomas Bourne,* b. 1581, d. 1664.
1291. Elizabeth ———, d. 1660.
1294. Richard Warren,* d. 1628.
1306. William Mullins,* d. 1621.
1307. Alice ———.
1308. Andrew Hallett,* b. 1615, d. 1697.
1310. Anthony Besse.
1328. John Otis,* b. 1581, d. 31 May 1657.
1329. Margaret ———.
1330. Nicholas Jacob,* d. 5 June 1657.
1331. Mary ———.
1332. **Nathaniel Thomas,*** bp. 1606, d. 13 Feb. 1674.
1342. John Howland,* m. 1621.
1343. Elizabeth Tilley,* b. 1607, d. 21 Dec. 1687.
1360. John Marsh,* b. 1618, d. 1688, m. circa 1640.
1361. Anne Webster, d. 9 June 1662.
1362. Richard Lyman,* bp. 24 Feb. 1618, d. 3 June 1662.
1363. Hepzibah Ford, d. 1683.
1364. Roger Pitkin. Of London.
1366. Ozias Goodwin,* b. circa 1596, d. circa 1683.
1367. Mary Woodward.
1372. **John Loomis,*** b. 1622, d. 1688.
1373. Elizabeth Scott.
1376. **John Strong,*** b. 1605, d. 14 Apl. 1699.
1377. Abigail Ford, b. 1614, d. 6 July 1685.
1378. Henry Woodward.*
1384. William Buell,* b. circa 1610, d. 23 Nov. 1681, m. 18 Nov. 1640.
1385. Mary ———.
1386. **Edward Griswold,*** b. 1607, d. 1691.
1408. Rev. John Lothrop,* bp. 20 Dec. 1584, d. 8 Mch. 1653.
1412. Thomas Bliss.
1413. Mary Lawrence.
1418. Mathew Marvin, d. 1687.
1420. Jonathan Brewster, d. 1661.
1462. Robert Linnell, Barnstable, Mass.
1476. Andrew Lester,* d. 7 Jan. 1669.
1522. Gysbert Opdyke,* bp. 25 Sept. 1605, m. 24 Sept. 1643.
1523. Catherine Smith.

ELEVENTH GENERATION

2664. **William Thomas,*** b. 1573, d. Aug. 1651.
2686. John Tilley,* d. 1621.
2722. John Webster,* d. 5 Apl. 1661.
3044. Lodwick op den Dyck.
3045. Gertrud van Wesek.
3046. Richard Smith, of New Amsterdam.

1. EDWARD MAGRUDER PASSANO
2. EDWARD BOTELER PASSANO

First Generation

2. EDWARD BOTELER PASSANO, m. 25 Oct. 1900.
3. Eleanor Phillips Isaac.

Second Generation

4. Louis Durbin Passano, b. 10 May 1843, d. 6 May 1908, m. 10 May 1864.
5. Alice Fletcher Magruder, b. 20 Mch. 1845, d. 30 Jan. 1924.
6. William Moore Isaac, b. 12 Mch. 1834, d. 4 Jan. 1911, m. 29 Sept. 1859.
7. Eleanor Penny Phillips, b. 11 Oct. 1837.

Third Generation

8. Leonard Passano,* b. 2 July 1816, d. 21 Feb. 1904.
9. Parthenia Phelps.
10. Thomas Jefferson Magruder, b. 1823, d. 25 July 1892, m. 28 Mch. 1844.
11. Sarah Anne Peyton Boteler, b. 28 Aug. 1824, d. 12 Aug. 1916.
12. Zedekiah Moore Isaac, b. 12 July 1808, d. 2 July 1892, m. 28 Mch. 1833.
13. Mary Roach Ware, b. 12 May 1811, d. 5 Aug. 1889.
14. Thomas Phillips,* b. 25 Nov. 1790, d. 13 Aug. 1847.
15. Amy Penny, b. 10 Sept. 1798, d. 28 May 1873. Second Wife.

Fourth Generation

16. Joseph da Passano, b. 16 Mch. 1788, d. 26 May 1865, m. circa 1815.
17. Rosina Caporelli, b. 9 July 1798, d. 9 Jan. 1875.
18. John Phelps. Of London.
20. Edward Magruder, b. 1778, d. 1842, m. 1815.
21. Theresa Barron, b. 5 Jan. 1794, d. 1881. Second Wife.
22. John D. Boteler, b. 1801, m. 12 Oct. 1820.
23. Eliza Mills, b. 1799.
24. John H. Isaac, b. 22 Sept. 1774, d. 31 May 1855, m. 30 Mch. 1801.
25. Elizabeth Moore, b. 12 Aug. 1779, d. 28 Oct. 1863.
26. Elias Ware, b. 14 Nov. 1785, d. 24 Nov. 1865, m. 6 Jan. 1806.
27. Mary Boucher, b. 14 Oct. 1785, d. 9 May 1853.
28. James Phillips, d. 1825.
29. Catherine ——.
30. Alexander Penny, b. 30 Oct. 1766, d. 25 Oct. 1823, m. 27 Jan. 1791.
31. Susanna Ford.

Fifth Generation

32. Leonardo da Passano. Of Rome, Italy.
40. Haswell Magruder, b. 1736, d. 1811.
41. Charity Beall.
42. Oliver Barron, d. 1823.
43. Mary ——, d. circa 1795. First Wife.
44. Walter Boteler, b. 22 Oct. 1763, d. 22 Feb. 1829.
45. Jemima ——, b. inter 1763/6, d. 29 Jan. 1831.
48. Joseph Isaac, d. 24 Oct. 1774.
49. Hannah Bryant.
50. Thomas Moore, b. 2 June 1745, m. 28 Jan. 1773.
51. Hester ——.
54. John Boucher, b. 1747, d. 10 Sept. 1824.
55. Susanna ——, b. 1750, d. 25 Dec. 1831.
60. Henry Penny.
61. Elizabeth ——, b. 1745, d. 18 Oct. 1795.
62. Thomas Ford, b. 20 Feb. 1744, m. 29 Nov. 1764.
63. Elizabeth Fortt, b. 2 Oct. 1741.

Sixth Generation

80. **Samuel Magruder**, b. 1708, d. 1790.
81. Jane Haswell.
82. James Beall, Jr., b. circa 1708, d. 1733.
83. Mary Edmondston. Second Wife.
84. Samuel Cooksey Barron, d. Nov. 1788.
85. Millicent Burch?.
88. Charles Boteler, d. ante 1790.
89. Sophia Drury.
96. Richard Isaac, b. circa 1679, d. 1759.
97. Sarah Pottenger.
98. Richard Bryant.
100. George Moore.
120. Alexander Penny.
124. John Ford.
125. Amy Howard. Second Wife.
126. Samuel Fortt.
127. Susanna ——.

Seventh Generation

160. Samuel Magruder, b. circa 1687, d. 1779.
161. Eleanor Wade.
162. John Haswell, d. post 1750.
163. Sarah ——.
164. Col. Archibald Edmondston, b. 1677, d. 1734.
165. Jane Beall.
168. Thomas Barron, d. 1751.
169. Mary Lemaster.
176. Henry Boteler, d. Aug. 1713.
177. Catherine Lingan.
178. Charles Drury.
179. Alice ——.
192. Joseph Isaac,* d. 1689.
193. Margaret ——.
194. John Pottenger,* b. 1642, d. 1732.
195. Mary Beall.

Eighth Generation

320. **Samuel Magruder,** b. circa 1661, d. 1711.
321. Sarah (Beall?), d. 1734.
322. **Robert Wade,*** d. 1714.
330. **Ninian Beall,*** b. 1625, d. 1717.
331. Ruth Moore?
336. Thomas Barron,* d. 1716.
337. Mary Cooksey?.
338. Abraham Lemaster,* d. Dec. 1722.
352. Charles Boteler.*
353. —— ——.
354. George Lingan,* d. 1708.
355. Anne ——.
390. **Ninian Beall,*** b. 1625, d. 1717.
391. Ruth Moore?

Ninth Generation

640. Alexander Magruder,* d. circa 1677.

1. GEORGE HOUSON PAYNE, JR.

First Generation
2. George Houson Payne, b. 12 Dec. 1850, m. 23 Nov. 1875.
3. Imogene Barron Berry, b. 21 June 1851.

Second Generation
4. Inman Horner Payne, b. 28 Aug. 1822, d. 10 Oct. 1905, m. 30 Jan. 1845.
5. Mary Ann Massie, b. 24 Jan. 1824, d. 8 Oct. 1900.

Third Generation
8. George Houson Payne, b. circa 1765, d. 28 Sept. 1822, m. 23 Nov. 1809.
9. Catherine Edmonds, b. 20 Feb. 1781, d. Nov. 1830.
10. John Whitney Massie, b. 20 Oct. 1790, d. 29 June 1840.
11. Mary Stuart Foote, b. 18 Dec. 1794, d. 14 Mch. 1878.

Fourth Generation
16. George Payne, b. 1716.
17. Frances Edmonds.
18. William Edmonds, b. 1 Nov. 1734, d. Feb. 1816.
19. Elizabeth Blackwell, b. 1746, d. 1817.
20. Thomas Massie.
22. William Foote, m. 6 Aug. 1783.
23. Sarah Stuart Alexander, b. 22 Nov. 1767.

Fifth Generation
32. John Payne, b. 1670.
36. William Edmonds, b. 13 Nov. 1704, d. Apl. 1741, m. 1725.
37. Judith Sydnor.
44. Richard Helm Foote, d. 1818.
45. Jane Stuart.
46. William Alexander, b. 3 Mch. 1744, d. 3 Apl. 1814, m.. 18 Apl. 1765.
47. Sigismunda Mary Massie, d. 18 Apl. 1832.

Sixth Generation
64. Richard Payne, b. 1633.
72. Charles Edmonds, d. 2 Dec. 1745.
88. George Foote, d. 1755.
89. Celia (Helm?).
90. Rev. William Stuart, m. 26 Nov. 1750.
91. Sarah Foote, b. 29 Jan. 1732.
92. Philip Alexander, b. 22 July 1704, d. 19 July 1753, m. 11 Nov. 1726.
93. Sarah Hooe, b. 1708, d. 14 Aug. 1758.
94. Sigismund Massie.
95. Mary Stuart, b. 1726, d. 1782.

Seventh Generation
176. Richard Foote,* b. 31 Jan. 1666, d. 21 Mch. 1729.
180. Rev. David Stuart.*
181. Hannah (?) Gibbons.
182. Richard Foote, b. 1704, m. 6 Aug. 1726.
183. Katherine ———.
184. Philip Alexander, m. 1695.
185. Sarah Ashton.
186. Rice Hooe, m. 1699.
187. Frances Townshend.
188. Sigismund Massie.
190. Rev. David Stuart.
191. Hannah (?) Gibbons.

Eighth Generation
352. Richard Foote, b. 10 Aug. 1632, m. 19 Dec. 1657.
353. Hester Hayward, b. 24 Mch. 1639/40.
364. Richard Foote,* b. 31 Jan. 1666, d. 21 Mch. 1729.
368. John Alexander,* d. 1677.
372. Rice Hooe.
373. Catherine Taliaferro.
374. Robert Townshend, 1640–1675.
375. Mary Langhorne.

Ninth Generation
704. John Foote. Of Cornwall.
706. Nicholas Hayward. Of London.
728. Richard Foote, b. 10 Aug. 1632, m. 19 Dec. 1752.
729. Hester Hayward.
744. Rice Hooe,* b. 1599, d. 1655.
745. Jane Seymour.
748. Richard Townshend,* b. 1596.
749. Frances Baldwin.
750. Needham Langhorne. Of Northamptonshire.

1. WILLIAM HENRY PEIRCE

FIRST GENERATION
2. William Henry Peirce, d. 14 Feb. 1899.
3. Georgia Virginia Browne.

SECOND GENERATION
6. Jonathan Browne.
7. Mary Caroline Shapleigh, b. 4 Mch. 1805, d. 23 Jan. 1888.

THIRD GENERATION
14. Richard Waldron Shapleigh, b. 25 Feb. 1776, d. 13 Apl. 1813.
15. Dorothy Blaisdell, b. 13 Mch. 1778, d. 13 Feb. 1863.

FOURTH GENERATION
28. Elisha Shapleigh, b. 10 Mch. 1749, d. 11 Feb. 1822.
29. Elizabeth Waldron, b. 8 July 1752, d. 9 June 1829.

FIFTH GENERATION
56. Nicholas Shapleigh, b. 3 Aug. 1720, d. circa 1756/8.
57. Elizabeth Plaisted, bp. 26 Dec. 1731.

SIXTH GENERATION
112. Nicholas Shapleigh, b. circa 1680.

1. NICHOLAS GRIFFITH PENNIMAN, III

FIRST GENERATION

2. George Dobbin Penniman, b. 27 June 1862, m. 28 Oct. 1891.
3. Harriet Wilson Dushane.

SECOND GENERATION

4. Nicholas Griffith Penniman, b. 25 Oct. 1823, d. 17 Sept. 1895, m. 1 Nov. 1860.
5. Rebecca Pue Dobbin, b. 18 Sept. 1833, d. 13 Dec. 1915.

See Pedigree of Thomas Dobbin Penniman.

1. THOMAS DOBBIN PENNIMAN

First Generation
2. Nicholas Griffith Penniman, b. 25 Oct. 1823, d. 17 Sept. 1895, m. 1 Nov. 1860.
3. Rebecca Pue Dobbin, b. 18 Sept. 1833, d. 13 Dec. 1915.

Second Generation
4. William Penniman, b. 7 Oct. 1780, d. 14 Apl. 1825, m. 10 July 1819.
5. Henrietta Griffith, b. 16 Apl. 1795, d. 7 Mch. 1864.
6. George W. Dobbin, b. 14 July 1809, d. 28 May 1891, m. 27 June 1831.
7. Rebecca Pue, b. 30 Aug. 1812, d. 10 Feb. 1884.

Third Generation
8. Mesheck Penniman, b. 8 Oct. 1741, d. 1827, m. 20 Aug. 1777.
9. Ruth Bailey, b. 2 June 1745, d. 22 Jan. 1805.
10. Nicholas Griffith, b. 10 Nov. 1771, m. 16 Dec. 1791.
11. Anne Ridgely, b. 8 Oct. 1771.
12. George Dobbin,* b. 16 June 1774, d. 3 Dec. 1811, m. 15 Sept. 1805.
13. Catherine Bose, b. 3 Oct. 1786, d. 9 Mch. 1875.
14. Edward Pue, m. 19 May 1808.
15. Sarah Rutter, b. 29 Dec. 1789, d. 15 Apl. 1849.

Fourth Generation
16. William Penniman, b. 7 July 1706, d. circa 1779/80, m. 16 Oct. 1729.
17. Ruth Thayer, b. 26 June 1707, d. 17 Aug. 1776.
18. Benjamin Bailey, b. 1713, d. 1790, m. 1735.
19. Ruth Tilden, b. 1716.
20. Henry Griffith, b. 16 Mch. 1745, m. 13 Nov. 1766.
21. Sarah Warfield, b. 12 Nov. 1746, d. 21 Jan. 1776.
22. Charles Greenberry Ridgely, b. 3 Oct. 1735, d. 6 Sept. 1783.
23. Sarah Macgill, b. 5 Nov. 1737, d. 30 May 1787.
24. Archibald Dobbin, d. 19 May 1808, m. 27 Sept. 1759.
25. Mary Cumming.
26. Jacob Bose, b. 1760, d. 9 Oct. 1797.
27. Catherine Shock, b. 21 Dec. 1760, d. 12 Jan. 1839.
28. Dr. Michael Pue,* d. 19 July 1795. From Ireland.
29. Mary Dorsey, b. 9 June 1744, d. June 1833.
30. Solomon Rutter, b. 1761, m. 11 Dec. 1788.
31. Margaret Reitenauer, d. 1 Dec. 1854.

Fifth Generation
32. James Penniman, b. 11 Feb. 1683, m. 12 July 1705.
33. Abigail Thayer, b. 13 July 1685.
34. Ebenezer Thayer, b. July 1665, d. 11 June 1720, m. 2 Aug. 1688.
35. Ruth Neale, b. 10 Oct. 1670.
36. Joseph Bailey, b. Oct. 1679.
37. Jerusha Pierce.
38. Nathaniel Tilden, b. 1678.
39. Ruth Tilden, b. 1678.
40. Henry Griffith, b. 14 Feb. 1720, d. 28 Sept. 1794, m. 9 Apl. 1741.
41. Elizabeth Dorsey, d. 24 Dec. 1749. First Wife.
42. John Warfield, d. 30 Jan. 1776, m. 1740.
43. Rachel Dorsey, b. 6 July 1717, d. 14 Dec. 1775.
44. Henry Ridgely, d. circa 1750, m. 2 Oct. 1722.
45. Elizabeth Warfield, b. 27 Mch. 1706, d. 1762.
46. Rev. James Macgill,* b. 20 Nov. 1701, d. 26 Dec. 1779, m. 8 Oct. 1730.
47. Sarah Hilleary, d. 2 May 1791.
48. Archibald Dobbin.
49. Eliza Moore.
54. William Shock. Of Lancaster Co., Pa.
55. Magdelene ——.
58. Caleb Dorsey, b. 18 July 1710, d. 28 June 1772, m. 10 Feb. 1735.
59. Priscilla Hill, b. 9 May 1718, d. 8 Mch. 1781.
60. Thomas Rutter, b. 1732, d. 1807, m. 1760.
61. Sarah Spicer, d. 1804.
62. Nicholas Reitenauer.

Sixth Generation
64. Joseph Penniman, b. 1 Aug. 1639, d. 5 Nov. 1705, m. 25 Sept. 1666.
65. Waiting Robinson, b. 26 Apl. 1646.
66. Thomas Thayer, d. 7 Dec. 1705, m. 25 Mch. 1680.
67. Abigail Veazie, d. 11 Jan. 1712.
68. Thomas Thayer,* d. 9 May 1693.
69. Anna ——, d. 7 Feb. 1698.
70. Henry Neale, m. 14 Feb. 1655 (?).
71. Hannah Pray.
72. John Bayley, b. 1650, d. 1718, m. 25 June 1673.
73. Sarah White.
74. Benjamin Pierce, d. 1739, m. 1678.
75. Martha Adams, b. 1658.
76. Nathaniel Tilden, b. Sept. 1650.
77. Mary Sharpe, bp. 5 Dec. 1652.
78. Stephen Tilden, m. 15 Jan. 1662.
79. Hannah Little, b. 1641.
80. Orlando Griffith, b. 17 Oct. 1688, d. Mch. 1757, m. 6 June 1717.

205

THOMAS DOBBIN PENNIMAN

81. Katherine Howard, b. circa 1703, d. Feb. 1783.
82. Edward Dorsey, b. circa 1701, d. 1767, m. circa 1723.
83. Sarah Todd.
84. John Warfield, b. 1675, d. 1718, m. 16 Feb. 1696.
85. Ruth Gaither, b. 8 Sept. 1679.
86. Joshua Dorsey, d. 28 Nov. 1747, m. 16 May 1711.
87. Anne Ridgely, d. 1771.
88. Henry Ridgely, b. 3 Oct. 1669, d. 19 Mch. 1700.
89. Katherine Greenberry, b. 1674, d. 1703.
90. Benjamin Warfield, d. 1718, m. circa 1705.
91. Elizabeth Duvall, b. 4 Aug. 1687.
94. Thomas Hilleary, d. 4 Feb. 1728/9.
95. Eleanor Young.
96. Robert Dobbin.
97. Isabella Stewart.
98. George Moore.
99. Jane ——.
116. Caleb Dorsey, b. 11 Nov. 1685, d. circa 1742, m. 24 Aug. 1704.
117. Elinor Warfield, b. 10 July 1683, d. 1752.
118. Henry Hill, b. 20 Jan. 1672, d. 21 Feb. 1739, m. 16 Nov. 1697.
119. Mary Denwood, b. 2 May 1676, d. 9 Dec. 1735.
120. Thomas Rutter, b. 1690, d. 1734, m. 10 Oct. 1728.
121. Mary Catherine Ghiselin.
122. Thomas Spicer, b. 26 Aug. 1714, d. 1749, m. 1 Jan. 1735.
123. Rebecca Merryman.

SEVENTH GENERATION

128. James Penniman,* b. 12 July 1600, d. 1664/5.
129. Lydia Eliot,* bp. 1 July 1610, d. 1676.
130. William Robinson,* d. 1668.
131. Margaret ——.
132. Thomas Thayer,* d. 9 May 1693.
133. Anna ——, d. 7 Feb. 1698.
134. William Veazie,* b. 1616, m. 1644.
135. Helen Thompson,* b. 1626.
136. Thomas Thayer,* d. 1665.
137. Margaret ——.
144. John Bayley, b. 1630, d. 1681.
145. Hannah ——.
146. Gawin White,* m. 15 Oct. 1638.
147. Elizabeth Ward.
148. Michael Pierce,* b. 1615, d. 26 Mch. 1676.
150. James Adams, m. 16 July 1646.
151. Frances Wassell.
152. Joseph Tilden,* d. 1670, m. 20 Nov. 1649.
153. Elise Twisden.*
154. Robert Sharpe,* d. Jan. 1655.
156. Nathaniel Tilden.*
158. Thomas Little,* b. 1612, d. 1672.
159. Ann Warren.
160. William Griffith,* d. 1699.
161. Sarah Maccubbin, d. 22 Apl. 1716.

162. John Howard, d. 1704, m. circa 1702.
163. Katherine Greenberry, b. 1674, d. ante 1703. (Widow Ridgely)
164. Edward Dorsey, d. circa 1701, m. circa 1699.
165. Ruth ——.
166. Lancelot Todd, b. 1674, d. 1735.
167. Elizabeth Rockhold, d. 1741.
168. Richard Warfield,* d. 1704.
169. Eleanor (Browne?).
170. John Gaither,* d. 1702.
171. Ruth (Beard?).
172. Edward Dorsey, d. 1705.
173. Sarah Wyatt. First Wife.
174. Henry Ridgely, b. 3 Oct. 1669, d. 19 Mch. 1700.
175. Katherine Greenberry, b. 1674, d. ante 1703.
176. Henry Ridgely,* b. 1625, d. 1710.
177. Elizabeth ——. First Wife.
178. Nicholas Greenberry,* b. 1627, d. 17 Dec. 1697.
179. Anne ——, b. 1648, d. 27 Apl. 1698.
180. Richard Warfield,* d. 1704.
181. Eleanor (Browne?).
182. John Duvall, d. 1711, m. circa 1686.
183. Elizabeth Jones.
188. Thomas Hilleary, d. 1697.
189. Eleanor Sprigg.
190. George Young, b. 1651, d. 1717.
191. Elizabeth ——.
194. Archibald Stewart.
232. John Dorsey, d. circa 1714.
233. Pleasance Ely.
234. Richard Warfield,* d. 1704.
235. Elinor (Browne?).
236. Richard Hill,* b. 1640, d. 1700.
237. Milcah ——.
238. Levin Denwood.*
239. Priscilla ——.
240. Thomas Rutter,* m. 10 Nov. 1685.
241. Rebecca Staples.
242. Caesar Ghiselin.
244. John Spicer, d. 1739, m. 10 Nov. 1709.
245. Juliatha Hawkins, b. 29 Oct. 1689.
246. John Merryman, d. 1749, m. 30 Dec. 1702.
247. Martha Bowen.

EIGHTH GENERATION

264. Thomas Thayer,* d. 1665.
265. Margaret ——.
270. Rev. William Thompson,* b. 1599, d. 1666.
271. Abigail ——, d. 1673.
288. Thomas Bayley,* b. 1604, d. 1681.
296. John Pierce,* b. 1588, d. 10 Aug. 1661.
300. John Adams.*
301. Ellen Newton.
302. William Wassell.*
304. Nathaniel Tilden.*
305. Lydia Bourne.
306. John Twisden.
307. Elise ——.
318. Richard Warren,* d. 1628.
322. John Maccubbin,* d. 1686.

323. Eleanor ——, d. 10 July 1711.
324. John Howard, d. 1696.
325. Susannah Norwood.
326. Nicholas Greenberry,* b. 1627, d. 17 Dec. 1697.
327. Anne ——, b. 1648, d. 27 Apl. 1698.
328. John Dorsey, d. 1715.
329. Pleasance Ely.
332. Thomas Todd,* d. 1676.
333. Ann Gorsuch.
334. John Rockhold.*
335. Mary ——.
340. John Gaither.
341. Jane (Morley?).
344. Edward Dorsey,* d. circa 1659.
346. Nicholas Wyatt,* d. 1673.
347. Damaris ——.
348. Henry Ridgely,* b. 1625, d. 1710.
349. Elizabeth ——. First Wife.
350. Nicholas Greenberry,* b. 1627, d. 17 Dec. 1697.
351. Anne ——, b. 1648, d. 27 Apl. 1698.
364. Mareen Duvall,* d. 1694.
365. —— ——. First Wife.
366. William Jones,* d. 1705.
378. Thomas Sprigg,* b. 1630, d. 1704.
379. Eleanor Nuthall.
380. —— Young.
381. Thomasine Parker.
464. Edward Dorsey,* d. circa 1659.
476. Levin Denwood,* d. circa 1667.
477. Mary ——.
488. Edward (?) Spicer,* d. 1711.
490. Augustine Hawkins,* d. 1663.
491. Susannah ——.
492. Charles Merryman,* d. 1725.
493. Mary ——.
494. Jonas Bowen,* d. 1699.
495. Martha ——, d. 1704.

NINTH GENERATION

610. Thomas Bourne,* d. 1684.
611. Elizabeth ——.
648. Matthew Howard.*
649. Anne (Hall?).
650. John Norwood,* d. 1673.
656. Edward Dorsey,* d. circa 1659.
666. Rev. John Gorsuch, D.D.
667. Ann Lovelace.
758. John Nuthall,* b. 1600, d. 1667.
759. Elizabeth Bacon.
762. William Parker.*
984. John Merryman.* Of Va.
985. Audrie ——.

1. PLEASANTS PENNINGTON
2. JOSIAS PENNINGTON

First Generation
2. JOSIAS PENNINGTON, b. 24 Jan. 1854, d. 3 Mch. 1929, m. 21 Nov. 1883.
3. Margaret Riggs Pleasants, b. 29 July 1861.

Second Generation
4. Charles Josias Pennington, b. 29 Oct. 1826, d. 27 May 1896, m. 14 Apl. 1852.
5. Elizabeth Tayloe Winder, b. 1 Aug. 1831.
6. Jacob Hall Pleasants, b. 20 Oct. 1822, d. 20 Aug. 1901, m. 7 Dec. 1859.
7. Margaretta Riggs, b. 8 Nov. 1836, d. 8 Aug. 1922.

Third Generation
8. Josias Pennington, b. 2 June 1797, d. 24 May 1874, m. 10 Jan. 1826.
9. Sophia Cooke Clapham, b. 10 Nov. 1803, d. 5 Sept. 1875.
10. Edward Stoughton Winder, b. 21 Sept. 1798, d. 1 Mch. 1840, m. 1 June 1820.
11. Elizabeth Tayloe Lloyd.
12. John Pemberton Pleasants, b. 16 Apl. 1766, d. 6 Aug. 1825, m. 14 May. 1816.
13. Mary Hall, b. 10 Oct., 1793, d. 25 Aug. 1824. Second Wife.
14. Samuel Riggs, b. 1800, d. 26 Dec. 1852, m. 1827.
15. Margaret Norris, b. 27 Apl. 1808, d. 25 Aug. 1857.

Fourth Generation
16. Josias Pennington, b. circa 1740, d. 3 Nov. 1810, m. 24 Feb. 1771.
17. Jemima Hanson, b. 1757, d. 16 Apl. 1801.
18. Jonas Clapham, b. 31 May 1763, d. 28 Aug. 1837.
19. Catherine Cooke, b. 1779, d. 4 Aug. 1849.
20. Levin Winder, b. 4 Sept. 1757, d. 7 July 1819.
21. Mary Sloss.
22. Edward Lloyd V, b. 22 July 1779, d. 2 June 1834, m. 30 Nov. 1797.
23. Sally Scott Murray, b. 30 Oct. 1775, d. 9 May 1854.
24. Samuel Pleasants, b. Oct. 1737, d. 2 Nov. 1807, m. 1762.
25. Mary Pemberton, b. 17 Oct. 1738, d. 4 Apl. 1821.
26. Jacob Hall, b. 21 Nov. 1747, d. 12 May 1812, m. 20 May 1784.
27. Mary Wilmot, b. 26 Jan. 1753, d. 27 Aug. 1841.
28. Thomas Riggs, b. 12 Jan. 1773, d. 10 Jan. 1845, m. 17 Nov. 1796.
29. Mary Hammond Riggs, b. 23 May 1776, d. 1829.
30. William E. Norris, b. 7 Mch. 1777, d. Feb. 1809, m. 16 Mch. 1802.
31. Rebecca Smith, b. 8 July 1786.

Fifth Generation
34. Jonathan Hanson, b. 10 Sept. 1710, d. 1786, m. 12 June 1733.
35. Sarah Spicer, b. 1710. First Wife.
36. John Clapham,* b. 25 Jan. 1735, d. 8 May 1815, m. 21 Dec. 1757.
37. Rebecca Green, b. 1740.
38. William Cooke.
39. Elizabeth Tilghman, b. 1749, d. 1836.
40. William Winder, b. 16 Mch. 1714, d. 24 Oct. 1792, m. 22 Sept. 1743.
41. Esther Gillis, b. 6 Oct. 1724, d. 3 Oct. 1767.
44. Edward Lloyd IV, b. 15 Dec. 1744, d. 8 July 1796, m. 19 Nov. 1767.
45. Elizabeth Tayloe, b. 6 Mch. 1750, d. 17 Feb. 1825.
46. Dr. James Murray, b. 2 Jan. 1741, d. 1 Dec. 1819, m. 6 Oct. 1773.
47. Sarah Ennalls Maynadier, b. 8 Dec. 1751, d. 1837.
48. John Pleasants, b. 1697, d. 1773.
49. Margaret Jordan, d. 5 Oct. 1746.
50. Israel Pemberton, b. 16 May 1715, d. Apl. 1779, m. 30 Mch. 1737.
51. Sarah Kirkbride, b. 4 Nov. 1714, d. 31 July 1746.
52. Jacob Hall, b. 1715, d. 1783, m. 1738.
53. Mary Parry, b. 1716, d. 26 Aug. 1762.
54. Richard Wilmot, b. 29 June 1719, d. 27 May 1797, m. 22 Dec. 1741.
55. Mary Gittings, b. 10 May 1725, d. 3 July 1807.
56. Samuel Riggs, b. 6 Oct. 1740, d. 25 May 1814, m. 1767.
57. Amelia Dorsey, b. 23 Aug. 1749, d. 6 Aug. 1807.
58. Elisha Riggs, b. 4 Oct. 1742, d. 6 June 1777.
59. Caroline Welsh.
60. Edward Norris, b. 8 Apl. 1749, d. 25 Aug. 1793, m. 21 Nov. 1771.
61. Elizabeth Amos, b. 21 Oct. 1752, d. 19 Aug. 1805.
62. Job Smith, m. 29 June 1784.
63. Margaret Smith.

Sixth Generation
68. Jonathan Hanson,* d. circa 1727, m. 1706.
69. Keziah Murray. First Wife.
70. John Spicer, d. 1739, m. 10 Nov. 1709.
71. Juliatha Hawkins, b. 29 Oct. 1689, d. ante 1742.

72. Thomas Clapham of Tadcaster, Yorks.
73. Catharine ———.
74. Jonas Green,* b. 1712, d. 11 Apl. 1767, m. 1738.
75. Anne Catharine Hooff,* b. circa 1719, d. 23 Mch. 1775. From Holland.
76. John Cooke.
77. Sophia Sewall.
78. Richard Tilghman, b. 1705, d. 1766, m. circa 1738.
79. Susanna Frisby, b. 19 June 1718.
80. John Winder, b. 7 Mch. 1676, d. 1716, m. 1696.
81. Jane Dashiell, b. 30 July 1675.
88. Edward Lloyd, III, b. 8 May 1711, d. 27 Jan. 1770, m. 26 Mch. 1739.
89. Anne Rousby, b. circa 1721, d. May 1769.
90. John Tayloe, b. 1721, d. 18 Apl. 1779, m. 11 July 1747.
91. Rebecca Plater, b. 8 Aug. 1731, d. 27 Jan. 1787.
92. Dr. William Murray, b. 15 July 1708, d. 13 Apl. 1769, m. 22 Jan. 1740. Chestertown, Md.
93. Anne Smith, b. 7 Dec. 1720, d. 18 Aug. 1807.
94. Rev. Daniel Maynadier, b. 26 Aug. 1724 d. 30 Dec. 1772, m. 11 May 1746.
95. Mary Murray, b. 1729.
96. John Pleasants, b. 1671, d. 1713.
97. Dorothy Cary.
98. Robert Jordan, b. 1668, d. 1728, m. 10 May 1690.
99. Mary Belson, b. 24 Mch. 1672, d. 3 Aug. 1728.
100. Israel Pemberton, b. 20 Feb. 1685, d. 19 Jan. 1758, m. 4 Oct. 1710.
101. Rachel Read, b. 1691, d. 24 Feb. 1765.
102. Joseph Kirkbride,* m. 17 Nov. 1704.
103. Mary Yardley.
104. Joseph Hall, b. 11 Feb. 1686, d. 1731, m. 1707.
105. Rebecca Rutter, b. 9 Nov. 1688.
106. John Parry, b. 1690, d. 24 Sept. 1740.
107. Hannah Armitage, b. 1694, d. 12 Apl. 1779.
108. John Wilmot, d. 1748.
109. Rachel ———.
110. Thomas Gittings,* b. 1682, d. 1760, m. 3 Apl. 1719.
111. Elizabeth Redgrave; b. 3 Mch. 1703. First Wife.
112. John Riggs,* b. 1687, d. 17 Aug. 1762, m. 16 Jan. 1722.
113. Mary Davis, b. 9 Jan. 1702, d. 1768.
114. Philemon Dorsey, b. 20 Jan. 1715, d. 1772, m. 19 Feb. 1738.
115. Catherine Ridgely, b. 14 Nov. 1723.
116. John Riggs,* b. 1687, d. 17 Aug. 1762, m. 16 Jan. 1722.
117. Mary Davis, b. 9 Jan. 1702, d. 1768.
118. Richard Welsh, b. 1734, d. post 1755, m. circa 1754.
119. Hamutal Hammond, b. circa 1735, d. 1815.

120. Edward Norris, b. 4 Feb. 1701, d. 1763, m. 1724.
121. Hannah Scott.
122. William Amos, b. circa 1718, d. 26 Feb. 1814, m. circa 1739.
123. Hannah MacComas, b. 6 Apl. 1723, d. 1764. First Wife.
126. Conrad Smith, d. 1777.
127. Margaret ———, b. 1723, d. 8 Sept. 1804.

SEVENTH GENERATION

136. Timothy Hanson, d. 1710.
137. Barbara ———.
138. James Murray.
139. Jemima Morgan.
140. ? Edward Spicer,* d. 1711.
142. Augustine Hawkins,* b. 1663.
143. Susanna ———.
144. Thomas Clapham, d. 1722.
148. Timothy Green, b. 1679, d. 1757, m. circa 1702.
149. Mary Flint, b. 11 Aug. 1680, d. 24 May 1748.
152. Thomas Cooke.
153. Elizabeth ———.
154. Nicholas Sewall,* b. 1655, d. 1737.
155. Susanna Burgess.
156. Richard Tilghman, b. 23 Feb. 1672, d. 23 Feb. 1738, m. 7 Jan. 1700.
157. Anna Maria Lloyd, d. Dec. 1748.
158. Peregrine Frisby, b. 25 July 1688, d. 1738.
159. Elizabeth Sewall, d. circa 1752.
160. John Winder,* d. 1698.
161. Bridget ———.
162. James Dashiell,* b. 1634, d. Aug. 1697, m. circa 1659.
163. Ann Cannon, b. circa 1639, d. ante 1705.
176. Edward Lloyd II, b. Feb. 1670, d. 28 Mch. 1719, m. 1 Feb. 1703.
177. Sarah Covington, b. circa 1683, d. 4 Apl. 1755.
178. John Rousby, d. Aug. 1744.
179. ——— ———. Second wife.
180. John Tayloe, b. 15 Feb. 1687, d. 1747.
181. Elizabeth Gwynn, b. 31 Dec. 1692, d. Nov. 1761.
182. George Plater, b. 1695, d. 17 May 1755, m. 10 June 1729.
183. Rebecca Addison, b. 3 Jan. 1703, d. inter 1742/9.
186. James Smith, b. 1683, d. Mch. 1760, m. 21 Jan. 1706.
187. Sarah Hynson.
188. Rev. Daniel Maynadier, d. 23 Feb. 1745.
189. Hannah Martin.
190. Dr. William Murray, b. 1692, d. 11 Nov. 1763, m. 2 Sept. 1719.
191. Sarah Ennalls, b. 14 Sept. 1697, d. 19 Nov. 1742.
200. Phinehas Pemberton,* b. 1650, d. 1702.
201. Phoebe Harrison, b. 1660, d. 1696.
216. John Wilmot,* d. 1719.
217. Jane ———.
222. Abraham Redgrave.

226. Thomas Davis, b. 28 Jan. 1668, d. 11 Apl. 1749.
227. Mary Pierpoint, d. 13 May 1749.
228. **Joshua Dorsey**, d. 28 Nov. 1747, m. 16 May 1711.
229. Anne Ridgely, d. 1771.
230. Henry Ridgely, b. 1690, d. 14 Feb. 1750, m. 2 Oct. 1722.
231. Elizabeth Warfield, b. 27 Mch. 1706, d. 1762.
234. Thomas Davis, b. 28 Jan. 1668, d. 11 Apl. 1749.
235. Mary Pierpoint, d. 13 May 1749.
236. John Welsh, d. 1734, m. circa 1715.
237. Rachel ——. Second wife.
238. John Hammond, d. 1753, m. circa 1722.
239. Ann Dorsey, d. circa 1786.
240. John Norris, d. 1740.
241. Elizabeth ——.
242. **Daniel Scott**, b. circa 1680, d. 20 Mch. 1745.
243. Elizabeth (Whittaker?), d. 1758.
244. William Amos,* d. 1759.
245. Ann ——.
246. William MacComas, b. 16 Oct. 1689, d. 1749, m. 1715.
247. Hannah ——.

EIGHTH GENERATION

272. Thomas Hanson, d. 1666.
273. Mary ——, d. 28 June 1689.
278. Thomas Morgan,* d. 1697.
288. Thomas Clapham, d. 1701.
296. **Samuel Green**,* b. circa 1615, d. 1702.
297. Sarah Clark. Second Wife.
298. **John Flint**,* d. 5 Dec. 1686, m. 12 Nov. 1667.
299. Mary Oakes, d. 9 June 1690.
304. John Cooke,* d. 1675.
312. Richard Tilghman,* bp. 27 Sept. 1627, d. 7 Jan. 1676.
313. Mary Foxley, d. ante 1702.
314. **Philemon Lloyd**, b. 1646, d. 22 June 1685, m. circa 1669.
315. Henrietta Maria Neale, d. 21 May 1697.
316. **James Frisby**,* b. 1651, d. 1704, m. circa 1675.
317. Sarah Reade.
318. **Nicholas Sewall**,* b. 1655, d. 1737.
319. Susanna Burgess.
324. James Dashiell,* b. 1604, d. inter 1645/50, m. 24 Nov. 1631.
325. Margaret Inglis.
326. Edward Cannon.
327. Ann ——.
352. **Philemon Lloyd**, b. 1646, d. 22 June 1685, m. 1669.
353. Henrietta Maria Neale, b. 1647, d. 1697.
354. Nehemiah Covington, d. 1713, m. 15 Nov. 1679.
355. Rebecca Denwood.
356. **John Rousby**,* d. 11 Feb. 1686.
357. Barbara Morgan.
360. **William Tayloe**,* d. ante 1710.
361. Anne Corbin, d. 1704.
362. **David Gwynn**, d. 1704.
363. Catherine Griffin, d. 1728.
364. George Plater,* b. circa 1664, d. 1707, m. circa 1694.
365. Anne Burford.
366. Thomas Addison, b. 1679, d. 17 June 1727, m. 21 Apl. 1701.
367. Elizabeth Tasker, b. 1686, d. 10 Feb. 1706.
374. **John Hynson**, d. May 1705.
375. Rachel ——. First Wife.
378. Thomas Martin, d. 1705.
379. Jane ——.
382. **Henry Ennalls**, b. 3 Mch. 1675, d. 31 Mch. 1734, m. 31 Mch. 1695.
383. Mary Hooper, b. 1674, d. 27 July 1745.
400. Ralph Pemberton,* b. 1610.
401. Margaret Seddon.*
402. **James Harrison**,* b. 1625, d. 1687.
403. Anne Heath, b. 1624, d. 1690.
452. James Davis.*
454. Henry Pierpoint.*
455. Elizabeth ——.
456. **Edward Dorsey**, d. 1705.
457. Sarah Wyatt. First Wife.
458/460. Henry Ridgely, b. 3 Oct. 1669, d. 19 Mch. 1700.
459/461. Katherine Greenberry, b. 1674, d. ante 1703.
462. Benjamin Warfield, d. circa 1717, m. circa 1705.
463. Elizabeth Duvall, b. 4 Aug. 1687.
468. James Davis.*
470. Henry Pierpoint.*
472. John Welsh,* d. 1683.
473. Ann (——) Grosse.
476. **Charles Hammond**, d. 23 Nov. 1713.
477. Hannah Howard.
478. **Edward Dorsey**, d. 1705.
479. Margaret ——. Second Wife.
480. John Norris,* d. 1709.
481. Susanna ——.
484. **Daniel Scott**,* d. 15 Feb. 1724.
485. Jane Johnson, d. Dec. 1733.
486. ? John Whittaker.*
492. Daniel MacComas,* d. 1699.
493. Elizabeth ——, d. post 1699.

NINTH GENERATION

624. Oswald Tilghman, b. 4 Oct. 1579, d. 1628, m. Nov. 1626.
625. Elizabeth Packnam. Second Wife.
628. **Edward Lloyd**,* d. 1696.
629. Alice Crouch.
630. **James Neale**,* d. 1684.
631. Anne Gill,* d. 1698.
632. James Frisby,* d. 1674.
633. Mary ——.
636. **Henry Sewall**,* d. circa 1665.
637. Jane Lowe.*
638. **William Burgess**,* d. 24 Jan. 1687.
639. Sophia (——) Ewen.
648. Jacques de Chiel, b. 1575, d. circa 1625, m. 16 May 1699.
649. Elizabeth Robesoun.
704. **Edward Lloyd**,* d. circa 1696.
705. Alice Crouch.

706. James Neale,* d. 1684.
707. Anne Gill.*
708. Nehemiah Covington,* d. 1681.
709. Mary ——.
710. Levin Denwood,* d. circa 1665.
711. Mary ——.
714. Henry Morgan,* d. circa 1663.
715. Frances ——.
722. Henry Corbin,* b. circa 1629, d. 1675.
723. Alice Eltonhead, d. 1684.
726. Samuel Griffin, d. 1703.
727. Sarah ——.
730. Thomas Burford,* d. Mch. 1687.
731. Anne ——.
732. John Addison,* d. 1705, m. 1677.
733. Rebecca Wilkinson.
734. Thomas Tasker,* d. 1700, m. 1676.
735. ?Elizabeth Thompson.
748. Thomas Hynson,* b. circa 1620, d. 1667.
749. Grace ——.
764. Bartholomew Ennalls,* d. 1688.
765. Mary (Warren?) Hayward.
766. Henry Hooper, b. 1643, d. 1720, m. 1669.
767. Elizabeth Denwood.
800. William Pemberton, b. 1580, d. 1642.
912. Edward Dorsey,* d. circa 1659.
914. Nicholas Wyatt,* d. circa 1674.
915. Damaris ——.
916. Henry Ridgely,* d. 13 July 1710.
917. Elizabeth ——. First Wife.
918. Nicholas Greenberry,* b. 1627, d. 17 Dec. 1697.
919. Anne ——, b. 1648, d. 27 Apl. 1698.
924. Richard Warfield,* d. 1704.
925. Elinor (Browne?).
926. John Duvall.
927. Elizabeth Jones.
952. John Hammond,* b. 1643, d. 24 Nov. 1707.
953. Mary (Howard?).
954. Philip Howard,* d. 1701.
955. Ruth Baldwin.
956. Edward Dorsey,* d. circa 1659.
970. John (?) Johnson.
971. Deborah ——, d. 1700.

1. BRADFORD PERIN
2. NELSON PERIN

FIRST GENERATION

2. NELSON PERIN, b. 21 Oct. 1853, d. 12 May 1904, m. 2 Oct. 1877.
3. Ella Keck.

SECOND GENERATION

4. Oliver Perin, b. 24 Dec. 1821, d. 29 Nov. 1880, m. 2 Jan. 1851.
5. Mary Jane Nelson, b. 14 Oct. 1829, d. 1903.

THIRD GENERATION

8. Samuel Perin, b. 23 Feb. 1785, d. 3 Apl. 1865, m. 10 Sept. 1804.
9. Mary Simpkins, b. 26 Sept. 1789, b. 7 Dec. 1851.
10. Rev. Sacher Nelson, b. 3 Aug. 1770, d. 9 Dec. 1859, m. 14 Jan. 1827.
11. Sarah Adams, d. 18 Aug. 1854.

FOURTH GENERATION

16. Lemuel Perin, d. 9 July 1822, m. 25 Nov. 1773.
17. Martha Nash, b. 28 Mch. 1749.
22. John W. Adams. Of Salisbury, Md.

FIFTH GENERATION

32. Jesse Perin, b. 24 Jan. 1726, d. 15 Jan. 1801.
33. Rachel Ide, b. 30 Dec. 1730, d. 15 Aug. 1808.

SIXTH GENERATION

64. John Perin, b. 8 Mch. 1692, d. 28 Feb. 1731, m. 1716.
65. Rachel Ide, b. 28 May 1696, d. 4 Sept. 1780.

SEVENTH GENERATION

128. John Perin, b. 12 Oct. 1668, d. 6 May 1694.
129. Sarah ——.

EIGHTH GENERATION

256. John Perin, d. ante 1694.
257. Mary ——.

NINTH GENERATION

512. John Perin,* b. 1614, d. 1674.
513. Ann ——.

1. WILLIAM HENRY PERKINS, JR.

First Generation
2. William Henry Perkins, b. 22 Feb. 1822, d. 1 July 1897, m. 11 Jan. 1860.
3. Laura Ann Pochon, b. 1830, d. 5 July 1907.

Second Generation
4. John Perkins, b. 13 Nov. 1781, d. 8 Nov. 1840, m. 12 May 1809.
5. Harriet Gorsuch, b. 18 Apl. 1789, d. 13 June 1845.

Third Generation
10. Robert Gorsuch, b. 7 Aug. 1757, d. 18 Jan. 1828, m. 8 Aug. 1782.
11. Sarah Donovan, b. 1760, d. 1 Dec. 1826.

Fourth Generation
20. John Gorsuch, b. 1731, d. 2 Aug. 1808, m. 11 Mch. 1755.
21. Elizabeth Merryman, b. 13 June 1734, d. 2 Sept. 1795.

Fifth Generation
22. John Merryman, b. 1703, d. 15 Aug. 1777, m. 30 Dec. 1725.
23. Sarah Rogers, d. 3 Mch. 1775.

Sixth Generation
44. John Merryman, b. circa 1680, d. 1749, m. 30 Dec. 1702.
45. Martha Bowen, d. post 1749.

Seventh Generation
88. Charles Merryman,* b. circa 1657, d. 22 Dec. 1725, m. circa 1680.
89. Mary ——.

Eighth Generation
176. John Merriman,* d. 1679. Lancaster Co., Va.
177. Audrey ——, d. post 1680.

1. JOHN FOWLER PHILLIPS

First Generation
2. J. Wilmer Phillips, b. 15 Mch. 1810, d. 27 Dec. 1884, m. 1 May 1850.
3. Maria E. Dashiell, b. 2 Nov. 1827, d. 16 Mch. 1896.

Second Generation
6. Benjamin J. Dashiell, b. 1798, d. 1850, m. 1821.
7. Esther Wilson Ker, b. 1802, d. 1836.

Third Generation
12. Henry Dashiell, b. 1766, d. 1812, m. 1790.
13. Elizabeth Jones, b. 1771, d. 1812.

Fourth Generation
24. Arthur Dashiell, b. 1732, d. 1802.
25. Rachel Cordray.

Fifth Generation
48. Henry Dashiell, b. 3 Mch. 1702, d. 1755, m. 1725.
49. Jane ——.

Sixth Generation
96. Thomas Dashiell, b. 3 Apl. 1666, d. 1755, m. 1688.
97. Elizabeth Mitchell.

Seventh Generation
192. James Dashiell,* b. circa 1634, d. Aug. 1697, m. circa 1659.
193. Ann Cannon,* b. circa 1639, d. inter 1697/1705.

1. TILGHMAN GOLDSBOROUGH PITTS

First Generation

2. Sullivan Pitts, b. 11 Jan. 1846, d. 3 Mch. 1917, m. 26 Jan. 1871.
3. Ellen Lloyd Goldsborough, b. 16 Jan. 1848, d. 4 Sept. 1919.

Second Generation

4. Thomas Griffith Pitts, b. 12 Sept. 1812, m. 19 Jan. 1841.
5. Elizabeth Barbara Sullivan, b. 13 May 1818.
6. William Tilghman Goldsborough, b. 5 Mch. 1808, d. 23 Jan. 1876, m. 26 Oct. 1837.
7. Mary Eleanor Lloyd, b. 29 Mch. 1815.

Third Generation

8. Rev. John Pitts, b. 1772, d. 1821, m. 31 May 1804.
9. Elizabeth Hall, b. 10 Oct. 1780.
10. John Sullivan, m. 9 Feb. 1814.
11. Matilda Dorsey, b. 27 July 1785, d. 5 July 1845.
12. Charles Goldsborough, b. 15 July 1765, d. 13 Dec. 1834, m. 22 May 1804.
13. Sarah Yerbury Goldsborough, b. 1789. Second wife.
14. Edward Lloyd, V., b. 22 July 1779, d. 2 June 1834, m. 30 Nov. 1797.
15. Sally Scott Murray, b. 30 Oct. 1775, d. 9 May 1854.

Fourth Generation

16. Thomas Pitts.
17. Susannah Lusby.
18. Nicholas Hall, b. circa 1753, d. 29 Dec. 1821, m. 1 June 1779.
19. Ann Griffith, b. 24 Feb. 1762, d. 27 Apl. 1791. First wife.
20. Patrick Sullivan.
21. Barbara ———.
22. Thomas Dorsey, b. 1735, d. 14 Aug. 1790, m. 21 June 1764.
23. Elizabeth Ridgely, b. 15 Dec. 1745, d. 1 Mch. 1815.
24. Charles Goldsborough, b. 2 Apl. 1740, d. 1769.
25. Anna Maria Lloyd Tilghman.
26. Charles Goldsborough, b. 21 Nov. 1761, d. June 1801.
27. Williamina Elizabeth Smith.
28. Edward Lloyd, IV, b. 15 Dec. 1744, d. 8 July 1796, m. 19 Nov. 1767.
29. Elizabeth Tayloe, b. 6 Mch. 1750, d. 17 Feb. 1825.
30. Dr. James Murray, b. 2 Jan. 1741, d. 1 Dec. 1819, m. 6 Oct. 1773. Of Annapolis, Md.
31. Sarah Ennalls Maynadier (Widow Nevett), b. 8 Dec. 1751, d. 1837.

Fifth Generation

36. Henry Hall, b. 24 May 1727, d. Mch. 1770, m. 27 Dec. 1748.
37. Elizabeth Watkins, d. 1789.
38. Henry Griffith, b. 14 Feb. 1720, d. 28 Sept. 1794, m. 4 June 1751.
39. Ruth Hammond, d. 27 Jan. 1782.
44. Basil Dorsey, b. 25 July 1705, d. 1763.
45. Sarah Worthington, b. 2 Feb. 1716.
46. Nicholas Ridgely, b. 12 Feb. 1694, d. 16 Feb. 1755, m. 20 Dec. 1736.
47. Mary (Middleton) Vining. Third wife.
48. Charles Goldsborough, b. 26 June 1707, d. 4 July 1767, m. 2 Aug. 1739.
49. Elizabeth Dickenson, b. 14 Oct. 1723. Second wife.
50. William Tilghman, b. 22 Sept. 1711, d. 1782, m. 2 Aug. 1736.
51. Margaret Lloyd, b. 16 Feb. 1715.
52. Robert Goldsborough, b. 3 Dec. 1733, d. 20 Dec. 1788, m. 27 Mch. 1755.
53. Sarah Yerbury.
54. Rev. William Smith of Phila., Pa.
55. Rebecca Moore.
56. Edward Lloyd, III, b. 8 May 1711, d. 27 Jan. 1770, m. 26 Mch. 1739.
57. Ann Rousby, b. 1721, d. 11 May 1769.
58. John Tayloe, b. circa 1721, d. 18 Apl. 1779, m. 11 July 1747.
59. Rebecca Plater, b. 8 Aug. 1731, d. 27 Jan. 1787.
60. Dr. William Murray, b. 15 July 1708, d. 13 Apl. 1769, m. 22 Jan. 1740. Of Chestertown, Md.
61. Anne Smith, b. 7 Dec. 1720, d. 18 Aug. 1807.
62. Rev. Daniel Maynadier, b. 26 Aug. 1724, d. 30 Dec. 1772, m. 11 May 1746.
63. Mary Murray, b. 1729.

Sixth Generation

72. Henry Hall, b. 12 Mch. 1702, d. June 1756, m. 25 Sept. 1723.
73. Martha Bateman, d. 25 Aug. 1734.
76. Orlando Griffith, b. 17 Oct. 1688, d. Mch. 1757, m. 6 June 1717.
77. Katherine Howard, d. Feb. 1783.
78. John Hammond, b. 1693, d. 1753.
79. Anne Dorsey.
88. Caleb Dorsey, b. 11 Nov. 1685, d. circa 1742, m. 24 Aug. 1704.
89. Elinor Warfield, b. 10 July 1683, d. 1752
90. Thomas Worthington, b. 8 Jan. 1691, d. 12 Mch. 1753, m. 23 July 1711.
91. Elizabeth Ridgely, d. 8 Dec. 1734.
92. Henry Ridgely, b. 3 Oct. 1669, d. 19 Mch. 1700.
93. Katherine Greenberry, b. 1674, d. ante 1703. Second wife.
94. Hugh Middleton.

TILGHMAN GOLDSBOROUGH PITTS

96. Robert Goldsborough, b. 1660, d. 25 Dec. 1746, m. 2 Sept. 1697.
97. Elizabeth Greenberry, b. 23 Sept. 1678, d. 2 Mch. 1719.
98. Samuel Dickenson, b. 1 Sept. 1689, b. 6 July 1760, m. 1710.
99. Judith Troth.
100. Richard Tilghman, b. 23 Feb. 1672, d. 23 Feb. 1738.
101. Anna Maria Lloyd, d. 1648.
102. James Lloyd, b. 7 Mch. 1680, d. 27 Sept. 1723, m. 12 Jan. 1709.
103. Ann Grundy, b. 25 Apl. 1690, d. 18 Nov. 1731.
104. Charles Goldsborough, b. 26 June 1707, d. 14 July 1767, m. 18 July 1730.
105. Elizabeth Ennalls. First wife.
106. Richard Yerbury. Of London.
110. William Moore, b. 1699, d. 30 May 1783.
111. Williamina Wemyss, b. 1704, d. 1784.
112. Edward Lloyd, II, b. 7 Feb. 1670, d. 20 Mch. 1719, m. 1 Feb. 1703.
113. Sarah Covington, b. 1683, d. 4 Apl. 1755
114. John Rousby, d. Aug. 1744.
115. ── ──. Second wife.
116. John Tayloe, b. 15 Feb. 1687, d. 1747.
117. Elizabeth (Gwyn) Lyde, b. 31 Dec. 1692, d. Nov. 1761.
118. George Plater, b. 1695, d. 17 May 1755, m. 10 June 1729.
119. Rebecca Addison, b. 3 Jan. 1703, d. inter 1742/9.
122. James Smith, b. 1683, d. Mch. 1760, m. 21 June 1706.
123. Sarah Hynson.
124. Rev. Daniel Maynadier,* d. 23 Feb. 1745, m. circa 1720.
125. Hannah Martin. (Widow Parrott)
126. Dr. William Murray, b. 1692, d. 11 Nov. 1763, m. 2 Sept. 1719. Of Cambridge, Md.
127. Sarah Ennalls, b. 14 Sept. 1697, d. 19 Nov. 1742.

Seventh Generation

144. Rev. Henry Hall,* b. 17 June 1676, d. Apl. 1722, m. 5 Feb. 1701.
145. Mary Duvall.
152. William Griffith,* d. 1699, m. 1687.
153. Sarah Maccubbin, b. circa 1668, d. 1716.
154. John Howard, d. 1704.
155. Katherine Greenberry, b. 1674, d. ante 1703. (Widow Ridgely)
156. Charles Hammond, b. circa 1674, d. Nov. 1713.
157. Hannah Howard.
158. Edward Dorsey, d. 1705.
159. Margaret ──. Second wife.
176. John Dorsey, d. 11 Mch. 1715, m. 1684.
177. Pleasance Ely.
178. Richard Warfield,* d. 1704.
179. Ellen (Browne?).
180. John Worthington,* b. 1650, d. 6 Apl. 1701.
181. Sarah Howard, d. 21 Dec. 1726.

182. Henry Ridgely, b. 3 Oct. 1669, d. 19 Mch. 1700.
183. Katherine Greenberry, b. 1674, d. ante 1703. Second wife.
184. Henry Ridgely,* d. 13 July 1710.
185. Elizabeth ──. First wife.
186. Nicholas Greenberry,* b. 1627, d. 17 Dec. 1697.
187. Anne ──, b. 1648, d. 27 Apl. 1698.
192. Nicholas Goldsborough,* b. 1640, d. 10 Dec. 1672, m. 1659.
193. Margaret Howes.
194. Nicholas Greenberry,* b. 1627, d. 17 Dec. 1697.
195. Ann ──, b. 1648, d. 27 Apl. 1698.
196. William Dickenson, b. 1658, d. 9 Mch. 1717, m. 1680.
197. Elizabeth Powell.
198. William Troth.
200. Richard Tilghman,* bp. 27 Sept. 1627, d. 7 Jan. 1675.
201. Mary Foxley.
202. Philemon Lloyd, b. 1646, d. 22 June 1685, m. 1669.
203. Henrietta Maria Neale, b. circa 1647, d. 1697. (Widow Bennett)
204. Philemon Lloyd, b. 1646, d. 22 June 1685, m. 1669.
205. Henrietta Maria Neale, b. circa 1647, d. 1697. (Widow Bennett)
206. Robert Grundy,* d. 22 Oct. 1720.
207. Deborah Shrigley.
208. Robert Goldsborough, b. 1660, d. 25 Dec. 1746, m. 2 Sept. 1697.
209. Elizabeth Greenberry, b. 23 Sept. 1678, d. 2 Mch. 1719.
220. John Moore, b. 1658, d. 16 Nov. 1731.
221. Rebecca ──.
222. William Wemyss, d. 1715.
223. Elizabeth Loch.
224. Philemon Lloyd, b. 1646, d. 22 June 1685, m. 1669.
225. Henrietta Maria Neale, b. 1647, d. 1697.
226. Nehemiah Covington, d. 1713, m. 15 Nov. 1679.
227. Rebecca Denwood.
228. John Rousby,* d. 1 Feb. 1685.
229. Rebecca Morgan.
232. William Tayloe,* d. ante 1710.
233. Ann Corbin, d. 1704.
234. David Gwyn, d. 1704.
235. Katherine Griffin, d. 1728.
236. George Plater, b. circa 1664, d. 1707.
237. Anne (Burford) Doyne.
238. Thomas Addison, b. 1679, d. 17 June 1727, m. 21 Apl. 1701.
239. Elizabeth Tasker, b. 1686, d. 10 Feb. 1706.
246. John Hynson, d. 1705.
247. Rachel ──.
250. Thomas Martin, d. 1705.
251. Jane ──.
254. Henry Ennalls, b. 1675, d. 31 Mch. 1734, m. 1695.

255. Mary Hooper, b. circa 1674, d. 27 July 1745.

EIGHTH GENERATION

290. Mareen Duvall,* d. 1694.
291. Susannah ——.
306. John Maccubbin,* d. 1686.
307. Elinor ——, d. 1711.
308. John Howard, d. 1696.
309. Susannah (——) Stevens.
310. Nicholas Greenberry,* b. 1627, d. 17 Dec. 1697.
311. Anne ——, b. 1648, d. 27 Apl. 1698.
312. John Hammond,* b. 1643, d. 24 Nov. 1707.
313. Mary ——.
314. Philip Howard,* d. 1701.
315. Ruth Baldwin.
316. Edward Dorsey,* d. circa 1659.
352. Edward Dorsey,* d. circa 1659.
362. Matthew Howard,* d. 1693.
363. Sarah Dorsey, d. ante 1692.
364. Henry Ridgely,* d. 13 July 1710.
365. Elizabeth ——. First wife.
366. Nicholas Greenberry,* b. 1627, d. 17 Dec. 1697.
367. Anne ——, b. 1648, d. 27 Apl. 1698.
392. Walter Dickenson,* b. 1621, d. 1681.
393. Jane Jarrett.
394. Howell Powell.*
400. Oswald Tilghman, b. 4 Oct. 1579, d. 1628, m. Nov. 1626.
401. Elizabeth Packnam. Second wife.
404. Edward Lloyd,* d. 1696.
405. Alice Crouch.
406. James Neale,* d. 1684.
407. Ann Gill, d. 1698.
408. Edward Lloyd,* d. 1696.
409. Alice Crouch.
410. James Neale,* d. 1684.
411. Ann Gill, d. 1698.
416. Nicholas Goldsborough,* b. 1640, d. 10 Dec. 1672, m. 1659.
417. Margaret Howes.
418. Nicholas Greenberry,* b. 1627, d. 17 Dec. 1697.
419. Anne ——, b. 1648, d. 27 Apl. 1698.
448. Edward Lloyd,* d. 1696.
449. Alice Crouch.
450. James Neale,* d. 1684.
451. Ann Gill,* d. 1698.
452. Nehemiah Covington,* d. 1681.
453. Mary ——.
454. Levin Denwood.*
455. Mary ——.
458. Henry Morgan,* d. 1663.
459. Frances ——.
466. Henry Corbin,* b. circa 1629, d. 1675.
467. Alice Eltonhead, d. 1684.
470. Samuel Griffin, d. 1703.
471. Sarah ——.
474. Thomas Burford,* d. Mch. 1687.
475. Anne ——.
476. John Addison,* d. 1705.
477. Rebecca Wilkinson, d. 1725.
478. Thomas Tasker,* d. 1700.
479. Elizabeth (Thompson?) Brooke.
492. Thomas Hynson,* b. 1620, d. 1667.
493. Grace ——.
508. Bartholomew Ennalls,* d. 1688.
509. Mary (Warren?) Hayward.
510. Henry Hooper, b. 1643, d. 1720, m. 4 July 1669.
511. Elizabeth Denwood. First wife.

NINTH GENERATION

616. Matthew Howard.*
617. Anne (Hall?).
624. Thomas Hammond.*
628. Matthew Howard.*
629. Anne (Hall?).
630. John Baldwin.*
631. Elizabeth ——.
724. Matthew Howard.*
725. Anne (Hall?).
726. Edward Dorsey,* d. 1659.
727. Anne ——.
814. Benjamin Gill,* d. 1655.
822. Benjamin Gill,* d. 1655.
902. Benjamin Gill,* d. 1655.
952. Rev. Lancelot Addison.
953. Jane Gulston.
1020. Henry Hooper,* d. 1676.
1021. Sarah ——.
1022. Levin Denwood,* d. circa 1665.
1023. Mary ——.

1. PHILIP LIVINGSTON POE

First Generation

2. Neilson Poe, Jr., b. 6 Sept. 1834, d. 10 May 1919, m. 7 Nov. 1867.
3. Alice Henrietta Minis, b. 10 Sept. 1839, d. 1 Apl. 1913.

Second Generation

4. Neilson Poe, b. 11 Aug. 1809, d. 3 Jan. 1884, m. 30 Nov. 1831.
5. Josephine Emily Clemm, b. 13 Aug. 1808, d. 13 Jan. 1889.
6. Philip Minis, b. 29 July 1805, d. 27 Nov. 1855, m. 16 May 1836. [See Pedigree Book, 1905, Page 71—revised.]
7. Sarah Augusta Livingston, b. 31 Dec. 1807, d. 1 Jan. 1892.

Third Generation

8. Jacob Poe, b. 10 Oct. 1775, d. 25 July 1860, m. 4 Jan. 1803.
9. Bridget Amelia Fitz Gerald Kennedy,* b. 10 June 1775, d. 25 Dec. 1844.
10. William Clemm, Jr., b. 1 Mch. 1779, d. 8 Feb. 1826, m. 1 May 1804.
11. Harriet Poe, b. 28 Mch. 1785, d. 6 Jan. 1816. First Wife.
12. Isaac Minis, b. 30 July 1780, d. 6 Nov. 1856, m. 14 Dec. 1803.
13. Dwina Cohen, b. 1785, d. 1874.
14. John Swift Livingston, b. 1785, d. 27 May 1867, m. 1806.
15. Anne M. M. Thompson, b. 1787, d. 12 Oct. 1838.

Fourth Generation

16. George Poe,* b. circa 1743, bp. 24 Apl. 1744, d. 20 Aug. 1823, m. 1775. Capt. in Md. Troops, 1776.
17. Catherine Dawson, b. 13 May 1742, d. Aug. 1806.
18. John Kennedy.* From Ireland, 1784.
19. Amelia Fitz Gerald, d. 1790.
20. William Clemm, b. 1755, d. 23 June 1809, m. 17 Jan. 1778.
21. Catherine Schultz, b. 23 Apl. 1759, d. 1835.
22. George Poe,* b. circa 1743, bp. 24 Apl. 1744, d. 20 Aug. 1823, m. 1775. Capt. in Md. Troops, 1776.
23. Catherine Dawson, b. 13 May 1742, d. Aug. 1806.
24. Philip Minis, b. 1732, d. 1789, m. 1774.
25. Judith Pollock, b. 1750, d. 1815.
28. Robert Cambridge Livingston, b. 26 Dec. 1742, d. 23 Aug. 1794, m. 22 Nov. 1778.
29. Alice Swift, b. 20 Feb. 1750, d. 4 Feb. 1816.
30. William Thompson, b. 1762, m. 1785.
31. Sarah Fall.

Fifth Generation

32. John Poe,* b. 1698, d. 1756, m. 31 Aug. 1741. Came to America, 1743.
33. Jane McBride,* b. 1706, d. 17 July 1802.
38. George Fitz Gerald.
39. Bridget Keating.
44. John Poe,* b. 1698, d. 1756, m. 31 Aug. 1741. Came to America, 1743.
45. Jane McBride,* b. 1706, d. 17 July 1802.
48. Philip Minis,* b. 1702, d. 1765, m. 1730.
49. Abigail Bush.
56. Robert Livingston, b. 16 Dec. 1708, d. 27 Nov. 1790, m. May 1731. Third Lord of Livingston Manor.
57. Maria Tong, b. 3 June 1711, d. 30 May 1765.
58. John Swift, b. 1720, d. 1802, m. 20 May 1749.
59. Magdalen Kollock, b. 1720, d. 27 Mch. 1790. (Widow McCall)
60. Anthony Thompson, b. 1735, m. 1759.

Sixth Generation

64. David Poe, b. 1679, d. 1742. Of Ireland.
65. Sarah ——.
66. Rev. Robert McBride, b. 1687. Of Ireland.
67. —— Laing. First Wife.
88. David Poe, b. 1679, d. 1742. Of Ireland.
89. Sarah ——.
90. Rev. Robert McBride, b. 1687. Of Ireland.
91. —— Laing. First Wife.
112. Philip Livingston, b. 9 July 1686, d. 4 Feb. 1749, m. 19 Sept. 1707. Second Lord of Livingston Manor.
113. Catherine Van Brugh, bp. 10 Nov. 1689, d. 20 Feb. 1756.
114. Walter Tong, d. 1724.
115. Catalyntje Van Dam.
116. John Swift,* b. 1661, d. 1735, m. 1683.
117. Mary White.
118. Jacob Kollock, b. 1692, d. 7 Feb. 1772, m. 7 Sept. 1718.
119. Alice Shepheard, d. 1729.

Seventh Generation

128. John Poe.
132. Rev. John McBride, b. 1651, d. 21 July 1718.
134. David Laing.
176. John Poe.
180. Rev. John McBride, b. 1651, d. 21 July 1718.
182. David Laing.
224. Robert Livingston,* b. 13 Dec. 1654, d. 1 Oct. 1728, m. July 1679. First Lord of Livingston Manor.
225. Alida Schuyler, b. 28 Feb. 1656, d. 27

218

Mch. 1729. (Widow Van Rensselaer)
226. Peter Van Brugh, b. July 1666, d. 1740, m. 2 Nov. 1688.
227. Sarah Cuyler.
230. Rip Van Dam,* b. 1660, d. 10 June 1749, m. 24 July 1684.
231. Sarah Van der Spiegel.
236. Jacob Kollock, b. 1657, d. 25 Feb. 1720.
237. Mary ——.
238. Hercules Shepheard, d. circa 1706.
239. Mary Avery.

EIGHTH GENERATION

256. David Poe.
264. Alexander McBride.
352. David Poe.
360. Alexander McBride.
448. Rev. John Livingston, b. 21 June 1603, d. 21 Aug. 1672, m. 23 June 1635.
449. Janet Fleming, b. 16 Nov. 1613, d. 13 Feb. 1694.
450. Philip Pieterse Schuyler,* b. 1628, d. 9 May 1683, m. 12 Dec. 1650.
451. Margarita Van Slechtenhorst, d. 1711.
452. Johannes Van Brugh,* b. 1624, d. 1699, m. 29 Mch. 1658.
453. Katrina Roeloffse Janse.

454. Hendrick Cuyler,* bp. 11 Aug. 1637, d. 1690, m. 1660.
455. Anna Schepmoes.*
478. John Avery,* d. 16 Nov. 1682.
479. Sarah ——.

NINTH GENERATION

512. David Poe.
704. David Poe.
896. Rev. William Livingston, b. 1576, d. 1641.
897. Agnes Livingston.
898. Bartholomew Fleming of Edinburgh.
900. Pieter Schuyler.
901. Catharine Buyck.
902. Brant Arentse Van Slechtenhorst,* b. 1610, d. circa 1668.
904. Pieter Van Brugh.
906. Roeloffse Jansen, d. ante 1637.
907. Anneke "Jans,"* d. 1663. She m. (2) Rev. E. W. Bogardus.

TENTH GENERATION

1792. Rev. Alexander Livingston, d. 1598.
1793. Barbara Livingston. Of royal descent.
1794. Alexander Livingston.
1814. Wolfert Webber. Anne, dau. of William of Nassau, Prince of Orange.

1. RICHARD HARDING RANDALL
2. DANIEL RICHARD RANDALL

First Generation
2. DANIEL RICHARD RANDALL, b. 25 Dec. 1864, d. 13 Apl. 1936, m. 20 Apl. 1892.
3. Elizabeth Winsor Harding, b. 14 June 1869, d. 5 Nov. 1934.

Second Generation
4. Alexander Randall, b. 5 Jan. 1803, d. 21 Nov. 1881, m. 6 Jan. 1856.
5. Elizabeth Philpot Blanchard, b. 1 Sept. 1827, d. 9 July 1895.
6. William Frederick Harding, b. 28 May 1837, d. 29 Sept. 1917, m. Oct. 1867.
7. Emily L. Goodale, b. 1841, d. 1877.

Third Generation
8. John Randall, b. 1754, d. 12 June 1826, m. 1783.
9. Deborah Knapp, b. 3 May 1763, d. 18 Dec. 1852.
10. John Gowen Blanchard, b. 30 Jan. 1800, d. 8 Oct. 1834.
11. Elizabeth Philpot, b. 1807, d. 14 Mch. 1880.
12. William Henry Harding, b. 1809, d. 1883, m. 1833.
13. Elizabeth Waterman Hicks, b. 1815, d. 1902.
14. Frederick Goodale.
15. Ruth Brown, b. 1811, d. 1882.

Fourth Generation
16. Thomas Randall, b. 1703, d. 1759, m. 1728.
17. Jane Davis, b. 1710, d. 1782.
18. William Knapp, d. 1768, m. 1759.
19. Frances Cudmore, b. 20 Oct. 1738, d. 1788.
20. Jeremiah Blanchard, b. 10 July 1764, d. 22 May 1819.
21. Mary Gowen, b. 22 July 1769, d. 14 May 1849.
22. Brian Philpot, b. 3 Aug. 1750, d. 11 Apl. 1812.
23. Elizabeth Johnson, b. 1768, d. 1853.
24. Richard Harding, b. 1771, d. 1860, m. 1794.
25. Abby Stoddard, b. 1773, d. 1866.
26. Ratcliffe Hicks, b. 1784, d. 1846, m. 1807.
27. Elizabeth Randall, b. 1788, d. 1872.
30. John Brown, b. 1780, d. 1834.
31. Lucy Corbin, b. 1785, d. 1835.

Fifth Generation
32. ? Samuel Randall.
34. Robert Davis, d. 1736.
36. Edmund Knapp.
38. Charles Cudmore, b. 1710, d. 1764, m. 1727.
39. Elizabeth Rogers, b. 1711, d. 1786.
40. Samuel Blanchard, b. 1717, d. 1807.
41. Mary Brown, d. 5 Mch. 1811.
44. Brian Philpot, d. ca. 1768.
45. Mary Johns, b. 1725.
46. Jeremiah Johnson.
48. Richard Harding.
49. Abigail Kennicott, b. 1730, d. 1803.
50. Thomas Stoddard, b. 1747, d. 1785.
51. Sarah Harding, b. 1751, d. 1807.
52. David Hicks, b. 1745, d. 1816.
53. Jane Hellen, b. 1755, d. 1817.
54. Henry Randall, b. 1720, d. 1791.
55. Elizabeth Smithen.
60. Ezekiel Brown, b. 1749.
61. Ruth Winsor, b. 1751.

Sixth Generation
80. John Blanchard, b. 1677, d. 10 Apl. 1750, m. 1701.
81. Mary Crosby, b. 1680, d. 1748.
88. Brian Philpot,* b. 1095.
90. Kensey Johns, b. 1689, d. 1729, m. 1710.
91. Elizabeth Chew, b. 13 Mch. 1695, d. 9 Feb. 1727.
96. Richard Harding, b. 1710, d. 1760.
98. John Kennicott, b. 1700, d. 1783.
99. Anne Eddy, b. 1705, d. 1735.
102. Eleazer Harding.
103. Amy Ellis.
104. Benjamin Hicks, b. 1711.
105. Martha Johnson.
106. Ratcliffe Hellen.
107. Parthenia Palmer.
108. Joseph Randall, b. 1684, d. 1760, m. 1716.
109. Amy Esten, b. 1685, d. 1764.
120. Chad Brown, b. 1729, d. 1814.
121. Zerviah Evans, b. 17 Nov. 1724, d. 1814.
122. John Winsor, b. 2 Mch. 1723, d. 1806.
123. Mary Smith.

Seventh Generation
160. **Samuel Blanchard,*** b. 1629, d. 1707.
180. Richard Johns,* b. circa 1648, d. 10 Oct. 1717, m. 1676.
181. Elizabeth Kensey, d. 1715/16.
182. Benjamin Chew, b. 12 Apl. 1671, d. 3 Mch. 1700, m. 8 Dec. 1692.
183. Elizabeth Benson, b. circa 1676, d. 1725.
192. Richard Harding, b. 1678, d. 1748.
193. Mary Thurber, b. 1686, d. 1759.
196. John Kennicott, b. 1669, d. 1722.
197. Elizabeth Luther, b. 1671, d. 1754.
208. Daniel Hicks, b. 1660, d. 1746.
209. Sarah Edmonds, b. 1678.
216. William Randall, b. 1647, d. 1712.
244. Joshua Winsor, b. 25 May 1682, d. 10 Oct. 1751, m. 3 Dec. 1719.
245. Deborah Harding, d. post 1752. Second Wife.

220

Eighth Generation

246. Solomon Smith.
247. Sarah Dexter.
320. Thomas Blanchard, d. 1684.
362. Hugh Kensey,* d. 1667.
364. Samuel Chew,* d. 15 Mch. 1677, m. circa 1658.
365. Anne Ayres, d. 1695.
366. John Benson, d. 1676.
367. Elizabeth Smith, d. 1694.
384. John Harding.
392. Roger Kennicott, d. 1696, m. 1661.
393. Joanna Shepardson, b. 1642.
394. Hezekiah Luther, b. 1640, d. 1723.
395. Sarah Butterworth.
416. Daniel Hicks, d. 1693, m. 1659.
417. Rebecca Hamner.
418. Andrew Edmonds,* b. 1639, d. 1695, m. 1675.
419. Mary Hearnden, d. 1696.
488. Samuel Winsor, b. 1644, d. 19 Sept. 1705, m. 2 Jan. 1677.
489. Mercy Williams, b. July 1640, d. post 1705.
492. Benjamin Smith, b. 1672.
493. Mercy Angell, b. 1675.

Ninth Generation

728. John Chew,* d. ante 1668.
729. Sarah ——.
730. William Ayres.*
731. Sarah ——.
734. Thomas Smith,* d. 1685.
735. Alice ——, d. 1698.
768. Stephen Harding.
788. John Luther, d. 1644.
976. Joshua Winsor,* d. 1679.
978. Roger Williams,* b. circa 1599, d. 1683.
979. Mary ——, d. post 1676.
984. John Smith, d. 1682.
985. Sarah Whipple, b. 1642.
986. John Angell, b. 1646, d. 1720.
987. Ruth Field.

Tenth Generation

1970. John Whipple,* b. 1617, d. 1685.
1972. Thomas Angell,* b. 1618, d. 1694.
1974. John Field,* b. 1625, d. 1686.

1. FRANCIS F. RANDOLPH
2. GEORGE F. RANDOLPH

FIRST GENERATION

2. GEORGE F. RANDOLPH, b. 29 June 1856.
3. Annie R. Dearborn.

SECOND GENERATION

4. John F. Randolph, b. 23 July 1808, d. 5 Sept. 1887, m. 5 Nov. 1837.
5. Harriet Swetland, b. 31 Oct. 1819, d. 8 Aug. 1907.

THIRD GENERATION

10. Daniel Swetland, b. 3 July 1787, d. 1823, m. 1813.
11. Lucy Gates, b. 2 July 1789, d. 16 June 1855.

FOURTH GENERATION

22. Nathaniel Gates, b. 1 Apl. 1755, d. 7 Nov. 1793, m. 3 Feb. 1788.
23. Lucy Gallup, b. 7 Feb. 1760, d. 30 Nov. 1821.

FIFTH GENERATION

46. William Gallup, b. 4 July 1723, d. 4 Apl. 1803, m. 9 June 1752.
47. Judith Reed, b. 6 Apl. 1733, d. 1 Jan. 1815.

SIXTH GENERATION

92. Benadam Gallup, b. 18 Apl. 1693, d. 30 Sept. 1755, m. 11 Jan. 1716.
93. Eunice Cobb, d. Feb. 1759.

SEVENTH GENERATION

184. Benadam Gallup, b. 1655, d. 2 Aug. 1727, m. 1682.
185. Esther Prentice, b. 20 July 1660, d. 18 May 1757.

EIGHTH GENERATION

368. John Gallup,* b. 1615/16, d. 19 Dec. 1675, m. 1643.
369. Hannah Lake.

NINTH GENERATION

736. John Gallup,* b. 1590, d. 1650, m. ante 1630.
737. Christabel ——.

1. FRANCIS FIELDING REID

First Generation
2. Harry Fielding Reid, b. 18 May 1859, m. 22 Nov. 1883.
3. Edith Gittings.

Second Generation
4. Andrew Reid, b. 22 Sept. 1818, d. 4 Jan. 1896, m. 8 Dec. 1853.
5. Fanny Brooke Gwathmey, b. 8 Sept. 1835, d. Sept. 1921.
6. James Gittings.
7. Elizabeth Macgill.

Third Generation
8. George Reid. From Scotland, 1801.
9. Elizabeth Taylor.
10. Humphrey Brooke Gwathmey, b. 29 Mch. 1794, d. 22 Oct. 1852, m. 27 June 1822.
11. Frances Fielding Lewis, b. 11 Feb. 1805, d. 28 May 1888.

Fourth Generation
22. Howell Lewis, b. 12 Dec. 1771, d. 26 Dec. 1822, m. 26 Sept. 1795.
23. Ellen Hackley Pollard, b. 7 Dec. 1776, d. 15 Jan. 1859.

Fifth Generation
44. Fielding Lewis, b. 7 July 1725, d. Jan. 1782, m. 7 May 1750.
45. Betty Washington, b. 20 June 1733, d. 31 Mch. 1797. Second Wife.

Sixth Generation
88. John Lewis, b. 1694, d. 17 Jan. 1754, m. circa 1718.
89. Frances Fielding, d. 27 Oct. 1731. First Wife.
90. Augustine Washington, b. circa 1694, d. 12 Apl. 1743, m. 6 Mch. 1731.
91. Mary Ball, b. circa 1707, d. 25 Aug. 1789. Second Wife.

Seventh Generation
176. John Lewis, b. 30 Nov. 1669, d. 14 Nov. 1725.
177. Elizabeth Warner, b. 24 Nov. 1672, d. 5 Feb. 1720.
178. Henry Fielding, d. 1712.
180. Lawrence Washington, b. Sept. 1659, d. 1698, m. 1690.
181. Mildred Warner, d. Jan. 1701.
182. Joseph Ball, b. 25 May 1649, d. 1711.
183. Mary (Montague?).

Eighth Generation
352. John Lewis, d. 1705.
353. Isabella Miller. (Dau. of James.)
354. Augustine Warner, b. 3 June 1642, d. 19 June 1681, m. ante 1671.
355. Mildred Reade.
360. John Washington,* b. circa 1632, d. Jan. 1677, m. circa 1659.
361. Anne Pope, d. ante 1669.
362. Augustine Warner, b. 3 June 1642, d. 19 June 1681, m. ante 1671.
363. Mildred Reade.
364. William Ball,* b. circa 1615, d. 1680, m. 1638.
365. Hannah Atherold.

Ninth Generation
704. Robert Lewis.* From Brecon, Wales.
708. Augustine Warner,* b. 28 Nov. 1610, d. 24 Dec. 1674.
709. Mary ——, b. 13 May 1614, d. 11 Aug. 1662.
710. George Reade,* d. Oct. 1671, m. 1641.
711. Elizabeth Martiau, b. 1625, d. 1686.
722. Nathaniel Pope,* d. 1660.
723. Luce ——.
724. Augustine Warner,* b. 28 Nov. 1610.
725. Mary ——, b. 13 May 1614, d. 11 Aug. 1662.
726. George Reade,* b. 25 Oct. 1608, d. 1671, m. 1641.
727. Elizabeth Martiau, b. 1625.

Tenth Generation
1420. Robert Reade, d. 1626.
1421. Mildred Windebank.
1422. Nicholas Martiau,* b. 1591, d. 1657.
1423. Jane (——) Berkeley.
1452. Robert Reade, d. 1626.
1453. Mildred Windebank.
1454. Nicholas Martiau,* b. 1591, d. 1657, m. 1624.
1455. Jane (——) Berkeley.

1. JOHN MILTON REIFSNIDER

First Generation

2. John Lawrence Reifsnider, b. 19 Oct. 1836, d. 17 July 1905, m. 10 Dec. 1861.
3. Elizabeth Haines Billingslea, b. 6 Nov. 1834, d. 12 Dec. 1867.

Second Generation

6. James Levin Billingslea, b. 24 Oct. 1804, d. 23 Oct. 1881, m. 27 Nov. 1833.
7. Susan Haines, b. 29 May 1815.

Third Generation

12. James Billingslea, b. 1 May 1768, d. 4 Aug. 1848, m. 14 Sept. 1797.
13. Elizabeth Matthews, b. 26 Mch. 1776, d. 12 Jan. 1835.

Fourth Generation

26. Levin Matthews, b. 10 Sept. 1737, m. 29 Nov. 1764.
27. Mary Day, b. 5 Feb. 1744. Second Wife.

Fifth Generation

54. John Day, b. 25 Apl. 1723, m. 20 July 1742.
55. Philoxena Maxwell, b. 3 Mch. 1723, d. 21 May 1759. First Wife.

Sixth Generation

110. James Maxwell.
111. Mary ———.

Seventh Generation

220. James Maxwell,* d. 5 Feb. 1728.
221. Mary Harmer. First Wife.

1. DORSEY RICHARDSON

FIRST GENERATION
2. Albert Levin Richardson, b. 18 Apl. 1847, d. 6 June 1925, m. 27 Jan. 1891.
3. Hester Dorsey, b. 9 Jan. 1862.

SECOND GENERATION
6. James Levin Dorsey, b. 17 Sept. 1808, d. 30 Aug. 1892, m. 18 Jan. 1844.
7. Sarah Anne Webster Richardson Dorsey, b. 9 May 1822, d. 10 Feb. 1898.

THIRD GENERATION
12. John Dorsey, b. 1766, d. post 1821, m. 15 July 1788.
13. Martha Chesum, b. circa 1768.

FOURTH GENERATION
24. Levin Dorsey, b. 1736, d. circa 1780, m. circa 1760.
25. Elizabeth Keene.

FIFTH GENERATION
48. **John Dorsey,** d. 1760, m. 1735.
49. Anne Cooper, b. circa 1715, d. ante 1737.
50. Henry Keene.
51. Mary ——.

SIXTH GENERATION
96. William Dorsey, b. circa 1683, d. 1714.
97. Elizabeth (Oliver?), d. 1761.
100. Benjamin Keene, b. circa 1702, d. circa 1770.
101. Mary Travers.

SEVENTH GENERATION
192. William Dorsey,* d. 1 Dec. 1703, m. circa 1681.
193. Mary MacKeele, b. circa 1665.
200. John Keene, b. circa 1657, d. 1723.
201. Mary Hopewell.

EIGHTH GENERATION
386. John MacKeele,* d. 1696, m. 24 Mch. 1661.
387. Helen Cornish.
400. Richard Keene,* bp. 7 Dec. 1628, d. 1676.
401. Mary (——) Hodgkin.

1. JULIAN WHITE RIDGELY

First Generation

2. John Ridgely, "of Hampton," b. 22 Dec. 1851, m. 11 Sept. 1873.
3. Helen West Stewart, b. 27 July 1854.

Second Generation

6. John Stewart, b. 27 Sept. 1826, d. Feb. 1901, m. 20 Oct. 1853.
7. Leonice Josephine Moulton, b. 9 May 1834.

Third Generation

14. Joseph White Moulton, b. 11 June 1789, d. 20 Apl. 1875, m. 4 June 1833.
15. Leonice Marston Sampson, b. 15 Sept. 1811, d. 13 Jan. 1897.

Fourth Generation

30. Marston Sampson, b. 1 Oct. 1785, d. 13 Nov. 1822, m. 10 Sept. 1810.
31. Leonice Holmes, b. 10 Oct. 1788, d. 10 Nov. 1820.

Fifth Generation

60. George Sampson, b. 3 Sept. 1755, d. 25 Nov. 1826, m. 7 Oct. 1780.
61. Hannah Cooper, b. 1 Feb. 1761, d. 6 Sept. 1836.

Sixth Generation

120. Zabdiel Sampson, b. 26 Apl. 1727, d. 16 Sept. 1776, m. 1752.
121. Abiah Whitmarsh, d. 26 Dec. 1800.

Seventh Generation

240. George Sampson, b. 1690, d. 1774, m. 1718.
241. Hannah Soule, b. 1696, d. 1776.

Eighth Generation

482. Benjamin Soule, b. 1677, d. 1776.
483. Sarah Standish.

Ninth Generation

964. John Soule, b. 1632, d. 1707.
965. Rebecca Simmons.
966. Alexander Standish, d. 1702.
967. Sarah Alden, b. 1629, d. 1687.

Tenth Generation

1928. George Soule,* d. 1680, m. 1626.
1929. Mary Beckett.*
1932. Miles Standish,* b. 1584, d. 3 Oct. 1656, m. 1623/4.
1933. Barbara Allen. Second Wife.
1934. John Alden,* b. circa 1599, d. 12 Sept. 1687.
1935. Priscilla Mullins.

1. ERNEST AMES ROBBINS, JR.

FIRST GENERATION
2. Ernest Ames Robbins, b. 2 Sept. 1854, m. 12 Oct. 1876.
3. Emily Stevenson Brown, b. 12 May 1855.

SECOND GENERATION
4. Horace Wolcott Robbins, b. 4 July 1815, d. 11 Aug. 1878, m. 10 Aug. 1841.
5. Mary Eldredge Hyde, bp. 29 Nov. 1819, d. 30 Apl. 1884.

THIRD GENERATION
8. Frederick Robbins, b. 9 Apl. 1784, d. 2 Sept. 1841, m. 19 Sept. 1805.
9. Eunice Ames, b. 30 June 1786, d. 24 Nov. 1866.

FOURTH GENERATION
16. Frederick Robbins, b. 12 Sept. 1756, d. 1 Nov. 1821, m. 12 Apl. 1789.

17. Mehitable Wolcott, b. 12 June 1759, d. 31 May 1806.

FIFTH GENERATION
32. John Robbins, b. 1 Jan. 1716, d. 31 May 1799, m. 13 Jan. 1737.
33. Martha Williams, b. 29 Mch. 1716, d. 10 June 1770.

SIXTH GENERATION
64. Richard Robbins, b. 8 June 1687, d. 7 Feb. 1738, m. 11 Jan. 1710.
65. Martha Curtiss, b. 17 Jan. 1690, d. 21 Aug. 1753.

SEVENTH GENERATION
128. John Robbins, b. 29 Apl. 1649, d. 10 July 1689, m. 24 Apl. 1679.
129. Mary Boardman, b. 4 Feb. 1644, d. 19 May 1721.

EIGHTH GENERATION
256. John Robbins,* d. 27 June 1660.
257. Mary Welles, d. Sept. 1659.

1. THOMAS CARROLL ROBERTS

FIRST GENERATION
2. Charles Eversfield Roberts, b. 10 Feb. 1850, d. 11 July 1904, m. 13 Aug. 1873.
3. Anna M. Talbott, b. 11 July 1855, d. Mch. 1880. [His 2nd wife was Lula K. Harman, b. 1859, d. 1933.]

SECOND GENERATION
4. Richard Roberts, b. 9 Aug. 1813, d. 10 May 1872, m. 5 May 1847.
5. Sarah Catherine Eversfield, b. 24 Feb. 1826, d. 17 Jan. 1894. Second Wife.
6. Thomas E. Talbott, b. 18 Oct. 1822, d. 10 Mch. 1870.
7. Elizabeth Brewer, b. 31 Aug. 1824, d. 3 Feb. 1909. (Widow Emory)

THIRD GENERATION
8. Richard Roberts, b. 1 Apl. 1775, d. 13 Nov. 1834, m. 5 Feb. 1807.
9. Sarah Kent, b. 1787, d. 13 July 1822.
10. John Eversfield, b. circa 1797, d. 18 Dec. 1857, m. 1820.
11. Ann Perry Wailes, b. 5 May 1796, d. 21 Jan. 1875.
12. Joseph Carter Talbott, b. 29 Nov. 1792, d. 19 July 1858.
13. Caroline Jump, d. 13 Aug. 1833.
14. John Brewer, b. circa 1776.
15. Ann Duckett Bealmear.

FOURTH GENERATION
16. Richard Roberts, b. 10 Apl. 1735, m. 29 May 1770.
17. Mary Harris.
18. Daniel Kent, b. 3 Aug. 1745, d. 1805, m. 1776.
19. Anne Wheeler, b. 3 Aug. 1754.
20. Charles Eversfield, b. 15 Apl. 1750, d. 1815.
21. Elizabeth Gantt.
24. Rev. Nathaniel Talbott, b. 26 Jan. 1767, d. 5 Dec. 1820.
25. —— Carter?.
28. Joseph Brewer, b. 1744, m. 30 May 1768.
29. Jane Brewer, b. 1746.
30. Francis Bealmear.
31. Elizabeth Duckett.

FIFTH GENERATION
32. Richard Roberts, b. circa 1706, m. circa 1732.
33. Elizabeth Allen.
34. William Harris.
35. Mary Thomas.
36. Joseph Kent, d. 1776, m. 1753.
37. Sarah Bond, d. inter 1754/9.
38. Roger Wheeler, m. 1745.
39. Susannah Weems.
40. Rev. John Eversfield,* b. 4 Apl. 1701, d. 8 Nov. 1780, m. 9 May 1730, r. Prince George's Co., Md.
41. Eleanor Clagett, b. 1712, d. 1780.
42. Thomas Gantt.
43. Barbara Blake.
48. Joseph Talbott, d. circa 1773.
49. Rebecca ——.
56. Joseph Brewer, b. 17 Dec. 1713, m. circa 1736.
57. Mary Stockett, b. 20 Jan. 1705.
58. John Brewer, b. 7 May 1709, d. 1788.
59. Eleanor Maccubbin, b. 1708, d. 177

SIXTH GENERATION
64. Robert Roberts, b. 1673, d. 1728, m. 1703.
65. Priscilla Johns, b. 1682, d. 1725.
66. Benjamin Allen.
67. Elizabeth Tongue.
78. James Weems, m. 1728.
79. Sarah Parker. (Widow Stoddart)
80. William Eversfield, d. 1705.
81. Elizabeth ——.
82. Richard Clagett, b. 1680, d. 1752, m. 1705.
83. Deborah Dorsey. (Widow Ridgely)
84. Edward Gantt, b. circa 1720, m. 1744, r. Calvert Co., Md.
85. Elizabeth Wheeler.
86. Joseph Blake, b. 1730, d. 1795, m. 1759.
87. Mary Heighe.
96. Richard Talbott, b. circa 1696, d. 1750.
97. Margaret Birckhead, d. 1745.
112. John Brewer, b. 1686, d. 1730, m. post 1704.
113. Dinah Battee.
114. Thomas Stockett, b. 17 Apl. 1667, d. 1732, m. 9 Apl. 1700.
115. Damaris Welsh.
116. John Brewer.
117. Dinah Battee. (See above.)

SEVENTH GENERATION
128. Hugh Roberts,* d. 1702, m. 1672; r. Penna.
129. Jane Owen.
130. Richards Johns,* b. 1649, d. 1717, m. 1676.
131. Elizabeth Kensey, d. 1716.
158. George Parker.
159. Susannah ——.
164. Thomas Clagett,* b. circa 1640, d. inter 1703/6.
165. Sarah (Patterson?).
166. John Dorsey, d. 1715.
167. Pleasance Ely.
168. Thomas Gantt, b. 1686, d. circa 1765, r. Prince George's Co., Md.
169. Priscilla Brooke. First Wife.
170. Robert Wheeler.
171. Mary ——.
192. John Talbott, d. circa 1707, m. circa 1689.
193. Sarah Mears, d. 1744.
224. John Brewer, b. 1644, d. 1690.

225. Sarah Ridgely.
226. Ferdinando Battee,* d. 1706.
227. Elizabeth Hood.
228. **Thomas Stockett,*** d. Apl. 1671.
229. Mary Wells.
230. John Welsh,* d. 1684, r. Anne Arundel Co., Md.

EIGHTH GENERATION

258. Owen ap Evan.
259. Gainor Johns.
262. Hugh Kensey,* d. 1667.
263. Margaret ——.
328. Edward Clagett, b. circa 1600, m. circa 1625. Of London.
329. Margaret Adams.
332. Edward Dorsey, d. circa 1659.
336. Edward Gantt.
337. Ann Baker.
338. **Thomas Brooke,** b. 1660, d. 7 Jan. 1730.
339. Ann ——.
384. Richard Talbott,* d. 1663, m. circa 1655.
385. Elizabeth Ewen, d. 1 Jan. 1704.
386. John Mears, d. 1675, m. circa 1672.
387. Sarah Thomas, d. circa 1675.
448. **John Brewer,*** d. ante 1667; r. Anne Arundel Co., Md.
449. Elizabeth ——.
450. **Henry Ridgely,*** d. 1710.
451. Sarah ——. Second Wife.
454. Thomas Hood.*
458. Richard Wells,* d. 1667.
459. Frances ——.

NINTH GENERATION

516. Evan ap Robert.
656. George Clagett of Canterbury.
658. Sir Thomas Adams, b. 1586, d. 1667.
672. Thomas Gantt,* d. 1692.
673. Mary (Graham?).
676. **Thomas Brooke,** b. 23 June 1632, d. 1676.
677. Elinor Hatton,* b. 1642, d. 1725.
770. Richard Ewen,* d. circa 1660; r. Anne Arundel Co., Md.
771. Sophia ——.
772. Thomas Mears.*
773. Elizabeth ——.
774. **Philip Thomas,*** d. 1675.
775. Sarah Harrison,* d. 1687.

TENTH GENERATION

1032. Robert ap Lewis.
1312. Robert Clagett.
1313. —— Golden.
1316. William Adams.
1317. —— Borington.
1352. Robert Brooke,* b. 3 June 1602, d. 20 July 1655.
1353. Mary Baker.
1354. Richard Hatton.
1355. Margaret ——.*
1548. Evan Thomas of Wales.

1. GEORGE DAVID FRANCIS ROBINSON, JR.
6. FRANCIS BURNS SLOAN

FIRST GENERATION
2. George David Francis Robinson.
3. Elizabeth Bash Sloan.

SECOND GENERATION
6. FRANCIS BURNS SLOAN, b. 16 Mch. 1846, d. 26 Apl. 1926, m. 3 Dec. 1872.
7. Susan Luckett Bash, b. 21 Sept. 1848.

THIRD GENERATION
12. George F. Sloan, b. 24 Mch. 1819, d. 30 Mch. 1866, m. 15 Jan. 1841.
13. Elizabeth Cushing, b. 14 Sept. 1818.

FOURTH GENERATION
26. Joseph Cushing, b. 23 Jan. 1781, d. 2 Aug. 1858, m. 1 Nov. 1804.
27. Rebecca Edmonds, b. 3 Apl. 1782, d. 1 Dec. 1836.

FIFTH GENERATION
52. David Cushing, b. 2 July 1754, d. 3 May 1828.

53. Hannah Cushing, b. 26 Apl. 1760, d. 13 Mch. 1823.

SIXTH GENERATION
104. David Cushing, b. 7 Sept. 1727, d. 15 Feb. 1800, m. 9 Apl. 1752.
105. Ruth Lincoln, b. 25 Feb. 1733, d. 6 July 1761.

SEVENTH GENERATION
208. Abel Cushing, b. 24 Oct. 1696, d. 20 May 1750, m. 20 May 1720.
209. Mary Jacob, b. 29 Sept. 1698.

EIGHTH GENERATION
416. Theophilus Cushing, b. 7 June 1657, d. circa 1718, m. 28 Aug. 1688.
417. Mary Thaxter, b. 19 Aug. 1667, d. 1737.

NINTH GENERATION
832. Daniel Cushing,* bp. 20 Apl. 1619, d. 3 Dec. 1700, m. 19 Jan. 1645.
833. Lydia Gilman, d. 12 Mch. 1689.

1. RALPH ROBINSON

First Generation
2. John Mitchell Robinson, b. 6 Dec. 1827, d. 14 Jan. 1896, m. 19 Nov. 1857.
3. Mariana Stoughton Emory, b. 17 Mch. 1832, d. 2 Feb. 1915.

Second Generation
6. Thomas A. Emory, m. 22 Feb. 1831.
7. Mariana Winder.

Third Generation
12. Thomas Emory.
13. Anne Hemsley.
14. Levin Winder, b. 1758, d. 4 July 1819.
15. Mary Stoughton Sloss, d. 1822.

Fourth Generation
26. William Hemsley, b. 1737, d. 1812.
27. Sarah Williamson, d. 1794.
28. William Winder, b. 1714, d. 1792.
29. Esther Gilliss, b. 1724, d. 1767.

Fifth Generation
52. William Hemsley, d. 1763.
53. Anna Maria Tilghman, b. 15 Nov. 1709, d. 30 Aug. 1763.
56. John Winder, b. 7 Mch. 1676, d. July 1716, m. 1696.
57. Jane Dashiell, b. 30 July 1675.

Sixth Generation
106. Richard Tilghman, b. 23 Feb. 1672, d. 23 Jan. 1738, m. 7 Jan. 1700.
107. Anna Maria Lloyd, b. circa 1676, d. Dec. 1748.
112. John Winder,* d. 1698.
113. Bridget ——.
114. James Dashiell,* d. Aug. 1697, m. circa 1659.
115. Ann Cannon, d. inter 1697/1705.

Seventh Generation
212. Richard Tilghman,* bp. 27 Sept. 1027, d. 1676, m. 1652.
213. Mary Foxley.
214. Philemon Lloyd, b. 1648, d. 17 June 1685.
215. Henrietta Maria Neale, d. 21 Dec. 1697. (Widow Bennett)

Eighth Generation
424. Oswald Tilghman, b. 4 Oct. 1579, d. 1628, m. Nov. 1626.
425. Elizabeth Packnam. Second Wife.
428. Edward Lloyd,* d. 1696.
429. Alice Crouch.
430. James Neale,* d. 1684.
431. Anne Gill.

1. MAURICE FALCONER RODGERS

First Generation
2. William Rodgers, b. 27 Oct. 1860, d. 30 Mch. 1933, m. 3 Nov. 1887.
3. Fannie Falconer, b. 29 Aug. 1865.

Second Generation
4. George Henry Rodgers, b. 3 Mch. 1828, d. 12 Mch. 1905, m. 14 Jan. 1851.
5. Mary Sheppard Evans, b. 16 Jan. 1829, d. 3 Apl. 1900.
6. William Hamilton Falconer, b. 3 Apl. 1820, d. 11 Apl. 1890, m. 7 Jan. 1856.
7. Mary Ann Jemima Boteler, b. 10 Feb. 1826, d. 14 June 1912.

Third Generation
8. John Rodgers,* b. 1785, d. 23 Nov. 1861, m. 9 Oct. 1816.
9. Agnes Miskimon, b. 3 Apl. 1795, d. 13 Nov. 1874.
10. Isaac Evans, b. 19 Dec. 1785, d. 22 Sept. 1866, m. 14 June 1809.
11. Caroline C. Onion, b. circa 1790, d. 12 July 1857.
12. Elisha Falconer, b. 1772, d. 21 June 1847, m. 6 Jan. 1810.
13. Eleanor Norwood, b. 27 Aug. 1787.
14. Charles Wesley Boteler, b. 22 June 1798, d. 17 Jan. 1866.
15. Mary Moriarity, b. 17 Dec. 1796, d. 14 May 1872.

Fourth Generation
18. Samuel Miskimon,* b. 1768, d. 29 Jan. 1845.
19. Ruth Careins,* b. 27 Nov. 1771.
20. David Evans, d. May 1817, m. 30 Aug. 1775.
21. Mary Sheppard, b. 14 May 1756, d. circa 1836.
22. John Barrett Onion, b. 23 May 1764, d. 27 June 1813, m. 26 Mch. 1789.
23. Julia (Maybury) Pendergast, b. circa 1766, d. Dec. 1853.
24. Gilbert Falconer, b. 15 Jan. 1722, d. Aug. 1779, m. circa 1750.
25. Margery ——.
26. Belt Norwood, b. circa 1755/60, m. 3 Oct. 1785.
27. Sarah Gaither.
28. Walter Boteler, b. 22 Oct. 1763, d. 22 Feb. 1829.
29. Jemima ——, b. inter 1763/6, d. 29 Jan. 1831.

Fifth Generation
38. William Careins,* b. 1734, d. 10 Oct. 1818.
39. Margaret McMath,* b. 1746, d. 4 May 1799. From Ireland.
42. Nathan Sheppard, b. 13 Nov. 1726, m. 31 Mch. 1755.
43. Sarah Shoemaker, b. 2 Aug. 1733, d. 24 Dec. 1799.
44. Zaccheus Barrett* "Onion," b. circa 1735, d. 1781, m. 2 Dec. 1757.
45. Hannah Bond.
46. Beriah Maybury, b. 17 Mch. 1737, d. 31 July 1799, m. circa 1765.
47. Elizabeth Inch, b. 11 Sept. 1746.
48. Alexander Falconer, b. circa 1690, m. 9 Feb. 1719.
49. Susanna Duvall, b. 3 Sept. 1699.
52. Samuel Norwood, bp. 22 Jan. 1708.
53. Mary Belt.
54. Edward Gaither, b. 20 Dec. 1714, d. 1777, m. circa 1750.
55. Eleanor Whittle.
56. Charles Boteler, d. ante 1790.
57. Sophia Drury.

Sixth Generation
84. Moses Sheppard, b. 1698, d. 1753, m. 20 Dec. 1722.
85. Mary Dennis, b. 7 Apl. 1682.
86. Isaac Shoemaker, b. 23 Aug. 1700, d. 23 Aug. 1741, m. circa 1722.
87. Dorothy Penrose, b. circa 1703, d. 11 Aug. 1764.
88. —— Barrett.
89. Susanna Onion.*
90. Thomas Bond, b. circa 1703, d. 1787, m. 13 Apl. 1725.
91. Elizabeth Scott.
92. Francis Maybury, m. 11 May 1736.
93. Rose Irwin.
94. John Inch, b. 1721, d. 14 Mch. 1763, m. 6 July 1745.
95. Jane (——) Reynolds.
98. Samuel Duvall, m. 18 June 1697.
99. Elizabeth (Ijams) Clarke.
104. Samuel Norwood.
105. Sarah Garrett.
106. Jeremiah Belt.
108. Benjamin Gaither, b. 20 Feb. 1681, d. 1741, m. 8 Sept. 1709.
109. Sarah Chew Burgess, b. 20 Dec. 1694, d. 1750.
112. Henry Boteler, d. Aug. 1713.
113. Catherine Lingan.
114. Charles Drury.
115. Alice ——.

Seventh Generation
168. Thomas Sheppard,* d. 1721.
170. Jonathan Dennis, b. ca. 1652, d. 1720, m. 14 Mch. 1678.
171. Rachel Moore, d. post 1720.
172. George Shoemaker,* b. 1663, d. 1741, m. 14 Dec. 1694.
173. Sarah Wall,* d. 1709.
174. Bartholomew Penrose,* b. circa 1678, d. 17 Nov. 1711, m. 1703.
175. Hester Leech, b. 1685, d. 1 Apl. 1713.

180. Thomas Bond, b. 1679, d. 1756, m. 20 Sept. 1700. Of Emmorton.
181. Anne Robertson.
182. **Daniel Scott**, b. circa 1680, d. 20 Mch. 1745, m. circa 1708.
183. Elizabeth Love (née Whittaker?), d. 1758.
186. James Irwin, d. circa 1741.
196. Mareen Duvall,* d. 1694.
197. —— ——.
208. John Norwood.
209. Sarah ——.
210. Edward Garrett.
212. John Belt, d. Nov. 1698.
213. Elizabeth Williams, d. 1737.
216. John Gaither,* d. Nov. 1702.
217. Ruth (Beard?).
218. **Edward Burgess**, b. 1651, d. 4 Mch. 1722.
219. Sarah Chew, d. 1740.
224. Charles Boetler.
226. **George Lingan**,* d. 1708.
227. Anne ——.

EIGHTH GENERATION

340. **Robert Dennis**,* b. ca. 1615, d. circa 1690.
341. Mary ——.
342. **Samuel Moore**,* b. 1630, d. 27 May 1688, m. 12 Sept. 1656.
343. Mary Ilsley.
344. Georg Schumacher, d. (at sea) 1683, m. 1662.
345. Sarah ——.*
346. Richard Wall,* d. 6 Feb. 1689.
347. Rachel ——.
350. **Tobias Leech**,* b. 1 Jan. 1652. d. 13 Nov. 1726, m. 26 Oct. 1679.
351. Hester Ashmead,* b. circa 1660, d. 11 Aug. 1726.

360. Peter Bond,* d. 1705.
361. —— ——. First Wife.
364. **Daniel Scott**,* b. circa 1655, d. 15 Feb. 1724.
365. Jane Johnson, d. 1733.
416. John Norwood,* d. 1673.
417. Ann ——.
426. Benjamin Williams.
432. John Gaither.*
433. Jane (Morley?).
436. **William Burgess**,* b. circa 1622, d. 24 Jan. 1686.
437. Elizabeth Robins, b. ca. 1620.
438. **Samuel Chew**, b. circa 1630, d. 15 Mch. 1677, m. circa 1658.
439. Anne Ayres, d. 13 Apl. 1695.

NINTH GENERATION

684. Francis Moore,* d. 28 Oct. 1648.
685. Katherine ——.
686. William Ilsley,* d. 22 July 1681.
687. Barbara ——.
692. Richard Wall,* d. 26 Jan. 1698, m. 1 Aug. 1658.
693. Joan Wheel,* d. 2 Dec. 1701.
702. John Ashmead.
703. Mary ——.
730. John (?) Johnson.
731. Deborah ——.
874. Edward Robins,* b. 1602, d. July 1641.
876. **John Chew**,* b. circa 1590, d. circa 1660.
877. Sarah ——. First Wife.
878. William Ayres,* d. 1659.
879. Sarah ——.

TENTH GENERATION

1948. Thomas Robins.
1949. Mary Bulkley.

1. CHARLES RANSOM ROWLAND
2. SAMUEL CARSON ROWLAND

First Generation

2. SAMUEL CARSON ROWLAND, b. 9 Jan. 1858, m. 5 Jan. 1887.
3. Cornelia Talcott Ransom, b. 26 June 1864, d. 13 Apl. 1931.

Second Generation

4. James Harvey Rowland, b. 24 Dec. 1819, d. 24 May 1908, m. 1852.
5. Elizabeth Ann Webb, b. 15 Nov. 1819, d. 24 Aug. 1913.

Third Generation

10. Jonathan Webb, d. 1826.
11. Rachel Ash.

Fourth Generation

20. James Webb, d. 4 Nov. 1794, m. 19 Jan. 1758.
21. Rebecca Parke, d. 1784.

Fifth Generation

40. James Webb, b. 19 Jan. 1708, d. 1785, m. 5 Apl. 1731.
41. Martha Fleming.

Sixth Generation

80. Richard Webb,* d. Mch. 1719.
81. Elizabeth ——, d. post 1721.

1. CHARLES LESLIE RUMSEY, M.D.

First Generation

2. Charles Rumsey, b. 23 Apl. 1827, d. 18 Apl. 1923.
3. Frances Anna Sovereign, b. 6 Jan. 1835, d. 20 Dec. 1910.

Second Generation

4. Charles Rumsey, b. 1795, d. Sept. 1841.
5. Hannah Mulford, b. 1794, d. Mch. 1881.

Third Generation

8. Benjamin Rumsey, b. 25 Jan. 1779, d. 1 Apl. 1803.
9. Mary Clark, d. 1817.

Fourth Generation

16. Charles Rumsey, b. 1736, d. 1780.
17. Abigail Jane Canor, b. 1746, d. 12 Feb. 1827.
18. George Clark of Delaware.

Fifth Generation

32. William Rumsey. b. 1 Apl. 1698, d. 1742.
33. Sabina Blaienburg.

Sixth Generation

64. Charles Rumsey, d. 28 Nov. 1717.
65. Catherine ——, b. 26 Sept. 1675, d. 28 Aug. 1710.
66. Benjamin Blaienburg.
67. Margaret ——.

1. TOWNSEND SCOTT, IV

First Generation
2. Townsend Scott, b. 6 Mch. 1858, d. 4 Oct. 1928, m. 6 Feb. 1884.
3. Helen Evans, b. 1864.

Second Generation
4. Rossiter Scott, b. 26 Oct. 1827, d. 6 June 1898.
5. Eleanor Elizabeth Godwin, b. 11 Apl. 1835, d. 15 Feb. 1903.
6. Henry Cotheal Evans, b. 25 July 1837, d. 24 Nov. 1908, m. 4 Oct. 1860.
7. Mary Elizabeth Garrettson, b. 2 May 1841, d. 10 July 1918.

Third Generation
8. Townsend Scott, b. 6 Feb. 1802, d. 12 Oct. 1879, m. 13 May 1824.
9. Edith Bullock Stockton, b. 17 June 1803, d. 24 Oct. 1888.
10. William Mitchell Godwin.
11. Anna Mason Oliver.
12. Benjamin McCombs Evans, b. 17 Apl. 1800, d. 11 Apl. 1864.
13. Mary Ann Gilliard, b. 13 May 1806, d. 14 Apl. 1843.
14. James Aquila Garrettson, b. 6 Nov. 1817, d. 25 May 1872, m. 27 June 1839.
15. Eleanor Ball, b. 30 May 1821, d. 21 Dec. 1910.

Fourth Generation
16. Rossiter Scott, m. 5 May 1789.
17. Edith Lukens.
18. Samuel Stockton, d. 1817, m. 18 Feb. 1784.
19. Ann Wood, b. 1760, d. 1817.
20. Daniel Godwin of Delaware.
21. Elizabeth Davis, b. 1786, d. 1866.
22. Gallaudet Oliver, b. 1759, d. 1845.
23. Eleanor Mason, b. 1766, d. 1845.
24. Crowell Evans.
25. Frances Marsh.
26. John Gilliard, b. 8 July 1781, d. 20 Nov. 1826, m. 4 July 1802.
27. Letitia Fitzpatrick, b. 27 July 1783, d. 3 Nov. 1824.
28. Richard Garrettson.
29. Elizabeth Osborn, b. 1794, d. 1858.
30. Walter Ball, b. 26 Sept. 1795, d. 25 Sept. 1863, m. 13 Sept. 1815 (lic.).
31. Mary Ball, b. 12 Jan. 1794, d. 25 June 1865.

Fifth Generation
32. Abraham Scott, m. 1751.
33. Elizabeth Rossiter.
34. Peter Lukens of Penna.
36. William Stockton, b. 6 Nov. 1712, d. 1781, m. 1736.
37. Mary Brian.
38. William Wood of Phila., Pa.
39. Hannah Newbold, b. 27 May 1734.
42. Nehemiah Davis.
43. Rachel Carpenter, b. 1757, d. 1847.
44. Reuben Oliver, d. 1774.
45. Hester Gallaudet.
46. Isaac Mason.
47. Catherine ———.
48. Daniel Evans of Penna.
52. John Gilliard, m. 7 July 1778.
53. Margaret Crush.
56. Thomas Garrettson.
58. Benjamin Osborn.
59. Elizabeth Garrettson, b. 1763, d. 1833.
60. William Ball, b. circa 1768, d. 17 July 1841, m. Feb. 1788.
61. Sarah Dorsey, b. 1771, d. 23 Oct. 1828.
62. William Ball, d. 1815.
63. Elizabeth Dukehart, b. 29 Sept. 1771, d. July 1833.

Sixth Generation
64. Abraham Scott,* m. 1726.
65. Elizabeth Dyer.
68. Abraham Lükens, b. 1703, d. 1776.
69. Mary Maule.
72. Job Stockton, d. 1752.
73. Anne Petty, d. 1746.
74. Benjamin Brian.
76. John Wood.
77. Edith Bullock.
78. Thomas Newbold, b. 1702, d. 1741, m. 1724.
79. Edith Coate, b. 1705, d. 1777.
84. Mark Davis.
85. Mary Smith.
88. ——— Oliver.
90. Pierre Elisée Gallaudet.*
91. Jeanne ———.
96. John Evans, b. 1732.
97. Hannah Fen.
104. ——— de Gilliard.
105. Isabella ———,* b. 1725, d. 18 Mch. 1807.
112. John Garrettson.
118. Richard Garrettson.
122. Nicholas Dorsey, b. 2 June 1725, d. 27 Sept. 1792.
123. Elizabeth Worthington, b. 1722, d. 17 Nov. 1803.
124. William Ball.
125. Rebecca ———.
126. Valerius Dukehart.
127. Mary Humphrey.

Seventh Generation
128. John Scott, b. 12 Sept. 1658, m. 1687.
129. Elizabeth Cupe.
136. Jan Lüken,* d. 1744, m. circa 1683.
137. Mary ———, b. 1660, d. 1742.
144. **Richard Stockton,*** d. 1707.
145. Abigail ———.
148. Thomas Brian.
149. Rebecca Collins.
152. William Wood.

153. Susanna Taylor.
156. **Michael Newbold,*** b. 1668, d. 1721.
157. Rachel Clayton.
158. Marmaduke Coate.*
159. Ann Pole.
168. Nehemiah Davis.
169. Mary Manlove.
176. Evan Oliver.*
177. Jean ——.
180. Josué Gallaudet.
181. Marguerite Prioleau.
192. John Evans,* b. 1700, m. 1723.
193. Jane Howell.
224. Garrett Fitzgarrett (Garrettson), d. 24 Oct. 1738, m. 5 Dec. 1702.
225. Elizabeth Freeborne.
236. Garrett Fitzgarrett (Garrettson), d. 24 Oct. 1738, m. 5 Dec. 1702.
237. Elizabeth Freeborne.
244. **Joshua Dorsey,** b. circa 1686, d. 8 Nov. 1747, m. 16 May 1711.
245. Ann Ridgely, d. 1771.
246. John Worthington, b. Jan. 1690, d. 12 Dec. 1765, m. 8 Jan. 1714.
247. Helen Hammond.

EIGHTH GENERATION

256. Robert Scott, d. 27 Mch. 1705, m. 6 Nov. 1667.
257. Mary Hammond.
288. Richard Stockton, d. 1658.
289. Dorothy ——.
298. **Francis Collins,*** b. 6 Jan. 1635, d. 1720.
299. Mary Budd.
304. **William Wood,*** d. 1722, m. 1678.
305. Mary Parnell.
312. Michael Newbold,* d. Feb. 1692.
313. Anne ——.
318. Edward Pole of Somerset, Eng.
336. Thomas Davis.
337. Mary (——) Bowman.
362. Elisée Prioleau.
384. John ap Lott Evans.*
448. Rutven Garrett, b. 1650, d. 1682.
449. Semelia ——.
472. Rutven Garrett, b. 1650, d. 1682.
473. Semelia ——.
488. **Edward Dorsey,** d. 1705.
489. Sarah Wyatt. First Wife.
490. Henry Ridgely, b. 3 Oct. 1669, d. 19 Mch. 1700.
491. Katherine Greenberry, b. 1674, d. ante 1703.
492. John Worthington,* b. 1650, d. 9 Apl. 1701.
493. Sarah Howard, d. 21 Dec. 1726.
494. **Thomas Hammond,** b. circa 1666, d. 1724.
495. Rebecca (Larkin) Lightfoot.

NINTH GENERATION

576. Randall Stockton.
577. Elizabeth Clayton.
598. **Thomas Budd,*** d.1698.
608. Robert Wood.
672. Thomas Davis.*
673. Judith Bost.
724. Elisée Prioleau.
768. Lott ap Evan (Evans), d. 17 Dec. 1684.
896. Garrett ap Rutven,* d. 1664.
897. Mary ——.
944. Garrett ap Rutven,* d. 1664.
945. Mary ——.
976. Edward Dorsey,* d. circa 1659.
977. Anne ——.
978. Nicholas Wyatt,* d. 1673.
979. Damaris ——.
980. **Henry Ridgely,*** d. 13 July 1710.
981. Elizabeth ——. First Wife.
982. **Nicholas Greenberry,*** b. 1627, d. 17 Dec. 1697.
983. Anne ——, b. 1648, d. 27 Apl. 1698.
986. Matthew Howard,* d. circa 1693.
987. Sarah Dorsey, d. ante 1691.
988. **John Hammond,*** b. 1643, d. 24 Nov. 1707.
989. Mary ——.
990. John Larkin.*

TENTH GENERATION

1152. John Stockton of Cheshire, Eng.
1153. Eleanor Clayton.
1216. George Wood, of Barnsby, Eng.
1972. Matthew Howard.*
1973. Ann ——.
1974. Edward Dorsey,* d. ca. 1659.

1. RAPHAEL SEMMES

First Generation
2. John Edward Semmes, b. 1 July 1851, d. 17 May 1925, m. 22 June 1880.
3. Frances Carnan Hayward, b. 24 July 1855.

Second Generation
4. Samuel Middleton Semmes, b. 9 Mch. 1811, d. 14 Oct. 1867, m. 14 May 1840.
5. Eleanor Nelson Guest.
6. Nehemiah Peabody Hayward.
7. Prudence Sophia Carnan.

Third Generation
8. Richard Thompson Semmes, b. 1784, d. 1824, m. 1808.
9. Catherine Ann Dent Ireland Middleton.
14. Christopher Carnan.
15. Christiana Sim Holliday.

Fourth Generation
16. (Benedict) Joseph Semmes, b. circa 1754, d. 27 Oct. 1826.
17. Henrietta Thompson, b. circa 1755, d. 27 May 1833.
18. Samuel W. Middleton, b. May 1760, d. 1803, m. post 1788.
19. Catherine Taliaferro Hooe, d. 1818. (Widow of Wm. Winter)
28. Robert North Carnan.
29. Catharine Risteau.
30. John Robert Holliday.
31. Eleanor Addison Smith.

Fifth Generation
34. Richard Thompson.
35. Henrietta ――.
36. Samuel Middleton, d. 1764.
37. Elizabeth Ward, d. 1784.
38. Richard Hooe, b. 15 Oct. 1727(?), m. 1750/56.
39. Ann Dent Ireland.
56. Christopher Carnan.
57. Elizabeth North.
62. Walter Smith.
63. Christiana Sim. (Widow Lee)

Sixth Generation
72. William Middleton, b. 1685. Of Charles Co., Md.
73. Elizabeth (Tears) Keech.
76. Rice Hooe.
77. Catherine Taliaferro.
114. Robert North,* b. 1697, d. 24 Mch. 1748, m. 2 July 1729.
115. Frances Todd, b. 1709, d. 25 July 1745.
124. Richard Smith, d. 1732.
125. Eleanor Addison, b. 20 Mch. 1705.

Seventh Generation
144. Robert Middleton,* d. 1708. Came to Md. 1687.
145. Mary (Wheeler?).
146. Hugh Tears, d. circa 1700.
147. Eleanor ――.
152. Rice Hooe, d. 19 Apl. 1726.
153. Frances (Townshend) Dade, d. 26 Apl. 1726.
248. Walter Smith, d. 1711.
249. Rachel Hall, d. 28 Oct. 1730.
250. Thomas Addison, b. 1679, d. 17 June 1727, m. 21 Apl. 1701.
251. Elizabeth Tasker, b. 1686, d. 10 Feb. 1706. First Wife.

Eighth Generation
496. Richard Smith.*
497. Eleanor ――.*
498. Richard Hall,* d. 1688.
499. Elizabeth ――.*
500. John Addison,* d. 1706, m. 1677.
501. Rebecca Wilkinson.
502. Thomas Tasker,* d. 1700.
503. Elizabeth (Thompson?) (Widow Brooke.)

1. SAMUEL HENRY SHEIB

First Generation
2. Henry A. Scheib, b. 30 Dec. 1845, d. 5 May 1892, m. 5 Oct. 1871. Balto., Md.
3. Mary Letitia Sexton, b. 23 Dec. 1850, d. 12 Sept. 1884.

Second Generation
4. Rev. Henry Scheib,* D.D., b. 8 July 1808, d. 15 Nov. 1897, m. 8 Sept. 1839. Balto., Md.
5. Lisetta Dorothea Eisenbrandt, b. 12 Dec. 1818, d. 4 Feb. 1889, in Balto., Md.
6. Samuel Budd Sexton, b. 28 Feb. 1811, d. 3 July 1890, m. 1846. Balto., Md.
7. Elizabeth Anne Elbert, b. 21 Aug. 1814, d. 26 Dec. 1883. Balto., Md.

Third Generation
8. Daniel Scheib,* b. 8 Apl. 1779, d. 10 Apl. 1852, m. 15 Feb. 1807, in Balto., Md.
9. Johanna Elizabeth Heil, b. 9 July 1782, d. 11 Oct. 1828.
10. Christian Henry Eisenbrandt,* b. 13 Apl. 1790, d. 9 Mch. 1860, in Balto., Md.
11. Sophie Magdalena Caspar, b. 4 June 1798, d. 29 Mch. 1844, in Balto., Md.
12. James Sexton, b. circa 1770, d. circa 1815, m. circa 1801.
13. Deborah Budd, b. 6 Oct. 1774, d. 9 Apl. 1852.
14. Samuel Elbert, b. circa 1774, d. 8 Dec. 1815, m. 17 Aug. 1813.
15. Anne (Brown) Mullikin. Second Wife.

Fourth Generation
16. Johann Heinrich Scheib, b. 7 Dec. 1747, d. 9 Aug. 1828.
17. Philippine Charlotte Baussmann, b. 1748, d. 21 Oct. 1796.
18. Johann Jacob Heil, b. 8 July 1749, d. 24 Mch. 1807, m. 29 Jan. 1768.
19. Catharine Elizabeth Rheingans, b. 3 July 1740, d. 19 Mch. 1821.
20. Johann Benjamin Eisenbrandt, b. 9 Apl. 1753, d. circa 1825.
21. Sophie Henriette Schmalstieg.
22. Johann David Caspar,* d. circa 1800.
23. Lisette Melusina Von Minnegerode,* b. 1768, d. 20 June 1853, in Balto., Md.
24. James Sexton, b. circa 1730, d. Oct. 1784, m. circa 1758.
25. Rebecca Mount, d. July 1808.
26. Samuel Budd, b. circa 1740, d. 27 May 1796, m. 14 Apl. 1766.
27. Hannah Gill, b. 1744, d. 26 Jan. 1800.
28. Henry Elbert, b. 24 June 1734, d. 1796.
29. Anne Downs.
30. William Brown, b. 1752, d. 29 Dec. 1811, m. 28 Apl. 1770.
31. Mary Bryan. First Wife.

Fifth Generation
32. Johann Jacob Scheib, b. 10 Feb. 1721, d. 23 Nov. 1774, m. 3 Nov. 1745.
33. Marie Christine Zahn, b. 23 May 1718, d. 13 Dec. 1806.
36. Heirich Peter Heyl, d. ante 1768.
37. Marie Margarete Fischer.
38. Johann Wendel Rheingans, b. 2 Aug. 1708, d. 1 Jan. 1758.
39. Anna Margarete Scheid.
40. Zacharias Eisenbrandt, b. circa 1715, m. circa 1740.
48. William Sexton, b. 1685/6, d. 1732.
49. Anne Stringham.
50. Richard Mount, d. 1777, m. circa 1715.
51. Rachel ———.
52. William Budd, b. 1709, d. 28 Aug. 1770, m. 6 Apl. 1738.
53. Susanna Coles.
54. Thomas Gill, b. circa 1721/2, d. circa 1764/5, m. circa 1744.
55. Hannah Rogers.
56. William Elbert, d. 25 Apl. 1736, m. 10 Sept. 1719.
57. Frances (Davis) Holston.
58. John Downs, d. 1758.
60. Adam Brown, d. 1752, m. 11 Feb. 1730.
61. Sarah Long.

Sixth Generation
64. Friedrich Leonhard Scheib, b. Apl. 1698, d. 30 June 1757.
65. Maria Magdalena Guntz, b. 30 Oct. 1699, d. 15 Jan. 1737.
66. Johann Georg Zahn, b. 15 May 1690, d. 18 Apl. 1763.
67. Anna Gertraudt Gilcher, d. 24 Feb. 1756.
76. Johann Peter Rheingans.
77. Ernestine Margarete Bubinger.
96. Daniel Sexton, b. inter 1658/62, d. post 1743, m. 28 Dec. 1680.
97. Sarah Bancroft, b. 26 Dec. 1661.
98. Peter Stringham, d. circa 1726.
99. Anne ———.
100. Richard Mount, b. circa 1665, d. post 1728.
101. Rebecca ———.
104. William Budd, b. 1680, d. Nov. 1727, m. 2 Dec. 1703.
105. Elizabeth Stockton, b. 1683.
106. Samuel Coles,* b. ante 1682, d. 1728.
107. Mary Kendall, d. Sept. 1731.
108. Thomas Gill, m. 1719.
109. Alice Comly, b. 1697.
110. John Rogers.
111. Martha Middleton.
112. Hugh Elbert,* d. 1700.

113. Eleanor ——.
114. John Davis,* b. 1654, d. 1712/13.
115. Anne ——.
122. John Long.
123. Sarah Combes.

SEVENTH GENERATION

128. Johann Jacob Scheib, b. 1669, d. 17 Oct. 1743.
129. Anna Catharina ——, d. 16 Sept. 1741.
130. Johann Jacob Guntz.
131. Elisabeth ——.
132. Johann Georg Zahn.
133. Margarete ——.
192. George Sexton,* d. 1690.
193. Katherine ——.
194. John Bancroft, d. 6 Aug. 1662, m. 3 Dec. 1650.
195. Hannah Dupra(?).
200. George Mount*, d. 1705.
201. Katherine ——.
208. William Budd,* b. 1648/9, d. 20 Mch. 1721/2.
209. Anne Clapcott, d. 30 Sept. 1722.
210. Richard Stockton,* d. 1707.
211. Abigail ——.
212. Samuel Coles,* d. 1693.
213. Elizabeth ——, d. 1720.
214. Thomas Kendall,* d. 1709, m. 25 Dec. 1684.
215. Mary Elton, d. 14 Sept. 1687.
218. Henry Comly, b. 1674, d. 1727.
219. Agnes Heaton, b. 1677, d. 1743.
244. Thomas Long, d. 1686.
245. Mary ——.
246. William Combes,* d. 1690.
247. Elizabeth Roe, d. 1719.

EIGHTH GENERATION

388. John Bancroft,* d. 1637.
389. Jane ——, d. 1644.
416. Rev. Thomas Budd, b. 1615, d. 22 June 1670.
430. Anthony Elton,* d. circa 1685/6.
431. Susanna ——.
436. Henry Comly*, d. 1684.
437. Joan Tyler, d. 1689.
438. Robert Heaton,* d. 1716.
439. Alice ——.
494. Edward Roe,* d. 1676.
495. Mary (——) Duncombe.

NINTH GENERATION

860. Robert Elton.
861. Jane ——.

1. LEVIN GALE SHREVE

First Generation
2. Arthur Lee Shreve, b. 16 Jan. 1868, d. 3 Jan. 1914, m. 7 June 1893.
3. Harriet Rebekah Gale, b. 18 Nov. 1867.

Second Generation
4. Thomas Jefferson Shreve, b. 23 Apl. 1837, d. 23 Apl. 1870, m. 23 Jan. 1865.
5. Rosalie Tilghman, b. 1846, d. 1920.
6. Levin Gale, b. 6 Dec. 1824, d. 28 Apl. 1875, m. 13 Oct. 1856.
7. Sallie Waring Dorsey, b. 27 Oct. 1833, d. 1884.

Third Generation
8. Benjamin Shreve, b. 15 Mch. 1804, d. 25 Sept. 1861, m. 2 Dec. 1828.
9. Mary Elizabeth Trundle, b. 26 Mch. 1811, d. 23 Oct. 1855.
10. Tench Tilghman, b. 25 Mch. 1810, d. 22 Dec. 1874, m. 8 Nov. 1832.
11. Henrietta Maria Kerr, b. 9 Aug. 1810, d. 30 Sept. 1849.
12. Levin Gale, b. 24 Apl. 1784, d. 18 Dec. 1834, m. 1813.
13. Harriet Rebekah Chamberlaine, b. 19 Jan. 1785.
14. John Worthington Dorsey, b. 3 June 1791, d. 14 July 1841, m. 28 Nov. 1815.
15. Mary Ann Hammond, b. 29 Nov. 1796, d. Aug. 1877.

Fourth Generation
16. Benjamin Shreve, b. 1769, d. 1854.
17. Nancy Thrift.
18. Daniel Trundle, b. 1779, m. circa 1803.
19. Esther Belt, b. 24 Apl. 1786.
20. Tench Tilghman, b. 18 Apl. 1782, d. 16 Apl. 1827, m. 2 Apl. 1807.
21. Anna Margaretta Tilghman, b. 24 May 1784, d. 18 Mch. 1812.
22. John Leeds Kerr, b. 15 Jan. 1780, d. 21 Feb. 1844, m. 8 Apl. 1801.
23. Sarah Hollyday Chamberlaine, b. 31 Mch. 1781, d. 20 Apl. 1820.
24. George Gale, b. 3 June 1756, d. 2 Jan. 1815.
25. Anna Maria Hollyday, b. 9 Dec. 1756.
26. Samuel Chamberlaine, b. 23 Aug. 1742, d. 30 May 1811, m. 15 Jan. 1772.
27. Henrietta Maria Hollyday, b. 5 Dec. 1750, d. 1832.
28. Caleb Dorsey, b. 13 Mch. 1749, d. 14 Apl. 1837, m. 3 June 1773.
29. Elizabeth Worthington, b. 27 Apl. 1758, d. 9 May 1840.
30. Philip Hammond, b. 6 Jan. 1765, d. 25 Nov. 1822, m. 5 Aug. 1784.
31. Elizabeth Wright, b. 17 May 1768.

Fifth Generation
32. Benjamin Shreve, d. 1791.
33. Anna Berry.
34. Rev. William Thrift.
36. John Trundle, b. 6 Mch. 1753, d. 1 Mch. 1797, m. 1775.
37. Ruth Lewis, b. Mch. 1753, d. 11 May 1810.
38. Carlton Belt, d. 1802, m. 26 Dec. 1784.
39. Anne Campbell.
40. Peregrine Tilghman, b. 24 Jan. 1741, d. 21 Sept. 1807, m. 19 Oct. 1769.
41. Deborah Lloyd, b. 24 Jan. 1741, d. 10 May 1811.
42. Tench Tilghman, b. 25 Dec. 1744, d. 18 Apl. 1786, m. 9 June 1783.
43. Anna Maria Tilghman, b. 17 June 1755, d. 13 Apl. 1843.
44. David Kerr,* b. 3 Feb. 1749, d. 1814, m. 17 Apl. 1777.
45. Rachel Bozman, b. 2 May 1755, d. 27 June 1830.
46. Samuel Chamberlaine, b. 23 Aug. 1742, d. 30 May 1811, m. 15 Jan. 1772.
47. Henrietta Maria Hollyday, b. 5 Dec. 1750, d. 1832.
48. Levin Gale, b. circa 1730, d. circa 1790, m. 20 Feb. 1755.
49. Leah Lyttleton Gale.
50. Henry Hollyday, b. 9 Mch. 1725, d. 11 Nov. 1789.
51. Anna Maria Robins, b. 13 Mch. 1732, d. 16 Aug. 1804.
52. Samuel Chamberlaine,* b. 16 May 1697, d. 30 Apl. 1773, m. 26 Jan. 1729.
53. Henrietta Maria Lloyd, b. 26 Jan. 1710, d. 29 Mch. 1748.
54. Henry Hollyday, b. 9 Mch. 1725, d. 11 Nov. 1789.
55. Anna Maria Robins, b. 13 Mch. 1732, d. 16 Aug. 1804.
56. Thomas Beale Dorsey, b. 18 Jan. 1727, d. 1771, m. 9 May 1840.
57. Anne Worthington, b. 1720.
58. John Worthington, b. 1728, d. 1790.
59. Susannah Hood.
60. Charles Hammond, b. 4 June 1729, d. 13 May 1777.
61. Rebecca Wright.
62. Thomas Wright.
63. Mary ——.

Sixth Generation
64. William Shreve, b. 26 Mch. 1701 (R. I.), d. circa 1751 (Va.).
65. Freelove Dyer, b. 21 June 1699.
72. John Trundle, b. 1724, m. 1751.
73. Althea ——, d. 10 May 1809.
74. David Lewis.
75. Drusilla ——.
76. Higginson Belt, d. 1788.
77. Sarah ——.

241

78. Aeneas Campbell.
79. Lydia ——.
80. Richard Tilghman, b. 28 Apl. 1705, d. 9 Sept. 1768, m. circa 1738.
81. Susanna Frisby, b. 19 June 1718.
82. Robert Lloyd, b. 19 Feb. 1712, d. 16 June 1770.
83. Anna Maria Tilghman, b. 15 Nov. 1709, d. 30 Aug. 1783. (Widow Hemsley)
84. James Tilghman, b. 8 Dec. 1716, d. 21 Aug. 1783, m. 30 Sept. 1743.
85. Anne Francis, b. 1 Oct. 1727, d. 18 Dec. 1771.
86. Matthew Tilghman, b. 17 Feb. 1718, d. 4 May 1790, m. 6 Apl. 1741.
87. Anna Lloyd, b. 19 Feb. 1723, d. 15 Mch. 1794.
88. James Kerr. Of Scotland.
89. Isabel Hannay.
90. John Bozman, d. 1767, m. June 1754.
91. Lucretia Leeds, b. 2 May 1728, d. 9 Apl. 1789.
92. Samuel Chamberlaine,* b. 16 May 1697, d. 30 Apl. 1773, m. 26 Jan. 1729.
93. Henrietta Maria Lloyd, b. 20 Jan. 1710, d. 29 Mch. 1748.
94. Henry Hollyday, b. 9 Mch. 1725, d. 11 Nov. 1789, m. 9 Dec. 1749.
95. Anna Maria Robins, b. 13 Mch. 1732.
96. Matthias Gale, d. 6 Nov. 1748.
97. Margaret Gordon, d. 20 Feb. 1755.
98. Levin Gale, b. circa 1703, d. 16 Apl. 1744.
99. Leah Littleton.
100. James Hollyday, b. 18 June 1696, d. 8 Oct. 1747.
101. Sarah Covington, d. circa 1755. (Widow Lloyd)
102. George Robins, b. 1698, d. 6 Dec. 1742.
103. Henrietta Maria Tilghman, b. 18 Aug. 1707, d. 17 Nov. 1771.
104. Thomas Chamberlaine, b. 1658, d. 1757.
105. Ann Penketh.
106. James Lloyd, b. 7 Mch. 1680, d. 29 Sept. 1723, m. 12 Jan. 1709.
107. Ann Grundy, b. 25 Apl. 1690, d. 18 Nov. 1731.
108. James Hollyday, b. 18 June 1696, d. 8 Oct. 1747.
109. Sarah Covington. (Widow Lloyd)
110. George Robins, b. 1698, d. 6 Dec. 1742.
111. Henrietta Maria Tilghman, b. 18 Aug. 1707, d. 17 Nov. 1771.
112. Caleb Dorsey, b. 11 Nov. 1685, d. circa 1742, m. 24 Aug. 1704.
113. Elinor Warfield, b. 10 July 1683, d. 1752.
114. John Worthington, b. 12 Jan. 1689/90, d. 1763, m. 8 Jan. 1713/4.
115. Helen Hammond, d. ante 1728. First Wife.
116. John Worthington, b. 12 Jan. 1689/90, d. 1766, m. circa 1728.
117. Comfort Hammond, b. 15 Aug. 1701, d. 18 Mch. 1742. Second Wife.
118. William Hood, m. 1 July 1728.
119. Elizabeth Maccubbin.
120. Philip Hammond, b. 15 Oct. 1696, d. 3 May 1760.
121. Rachel Brice, b. 13 Apl. 1711, d. 11 Apl. (1776?).

SEVENTH GENERATION

128. Daniel Sheriff, b. 1654/5, d. 1737, m. circa 1688.
129. Jane ——, d. post 1737.
130. James Dyer.
144. John Trundle, b. 26 Dec. 1687, d. 15 Apl. 1771, m. 1717.
145. Ann ——.
152. John Belt, m. circa 1701.
153. Lucy Lawrence, b. circa 1685.
160. Richard Tilghman, b. 23 Feb. 1672, d. 23 Jan. 1738, m. 7 Jan. 1700.
161. Anna Maria Lloyd, d. Dec. 1748.
162. Peregrine Frisby, b. 25 July 1688, d. 1738.
163. Elizabeth Sewall, d. 1752.
164. James Lloyd, b. 7 Mch. 1680, d. 29 Sept. 1723, m. 12 Jan. 1709.
165. Ann Grundy, b. 27 Apl. 1690, d. 18 Nov. 1732.
166. Richard Tilghman, b. 23 Feb. 1672, d. 23 Jan. 1738, m. 7 Jan. 1700.
167. Anna Maria Lloyd, d. Dec. 1748.
168. Richard Tilghman, b. 23 Feb. 1672, d. 23 Jan. 1738, m. 7 Jan. 1700.
169. Anna Maria Lloyd, d. Dec. 1748.
170. Tench Francis,* d. 16 Aug. 1758, m. 1724.
171. Elizabeth Turbutt, b. 17 Mch. 1708.
172. Richard Tilghman, b. 23 Feb. 1672, d. 23 Jan. 1738, m. 7 Jan. 1700.
173. Anna Maria Lloyd, d. Dec. 1748.
174. James Lloyd, b. 7 Mch. 1680, d. 29 Sept. 1723, m. 12 Jan. 1709.
175. Ann Grundy, b. 25 Apl. 1690, d. 18 Nov. 1731.
180. Thomas Bozman, b. circa 1693, d. 1752, m. 1715.
181. Mary Lowe, b. 1691.
182. John Leeds, Jr., b. 18 May 1705, d. Mch. 1740, m. 14 Feb. 1726.
183. Rachel Harrison, d. 10 May 1746.
184. Thomas Chamberlaine, b. 1658, d. 1757.
185. Ann Penketh.
186. James Lloyd, b. 7 Mch. 1680, d. 29 Sept. 1723, m. 12 Jan. 1709.
187. Ann Grundy, b. 25 Apl. 1690, d. 18 Nov. 1731.
188. James Hollyday, b. 18 June 1696, d. 8 Oct. 1747, m. 3 May 1721.
189. Sarah Covington, d. circa 1755. (Widow Lloyd)
190. George Robins, b. circa 1698, d. 6 Dec. 1742, m. 22 Apl. 1731.
191. Henrietta Maria Tilghman, b. 18 Aug. 1707, d. 17 Nov. 1771.
192. George Gale,* b. 1670, d. 1712.
193. Elisabeth Denwood, b. 7 May 1674, d. 1736.

194. William Gordon. Of Middlesex Co., Va.
196. George Gale,* b. 1670, d. 1712.
197. Elizabeth Denwood, b. 6 May 1674, d. 1736.
198. Southey Littleton, b.1645, d. Sept. 1679.
199. Mary Brown.
200. Thomas Hollyday,* d. 1703.
201. Mary Truman.
202. Nehemiah Covington, d. 1713.
203. Rebecca Denwood.
204. Thomas Robins,* b. 1672, d. 29 Dec. 1721.
205. Susanna Vaughan.
206. Richard Tilghman, b. 23 Feb. 1672, d. 23 Jan. 1738, m. 7 Jan. 1700.
207. Anna Maria Lloyd, d. Dec. 1748.
208. Richard Chamberlaine, m. 1600.
209. —— Wilson.
212. Philemon Lloyd, d. 22 June 1685.
213. Henrietta Maria Neale, d. 21 Dec. 1697.
214. Robert Grundy,* d. 1720, m. 1689.
215. Deborah Shrigley (Widow Boyden).
216. Thomas Hollyday,* d. 1703.
217. Mary Truman.
218. See above (202).
220. Thomas Robins,* b. 1672, d. 29 Dec. 1721.
221. Susanna Vaughan.
222. Richard Tilghman, b. 23 Feb. 1672, d. 23 Jan. 1738.
223. Anna Maria Lloyd, d. 1748.
224. John Dorsey, d. 1715.
225. Pleasance Ely, d. post 1729.
226. Richard Warfield,* d. 1704.
227. Elinor (Browne?).
228. John Worthington,* b. 1650, d. 9 Apl. 1701.
229. Sarah Howard, d. 1726.
230. Thomas Hammond, d. circa 1725.
231. Rebecca Larkin. (Widow Lightfoot)
232. John Worthington,* b. 1650, d. 9 Apl. 1701.
233. Sarah Howard, d. 1726.
234. John Hammond, b. circa 1676, d. 22 Feb. 1742/3.
235. Anne Greenberry.
238. Zachariah Maccubbin, d. 4 Dec. 1753, m. 20 July 1704.
239. Susannah Nicholson.
240. Charles Hammond, d. 23 Nov. 1713.
241. Hannah Howard.
242. John Brice,* d. 1713.
243. Sarah Howard d. 1726. (Widow Worthington)

EIGHTH GENERATION

256. Thomas Sheriff,* d. 29 May 1675, m. ante 1649. Settled in R. I.
257. Martha ——.
260. Charles Dyer, b. 1650, d. 15 May 1709.
288. John Trundle,* d. 1690. From Suffolk, Eng.
289. Mary Ross.
304. John Belt,* d. 1698.
305. Elizabeth ——.

306. Benjamin Lawrence,* d. circa 1685.
307. Elizabeth Talbott.
320. Richard Tilghman,* bp. 27 Sept. 1627, d. 7 Jan. 1675/6.
321. Mary Foxley, d. circa 1700.
322. Philemon Lloyd, d. 22 June 1685.
323. Henrietta Maria Neale, d. 21 Dec. 1697.
324. James Frisby,* b. circa 1650, d. 1704.
325. Sarah Read.
326. Nicholas Sewall, b. 1655, d. 1737.
327. Susannah Burgess.
328. Philemon Lloyd, d. 22 June 1685.
329. Henrietta Maria Neale, d. 21 Dec. 1697.
330. Robert Grundy,* d. 1720, m. 1689.
331. Deborah Shrigley.
332. Richard Tilghman,* bp. 27 Sept. 1627, d. 7 Jan. 1675/6.
333. Mary Foxley, d. circa 1700.
334. Philemon Lloyd, d. 22 June 1685.
335. Henrietta Maria Neale, d. 21 Dec. 1697.
336. Richard Tilghman,* bp. 27 Sept 1627, d. 7 Jan. 1675/6.
337. Mary Foxley, d. circa 1700.
338. Philemon Lloyd, d. 22 June 1685.
339. Henrietta Maria Neale, d. 21 Dec. 1697.
340. Rev. John Francis, D.D., d. 1724.
341. —— Tench.
342. Foster Turbutt, b. 1679, d. 1720.
343. Bridget Stone.
344. Richard Tilghman,* bp. 27 Sept. 1627, d. 7 Jan. 1675/6.
345. Mary Foxley, d. circa 1700.
346. Philemon Lloyd, d. 22 June 1685.
347. Henrietta Maria Neale, d. 21 Dec. 1697.
348. Philemon Lloyd, d. 22 June 1685.
349. Henrietta Maria Neale, d. 21 Dec. 1697.
350. Robert Grundy,* d. 1720, m. 1689.
351. Deborah Shrigley.
360. John Bozman,* b. circa 1649/50, d. 1716.
361. Blandina Risden, b. 1662, d. 1727.
362. Nicholas Lowe,* b. circa 1662, d. 1714.
363. Elizabeth Rowe.
364. Edward Leeds, d. 1708, m. 1704.
365. Ruth Ball,* b. 25 Feb. 1677, d. 1728.
366. William Harrison,* d. 1719, m. 1699.
367. Elizabeth Dickinson.
368. Richard Chamberlaine, m. 1600.
369. —— Wilson.
372. Philemon Lloyd, d. 22 June 1685.
373. Henrietta Maria Neale, d. 21 Dec. 1697.
374. Robert Grundy,* d. 1720, m. 1689.
375. Deborah Shrigley.
376. Thomas Hollyday,* d. 1703.
377. Mary Truman.
378. Nehemiah Covington, d. 1713, m. 15 Nov. 1679.
379. Rebecca Denwood.
380. Thomas Robins,* b. 1672, d. 29 Dec. 1721, m. 3 Feb. 1696.
381. Susanna Vaughan.
382. Richard Tilghman, b. 23 Feb. 1672, d. 23 Jan. 1738, m. 7 Jan. 1700.
383. Anna Maria Lloyd, d. Dec. 1748.
386. Levin Denwood, d. 1724.
387. Priscilla ——.
394. Levin Denwood, d. 1724.

395. Priscilla ——.
396. Nathaniel Littleton,* d. 1654.
397. Anne Southey, d. 1656.
398. Thomas Brown, d. 1706.
399. Susanna Denwood.
402. James Truman,* b. 1622, d. 1672.
403. Ann Storer, d. 1714.
404. Nehemiah Covington,* d. 1681.
405. Mary ——.
406. Levin Denwood,* d. circa 1665.
407. Mary ——.
412. Richard Tilghman,* bp. 27 Sept. 1627, d. 7 Jan. 1675/6.
413. Mary Foxley, d. circa 1700.
414. Philemon Lloyd, d. 22 June 1685.
415. Henrietta Maria Neale, d. 21 Dec. 1697.
424. Edward Lloyd,* d. 1696.
425. Alice Crouch.
426. James Neale,* b. 1615, d. 1684.
427. Anne Gill.
434. James Truman,* b. 1622, d. 1672.
435. Ann Storer, d. 1714.
440. George Robins,* b. 1646, d. 1694.
441. Margaret Howes.
444. See above (412).
446. See above (414).
448. Edward Dorsey,* d. circa 1659.
449. Ann ——.
458. Matthew Howard, d. 1691.
459. Sarah Dorsey, d. ante 1691.
460. John Hammond,* b. 1643, d. 24 Nov. 1707.
461. Mary——, d. 1721.
462. John Larkin.
466. Matthew Howard, d. 1691.
467. Sarah Dorsey, d. ante 1691.
468. John Hammond,* b. 1643, d. 24 Nov. 1707.
469. Mary ——, d. 1721.
470. Nicholas Greenberry,* b. 1627, d. 17 Dec. 1697.
471. Anne ——, d. 27 Apl. 1698.
476. John Maccubbin,* d. 1686, m. circa 1671.
477. Elinor ——. Second Wife.
478. Nicholas Nicholson.*
479. Hester Larkin.
480. John Hammond,* b. 1643, d. 24 Nov. 1707.
481. Mary ——, d. 1721.
482. Philip Howard, d. 1701.
483. Ruth Baldwin.
486. Matthew Howard, d. 1691.
487. Sarah Dorsey, d. ante 1691.

NINTH GENERATION

512. William Sheriff, b. 1587, d. circa 1643.
513. Elizabeth ——.
520. William Dyer,* d. circa 1677.
521. Mary ——, d. 1 June 1660. First Wife.
576. David Trundle,* d. 1671. Of Suffolk, Eng.
608. ? Humphrey Belt.*
612. Benjamin Lawrence.*
613. Ann Ascomb.
614. Richard Talbott, d. circa 1665.
615. Elizabeth Ewen, d. 1 Jan. 1704.
648. James Frisby,* d. 1674.
649. Mary ——.
652. Henry Sewall,* d. 1665.
653. Jane Lowe.*
654. William Burgess,* d. 1686.
655. Sophia (——) Ewen. Second Wife.
656. See below (668).
658. See below (670).
664. Oswald Tilghman, b. 4 Oct. 1579, d. 1628, m. Nov. 1626.
665. Elizabeth Packnam. Second Wife.
668. Edward Lloyd*, d. 1696.
669. Alice Crouch.
670. James Neale*, b. 1615, d. 1684.
671. Anne Gill.
672. Oswald Tilghman, b. 4 Oct. 1579, d. 1628, m. Nov. 1626.
673. Elizabeth Packnam.
676. Edward Lloyd,* d. 1696.
677. Alice Crouch.
678. James Neale,* b. 1615, d. 1684.
679. Anne Gill.
684. Michael Turbutt,* d. 1696.
685. Sarah Foster.
688. Oswald Tilghman, b. 4 Oct. 1579, d. 1628, m. Nov. 1626.
689. Elizabeth Packnam. Second Wife.
692. Edward Lloyd,* d. 1696.
693. Alice Crouch.
694. James Neale,* b. 1615, d. 1684.
695. Anne Gill.
696. Edward Lloyd,* d. 1696.
697. Alice Crouch.
698. James Neale,* b. 1615, d. 1684.
699. Anne Gill.
722. Philip Risden.*
728. William Leeds,* d. 1688.
730. John Ball,* d. circa 1693. From Dungannon, Ire.
731. Mary ——.
734. William Dickinson, b. Dec. 1658, d. 9 Mch. 1717, m. 1680.
735. Elizabeth Powell.
744. Edward Lloyd,* d. 1696.
745. Alice Crouch.
746. James Neale,* b. 1615, d. 1684.
747. Anne Gill.
752. James Hollyday.*
754. James Truman,* b. 1622, d. 1672.
755. Ann Storer, d. 1714.
756. Nehemiah Covington,* d. 1681.
757. Mary ——.
758. Levin Denwood,* d. circa 1665.
759. Mary ——.
760. George Robins,* b. 1646, d. 1694.
761. Margaret Howes.
764. Richard Tilghman,* bp. 27 Sept. 1627, d. 7 Jan. 1676.
765. Mary Foxley, d. circa 1700.
766. Philemon Lloyd, d. 22 June 1685.
767. Henrietta Maria Neale, d. 21 Dec. 1697.
772. Levin Denwood,* d. circa 1665.

773. Mary ——.
788. Levin Denwood,* d. circa 1665.
789. Mary ——.
794. Henry Southey,* d. 1623.
795. Elizabeth ——.
796. John Brown.*
797. Ursula ——.
798. Levin Denwood,* d. circa 1665.
799. Mary ——.
824. Oswald Tilghman, b. 4 Oct. 1579, d. 1628, m. Nov. 1626.
825. Elizabeth Packnam. Second Wife.
828. Edward Lloyd,* d. 1696.
829. Alice Crouch.
830. James Neale,* b. 1615, d. 1684.
831. Anne Gill.
854. Benjamin Gill,* d. 1655.
916. Matthew Howard,* d. ante 1659.
917. Ann (Hall?).
920. Thomas Hammond.*
932. Matthew Howard,* d. ante 1659.
933. Ann (Hall?).
934. Edward Dorsey,* d. circa 1659.
935. Ann ——.
936. Thomas Hammond.*
958. John Larkin.*
960. Thomas Hammond.*
964. Matthew Howard,* d. ante 1659.
965. Ann (Hall?).
966. John Baldwin.*
967. Elizabeth ——.
972. Matthew Howard,* d. ante 1659.
973. Ann (Hall?).
974. Edward Dorsey,* d. circa 1659.
975. Ann ——.

TENTH GENERATION

1024. Lawrence Sheriff, d. circa 1612.
1025. Isabel Holden.
1230. Richard Ewen,* d. 1660.
1231. Sophia ——.
1306. Vincent Lowe. Of Derbyshire, Eng.
1328. William Tilghman, b. 1518, d. 1594, m. circa 1575.
1329. Susanna Whetenhall. Fourth Wife.
1340. Raphael Neale, m. 9 July 1612. Of London.
1341. Jane (——) Forman.
1342. Benjamin Gill,* d. 1655.
1344. William Tilghman, b. 1518, d. 1594, m. circa 1575.
1345. Susanna Whetenhall. Fourth Wife.
1356. Raphael Neale, m. 9 July 1612. Of London.
1357. Jane (——) Forman.
1358. Benjamin Gill,* d. 1655.
1370. Seth Foster,* d. 1674.
1371. Elizabeth (——) Hawkins.
1376. William Tilghman, b. 1518, d. 1594, m. circa 1575.
1377. Susanna Whetenhall. Fourth Wife.
1388. Raphael Neale, m. 9 July 1612. Of London.
1389. Jane (——) Forman.
1390. Benjamin Gill,* d. 1655.
1396. Raphael Neale, m. 9 July 1612. Of London.
1397. Jane (——) Forman.
1398. Benjamin Gill,* d. 1655.
1468. Walter Dickinson,* b. 1620, d. 1681.
1469. Jane Jarrett.
1492. Raphael Neale, m. 9 July 1612. Of London.
1493. Jane (——) Forman.
1494. Benjamin Gill,* d. 1655.
1528. Oswald Tilghman, b. 4 Oct. 1579, d. 1628, m. Nov. 1626.
1529. Elizabeth Packnam. Second Wife.
1532. Edward Lloyd,* d. 1696.
1533. Alice Crouch.
1534. James Neale,* b. 1615, d. 1684.
1535. Anne Gill.
1648. William Tilghman, b. 1518, d. 1594, m. circa 1575.
1649. Susanna Whetenhall. Fourth Wife.
1660. Raphael Neale, m. 9 July 1612. Of London.
1661. Jane (——) Forman.
1662. Benjamin Gill,* d. 1655.

1. ALFRED JENKINS SHRIVER
1. EDWARD JENKINS SHRIVER
1. ROBERT HICKLEY SHRIVER

First Generation

2. Albert Shriver, b. 3 June 1838, d. 30 Dec. 1895, m. 26 Apl. 1866. Of Baltimore, Md.
3. Anne Jenkins, b. 21 May 1841, d. 28 Sept. 1906. Of Baltimore, Md.

Second Generation

4. William Shriver, b. 23 Dec. 1796, d. 11 June 1879, m. 21 Nov. 1826. Of Union Mills, Md.
5. Margaret Josephine Owings, b. 29 Aug. 1808, d. 16 Apl. 1895.
6. Alfred Jenkins, b. 22 Jan. 1810, d. 16 Aug. 1875, m. 18 Feb. 1835. Of Baltimore, Md.
7. Elizabeth C. Hickley, b. 6 Sept. 1815, d. 5 Apl. 1903.

Third Generation

8. Andrew Shriver, b. 7 Nov. 1762, d. 20 Sept. 1847, m. 31 Dec. 1786. Of Union Mills, Md. (Married in Baltimore)
9. Elizabeth Shultz, b. 15 Aug. 1766, d. 27 Sept. 1839.
10. John Owings.
11. Margaret McAlister.
12. Edward Jenkins, b. 27 Mch. 1774, d. 12 Apl. 1833, m. 15 Feb. 1803. Of Baltimore, Md.
13. Ann Spalding, b. 28 May 1786, d. 3 Feb. 1841. Baltimore, Md.
14. Robert Hickley, b. circa 1782, d. 10 Dec. 1845.
15. Eleanor Cooper, b. 1788, d. 1874.

Fourth Generation

16. David Shriver, b. 30 Mch. 1735, d. 30 Jan. 1826, m. 8 May 1761. From Pa. to Md. circa 1760; settled at Little Pipe Creek (now in Carroll County), Md., on his estate, "Homestead".
17. Rebecca Ferree, b. 21 Jan 1742, d. 24 Nov. 1810.
18. John Shultz, b. circa 1732, d. 3 May 1820. Of York Co., Pa. and Balto., Md.
20. Robert Owings. Of Conewago, Pa.
24. Michael Jenkins, b. 25 Dec. 1736, d. 1802, m. 21 Dec. 1761. Of Long Green, Balto. Co., Md.
25. Charity Ann Wheeler, b. circa 1744, d. 10 Oct. 1820.
26. William Spalding, b. circa 1754, d. 3 Aug. 1803, m. 1784. Of Shepherdstown, Va. (now W. Va.).
27. Mary Lilly, b. 10 Oct. 1767, d. 15 Dec. 1801.
28. James Hickley, d. Jan. 1797. From England to Baltimore, Maryland, circa 1790.

Fifth Generation

32. Andrew Shriver, b. 6 Sept. 1712, d. 1797, m. 1733. Of Conewago, Pa.
33. Anna Maria Keiser, b. 1710.
34. Abraham Ferree, d. 1775.
35. Elizabeth Eltinge, b. 1719.
40. Robert Owings, b. circa 1699?, m. 23 Dec. 1730. Rem. from Balto Co., Md. to York Co., Pa.
41. Hannah Forquer (Farquar?).
48. William Jenkins, b. 1683, d. 1755. From Charles to St. Mary's Co., Md.
49. Mary Courtney, d. post 1755.
50. Thomas Wheeler, b. 19 May 1708, d. 1770. Of Baltimore Co., Md.
51. Sarah Scott, d. post 1745. First Wife.

Sixth Generation

64. Andreas Shriver (Schreiber),* b. 7 Sept. 1673 in Ger., d. 1723, m. 3 Aug. 1706. Settled at Trappe nr. Schuylkill, Pa.
65. Anna Margaretta Hess, bp. 22 Oct. 1674.
66. Ulrich Keiser.
67. Veronica ——.
68. Philip Ferree,* b. 1687, d. 1753, m. 4 June 1713. To Lancaster Co., Pa. 1708.
69. Leah Du Bois, b. circa 1687, d. 1758.
70. Cornelius Eltinge, bp. 29 Dec. 1681, d. 1754, m. 3 Sept. 1704. Born at Harley; baptized at Kingston, L. I., N. Y.; rem. to Prince George's Co., Md. ante 1730, died in Frederick Co., Md.
71. Rebecca Van Meeteren, bp. 26 Apl. 1686, d. 1756. Born at Marbletown, N. Y.; baptized at Kingston, L. I., died in Frederick Co., Md.
96. Thomas Jenkins,* b. circa 1641, d. 1727, m. 1669. Of Charles Co., Md.
97. Ann (Spalding?), d. 1729.
98. Thomas Courtney, b. 1641, d. 1706. Of St. Mary's Co., Md.
100. Benjamin Wheeler, b. ante 1686, d, 1741. Of Prince George's Co., Md.
101. Elizabeth ——.
102. Daniel Scott, b. 1680, d. 20 Mch. 1745, m. circa 1708. Of Baltimore Co., Md.
103. Elizabeth Love (née Whittaker?), d. 1758.

Seventh Generation

130. Hans Theobald Hess.
131. Margaretta ——.

136. Daniel Ferree. Hugenot from France, died in Germany.
137. Mary Warenbeer,* d. 1716. Settled in Lancaster Co., Pa., 1708.
138. **Abraham Du Bois**, b. 1657, d. 7 Oct. 1731, m. 1681. Native of Mannheim, Ger.
139. Margaret Deyo.
140. Jan Eltinge,* b. 29 July 1632. Native of Holland.
141. Jacomyntje Slecht.
142. Joost Janse Van Meeteren,* b. circa 1656, m. 12 Dec. 1682. Born in Geldenland, Holland. Settled at Marbletown, Ulster Co., N. Y.
143. Sarah Du Bois, bp. 9 Oct. 1661, d. post 1726.
196. James Courtney,* d. 1642, m. circa 1639.
197. Mary Lawne, b. circa 1614.
200. Thomas Wheeler, b. 18 Mch. 1660, d. circa 1736. Of Charles Co., Md.
204. **Daniel Scott,*** d. 15 Feb. 1724. From Anne Arundel to Balto. Co.
205. Jane Johnson.

Eighth Generation

276. **Louis Du Bois,*** b. 27 Oct. 1626 at Wicres, Fr., d. ante June 1696 at Kingston, N. Y., m. 10 Oct. 1655 at Mannheim, Ger. To America in 1660.
277. Catherine Blancjean, d. circa 1706.
278. Christian Deyo.
280. Roeloffe Eltinge.
281. Aeltje ——.
282. **Cornelis Barents Slecht,*** d. 1671. Native of Holland.
284. Jan Joosten Van Meeteren.* Born at Tiederwelt, Holland; Settled at Wyltwick (Kingston), N. Y.; died in New Jersey, in 1706?.
285. Macyken Hendrickson. Of Meppelen, Holland.
286. **Louis Du Bois,*** b. 27 Oct. 1626, d. ante June 1696, m. 10 Oct. 1655.
287. Catherine Blancjean, d. circa 1706.
400. John Wheeler,* b. circa 1630/1, d. 1694. Came to Md. circa 1659.
401. Mary ——, b. circa 1630, d. post 1694.
410. John(?) Johnson.
411. Deborah ——.

Ninth Generation

552. Crétien Du Bois, d. ante 1655. Of France; res. at Wicres, near Lille.
554. **Mathese Blancjean,*** d. 1695.
555. Madeleine Jorisse.
572. Crétien Du Bois. Of France; res. at Wicres, near Lille.
574. **Mathese Blancjean,*** d. 1695. Burgher of Mannheim, Germany.
575. Madeleine Jorisse.

1. JAMES MATHER SILL
2. HOWARD SILL

First Generation
2. HOWARD SILL, b. 17 Oct. 1867, d. July 1927, m. 15 Sept. 1892. See Pedigree Book, 1905.
3. Mary Frances Du Val.

Second Generation
4. See Pedigree Book, 1905, pages 93-94, Plates I and II.
6. Edmund Brice Du Val, b. Mch. 1826, m. 28 Oct. 1845.
7. Caroline Donaldson Lansdale, b. 1825, d. 1890.

Third Generation
12. Edmund Brice Du Val, b. 1790, d. 1831.
13. Augusta Carolina McCausland, b. 1697, d. 1832.
14. William Moyland Lansdale, b. 1784, d. 1831.
15. Elisa Catherine Moylan, b. 1789, d. 1877.

Fourth Generation
24. Gabriel Duvall, b. 6 Dec. 1752, d. 6 Mch. 1844.
25. Mary Brice, b. 1762, d. 1790.
26. Marcus McCausland.
27. Mary Presstman.
28. Thomas Lancaster Lansdale, b. 10 Nov. 1748, d. 19 Jan. 1805, m. 12 Feb. 1782.
29. Cornelia Van Horne, b. 1764, d. 1853.
30. Stephen Moylan, d. 1811.
31. Mary Van Horne, d. 1790.

Fifth Generation
48. Benjamin Duvall, b. 29 May 1719, d. 1744.
49. Susannah Tyler, b. 24 Feb. 1718, d. 1794.
50. Robert Brice. Of Annapolis, Md.
54. George McDougal Presstman,* d. 1819. From Ireland.
55. Frances Stokes.
56. Isaac Lansdale, b. 3 Jan. 1719, d. 1777.
57. Eleanor Crabb, b. 20 Sept. 1726, d. 1790.
58. Philip Van Horne, b. 1719, d. post 1778.
59. Elizabeth Ricketts.
62. Philip Van Horne, b. 1719, d. post 1778.
63. Elizabeth Ricketts.

Sixth Generation
96. Benjamin Duvall, d. 1774, m. 1713.
97. Sophia Griffith, b. 27 Apl. 1691, d. 19 Apl. 1730.
98. Edward Tyler, b. 1696, d. ante 1735.
99. Elizabeth Duvall, b. 6 Oct. 1697.
112. Isaac Lansdale, b. circa 1690, d. 1733.
113. Margaret Lancaster.
114. Ralph Crabb, b. 1694, d. 1734, m. 22 Aug. 1716.
115. Priscilla Sprigg, b. circa 1700, d. post 1758.
116. Cornelius Van Horne, b. 17 Dec. 1693, d. 1770, m. 13 July 1718.
117. Elizabeth French, b. 1700.
118. William Ricketts, d. 1735.
119. Mary Walton, d. circa 1740.
124. Cornelius Van Horne, b. 17 Dec. 1693, d. 1770, m. 13 July 1718.
125. Elizabeth French, b. 1700.
126. William Ricketts, d. 1735.
127. Mary Walton, d. circa 1740.

Seventh Generation
192. Mareen Duvall,* d. 1694.
193. Susannah ——. Second Wife.
194. William Griffith,* d. 1699.
195. Sarah Maccubbin, d. 1716.
196. Robert Tyler, d. 1738.
197. Susannah Duvall. First Wife.
198. Samuel Duvall, d. 1741, m. 6 Oct. 1697.
199. Elizabeth Ijams. (Widow Clarke)
228. ? Henry Crabb.*
230. Thomas Sprigg, b. 1668, d. 1737.
231. Margaret Mariartee, d. 1739.
232. Johannis Van Hoorn, b. 1663, d. 1735, m. 20 Mch. 1693.
233. Katryntje Meyer, b. 1672, d. 22 Nov. 1740.
234. Philip French, b. 1667, d. 1707.
235. Annetje Phillipse, b. 1667.
236. William Ricketts,* d. 1670.
237. Mary Goodwin.
238. William Walton.
239. Mary Sanford.
248. Johannis Van Hoorn, b. 1663, d. 1735, m. 20 Mch. 1693.
249. Katryntje Meyer, b. 1672, d. 22 Nov. 1740.
250. Philip French, b. 1667, d. 1707.
251. Annetje Phillipse, b. 1667.
252. William Ricketts, d. 1670.
253. Mary Goodwin.
254. William Walton.
255. Mary Sanford.

Eighth Generation
390. John Maccubbin,* d. 1686.
391. Elinor ——.
392. Robert Tyler.*
394. Mareen Duvall,* d. 1694.
396. Mareen Duvall,* d. 1694. m.—— ——.
397. First Wife.
398. William Ijams,* d. 1703.
460. Thomas Sprigg,* b. 1630, d. 1704.
461. Eleanor Nuthall, d. 1697.
462. Edward Mariartee.*

463. Honor ——.
464. Cornelis Van Hoorn, b. 3 Aug. 1642, d. 1692, m. 4 Oct. 1659.
465. Anne Maria Jans.
466. Jan Dircksjen Meyer,* d. ante 1700.
467. Tryntje Andriesse Grevenraat.
468. John French,* d. 6 Aug. 1692.
470. Frederick Phillipse,* b. 1627, d. 25 Dec. 1702, m. 1662.
471. Margaret Hardenbroeck. (Widow de Vries)
496. Cornelis Van Hoorn, b. 3 Aug. 1642, d. 1692, m. 4 Oct. 1659.
497. Anna Maria Jans.
498. Jan Dircksjen Meyer, d. ante 1700.
499. Tryntje Andriesse Grevenraat.
500. John French,* d. 6 Aug. 1692.
502. Frederick Phillipse,* b. 1627, d. 25 Dec. 1702, m. 1662.
503. Margaret Hardenbroeck. (Widow deVries).
506. Robert Goodwin.

NINTH GENERATION

922. John Nuthall,* d. 1667.
923. Elizabeth (Bacon) Holloway.
928. Jan Cornelis Van Hoorn,* d. ante 1669.
929. Hillegonda Joris.
930. —— Jans.*
931. Anneka Webber.*
992. Jan Cornelis Van Hoorn,* d. ante 1669.
993. Hillegonde Joris.

TENTH GENERATION

1844. John Nuthall. Of London, Eng.

1. ST. GEORGE LEAKIN SIOUSSAT

FIRST GENERATION

2. Albert Willis Sioussat, b. 22 Jan. 1847, d. 9 July 1933, m. 18 Jan. 1877.
3. Annie Middleton Leakin, b. 25 June 1849.

SECOND GENERATION

6. Rev. George Armistead Leakin, D.D., b. 18 Dec. 1818, d. 1912, m. 1845.
7. Anna Maria Clarke Miller, b. 9 Feb. 1820, d. 1898.

THIRD GENERATION

14. Hezekiah Miller, b. 1790, d. 1867, m. 1818.
15. Chloe Anne Middleton, b. 1800, d. 1865.

FOURTH GENERATION

30. Theodore Middleton, b. 3 Mch. 1758, d. 1845, m. 20 Nov. 1789.
31. Juliana Hoxton, b. 1768, d. 1843.

FIFTH GENERATION

62. Walter Hoxton, d. 1784.
63. Susannah Harrison, d. 1808.

SIXTH GENERATION

124. Hyde Hoxton, d. 1754.
125. Susannah Brooke, d. 1767.

SEVENTH GENERATION

250. Clement Brooke, b. 1676, d. 1737.
251. Jane Sewall, d. 1761.

EIGHTH GENERATION

502. Nicholas Sewall,* b. 1655, d. 1737.
503. Susannah Burgess.

NINTH GENERATION

1006. William Burgess,* b. circa 1622, d. 1686.
1007. Ursula ——.

1. WILLIAM HOWSER SKINNER
2. MAURICE EDWARD SKINNER

First Generation
2. MAURICE EDWARD SKINNER, b. 24 June 1868, m. 18 Jan. 1893.
3. Nettie Howser, b. 27 Jan. 1871.

Second Generation
4. Thomas Skinner, b. 22 Mch. 1841, d. 26 Aug. 1907, m. 15 Sept. 1867.
5. Mary Florence Stansbury, b. 8 Sept. 1844, d. 8 Aug. 1876.
6. Gassaway S. Howser, b. 15 Jan. 1833, d. 6 Apl. 1906.
7. Cecilia Bramwell, b. 14 May 1840, d. 14 Feb. 1919.

Third Generation
8. William Skinner, b. 20 June 1811, d. 1884, m. 7 Nov. 1833.
9. Eliza Saulsbury, b. 4 Mch. 1815, d. 1 May 1855.
10. James Stansbury, b. Oct. 1815, d. 1860, m. 8 Oct. 1838.
11. Eleanor Foreman, b. 1817, d. 1856.

Fourth Generation
16. Zachariah Skinner, b. 23 Mch. 1787, d. 19 May 1864, m. 10 Mch. 1810.
17. Hannah Bond Jones, b. 30 Apl. 1792, d. 18 June 1846.
18. Matthew Saulsbury, b. 1781, d. 1861, m. 1 Dec. 1805.
19. Elizabeth George, b. 11 Mch. 1785, d. 1854.
20. Zachariah Stansbury, b. 11 Feb. 1778, d. 4 Nov. 1822.
21. Elizabeth Milliron, b. 1785, d. 1854.
22. Leonard Foreman, b. 1757, d. 1840, m. 23 Oct. 1816.
23. Ann Carey (Thomas) Adams, b. 1779, d. 1856.

Fifth Generation
32. William Skinner, b. 1741, d. 20 Feb. 1813, m. 26 Dec. 1781.
33. Elizabeth Fookes, b. 5 Oct. 1756, d. 10 June 1829.
34. John Jones, b. 4 Sept. 1755, d. 7 Sept. 1848, m. 10 Oct. 1785.
35. Cassandra Johns, b. 1765, d. 23 Jan. 1839.
36. Oliver Saulsbury, d. 1789.
37. Margaret ——.
38. Richard George, b. 1746, d. 1785.
39. Sarah Turner.
40. William Stansbury, d. 1800.
41. Rachel Gott, d. 1831.
44. Philip Foreman, b. 1724.
45. Mary ——.

Sixth Generation
64. Philemon Skinner, b. 2 Dec. 1701, d. 1761, m. post 1724.
65. Lucy Hambleton.
66. Joseph Fookes.
67. Mary Kirke.
68. Thomas Jones, b. 1723, d. 21 Mch. 1808, m. circa 1754.
69. Elizabeth ——, b. 1736, d. 9 Apl. 1817.
70. Aquilla Johns, d. 1817, m. 1757.
71. Hannah Bond, d. 1818.
72. John Saulsbury, d. 1772.
73. Eleanor ——.
76. Joseph George, d. 1756, m. 1729.
77. Sarah Bartlett.
78. Abner Turner, b. 1718.
79. Rebecca Troth, b. 1720.
80. John Stansbury, b. 1710, d. 1785, m. 12 Feb. 1734.
81. Ann Ensor.
82. Samuel Gott, b. 1718, d. 1787.
83. Rachel Norwood.
88. Joseph Foreman, b. circa 1699, d. 1754, m. 16 Feb. 1720.
89. Anna Hurd, d. 1757.

Seventh Generation
128. William Skinner, b. circa 1669, d. circa 1745, m. circa 1695.
129. Hester Le Compte.
130. William Hambleton, b. 1663, d. 1725.
131. Margaret Sherwood, b. 1683, d. 1755.
132. James Fookes, d. 1745, m. 3 May 1720.
133. Elizabeth Kennerly.
134. John Kirke,* d. 1733.
135. Sarah MacKeele.
136. John Jones, b. 20 Sept. 1699, d. 16 Mch. 1774.
137. Sarah Woolford.
140. Richard Johns, b. 1707, d. 1757, m. 1727.
141. Anne Coale, b. 1709.
142. John Bond, b. circa 1712, d. 1791, m. 26 Mch. 1734.
143. Alice Anna Webster, b. circa 1715, d. 13 Oct. 1767.
144. Andrew Saulsbury.
——. ——.
152. Robert George, d. 1732, m. 20 Jan. 1699.
153. Barbara Everett.
154. John Bartlett, b. 1675, d. 1748.
155. Mary Townsend.
156. Edward Turner, b. 1688, d. 1733, m. 1717.
157. Jane (Kellee) Moode.
158. George Troth, m. 1718.
159. Rebecca Berry.
160. Thomas Stansbury, d. 1678, d. 4 May 1768.
161. Jane Hayes.
162. John Ensor, Sr., b. 1695, d. 1773.

163. Elizabeth Cole.
164. Richard Gott, b. 1692, d. 1751.
165. Sarah Smith.
166. Edward Norwood, m. 1746, d. 1772.
167. Mary Fitzsimmons.
176. William Foreman, d. 1730.
177. Elizabeth ——, d. 1733.

EIGHTH GENERATION

256. Thomas Skinner,* d. ante 1675.
257. Elizabeth ——.
258. Antoine LeCompte,* m. 11 June 1661.
259. Hester Dotando.
260. William Hambleton,* b. 1636, d. 1677.
261. Sarah Watkins.
262. Hugh Sherwood,* b. 1632, d. 1710.
263. Mary (——) Brooke.
264. Thomas Foulkes, d. 1722.
265. Sarah Dorrington.
266. Joseph Kennerly, b. 1672, d. 1723.
267. Mary ——.
270. John MacKeele,* d. 1696.
272. Thomas Jones,* d. 1701, m. ante 1690.
273. Martha Davis, b. 1670.
274. Roger Woolford, b. circa 1670, d. 1730, m. 5 Aug. 1695.
275. Elizabeth Ennalls, b. 20 July 1670.
280. Aquilla Johns, b. 1679, d. 1709, m. 1704.
281. Mary Hosier, d. 19 May 1762.
282. Philip Coale, d. 1703.
283. Cassandra Skipwith.
284. Thomas Bond, b. circa 1678, d. 1756, m. 30 Sept. 1700.
285. Ann Robinson.
286. John Webster, b. 1670, d. 1753.
287. Hannah Butterworth.
288. John Saulsbury, d. 1696.
304. John George.*
306. Philip Everett,* d. 1699.
307. Barbara ——.
308. Thomas Bartlett,* b. 1633, d. 1711.
309. Mary Goodchild.
310. Richard Townsend.*
312. Edward Turner, b. 1665, d. 1719.
313. Anne ——.
316. William Troth,* d. 28 Oct. 1710, m. 20 Feb. 1686.
317. Isabel (——) Harrison,* d. circa 1700.
318. James Berry, d. 1699.
319. Sarah Woolchurch.
320. Tobias Sternberg (Stansbury), b. circa 1652, d. 1709.
321. Sarah Raven.
326. John Cole.
328. Richard Gott, d. 1715.
329. Elizabeth Holland.
330. Nathan Smith, d. 1711.
331. Elizabeth Coale, b. 30 Aug. 1671.
334. Nicholas Fitzsimmons.*
335. Martha Morgan.

NINTH GENERATION

522. John Watkins.*
523. Frances ——.
528. James Fowkes.*
529. Rachel ——.

530. William Dorrington, d. 1797.
531. Elizabeth Winslow.
532. William Kennerly,* d. 1696.
533. Alice ——, d. 1702.
546. William Davis,* m. 1667.
547. Anne Hooper.
548. Roger Woolford,* d. 1702, m. 1 Mch. 1660/1.
549. Mary Denwood.
550. Bartholomew Ennalls,* b. circa 1640, d. 1688.
551. Mary (Warren) Hayward.
560. Richard Johns,* b. 1649, d. 1717, m. 1675.
561. Elizabeth Kensey, d. 1716.
562. Henry Hosier, d. 1710.
563. Rebecca Keddy.
564. William Coale,* d. 30 Oct. 1678.
565. Elizabeth Thomas.
566. George Skipwith, d. 1684, m. ante 1676.
567. Elizabeth Thurston.
568. Peter Bond,* d. 1705.
572. John Webster, d. 1721.
576. Thomas Saulsbury,* d. 1656. Of Va.
577. Isabella ——.
624. William Turner.*
636. William Berry,* b. 1635, d. 30 Apl. 1691.
637. Rebecca Preston. First Wife.
638. Henry Woolchurch, d. 1695.
640. Detmar Sternberg.*
641. Renske ——.
642. Luke Raven.*
643. Sarah ——.*
656. Richard Gott.*
657. Susan ——.
658. Anthony Holland,* d. 1703.
659. Isabelle Parsons.
660. Thomas Smith,* d. 1685.
661. Alice ——, d. 1698.
662. William Coale, d. 1679.
663. Elizabeth Thomas.
670. Thomas Morgan,* d. 1697.

TENTH GENERATION

1098. Levin Denwood,* d. circa 1667.
1099. Mary ——.
1122. Hugh Kensey,* d. 1667.
1123. Margaret ——.
1124. Henry Hosier,* d. 1686.
1125. Joanna ——.
1126. Stephen Keddy,* d. 1686.
1130. Philip Thomas,* d. 1675.
1131. Sarah Harrison,* d. 1687.
1134. Thomas Thurston,* d. 1692.
1135. Mary ——.
1144. John Webster. Of Virginia.
1272. James Berry,* d. circa 1685.
1273. Elizabeth ——.
1274. Richard Preston,* b. 1621, d. 1669.
1275. Margaret ——.
1318. Thomas Parsons,* d. 1684.
1319. Isabelle ——.
1324. William Coale.*
1325. Sarah ——.
1326. Philip Thomas,* d. 1675.
1327. Sarah Harrison,* d. 1687.

1. JAMES WILLIAM SLEMONS

First Generation
2. Thomas Makemie Slemons, b. 4 Dec. 1839, d. 20 Mch. 1928, m. 22 Dec. 1881.
3. Margaret Ellen Dix, b. 24 May 1850, d. 10 Aug. 1927.

Second Generation
4. James McCree Slemons, b. 26 May 1812, d. 14 May 1855, m. 23 Jan. 1833.
5. Matilda Miller, b. 7 Feb. 1803, d. 8 Dec. 1883.

Third Generation
8. Rev. John Brown Slemons, b. 14 Aug. 1774, d. 22 Sept. 1832, m. 14 Dec. 1808.
9. Polly Wilson, b. 4 Aug. 1774, d. ante 1832, m. 14 Dec. 1808. Second Wife.

Fourth Generation
18. David Wilson, b. 23 Aug. 1737, d. 5 Sept. 1810, m. 25 June 1766.
19. Priscilla Winder, b. 13 June 1744, d. 5 Sept. 1779.

Fifth Generation
38. William Winder, b. 16 Mch. 1714, d. 1792, m. 22 Sept. 1743.
39. Esther Gillis, b. 6 Oct. 1724, d. 1767.

Sixth Generation
76. John Winder, b. 7 Mch. 1676, d. 1716.
77. Jane Dashiell.

Seventh Generation
152. John Winder,* d. 1698.
153. Bridget ——.

1. FRANCIS EUGENE SLOAN
1. GEORGE FREDERICK SLOAN
2. FRANCES BURNS SLOAN

First Generation

2. FRANCIS BURNS SLOAN, b. 16 Mch. 1846, d. 26 Apl. 1926, m. 3 Dec. 1872.
3. Susan Luckett Bash, b. 21 Sept. 1848, d. 22 Sept. 1934.

Second Generation

4. George F. Sloan, b. 24 Mch. 1819, d. 30 Mch. 1866, m. 15 Jan. 1841.
5. Elizabeth Cushing, b. 14 Sept. 1818.

Third Generation

10. Joseph Cushing, b. 23 Jan. 1781, d. 2 Aug. 1852, m. 1 Nov. 1804.
11. Rebecca Edmands, b. 3 Apl. 1782, d. Dec. 1836.

Fourth Generation

20. David Cushing, b. 2 July 1754, d. 3 May 1827.
21. Hannah Cushing, b. 26 Apl. 1760, d. 13 Mch. 1823.

Fifth Generation

40. David Cushing, b. 7 Sept. 1727, d. 15 Feb. 1800, m. 9 Apl. 1752.
41. Ruth Lincoln, b. 25 Feb. 1733, d. 6 July 1761.

Sixth Generation

80. Abel Cushing, b. 24 Oct. 1696, d. 20 May 1750, m. 24 Nov. 1720.
81. Mary Jacob, b. 29 Sept. 1698.

Seventh Generation

160. Theophilus Cushing, b. 7 June 1657, d. 7 Jan. 1718, m. 28 Nov. 1688.
161. Mary Thaxter, b. 19 Aug. 1667, d. 1737.

Eighth Generation

320. Daniel Cushing,* bp. 20 Apl. 1619, d. 3 Dec. 1700, m. 19 Jan. 1645.
321. Lydia Gilman, d. 12 Mch. 1689.

Ninth Generation

640. Matthew Cushing,* b. 2 Mch. 1589, d. 30 Sept. 1660, m. 5 Aug. 1613.
641. Nazareth Pitcher, b. 1586, d. 1681.

Tenth Generation

1280. Peter Cushing, d. 1615, m. 2 June 1585.
1281. Sarah Hawes, d. 1641.
1282. Henry Pitcher.

1. HENRY LEE SMITH, JR.
1. ROBERT LEE SMITH
2. DR. HENRY LEE SMITH

First Generation

2. DR. HENRY LEE SMITH, SR., b. 23 Mch. 1868, m. 14 Nov. 1907.
3. Elise Garr Henry, b. 16 Nov. 1879.

Second Generation

4. John Thomas Smith, b. 15 Jan. 1816, d. 28 Jan. 1872, m. 25 Sept. 1845.
5. Margaret Lewis Marshall, b. 29 Oct. 1823, d. 23 Oct. 1907.
6. Rev. Francis Augustus Henry, b. 1 Mch. 1847, d. 19 May 1936, m. 24 Sept. 1878.
7. Helen Garr, b. 2 Sept. 1848, d. 23 July 1924.

Third Generation

8. John Adams Washington Smith, b. 2 June 1781, d. 1 Sept. 1832, m. 2 Feb. 1806.
9. Maria Love Hawkins, b. 1789, d. 18 July 1826.
10. Thomas Marshall, b. 21 July 1784, d. 29 June 1835, m. 19 Oct. 1809.
11. Margaret Wardrop Lewis, b. 1792, d. 2 Feb. 1829.
12. Rev. Caleb Sprague Henry, D.D., b. 2 Aug. 1804, d. Mch. 1884, m. 22 Mch. 1835.
13. Cornelia M. Heard, b. circa 1805, d. 1893.
14. George Garr, b. 1 May 1816, d. 16 Apl. 1898, m. 2 Oct. 1844.
15. Elizabeth Powell Kernochan, b. 1826, d. 1894.

Fourth Generation

16. Thomas Smith, b. 1747, d. 1796, m. 1769.
17. Elizabeth Adams, b. 1754.
18. John Hawkins, b. 1750, d. 1805, m. circa 1781.
19. Alice Corbin Thomson.
20. John Marshall, b. 24 Sept. 1755, d. 6 July 1835, m. 3 Jan. 1783.
21. Mary Willis Ambler, b. 17 Mch. 1766, d. 25 Dec. 1831.
22. Fielding Lewis, b. 1763, d. 1834, m. 1788.
23. Agnes Harwood, b. 1769, d. 11 Aug. 1822.
24. Rev. Silas Henry, b. 6 Apl. 1771, d. 2 Oct. 1857, m. 26 Dec. 1793.
25. Phoebe Pierce, b. 1769, d. 14 Aug. 1832. First Wife.
26. James Heard, b. 1773, d. 1847, m. 1801.
27. Maria Sickles, b. 1781, d. 1865.
28. Andrew Sheffield Garr, d. 11 Apl. 1859, m. circa 1805.
29. Elizabeth Sinclair, b. circa 1788, d. 8 Feb. 1821.
30. Joseph Kernochan.* From Ulster in Ireland.
31. Margaret Seymour, b. 1803, d. 1843.

Fifth Generation

32. Augustine Smith, d. circa 1781, m. 1745.
33. Ann Marshall, b. circa 1725.
34. John Adams, b. 1718.
35. Sarah Stacy Gibbons.
38. Dr. Adam Thomson, d. 1767.
39. Lettice Lee, d. 1776.
40. Thomas Marshall, b. 2 Apl. 1730, d. 22 June 1802, m. 1754.
41. Mary Randolph Keith, b. 28 Apl. 1737, d. 19 Sept. 1809.
42. Jaquelin Ambler, b. 1742, d. 1798.
43. Rebecca Burwell, b. 1744.
44. Warner Lewis, b. 10 Oct. 1720.
45. Eleanor Bowles. (Widow Gooch)
46. Samuel Harwood.
47. Margaret Wardrop.
48. David Henry, b. 12 Apl. 1734, d. 22 Dec. 1809, m. 2 Apl. 1761.
49. Hannah Watson, b. 1 Aug. 1736, d. 1 Mch. 1807.
52. William Heard, Jr., b. 7 Apl. 1750, d. 18 Sept. 1784, m. 1773.
53. Joanna Crane, b. 1750, d. 1827.
56. Andrew Garr,* b. circa 1745, d. 1812. From Scotland.
58. James Sinclair,* b. circa 1755, d. 12 June 1819, m. circa 1787.
59. Elizabeth Morrel, d. 1789.

Sixth Generation

64. John Smith,* d. 1725.
65. Mary Ann Adkins.
66. John Marshall, b. circa 1700, d. 1752, m. 1722.
67. Elizabeth Markham, b. circa 1704, d. 1775.
68. John Adams.*
69. Elizabeth Nailor.
78. Phillp Lee, b. 1681, d. 1744.
79. Elizabeth (Lawson) Sewall, d. circa 1725.
80. John Marshall, b. circa 1700, d. 1752, m. 1722.
81. Elizabeth Markham, b. circa 1704, d. 1775.
82. Rev. James Keith,* b. 1696, d. circa 1758.
83. Mary Isham Randolph, b. circa 1706, d. 1755.
84. Richard Ambler,* b. 1690, d. 1766.
85. Elizabeth Jaquelin, b. 1709, d. 1756.
86. Lewis Burwell, b. 1710, d. 1752.
87. Mary Willis.

255

88. John Lewis, b. 1694, d. 17 Jan. 1754, m. circa 1718.
89. Frances Fielding, b. circa 1700, d. 27 Oct. 1731.
90. James Bowles, d. inter 1727/9.
91. Rebecca Addison, b. 3 Jan. 1704, d. inter 1742/9.
92. Samuel Harwood.
93. Agnes ———.
94. John Wardrop ("Woddrop"). Of Nansemond Co., Va.
96. Robert Henry,* d. 1748, m. Apl. 1731.
97. Charity Ash Thomson.*
98. Samuel Watson.
99. Margaret Gray.
104. William Heard, b. 1714, d. 1756, m. 1735.
105. Agnes Moore.

SEVENTH GENERATION

128. Joseph Smith. (of Smith, Yates and Co., Shipping Merchants, Bristol, England.
132. Thomas Marshall,* d. 1704.
133. Martha Pendleton?.
134. Lewis Markham,* d. 1713.
138. George Nailor.
156. Richard Lee, b. 1646, d. 12 Mch. 1714.
157. Letitia Corbin, b. 1657, d. circa 1706.
160. Thomas Marshall,* b. 1655, d. 1704.
161. Martha Pendleton?.
162. Lewis Markham,* d. 1713.
164. Rt. Rev. Robert Keith. Of Aberdeen, Scot. Des. from James I, K. of Scot.
166. Thomas Randolph, b. 1689, d. 1730, m. 16 Oct. 1712. Of "Tuckahoe," Va.
167. Judith Fleming, b. circa 1694, d. 1742.
168. John Ambler.
169. Elizabeth Birkadike.
170. Edward Jaquelin,* b. 1668, d. 1739, m. 1706.
171. Martha Cary, b. 1686, d. 1738.
172. Nathaniel Burwell, d. 1721.
173. Elizabeth Carter.
174. Francis Willis, b. 1690, d. post 1749.
175. Anne Rich, b. 1695, d. 1727.
176. John Lewis, b. 30 Nov. 1669, d. 14 Nov. 1725, m. circa 1690/2.
177. Elizabeth Warner, b. 24 Nov. 1672, d. 5 Feb. 1720.
178. Henry Fielding, d. 1712.
182. Thomas Addison, b. 1679, d. 1727, m. 21 Apl. 1701.
183. Elizabeth Tasker, b. 1686, d. 10 Feb. 1706.
184. Samuel Harwood.
185. Temperance Cocke.
208. John Heard,* ——— ———. b. 1681, d. 1757.

EIGHTH GENERATION

264. John Marshall?, d. 1660.
312. Richard Lee,* d. 1664.
313. Anna ———.
314. Henry Corbin,* b. 1629, d. 1676.
315. Alice Eltonhead.

332. William Randolph,* b. 1651, d. 11 Apl. 1711. Of "Turkey Island," Va.
333. Mary Isham, b. 1660, d. 1735.
334. Charles Fleming,* d. inter 1717/20.
335. Susanna Tarlton.
340. John Jacquelin.
341. Elizabeth Craddock.
342. William Cary, b. 1657, d. 1713.
343. Martha Scarbrooke.
344. Lewis Burwell,* b. 1648/50, d. 19 Dec. 1710.
345. Abigail Smith, b. 11 Mch. 1656, d. 12 Nov. 1692.
346. Robert ("King") Carter, b. circa 1663/4, d. 4 Aug. 1732, m. 1688.
347. Judith Armistead, d. 1700. First Wife.
352. John Lewis,* b. circa 1640, d. 1705, m. circa 1666.
353. Isabella Miller.
354. Augustine Warner, Jr., b. 1642, d. 1681.
355. Mildred Reade.
364. John Addison,* d. 1706, m. circa 1676.
365. Rebecca (Wilkinson) Dent.
366. Thomas Tasker,* d. 1700.
367. Elizabeth Thompson (Widow Brooke-Cosden.)
370. Thomas Cocke, d. 1697.
371. Margaret ———.

NINTH GENERATION

628. Thomas Corbin, d. 1637.
629. Winifred Grosvenor.
630. Richard Eltonhead.
664. Richard Randolph, b. 1621, d. 1671.
665. Elizabeth Ryland, b. 1627, d. 1669.
666. Henry Isham, b. 1627/8, d. 1675/6.
667. Katherine (———) Royall, d. 1680.
668. John Fleming, d. 1686.
670. Stephen Tarlton.
684. Miles Cary,* b. 1620, d. 1667, m. 1645.
685. Ann Taylor.
688. Lewis Burwell,* b. 5 Mch. 1621, d. 19 Nov. 1653.
689. Lucy Higginson, d. 16 Nov. 1675.
690. Anthony Smith, m. ante 1652.
691. Martha Bacon.
692. John Carter,* d. circa 1669.
693. Sarah Ludlow, d. 1699. Fourth wife.
694. John Armistead,* b. 1635, d. 1698.
695. Judith ———.
704. Robert Lewis* from Brecon, Wales to York Co., Va.
706. James Miller.
708. Augustine Warner,* b. 1611, d. 1674.
709. Mary ———, d. 1662.
710. George Reade,* b. 25 Oct. 1608, d. 1671.
711. Elizabeth Martiau, b. 1625, d. 1686.
730. Rev. William Wilkinson,* b. 1612, d. 1663.
731. Naomi ———.
740. Richard Cocke,* b. 1600, d. 1665.
741. Mary Aston.

TENTH GENERATION

1258. ——— Grosvenor of Warwickshire.
1328. William Randolph, b. 1572, d. 1660.

1329. Dorothy Lane, b. 1590, d. 1657.
1330. Richard Ryland.
1332. William Isham, b. 1588, m. 1625.
1333. Mary Brett.
1368. John Cary, b. 1583, d. post 1660.
1369. Alice Hobson.
1370. Thomas Taylor,* d. 1657.
1376. Edward Burwell, b. 1579, d. 1620.
1377. Dorothy Bedell.
1378. Robert Higginson,* d. Aug. 1649.
1379. Joanna Tokesey.
1382. Rev. James Bacon, d. 19 Nov. 1649.
1383. Martha Honeywood.
1386. Gabriel Ludlow, b. 1587, d. 1639.
1388. William Armistead, bp. 1610.
1389. Anne ——.
1420. Robert Reade.
1421. Mildred Windebank.
1422. Nicholas Martiau,* b. 1591, d. 1657.
1423. Jane (——) Berkeley.
1482. Walter Aston,* b. 1607, d. 1656.

ELEVENTH GENERATION

2656. Robert Randolph, b. circa 1540, m. circa 1565.
2657. Rose Roberts.
2664. Sir Euseby Isham, b. 1553, d. 1626.
2665. Anne Borlase.
2842. Sir Thomas Windebank
2843. Frances Dymoke (of Royal descent).
2964. Walter Aston,* b. 9 July 1584, d. 13 Aug. 1639.

1. MARK ALEXANDER HERBERT SMITH

FIRST GENERATION
2. Courtland Hawkins Smith, b. 21 Jan. 1878, m. 18 Oct. 1899.
3. Sarah Carlyle Fairfax Herbert, b. 1880.

SECOND GENERATION
4. Courtland Hawkins Smith, b. 29 Aug. 1850, d. 22 July 1892, m. 15 Dec. 1875.
5. Charlotte Evangeline Rossiter, b. 14 Sept. 1854, d. 1 Mch. 1880.
6. James Rawlings Herbert, b. 18 Aug. 1833, d. 5 Aug. 1884, m. 10 Nov. 1868.
7. Elizabeth Clark Alexander, b. 6 June 1849, d. 27 May 1895.

THIRD GENERATION
8. Francis Lee Smith, b. 25 Nov. 1808, d. 10 May 1877, m. 13 Apl. 1836.
9. Sarah Gosnelle Vowell, b. 6 Oct. 1813.
10. Thomas Pynchon Rossiter, b. 1818, d. 1871.
11. Ann Ehrick Parmely.
12. Dr. Thomas Snowden Herbert, b. 13 Mch. 1806, d. 1 Apl. 1852, m. 2 Nov. 1830.
13. Camilla Almeria Hammond, b. 7 Nov. 1811, d. 25 Dec. 1844.
14. Mark Alexander, b. 13 Oct. 1825, d. 11 Nov. 1906, m. 14 Sept. 1847.
15. Anne Gordon Coleman, b. 11 Aug. 1826, d. 2 Oct. 1850.

FOURTH GENERATION
16. John Adams Washington Smith, b. 2 June 1781, d. 1 Sept. 1832, m. 2 Feb. 1806. See pedigree of Dr. H. L. Smith.
17. Maria Love Hawkins, b. 1789, d. 18 July 1826.
18. John C. Vowell, b. 12 Aug. 1767, m. 10 Dec. 1810.
19. Mary Jaquelin Smith, d. 31 Oct. 1846.
20. Harry Caldwell Rossiter, b. 1790, d. 15 May 1871.
21. Charlotte Beers.
22. Eleazer Parmely, m. 17 July 1814.
23. Ann Maria Smith.
24. John Carlyle Herbert, b. 16 Aug. 1775, d. 1 Sept. 1846, m. 7 Mch. 1805.
25. Mary Snowden, b. 1785, d. 20 Sept. 1855.
26. Denton Hammond, b. 1 Aug. 1785, d. 25 Mch. 1813, m. 1805.
27. Sarah Hall Baldwin.
28. Nathaniel Alexander, b. 3 Nov. 1797, d. 18 Sept. 1877, m. 28 Oct. 1823.
29. Sarah Caroline Alexander, b. 18 Mch. 1800, d. 6 Oct. 1850.
30. John Coleman, b. 23 May 1800, d. 1 June 1869, m. 28 July 1825.
31. Elizabeth Sims Clark, b. 26 July 1808, d. 21 Aug. 1826, First wife.

FIFTH GENERATION
36. Thomas Vowell.
37. Sarah Gosnelle.
38. Augustine Smith, b. 1738, d. 13 June 1774.
39. Margaret Boyd.
40. Nathaniel Rossiter, b. 21 May 1762, d. 1835.
41. Sarah Pynchon, b. 2 July 1763.
42. Elias Beers.
43. Jerusha Fitch.
44. Eleazer Parmely, m. 7 Sept. 1786.
45. Hannah Spear.
48. William Herbert,* b. 1743, d. 24 Feb. 1818.
49. Sarah Carlyle.
50. Thomas Snowden, b. 1751, d. 1803, m. 1774.
51. Anne Ridgely, b. 2 Oct. 1754, d. 29 Mch. 1834.
52. Philip Hammond, b. 6 Jan. 1765, d. 25 Nov. 1822.
53. Elizabeth Wright, b. 17 May 1768, d. 5 Aug. 1784.
54. Henry Baldwin, b. 23 Dec. 1754, d. 5 Oct. 1793.
55. Sarah (Hall) Rawlings, d. 1788.
56. Mark Alexander, b. 27 July 1764, d. 1824, m. 19 Jan. 1797 (lic.).
57. Elizabeth Q. McCharg.
58. Wallace Alexander, b. 8 Feb. 1767, d. 15 Mch. 1804, m. 28 Mch. 1797.
59. Ann Dobson.
60. Henry Embray Coleman, b. 27 Apl. 1768, d. 16 Dec. 1837, m. 13 June 1795.
61. Ann Gordon, b. 13 July 1776?, d. 7 June 1821.
62. John Clark, d. 1827, m. 14 Nov. 1801.
63. Priscilla Sims, d. 23 Sept. 1849. Second wife.

SIXTH GENERATION
76. John Smith, b. 13 Nov. 1715, d. 1771, m. 17 Nov. 1737.
77. Mary Jaquelin, d. 4 Oct. 1764.
78. David Boyd.
79. Margaret Pinckard (Widow Ball).
80. Nathaniel Rossiter, b. 27 Mch. 1716, d. 21 Nov. 1769, m. 21 Dec. 1748.
81. Deborah Fowler, b. 12 Sept. 1722, d. 28 Apl. 1811.
84. Nathan Beers.
85. Hannah Nichols.
86. Eleazer Fitch, b. 18 May 1720, d. 1800.
87. Zerviah Hatch.
88. Jehiel Parmely.
89. Eunice Hendee.
98. John Carlyle,* b. 1720, d. 1780, m. 1748.
99. Sarah Fairfax, b. 1728, d. 1761.
100. Thomas Snowden, b. circa 1722, d. 1770.
101. Mary Wright.

102. Henry Ridgely, b. 1728, d. 1790, m. 1750.
103. Anne Dorsey, b. 1730, d. 1767. First wife.
104. Charles Hammond, b. 4 June 1729, d. 13 May 1777.
105. Rebecca Wright.
106. Thomas Wright, b. 19 June 1740, d. ante 1784.
107. Mary ——, d. 26 Aug. 1774.
108. Edward Baldwin, b. 15 Oct. 1725, d. 1759.
109. Susan Meek.
110. John Hall, d. 1791.
111. Ruth Marriott.
112. Moses Alexander, d. 1771.
113. Sarah Alexander.
116. Moses Alexander, d. 1771.
117. Sarah Alexander.
118. John Dobson, d. 20 June 1780.
120. John Coleman, m. inter 1763/7.
121. Mary Embray.
122. Thomas Gordon.
123. Margaret Murray, b. 8 Feb. 1749, d. 12 Oct. 1779. First wife.
124. William Clark.
125. Phoebe Howson.
126. Matthew Sims.

SEVENTH GENERATION

152. Augustine Smith, b. 16 June 1689, m. 1711.
153. Sarah Carver, d. 12 Mch. 1726.
154. Edward Jaquelin,* b. 1668, d. 1730, m. 1706.
155. Martha Cary, b. 1686, d. 1738.
158. Thomas Pinckard.
159. Elizabeth Downman.
160. Nathaniel Rossiter, b. 17 June 1692, d. 4 Oct. 1751.
161. Anne Stone, b. circa 1692, d. 20 Apl. 1776.
162. Benjamin Fowler.
163. Andrea Morgan.
168. Josiah Beers.
169. Elizabeth Ufford.
170. Jonathan Nichols, b. 12 Sept. 1687, d. 6 Nov. 1760.
171. Sarah Beach, b. 13 July 1697.
172. Ebenezer Fitch, b. 16 Jan. 1690.
173. Bridget Brown.
176. Stephen Parmelee.
177. Bettie ——.
196. Dr. William Carlyle, b. inter 1685/92, d. circa 1742/44, m. 1714.
197. Rachel Murray.
198. William Fairfax,* b. 1691, d. 1757, m. 1723?
199. Sarah Walker, d. 1731. First wife.
200. Richard Snowden, b. circa 1688, d. 1763, m. 1717.
201. Elizabeth Thomas, b. 1698, d. 1775.
202. Henry Wright, b. 1681, d. 1750, m. circa 1716.
203. Elinor Sprigg.
204. Henry Ridgely, b. 1690, d. circa 1749/50 m. 1722.

205. Elizabeth Warfield, b. 1706, d. 1762.
206. Joshua Dorsey, b. circa 1686, d. 28 Nov. 1747, m. 16 May 1711.
207. Anne Ridgely, d. 1771.
208. Philip Hammond, b. 1696, d. 1760.
209. Rachel Brice, b. 1711, d. 1786.
212. Thomas Wright, b. 1691, d. 1753.
213. Katharine ——.
216. Henry Baldwin, m. circa 1724.
217. Mary ——.
218. James Meek, d. 1758.
219. Elizabeth ——.
220. Edward Hall, d. 1744.
221. —— ——.
222. Augustine Marriott, d. 1772, m. 1729.
223. Mary Warfield.
242. Henry Embray, d. 1753.
243. Priscilla Wilkinson.
246. James Murray, d. 1764.
247. Ann Bolling, b. 1718?, d. 1800.

EIGHTH GENERATION

304. John Smith of Purton, b. 1662, d. 1698, m. 1680.
305. Mary Warner.
306. John Carver.
308. John Jaquelin.
309. Elizabeth Craddock.
310. William Cary, b. 1657, d. 1713.
311. Martha Scarbrooke.
318. Rawleigh Downman,* d. 1682.
319. —— Travers.
320. Josiah Rossiter, d. 31 Jan. 1716.
321. Sarah Sherman.
322. Benjamin Stone.
323. Mary Bartlett.
326. John Morgan.
327. Elizabeth Jones.
336. Barnabas Beers.
337. Elizabeth Wilcoxen.
338. Samuel Ufford.
339. Elizabeth Curtis.
340. Jonathan Nichols.
341. Hannah Hawkins.
342. Joseph Beach, b. 5 Feb. 1671, d. 17 Dec. 1737, m. ante 1697.
343. Abiah Booth, d. 1735.
344. James Fitch, b. 1649, d. 1727.
345. Alice Bradford.
346. Eleazer Brown of Canterbury.
347. Dinah Spalding.
352. Stephen Parmelee.
353. Elizabeth Baldwin.
392. Adam Carlisle, b. 1638.
393. Grizel Menjies.
396. Henry Fairfax, b. 1659, d. 1708, m. 1683.
397. Anne Harrison, d. 1723.
398. Thomas Walker, C. J. of Bahamas.
400. Richard Snowden, b. circa 1666, d. 1724, m. ante 1688.
401. Mary Linthicum, d. 1699.
402. Samuel Thomas, d. ante 1743, m. 1688.
403. Mary Hutchins, d. 1751.
406. Thomas Sprigg, b. circa 1670, d. post 1736.
407. Margaret Mariartee, d. 1739.

MARK ALEXANDER HERBERT SMITH

408. Henry Ridgely, b. 1669, d. 1700.
409. Katharine Greenberry, d. ante 1703.
410. Benjamin Warfield, d. circa 1718.
411. Elizabeth Duvall, b. 1687.
412. Edward Dorsey, d. 1705.
413. Sarah Wyatt. First wife.
414. Henry Ridgely, b. 1669, d. 1700.
415. Katharine Greenberry, d. ante 1703.
416. Charles Hammond, d. 1713.
417. Hannah Howard.
418. John Brice,* d. 1713.
419. Sarah (Howard) Worthington.
424. Henry Wright,* b. 1657, d. 1742.
425. Mary ——, d. 1734.
436. John Meek, d. 1712.
437. Mary ——.
440. Edward Hall, d. 1714.
441. Jane Sisson.
444. John Marriott,* d. 1719.
445. Sarah (Acton?).
446. John Warfield, b. circa 1675, d. 1718.
447. Ruth Gaither, b. 1679, d. 1697.
484. Henry Embray, d. 1763.
485. Martha ——, d. 1771.
486. Joseph Wilkinson, d. 1732.
487. Mary ——.
494. John Bolling, b. 27 Jan. 1676, d. 20 Apl. 1729, m. Dec. 1697.
495. Mary Kennon.

NINTH GENERATION

610. Augustine Warner, Jr., b. 1642, d. 1681.
611. Mildred Reade.
620. Miles Cary,* b. 1620, d. 1667, m. 1645.
621. Ann Taylor.
640. Bray Rossiter, d. 30 Sept. 1671.
641. Elizabeth Alsop, d. 29 Aug. 1669.
642. Samuel Sherman,* bp. 12 July 1618, d. 1684.
643. Sarah Mitchell.
646. George Bartlett,* d. 1669.
647. Mary Cruttenden.
652. James Morgan.*
653. Margery Hill.
654. William Jones,* b. 1624, d. 1706.
655. Hannah Eaton, b. 1632, d. 1707.
672. Anthony Beers.
673. Elizabeth ——.
674. John Wilcoxen.
675. Johanna Titherton.
676. John Ufford.
677. Hannah Hawley.
678. Joseph Curtis.
679. Bethia Booth.
680. Isaac Nichols, d. 1695.
681. Margaret ——.
682. Anthony Hawkins,* d. 1674.
683. Anne Welles.
684. John Beach,* d. circa 1677.
685. Mary ——, d. 1674.
686. Ebenezer Booth.
688. Rev. James Fitch,* b. 1622, d. 1702.
689. Abigail Whitfield.
690. William Bradford, b. 1624, d. 1704.
691. Alice Richards.
692. Thomas Brown.
693. Bridget ——.
704. John Parmelee.
705. Hannah ——.
706. Nathaniel Baldwin.
707. Hannah Botsford.
784. Edward Carlisle, d. ante 1699.
785. Margaret Young, d. 1665.
792. Henry Fairfax, b. 1631, d. 1688, m. 1652. (Fourth Baron)
793. Frances Berwick, d. 1684.
794. Richard Harrison of So. Cove, York.
800. Richard Snowden,* b. circa 1640, d. 1711.
801. Deborah Abbott.
802. Thomas Linthicum,* d. 1701.
803. Jane ——.
804. Philip Thomas,* d. 1675.
805. Sarah Harrison,* d. 1687.
806. Francis Hutchins,* d. 1698.
812. Thomas Sprigg,* b. 1630, d. 1704.
813. Elinor Nuthall, d. 1688?.
816. Henry Ridgely,* d. 1710.
817. Elizabeth (Howard?).
818. Nicholas Greenberry,* b. 1627, d. 17 Dec. 1697.
819. Anne ——, b. 1648, d. 27 Apl. 1698.
820. Richard Warfield,* d. 1704.
821. Elinor ——.
822. John Duvall, d. 1711.
823. Elizabeth Jones.
824. Edward Dorsey.*
825. Anne ——.
826. Nicholas Wyatt,* d. 1673.
827. Damaris ——.
828. Henry Ridgely,* d. 1710.
829. Elizabeth (Howard?).
830. Nicholas Greenberry,* b. 1627, d. 17 Dec. 1697.
831. Anne ——, b. 1648, d. 27 Apl. 1698.
832. John Hammond,* b. 1643, d. 24 Nov. 1707.
834. Philip Howard, d. 1701.
835. Ruth Baldwin.
838. Matthew Howard, d. 1692.
839. Sarah (Dorsey?).
872. Guy Meek,* d. 1682.
873. Rachel ——.
882. John Sisson,* d. 1663.
892. Richard Warfield,* d. 1704.
893. Elinor (Browne?).
894. John Gaither,* d. 1702.
895. Ruth (Beard?).
972. Joseph Wilkinson, d. 1750, m. 1700.
973. Priscilla Branch.
988. Robert Bolling,* b. 26 Dec. 1646, d. 17 July 1709, m. 1675.
989. Jane Rolfe. First Wife.
990. Richard Kennon, d. 1696.
991. Elizabeth Worsham.

TENTH GENERATION

1220. Augustine Warner,* b. 1611, d. 1674.
1221. Mary ——, d. 1662.
1222. George Reade,* b. 1608, d. 1671.
1223. Elizabeth Martiau.
1240. John Cary, b. 1583, d. post 1660.

1241. Alice Hobson.
1242. **Thomas Taylor,*** d. 1657.
1280. Edward Rossiter,* d. 23 Oct. 1630.
1284. Edmund Sherman,* d. 1641.
1285. Joanna ——?.
1286. **Matthew Mitchell,*** b. 1590, d. 1645.
1287. Susan Butterfield.
1294. **Abraham Cruttenden,*** d. 1683.
1310. **Theophilus Eaton,*** b. 1590, d. 1657.
1311. Anne Lloyd. Second Wife.
1344. James Beers,* d. 1694. Of Kent.
1348. **William Wilcoxen,*** d. 1652.
1349. Margaret ——.
1350. **Daniel Titherton,*** d. 1661.
1351. Jane ——.
1352. Thomas Ufford.
1353. Isabel ——.
1356. **John Curtis,*** b. 1615, d. 2 Dec. 1707.
1357. Elizabeth ——.
1360. Francis Nichols,* d. 1650.
1366. **Thomas Welles,*** b. 1598, d. 1660.
1367. Elizabeth Hunt. First Wife.
1372. Richard Boot!-
1373. Elizabeth Haw ;y.
1376. Thomas Fitch, ι,. 1590, d. 1632.
1377. Anna Reeve.
1378. Henry Whitfield.
1379. Dorothy Sheaffe.
1380. **William Bradford,*** b. 1589, d. 1657.
1381. Alice Carpenter. (Widow Southworth)
1408. John Parmelee.
1409. —— ——.
1412. Nathaniel Baldwin.*
1413. Abigail Camp.
1568. Adam Carlisle.
1569. Mary Carruthers.
1584. Rev. Henry Fairfax, b. 1588, d. 1665, m. 1627.
1585. Mary Cholmley, b. 1593, d. 1649. Second Wife.
1586. Sir Robert Berwick.
1587. Ursula Strickland.
1602. William Abbott,* d. ante 1660.
1603. Magdaline ——.
1626. John Nuthall,* d. 1667.
1627. Elizabeth Bacon.
1644. Mareen Duvall,* d. 1694.
1646. William Jones.*
1664. Thomas Hammond.*
1668. Matthew Howard.*
1669. Ann (Hall?).
1670. John Baldwin,* d. 1684.
1671. Elizabeth ——.
1676. Matthew Howard.*
1677. Ann (Hall?).
1678. Edward Dorsey.*
1679. Anne ——.
1788. John Gaither.
1789. Jane (Morley?).
1790. Richard Beard, d. 1681.
1791. Rachel Robins.
1946. John Branch, d. 1688.
1947. Martha Jones.
1976. John Bolling of London.
1977. Mary ——.
1978. **Thomas Rolfe,** b. circa 1615.
1979. Jane (Poythress?).
1982. William Worsham.*
1983. Elizabeth ——.

Eleventh Generation

2826. Nicholas Camp.*
3956. **John Rolfe,*** b. 1585, d. 1622. Married.
3957. Pocahontas.

1. ROBERT WHITE SMITH
1. THOMAS MARSHALL SMITH

(See Pedigree of Dr. Henry Lee Smith)

First Generation

2. John Thomas Smith, b. 15 Jan. 1816, d. 28 Jan. 1872, m. 25 Sept. 1845.
3. Margaret Lewis Marshall, b. 29 Oct. 1823, d. 23 Oct. 1907.

Second Generation

6. Thomas Marshall, b. 21 July 1784, d. 29 June 1835, m. 19 Oct. 1809.
7. Margaret Wardrop Lewis, b. 1792, d. 2 Feb. 1829.

Third Generation

12. John Marshall, b. 24 Sept. 1755, d. 6 July 1835, m. 3 Jan. 1783.
13. Mary Willis Ambler, b. 17 Mch. 1766, d. 25 Dec. 1831.

Fourth Generation

24. Thomas Marshall, b. 2 Apl. 1730, d. 22 June 1802, m. 1754.
25. Mary Randolph Keith, b. 28 Apl. 1737, d. 19 Sept. 1809.

Fifth Generation

48. John Marshall, b. circa 1700, d. 1752, m. 1722.

49. Elizabeth Markham, b. circa 1704, d. 1775.
50. Rev. James Keith,* b. 1696, d. circa 1758.
51. Mary Isham Randolph, b. circa 1706, d. 1755.

Sixth Generation

96. Thomas Marshall,* b. 1655, d. 1704.
97. Martha Pendleton?.
98. Lewis Markham,* d. 1713.
102. Thomas Randolph, b. 1689, d. 1730, m. 16 Oct. 1712.
103. Judith Fleming, d. 1742.

Seventh Generation

204. William Randolph,* b. 1651, d. 11 Apl. 1711, m. circa 1680.
205. Mary Isham, b. 1659/60, d. 1735.

Eighth Generation

408. Richard Randolph, b. 22 Feb. 1621, d. 1671.
409. Elizabeth Ryland, d. 1669.

Ninth Generation

816. William Randolph, b. 1572, d. 1660.
817. Dorothy Lane, b. 1590, d. 1657.

1. ROBERT FIELD STANTON

First Generation

2. Norman Leslie Stanton, b. 2 Dec. 1843, d. 5 Dec. 1927, m. 24 Nov. 1868.
3. Lizette B. Rice, b. 30 Nov. 1850, d. 7 Nov. 1931.

Second Generation

4. Elijah Stanton, b. 2 Aug. 1808, d. 2 Oct. 1848, m. 6 Apl. 1837.
5. Rebecca (Milliman) Mills, b. 29 July 1814, d. 15 Nov. 1898.

Third Generation

8. Richard Pearce Stanton, b. circa 1783, d. 1837, m. 1 July 1807.
9. Julia Hollister, b. 16 July 1785, d. 8 Aug. 1877.

Fourth Generation

16. Elijah Stanton, b. Dec. 1750, d. 1833, m. 1 Oct. 1772.
17. Jemimah Beach, b. 11 Apl. 1751. First Wife.
18. Joseph Hollister, b. 6 Sept. 1752, d. 21 Aug. 1848, m. 20 Nov. 1778.
19. Patience Hollister, b. 21 Mch. 1755, d. 1826.

Fifth Generation

32. Elijah Stanton, b. 28 Mch. 1715, d. 13 Jan. 1761, m. 18 Apl. 1739.
33. Elizabeth Whitney, b. 26 Feb. 1721.
34. Enos Beach, b. 30 Jan. 1726, d. 1805, m. Apl. 1748.
35. Ann Squire, b. 8 July 1730.
36. Joseph Hollister, b. 5 Sept. 1732, d. 3 May 1793, m. 3 Oct. 1751.
37. Rebecca Treat, b. 13 Dec. 1733, d. 24 Dec. 1768. First Wife.
38. Nathaniel Hollister, b. 1731, d. 1810, m. 1754.
39. Mehitabel Mathison, b. circa 1738, d. 26 Sept. 1824.

Sixth Generation

64. Thomas Stanton, b. Apl. 1670, d. circa 1745, m. 1692.
65. Ann Stanton, bp. 30 June 1675.
66. David Whitney, b. 1682, d. 1769, m. 20 Jan. 1713.
67. Elizabeth Warren, b. 7 June 1693. First Wife.
68. Nathan Beach, b. 18 Aug. 1692, m. 29 Sept. 1713.
69. Jemima Curtis, b. 15 Jan. 1694/5, d. 3 Mch. 1739.
70. John Squire, b. circa 1695, d. 1760, m. 23 Sept. 1729.
71. Elizabeth Clark, b. 1 Dec. 1703. (Widow Wakelee)
72. Joseph Hollister, b. 28 Dec. 1696, d. 8 Oct. 1746, m. 28 Dec. 1721.
73. Mary White, b. 2 Oct. 1698, d. 8 Jan. 1780.
74. Isaac Treat, b. 15 Aug. 1701, d. 29 Aug. 1763, m. 10 Dec. 1730.
75. Rebecca Bulkeley, b. 22 Feb. 1709, d. 19 Oct. 1788.
76. Gideon Hollister, b. 23 Sept. 1699, d. 15 Feb. 1785, m. 1723.
77. Rachel Talcott, b. 6 Oct. 1706, d. 13 June 1790.

Seventh Generation

128. John Stanton, b. 1641, d. 31 Oct. 1713, m. 1664.
129. Hannah Thompson, bp. 8 June 1645.
130. Thomas Stanton, Jr., b. 1638, d. 11 Apl. 1718, m. 1658.
131. Sarah Denison, b. 20 Mch. 1641, d. 19 Dec. 1701.
132. Joshua Whitney, b. 5 July 1635, d. 2 Aug. 1719, m. 30 Sept. 1672.
133. Abigail Tarbell. Third Wife.
134. Jacob Warren, b. 1668, d. 3 Sept. 1727, m. circa 1688.
135. Sarah ———, b. 1667.
136. Thomas Beach, b. May 1659, d. 13 May 1741, m. circa 1668.
137. Phebe Wilcoxson, b. 2 Aug. 1669, d. 30 Apl. 1758. Second Wife.
138. Thomas Curtis, b. 14 Jan. 1649, d. 1736, m. 9 June 1674.
139. Mary Merriman, b. 12 June 1657.
140. Thomas Squire, d. 9 Apl. 1712.
141. Elizabeth ———, d. Jan. 1743.
142. John Clark, b. 17 Mch. 1668, m. 11 Aug. 1692.
143. Sarah Titherton, b. 12 Oct. 1673.
144. Joseph Hollister, b. 8 July 1674, d. 9 July 1746, m. 27 Nov. 1694.
145. Ann ———, b. circa 1678, d. 5 Oct. 1712. First Wife.
146. Joseph White, b. 20 Feb. 1667, m. 3 Apl. 1693.
147. Mary Mould.
148. Thomas Treat, b. 12 Dec. 1668, d. 17 Jan. 1713, m. 5 July 1693.
149. Dorothy Bulkeley, b. circa 1662, d. 1757.
150. Edward Bulkeley, b. circa 1677, d. 27 Aug. 1748, m. 14 July 1702.
151. Dorothy Prescott, b. 31 May 1681, d. 30 Nov. 1760.
152. Thomas Hollister, b. 14 Jan. 1672, d. 12 Oct. 1741, m. circa 1696.
153. Dorothy Hills, b. circa 1677, d. 5 Oct. 1741.
154. Nathaniel Talcott, b. 28 Jan. 1678, d. 30 Jan. 1758, m. 18 Mch. 1703.
155. Elizabeth Robbins, b. 29 Dec. 1684, d. 26 Aug. 1768.

Eighth Generation

256. **Thomas Stanton,** b. ante 1616, d. 2 Dec. 1677, m. 1637.
257. Ann Lord, bp. 18 Sept. 1614, d. 1688.
258. **Anthony Thompson,** b. 1612, d. Sept. 1648.
259. Katharine ——.
260. **Thomas Stanton,** b. ante 1616, d. 2 Dec. 1677, m. 1637.
261. Ann Lord, bp. 18 Sept. 1614, d. 1688.
262. George Denison, b. circa 1620, d. 1694. m. 1640.
263. Bridget Thompson, bp. 11 Sept. 1622, d. 1643. First Wife.
264. John Whitney,* bp. 20 July 1592, d. 1 June 1673.
265. Eleanor ——, b. 1597, d. 11 May 1659. First Wife.
266. **Thomas Tarbell,** d. 11 June 1678.
267. Mary ——, d. 23 Apl. 1674. First Wife.
268. **Jacob Warren,** b. 26 Oct. 1642, d. 1722, m. 21 June 1667.
269. Mary Hildreth, b. 1650, d. 17 Dec. 1730.
272. John Beach,* d. 16 June 1677.
273. Mary ——, d. 1674.
274. Timothy Wilcoxson, b. circa 1637, d. 13 Jan. 1711, m. 28 Dec. 1664.
275. Johanna Birdsey, b. 18 Nov. 1642, d. 7 Oct. 1713.
276. **John Curtis,** bp. 26 Feb. 1615, d. 2 Dec. 1707.
277. Elizabeth ——, d. 9 Mch. 1682.
278. **Nathaniel Merriman,** b. circa 1614, d. 13 Feb. 1694.
279. Joan ——, b. circa 1628, d. 8 Dec. 1709.
280. **George Squire,** b. 1618, d. 1691.
281. Ann ——.
284. James Clark, d. circa 1714.
285. **Deborah Peacock,** bp. Feb. 1645, d. 14 Dec. 1705. First Wife.
286. Daniel Titherton, d. 30 Nov. 1709.
288. **John Hollister,** b. circa 1642, d. 24 Nov. 1711, m. 1669.
289. Sarah Goodrich, d. 1700.
292. **Nathaniel White,** b. 1629, d. 1711.
293. Elizabeth ——, b. 1625, d. 1690. First Wife.
296. **Richard Treat,** bp. 9 Jan. 1623, d. circa 1693, m. circa 1661.
297. Sarah Coleman, b. 1642, d. 23 Aug. 1734.
298/300. Rev. Gershom Bulkeley, b. Jan. 1636, d. 2 Dec. 1713, m. 6 Oct. 1659.
299/301. Sarah Chauncey, b. 13 June 1631, d. 3 June 1699.
302. **Jonathan Prescott,** d. post 1707, m. 23 Dec. 1675.
303. Elizabeth Hoar, d. 25 Sept. 1687. Second Wife.
304. **John Hollister,** b. circa 1642, d. 24 Nov. 1711, m. 1669.
305. Sarah Goodrich, d. 1700.
306. **Joseph Hills,** bp. 17 Mch. 1650, d. 8 Nov. 1713.
307. Elizabeth ——.
308. **Samuel Talcott,** b. circa 1635, d. 10 Nov. 1691, m. 7 Nov. 1661.
309. **Hannah Holyoke,** b. 9 June 1644, d. 2 Feb. 1678.
310. Joshua Robbins, b. 1652, d. 15 Dec. 1738, m. 24 Dec. 1680.
311. Elizabeth Butler, b. circa 1665, d. 24 Apl. 1736.

Ninth Generation

514. Thomas Lord, b. circa 1585, m. 23 Feb. 1610/11.
515. Dorothy Bird, b. circa 1589, d. 2 Aug. 1676.
524. **William Denison,** d. 25 Jan. 1653, m. 7 Nov. 1603.
525. Margaret (Chandler) Monck, d. circa 1645.
526. John Thompson, d. 1627.
527. Alice ——.
528. Thomas Whitney, d. Apl. 1637.
529. Mary Bray, d. Sept. 1629.
536. Arthur Warren,* d. 6 July 1658, m. circa 1638.
537. Mary ——.
538. **Richard Hildreth,** b. circa 1605, d. 28 Feb. 1693, m. circa 1645.
539. Elizabeth ——, b. circa 1625, d. 3 Aug. 1693. Second Wife.
548. **William Wilcoxson,** b. circa 1601, d. 1652.
549. Margaret ——, b. 1611.
550. **John Birdsey,** d. 4 Apl. 1690.
551. Philippa Smith. First Wife.
556. George Merriman of London.
568. **James Clark.***
570. John Peacock,* d. 1670.
571. Joyce ——.
572. **Daniel Titherton,** d. 1661.
573. Jane ——.
576. **John Hollister,** b. 1612, d. Apl. 1665.
577. Joanna Treat, d. Oct. 1694.
578. **William Goodrich,** d. 1676.
579. Sarah Marvin, b. 1632.
584. **John White,** b. 1595, d. circa 1684, m. 26 Dec. 1622.
585. Mary Levitt.
592. **Richard Treat,** bp. 28 Aug. 1584, d. 3 Mch. 1669/70, m. 25 Apl. 1615.
593. Alice Gaylord, bp. 10 May 1594.
594. **Thomas Coleman,** b. circa 1600, d. 1 Oct. 1674.
595. Sarah ——. First Wife.
596. Rev. Peter Bulkeley,* b. 31 Jan. 1583, d. 9 Mch. 1659, m. Apl. 1635.
597. Grace Chetwood, b. 1602, d. 21 Apl. 1669. Second Wife.
598. Charles Chauncey,* bp. 5 Nov. 1592, d. 9 Feb. 1672, m. 17 Mch. 1630.
599. Catherine Eyre, d. 24 Jan. 1668.
604. John Prescott.*
605. Mary Platt.
606. **John Hoar,*** d. 2 Apl. 1704.
607. Alice ——, d. 5 June 1696.
608. **John Hollister,** b. circa 1612, d. Apl. 1665.

609. Joanna Treat, d. Oct. 1694.
610. **William Goodrich,*** d. 1676.
611. Sarah Marvin, b. 1632, d. 1702.
612. **William Hills,*** d. 1683.
613. Phyllis Lyman,* bp. 12 Sept. 1611. First Wife.
616. John Talcott,* b. circa 1600, d. Mch. 1660.
617. Dorothy Mott, d. Feb. 1670.
618. **Elizur Holyoke,** b. 1618, d. 8 Feb. 1676, m. 20 Nov. 1640.
619. Mary Pynchon, d. 26 Oct. 1657.
620. **John Robbins,*** d. 27 June 1660.
621. Mary Welles,* d. 30 Aug. 1659. (Niece of Gov. Thomas Welles.)
622. Samuel Butler, b. 1639, d. 20 Dec. 1692.
623. Elizabeth Olmsted, d. 12 Oct. 1681.

TENTH GENERATION

1028. Richard Lord, b. ca. 1555, d. Oct. 1610.
1029. Joane ——, d. Sept. 1610.
1030. Robert Bird, b. circa 1557, d. 20 July 1622.
1031. Amy ——, d. 19 Apl. 1625.
1056. Robert Whitney.
1057. Elizabeth Guillims.
1058. John Bray.
1154. **Richard Treat,*** bp. 28 Aug. 1584, d. 3 Mch. 1669/70, m. 27 Apl. 1615.
1155. Alice Gaylord, bp. 10 May 1594. Second Wife.
1156. William Goodrich.
1158. **Matthew Marvin,*** b. circa 1600, d. 1687.
1159. Elizabeth ——.
1168. Robert White, d. June 1617, m. 24 June 1585.
1169. Bridget Allgar, bp. 11 Mch. 1562.
1170. William Levitt.
1184. Robert Treat, b. 1554, d. Feb. 1599.
1185. Honora ——, d. Sept. 1627.
1186. Hugh Gaylord, d. 21 Oct. 1614.
1192. Rev. Edward de Bulkeley, D.D., b. ca. 1540, d. Jan. 1621, m. ca. 1566.
1193. Olive Irby, b. ca. 1547, d. 10 Mch. 1615.
1194. Sir Richard Chetwood, b. ca. 1560, d. post 1631.
1195. Dorothy Needham.
1196. George Chauncey.
1198. Robert Eyre.
1208. Ralph Prescott, b. 1571, d. 1609.
1212. Charles Hoar of Gloucester, Eng.
1218. **Richard Treat,*** bp. 28 Aug. 1584, d. 3 Mch. 1669/70, m. 27 Apl. 1615.
1219. Alice Gaylord, bp. 10 May 1594. Second Wife.
1220. William Goodrich.
1222. **Matthew Marvin,*** b. circa 1600, d. 1687.
1223. Elizabeth ——.
1226. Richard Lyman,* bp. 30 Oct. 1580, d. 1641.
1227. Sarah Osborne.
1232. John Talcott, d. 1604.
1233. Anne Skinner.
1234. John Mott.
1235. Alice Harrington.
1236. **Edward Holyoke,*** d. 4 May 1660.
1237. Prudence Stockton.
1238. **William Pynchon,*** b. circa 1589, d. 29 Oct. 1661.
1239. Ann Andrews, d. 1650.
1242. Robert Welles, d. circa 1628.
1243. Joan ——.
1244. **Richard Butler,*** d. 1684.
1245. Elizabeth ——, d. 11 Sept. 1691.
1246. **Nicholas Olmsted,*** bp. 15 Feb. 1612, d. 31 Aug. 1684, m. 28 Sept. 1640.
1247. Sarah Loomis, d. 1667.

ELEVENTH GENERATION

2338. William Allgar.
2368. Richard Treat, d. ca. 1571.
2369. Joanna ——, d. Aug. 1577.
2472. John Holyoke, d. Jan. 1587.
2474. Rev. John Stockton of Alcester, Eng.
2476. John Pynchon, d. ca. 1610.
2477. Frances Brett.
2492. James Olmsted,* bp. 4 Dec. 1580, d. 1640, m. 26 Oct. 1605.
2493. Joyce Cornish, d. 21 Apl. 1621.
2494. **Joseph Loomis,*** b. ca. 1590, d. 25 Nov. 1658, m. 30 June 1614.
2495. Mary White, b. 1590, d. 23 Aug. 1652.

1. REV. SAMUEL TAGART STEELE, D.D.

FIRST GENERATION
2. Samuel Tagart Steele, m. 1890.
3. Mary Thompson, b. 1868.

SECOND GENERATION
4. Isaac Nevett Steele, b. 25 Apl. 1809, d. 10 Apl. 1891, m. 22 Jan. 1849.
5. Rosa Landonia Nelson, b. 25 Sept. 1825, d. 10 Feb. 1894.
6. James Madison Thompson, b. 1811, d. 1882, m. 1866.
7. Anna Cooke, b. 1844, d. 1929. Second Wife.

THIRD GENERATION
8. James Steele, b. 17 Jan. 1760, d. 21 Sept. 1816, m. 1 Jan. 1789.
9. Mary Nevett, d. 16 Sept. 1836.
10. John Nelson, b. 1 Apl. 1791, d. 8 Jan. 1860, m. 18 Nov. 1816.
11. Frances Harriet Burrows, b. 14 June 1798, d. 28 Apl. 1836.
12. Willis Alder Thompson, b. 1779, d. 1864, m. 1803.
13. Armille Aldrich, b. 1787, d. 1859.
14. Abner Cooke, b. 1800, d. 1848, m. 1830.
15. Catherine Nichols.

FOURTH GENERATION
16. Henry Steele,* d. 5 Feb. 1782, m. 28 Oct. 1756.
17. Anne Billings.
18. John Rider Nevett, b. 1747, d. 13 Apl. 1772, m. circa 1767/8.
19. Sarah Ennalls Maynadier, b. 8 Dec. 1751, d. 1837, m. (2) Dr. James Murray.
20. Roger Nelson, b. 1759, d. 7 June 1815.
21. Mary Brooke Sim. First Wife.
22. William Ward Burrows, b. 16 Jan. 1758, m. 13 Sept. 1783.
23. Mary Bond, b. 1766, d. Feb. 1803.
24. David Thompson, b. 1750, d. 1815, m. 1771.
25. Abigail White, b. 1752, d. 1838.
26. Israel Aldrich, b. 1762, d. 1814, m. 1784.
27. Philadelphia Emerson, b. 1762, d. 1852.
28. Abner Cooke, b. 1769, d. 1853, m. 1789.
29. Susanna Mattison, b. 1771, d. 1841.

FIFTH GENERATION
32. John Steele of Whitehaven, Co. Cumberland, Eng.
33. Dorothy Ponsonby.
34. James Billings, b. circa 1700, d. circa 1749.
35. Anne Rider.
36. Thomas Nevett,* b. Aug. 1684, d. 10 Feb. 1749.
37. Sarah Rider.
38. Rev. Daniel Maynadier, b. 26 Aug. 1724, d. 30 Dec. 1772, m. 11 May 1746.
39. Mary Murray, b. 1729.
40. Dr. Arthur Nelson, d. 1792.
41. Lucy Waters, d. 1796.
42. Joseph Sim, d. 27 Nov. 1793.
43. Katharine Murdock, d. 29 Nov. 1771.
44. William Burrows,* b. 19 Dec. 1725, d. Apl. 1781, m. 20 Apl. 1749.
45. Mary Ward, b. 11 Oct. 1738, d. 8 Feb. 1775.
46. Dr. Thomas Bond, d. 17 July 1793, m. 10 May 1764.
47. Anne Morgan.
48. David Thompson, b. 1711, d. 1757, m. 1737.
49. Susanna Darling, b. 1717.
50. Ebenezer White, b. 1704, d. 1777, m. 1748.
51. Elizabeth Ellis.
52. Benjamin Aldrich, b. 1733, d. 1811, m. 1759.
53. Lydia Twist, b. 1740, d. 1824.
54. Nathaniel Emerson, b. 1741, d. 1762.
55. Mary (Hodgkins) Jepherson.
56. Constant Cooke, b. 1724, d. circa 1800, m. 1750.
57. Isabel Duell.

SIXTH GENERATION
70. John Rider. (See below.)
71. Anne Hicks. (See below.)
74. John Rider, b. 30 Oct. 1686, d. 16 Feb. 1740, m. 23 Jan. 1707.
75. Anne Hicks.
76. Rev. Daniel Maynadier, d. 23 Feb. 1745.
77. Hannah Martin. (Widow Parrott)
78. Dr. William Murray, b. 1692, d. 11 Nov. 1763, m. 2 Sept. 1719.
79. Sarah Ennalls, b. 14 Sept. 1697, d. 19 Nov. 1742. First Wife.
80. John Nelson,* d. 1750.
82. Nathan Waters.
83. Rachel Duvall.
84. Patrick Sim,* d. 1740.
85. Mary Brooke, b. 1758.
86. William Murdock, b. 1710, d. 17 Oct. 1769.
87. Anne Addison, b. 18 Feb. 1711, d. 25 Oct. 1753.
92. Dr. Thomas Bond, b. 1712, d. 26 Mch. 1784.
93. Sarah (Venables?).
96. David Thompson, b. 1687, m. 1716.
97. Mercy Thayer, b. 1693.
98. Daniel Darling, b. 1682, d. 1746.
99. Lydia ——.
100. Thomas White, b. 1665, d. 1748, m. 1687.
101. Mehitabel Thornton, d. 1704.
102. Stephen Ellis, d. circa 1748.
103. Ruth Turner, b. 1706.
104. Abel Aldrich, b. 1704, d. 1787, m. 1732.
105. Elizabeth Aldrich, b. 1715.

SAMUEL TAGART STEELE 267

106. Daniel Twist, b. 1719, d. ante 1759, m. 1737.
107. Lydia Callum, b. circa 1718, d. post 1759.
108. Nathaniel Emerson, b. 1701, d. 1758.
109. Joanna ——.
112. Joseph Cooke, b. circa 1695, d. 1726.
114. Joseph Duell of Mass.

Seventh Generation

148. John Rider,* m. Oct. 1685.
149. Dorothy Hutchins.
150. Thomas Hicks,* b. 1659, d. 1722.
151. Sarah ——.
154. Thomas Martin, d. 1705.
155. Jane ——. Second Wife.
158. Henry Ennalls, b. 3 Mch. 1675, d. 31 Mch. 1734, m. 31 Mch. 1695.
159. Mary Hooper, b. 1674, d. 27 July 1745.
160. ? John Nelson, d. 1698.
161. ? Mary Davis.
170. Thomas Brooke, d. 7 Jan. 1731.
171. Barbara Dent, b. 1676, d. circa 1754. Second Wife.
172. John Murdock.
173. Katharine Barton.
174. Thomas Addison, b. 1679, d. 17 June 1729, m. 2 June 1709.
175. Eleanor Smith, b. 1690, d. 19 Jan. 1761.
184. Richard Bond, d. 1719, m. 28 Sept. 1702.
185. Elizabeth (Benson) Chew, d. 1725.
192. John Thompson, b. circa 1643, d. 1739?.
193. Thankful Woodland, b. 1646.
194. Isaac Thayer, b. 1669, d. 1755.
195. Mercy Rockwood, b. circa 1673, d. 1700.
196. Dennis Darling, b. circa 1640, d. 1718.
197. Hannah Francis.
200. Joseph White, d. 1706.
201. Lydia Rogers.
204. William Ellis, d. 1716.
205. Lydia ——.
206. Thomas Turner, b. 1682, d. 1733.
207. Martha Sylvester, b. 1682.
208. Seth Aldrich, b. 1679, d. 1737.
209. Deborah Hayward, b. 1682.
210. David Aldrich, b. 1685, d. 1771.
211. Hannah Capron, b. 1689?, d. 1732.
212. Daniel Twist, b. 1690, d. post 1736.
213. Mary Aborn, b. 1686, d. post 1736.
214. Caleb Callum, d. 1768.
215. Bethia Gaskell, b. 1694.
216. James Emerson.
217. Sarah ——, b. circa 1663, d. 1732.
224. Joseph Cooke, b. circa 1662, d. circa 1740.
225. Susanna Briggs.

Eighth Generation

298. Charles Hutchins,* d. 1700.
299. Anne ——.
316. Bartholomew Ennalls,* d. 1688.
317. Mary (Warren?) Hayward.
318. Henry Hooper, b. 1643, d. 1720, m. 1669.
319. Elizabeth Denwood.
340. Thomas Brooke,* b. 23 June 1632, d. 1676.
341. Eleanor Hatton,* b. 1642.
342. Thomas Dent,* d. 1676.
343. Rebecca Wilkinson, d. 1726.
346. William Barton, b. 1662, d. 1705.
347. Sarah Marsham.
348. John Addison,* d. 1705, m. 1677.
349. Rebecca (Wilkinson) Dent, d. 1726.
350. Walter Smith, d. 1711.
351. Rachel Hall, d. 28 Oct. 1730.
370. John Benson, d. 1676/7.
371. Elizabeth Smith.
384. John Thompson, d. 1685.
385. Sarah ——.
386. John Woodland.
387. Martha ——.
388. Ferdinando Thayer,* d. 1713.
389. Huldah Hayward.
390. John Rockwood, b. 1641, d. 1724.
391. Joanna Ford.
400. Thomas White,* b. 1599, d. 1679.
402. John Rogers, d. 1667.
408. John Ellis,* d. 1677.
409. Elizabeth Freeman.
412. Thomas Turner.
413. Lydia ——.
414. Israel Sylvester, b. circa 1646, d. 1727.
415. Martha ——.
416. Jacob Aldrich, b. 1653, d. 1695.
417. Huldah Thayer, b. 1657.
418. Samuel Hayward, d. 1713.
419. Mehitabel Thompson.
420. Jacob Aldrich, b. 1653, d. 1695.
421. Huldah Thayer, b. 1657.
422. Banfield Capron, b. 1662, d. 1752.
423. Elizabeth Callender.
424. Peter Twist.
425. Anne Callum, b. 1659.
426. Moses Aborn, b. circa 1646.
427. Abigail Gilbert.
428. Caleb Callum, d. 1693.
429. Elizabeth ——.
430. Samuel Gaskell, b. 1664, d. 1725.
431. Bethia Gardner.
432. Joseph Emerson, b. 1620, d. 1680.
433. Elizabeth Woodmansey.
448. John Cooke, b. circa 1631.

Ninth Generation

636. Henry Hooper,* d. 1676.
637. Sarah ——.
638. Levin Denwood.*
639. Mary ——.
680. Robert Brooke,* b. 1602, d. 1655.
681. Mary Baker.
682. Richard Hatton.
683. Margaret ——.*
686. Rev. William Wilkinson,* b. 1612, d. 1663.
692. William Barton.*
693. Anne (——) Hungerford.
694. Richard Marsham,* d. 1713.
695. Katherine ——. First Wife.
698. Rev. William Wilkinson,* b. 1612, d. 1663.
700. Richard Smith.*
701. Eleanor ——.

702. Richard Hall,* d. 1688.
703. Elizabeth ——.
742. Thomas Smith,* d. 1684/5.
743. Alice ——, d. 1698.
768. David Thompson.
769. Amyas Cole.
776. Thomas Thayer.
777. Margery Wheeler.
778. William Hayward.
780. Richard Rockwood.
781. Agnes (——) Bicknell.
818. Edmund Freeman,* d. 1682.
819. Elizabeth ——.
824. William Turner,* d. 1675.
825. Frances ——.
828. Richard Sylvester.
829. Emmeline ——.
832. George Aldrich.
833. Catherine Seald.
834. Ferdinando Thayer,* b. circa 1625, d. 1713.
835. Huldah Hayward, b. circa 1635, d. 1690.
836. William Hayward.
837. Margery ——.
838. John Thompson.
839. Sarah ——.
840. See above (832).
842. See above (834).
850. Malcolm Callum.
851. Martha ——.
852. Samuel Aborn.
853. Catherine Smith.
854. Humphrey Gilbert.
860. Samuel Gaskell.
861. Provided Southwick.
862. Thomas Gardner.
863. Hannah ——.
864. Thomas Emerson.
865. Elizabeth Brewster.
866. Robert Woodmansey.
867. Margaret ——.
896. Thomas Cooke.
897. Mary ——.

1. RICHARD DENNIS STEUART

First Generation
2. Richard Estep Steuart, b. 4 Sept. 1849, d. 16 Apl. 1924, m. 4 May 1871.
3. Belle Fullerton Murphy, b. 4 Mch. 1852, d. 3 Mch. 1926.

Second Generation
4. William Frederick Steuart, b. 1 Jan. 1816, d. 10 Dec. 1889, m. 27 Feb. 1840.
5. Ann Hall, b. 1820, d. 5 Nov. 1887.
6. Dr. Dennis Murphy, b. 18 Nov. 1810, d. 13 July 1875, m. 5 Mch. 1834.
7. Margaret Sophia Harry, b. 10 Aug. 1814.

Third Generation
8. Charles Calvert Steuart, b. 21 Jan. 1784, d. 1 Oct. 1836.
9. Ann Fitzhugh Biscoe, d. 1822.
10. Henry Augustus Hall, b. 1791.
11. Ann Lyles Estep, b. 1794.
14. George Harry, b. 3 Apl. 1786, d. 20 July 1816.
15. Amelia Knode. Second Wife, b. 1795, d. 1818.

Fourth Generation
16. Charles Steuart, b. 1750, d. 18 Nov. 1798, m. 15 June 1780.
17. Elizabeth Calvert, b. 1760, d. 1814.
18. George Biscoe.
19. Araminta Carroll.
20. Edward Hall.
21. Mary Stevenson.
22. Rezin Estep, d. 1830.
23. Eleanor Lyles, d. 1836.
28. Jacob Harry, b. circa 1756, d. 14 July 1806.

Fifth Generation
32. George Steuart,* b. circa 1700, d. 1784, m. 24 Aug. 1744.
33. Anne Digges, b. 22 Nov. 1721, d. 1814.
34. Benedict Calvert, b. 1724, d. 7 Jan. 1788, m. 21 Apl. 1748.
35. Elizabeth Calvert, b. 1730, d. 1798.
36. Thomas Biscoe, d. 1816.
37. Elizabeth Bennett, b. 1733, d. 1804.
38. Henry Carroll.
39. Araminta Thompson.
40. Isaac Hall, b. 1737.
41. Ruth Jacob.
42. William Stevenson, b. circa 1737/39, d. 23 Oct. 1786.
43. Isabella Conner, b. 1735, d. 29 Nov. 1782. (Widow Bordley)
46. Thomas Lyles, m. 1779.
47. Eleanor Duckett.

Sixth Generation
64. George Steuart.
65. Mary Hume.
66. Charles Digges, d. 1744.
67. Susanna Lowe.
68. Charles Calvert, b. 29 Sept. 1699, d. 24 Apl. 1751. Fifth Lord Baltimore.
70. Charles Calvert, b. circa 1690, d. 1734, m. 21 Nov. 1722.
71. Rebecca Gerrard, b. 1706, d. 1735.
80. Henry Hall, b. 1703, d. 1756.
81. Elizabeth Lansdale.
82. Mordecai Jacob.
83. Ruth Tyler.
84. William Stevenson, d. 1739, m. 25 Sept. 1735.
85. Francina Augustina Frisby, b. 16 Aug. 1719, d. 1766.
86. James Conner, d. 1740.
87. Catherine ——.
92. Zachariah Lyles.
93. Margery Belt, b. 1730.
94. Richard Duckett, b. 21 Feb. 1705, d. circa 1790, m. 2 May 1735.
95. Elizabeth Williams. Second Wife.

Seventh Generation
128. Duncan Stewart.
130. Harry Hume, b. 1633, d. 1689.
131. Janet Moir.
132. William Digges, d. 1695.
133. Elizabeth (Sewall) Wharton.
134. Henry Lowe,* d. 1717.
135. Susanna Bennett. (Widow Darnall)
136. Benedict Leonard Calvert, b. 21 Mch. 1678/9, d. 16 Apl. 1715, m. 2 Jan. 1699. Fourth Lord Baltimore.
137. Charlotte Lee.
142. Thomas Gerrard,* b. 1600, d. 1673.
143. Susannah Snow.
160. Rev. Henry Hall,* b. 1676, d. 1722, m. 5 Feb. 1702.
161. Mary Duvall.
166. Robert Tyler.
170. James Frisby, b. 3 Aug. 1684, d. 18 Dec. 1719, m. 9 Feb. 1714.
171. Ariana Vanderheyden, b. 1690, d. 1741.
172. James Conner.
173. Elinor (Flannagan?).
186. Joseph Belt, b. 1680, d. 1761.
187. Margery (Wight) Sprigg. Second Wife.
188. Richard Duckett, b. circa 1675, d. circa 1754, m. 26 Jan. 1699.
189. Charity Jacob.
190. Thomas Williams, d. circa 1749.
191. Eleanor ——.

Eighth Generation
256. John Stewart of Annat.
257. Janet Graham.
264. Edward Digges,* d. 15 Mch. 1675.
265. Elizabeth (Page?).
266. Henry Sewall,* d. 1665.
267. Jane Lowe.
270. Richard Bennett, d. 1667.

271. Henrietta Maria Neale.
272. **Charles Calvert**, b. 27 Aug. 1637, d. 21 Feb. 1715. Third Lord Baltimore.
273. Jane (Lowe) Sewall.
274. Sir Edward Henry Lee.
275. (Lady) Charlotte Fitz-Roy.
322. Mareen Duvall,* d. 1694.
323. Susanna ——. Second Wife.
340. **James Frisby,*** b. 1651, d. 1704, m. circa 1675.
341. Sarah Read.
342. **Matthias Vanderheyden*** of Albany, N. Y., and Cecil Co., Md.
343. Arianna Margaritta Herman.
344. Philip Conner.
378. John Jacob.*
379. Anne Cheney.
380. Baruch Williams, d. 1695.
381. Eleanor Hilleary.

NINTH GENERATION

540. **Richard Bennett,*** d. 1676.
541. Mary Ann Utie.
542. **James Neale,*** b. 1615, d. 1684.
543. Anna Gill.
544. Cecil Calvert, b. 8 Aug. 1605, d. 30 Nov. 1675.
545. Anne Arundel, b. 1615, d. 1649.
550. King Charles II, of England.
551. Barbara Villiers.
680. James Frisby,* d. 1674.
681. Mary ——.
686. Augustine Herman,* b. circa 1610, d. circa 1686, m. 10 Dec. 1650.
687. Jannetje Varleth. First Wife.
688. **Philip Conner,*** of Kent Co., Md.
758. Richard Cheney.*
760. Thomas Williams.*
762. Thomas Hilleary.*

TENTH GENERATION

1088. **Sir George Calvert**, b. 1578, d. 1632.
1089. Anne Mynne.
1090. Thomas Arundel.
1091. Ann Philipson. (Widow Thorowgood) Second Wife.
1372. Augustine Ephraim Herman of Prague, Bohemia.
1373. Beatrice Redel.

1. CHARLES MORTON STEWART

First Generation
2. Charles Morton Stewart, b. 12 July 1828, d. 13 Aug. 1900.
3. Josephine Lürman, b. 1847, d. 1929. Second Wife.

Second Generation
4. David Stewart, b. 13 Sept. 1800, d. 5 Jan. 1858. Of "Upton," Balto. Co., Md.
5. Mary Adelaide Morton, b. 21 July 1806, d. 6 May 1834.

Third Generation
8. John Stewart, b. 1777, d. 1 Mch. 1802.
9. Helen West.
10. Nathaniel Morton, b. 9 Sept. 1765, d. 22 Jan. 1808, m. 1 Mch. 1798.
11. Sarah Copeland, b. 29 Sept. 1775, d. 17 June 1870.

Fourth Generation
16. David Stewart,* b. 22 Oct. 1746, d. 1817.
17. Elizabeth Philpot.
20. **John Morton,** b. 9 Feb. 1730, d. 1796, m. 15 Sept. 1750.
21. Mary Anderson, b. 19 Nov. 1736.
22. John Copeland, b. 10 Feb. 1735.
23. Mary Hollis.

Fifth Generation
32. David Stewart of Co. Donegal, Ire.
33. Isabella Conyngham.
40. Thomas Morton, b. circa 1690, d. 1731, m. circa 1718.
41. Elizabeth Woodson, b. circa 1699.
44. John Copeland.
45. Mary ——, d. 1744.
46. William Hollis, b. 1696, m. circa 1720.
47. Ann Rhoades.

Sixth Generation
80. ? John Morton of Virginia.
81. ? Joan (——) Hughes.
82. Richard Woodson, b. circa 1662, d. 1730.
83. Anne Smith.
92. William Hollis, b. circa 1653, d. 1704.
93. Mary Clark, d. 1704.

Seventh Generation
164. Robert Woodson, b. 1634, d. post 1707.
165. Elizabeth Ferris.
166. Obadiah Smith, d. 1746.
167. Mary Cocke, b. 1690, d. 1754.

Eighth Generation
328. John Woodson, b. 1586, d. 1644.
329. Sarah ——.
330. Richard Ferris* of Va.
334. William Cocke, b. 1655, d. 1693, m. 1689.
335. Sarah Flower. Second Wife.

Ninth Generation
668. **Richard Cocke,*** b. 1600, d. 1665.
669. Mary Aston.

Tenth Generation
1338. Walter Aston,* b. 1607, d. 1656.

Eleventh Generation
2676. Walter Aston,* b. 9 July 1584, d. 13 Aug. 1639.

1. GEORGE LEWIS STICKNEY, M.D.
2. GEORGE HENRY STICKNEY

(See Pedigree Book, 1905, p. 98, revised)

FIRST GENERATION

2. GEORGE HENRY STICKNEY, b. 7 Apl. 1851, m. 1 Mch. 1881.
3. Lydia Pearson, b. 3 Mch. 1857.

SECOND GENERATION

4. Henry Fearson Stickney, b. 22 Mch. 1813, d. 27 Feb. 1874, m. 31 Jan. 1850.
5. Anne Musgrave, b. 11 May 1818, d. 21 Aug. 1901.
6. Joseph Pearson, b. 30 Sept. 1812, d. 21 July 1860.
7. Mary Rickenbaugh, b. 12 Feb. 1821, d. 2 July 1890.

THIRD GENERATION

8. Henry Stickney, b. 21 July 1782, d. 1 May 1862, m. 6 Sept. 1810.
9. Lydia Wells Fearson, b. Dec. 1794, d. 9 Oct. 1882.
10. William Musgrave,* b. 1771, d. 18 Jan. 1835. From Co. Tyrone, Ireland.
11. Margaret Baxter,* b. 1776, d. 8 Jan. 1843.
12. Joseph Pearson,* d. 2 Oct. 1860.
14. Martin Rickenbaugh, b. 3 Apl. 1793, d. 18 Feb. 1874.
15. Mary Lewis, b. 24 Dec. 1792, d. 16 Sept. 1857.

FOURTH GENERATION

16. Thomas Stickney, b. 7 Apl. 1747, d. 28 July 1791, m. 23 Apl. 1774.
17. Abigail Blodget, b. 21 Apl. 1751, d. 1808.
18. Jesse Fearson, b. 24 May 1756, d. 18 Jan. 1838, m. 29 May 1791.
19. Hannah Young, b. 2 Aug. 1767. Second Wife.
30. William Lewis,* b. 1755, d. 20 May 1827.
31. Mary Faulkner, b. 1758, d. 1843/5.

FIFTH GENERATION

32. John Stickney, b. 18 Sept. 1711, d. 4 July 1775, m. 23 Feb. 1737.
33. Abigail Wingate, b. 30 June 1715, d. 9 Jan. 1755.
34. Samuel Blodget, b. 1 Apl. 1724, d. 1 Sept. 1807, m. Mch. 1748.
35. Hannah White.
38. William Young, b. 24 Oct. 1737, d. 19 Feb. 1778.
39. Rebecca Flower, b. 25 Nov. 1739.

SIXTH GENERATION

64. Moses Stickney, b. 26 Nov. 1677, d. 27 Feb. 1756, m. 7 Sept. 1707.
65. Sarah Wardwell.
66. Joshua Wingate, b. 2 Feb. 1680, d. 9 Feb. 1769, m. 9 Nov. 1702.
67. Mary Lunt, b. 15 Jan. 1682.
68. Caleb Blodget, b. 11 Nov. 1691, d. 17 June 1745.
69. Sarah Wyman, b. 17 Jan. 1690.
78. Benjamin Flower, b. 1714, d. 1763, m. 9 June 1735.
79. Ruth Bibb, b. 8 Aug. 1715, d. 13 Feb. 1761.

SEVENTH GENERATION

128. Amos Stickney,* b. 1635, d. Aug. 1678, m. 24 June 1663.
129. Sarah Morse, b. 1 May 1641, d. 1711.
130. Elihu Wardwell, bp. 5 Dec. 1641, m. 26 May 1665.
131. Elizabeth Wade.
132. John Wingate,* b. 1653.
133. Sarah Canney.
134. Henry Lunt, b. 1653.
136. Samuel Blodget, b. 10 Dec. 1658, d. 5 Nov. 1743, m. 30 Apl. 1683.
137. Hulda Symonds, b. 20 Nov. 1660, d. 14 Mch. 1745.
138. Seth Wyman, b. 3 Aug. 1663, d. 26 Oct. 1715, m. 17 Dec. 1685..
139. Esther Johnson, b. 13 Apl. 1662, d. 27 Dec. 1707.
156. Henry Flower.*
157. Ann ——.
158. Thomas Bibb.*
159. Rebecca ——.

EIGHTH GENERATION

256. William Stickney,* b. 6 Sept. 1592, d. Jan. 1665.
257. Elizabeth ——.
258. Anthony Morse,* b. 1606, d. 1686.
262. Jonathan Wade,* d. Nov. 1684.
263. Susanna ——, d. 29 Nov. 1678.
268. Henry Lunt.*
269. Anne ——.
272. Samuel Blodget,* b. 1635, d. 13 July 1725, m. 13 Dec. 1655.
273. Ruth Iggleden.
274. William Symonds,* d. 7 June 1672.
275. Judith Heyward, d. 3 Jan. 1690.
276. John Wyman,* b. 1621, d. 9 May 1684, m. 5 Nov. 1644.
277. Sarah Nutt.
278. William Johnson,* b. 1629, d. 22 May 1704, m. May 1653.
279. Esther Wiswall.

NINTH GENERATION

556. Edward Johnson,* b. 1599, d. 23 Apl. 1672.
557. Susanna ——.

1. HENRY STOCKBRIDGE, 3RD

(See Pedigree Book, 1905, pp. 100, 101)

First Generation

2. Henry Stockbridge, Jr., b. 18 Sept. 1856, m. 5 Jan. 1882. See Ped. Book, 1905, pp. 100, 101.
3. Helen M. Smith, b. 25 Nov. 1857.

Second Generation

4. Henry Stockbridge, b. 31 Aug. 1822, d. 11 Mch. 1895, m. 31 Aug. 1852.
5. Fanny E. Montague, b. 29 Aug. 1824.

Third Generation

8. Jason Stockbridge, b. 29 Feb. 1780, d. 18 Nov. 1860, m. 26 Oct. 1815.
9. Abigail Montague, b. 22 Sept. 1783, d. 11 Dec. 1860.

Fourth Generation

18. John Montague, b. 12 Aug. 1752, d. 7 Nov. 1832, m. 8 Oct. 1777.
19. Abigail Hubbard, b. 1756, d. 12 Mch. 1796.

Fifth Generation

38. Israel Hubbard, b. 15 Jan. 1725, d. 28 Sept. 1817, m. 19 Feb. 1747.
39. Abigail Smith, b. 16 Oct. 1726, d. 28 Sept. 1813.

Sixth Generation

78. Nathaniel Smith, b. 1 Jan. 1698, d. 13 Dec. 1789, m. 1 Dec. 1720.
79. Abigail Allis, b. 1 Feb. 1700, d. 22 Dec. 1767.

Seventh Generation

156. Nathaniel Smith, b. 2 Jan. 1671, d. 1740, m. 6 Feb. 1696.
157. Mary Dickinson, b. 2 Feb. 1673, d. 16 Aug. 1718.

Eighth Generation

312. Philip Smith,* b. 1633, d. 10 Jan. 1685.
313. Rebecca Foote, b. 1634, d. 6 Apl. 1701.

Ninth Generation

624. Samuel Smith,* b. 1602, d. Dec. 1680.
625. Elizabeth ——, d. 16 Mch. 1686.

1. FREDERICK STEELE STRONG

(See Pedigree Book, 1905, p. 102)

First Generation
2. Richard P. Strong, b. 21 Sept. 1842, d. 29 Apl. 1903.
3. Marian B. Smith, d. 16 Mch. 1894.

Second Generation
4. Demas Strong, b. 22 Apl. 1820, d. 9 Nov. 1893, m. 19 Feb. 1841.
5. Jane Ann Leaycroft, b. 12 Aug. 1825, d. 26 Feb. 1890.

Third Generation
8. Davis Swift Strong, b. 16 Nov. 1790, d. 30 Aug. 1850, m. 15 Sept. 1815.
9. Clarisse Braddock, b. 15 Mch. 1797, d. 12 Mch. 1885.

Fourth Generation
16. Demas Strong, b. 21 Aug. 1767, d. 10 July 1848, m. 4 Feb. 1787.
17. Mary Swift, b. 1761, d. 26 Aug. 1833.

Fifth Generation
32. Josiah Strong, b. 28 Jan. 1740, d. 8 Sept. 1814, m. 12 Jan. 1761.
33. Mary Harris, b. 1740, d. 1 Jan. 1822.

Sixth Generation
64. Josiah Strong, b. 9 Sept. 1709, m. 1 Nov. 1733.
65. Hannah Fuller, b. 1 Apl. 1711.

Seventh Generation
128. Josiah Strong, b. 11 Jan. 1678, d. 5 Apl. 1759, m. 5 Jan. 1698.
129. Joanne Gillet, b. 14 July 1680, d. 29 Oct. 1736.

Eighth Generation
256. John Strong, b. 1626, d. 20 Feb. 1698, m. 1664.
257. Elizabeth Warriner, d. 7 June 1684.

Ninth Generation
512. John Strong,* b. circa 1605, d. 14 Apl. 1699.

1. EBEN SUTTON

First Generation

2. Eben Sutton, b. 31 Dec. 1835, d. 1 Jan. 1889.
3. Mary Hasbrouck, b. 4 Dec. 1838, d. 17 Mch. 1909.

Second Generation

4. William Sutton, b. 26 July 1800, d. 18 Apl. 1882.
5. Nancy Osborne, b. 31 Dec. 1797, d. 18 May 1875.

Third Generation

8. William Sutton, b. 15 Feb. 1773, d. 26 Feb. 1832.
9. Elizabeth Treadwell, b. 14 Aug. 1775, d. 26 July 1848.

Fourth Generation

16. Richard Sutton, bp. 19 Feb. 1736, d. 12 Dec. 1825.
17. Elizabeth Foster, b. 2 Mch. 1733/4, d. 29 Oct. 1805.

Fifth Generation

32. William Sutton, b. 5 Oct. 1699, d. 1745.
33. Susanna Kimball, b. 10 June 1701, d. 31 Aug. 1772.

Sixth Generation

64. Richard Sutton, b. 5 Aug. 1674, d. 3 Apl. 1702.
65. Susanna ——, d. 1749.

Seventh Generation

128. Richard Sutton.*
129. Sarah ——.

1. JOHN BENJAMIN THOMAS, JR.
1. HOWELL HARRIS THOMAS

First Generation

2. John Benjamin Thomas, b. 6 Dec. 1850, m. 26 Jan. 1881.
3. Effie Paul Harris, b. 12 Apl. 1858.

Second Generation

6. James Howell Harris, b. 18 Oct. 1834, d. 12 Dec. 1912, m. 14 Mch. 1856.
7. Eliza Paul Rosenbery, b. 20 Mch. 1838, d. 9 May 1861.

Third Generation

12. Alanson Harris, b. 11 Sept. 1811, d. 21 Nov. 1868, m. 10 Nov. 1833.
13. Sophia Harris, b. 7 May 1810, d. 20 Aug. 1898.

Fourth Generation

24. Jarrett Harris, b. 7 May 1781, d. 1860, m. 29 Nov. 1810.
25. Jane Ramsay, b. 25 Sept. 1786, d. 15 May 1855.

Fifth Generation

48. Thomas Harris, b. 12 Sept. 1758, d. Apl. 1815, m. 7 Jan. 1779.
49. Susanna Dabney, b. 18 Oct. 1756.

Sixth Generation

96. James Harris, b. 1722, d. 1792.
97. Mary Harris, b. 1725, d. 1790.

Seventh Generation

192. Robert Harris, b. 1690, d. 1765.
193. Mourning Glenn.

Eighth Generation

384. William Harris, b. 1661, d. 8 Mch. 1695.
385. Temperance Overton, d. 1699.

Ninth Generation

768. Robert Harris,* b. 1635, d. 1701, m. 1660.
769. Mary Claiborne, b. 1632. (Widow Rice)

Tenth Generation

1538. **William Claiborne,*** b. 1587, d. 1676.
1539. Elizabeth Buller.

1. EUSTIS THOMPSON

First Generation
2. Henry Anthony Thompson, b. 14 Aug. 1800, d. 12 Mch. 1880, m. 27 June 1827.
3. Julie Zelina (de) Macklot, b. 13 Apl. 1808, d. 24 Dec. 1861.

Second Generation
4. Henry Thompson, b. 23 June 1774, d. 24 Aug. 1837, m. 29 Mch. 1798.
5. Ann Lux Bowly, b. 16 May 1776, d. 28 Nov. 1847.

Third Generation
8. Anthony Thompson, b. 1740, d. 3 Dec. 1809. Of Yorkshire, England.
10. Daniel Bowly, b. 6 June 1745, d. 12 Nov. 1807, m. 25 July 1775.
11. Ann Stewart, b. 24 July 1758, d. 8 Jan. 1793.

Fourth Generation
20. Daniel Bowly, b. 21 Apl. 1715, d. 17 Mch. 1745, m. 1744.
21. Elizabeth Lux, b. circa 1726, d. Jan. 1793.
22. Alexander Stewart,* d. June 1769, m. 12 Sept. 1757.
23. Sarah Jane Lux, b. 1738, d. 5 Aug. 1817.

Fifth Generation
42. Darby Lux,* b. 30 Jan. 1695/6, d. 14 Oct. 1750, m. 16 May 1722.
43. Ann Saunders, b. 3 June 1705, d. 30 Oct. 1784.

Sixth Generation
84. Rev. William Lux, b. 1659, d. 1715.
85. Elizabeth ——.
86. Robert Saunders, b. circa 1670, d. 26 July 1755, m. 31 Aug. 1698.
87. Rebecca Groome, b. circa 1677, d. 19 Mch. 1752.

Seventh Generation
172. James Saunders,* d. May 1707.
174. Moses Groome,* d. 1698.
175. Amy ——.

1. HENRY OLIVER THOMPSON

FIRST GENERATION
2. Henry Fenwick Thompson, b. 15 Jan. 1830, d. 11 Oct. 1910, m. 7 June 1864.
3. Margaret Sprigg Oliver, b. 26 Apl. 1839, d. 4 Apl. 1902.

SECOND GENERATION
4. Henry Anthony Thompson,[1] b. 14 Aug. 1800, d. 12 Mch. 1880, m. 27 June 1827.
5. Julie Zelina (de) Macklot.

[1] See Eustis Thompson pedigree.

1. HARRISON TILGHMAN

First Generation

2. Oswald Tilghman, b. 7 Mch. 1841, d. 17 June 1932, m. 17 June 1884.
3. Patty Belle Harrison, b. 31 July 1851, d. 5 Mch. 1931.

Second Generation

4. Tench Tilghman, b. 25 Mch. 1810, d. 22 Dec. 1874, m. 8 Nov. 1832.
5. Henrietta Maria Kerr, b. 9 Aug. 1810, d. 30 Sept. 1849.
6. Samuel Alexander Harrison, b. 10 Oct. 1822, d. 29 May 1890, m. 2 Sept. 1847.
7. Martha Isabella Denny, b. 25 June 1822, d. 28 Oct. 1909.

Third Generation

8. Tench Tilghman, b. 18 Apl. 1782, d. 16 Apl. 1827, m. 2 Apl. 1807.
9. Ann Margaretta Tilghman, b. 24 May 1784, d. 18 Mch. 1812.
10. John Leeds Kerr, b. 15 Jan. 1780, d. 21 Feb. 1844, m. 8 Apl. 1801.
11. Sarah Hollyday Chamberlaine, b. 31 Mch. 1781, d. 20 Apl. 1820.
12. Alexander Bradford Harrison, b. 27 Sept. 1789, d. 20 Apl. 1841, m. 21 May 1816.
13. Eleanor Spencer, b. 4 Sept. 1793, d. 4 Mch. 1838.
14. Benjamin Denny, d. 1834, m. 1821.
15. Mary Ann Rhodes, b. 1801, d. 4 Aug. 1872.

Fourth Generation

16. Peregrine Tilghman, b. 24 Jan. 1741, d. 21 Sept. 1807, m. 19 Oct. 1769.
17. Deborah Lloyd, b. 24 Jan. 1741, d. 10 May 1811.
18. Tench Tilghman, b. 25 Dec. 1744, d. 18 Apl. 1786, m. 9 June 1783.
19. Anna Maria Tilghman, b. 17 June 1755, d. 13 Apl. 1843.
20. David Kerr,* b. 3 Feb. 1749, d. 2 Nov. 1814, m. 17 Apl. 1777.
21. Rachel Leeds Bozman, b. 2 May 1755, d. 27 June 1830.
22. Samuel Chamberlaine, b. 23 Aug. 1742, d. 30 May 1811, m. 15 Jan. 1772.
23. Henrietta Maria Hollyday, b. 1750, d. 1832.
24. Jonathan Harrison, m. 15 Apl. 1787.
25. Margery Kirby.
26. Perry Spencer, b. 1756, d. 15 Nov. 1822.
27. Mary Hopkins, b. 1762, d. 2 June 1807.
28. Richard Denny.
30. Ignatius Rhodes.
31. Martha Pickering.

Fifth Generation

32. Richard Tilghman, b. 28 Apl. 1705, d. 9 Sept. 1766, m. circa 1738.
33. Susanna Frisby, b. 19 June 1718.
34. Robert Lloyd, b. 19 Feb. 1712, d. 16 June 1770.
35. Anna Maria Tilghman, b. 15 Nov. 1709, d. 30 Aug. 1763. (Widow Hemsley)
36. James Tilghman, b. 6 Dec. 1716, d. 21 Aug. 1783, m. 30 Sept. 1743.
37. Anne Francis, b. 1 Oct. 1727, d. 18 Dec. 1771.
38. Matthew Tilghman, b. 17 Feb. 1718, d. 4 May 1790, m. 6 Apl. 1741.
39. Ann Lloyd, b. 19 Feb. 1723, d. 15 Mch. 1794.
40. James Kerr.* Of Scotland.
41. Isabel Hannay.* Of Scotland.
42. John Bozman, d. 1767, m. June 1754.
43. Lucretia Leeds, b. 2 May 1728, d. 9 Apl. 1789.
44. Samuel Chamberlaine,* b. 17 May 1697, d. 30 Apl. 1773.
45. Henrietta Maria Lloyd, b. 20 Jan. 1710, d. 29 Mch. 1748.
46. Henry Hollyday, b. 9 Mch. 1725, d. 1789, m. 9 Dec. 1749.
47. Anna Maria Robins, b. 13 Mch. 1732, d. 7 Nov. 1771.
48. Thomas Harrison, b. 1734, d. 1801.
49. Mary Porter, b. 5 Mch. 1737, d. 18 June 1819.
52. Robert Spencer, b. circa 1720, d. circa 1760.
53. Lydia Sherwood.
54. Joseph Hopkins.
55. Eleanor Rigby.

Sixth Generation

64. Richard Tilghman, b. 23 Feb. 1672, d. 23 Jan. 1738, m. 7 Jan. 1700.
65. Anna Maria Lloyd, b. 1677, d. Dec. 1743.
66. Peregrine Frisby, b. 25 July 1688, d. 1738.
67. Elizabeth Sewall, d. 1752.
68. James Lloyd, b. 7 Mch. 1680, d. 29 Sept. 1723, m. 12 Jan. 1709.
69. Ann Grundy, b. 27 Apl. 1690, d. 18 Nov. 1732.
70/72. Richard Tilghman, b. 23 Feb. 1672, d. 23 Jan. 1738, m. 7 Jan. 1700.
71/73. Anna Maria Lloyd. See above.
74. Tench Francis,* b. circa 1700, d. 1758, m. 29 Dec. 1724.
75. Elizabeth Turbutt.
76. Richard Tilghman, b. 23 Feb. 1672.
77. Anna Maria Lloyd. See above.
78. James Lloyd, b. 7 Mch. 1680.
79. Ann Grundy. See above.

279

84. Thomas Bozman, b. circa 1693, d. 1752.
85. Mary Lowe.
86. John Leeds, b. 18 May 1705, d. 1740, m. 14 Feb. 1726.
87. Rachel Harrison, d. 10 May 1746.
88. Thomas Chamberlaine,* b. 1658, d. 1757.
89. Ann Penketh.*
92. James Hollyday,* b. 18 June 1696, d. 8 Oct. 1747, m. 2 May 1721.
93. Sarah Covington, b. 1684, d. 9 Apl. 1755. (Widow Lloyd)
94. George Robins, b. 21 Oct. 1697, d. 6 Dec. 1742, m. 22 Apl. 1731.
95. Henrietta Maria Tilghman. (Widow Goldsborough)
96. Joseph Harrison.
97. Elizabeth Ashcraft.
104. James Spencer, b. circa 1695, d. June 1743.
105. Ann Benson, d. post 1757.
106. Daniel Sherwood, b. 20 Mch. 1668, d. 15 Aug. 1738.
107. Mary Hopkins.
108. Joseph Hopkins, b. 1704, d. 1775.
109. Elizabeth Skinner, d. 3 Mch. 1773.

SEVENTH GENERATION

128. Richard Tilghman,* bp. 27 Sept. 1627, d. 7 Jan. 1675/6, m. 1652.
129. Mary Foxley.
130. Philemon Lloyd, b. 1648, d. 1685, m. 1669.
131. Henrietta Maria Neale, d. 21 Dec. 1697. (Widow Bennett)
132. James Frisby, b. circa 1650, d. 1704, m. circa 1675.
133. Sarah Read.
134. Nicholas Sewall, b. 1655, d. 1737.
135. Susannah Burgess.
136. Philemon Lloyd, b. 1648, d. 1685.
137. Henrietta Maria Neale. See above.
138. Robert Grundy,* d. 1720, m. 1689.
139. Deborah Shrigley.
148. Rev. John Francis, D.D., d. 1724.
149. —— Tench.
150. Foster Turbutt, b. 1679, d. 1720.
151. Bridget Stone.
168. John Bozman,* b. circa 1650, d. 1716.
169. Blandina Risden.
170. Nicholas Lowe,* b. circa 1662, d. 22 Oct. 1714.
171. Elizabeth Roe. (Widow Combes)
172. Edward Leeds, d. 1708.
173. Ruth Ball,* b. 25 Feb. 1677.
174. William Harrison, d. 1719, m. 1699.
175. Elizabeth Dickinson.
176. Richard Chamberlaine.
177. —— Wilson.
184. Thomas Hollyday,* d. 1703, m. circa 1694.
185. Mary Truman.
186. Nehemiah Covington, d. 1713, m. 15 Nov. 1679.
187. Rebecca Denwood.
188. Thomas Robins, b. 1672, d. 29 Dec. 1721, m. 3 Feb. 1696.
189. Susannah Vaughan.
190. Richard Tilghman, b. 23 Feb. 1672, d. 23 Jan. 1738.
191. Anna Maria Lloyd, d. Dec. 1748.
192. Robert Harrison, d. 1718.
193. Alice Oliver.
208. James Spencer,* b. circa 1667, d. 1714.
209. Isabella ——.
210. James Benson,* d. circa 1705.
212. Hugh Sherwood,* b. 1632, d. 1710.
213. Mary (——) Brooke.
214. Thomas Hopkins,* d. 1701.
215. Elizabeth Lowe.
216. Joseph Hopkins, b. 1680, d. 1728.
217. Susannah Fox.
218. Andrew Skinner.
219. Elizabeth Feddeman.

EIGHTH GENERATION

256. Oswald Tilghman, b. 4 Oct. 1579, d. 1628, m. Nov. 1626. Of London.
257. Elizabeth Packnam. Second Wife.
260. Edward Lloyd,* d. 1696.
261. Alice Crouch.
262. James Neale,* b. 1615, d. 1684.
263. Anne Gill.
264. James Frisby,* d. 1674.
265. Mary ——.
268. Henry Sewall,* d. 1665.
269. Jane Lowe.*
270. William Burgess,* d. circa 1686.
271. Sophia (——) Ewen. Second Wife.
300. Michael Turbutt,* d. circa 1696.
301. Sarah Foster.
338. Philip Risden.* Of Va.
344. William Leeds,* d. 1688.
346. John Ball,* d. circa 1694.
347. Mary ——.
348. James Harrison.
350. William Dickinson, b. 3 Dec. 1658, d. 9 Mch. 1717.
351. Elizabeth Powell.
368. James Hollyday.*
370. James Truman,* d. 1672.
371. Ann Storer.
372. Nehemiah Covington,* d. 1681.
373. Mary ——.
374. Levin Denwood.*
375. Mary ——.
376. George Robins,* b. 1646.
377. Margaretta Howes.
378. Thomas Vaughan.
379. Susannah ——.
386. James Oliver,* d. 1677.
432. Thomas Hopkins,* d. 1701.
433. Elizabeth Lowe.
434. Henry Fox.*
436. Andrew Skinner,* b. 28 May 1668.
437. Anne Snowden.

NINTH GENERATION

512. William Tilghman, b. 1518, d. 1594, m. circa 1575.
513. Susanna Whetenhall. Fourth Wife.
524. Raphael Neale, m. 9 July 1612. Of London.
525. Janet (——) Forman.
526. Benjamin Gill,* d. 1655.
538. Vincent Lowe. Of Derbyshire, Eng.
602. Seth Foster,* d. 1674.
603. Elizabeth (——) Hawkins.
700. Walter Dickinson,* b. 1620, d. 1681.
701. Jane Jarrett.
702. Howell Powell.*
752. Thomas Robins.
753. Mary ——.

TENTH GENERATION

1024. Richard Tilghman, b. ca. 1495, d. 1518.
1025. Julyan, dau. of William Newman alias Pordage.
1026. Thomas Whetenhall of Peckham, Kent, Eng.
1027. Dorothea Vane, dau. of John Vane of Tunbridge, Kent, Eng.
1400. Charles Dickinson.
1401. Catherine Sutton.
1504. George Robins.*

1. JAMES DONNELL TILGHMAN

First Generation
2. Dr. Charles Henry Tilghman.
3. Elizabeth Donnell.

Second Generation
4. Richard Lloyd Tilghman, b. 20 Aug. 1811, d. 19 Sept. 1867, m. 28 Feb. 1843.
5. Agnes Riddell Owen, b. 24 Nov. 1814, d. 18 Mch. 1897.
6. William Donnell, b. 6 Nov. 1809, d. 20 Oct. 1887.
7. Mary Elizabeth Sprigg, b. 22 Feb. 1829, d. July 1913.

Third Generation
8. William Gibson Tilghman, b. 24 Sept. 1785, d. 20 June 1844, m. 13 Dec. 1808.
9. Anna Maria Polk, b. 14 Mch. 1788, d. 29 Sept. 1860.
10. Kennedy Owen, b. 4 Feb. 1774, d. 25 Mch. 1817, m. 18 Dec. 1806.
11. Agnes Riddell, b. 21 May 1788, d. Aug. 1869.
12. John Donnell,* b. 1752, d. 9 Nov. 1827, m. 15 Oct. 1798.
13. Ann Teackle Smith, b. 15 Oct. 1781, d. 1858.
14. Daniel Sprigg, b. 1790, d. 21 Jan. 1871.
15. Elizabeth Chesley, d. 1870.

Fourth Generation
16. Richard Tilghman, b. 6 Apl. 1740, d. 12 Apl. 1809, m. 2 Aug. 1784.
17. Mary Gibson, b. 26 Sept. 1766, d. 1 Dec. 1790.
18. Daniel Polk, b. 28 Feb. 1750, d. 29 Mch. 1796, m. 9 Feb. 1775.
19. Margaret Nutter White.
20. Robert Owen, b. 1 Aug. 1750, m. circa 1773.
21. Rebecca Swearingen, b. 1756.
22. Robert Riddell,* b. circa 1760, d. 5 May 1809, m. 12 Mch. 1786.
23. Mary Hawksworth.
26. Isaac Smith, b. 4 Nov. 1734, d. 23 Mch. 1813, m. 14 Mch. 1759.
27. Elizabeth Custis Teackle, b. 13 Dec. 1742, d. 19 Aug. 1829.
28. Joseph Sprigg, b. 1760, d. 5 Dec. 1821, m. circa 1789.
29. Ann Taylor.
30. Alexander Chesley.
31. Anne Clagett.

Fifth Generation
32. **William Tilghman**, b. 22 Sept. 1711, d. 1782, m. 2 Aug. 1736.
33. Margaret Lloyd, b. 16 Feb. 1714.
34. John Gibson, b. 1729, d. 5 May 1790, m. circa 1750.
35. Elizabeth Sherwood, d. 1797.
36. Robert Polk, b. 1707, d. 1770.
37. Alice (Nutter?), d. 1773.
38. Thomas White, b. 15 Aug. 1729, d. 15 Feb. 1795.
39. Margaret Nutter.
40. Lawrence Owen, b. 20 Apl. 1714, d. 2 May 1761, m. circa 1738.
41. Sarah ——, d. 1761.
42. Samuel Swearingen, b. 6 Sept. 1728, m. 28 May 1752.
43. Anne Farrell.
52. Isaac Smith, d. 1760.
53. Sarah West.
54. Thomas Teackle, b. 11 Nov. 1711, d. 20 July 1769, m. 9 Nov. 1732.
55. Elizabeth Custis, b. 27 Aug. 1718.
56. Joseph Sprigg, b. 1736, d. 1800.
57. Hannah Lee.
58. Ignatius Taylor, b. 11 Sept. 1742, d. 21 Sept. 1807, m. circa 1763.
59. Ann Wilkinson.

Sixth Generation
64. **Richard Tilghman**, b. 23 Feb. 1672, d. 23 Jan. 1738, m. 7 Jan. 1700.
65. Anna Maria Lloyd, b. 1676, d. Dec. 1743.
66. **James Lloyd**, b. 7 Mch. 1680, d. 27 Sept. 1723, m. 12 Jan. 1709.
67. Ann Grundy, b. 25 Apl. 1690, d. 18 Nov. 1731.
68. Woolman Gibson, b. 28 Mch. 1694, d. 1742, m. 1718.
69. Sarah Dawson. First Wife.
72. Robert Polk, b. circa 1765, d. 1727, m. circa 1699.
73. Grace ——.
74. Christopher Nutter.
76. Dr. John White,* d. 1757.
77. Elizabeth ——.
78. ? David Nutter.
84. Van Swearingen, b. circa 1691.
85. Elizabeth Walker, b. 23 Dec. 1695.
86. Kennedy Farrell.
87. Isabel ——.
104. John Smith.
105. Joane Sheppard.
106. John West, d. 1718.
107. Frances Yeardley.
108. **John Teackle**, b. 2 Sept. 1678, d. 3 Dec. 1721, m. 2 Nov. 1710.
109. Susannah Upshur.
110. Thomas Custis, b. circa 1685, d. 1721, m. 24 June 1717.
111. Anne Kendall.
112. Osborn Sprigg, b. circa 1707, d. 7 Jan. 1750.
113. Rachel Belt, b. 13 Dec. 1711.
114. Philip Lee, b. 1683, d. 1744, m. 1725.
115. Elizabeth ——.
116. Ignatius Taylor, b. 7 Apl. 1708, d. 1761.
117. Ann ——.

118. Francis Wilkinson, d. 1740.
119. Elizabeth Smith.

SEVENTH GENERATION

128. Richard Tilghman,* b. 27 Sept. 1627, d. 7 Jan. 1676.
129. Mary Foxley,* d. circa 1700/2.
130/132. Philemon Lloyd, b. 1648, d. 22 June 1685, m. circa 1669.
131/133. Henrietta Maria Neale, d. 21 Dec. 1697.
134. Robert Grundy,* d. 1720.
135. Deborah Shrigley.
136. Jacob Gibson,* d. 1741.
137. Alice Woolman.
138. Ralph Dawson, d. 1708, m. circa 1694.
139. Sarah Omely.
144. Robert Polk,* d. 1703.
145. Magdalen Tasker,* d. 1727.
152. Edward White,* d. circa 1694.
153. Elizabeth ——.
168. Thomas Van Swearingen, b. circa 1625, d. 1710.
169. Jane ——.
170. Charles Walker, b. circa 1668, d. 1730.
171. Rebecca Isaac.
210. John Sheppard.
211. Jean ——.
212. John West, b. circa 1639, d. 27 May 1703.
213. Matilda Scarborough, b. circa 1644, d. 1721.
214. Argall Yeardley, d. 1682.
215. Sarah Michael.
216. Rev. Thomas Teackle,* b. circa 1624, d. 26 Jan. 1695.
217. Margaret Nelson, b. 1625. Second Wife.
218. Arthur Upshur, d. July 1738.
219. Sarah Brown.
220. Edmund Custis,* b. circa 1650, d. 1701.
221. Tabitha Whittington, d. ante 1700.
222. William Kendall, d. 1696.
223. Anne Mason.
224. Thomas Sprigg, b. circa 1670, d. circa 1737.
225. Margaret Mariarty, d. 1739.
226. Joseph Belt, b. 1680, d. 26 June 1761.
227. Esther Beall.
228. Richard Lee, b. 1647, d. 12 Mch. 1714.
229. Lettice Corbin, b. 1657, d. 5 Oct. 1706.
232. Thomas Taylor, d. 1717.
233. Ann ——.
236. Francis Wilkinson, d. 22 Feb. 1725.
237. Ann Smith, b. circa 1694.
238. Charles Somerset Smith, b. 1698, d. 1738.
239. Jane Crabbe. First Wife.

EIGHTH GENERATION

256. Oswald Tilghman, b. 4 Oct. 1579, d. 1628, m. Nov. 1626.
257. Elizabeth Packnam. Second Wife.
260. Edward Lloyd,* d. 1696.
261. Alice Crouch.
262. James Neale,* b. 1615, d. 1684.

263. Ann Gill, d. 1698.
274. Richard Woolman,* d. 1681.
275. Alice ——.
276. Ralph Dawson,* d. 1706.
277. Mary ——.
278. Bryan Omely,* d. circa 1685.
279. Mary Lewis, d. 1694.
336. Gerrett Van Swearingen,* b. 1636, d. 1698.
337. Barbara de Barrette, d. circa 1675.
342. Joseph Isaac,* d. 1688.
343. Margaret ——.
420. Thomas Sheppard.*
424. Anthony West,* d. 1652.
425. Mary Ann ——.
426. Edmund Scarborough, b. 1618, d. 1671.
427. Mary (Charleton?).
428. Argall Yeardley, b. circa 1621, d. 1656, m. 1649.
429. Ann Custis.
430. John Michael,* d. 1679.
431. Elizabeth Thorowgood.
434. Robert Nelson, d. 1698. Of London.
435. Mary Temple.
436. Arthur Upshur,* b. 1624, d. 26 Jan. 1709.
437. Mary ——.
438. Thomas Brown, d. 1706.
439. Susannah Denwood.
440. Thomas Custis. Of Baltimore, Ireland.
442. William Whittington, b. circa 1650, d. 1720.
443. Tabitha Smart.
444. William Kendall,* d. 1686.
445. Susanna Baker.
448. Thomas Sprigg,* b. 1630, d. 1704.
449. Eleanor Nuthall.
450. Edward Mariarty,* d. 1688.
451. Honor ——, d. circa 1698.
452. John Belt,* d. circa 1698.
453. Elizabeth ——.
454. Ninian Beall,* b. 1625, d. 1717.
455. Ruth (Moore?).
456. Richard Lee,* d. 1664.
457. Anna ——.
458. Henry Corbin,* b. circa 1629, d. 8 Jan. 1676, m. 1656.
459. Alice Eltonhead.
464. Henry Taylor, d. 1700.
465. Faith Campbell.
474. Walter Smith, d. 1711.
475. Rachel Hall, b. 1670, d. 1730.
476. Richard Smith, d. 1714.
477. Maria Johanna Somerset.
478. Thomas Crabbe,* d. 1720.
479. Elizabeth ——.

NINTH GENERATION

512. William Tilghman, b. 1518, d. 1594, m. circa 1575.
513. Susanna Whetenhall.
526. Benjamin Gill,* d. 22 Nov. 1655.
852. Edmund Scarborough,* b. 1588, d. 1635.
853. Hannah (Butler?).

856. Sir George Yeardley,* b. 1580, d. Nov. 1627, m. 1618.
857. Temperance Flowerdew.
858. John Custis. Of Rotterdam.
859. Joan (Powell?).
862. Adam Thorowgood,* b. 1602, d. 1641.
863. Sarah Offley, d. 1657.
876. John Brown.*
877. Ursula ——.
878. Levin Denwood,* d. 1665.
879. Mary ——.
880. John Custis. Of Rotterdam.
881. Joan (Powell?).
884. William Whittington,* d. 1659.
885. Elizabeth Weston.
886. John Smart.
887. Tabitha Scarborough.
898. John Nuthall,* d. 1667.
899. Elizabeth Bacon.
916. Thomas Corbin.
917. Winifred Grosvenor.
918. Richard Eltonhead, b. 1582.
919. Ann Sutton.
928. Robert Taylor.
930. John Campbell.

948. Richard Smith,* d. circa 1689.
949. Eleanor ——.
950. Richard Hall,* d. 1688.
951. Elizabeth ——.
952. Richard Smith,* d. circa 1689.
953. Eleanor ——.
954. Charles Somerset.
955. Catherine Baskerville. Second Wife.

TENTH GENERATION

1714. Anthony Flowerdew.
1724. William Thorowgood, b. circa 1560.
1725. Ann (Edwards?).
1726. Robert Offley, b. circa 1564, d. 1625.
1727. Ann Osborne.
1774. Edmund Scarborough, b. 1618, d. 1671.
1775. Mary (Charleton?).

ELEVENTH GENERATION

3548. Edmund Scarborough,* b. 1588, d. 1635.
3549. Hannah (Butler?).

1. THOMAS GARLAND TINSLEY

First Generation
2. James G. Tinsley, b. 31 Aug. 1843, d. 13 Dec. 1920.
3. Martha Winston Jones.

Second Generation
6. Laney Jones, b. 16 Dec. 1804, d. 5 Apl. 1878.
7. Martha Ann Watt.

Third Generation
12. Laney Jones, b. 1769, d. 28 Dec. 1832, m. 9 Dec. 1802.
13. Martha L. Winston, b. 3 Jan. 1784.

Fourth Generation
26. William Overton Winston, m. 21 Dec. 1770.
27. Joanna Robinson.

Fifth Generation
54. Henry Robinson, d. 1756.
55. Molly Waring.

Sixth Generation
108. John Robinson, b. 1683, d. 1749.
109. Catherine Beverly.

Seventh Generation
216. Christopher Robinson,* b. circa 1645, d. 1693.
217. Agatha Obert.

Eighth Generation
432. John Robinson.
433. Elizabeth Potter.
434. Bertram Obert.

1. ALFRED JENKINS TORMEY

First Generation
2. Leonard Jamison Tormey, b. 26 Jan. 1830, d. 23 July 1883, m. 21 Nov. 1860.
3. Ellen Mary Jenkins, b. 28 Dec. 1838, d. 8 Feb. 1923.

Second Generation
4. Patrick Tormey. Of Frederick Co., Md.
5. Jane Jamison, b. 1797, d. 1876.
6. Alfred Jenkins, b. 22 Jan. 1810, d. 16 Aug. 1875, m. 18 Feb. 1835.
7. Elizabeth Cecilia Hickley, b. 6 Sept. 1815, d. 5 Apl. 1903.

Third Generation
10. Leonard Jamison.
11. Mary Smith, b. 1765, d. 1834.
12. Edward Jenkins, b. 27 Mch. 1774, d. 12 Apl. 1833, m. 15 Feb. 1803.
13. Ann Spalding, b. 28 May 1786, d. 3 Feb. 1841.
14. Robert Hickley, b. circa 1782, d. 10 Dec. 1845.
15. Eleanor Cooper, b. 1788, d. 1874.

Fourth Generation
20. Henry Jamison.
21. —— Pye. (Widow Queen)
22. Leonard Smith, d. 1794.
23. Elizabeth Neale, d. 27 June 1820.
24. Michael Jenkins, b. 25 Dec. 1736, d. 1802, m. 21 Dec. 1761.
25. Charity Ann Wheeler, b. circa 1744, d. 10 Oct. 1820.
26. William Spalding, b. circa 1754, d. 3 Aug. 1803, m. 1784.
27. Mary Lilly, b. 10 Oct. 1767, d. 15 Dec. 1801.
28. James Hickley,* d. Jan. 1797.

Fifth Generation
42. Edward Pye.
43. Sarah Edelen.
44. John Smith, b. 1676, d. circa 1736.
45. Jane Brooke.
46. Charles Neale, b. 1705.
47. Mary Pile.
48. William Jenkins, b. circa 1683, d. Mch. 1755.
49. Mary Courtney, d. 1753.
50. Thomas Wheeler, b. 19 May 1708, d. 1770.
51. Sarah Scott, d. post 1745. First Wife.

Sixth Generation
84. Walter Pye.
85. —— Faunt.
88. John Smith, d. 1717.
89. Dorothy Brooke, b. 1678, d. 1730.
90. Leonard Brooke, d. 1718.
91. Ann Boarman.
92. Anthony Neale, b. circa 1659, d. circa 1724.
93. Elizabeth Digges. Second Wife.
94. Joseph Pile, d. 1724.
96. Thomas Jenkins,* b. circa 1641, d. 1727, m. 1669.
97. Ann (Spalding?), d. 1729.
98. Thomas Courtney, b. 1641, d. 1706.
99. Mary ——. Second Wife.
100. Benjamin Wheeler, b. ante 1686, d. 1741.
101. Elizabeth ——, d. 1742.
102. Daniel Scott, b. 1680, d. 20 Mch. 1745, m. circa 1708.
103. Elizabeth (Whittaker) Love, d. 1758.

Seventh Generation
168. Edward Pye.
169. Anne Smith.
170. John Faunt.
178. Roger Brooke,* b. 20 Sept. 1637, d. 8 Apl. 1700.
179. Dorothy Neale. First Wife.
180. Baker Brooke,* b. 16 Nov. 1628, d. 1679, m. circa 1664.
181. Anne Calvert.
182. William Boarman.* b. circa 1630, d. 1709.
183. Mary Jarboe.
184. James Neale,* b. 1615, d. 1684.
185. Ann Gill, d. 1698.
186. William Digges, d. 1697.
187. Elizabeth Sewall, d. 1710. (Widow Wharton)
188. Joseph Pile, d. 1692.
196. James Courtney,* d. 1642, m. circa 1639.
197. Mary Lawne, b. circa 1614.
200. Thomas Wheeler, b. 18 Mch. 1660, d. circa 1736.
204. Daniel Scott,* d. 15 Feb. 1724.
205. Jane Johnson, d. circa 1732.

Eighth Generation
356. Robert Brooke,* b. 3 June 1602, d. 20 July 1655, m. 11 May 1635.
357. Mary Mainwaring, d. 29 Nov. 1663. Second Wife.
358. James Neale,* b. 1615, d. 1684.
359. Ann Gill, d. 1698.
360. Robert Brooke,* b. 1602, d. 1655, m. 1627.
361. Mary Baker, d. 1634. First Wife.
362. Leonard Calvert,* b. 1607/11, d. 1647.
366. John Jarboe,* b. circa 1619, d. circa 1674.
368. Raphael Neale.
369. Jane (——) Forman.
370. Benjamin Gill,* d. 1655.
372. Edward Digges,* b. 1621, d. 15 Jan. 1675/6.
373. Elizabeth (Page?).

286

374. Henry Sewall,* d. 1665.
375. Jane Lowe.
376. John Pile,* d. circa 1675.
377. Sarah ——.
400. John Wheeler,* b. circa 1630, d. 1694.
401. Mary ——, b. circa 1630, d. post 1694.
410. John (?) Johnson.
411. Deborah ——, d. 1700.

NINTH GENERATION

712. Thomas Brooke, b. 1561, d. 13 Sept. 1612.
713. Susan Forster, d. 1612.
714. Roger Mainwaring.
716. Raphael Neale.
717. Jane (——) Forman.
718. Benjamin Gill, d. 1655.
720. Thomas Brooke, b. 1561, d. 13 Sept. 1612.
721. Susan Forster, d. 1612.
722. Thomas Baker.
723. Mary Engham.
724. Sir George Calvert, b. 1578, d. 1632.
725. Anne Mynne, d. 8 Aug. 1622.
736. John Neale.
737. Grace Butler.
744. ? Sir Dudley Digges, d. 1639.
745. Mary Kempe, d. 1620.
748. Richard Sewall, d. 1632.
749. Mary Dugdale, d. 1648.
750. Vincent Lowe.
751. Ann Cavendish.

TENTH GENERATION

1424. Richard Brooke, d. 1593.
1425. Elizabeth Twynne, d. 1599.
1426. Sir Thomas Forster.
1432. John Neale.
1433. Grace Butler.
1440. Richard Brooke.
1441. Elizabeth Twynne.
1442. Sir Thomas Forster.
1444. John Baker.
1446. Sir Thomas Engham.
1448. Leonard Calvert.
1449. Alicia Crossland.
1472. Thomas Neale.
1473. Godytha Throgmorton.
1488. Thomas Digges, d. 1596.
1489. Agnes St. Leger.
1490. Sir Thomas Kempe.
1496. Henry Sewall.
1497. Margaret Gazebrooke.
1498. John Dugdale.
1500. Patrick Lowe.
1501. Jane Harpur.
1502. William Cavendish.

1. ANDREW NOEL TRIPPE
2. ANDREW CROSS TRIPPE

FIRST GENERATION

2. ANDREW CROSS TRIPPE, b. 29 Nov. 1839, d. 16 July 1918, m. 7 Nov. 1872.
3. Caroline Augusta McConky, b. 3 Nov. 1844, d. 10 Feb. 1918.

SECOND GENERATION

4. Joseph Everitt Trippe, b. 18 July 1805, d. 28 Dec. 1882, m. 30 May 1837. r. Baltimore, Md.
5. Sarah Patterson Cross, b. 11 Nov. 1813, d. 3 Oct. 1853.
6. James McConky, b. 21 June 1809, d. 29 July 1870, m. 24 Dec. 1839.
7. Mary Dawes Grafton, b. 7 Sept. 1811, d. 13 May 1870.

THIRD GENERATION

8. James Trippe, d. Sept. 1812. r. Cambridge, Md.
9. Mary Purnell, d. Sept. 1812.
10. Andrew Cross, b. 4 Oct. 1772, d. 23 Sept. 1815, m. 24 Dec. 1812.
11. Rachel Wallace, b. 15 Dec. 1780, d. 12 Mch. 1843.
12. James McConky, b. 26 Oct. 1767, m. 12 Apl. 1795.
13. Mehitabel Bayliss, b. circa 1767?.
14. Nathan Grafton.
15. Martha Dawes.

FOURTH GENERATION

16. Edward Trippe. Of Dorchester Co., Md.
17. Sarah Noel. (Widow Byus)
20. John Cross,* b. 1730, d. 29 Sept. 1807. From Co. Antrim, Ire.
21. Jane Young,* b. 1743, d. 6 Mch. 1826. From Co. Monaghan, Ire.
22. Thomas Wallace, b. 1748, d. 31 Mch. 1812. Of Cecil Co., Md.
23. Esther Patterson, b. 1749, d. 10 Apl. 1812.
24. James McConky.* From Co. Antrim, Ire.
26. ? Samuel Bayliss, b. circa 1736. Of Harford Co., Md.
30. Elisha Dawes,* b. circa 1756?.
31. Mary Morgan. Of Harford Co., Md.

FIFTH GENERATION

32. William Trippe, d. 24 Apl. 1770.
33. Jean Tate.
34. Edward Noel. Of Castle Haven, Dorchester Co., Md.
62. Robert Morgan.

SIXTH GENERATION

64. Henry Trippe,* b. 1632, d. ante 1698. r. Dorchester Co., Md.
65. Elizabeth ——, d. Apl. 1698. Second Wife.

SEVENTH GENERATION

128. Rev. Thomas Trippe, b. 1584. Of Canterbury, Eng.
129. Henrietta Measam.

EIGHTH GENERATION

256. Francis Trippe, d. ante 1620. Of Co. Kent, Eng.
257. Marian ——.

NINTH GENERATION

512. Rev. Henry Trippe.

TENTH GENERATION

1024. Henry Trippe.

1. EDWARD RAYMOND TURNER
1. ARTHUR GORDON TURNER
1. JAMES FLYNN TURNER

First Generation

2. Charles Turner, b. 1831, d. 30 Oct. 1901, m. 27 Nov. 1877.
3. Rosalind Flynn, b. 28 Oct. 1852, d. 1892.

Second Generation

4. Edward Turner, b. 1776, d. 17 Nov. 1837, m. 10 Dec. 1821.
5. Sarah Ann Raymond, b. 1800, d. 16 Nov. 1869.

Third Generation

10. Peter Raymond, m. 1796.
11. Molly Crane, b. 1767, d. 1805.

Fourth Generation

22. Joseph Crane, b. 2 Oct. 1722, d. 14 Oct. 1800.
23. Esther Belden.

Fifth Generation

44. Joseph Crane, b. 17 May 1696, d. 20 Aug. 1781, m. circa 1719.
45. Mary Couch.

Sixth Generation

88. Jonathan Crane, b. 1 Dec. 1658, d. 12 Mch. 1735, m. 19 Dec. 1678.
89. Deborah Griswold.

Seventh Generation

176. Benjamin Crane,* b. circa 1630, d. 31 May 1691, m. 23 Apl. 1655.
177. Mary Backus, d. 8 July 1717.

1. ANTHONY MORRIS TYSON

(See Pedigree Book, 1905, pp. 95, 96, 116)

FIRST GENERATION

2. Marshall Tyson, b. 30 July 1822, d. 17 Aug. 1909, m. 14 July 1857.
3. Catharine Ellen Smith, b. 14 Oct. 1831, d. 16 Feb. 1908.

SECOND GENERATION

4. Elisha Tyson, Jr., b. 27 Jan. 1796, d. 10 Nov. 1842,.m. 19 Oct. 1819.
5. Sarah Saunders Morris, b. 22 Nov. 1799, d. 26 Feb. 1883.
6. Matthew Smith,* b. 29 July 1779, d. 11 July 1865, m. 23 Aug. 1809.
7. Catharine Marsh, b. 13 Mch. 1790, d. 23 Sept. 1870.

THIRD GENERATION

8. Elisha Tyson, b. 1750, d. 16 Feb. 1824, m. 5 Nov. 1776.
9. Mary Amos, d. 17 Apl. 1813.
10. Thomas Morris, b. 13 July 1774, d. 14 Apl. 1841, m. 8 June 1797.
11. Sarah Marshall.
12. Anthony Smith.
13. Ann Bell.
14. John Marsh, b. 1 Feb. 1756, d. Dec. 1800.
15. Sarah Fitz Randolph, b. 21 Feb. 1763, d. 2 Feb. 1799.

FOURTH GENERATION

16. Isaac Tyson, b. 20 Aug. 1718, d. 8 Sept. 1796, m. 26 May 1749.
17. Esther Shoemaker, b. 2 Apl. 1732, d. 8 Sept. 1786.
18. William Amos, b. 1 May 1718, d. 26 Feb. 1814, m. circa 1739.
19. Hannah MacComas, b. 6 Apl. 1723, d. 1764. Second Wife.
20. Thomas Morris, b. 25 Jan. 1746, d. 2 Oct. 1809, m. 6 Oct. 1768.
21. Mary Saunders, b. 14 Feb. 1748, d. 22 July 1774.
22. Charles Marshall, m. 15 Aug. 1765.
23. Patience (Ann) Parrish, b. 10 Nov. 1745, d. 1834.
28. Samuel Marsh, m. 16 Dec. 1744.
29. Mary Shotwell, b. 30 Nov. 1722.
30. Hartshorne Fitz Randolph, b. 8 Mch. 1722.
31. Ruth Dennis, b. 10 Mch. 1722.

FIFTH GENERATION

32. Matthias Tyson, b. 30 June 1686, d. 1727, m. 29 Jan. 1708.
33. Mary Potts.
34. Isaac Shoemaker, b. 23 Aug. 1700, d. 23 Aug. 1741, m. circa 1722.
35. Dorothy Penrose,. b. circa 1703, d. 11 Aug. 1764.
36. William Amos,* d. 1750.
37. Ann ——.
38. William MacComas, b. 16 Oct. 1689, d. 1749, m. 1715.
39. Hannah ——.
40. Anthony Morris, b. 14 Nov. 1705, d. 2 Oct. 1780, m. 1 Dec. 1730.
41. Sarah Powell, b. 29 Apl. 1713, d. 10 Feb. 1751.
42. Joseph Saunders, b. 8 Nov. 1712, d. 26 Jan. 1792, m. 8 Jan. 1740.
43. Hannah Reeve, b. 15 Sept. 1717, d. 8 Feb. 1788.
44. Christopher Marshall.
45. Sarah Thompson, b. 6 Dec. 1702.
46. John Parrish, b. 1698, d. Dec. 1745, m. 1721.
47. Elizabeth Roberts, b. 16 June 1705, d. Feb. 1746.
56. Joseph Marsh, d. 17 Aug. 1722.
57. Sarah (Hinds?).
60. Edward Fitz Randolph.
61. Katharine Hartshorne.

SIXTH GENERATION

64. Rynier Tyson, b. 1659, d. 27 July 1745.
65. Margaret Kunders.
66. John Potts, d. 1698.
68. George Shoemaker,* b. 1663, d. 1741, m. 14 Dec. 1694.
69. Sarah Wall,* d. 1709.
70. Bartholomew Penrose,* b. circa 1678, d. 17 Nov. 1711, m. 1703.
71. Hester Leech, b. 1685, d. 1 Apl. 1713.
76. Daniel MacComas,* d. 1699.
77. Elizabeth ——.
80. Anthony Morris, b. 15 Mch. 1682, d. 23 Sept. 1763, m. 10 Mch. 1704.
81. Phoebe Guest, b. 28 July 1685, d. 18 Mch. 1769.
82. Samuel Powell, b. 2 Nov. 1673, m. 19 Dec. 1700.
83. Abigail Wilcox, b. 28 July 1679, d. 4 July 1713.
86. John Reeve.
90. Robert Thompson, m. 3 Sept. 1698.
91. Sarah Hearne.
92. Edward Parrish, b. 1669, d. 1723, m. circa 1690.
93. Mary Roberts, d. 1750.
94. Robert Roberts, b. 1673, d. 1728, m. 1703.
95. Priscilla Johns, b. 1682, d. 1725.
112. Samuel Marsh,* d. circa 1684.
113. Comfort ——.
120. Nathaniel Fitz Randolph, b. 1642, d. 21 Sept. 1713, m. Nov. 1660.
121. Mary Holly.

122. Richard Hartshorne,* b. 1641, d. 1722.
123. Margaret Carr.

SEVENTH GENERATION

132. Thomas Potts.
133. Elizabeth ——.
136. Georg Schumacher, d. (at sea) 1683, m. 1662.
137. Sarah ——.*
138. Richard Wall,* d. 6 Feb. 1689.
139. Rachel ——.
142. Tobias Leech,* b. 1 Jan. 1652, d. 13 Nov. 1726, m. 26 Dec. 1679.
143. Hester Ashmead,* b. circa 1660, d. 11 Aug. 1726.
160. Anthony Morris,* b. 23 Aug. 1654, d. 24 Oct. 1721.
161. Mary Jones, d. 8 Mch. 1688.
162. George Guest.*
163. Alice Bailyes.
166. Barnabas Wilcox.
167. Sarah ——.
182. William Hearne.
183. Sarah ——.
184. Edward Parrish,* d. 11 Apl. 1679.
185. Clara ——, d. 1720.
186. Andrew Roberts.*
187. Jane ——.
188. Hugh Roberts,* d. 1702.
189. Jane Owen.
190. Richard Johns,* b. 1645/9, d. 1717, m. 1676.
191. Elizabeth (Kinsey) Sparrow d. 1715/16.
240. Edward Fitz Randolph,* b. 1607, d. circa 1675, m. 10 May 1630.
241. Elizabeth Blossom.

EIGHTH GENERATION

276. Richard Wall,* d. 26 Jan. 1698, m. 1 Aug. 1658.
277. Joan Wheel,* d. 2 Dec. 1701.
286. John Ashmead.
287. Mary ——.
320. Anthony Morris.
321. Elizabeth Senior.
326. William Bailyes.
327. Alice Chanders.
382. Hugh Kinsey,* d. 1667.
383. Margaret ——.
482. Thomas Blossom,* d. 1633.
483. Ann ——.

NINTH GENERATION

652. William Bailyes.
653. Alice Sommerland.
654. Thomas Chanders.

1. MALCOLM VAN VECHTEN TYSON

(See Pedigree Book, 1905, pp. 117-120, plates I-IV)

First Generation
2. Frederic Tyson, b. 17 Apl. 1828, d. 16 June 1901, m. 29 Oct. 1872.
3. Florence Peterina MacIntyre, b. 24 June 1847.

Second Generation
4. Nathan Tyson, b. 4 Nov. 1787, d. 7 Jan. 1867, m. 27 Sept. 1815.
5. Martha Ellicott, b. 13 Sept. 1795, d. 15 Mch. 1873.
6. Peter MacIntyre, b. 14 Mch. 1800, d. 1 Apl. 1851, m. 11 Nov. 1841.
7. Martha Elizabeth Polk, b. 2 Mch. 1817, d. 25 Apl. 1879.

Third Generation
10. George Ellicott, b. 28 Mch. 1760, d. 9 Apl. 1832, m. 29 Dec. 1790.
11. Elizabeth Brooke, b. 1762, d. 29 Nov. 1853.
12. Malcolm MacIntyre, b. 1772, d. 1814, m. 20 May 1799.
13. Margaret Van Vechten, b. 9 Sept. 1783, d. 9 Nov. 1857.
14. Joseph Polk, b. 20 Jan. 1779, d. 25 Nov. 1818, m. 13 Mch. 1810.
15. Martha Durborough, b. 24 Jan. 1781, d. 25 Apl. 1872.

Fourth Generation
22. James Brooke, b. 26 Feb. 1731, d. 21 Aug. 1767, m. 30 Oct. 1759.
23. Hannah Janney.
26. Anthony Van Vechten, b. 24 Jan. 1748, d. 31 Aug. 1786, m. 1773.
27. Maritje Fonda, bp. 12 Dec. 1756.
30. David Durborough, b. 1744, d. 9 Feb. 1782, m. 6 Dec. 1770.
31. Rebecca Ringgold, b. 31 May 1745, d. Dec. 1784.

Fifth Generation
46. Amos Janney.
47. Mary Yardley.
52. Benjamin Van Vechten, b. 18 Sept. 1720, d. 31 Aug. 1749, m. 1744.
53. Anneke Bogardus, b. 17 Feb. 1725.
54. Giles Fonda, b. 24 Mch. 1727, d. 23 June 1791, m. 1750.
55. Jannetje Vrooman, b. 3 Nov. 1727, d. 2 Feb. 1804.
60. Hugh Durborough, b. 11 Jan. 1688, d. 1755.
61. Elizabeth Brinckloe.

Sixth Generation
92. Abel Janney, b. 29 Oct. 1671.
93. Elizabeth Stacy.
104. Dirck Cornelise Van Vechten, b. 1680, d. 1752, m. 20 Nov. 1703.
105. Margarita Harmanse Lievens.
106. Antony Bogardus, b. 1682, d. 15 Apl. 1744, m. 6 Mch. 1719.
107. Jannetje Knickerbacker.
108. Douw Fonda, b. 1 Sept. 1700, d. 22 May 1780, m. 29 Oct. 1725.
109. Maritje Vrooman, b. 1 Sept. 1699.
110. Hendrick Vrooman, m. Apl. 1718.
111. Engeltje Slingerland, b. 9 Jan. 1700.
122. John Brinckloe, d. 31 Jan. 1748.
123. Hester ——.

Seventh Generation
210. Harman Lievens.
211. Maritje Metslaer.
214. Harman Van Wye Knickerbacker, d. 1707.
215. Lysbeth Van der Bogaert.
216. Jellis Adam Fonda, m. 11 Dec. 1695.
217. Rachel Winne.
218. Adam Vrooman,* b. 1649, d. 25 Feb. 1730, m. 13 Jan. 1697.
219. Greitje Takelse Hemstraat.
222. Cornelise Slingerland, d. 3 Sept. 1753, m. 28 May 1699.
223. Eva Mebie.
244. William Brinckloe, d. 1721.
245. Elizabeth Curtis.

Eighth Generation
420. Hans Lievens.
421. Gertrude Van Schaick.
430. Harman Myndertse Van der Bogaert,* b. 1612, d. 1647.
431. Juline Claese Schow.
432. Douw Jellise Fonda, d. 24 Nov. 1700.
433. Rebecca ——.
434. Pieter Winne,* d. 1696.
435. Jennetje Adams.
444. Teunis Cornelise Slyengherland.*
445. Engeltje Bratt de Noorman.
490. Richard Curtis,* d. 1695.
491. —— ——.

Ninth Generation
842. Goosen Gerrittse Van Schaick,* d. 1676, m. 2 July 1657.
843. Annatje Lievens.
864. Jellis Dowse Fonda.*
865. Hester ——.

292

1. GEORGE ROSS VEAZEY
2. DUNCAN VEAZEY

First Generation

2. DUNCAN VEAZEY, b. 16 Feb. 1851, d. 11 Mch. 1930, m. 24 Nov. 1880.
3. Annie Veazey Knight, b. 6 July 1850, d. 31 Aug. 1925. Second Wife.

Second Generation

4. George Ross Veazey, b. 17 Jan. 1820, d. 12 Sept. 1856, m. 16 May 1850.
5. Eliza Duncan, b. 6 Mch. 1824, d. 2 Jan. 1870.
6. William Knight, b. 13 July 1814, d. 29 Aug. 1883, m. 1844.
7. Arabella A. Veazey, b. 14 May 1818, d. 7 Dec. 1873.

Third Generation

8. John Thomson Veazey, b. 22 July 1783, d. 30 Mch. 1839, m. 26 Jan. 1815.
9. Sarah Ward, b. 1789, d. 1866.
10. Rev. John Mason Duncan, b. 1790, d. 30 Apl. 1851, m. 29 Sept. 1815.
11. Eliza McKim, b. Mch 1797, d. 19 Aug. 1855.
12. William Knight, b. 6 Feb. 1778, d. 25 Mch. 1843.
13. Charlotte Ringgold, d. 1814.
14. Thomas Brockus Veazey, b. 30 Jan. 1792, d. 1844, m. 12 June 1817.
15. Ann Ward, b. 8 Feb. 1790, d. 13 Feb. 1844.

Fourth Generation

16. Dr. Thomas Brockus Veazey, b. 29 Mch. 1750, d. Feb. 1806, m. 29 Mch. 1781.
17. Mary Thomson, b. 9 Jan. 1765, d. 5 Feb. 1826.
18. William Ward b. 28 Sept. 1760, d. 4 Dec. 1835, m. 25 Nov. 1784.
19. Anne Veazey, b. 9 Apl. 1766, d. 3 Oct. 1826.
20. Matthew Duncan,* b. 1750, d. 1807, m. 1788.
21. Helena Mason.
22. John McKim,* b. 23 Mch. 1766, d. 16 Jan. 1842, m. 11 July 1793.
23. Margaret Telfair, b. 29 Dec. 1770, d. 16 July 1836.
24. John Leach Knight, b. 27 Mch. 1741, d. 1786.
25. Catherine Matthews, b. 26 Apl. 1755.
26. William Ringgold, d. 1798.
27. Charlotte Spencer.
28. Dr. Thomas Brockus Veazey, b. 29 Mch. 1750, d. 1806, m. 29 Mch. 1781.
29. Mary Thomson, b. 9 Jan. 1765, d. 5 Feb. 1826.
30. William Ward, b. 28 Sept. 1760, d. 4 Dec. 1835, m. 25 Nov. 1784.
31. Anne Veazey, b. 9 Apl. 1766, d. 3 Oct. 1826.

Fifth Generation

32. John Veazey, Sr., b. 12 Feb. 1701, d. 4 May 1777.
33. Rebecca Ward, b. 22 Nov. 1705, d. 24 Apl. 1761.
34. Rev. William Thomson, b. 22 May 1735, d. 1785, m. 28 Oct. 1762.
35. Susanna Ross, b. 17 Jan. 1738, d. 1 Mch. 1808.
36. William Ward, b. 19 Mch. 1727, d. May 1776, m. 11 Mch. 1757.
37. Rebecca Davis, b. 1737.
38. Edward Veazey, d. 24 Apl. 1784, m. 19 June 1755.
39. Elizabeth Coursey, d. 1791.
40. Isaac Duncan* from Ireland, b. 1718, d. 20 Mch. 1770.
41. Margaret ——, b. 1723, d. 1802.
42. Rev. John Mason,* d. 10 Apl. 1792, m. 1765.
43. Catherine Van Wyck, b. 1742, d. 1784.
44. John McKim, b. 1725.
45. —— Smith.
46. Rev. David Telfair.* From Scotland.
47. Elizabeth Duncan.
48. Dr. John Knight, b. 18 Oct. 1716, d. Sept. 1740, m. 15 May 1740.
49. Mary Thompson.
50. Dr. Hugh Matthews.
51. Catherine ——.
52. Thomas Ringgold, d. 1795.
53. Elizabeth Sudler.
56. John Veazey, Sr., b. 12 Feb. 1701, d. 4 May 1777.
57. Rebecca Ward, b. 22 Nov. 1705, d. 24 Apl. 1761.
58. Rev. William Thomson, b. 22 May 1735, d. 1785, m. 28 Oct. 1762.
59. Susanna Ross, b. 17 Jan. 1738, d. 1808.
60. William Ward, b. 19 Mch. 1727, d. May 1776, m. 11 Mch. 1757.
61. Rebecca Davis, b. 1737.
62. Edward Veazey, d. 24 Apl. 1784, m. 19 June 1755.
63. Elizabeth Coursey, d. 1791.

Sixth Generation

64. Edward Veazey, d. circa 1731.
65. Susanna Broccus, b. circa 1680.
66. John Ward, b. circa 1673, d. 1747, m. 17 Feb. 1701.
67. Mary ——.
68. Rev. Samuel Thomson,* b. 1700, d. 1787.
69. Janet Holmes.
70. Rev. George Ross,* b. 1679, d. 1754.
71. Catherine Van Gezel, bp. 20 Oct. 1689.
72. John Ward, bp. 7 July 1692, d. May 1734, m. 25 Mch. 1717.
73. Susanna Veazey, b. 20 Jan. 1696.

74. Thomas Davis, m. 1734.
75. Rebecca Gregory.
76. John Veazey, Sr., b. 12 Feb. 1701, d. 4 May 1777.
77. Rebecca Ward, b. 22 Nov. 1705, d. 24 Apl. 1761.
86. Theodorus Van Wyck, b. 1718, d. 1784.
87. Helena Santford, b. 1721.
88. John McKim, b. circa 1685.
94. Isaac Duncan,* b. 1718, d. 20 Mch. 1770
95. Margaret ——, b. 1723, d. 1802.
96. Stephen Knight, d. 1745, m. 24 Feb. 1708.
97. Sarah Frisby, b. 28 Mch. 1680, d. 1719/31.
104. James Ringgold.
105. —— Carroll.
112. Edward Veazey, d. circa 1731.
113. Susanna Broccus, b. circa 1680.
114. John Ward,* b. circa 1673, d. 1747, m. 17 Feb. 1701.
115. Mary ——.
116. Rev. Samuel Thomson,* b. 1700, d. 1787.
117. Janet Holmes.
118. Rev. George Ross,* b. 1679, d. 1754.
119. Catherine Van Gezel.
120. John Ward, bp. 7 July 1692, d. May 1734, m. 25 Mch. 1717.
121. Susanna Veazey, b. 20 Jan. 1696.
122. Thomas Davis, m. 1734.
123. Rebecca Gregory.
124. John Veazey, Sr., b. 12 Feb. 1701, d. 4 May 1777.
125. Rebecca Ward, b. 22 Nov. 1705, d. 24 Apl. 1761.

SEVENTH GENERATION

128. John Veazey, d. circa 1707.
129. Martha ——.
130. William Broccus, d. circa 1700.
140. David Ross, d. 1710.
142. Jacob Van Gezel* of Delaware.
143. Catherine Reyniers.
144. William Ward,* d. 17 Apl. 1720.
145. Elizabeth ——, d. Jan. 1696. First wife.
146. William Veazey, d. 1733.
147. Rosamond ——.
152. See above (112).
154. See above (114).
172. Abraham Van Wyck, b. 2 Nov. 1695, m. 18 Oct. 1717.
173. Catherine Provoost, bp. 14 Feb. 1694.
174. Cornelius Santford, m. 1719.
175. Helena Provoost.
176. John McKim, b. circa 1655, of Londonderry, Ire.
177. ——. First wife.
194. James Frisby, b. 1650, d. 1704, m. circa 1675.
195. Sarah Read.
208. James Ringgold, d. 1704.
224. John Veazey,* d. circa 1707.
225. Martha ——.
226. William Broccus, d. circa 1700.

236. David Ross, d. 1710.
238. Jacob Van Gezel.*
239. Catherine Reyniers.
240. William Ward,* b. circa 1671, d. 17 Apl. 1720.
241. Elizabeth ——, d. Jan. 1696. First wife.
242. William Veazey, d. 1733.
243. Rosamond ——.
248. Edward Veazey, d. circa 1731.
249. Susanna Broccus, b. circa 1680.
250. John Ward,* b. circa 1673, d. 1747, m. 17 Feb. 1701.
251. Mary ——.

EIGHTH GENERATION

256. Robert Vesey of Essex, Eng.
280. Andrew Ross of Rosshire, Scot.
292. John Veazey,* d. circa 1707.
293. Martha ——.
344. Theodorus Van Wyck, b. 19 Sept. 1668, d. 4 Dec. 1753, m. 29 Apl. 1693.
345. Margaretje Brinckerhoff, b. 1675, d. 1741.
346. David Provoost, b. 23 Jan. 1670, d. 1724, m. 31 May 1691.
347. Helena Byvanck.
350. David Provoost, b. 1670, d. 1724.
351. Helena Byvanck.
388. James Frisby,* d. 1674.
389. Mary ——.
416. James Ringgold, b. 1636, d. 1686.
417. Mary Vaughan. First wife.
472. Andrew Ross of Rosshire, Scot.
484. John Veazey,* d. circa 1707.
485. Martha ——.
496. John Veazey,* d. circa 1707.
497. Martha ——.
498. William Broccus,* d. circa 1700.

NINTH GENERATION

584. Robert Vesey of Essex, Eng.
688. Cornelis Barentse Van Wyck,* m. 1667.
689. Ann Polhemius.
690. Abraham Brinckerhoff.*
691. Aeltje Van Strycker.
692. David Provoost, b. 1645, d. 1725, m. 29 July 1668.
693. Tryntje Laurens.
694. Johannes Byvanck.
695. Belitje Duyckinck.
700. See above (692).
832. Thomas Ringgold,* b. circa 1611, d. post 1672.
834. Robert Vaughan,* d. 1668.
835. Mary ——?
968. Robert Vesey of Essex, Eng.

TENTH GENERATION

1378. Rev. Johannes Theodorus Polhemius*
1379. Catherine Van Werven.
1382. Jan Van Strycker,* b. 1615, d. 1697.
1384. David Provoost,* d. Jan. 1656.
1385. Margaretje Verbrugge.
1390. Evert Duyckinck,* m. 9 Sept. 1646.
1391. Henrickje ——.

1. WILLIAM HANDY COLLINS VICKERS

First Generation
2. George Repold Vickers, b. 10 Oct. 1809, d. 5 July 1875.
3. Elizabeth Williamson Wilmer, b. 17 June 1813, d. 10 June 1893.

Second Generation
4. Joel Vickers, b. 14 Aug. 1774, d. 2 Dec. 1860.
5. Ada Beck, b. 13 Feb. 1781, d. 27 Dec. 1838.
6. John Williamson Wilmer, b. 17 Dec. 1787, d. 15 Dec. 1861.
7. Elizabeth Gittings Croxall, b. 9 Mch. 1789, d. 10 Feb. 1845.

Third Generation
8. Benjamin Vickers, b. 26 Jan. 1742, d. 9 May 1790.
9. Rachel Roberts, d. 23 Dec. 1821.
12. Blackiston Wilmer, b. 27 Sept. 1742, d. 31 Dec. 1813.
13. Sarah Williamson, b. 26 May 1747, d. 14 June 1823.
14. James Croxall, b. 27 Dec. 1751, d. 22 July 1809, m. 11 Mch. 1788.
15. Eleanor Gittings, b. 1766, d. 28 Apl. 1796.

Fourth Generation
16. George Vickers, b. 12 Nov. 1713.
17. Lydia Tower, b. 1 May 1713, d. 17 Jan. 1772.
24. William Wilmer, b. 1710, d. 1775.
25. Rose Blackiston, b. 1723, d. 14 May 1790.
26. John Williamson, b. 21 Feb. 1717, d. 27 Oct. 1765.
27. Elizabeth Holt, b. 4 Sept. 1719, d. 13 Apl. 1786.
28. Charles Croxall, b. 27 June 1724, d. 25 June 1782, m. 23 July 1746.
29. Rebecca Moale, b. 20 Feb. 1728, d. 21 Nov. 1786.
30. James Gittings, b. 23 Apl. 1735, d. 15 Feb. 1823.
31. Elizabeth Buchanan, b. 28 June 1742, d. 24 Aug. 1818.

Fifth Generation
32. George Vickers, b. 14 Aug. 1688.
33. Elizabeth Bonney.
34. Hezekiah Tower, b. 2 Oct. 1681, d. 13 Jan. 1703.
35. Elizabeth Whiton, b. 31 Mch. 1684.
48. Simon Wilmer, b. 25 Sept. 1686, d. Aug. 1737.
49. Dorcas Hynson, b. 26 Aug. 1690, d. 1733.
50. Ebenezer Blackiston, d. 19 Jan. 1746.
51. Sarah Joce.
52. Rev. Alexander Williamson, d. 1740.
53. Ann (Hynson) Bordley, d. post 1740.
56. Richard Croxall.*
57. Joanna Carroll.*
58. John Moale,* b. 30 Oct. 1695, d. 10 May 1740, m. 17 Apl. 1723.
59. Rachel Hammond, b. 2 Sept. 1708, d. June 1750.
60. Thomas Gittings, b. 1682, d. 1760, m. 1734.
61. Mary (Lee) Lynch. Second wife.
62. Dr. George Buchanan,* b. 1698, d. 23 Apl. 1750.
63. Eleanor Rogers, b. circa 1705, d. 26 Aug. 1758.

Sixth Generation
64. George Vickers.
65. Lucy ——.
68. Ibrook Tower, b. Feb. 1644, d. 21 Nov. 1731.
69. Margaret Hardin, d. May 1700.
70. Matthew Whiton, bp. 30 Oct. 1653, d. 22 July 1725.
71. Deborah Pitts, bp. 6 Nov. 1651, d. 19 Sept. 1729.
96. Simon Wilmer,* d. circa 1699.
97. Rebecca Tilghman.
98. Charles Hynson, b. circa 1662, d. 24 May 1711, m. 25 Mch. 1687.
99. Margaret Harris.
106. John Hynson, d. 10 May 1705.
107. Anne ——, d. post 1705.
118. John Hammond, b. circa 1676, d. 22 Feb. 1743.
119. Anne Greenberry.
122. James Lee, d. 1732, m. 1704.
123. Margaret ——.
124. Mungo Buchanan, d. 3 Apl. 1710, m. 22 Jan. 1687.
125. Anna Barclay.
126. Nicholas Rogers, d. 1720.
127. Eleanor ——, b. circa 1687, d. post 1762.

Seventh Generation
128. George Vickers,* d. 1679.
129. Rebecca Phippenny.
136. John Tower,* b. 17 May 1609, d. 13 Feb. 1702.
137. Margaret Ibrook, b. 1613.
140. James Whiton, d. 26 Apl. 1710.
141. Mary Beal, b. 1622, d. 12 Dec. 1696.
196. Thomas Hynson,* b. circa 1620, d. circa 1667.
197. Grace ——.
198. William Harris, b. circa 1650, d. 1712.
199. Jane ——.
212. Thomas Hynson,* b. circa 1620, d. circa 1667.
213. Grace ——.
236. John Hammond,* b. 1643, d. 24 Nov. 1707.

237. Mary ——.
238. Nicholas Greenberry,* b. 1627, d. 17 Dec. 1697.
239. Anne ——, b. 1648, d. 27 Apl. 1698.
248. Mungo Buchanan, b. 1622, d. ante 1696.
249. Barbara Leckie.
252. Nicholas Rogers,* d. 1690.

EIGHTH GENERATION

272. Robert Tower.

273. Dorothy Davison.
282. John Beal,* b. 1588.
283. Nazareth Hobart, d. 23 Sept. 1656.
472. Thomas Hammond* in Md. after 1660.
496. Robert Buchanan.

NINTH GENERATION

566. Edmund Hobart,* d. 8 Mch. 1646.
567. Margaret Dewey.
992. Mungo Buchanan.

1. JOHN MOSELEY WALKER

FIRST GENERATION
2. John Moseley Walker, b. 27 Dec. 1824, d. 5 July 1893, m. 1857.
3. Eliza James Gibbs, b. 1835, d. Apl. 1918.

SECOND GENERATION
4. Carleton Walker,* b. 1777, d. 1840, m. 1807.
5. Caroline Mary Mallett, b. 8 Mch. 1789, d. 1861.

THIRD GENERATION
10. Peter Mallett, b. 14 Nov. 1744, d. 2 Feb. 1805, m. 1780.
11. Sarah Mumford, b. 1765, d. 1836.

FOURTH GENERATION
20. Peter Mallett, b. 31 Mch. 1712, d. 18 June 1760.
21. Naomi ——.
22. Robinson Mumford, m. Feb. 1761.
23. Sarah Coit.

FIFTH GENERATION
40. John Mallett,* d. 1745.
41. Johanna Lyon.
44. James Mumford, b. 7 Feb. 1715, d. 1773.
45. Sarah Christophers, bp. 6 Dec. 1719.

SIXTH GENERATION
80. David Mallett from France to Eng.
90. Richard Christophers, b. 18 Aug. 1685, d. 1736, m. 16 Aug. 1710.
91. Elizabeth Saltonstall, b. 11 May 1690.

SEVENTH GENERATION
180. Richard Christophers, b. 15 July 1662, d. 9 June 1726, m. 26 June 1681.
181. Lucretia Bradley, b. 16 Aug. 1661, d. 1691.
182. Gurdon Saltonstall, b. 27 Mch. 1666, d. 20 Sept. 1724.
183. Jerusha Richards.

EIGHTH GENERATION
360. Christopher Christophers.*
361. Mary ——.
362. Peter Bradley, b. 3 Apl. 1682, m. 7 Sept. 1653.
363. Elizabeth Brewster, b. 1 May 1637, d. 1708.
364. Nathaniel Saltonstall, b. 1639, d. 21 May 1707, m. 28 Dec. 1663.
365. Elizabeth Ward.
366. James Richards.
367. Sarah Gibbons, b. 17 Aug. 1645.

NINTH GENERATION
726. Jonathan Brewster,* b. 12 Aug. 1593, d. 7 May 1659, m. 10 Apl. 1624.
727. Lucretia Oldham, d. 4 Mch. 1678/9.
728. Richard Saltonstall,* b. 1610, d. 29 Apl. 1694, m. 1633.
729. Muriel Gurdon.
732. Thomas Richards,* d. 11 June 1680, of Plymouth, Mass.
734. William Gibbons,* d. 1655.
735. Ursula ——.

TENTH GENERATION
1452. William Brewster,* b. 1566, d. 10 Apl. 1644.
1453. Mary ——, d. 1623.
1456. Sir Richard Saltonstall,* b. 1586, d. circa 1658.
1457. Grace Kaye.

1. FREDERICK HOWARD WARFIELD

(See Pedigree of Dr. John Ogle Warfield, Jr.)

First Generation
2. Cecilius Edwin Warfield, b. 15 Aug. 1841, d. 8 Sept. 1915, m. 18 Jan. 1870.
3. Laura Winters Thomas, b. 1 Dec. 1844, d. 19 Jan. 1912.

Second Generation
4. John Davidge Warfield, b. 4 Mch. 1799, d. 31 July 1865, m. 7 Dec. 1826.
5. Corilla Elizabeth Hobbs, b. 3 Mch. 1806, d. 23 July 1880.

Third Generation
8. Edward Warfield, Jr., b. 5 June 1769, d. 25 Jan. 1853, m. 7 Oct. 1794.
9. Mary Warfield, b. 28 Mch. 1773, d. 6 Sept. 1824.

Fourth Generation
16. Edward Warfield, b. 11 Aug. 1710, d. 31 Dec. 1786, m. 6 Oct. 1741.
17. Rachel Riggs, b. 11 June 1724, d. 16 Mch. 1794.
18. Davidge Warfield, b. 15 Feb. 1729.
19. Ann Dorsey, b. 7 Feb. 1742.

Fifth Generation
32. John Warfield, b. 1674, d. 1718.
33. Ruth Gaither, b. 16 Feb. 1696.
36. Alexander Warfield, b. 2 Jan. 1701, d. Nov. 1773, m. 3 Dec. 1723.
37. Dinah Davidge, b. 1705.

Sixth Generation
64. Richard Warfield,* d. 1704.
65. Elinor ——.
72. Richard Warfield, b. 1676, d. 23 Feb. 1755, m. 1698.
73. Ruth Crutchley, d. 4 Jan. 1713.

Seventh Generation
144. Richard Warfield,* d. 1704.
145. Elinor Brown.

1. DR. JOHN OGLE WARFIELD, JR.

First Generation
2. Rev. John Ogle Warfield, D.D., b. 12 May 1871, m. 26 Oct. 1898.
3. Louyse Duvall Spragins, b. 19 Nov. 1869.

Second Generation
4. Cecilius Edwin Warfield, b. 15 Aug. 1841, d. 8 Sept. 1915, m. 18 Jan. 1870.
5. Laura Winters Thomas, b. 1 Dec. 1844, d. 19 Jan. 1912.
6. Stith Bolling Spragins, b. 3 Oct. 1829, d. 5 July 1904, m. 29 May 1866.
7. Elizabeth Ann Hamilton, b. 20 Feb. 1837, d. 31 Jan. 1912.

Third Generation
8. John Davidge Warfield, b. 4 Mch. 1799, d. 31 July 1865, m. 7 Dec. 1826.
9. Corilla Elizabeth Hobbs, b. 3 Mch. 1806, d. 23 July 1880.
10. David Ogle Thomas, b. 16 Dec. 1812, d. 17 May 1876, m. 15 Apl. 1838.
11. Elizabeth Stauffer, b. 18 June 1817, d. 2 June 1894.
12. Stith Bolling Spragins, b. 1796, d. 8 May 1839, m. 30 Dec. 1824.
13. Elizabeth Afferson Green, b. 1800, d. 19 Dec. 1889.
14. Samuel Higgins Hamilton, b. 4 Feb. 1796, d. 25 Mch. 1864, m. 1833.
15. Elizabeth Duvall, b. 20 Feb. 1817, d. 22 May 1898.

Fourth Generation
16. Edward Warfield, b. 5 June 1769, d. 25 Jan. 1853, m. circa 1792.
17. Mary Ann Warfield.
18. Jared Hobbs, d. 1867.
19. Ellen Shipley.
20. Michael Thomas, b. 15 Mch. 1774, d. 16 Feb. 1848, m. 6 Nov. 1802.
21. Margaret Ogle, b. 1778, d. 20 Nov. 1854.
22. Joseph Stauffer, b. 1779, d. 24 July 1858, m. 9 Aug. 1801.
23. Catherine Cronice, b. 9 June 1780, d. 25 Mch. 1868.
24. Malchijah Spragins, b. 1774, d. 1812, m. 27 Nov. 1794.
25. Rebecca Bolling, b. 16 Feb. 1778, d. ante 1823.
26. Grief Green, b. 23 June 1770.
27. Rebecca Mayo, b. 10 Nov. 1772, d. 1816.
28. Hezekiah Hamilton, m. 1 Nov. 1794.
29. Ann Higgins.
30. Beale Duvall, b. circa 1774, d. 28 Aug. 1840, m. 11 Apl. 1806.
31. Elizabeth Williams, b. 2 July 1788, d. 2 Mch. 1854.

Fifth Generation
32. Edward Warfield, b. 11 Aug. 1710, d. 31 Dec. 1786, m. 6 Oct. 1741.
33. Rachel Riggs, b. 11 June 1724, d. 16 Apl. 1794.
34. Davidge Warfield, b. 15 Feb. 1729.
35. Ann Dorsey, b. 7 Feb. 1742.
36. Thomas Hobbs.
38. Robert Shipley.
40. Christian Thomas, b. circa 1749, d. 1798.
41. Susannah Behr, d. 1820.
42. Thomas Ogle, b. 23 Jan. 1749.
43. Sybilla Schley, b. 1754.
44. Daniel Stauffer, b. 1755, d. 23 Oct. 1799.
45. Barbara ——, b. 1759, d. 25 Dec. 1843.
46. John Cronice.
47. Ann Maria (Fay?).
48. Thomas Spragins, b. 1726, d. 1792.
49. Maacah Abney.
50. Stith Bolling, b. 11 May 1753, m. 10 Oct. 1776.
51. Charlotte Edmunds.
52. Marston Green.
53. Elizabeth ——.
54. Joseph Mayo, b. 1739, d. 1802, m. 3 Sept 1761.
55. Martha Tabb, b. 8 Mch. 1744.
56. Marmaduke Hamilton.
58. Samuel Higgins.
59. Eleanor ——.
60. Samuel Duvall, b. 7 July 1740, d. Sept. 1804, m. 1767.
61. Mary Higgins, b. ante 1750, d. post 1804.

Sixth Generation
64. John Warfield, d. 1718, m. 16 Feb. 1696.
65. Ruth Gaither.
66. John Riggs,* b. 1687, d. 17 Aug. 1762, m. 16 Jan. 1722.
67. Mary Davis, b. 9 Jan. 1707, d. 1768.
68. Alexander Warfield, b. circa 1700, d. 1773, m. 3 Dec. 1723.
69. Dinah Davidge, b. circa 1705, d. circa 1780.
70. Henry Dorsey, b. 8 Nov. 1712, d. 1770, m. 1 July 1735.
71. Elizabeth Worthington, b. 6 Oct. 1717, d. 1776.
72. Joseph Hobbs, d. 1791.
73. Elizabeth Higgins.
80. Christian Thomas, d. 1777.
81. Maria Barbara Weber, b. 1725, d. 11 May 1777.
84. Joseph Ogle, d. 1756, m. 4 Dec. 1729.
85. Sarah Winters.
86. John Thomas Schley,* b. 31 Aug. 1712, d. 24 Nov. 1790.
87. Maria Margaret von Wintz.
96. William Spragins,* d. 1759.
97. Martha ——.
100. Alexander Bolling, b. 12 Mch. 1721, d. 11 June 1767, m. 23 Dec. 1745.
101. Susanna Bolling, b. 16 June 1728.

102. John Edmunds, d. 8 Feb. 1770.
103. Rebecca Browne.
104. Thomas Green, d. 1730.
105. Elizabeth Marston, b. 25 Nov. 1672, d. 11 Aug. 1759.
108. **William Mayo,*** bp. 4 Nov. 1684, d. 20 Oct. 1744, m. circa 1732.
109. Ann Parrott* (from Barbados). Second wife.
110. William Tabb, b. 25 Feb. 1702, m. 30 Sept. 1732.
111. Susanna Gould, b. 23 Feb. 1717.
112. John Hamilton, b. 1 Dec. 1709, d. 1769.
113. Sarah Stewart.
120. Samuel Duvall, b. 27 Nov. 1707, d. circa 1775, m. 16 May 1732.
121. Elizabeth Mullikin, b. 25 Sept. 1711, d. post 1775.

SEVENTH GENERATION

128. **Richard Warfield,*** d. 1704.
129. Elinor (Browne?).
130. John Gaither, d. 1702.
131. Ruth (Beard?).
134. Thomas Davis, d. 11 Apl. 1749.
135. Mary Pierpont, d. 13 May 1749.
136. **Richard Warfield,** b. circa 1676, d. 23 Feb. 1755.
137. Ruth Crutchley, d. 1713.
138. John Davidge,* d. circa 1755.
139. Elizabeth Hudson.
140. **Joshua Dorsey,** d. Nov. 1747.
141. Anne Ridgely, d. 1771.
142. **Thomas Worthington,** b. 8 Jan. 1691, d. 12 Mch. 1753, m. 23 July 1711.
143. Elizabeth Ridgely, d. 8 Dec. 1734.
144. Joseph Hobbs.
145. Jemima Dorsey, b. 6 Dec. 1720.
146. Thomas Higgins.
147. Dorothy ——.
168. Thomas Ogle.
169. Mary Crawford.
172. Nicholas Schley.
173. Eve ——.
200. Stith Bolling, b. 28 Mch. 1686, d. 1727.
201. (Mrs.) Elizabeth (——) Hartwell.
202. **Robert Bolling,** b. 25 Jan. 1682, d. 1749, m. 27 Jan. 1706.
203. Anne Cocke.
204. Thomas Edmunds.
206. Henry Browne, d. 1735.
207. (Mrs.) Eliza. Hartwell-Bolling.
208. Thomas Green.*
209. Martha Filmer.
210. Thomas Marston.*
211. Elizabeth (Marvel?).
216. Joseph Mayo, b. 17 Aug. 1656, d. 10 Nov. 1691.
217. Elizabeth Hooper, d. 20 May 1740.
218. John Parrott, d. 1 June 1729.
219. Anne ——, d. circa 1729.
220. John Tabb, b. 1676.
221. Martha Hand.
224. Alexander Hamilton, b. 1685, d. 1730.
225. Elizabeth ——.
226. Daniel Stewart.
227. Margaret Robey.
240. Mareen Duvall "the younger," b. circa 1678/80, d. June 1741, m. 21 Oct. 1701.
241. Elizabeth Jacob, d. 1752.
242. James Mullikin, d. circa 1740, m. circa 1708.
243. Charity Belt.

EIGHTH GENERATION

262. **Richard Beard,*** d. 1681.
270. Henry Pierpont.*
271. Elizabeth ——.
272. **Richard Warfield,*** d. 1704.
273. Elinor (Browne?).
274. Thomas Crutchley,* d. 1710.
275. Margaret Baldwin.
276. Robert Davidge, d. 1682.
277. Providence ——.
280. Edward Dorsey, d. 1705.
281. Sarah Wyatt. First wife.
282. Henry Ridgely, b. 3 Oct. 1669, d. 19 Mch. 1700.
283. Katherine Greenberry (see below).
284. **John Worthington,*** b. 1650, d. 9 Apl. 1701.
285. Sarah Howard, d. 1726.
286. Henry Ridgely, b. 3 Oct. 1669, d. 19 Mch. 1700.
287. Katherine Greenberry, b. circa 1674, d. circa 1703.
290. John Dorsey, b. 15 June 1688, d. 1764, m. 8 Apl. 1708.
291. Honor (Stafford?).
336. John Ogle,* d. 1683.
337. Elizabeth Walliston?
338. James Crawford.
400. **Robert Bolling,*** b. 1646, d. 1709, m. 1681.
401. Ann Stith. Second wife.
404. **Robert Bolling,*** b. 1646, d. 1709, m. 1681.
405. Ann Stith. Second wife.
406. Richard Cocke, d. 1705.
407. Ann Bowler.
412. William Browne, b. 1671, d. 1747.
413. Jane Meriwether.
418. **Henry Filmer.***
419. Elizabeth ——.
432. William Mayo of Wiltshire.
433. Joan ——.
434. George Hooper.
440. Thomas Tabb.
441. Martha ——.
442. Richard Hand.
443. Frances Purefoy.
480. Mareen Duvall,* d. 1694.
481. Susanna ——.
482. John Jacob,* m. circa 1681.
483. Anne Chaney.
484. James Mullikin.*
485. Jane Prather.
486. John Belt,* d. 1698.
487. Elizabeth ——.

JOHN OGLE WARFIELD, JR.

NINTH GENERATION

550. John Baldwin,* d. 1684.
551. Elizabeth ——.
560. Edward Dorsey.*
561. Anne ——.
562. Nicholas Wyatt.*
563. Damaris ——.
564. **Henry Ridgely,*** d. 13 July 1710.
565. Elizabeth (Howard?) First wife.
570. Matthew Howard, d. 1692.
571. Sarah Dorsey, d. ante 1691.
572. **Henry Ridgely,*** d. 13 July 1710.
573. Elizabeth (Howard?). First wife.
574. **Nicholas Greenberry,*** b. 1627, d. 17 Dec. 1697.
575. Anne ——, d. 27 Apl. 1698.
580. **Edward Dorsey,** d. 1705.
581. Sarah Wyatt. First wife.
800. John Bolling.
801. Mary ——.
802. **John Smith,*** d. post 1693.
803. Jane (——) Parsons.
808. John Bolling.
809. Mary ——.
810. **John Stith,*** d. post 1693.
811. Jane (——) Parsons.
812. **Richard Cocke,*** d. 1665.
813. Mary Aston.
824. **William Browne,*** d. 1705.
825. Mary Browne.
826. Nicholas Meriwether,* b. 1631, d. 1678.
827. Elizabeth ——.
836. Sir Edward Filmer of Kent. Eng.
837. Elizabeth Argall.
880. **Humphrey Tabb,*** d. post 1662.
881. Joanna ——.
886. Thomas Purefoy.
966. Richard Chaney,* d. 1687.
968. James Mullikin.*
969. Mary ——.

TENTH GENERATION

1140. Matthew Howard.*
1141. Ann (Hall?)
1142. Edward Dorsey.*
1143. Anne ——.
1160. Edward Dorsey.*
1161. Anne ——.
1162. Nicholas Wyatt.*
1163. Damaris ——.
1626. **Walter Aston,*** b. 1607, d. 1656.
1650. **Henry Browne,*** d. 1661.
1651. Anne Fowler.
1674. Richard Argall.
1772. **Thomas Purefoy.***
1773. Lucy ——, b. circa 1598.

1. WILLIAM EMORY WARING, JR.

First Generation
2. William Emory Waring, b. 4 Feb. 1849, d. 11 Dec. 1905, m. 23 Jan. 1878.
3. Jane Phillips Leary, b. 1 June 1853.

Second Generation
4. Spencer Mitchell Waring, b. 20 July 1808, d. 15 Nov. 1875, m. 1829.
5. Josephine Hassell, b. 12 Mch. 1812, d. 9 Oct. 1899.
6. Cornelius Lawrence Ludlow Leary, b. 22 Oct. 1813, d. 21 Mch. 1893, m. 26 Nov. 1839.
7. Jane Maria Phillips, b. 26 Dec. 1814, d. 24 Oct. 1863.

Third Generation
8. Thomas Waring, b. 1767, m. 21 Mch. 1795.
9. Margaret Berry.
10. Joseph Hassell.
11. Katherine Gwinn, b. 1792, d. 28 May 1872.
12. Peter Leary, b. 28 Feb. 1781, d. 4 Feb. 1871, m. 1812.
13. Eliza Hagerman, b. 1785, d. 28 Oct. 1861.
14. Richard Phillips,* b. 3 Feb. 1773, d. 27 Nov. 1853, m. 31 May 1800.
15. Jane Maria Ramage, b. 16 June 1777, d. 13 June 1849.

Fourth Generation
16. Basil Waring, b. 16 Nov. 1740, d. 1800, m. 1766.
17. Anne Gantt.
18. Benjamin Berry, b. 16 July 1739.
19. Deborah Eversfield, b. 30 Apl. 1748, d. 14 Apl. 1815.
22. John Gwinn.
23. Julia ——.
24. Cornelius Leary, d. 21 July 1784.
25. Elizabeth von Litzinger.*
28. Richard Phillips of Birmingham, Eng.

Fifth Generation
32. Thomas Waring, b. 30 Sept. 1710, d. 1762, m. 12 Dec. 1734.
33. Jane Oxford.
34. Thomas Gantt, b. circa 1710, d. 1785.
35. Eleanor Hilleary, b. 20 Sept. 1728.
36. Jeremiah Berry, b. 1712, d. 3 Apl. 1769.
37. Mary Clagett, d. 15 Oct. 1792.
38. Rev. John Eversfield,* b. 4 Feb. 1701, d. 8 Nov. 1780, m. 9 May 1730.
39. Eleanor Clagett, b. 1712.
48. Peter Leary.

Sixth Generation
64. Basil Waring, b. circa 1683, d. 1733, m. 31 Jan. 1709.
65. Martha Greenfield, d. 1758.
68. Thomas Gantt, d. 1765, m. 1707.
69. Priscilla Brooke.
70. Thomas Hilleary, b. 1707, m. 9 Mch. 1727.
71. Sarah Odell.
72. Benjamin Berry, b. 23 Oct. 1670, d. 10 Feb. 1719.
73. Mary Hilleary, d. post 1719.
74. Richard Clagett, b. 1680, d. 1752, m. 1705.
75. Deborah Dorsey (Widow Ridgely).
76. William Eversfield, d. 1705.
77. Elizabeth Utman.
78. Richard Clagett, b. 1680, d. 1752, m. 1705.
79. Deborah Dorsey (Widow Ridgely).

Seventh Generation
128. Basil Waring, b. 1650, d. 1688.
129. Sarah Marsham.
130. Thomas Greenfield,* b. circa 1649, d. 1715.
131. Martha Truman.
136. Edward Gantt.
137. Anne Baker.
138. Thomas Brooke, b. circa 1660, d. 7 Jan. 1731.
139. Ann ——. First wife.
140. Thomas Hilleary, b. 1686, d. 1729, m. circa 1706.
141. Eleanor Young.
142. Thomas Odell.
143. Sarah Ridgely.
144. William Berry, b. 1635, d. 30 Apl. 1691, m. 1669.
145. Margaret Marsh, d. 16 Feb. 1688.
146. Thomas Hilleary,* b. circa 1640, d. 1698, m. circa 1684.
147. Eleanor Sprigg.
148. Thomas Clagett,* b. circa 1640, d. inter 1703/6.
149. Sarah ——, b. 1663.
150. John Dorsey, d. circa 1714.
151. Pleasance Ely.
152. Edward Eversfield.
153. Sarah Faun.
156. Thomas Clagett,* b. circa 1640, d. inter 1703/6.
157. Sarah ——, b. 1663.
158. John Dorsey, d. circa 1714.
159. Pleasance Ely.

Eighth Generation
256. Sampson Waring,* b. circa 1618, d. circa 1668/70, m. 1648.
257. Sarah Leigh.
258. Richard Marsham,* d. 1713.
262. James Truman,* b. 1622, d. 1672.
263. Ann Storer.
272. Thomas Gantt,* b. 1615, d. 1692.
273. Mary Graham?

276. Thomas Brooke, b. 23 June 1632, d. 1676.
277. Eleanor Hatton.*
280. Thomas Hilleary,* b. circa 1640, d. 1697, m. 1684.
281. Eleanor Sprigg.
282. George Young, d. circa 1718.
283. Elizabeth ——.
288. James Berry,* d. circa 1685.
289. Elizabeth ——.
290. Thomas Marsh.*
294. Thomas Sprigg,* b. circa 1630, d. 1704, m. circa 1667.
295. Eleanor Nuthall. Second wife.
296. Edward Clagett, b. inter 1605/7.
297. Margaret Adams.
300. Edward Dorsey.*
304. Edward Eversfield, b. circa 1609.
305. Margaret Bourne.
312. Edward Clagett, b. inter 1605/7.
313. Margaret Adams.
316. Edward Dorsey.*

NINTH GENERATION

512. Basil Waring of Shropshire, Eng.
552. Robert Brooke,* b. 1602, d. 1655, m. 1727.
553. Mary Baker. First wife.
554. Richard Hatton.
555. Margaret ——.*
562. Thomas Sprigg,* b. circa 1630, d. 1704, m. circa 1667.
563. Eleanor Nuthall. Second wife.
590. John Nuthall,* d. 1667.
591. Eleanor (Bacon) Holloway.
592. George Clagett, b. circa 1570, of Canterbury.
594. Sir Thomas Adams, b. 1586, d. 24 Feb. 1667.
624. George Clagett, b. circa 1570, of Canterbury.
626. Sir Thomas Adams, b. 1586, d. 24 Feb. 1667.

TENTH GENERATION

1104. Thomas Brooke.
1105. Susan Foster.
1126. John Nuthall,* d. 1667.
1127. Eleanor (Bacon) Holloway.
1180. John Nuthall of London.
1184. Richard Clagett, b. 1625.
1185. —— Gouden.
1188. William Adams.
1189. —— Borington.
1248. Richard Clagett, b. 1525.
1249. —— Gouden.
1252. William Adams.
1253. —— Borington.

1. CULBRETH HOPEWELL WARNER

(See Pedigree Book, 1905, p. 123, revised)

FIRST GENERATION

2. Rev. George Krebs Warner, b. 21 Sept. 1831, d. 17 Nov. 1903, m. 19 June 1860. See Pedigree Book, 1905, p. 123
3. Rebecca Angelica Chesley Hopewell, b. 21 Aug. 1838, d. 6 Sept. 1913.

SECOND GENERATION

6. James Robert Hopewell, b. 27 Oct. 1813, d. 31 Aug. 1872, m. 1 Nov. 1837.
7. Marie Antoinnette Culbreth, b. 1817, d. 8 May 1873.

THIRD GENERATION

12. James Hopewell, d. 1817.
13. Angelica Chesley.
14. Thomas Culbreth.
15. Ann Hardcastle.

FOURTH GENERATION

24. Hugh Hopewell, b. 1735, d. 1777.
25. Elizabeth (Biscoe), d. 1787.
26. Robert Chesley of St. Mary's Co., Md.
27. Marie Van Brunt, b. 3 Mch. 1764.

FIFTH GENERATION

See Pedigree Book, 1905, p. 123
48. Hugh Hopewell, d. post 1753.
49. Agnes ——.
54. Adrian Van Brunt, b. 17 Nov. 1735, d. 18 Sept. 1785.
55. Elizabeth Rapalje, b. 14 Jan. 1741, d. 23 Aug. 1826.

SIXTH GENERATION

96. ?Hugh Hopewell.
108. Rutgert Van Brunt, d. 7 Apl. 1760.
109. Elizabeth Van Vorhees, bp. 10 Sept. 1695, d. 17 July 1748.

SEVENTH GENERATION

192. Hugh Hopewell, d. 1694.
193. Elizabeth Hill.
216. Cornelis Van Brunt, d. 1754, m. 18 Dec. 1685.
217. Tryntje Adrianse Bennet.

EIGHTH GENERATION

384. Hugh Hopewell,* b. 1611, d. 1688.
385. Ann ——, d. 1732.
386. Francis Hill.
432. Rutgert Joostsen Van Brunt,* d. circa 1713.
433. Tryntje Claes.

1. JOHN SEYMOUR TALIAFERRO WATERS

FIRST GENERATION
2. William S. Waters, b. 19 Dec. 1816, d. 7 Sept. 1873, m. 21 July 1863.
3. Sarah Lindsay Taliaferro, b. 22 Sept. 1829, d. 23 Mch. 1914.

SECOND GENERATION
4. John Waters, d. 1860.
5. Rosina Smith.
6. John Seymour Taliaferro, b. 15 Jan. 1798, d. 4 June 1830, m. 10 June 1822.
7. Lucy Maria Barbour, b. 6 Feb. 1797, d. 15 July 1843.

THIRD GENERATION
8. James Waters, b. 21 June 1760, d. 17 Nov. 1823.
9. Margaret ——.
12. John Taliaferro, b. 1768, d. 18 Aug. 1853, m. 27 Mch. 1794.
13. Lucy Thornton Hooe, b. 1778, d. 22 Aug. 1832.
14. Gov. James Barbour, b. 10 June 1775, d. 7 June 1842, m. 20 Oct. 1795.
15. Lucy Johnson, b. 29 Nov. 1775, d. 24 Nov. 1860.

FOURTH GENERATION
16. Richard Waters, b. 18 Apl. 1722, d. 18 Mch. 1791, m. 5 Feb. 1752.
17. Eleanor Gilliss, b. 25 Aug. 1735.
24. John Taliaferro, b. 30 Sept. 1745, d. 8 Apl. 1789.
25. Elizabeth Garnett, b. 6 June 1750.
26. Seymour Hooe, b. 13 June 1735, d. 1783.
27. Sarah Alexander, b. Nov. 1758.
28. Thomas Barbour, b. 1735, d. 1825.
29. Mary Thomas.
30. Benjamin Johnson.
31. Bettie Barbour.

FIFTH GENERATION
32. William Waters, d. 1732.
33. Abigail ——.
48. Francis Taliaferro, d. 1758.
49. Elizabeth ——, b. 1700, d. 1750.
50. James Garnett, b. circa 1692, d. 27 May 1765.
51. Mary (Rowzee) Jones.
52. John Hooe, d. 1766, m. 3 Nov. 1726.
53. Anne Alexander.
54. John Alexander, b. Nov. 1735, d. 1775, m. 4 Mch. 1756.
55. Lucy Thornton, d. 1781.
56. James Barbour, d. 1775.
57. Sarah Todd.
60. William Johnson.
61. Elizabeth Cave.

SIXTH GENERATION
64. Richard Waters, d. 1720.
65. Elizabeth Littleton.

96. Lawrence Taliaferro, d. 1726.
97. Sarah Thornton, b. 1680.
104. Rice Hooe, m. 1699.
105. Frances Townshend (Widow Dade).
106. Robert Alexander, b. 1688, d. 1735, m. 1710.
107. Ann Fowke.
108. Philip Alexander, b. 22 July 1704, d. 17 July 1753, m. 11 Nov. 1726.
109. Sarah Hooe, b. 1708, d. 14 Aug. 1758.
122. Benjamin Cave,* d. 1762.
123. Hannah Bledsoe.

SEVENTH GENERATION
128. William Waters, d. 1689.
129. —— ——.
130. Southey Littleton, b. 1645, d. 1679.
131. Sarah Bowman.
192. John Taliaferro, b. 1656, d. 1720, m. 1682.
193. Sarah Smith.
208. Rice Hooe, m. circa 1650.
209. Catherine Taliaferro.
210. Robert Townshend, b. 1640, d. 1675.
211. Mary Langhorne.
212. Robert Alexander, d. 1 June 1704.
213. —— ——.
214. Gerard Fowke, b. 1662, d. 1734.
215. Sarah Burdett.
216. Philip Alexander, m. 1695.
217. Sarah Ashton.
218. Rice Hooe, m. 1699.
219. Frances Townshend (Widow Dade).
246. William Bledsoe.*

EIGHTH GENERATION
256. Edward Waters,* b. circa 1585, d. 1630.
257. Grace (O'Neil?), b. 1604, d. 1683.
260. Nathaniel Littleton,* d. 1654.
261. Ann Southey, d. 1656.
262. Edmund Bowman,* b. circa 1625, d. 1691.
263. —— ——.
386. Lawrence Smith, d. 1700.
387. Mary ——.
416. Rice Hooe,* b. 1599, d. 1655, from Wales.
417. Jane Seymour.
418. Richard Taliaferro.
420. Richard Townshend,* b. 1596, d. 1648.
421. Frances Baldwin.
422. Needham Langhorne of Northamptonshire, Eng.
424. John Alexander,* d. 1677.
428. Gerard Fowke,* d. 1669.
429. Anne Thorowgood.
432. John Alexander,* d. 1677.
433. —— ——.
436. Rice Hooe, m. circa 1650.
437. Catherine Taliaferro.
438. Robert Townshend, b. 1640, d. 1675.
439. Mary Langhorne.

Ninth Generation

520. Sir Edward Littleton of Henley, Shropshire.
522. Henry Southey,* b. 1623.
523. Elizabeth ——.
856. Roger Fowke of "Gunston Hall" Co. Stafford, Eng.
858. Adam Thorowgood,* b. 1602, d. 1641.
859. Sarah Offley, d. 1657.
872. Rice Hooe,* b. 1599, d. 1655.
873. Jane Seymour.
876. Richard Townshend,* b. 1596, d. 1648.
877. Frances Baldwin.
878. Needham Langhorne of Northamptonshire, Eng.

Tenth Generation

1716. William Thorowgood.
1718. Robert Offley.
1719. Anne Osborne.

Eleventh Generation

3438. Edward Osborne (Lord Mayor of London).

1. PHILIP BARTLEY WATTS

First Generation
2. Philip Watts, b. 14 Feb. 1841, d. 3 Aug. 1912, m. 28 May 1868.
3. Katherine L. Mettam, b. 9 Oct. 1848.

Second Generation
4. Benjamin Watts, b. 21 Apl. 1803, d. 12 Jan. 1890, m. 4 Nov. 1832.
5. Rachel Wagoner, b. 3 Apl. 1811, d. 6 Mch. 1885.

Third Generation
8. Rev. Nathaniel Watts, b. 1 July 1764, d. 2 Oct. 1848, m. 24 Dec. 1789.
9. Rebecca Stansbury, b. 19 Feb. 1766, d. 8 Sept. 1826.

Fourth Generation
18. George Stansbury, b. 3 July 1732, d. Dec. 1789.
19. Mary ——.

Fifth Generation
36. Tobias Stansbury, b. 1691, d. 1764.
37. Honor Bowen.

Sixth Generation
72. Tobias Stansbury,* b. circa 1652, d. 1709.
73. Sarah Raven.

Seventh Generation
144. Detmar Stansbury* (Sternberg) to Md. 1658.
145. Renske ——.

1. REV. WILLIAM ROLLINS WEBB

First Generation

2. William Prescott Webb, b. 1 Feb. 1831, d. 23 Dec. 1895.
3. Anna Eliza Moore, b. 28 Feb. 1834, d. 14 Nov. 1898.

Second Generation

4. Abner Webb, b. 15 Mch. 1783, d. 28 Dec. 1882, m. circa 1806.
5. Ann Prescott, b. 1780, d. 1 July 1870.
6. William Moss Armistead Moore, d. 8 Oct. 1835.
7. Eleanor Susan Sylvester, b. 20 Feb. 1815, d. 8 Oct. 1888.

Third Generation

8. Abner Webb, b. 26 June 1759, d. 26 June 1848, m. 2 Nov. 1780.
9. Prudence Baker, b. 4 Jan. 1755, d. 5 Oct. 1845.
10. Joseph Prescott, b. 6 Mch. 1753, d. 14 July 1806, m. 12 Nov. 1786.
11. Ann Clark, b. 26 Mch. 1763, d. 22 Feb. 1830.
12. William Moore.
13. Annie Armistead.
14. Samuel Sylvester, b. 30 June 1776, m. 24 May 1800.
15. Eliza Bidgood, b. 6 July 1784.

Fourth Generation

16. Naphtali Webb, b. 30 July 1729, m. 2 Oct. 1751.
17. Mary Mudge, b. circa 1731, d. 30 Sept. 1761.
18. Samuel Baker, m. 30 May 1733.
19. Prudence Jenkins, b. 6 Apl. 1718, d. July 1793.
20. Ebenezer Prescott.
28. Samuel Sylvester.
29. Mary ———.
30. William Bidgood, b. Feb. 1740, d. 29 Apl. 1794, m. 12 Dec. 1767.
31. Elizabeth Thornton, b. 19 Feb. 1750, d. 9 Jan. 1832.

Fifth Generation

32. Zebulon Webb, b. 15 Mch. 1698.
33. Judith Howard.
34. Charles Mudge.
35. Rachel Mason.
36. John Baker.
38. Joseph Jenkins.
39. Lidia ———.
40. John Prescott.
60. William Bidgood.
61. Esther ———.
62. Joseph Thornton.
63. Margaret Gale.

Sixth Generation

64. Samuel Webb, b. 6 Aug. 1660, d. 20 Feb. 1729.
65. Mary Adams, d. 20 Feb. 1739.
72. Samuel Baker.
73. Fear Robinson.
80. John Prescott.

Seventh Generation

128. Christopher Webb,* b. circa 1630, d. 30 May 1694, m. 18 Jan. 1655.
129. Hannah Scott, d. 1718.
144. Rev. Nicholas Baker,* b. circa 1611.
160. John Prescott,* m. 21 Jan. 1629.
161. Mary Platts.

1. LLOYD BANKSON WHITHAM, M.D.

First Generation
2. Jay Manuel Whitham, b. 24 Aug. 1858, m. 17 July 1884.
3. Rebekah Emmet Dashiell, b. 19 Nov. 1862.

Second Generation
6. Rev. Julius Matthias Dashiell, D.D., b. 4 Oct. 1826, d. 3 Jan. 1895, m. 18 Aug. 1859.
7. Mary Thornton Voss, b. 16 Mch. 1837, d. 21 Jan. 1923.

Third Generation
12. Matthias Dashiell, b. 1 June 1778, d. Oct. 1835, m. 21 Jan. 1813.
13. Rebecca Emmet Whitelock, b. 28 Sept. 1792, d. 15 June 1842.
14. Robert Somerville Voss, b. 1803, d. 1861, m. 1835.
15. Frances G. Thornton, b. 15 Feb. 1816, d. 1890.

Fourth Generation
24. Arthur Dashiell, b. 1734, d. 1802, m. 1766.
25. Rachel Cordray. First Wife.
30. Philip Thornton, b. 1792, d. 3 Mch. 1857, m. 25 Apl. 1812.
31. Caroline Homassel, b. 12 Oct. 1795, d. 10 Jan. 1876.

Fifth Generation
48. Henry Dashiell, b. 28 Mch. 1702, d. 1756, m. circa 1725.
49. Jane ——.
60. William Thornton.
61. Martha Stuart.

Sixth Generation
96. Thomas Dashiell, b. 23 Apl. 1666, d. 1755, m. 1686.
97. Elizabeth Mitchell, b. 27 Dec. 1670.
120. Francis Thornton, b. inter 1711/15, d. 1749, m. 1736.
121. Frances Gregory, b. 1716.

Seventh Generation
192. James Dashiell,* b. 1634, d. Aug. 1697, m. circa 1659.
193. Ann Cannon, b. 1639, d. ante 1705.
240. Francis Thornton, b. 24 Jan. 1682, d. post 1750.
241. Mary (Taliaferro?).
242. Roger Gregory.
243. Mildred Washington, b. 1696.

Eighth Generation
384. James Dashiell,* b. 1604, d. inter 1645/50, m. 24 Nov. 1631.
385. Margaret Inglis.
480. Francis Thornton, b. 5 Nov. 1651.
481. Alice Savage. First Wife.
486. Lawrence Washington, b. Sept. 1659, d. 1698, m. 1690.
487. Mildred Warner, d. 1701.

Ninth Generation
768. Jacques de Chiel, b. 1575, d. circa 1625, m. 16 May 1599.
769. Elizabeth Robesoun.
960. William Thornton,* living in 1708.
962. Anthony Savage.*
972. John Washington,* b. circa 1632, d. Jan. 1677, m. Jan. 1659.
973. Anne Pope, d. 1668. First Wife.
974. Augustine Warner, Jr., b. 3 June 1642, d. 18 June 1681.
975. Mildred Reade.

Tenth Generation
1946. Nathaniel Pope,* d. 1660.
1947. m. Luce ——.
1950. George Reade, b. circa 1600, d. 1671.

1. JOSEPH LEE WICKES

First Generation
2. Peregrine Letherbury Wickes, b. 14 Aug. 1837, m. 27 Feb. 1862.
3. Henrietta C. Welsh, b. 1841, d. 1918.

Second Generation
4. Joseph Wickes, b. 1788, d. 1864, m. 1821.
5. Elizabeth Chambers, b. 1799, d. 1872.
6. Henry Welsh, b. 1800, d. 1883, m. 1836.
7. Catherine Barnitz, b. 1803, d. 1886.

Third Generation
8. Joseph Wickes, b. 1759, d. 1822, m. 1787.
9. Mary Piner, b. 1764, d. 1823.
10. Benjamin Chambers, b. 1749, d. 1816, m. 1783.
11. Elizabeth Forman, b. 1762, d. 1820.
14. John Barnitz, b. 1770, d. 1848, m. 1799.
15. Catherine Hay, b. 1777, d. 1825.

Fourth Generation
16. Joseph Wickes, b. 1719, d. circa 1785.
17. Rebecca Dunn, b. June 1726.
20. James Chambers of Penna.
21. Sarah Lee.
22. Ezekiel Forman, b. 1736, d. 1795.
23. Augustina Marsh, b. 1740, d. 1774.
30. John Hay, b. 1733, d. 1810.
31. Juliana Moul.

Fifth Generation
32. Samuel Wickes, d. 1732, m. 13 Jan. 1706.
33. Frances Wilmer, b. 26 Feb. 1688, d. 1736.
34. Robert Dunn, b. 1693, d. 1745.
35. Anne Miller, b. 4 Feb. 1698.
44. Joseph Forman, b. 1704, d. 1775, m. 1732.
45. Elizabeth Lee, b. 1710, d. 1774.
46. Thomas Marsh.
47. Mary Thompson, b. circa 1715.

Sixth Generation
64. Joseph Wickes,* b. 1620, d. 1692, m. 1671.
65. Anne Hynson.
66. Simon Wilmer, b. circa 1630, d. 1699, m. 1681.
67. Rebecca Tilghman, d. 1725.
68. Robert Dunn, b. 1674, d. 1729.
69. Mary Harris, d. Dec. 1709.
70. Michael Miller, b. 1675, d. 1738.
71. Martha Wickes, d. 1746.
88. Samuel Forman, b. circa 1663, d. 1740.
89. Mary Wilbur.
92. Thomas Marsh, d. 1716.
93. Elizabeth ——.
94. Augustine Thompson, b. 1691, d. 1739.
95. Sarah Salter.

Seventh Generation
130. Thomas Hynson,* b. circa 1621, d. circa 1667.
131. Grace ——.
134. Richard Tilghman,* b. 3 Sept. 1626, d. 7 Jan. 1676.
135. Mary Foxley.*
136. Robert Dunn,* b. circa 1630, d. 12 May 1676.
137. Joan ——.
138. William Harris,* b. circa 1650, d. 1712.
139. Jane ——, d. 1700.
140. Michael Miller,* b. 1644, d. Aug. 1699.
141. Alice (——) Stevens.
142. Joseph Wickes,* b. 1620, d. 1692, m. 1656.
143. Mary (——) Hartwell.
176. Aaron Forman, b. circa 1633.
177. Dorothy ——.
184. Thomas Marsh,* d. 1673.
185. Jane ——.
188. John Thompson,* d. circa 1702.
189. Judith Herman, bp. 9 May 1660.
190. John Salter, d. 1715.
191. Sarah ——.

Eighth Generation
268. Oswald Tilghman, b. 1579, d. 1628, m. 1612.
269. Abigail Tayler.
352. Robert Forman,* b. circa 1605, d. 1671.
378. Augustine Herman,* b. circa 1610, d. circa 1686, m. 10 Dec. 1650.
379. Jannetje Varlette.

Ninth Generation
538. Rev. Francis Tayler.
756. Augustine Ephraim Herman of Prague, Bohemia.
757. Beatrice Redel.

1. GEORGE WASHINGTON WILLIAMS

FIRST GENERATION
2. George Washington Williams, b. 18 Mch. 1854, d. 1923.
3. Carolyn Cohee, b. 1862, d. 1902.

SECOND GENERATION
4. George Washington Williams, b. 1817, d. 1860.
5. Mary Rebecca Whitham, b. 1817, d. 1901.

THIRD GENERATION
8. Joseph Williams, b. 1776.
10. William Whitham, b. 1793, d. 1823, m. Mch. 1816.
11. Ann Hynson, b. 1797, d. Oct. 1823.

FOURTH GENERATION
20. William Whitham, d. 1793, m. 1792.
21. Mary Chick.
22. Peregrine Hynson, m. Jan. 1786.
23. Rebecca Ellis.

FIFTH GENERATION
40. Benjamin Whitham, d. 1784.
41. Martha Hughes.
44. Thomas Hynson, b. 1721, d. 1782.
45. Sarah Joce.
46. Richard Ellis.
47. Sarah Thompson, b. 1741.

SIXTH GENERATION
80. William Whitham, d. 1756.
88. Nathaniel Hynson, b. 19 Mch. 1697, d. 3 Sept. 1755.
89. Mary ——.
90. Thomas Joce.
91. Margaret ——.
94. Richard Thompson, b. 5 Nov. 1713, d. 1789, m. 12 Nov. 1739.
95. Mary Alman.

SEVENTH GENERATION
176. John Hynson, d. 30 Sept. 1708, m. 1693.
177. Mary Stoops.
180. Thomas Joce, d. 12 Dec. 1712.
188. Richard Thompson, d. 3 Nov. 1775, m. Mch. 1706.
189. Magdalen Bouchelle.

EIGHTH GENERATION
352. John Hynson, b. 1651, d. 10 May 1705.
353. Ann ——.
354. John Stoops.
376. John Thompson,* d. circa 1702.
377. Judith Herman, bp. 9 May 1660.

NINTH GENERATION
704. Thomas Hynson,* b. circa 1620, d. circa 1667.
705. Grace ——.
754. Augustine Herman,* b. circa 1610, d. circa 1686, m. 10 Dec. 1650.
755. Janetje Varleth.

TENTH GENERATION
1508. Augustine Ephraim Herman (of Prague, Bohemia).
1509. Beatrice Redel.

1. MASON LOCKE WEEMS WILLIAMS

(See Pedigree Book, 1905, p. 126, revised)

First Generation
2. Henry Williams, b. 9 Oct. 1840, d. 21 Mch. 1916, m. 11 June 1868.
3. Georgeanna Weems, b. 27 May 1845.

Second Generation
4. Henry Williams, b. 25 Jan. 1812, d. 8 Apl. 1852, m. 11 Oct. 1839.
5. Priscilla Elizabeth Chew, b. 25 July 1809, d. 6 July 1881.
6. Mason Locke Weems, b. 12 Apl. 1814, d. 14 Oct. 1874, m. 11 June 1844.
7. Matilda Sparrow, b. Aug. 1823, d. Sept. 1861.

Third Generation
10. John Hamilton Chew, b. 14 Sept. 1771, d. 22 Mch. 1830.
11. Priscilla Elizabeth Clagett, b. 1778, d. 21 Sept. 1843.
12. George Weems, b. 23 May 1784, d. 6 Mch. 1853.
13. Sarah Sutton, b. 1788, d. 1849.
14. John Sparrow, b. 1784.
15. Anne Griffith.

Fourth Generation
20. Samuel Chew, b. 1737, d. 20 Feb. 1790.
21. Priscilla Clagett.
22. Rt. Rev. Thomas John Clagett, b. 3 Oct. 1743, d. 3 Aug. 1816.
23. Mary Gantt, b. 10 Apl. 1752.
24. David Weems, b. 11 Aug. 1751, d. 22 Jan. 1820, m. 15 Apl. 1777.
25. Margaret Harrison, b. 17 May 1753, d. 21 Nov. 1794.
28. Solomon Sparrow, b. 1746.
29. Mary Ferguson.
30. Louis Griffith.
31. Sarah Stewart.

Fifth Generation
40. Samuel Chew, d. 1749.
41. Sarah Lock, b. 1721, d. 1 Feb. 1791.
42. Rev. Samuel Clagett, b. 31 Jan. 1718, d. Aug. 1756, m. 1 Jan. 1742.
43. Elizabeth Gantt, b. 1713.
44. Rev. Samuel Clagett, b. 31 Jan. 1718, d. Aug. 1756, m. 1 Jan. 1742.
45. Elizabeth Gantt, b. 1713.
46. **Edward Gantt**, b. 28 Apl. 1720, m. 25 Nov. 1744.
47. Elizabeth Wheeler.
48. **David Weems,*** b. 1706, d. 5 May 1779.
49. Esther Hill, b. 1717, d. 1776.
50. Richard Harrison.
51. Rachel Smith, b. 1720, d. 7 Jan. 1786.
56. John Sparrow, d. 1751.
57. Mary ———.

Sixth Generation
80. John Chew, b. 8 Apl. 1687, d. 1718, m. 1708.
81. Eliza Harrison.
82. William Lock,* b. 1679, d. 9 May 1732.
83. Sarah Harrison. (Widow Lane)
84. Richard Clagett, b. 1680, d. 1752, m. 1705.
85. Deborah Dorsey. (Widow Ridgely)
86. Thomas Gantt, b. 1686, d. 1765.
87. Priscilla Brooke.
88. Richard Clagett, b. 1680, d. 1752, m. 1705.
89. Deborah Dorsey. (Widow Ridgely)
90. Thomas Gantt, b. 1686, d. 1765.
91. Priscilla Brooke.
92. Thomas Gantt, b. 1686, d. 1765.
93. Priscilla Brooke.
94. Robert Wheeler.
95. Mary ———.
98. Abel Hill, d. 1762.
99. Susanna Gott, b. 1688.
100. Samuel Harrison, b. 1679, d. 1733.
101. Sarah Hall, b. 1694, d. 1747.
102. **Walter Smith**, c. 1734.
103. Susanna Brooke, d. 1767.
112. Thomas Sparrow, d. 1719, m. 28 Nov. 1698.
113. Sophia Richardson. Second Wife.

Seventh Generation
160. Samuel Chew, b. 1660, d. 10 Oct. 1718.
161. Anne ———, d. 8 Apl. 1702.
162. Richard Harrison,* d. 1716.
163. Elizabeth Smith, d. 1693/4. (Widow Benson)
166. Richard Harrison,* d. 1716.
167. Elizabeth Smith, d. 1693/4.
168. **Thomas Clagett,*** d. circa 1703/6.
169. Sarah ———, b. 1663, d. post 1718.
170. **John Dorsey**, d. 1715, m. 1684.
171. Pleasance Ely.
172. Edward Gantt.
173. Anne Baker.
174. **Thomas Brooke**, b. 1660, d. 7 Jan. 1730.
175. Anne ———. First Wife.
176. **Thomas Clagett,*** d. 1703.
177. Sarah ———, b. 1663, d. post 1718.
178. John Dorsey, d. circa 1715, m. 1684.
179. Pleasance Ely.
180. [See above]. 172
182. **Thomas Brooke**, b. 1660, d. 25 Jan. 1730/1.
183. Anne ———.
184. [See above]. 172
186. **Thomas Brooke**, b. circa 1660, d. Jan. 1730/1.
187. Anne ———. First Wife.
196. Abel Hill.
198. Richard Gott, d. 1715.
199. Hannah Pratt.

312

200. Richard Harrison,* d. 1716.
201. Elizabeth Smith, d. 1694. (Widow Benson)
202. **Elisha Hall**, b. 8 July 1663, d. 6 Feb. 1716.
203. Sarah Hooper, d. 1739. (Widow Wingfield)
204. **Walter Smith**, d. 1711.
205. Rachel Hall, d. 28 Oct. 1730.
206. Clement Brooke, b. 1676, d. 1737.
207. Jane Sewall, d. 1761.
224. Thomas Sparrow,* d. 1675, m. post 1667.
225. Elizabeth Kensey, d. 1715.
226. **William Richardson**,* d. 2 Nov. 1697.
227. Elizabeth Ewen, d. 1 Jan. 1704.

EIGHTH GENERATION

320. **Samuel Chew**, d. 15 Mch. 1676/7.
321. Anne Ayres, d. 13 Apl. 1695.
326. Thomas Smith,* d. 1685.
327. Alice ——, d. 1698.
334. Thomas Smith,* d. 1685.
335. Alice ——, d. 1698.
340. Edward Dorsey,* d. circa 1659.
344. Thomas Gantt,* d. 1692.
345. ? Mary Graham.
356. Edward Dorsey.*
372. **Thomas Brooke**,* b. 1632, d. 1676.
373. Eleanor Hatton,* b. 1642, d. 1724.
396. Richard Gott,* d. 1660.
397. Susan ——.
398. Thomas Pratt,* d. 1686.
402. Thomas Smith,* d. 1685.
403. Alice ——, d. 1698.
406. Richard Hooper.
407. Mary ——.
408. **Richard Smith**,* d. circa 1690.
409. Eleanor ——.*
410. **Richard Hall**,* b. 1635, d. 1688.
411. Elizabeth ——.
412. **Thomas Brooke**,* b. 1632, d. 1676.
413. Eleanor Hatton,* b. 1642.
414. **Nicholas Sewall**, b. 1655, d. 1737.
415. Susanna Burgess, b. circa 1662.
448. Thomas Sparrow,* d. ante 1659.
449. Elizabeth ——.
450. Hugh Kensey,* d. 1667.
451. Margaret ——.
454. **Richard Ewen**,* d. 1660.

NINTH GENERATION

640. John Chew,* d. circa 1660.
641. Sarah ——.
642. William Ayres.*
744. **Robert Brooke**,* b. 3 June 1602, d. 20 July 1655.
745. Mary Baker. First Wife.
746. Richard Hatton.
747. Margaret ——.*
812. **Henry Hooper**,* d. 1676.
813. Sarah ——.
824. **Robert Brooke**,* b. 3 June 1602, d. 20 July 1655, m. 25 Feb. 1627.
825. Mary Baker, d. 1634. First Wife.
828. **Henry Sewall**,* d. 1665.
829. Jane Lowe.
830. **William Burgess**,* b. 1622, d. 24 Jan. 1686/7.
831. Sophia (——) Ewen.

1. JOHN LAUGHLIN WILLIAMSON

FIRST GENERATION
2. William A. Williamson, b. 5 Feb. 1854, d. 17 Apl. 1916, m. 15 Nov. 1877.
3. Iad A. Fisher, b. 31 Jan. 1853, d. 1931.

SECOND GENERATION
4. Rev. Moses Williamson, b. 7 May 1802, d. 30 Oct. 1880, m. 15 Sept. 1834.
5. Emily Hurst Hughes, b. 19 Nov. 1817, d. 18 Dec. 1888.

THIRD GENERATION
10. Humphrey Hughes, b. 20 Nov. 1775, d. 21 Aug. 1858, m. 9 Mch. 1800.
11. Hetty Williams, b. 14 Dec. 1781, d. 4 Feb. 1870.

FOURTH GENERATION
20. Humphrey Hughes, b. circa 1752, d. 1777, m. 1774.
21. Jane Whilldin, b. 15 June 1756, d. 26 May 1790.

FIFTH GENERATION
42. James Whilldin, b. 1714, d. 5 Nov. 1780.
43. Jane Hand, b. 1719, d. 8 May 1760.

SIXTH GENERATION
84. Joseph Whilldin, b. 1690, d. 18 Mch. 1748.
85. Mary Wilmon, b. 1689, d. 8 Apl. 1743.

SEVENTH GENERATION
168. Joseph Whilldin, b. inter 1656/60, d. circa 1725, m. circa 1683.
169. Hannah Gorham, b. 28 Nov. 1663, d. circa 1728.

EIGHTH GENERATION
338. John Gorham,* bp. 28 Jan. 1621, d. 5 Feb. 1676, m. 1643.
339. Desire Howland, b. 1624, d. 13 Oct. 1683.

NINTH GENERATION
678. John Howland,* b. 1592, d. 1673.
679. Elizabeth Tilley.

TENTH GENERATION
1358. John Tilley,* d. 1621.

1. THOMAS WILSON WILLIAMSON

First Generation
2. Thomas Wilson Williamson, b. 3 Mch. 1849, d. 1 Nov. 1887, m. Mch. 1853.
3. Ariel Street Green.

Second Generation
4. James Pryor Williamson, b. 9 June 1809, d. 1 Jan. 1859, m. 23 May 1833.
5. Harriette Reed, b. 10 Apl. 1811, d. 14 May 1886.

Third Generation
8. John Williamson, b. 25 Aug. 1775, d. 10 June 1813, m. 24 July 1800.
9. Elizabeth Pryor, b. 18 Aug. 1782, d. 13 July 1829.

Fourth Generation
16. George Williamson, b. 7 Oct. 17.., d. 9 June 1813, m. 1774.
17. Mary Pringle.
18. Emory Pryor, b. 27 Sept. 1756, d. 30 Apl. 1795, m. 25 Oct. 1779.
19. Mary McWay.

Fifth Generation
32. George Williamson, d. 1 Jan. 1771.
33. Rachel Morphet.
36. William Pryor, d. 1769, m. 5 Feb. 1735.
37. Elizabeth Thomas.

Sixth Generation
64. John Williamson, d. ante 1720.
72. Edmund Pryor, m. circa 1700.
73. Catharine Vandervoort, d. 24 Aug. 1749.
74. Tristram Thomas, d. May 1746.
75. Anne (Emory?).

Seventh Generation
128. Duncan (Dirck) Williamson.*
146. Michael Paul Vandervoort, d. 1692.
147. Maritje Rapalje, b. 11 Aug. 1627.
148. Tristram Thomas, d. 1745/6.
149. Judith Clayland, b. 26 Dec. 1674.

Eighth Generation
294. Joris Janssen Rapalje, m. 1623.
295. Catalyntje Trico, d. 1689.
296. Tristram Thomas, d. 1686.
297. Anne Coursey.
298. Rev. James Clayland.
299. Elizabeth Hemsley.

Ninth Generation
592. Christopher Thomas,* d. 25 Mch. 1670.
593. —— ——. First Wife.

1. WILLIAM WINCHESTER

First Generation
2. James Winchester, b. 18 Nov. 1816, d. 18 June 1873, m. 21 Dec. 1846.
3. Elizabeth Sedgley Smith, b. 13 May 1818, d. 2 Mch. 1908.

Second Generation
4. William Winchester, b. 1781, d. 9 Jan. 1864, m. 5 May 1814.
5. Henrietta Cromwell, b. 1788, d. 26 Apl. 1836.

Third Generation
8. William Winchester, b. 1 Dec. 1750, d. 24 Apl. 1812, m. 30 Oct. 1771.
9. Mary Parks, b. 1753, d. 14 Oct. 1821.

Fourth Generation
16. William Winchester,* b. 22 Dec. 1710, d. 2 Sept. 1790, m. 28 July 1747.
17. Lydia Richards, b. 4 Aug. 1727, d. 19 Feb. 1809.

1. FREDERICK WILLIAM WOOD

First Generation
2. William Wood, b. 15 Feb. 1819, d. 12 Jan. 1890, m. 16 May 1847.
3. Elizabeth French Kidder, b. 4 Feb. 1819, d. 2 June 1903.

Second Generation
4. Micajah Wood, b. 1793, d. 1874.
5. Rachel Richardson, b. 1792, d. 1869.
6. Dr. Moses Kidder, b. 15 Jan. 1789, d. 5 May 1855.
7. Rachel S. Kendrick, b. 13 Jan. 1793, d. 22 Aug. 1875.

Third Generation
8. Amos Wood, b. 1755, d. 1842.
9. Mercy Whiting, b. 1761, d. 1834.
10. Jonathan Richardson, b. 1755, d. 1825.
11. Mercy Richardson, b. 1759.
12. Isaac Kidder, b. 1752, d. 1825.
13. Sarah Stickney, b. 1756, d. 1826.
14. Stephen Kendrick, b. 1756, d. 1811.
15. Sarah Shepard, b. 1757.

Fourth Generation
16. Ebenezer Wood, b. 1727.
17. Sarah Stickney, b. 1728.
18. Oliver Whiting, b. 1736.
19. Mercy Worcester, b. 1734.
20. Jonathan Richardson, b. 1720, d. 1768.
21. Lucy Clark, b. 1721, d. 1775.
22. Moses Richardson, b. 1728.
23. Elizabeth Colburn.
24. William Kidder, b. 1710, d. 1789.
25. Sarah Ballard, b. 1717.
26. Abraham Stickney, b. 1733, d. 1803.
27. Sarah Kittredge, d. 1807.
28. Benjamin Kendrick, b. 1724, d. 1812.
29. Sarah Harris, b. 1730, d. 1818.
30. John Shepard, b. 1706, d. 1775.
31. Sarah French, b. 1722, d. 1802.

Fifth Generation
32. Edward Wood, b. 1689.
33. Mary Spofford, b. 1682.
34. Thomas Stickney, b. 1694, d. 1769.
35. Mary Mulliken, b. 1692, d. 1737.
36. John Whiting, b. 1699.
37. Sarah Hunt, d. 1765.
38. Moses Worcester, b. 1691.
39. Mercie ——, b. 1691.
40. Josiah Richardson, b. 1691, d. 1776.
41. Lydia ——, d. 1737.
42. Jonas Clark, b. 1684, d. 1770.
43. Elizabeth Richardson, b. 1692, d. 1767.
44. Josiah Richardson, b. 1691, d. 1776.
45. Lydia ——, d. 1737.
46. Josiah Colburn.
47. Sarah Colburn.
48. Enoch Kidder, b. 1664, d. 1752.
49. Mary Hayward, b. 1672.
50. Hezekiah Ballard, b. 1682, d. 1751.
51. Rebecca Davis, b. 1692.
52. Abraham Stickney, b. 1703, d. 1783.
53. Abigail Hall, b. 1704, d. 1785.
54. James Kittredge, b. 1704.
55. Elizabeth Shed, b. 1703.
56. Caleb Kendrick, b. 1695, d. 1771.
57. Abigail Bowen, b. 1700, d. 1775.
58. Stephen Harris, b. 1700.
59. Mary ——, b. 1704.
60. Daniel Shepard, b. 1675.
61. Mary Smedley, b. 1674.

Sixth Generation
64. John Wood, b. 1656, d. 1735.
65. Isabel Hazen, b. 1662.
66. Samuel Spofford, b. 1653, d. 1743.
67. Sarah Burpee, b. 1660, d. 1720.
68. Samuel Stickney, b. 1663, d. 1714.
69. Mary Heseltine, b. 1672, d. 1731.
70. Robert Mullican, b. 1665.
71. Rebecca Savory, b. 1663.
72. Oliver Whiting, b. 1665, d. 1736.
73. Anna Danforth, b. 1668.
74. Thomas Hunt, b. 1689.
75. Sarah Crosby, b. 1694.
76. William Worcester, d. 1706.
77. Martha Cheney, d. 1729.
80. Josiah Richardson, b. 1665, d. 1711.
81. Mercy Parish, d. 1743.
84. Rev. Thomas Clark, b. 1653, d. 1704.
85. Mary Bulkley, b. 1660, d. 1700.
86. Ezekiel Richardson, b. 1667, d. 1696.
87. Mary Bunker, b. 1669, d. 1741.
88. Josiah Richardson, b. 1665, d. 1711.
89. Mercy Parish, d. 1743.
92. Thomas Colburn.
93. Mary Richardson, b. 1662.
94. Daniel Colburn.
95. Sarah Blood.
96. James Kidder,* b. 1626, d. 1676.
97. Anna Moore.
98. William Hayward, b. 1651.
99. Anna Stratton, b. 1652.
100. Joseph Ballard, b. 1645, d. 1722.
101. Elizabeth Phelps, d. 1692.
102. Joseph Davis, d. 1747.
103. Rebecca Patten, b. 1675.
104. Samuel Stickney, b. 1663, d. 1714.
105. Mary Heseltine, b. 1672, d. 1731.
106. Richard Hall, b. 1676, d. 1740.
107. Abigail Dalton, b. 1673.
108. James Kittredge, b. 1667.
109. Sarah Brackett, b. 1674, d. 1708.
110. Nathan Shed, b. 1669, d. 1736.
111. Mary French, b. 1670, d. 1740.
112. John Kendrick, b. 1641, d. 1721.
113. Esther Hall, b. 1654, d. 1723.
114. John Bowen, b. 1662, d. 1718.
115. Hannah Brewer, b. 1665.
116. Timothy Harris, b. 1657, d. 1723.
117. Phoebe Pearson, b. 1660, d. 1732.
120. John Shepard, d. 1699.
121. Sarah Goble, b. 1638, d. 1717.

122. John Smedley, b. 1646, d. 1717.
123. Sarah Wheeler, b. 1649.

SEVENTH GENERATION

128. Thomas Wood,* b. 1635, d. 1687.
129. Ann Hunt, d. 1714.
130. Edward Hazen, d. 1683.
131. Hannah Grant, d. 1716.
132. John Spofford, d. 1678.
133. Elizabeth Scott, b. 1625.
134. Thomas Burpee, d. 1701.
135. Sarah Kelly, b. 1641, d. 1713.
136. Samuel Stickney, b. 1633, d. 1709.
137. Julian Swan, d. 1672.
138. Abraham Heseltine.
139. Elizabeth Langhorne.
142. Robert Savory, d. 1690.
143. Mary ——.
144. Rev. Samuel Whiting, b. 1633, d. 1713.
145. Dorcas Chester, b. 1637, d. 1713.
146. Jonathan Danforth, b. 1628, d. 1712.
147. Elizabeth Poulter, b. 1633, d. 1689.
148. Samuel Hunt, b. 1657, d. 1742.
149. Mary ——.
150. Joseph Crosby, b. 1669.
151. Sarah French.
152. Samuel Worcester, d. 1680.
153. Elizabeth Parrott, b. 1640.
154. Peter Cheney, b. 1639.
155. Hannah Noyes, b. 1643.
160. Josiah Richardson, bp. 1635, d. 1695.
161. Remembrance Underwood.
162. Robert Parish.
163. Elizabeth Blanchard.
168. Jonas Clark.
169. Elizabeth ——.
170. Rev. Edward Bulkley, b. 1614, d. 1696.
172. James Richardson, bp. 1641, d. 1677.
173. Bridget Hinchman.
174. Jonathan Bunker, bp. 1638, d. 1678.
175. Mary Howard.
176. Josiah Richardson, bp. 1635, d. 1695.
177. Remembrance Underwood.
178. Robert Parish.
179. Elizabeth Blanchard.
184. Edward Colburn,* b. 1618, d. 1710.
185. Hannah ——.
186. Josiah Richardson, bp. 1635, d. 1695.
187. Remembrance Underwood.
188. Edward Colburn,* b. 1618, d. 1710.
189. Hannah ——.
190. Robert Blood, d. 1701.
191. Elizabeth Willard, d. 1692.
192. James Kidder, bp. 1595, d. 1683.
194. Francis Moore,* b. 1586, d. 1651.
195. Katherine ——, d. 1643.
196. George Hayward,* b. 1619, d. 1671.
197. Mary ——.
198. Samuel Stratton, d. 1717.
199. Mary Frye, d. 1674.
200. William Ballard,* b. 1617, d. 1689.
201. Grace ——, d. 1694.
202. Edward Phelps.
203. Elizabeth Adams, bp. 1643.
204. Joseph Davis, b. 1647, d. 1677.
205. Hannah ——.
206. Thomas Patten, b. 1636, d. 1690.
207. Rebecca Paine, b. 1642, d. 1680.
208. Samuel Stickney, b. 1633, d. 1709.
209. Julian Swan, d. 1672.
210. Abraham Heseltine, b. 1648.
211. Elizabeth Langhorne.
212. Richard Hall, d. 1730.
213. Martha ——.
214. Samuel Dalton,* b. 1629, d. 1681.
216. John Kittredge, d. 1676.
217. Mary Littlefield, b. 1646, d. 1719.
218. John Brackett, b. 1637, d. 1687.
219. Hannah French, b. 1644, d. 1674.
220. Daniel Shed,* b. 1620, d. 1708.
221. Mary ——, d. 1660.
222. John French, b. 1635, d. 1712.
223. Mary Rogers, b. 1643, d. 1677.
224. John Kendrick, b. 1604, d. 1686.
225. Ann Smith, d. 1656.
226. Edward Hall, d. 1670.
227. Esther ——.
228. Henry Bowen, b. 1633, d. 1724.
229. Elizabeth Johnson, b. 1637, d. 1701.
230. Daniel Brewer, b. 1624, d. 1708.
231. Hannah Morrill, b. 1636.
232. John Harris, b. 1607, d. 1675.
233. Bridget Angier, b. 1607, d. 1672.
234. John Pearson,* d. 1693.
235. Dorcas ——, d. 1703.
240. John Shepard, b. 1599, d. 1646.
241. Frances Kingston.
242. Thomas Goble, d. 1657.
243. Alice ——.
244. John Smedley.
245. Ann ——.
246. Thomas Wheeler,* b. 1625, d. 1704.
247. Sarah Merriam.

EIGHTH GENERATION

258. William Hunt, b. 1605.
259. Elizabeth Best.
266. Thomas Scott.
267. Elizabeth ——.
270. John Kelly, d. 1644.
272. William Stickney,* b. 1592, d. 1664.
273. Elizabeth ——.
274. Richard Swan.
275. Ann ——.
276. Robert Heseltine.
277. Anna ——.
278. Richard Langhorne.
279. Mary Crosby.
288. Rev. Samuel Whiting, b. 1597, d. 1679.
289. Elizabeth St. John, d. 1677.
290. Leonard Chester, b. 1610, d. 1648.
291. Mary ——.
292. Nicholas Danforth,* b. 1585, d. 1638.
293. Elizabeth Symes, d. 1629.
294. John Poulter.
295. Mary ——, d. 1692.
296. Samuel Hunt.
300. Simon Crosby, b. 1637, d. 1725.
301. Rachel Brackett.
302. William French,* b. 1603, d. 1681.
303. Mary Lathrop.
304. William Worcester.

305. Sarah ——, d. 1650.
306. Francis Parrott, d. 1656.
307. Elizabeth Tenney.
308. John Cheney.
309. Martha ——.
310. Nicholas Noyes,* b. 1614.
311. Mary Cutting, b. 1618, d. 1701.
320. Ezekiel Richardson,* d. 1647.
321. Susanna ——.
322. William Underwood.
323. Sarah Pellet.
326. John Blanchard,* d. 1694.
327. Elizabeth Hills, b. 1627, d. 1662.
340. Rev. Peter Bulkley.
341. Jane Allen.
344. Ezekiel Richardson,* d. 1647.
345. Susanna ——.
346. Thomas Hinchman.
348. George Bunker, d. 1664.
349. Judith ——.
352. Ezekiel Richardson,* d. 1647.
353. Susanna ——.
354. William Underwood.
355. Sarah Pellet.
358. John Blanchard,* d. 1694.
359. Elizabeth Hills, b. 1627, d. 1662.
372. Ezekiel Richardson,* d. 1647.
373. Susanna ——.
374. William Underwood.
375. Sarah Pellet.
380. James Blood, d. 1683.
382. Simon Willard,* b. 1605, d. 1676.
383. Mary Sharp, bp. 1614.
384. John Kidder, bp. 1561, d. 1616.
385. Joanna Beorge, d. 1610.
396. Samuel Stratton,* b. 1592.
397. Margaret ——.
404. Henry Phelps.
405. Elinor ——.
406. Robert Adams, d. 1682.
407. Eleanor ——, d. 1677.
408. George Davis, d. 1677.
409. Sarah Clark, d. 1698.
412. William Patten,* d. 1668.
413. Mary ——, d. 1673.
414. Thomas Paine, b. 1613, d. 1686.
415. Rebecca ——, d. 1682.
416. William Stickney,* b. 1592, d. 1664.
417. Elizabeth ——.
418. Richard Swan,* d. 1678.
419. Ann ——.
420. Robert Heseltine, b. 1639.
421. Anna ——.
422. Richard Langhorne.
423. Mary Crosby.
424. Richard Hall.
428. Philemon Dalton, b. 1590, d. 1662.
429. Hannah ——.
434. Francis Littlefield, b. 1619, d. 1712.
435. Jane Hill, d. 1646.
436. Richard Brackett,* b. 1611, d. 1691.
437. Alice ——.
438. William French,* b. 1603, d. 1681.
439. Elizabeth Symmes, b. 1604, d. 1688.
444. William French,* b. 1603, d. 1681.
445. Elizabeth Symmes.
446. John Rogers, b. 1612, d. 1685.
447. Priscilla Dawes, b. 1622, d. 1663.
448. Edward Kendrick. Lord Mayor of London, in 1652.
456. Griffith Bowen,* d. ante 1676.
457. Margaret Fleming.
458. Isaac Johnson, b. 1615, d. 1675.
459. Elizabeth Porter.
460. Daniel Brewer,* d. 1646.
461. Joanna ——.
462. Isaac Morrill,* b. 1588 d. 1661.
463. Sarah ——.
464. Thomas Harris,* d. 1680.
465. Elizabeth ——, d. 1669.
466. Edmond Angier, d. 1677.
467. Bridget Rogers.
480. William Shepard.
481. —— Bland.
482. William Kingston.
494. Joseph Merriam.
495. Sarah Goldston.

NINTH GENERATION

532. Henry Scott, d. 1624.
533. Martha Whotlock.
544. William Stickney, b. 1558.
545. Margaret Pierson.
548. Robert Swan.
576. John Whiting. Mayor of Boston, England.
578. Oliver St. John, b. 1564, d. 1625.
579. Sarah Bulkley, d. 1610.
580. John Chester.
581. Dorothy Hooker, d. 1662.
592. William Hunt, b. 1605.
593. Elizabeth Best.
600. Simon Crosby.*
601. Ann ——.
602. Richard Brackett,* b. 1611, d. 1691.
603. Alice ——, b. 1614, d. 1690.
606. Thomas Lathrop.
607. —— Learned.
620. Rev. William Noyes.
621. Anna Parker.
640. Thomas Richardson, d. 1633.
641. Katherine Duxford, d. 1631.
654. Joseph Hills,* b. 1602, d. 1687.
655. Hannah Smith.
680. Rev. Edward Bulkley.
681. Olive Isley.
682. Thomas Allen.
683. Mary Fairclough.
688. Thomas Richardson, d. 1633.
689. Katherine Duxford, d. 1631.
704. Thomas Richardson, d. 1633.
705. Katherine Duxford, d. 1631.
718. Joseph Hills,* b. 1602, d. 1687.
719. Hannah Smith.
744. Thomas Richardson, d. 1633.
745. Katherine Duxford, d. 1631.
764. Richard Willard.
766. Henry Sharp.
767. Jane Field.
768. John Kidder, d. 1599.
769. Margaret Norman, d. 1569.
816. Nicholas Davis, d. 1670.

817. Sarah ——, d. 1643.
828. Thomas Paine, b. 1586, d. 1650.
829. Elizabeth Bloomfield, b. 1584.
832. William Stickney, b. 1558.
833. Margaret Pierson.
868. Edmund Littlefield, d. 1661.
869. Ann ——.
870. Ralph Hall, d. 1663.
871. Persis Symmes.
878. Randolph Symmes.
879. Ann Burton.
890. Randolph Symmes.
891. Ann Burton.
892. Thomas Rogers, bp. 1574, d. 1625.
893. Mary ——.
894. William Dawes.
916. John Johnson.
917. Margery ——.
932. William Angier.
933. Josan ——.
934. Rev. John Rogers, d. 1636.
962. William Bland.
988. William Merriam.
989. Sara ——.
990. John Goldston.
991. Frances Jeffries.

TENTH GENERATION

1982. John Jeffries.
1983. Jane ——.

1. HENRY WOOD

First Generation
2. Henry T. Wood, b. Sept. 1820, d. 23 Nov. 1883, m. 4 Sept. 1845.
3. Anne Greene Russell, b. 14 Sept. 1822, d. 2 Aug. 1913.

Second Generation
6. Reuben Russell, b. 29 Aug. 1771, d. 24 Oct. 1846, m. 29 Dec. 1809.
7. Anne Tucker, b. 27 Aug. 1772, d. 10 June 1842.

Third Generation
12. Caleb Russell, b. 11 Mch. 1747, d. 15 Oct. 1827, m. 9 May 1770.
13. Content Gifford.

Fourth Generation
24. Caleb Russell, b. 9 Aug. 1713, d. 30 Aug. 1804.
25. Rebecca Borden, b. 18 Aug. 1712, d. 30 Apl. 1752.

Fifth Generation
48. Joseph Russell, b. 22 Nov. 1679, d. 13 Apl. 1748.
49. Mary Tucker, b. 1 July 1682, d. 5 Dec. 1769.

Sixth Generation
96. Joseph Russell, b. 6 May 1650, d. 11 Dec. 1739.
97. Elizabeth Ricketson, b. 6 Mch. 1657, d. 25 Sept. 1737.

Seventh Generation
192. John Russell,* b. 1608, d. 13 Feb. 1694.
193. Dorothy ——, d. 18 Dec. 1687.

1. CALDWELL WOODRUFF, M.D.

First Generation
2. George Egleston Woodruff, b. 8 Apl. 1851, d. 14 Oct. 1920, m. 10 Oct. 1876.
3. Betty Caldwell, b. 10 Oct. 1855, d. 1 Mch. 1927.

Second Generation
4. Julian S. Woodruff, b. 9 Feb. 1826, d. 9 Sept. 1879, m. 2 Nov. 1847.
5. Maria Egleston, b. 13 Sept. 1828, d. 14 Jan. 1865.
6. William Caldwell, b. 2 Apl. 1820, d. 14 Jan. 1901, m. 27 Mch. 1851.
7. Angelina Templeton, b. 18 Sept. 1828, d. 2 Sept. 1897.

Third Generation
8. Joseph Woodruff, b. 12 Dec. 1787, d. 12 Oct. 1828, m. 8 Feb. 1816.
9. Jane Harris, b. 12 Dec. 1788, d. 16 Oct. 1834.
10. George W. Egleston, b. 17 July 1795, d. 6 Dec. 1863, m. 13 Dec. 1821.
11. Sophia Heriot, b. 12 Nov. 1799, d. 17 Apl. 1839.
12. James Caldwell, b. 13 Sept. 1790, d. 16 Nov. 1839, m. 15 Aug. 1816.
13. Araminta Parks, b. 29 Oct. 1796, d. 28 May 1845.
14. Elam Templeton, b. 25 Dec. 1798, d. 20 Oct. 1865, m. 24 Nov. 1826.
15. Nancy Amelia Sloan, b. 20 July 1805, d. 15 Sept. 1843.

Fourth Generation
16. Joseph Woodruff,* b. 1735, d. Jan. 1799.
17. Mary Forrester.*
18. Tucker Harris, b. 6 Sept. 1747, d. 6 July 1821.
19. Christiana Boston,* b. 3 Mch. 1750, d. 10 Mch. 1818.
20. Azariah Egleston, b. 23 Feb. 1757, d. 12 Jan. 1822, m. 11 Aug. 1785.
21. Hannah Paterson, b. 24 Aug. 1769, d. 21 Jan. 1803.
22. George Heriot,* b. 8 Apl. 1746, d. 11 Nov. 1807. From Scotland.
23. Sarah Tucker, b. 1756, d. 3 June 1820.
24. Daniel Caldwell,* b. 1754, d. 16 Sept. 1827. From Scotland.
25. Mary Greenlee,* b. 1748, d. 15 Sept. 1825.
26. William Parks, b. 8 Feb. 1770, d. 30 July 1824.
27. Mary Beatty, b. 1778, d. 6 Mch. 1846.
28. George Templeton,* b. 1751, d. 2 June 1820. From Scotland.
29. Eleanore Gracy, b. 1755, d. 22 Mch. 1837.
30. Robert Sloan,* b. June 1762, d. 16 Dec. 1823. From Ireland.
31. Agnes Curry, b. 28 Feb. 1772.

Fifth Generation
36. William Harris,* b. 26 Aug. 1715, d. 1756.
37. Sarah Tucker,* b. 11 Oct. 1716, d. 1786.
38. Rev. Thomas Boston, b. 3 Apl. 1713, d. 1767.
39. Jane Anderson.
40. Seth Egleston, b. 19 Apl. 1731, d. 20 Mch. 1772.
41. Rachel Church, b. 19 June 1736, d. 30 June 1825.
42. John Paterson, b. 1744, d. 19 July 1808.
43. Elizabeth Lee, b. 1749, d. 8 July 1841.
44. George Heriot, b. 1688, d. 18 Jan. 1753.
45. Mary Tannoch, d. 29 Dec. 1769.
46. Thomas Tucker, b. 1720, d. 24 Nov. 1784.
47. Sarah ——.
58. Patrick Gracy,* b. 1700, d. 9 Jan. 1810. From Ireland.
59. Rebecca Barnet.

Sixth Generation
74. Benjamin Tucker. Of Bermuda.
76. Rev. Thomas Boston, b. 17 Mch. 1676, d. 20 May 1732.
77. Katherine Brown, b. 3 Feb. 1674, d. 1737.
80. Joseph Egleston, b. 1700, d. 2 May 1774.
81. Abigail Weller, b. 12 Nov. 1703, d. 13 Oct. 1760.
84. John Paterson, b. 14 Feb. 1708, d. 5 Sept. 1762.
85. Ruth Bird, b. 26 July 1702.
86. Josiah Lee, b. 13 Aug. 1710, d. 1797.
87. Hannah Warren, b. 19 Oct. 1714.
88. John Heriot, b. 1664, d. 1725.
89. Jane Sinclair.
92. John Tucker,* b. 1680, d. 5 Apl. 1757.
93. Elizabeth ——.

Seventh Generation
152. John Boston.
153. Allison Trotter.
160. Nathaniel Egleston, b. 15 Aug. 1666.
161. Hannah Ashley, b. 26 Dec. 1675, d. 3 Dec. 1752.
162. Eleazer Weller, b. 8 Oct. 1675.
163. Abigail ——.
168. James Paterson,* b. 1664, d. 2 Dec. 1750. From Scotland.
169. Mary (——) Talcott, d. 28 Sept. 1712.
170. Joseph Bird,* b. 1669, d. 1708.
171. Mary Steele, b. 1680, d. 1756.
172. Stephen Lee, b. 2 Apl. 1669, d. 7 June 1753.
173. Elizabeth Royce, b. circa 1669/70, d. 2 May 1760.
174. Abraham Warren.
175. Experience Stevens.
176. George Heriot, b. 1636, d. 1698.
177. —— Ferguson.

Eighth Generation

320. James Egleston, b. 1620, d. 1 Dec. 1679, m. circa 1654.
321. Hester ——, b. circa 1635, d. 10 July 1720.
322. David Ashley, b. 8 June 1642, d. 8 Dec. 1718, m. 24 Nov. 1663.
323. Hannah Glover, b. May 1646, d. 7 June 1722.
324. Eleazer Weller,* b. 1650, d. 1684.
342. John Steele, b. 5 Nov. 1647, d. 26 Aug. 1737.
343. Ruth Judd, b. 1647.
344. John Lee,* b. 1620, d. 1690, m. circa 1658.
345. Mary Hart, d. 1710.
346. Isaac Royce, m. 15 Dec. 1669.
347. Elizabeth Lothrop, b. Mch. 1648.

Ninth Generation

640. Bigod Egleston,* b. 1587, d. 1 Sept. 1674, m. 1618.
641. —— ——. First Wife.
644. Robert Ashley,* d. 29 Nov. 1682.
645. Mary (——) Horton, d. 19 Sept. 1683.
646. Henry Glover,* b. 1610, d. 1689, m. ante 1641.
647. Helena ——.
690. Stephen Hart,* b. 1606, d. 6 Mch. 1683.
691. —— ——.
692. Robert Royce,* d. 1676.|
693. —— ——.
694. Samuel Lothrop,* b. circa 1623, d. Feb. 1700, m. 28 Nov. 1644.
695. Elizabeth Scudder.

Tenth Generation

1280. James Egleston, d. Mch. 1613. Of Yorkshire.
1281. —— ——.
1388. Rev. John Lothrop,* b. 1584, d. 8 Nov. 1653, m. Oct. 1610.
1389. Hannah Howse, d. 1634.

1. RICHARD WALKER WORTHINGTON
1. THOMAS CHEW WORTHINGTON, M.D.
2. THOMAS CHEW WORTHINGTON

FIRST GENERATION

2. THOMAS CHEW WORTHINGTON, b. 19 Oct. 1854, d. 18 June 1930, m. 2 Aug. 1877.
3. Mary Kate Walker, b. 21 Aug. 1856, d. 22 Oct. 1926.

SECOND GENERATION

4. Thomas Chew Worthington, b. 30 Oct. 1823, d. 14 Sept. 1903, m. 20 June 1850.
5. Louisa Davis, b. 8 May 1824, d. 18 July 1868.
6. Matthias Thomas Walker, b. 24 July 1809, d. 1863, m. 5 Oct. 1847.
7. Margaret Mary Ann Bull, b. 28 June 1825, d. 15 July 1900.

THIRD GENERATION

8. Rezin Hammond Worthington, b. 28 June 1794, d. 22 June 1884, m. 14 Jan. 1823.
9. Rachel Owings Shipley, b. 21 Aug. 1806, d. 2 Dec. 1823.
10. Richard Wootton Davis, b. 18 Mch. 1799, d. 24 May 1843, m. 8 May 1821.
11. Sarah Brashear, d. 20 May, 1839.
12. John Walker, d. 1815.
13. Ann Marie Thomas, b. 1778, d. 6 Jan. 1831.
14. Robert Baldwin Bull, d. 1841, m. circa 1805.
15. Margaret Collins, d. 1850.

FOURTH GENERATION

16. Thomas Worthington, b. 2 May 1739, d. 16 Mch. 1821, m. 9 Apl. 1786.
17. Marcella Owings, b. 11 July 1748, d. 27 Apl. 1842.
18. Thomas Chew Shipley, b. 3 Oct. 1782, d. 1850, m. 5 June 1805.
19. Ann Griffith Hall, b. 1787.
20. Ignatius Davis, b. 23 Nov. 1759, d. 4 May 1828, m. 22 May 1798.
21. Margaret Wootton, b. 4 June 1779, d. 23 Aug. 1804.
22. Belt Brashear.
23. Ann Cook.
26. Philip Thomas, m. 20 June 1758.
27. Julianna Barbara Steiner, b. 16 Dec. 1736, d. 30 Dec. 1815.

FIFTH GENERATION

32. John Worthington, b. Jan. 1689/90, d. 12 Dec. 1765, m. 8 Jan. 1714.
33. Helen Hammond.
34. Joshua Owings, b. 15 Apl. 1704, d. 11 Apl. 1787, m. 9 Mch. 1735.
35. Mary Cockey, b. 10 Dec. 1716, d. 30 Jan. 1768.
36. Talbot Shipley, b. 17 Sept. 1757, d. 13 Mch. 1800, m. 26 Aug. 1779. (lic.)
37. Rachel Owings, b. 1756. (Widow Chew)
38. Nicholas Hall.
39. Ann Griffith.
40. Meredith Davis, d. 14 Jan. 1765, m. 11 June 1752.
41. Sarah Claggett, b. 4 Jan. 1735.
42. Richard Wootton, b. 22 June 1741, d. 14 Nov. 1817, m. 27 Apl. 1777.
43. Martha Perry, b. 12 Mch. 1755, d. 26 May 1845.
44. William Brashear, b. 14 Mch. 1734.
46. George Cook.
47. Elizabeth Johnson.
52. George Philip Thomas.
53. Christina Catherine ———.

SIXTH GENERATION

64. John Worthington,* b. 1650, d. 9 Apl. 1701, m. circa 1688.
65. Sarah Howard, d. 21 Dec. 1726.
66. Thomas Hammond, b. circa 1666, d. circa 1725, m. circa 1692.
67. Rebecca Larkin.
68. Richard Owings.*
69. Rachel ———.
70. John Cockey, b. 15 Oct. 1681, d. 15 Aug. 1746, m. 17 Mch. 1714.
71. Elizabeth Slade, b. circa 1685, d. 5 Aug. 1780.
72. George Shipley, b. 20 Sept. 1726, d. 15 Jan. 1806.
73. Catherine ———.
74. Joshua Owings, b. 1704, d. 1787, m. 1735.
75. Mary Cockey, b. 1716, d. 1768.
78. Henry Griffith, b. 14 Feb. 1720, d. 28 Sept. 1794, m. 14 June 1751.
79. Ruth Hammond, b. 1733, d. 29 Jan. 1782. Second Wife.
80. Meredith Davis.
82. Thomas Claggett.
83. Ann Wheeler.
84. Turner Wootton.
85. Elizabeth Wilson.
86. James Perry.
87. Rebecca ———.
88. William Brashear, b. 15 Mch. 1706, m. 11 June 1724.
89. Priscilla Prather.
92. Rev. George Cook.

93. Jeanette Sedgwick.
94. Thomas Johnson, b. 1702, d. 11 Apl. 1779, m. circa 1725.
95. Dorcas Sedgwick.

SEVENTH GENERATION

130. Matthew Howard, d. circa 1692.
131. Sarah Dorsey, d. ante 1692.
132. John Hammond,* b. 1643, d. 24 Nov. 1707.
133. Mary ——.
134. John Larkin.*
140. William Cockey,* d. 1697, m. circa 1674.
141. Sarah ——, d. 1698.
144. Robert Shipley.
145. Elizabeth ——.
148. Richard Owings.*
149. Rachel ——.
150. John Cockey, b. 1681, d. 1746.
151. Elizabeth Slade, d. 5 Aug. 1780.
156. Orlando Griffith, b. 1688, d. 1757.
157. Katherine Howard, b. circa 1702, d. Feb. 1783.
158. John Hammond, d. 1753, m. circa 1722.
159. Ann Dorsey, d. circa 1786.
166. Roger Wheeler.
176. John Brashear.
177. Ruth Walker.
188. Thomas Johnson,* d. 1714.

189. Mary Baker.
190. Joshua Sedgwick. Of Conn.

EIGHTH GENERATION

260. Matthew Howard.*
261. Anne (Hall?).
262. Edward Dorsey.*
264. Thomas Hammond.*
288. Adam Shipley.*
300. William Cockey,* d. 1697.
301. Sarah ——, d. 1698.
312. William Griffith,* d. 1699.
313. Sarah Maccubbin.
316. Charles Hammond, d. Nov. 1713.
317. Hannah Howard.
318. Edward Dorsey, d. 1705.
319. Margaret ——. Second Wife.

NINTH GENERATION

626. John Maccubbin.*
627. Elinor ——.
632. John Hammond,* b. 1643, d. 24 Nov. 1707.
633. Mary ——.
634. Philip Howard, d. 1701.
635. Ruth Baldwin.
636. Edward Dorsey,* d. circa 1659.
637. Anne ——.

1. ANDREW JACKSON YOUNG, JR.

First Generation
2. Andrew Jackson Young, b. 23 July 1837, d. 27 Oct. 1920, m. 4 Nov. 1885.
3. Clara Walker, b. 4 Nov. 1857, d. 6 Mch. 1918.

Second Generation
4. William Scott Young, b. 29 Jan. 1801, d. 9 Nov. 1888, m. 16 Oct. 1823.
5. Mary Dutton, b. 18 Dec. 1800, d. 17 Dec. 1887.
6. Samuel T. Walker, b. 1 Dec. 1828, d. 6 May 1901, m. 24 Jan. 1854.
7. Emily Jane Hood, b. 14 Sept. 1830, d. 4 Aug. 1868.

Third Generation
8. William Young,* b. 1763, d. 14 Feb. 1835, m. 19 Jan. 1797.
9. Catherine Minskey, b. 1763, d. 21 Jan. 1832.
10. John Dutton, b. 23 Dec. 1761, d. 17 Aug. 1805, m. 16 Feb. 1790.
11. Elizabeth Hughston, b. 15 Mch. 1773, d. 27 Sept. 1822.
12. John Owens Walker, b. 9 Feb. 1785, d. 29 Apl. 1832, m. 3 Nov. 1814.
13. Maria Ann Joiner, b. 20 Aug. 1797, d. 3 Nov. 1848.
14. Joshua Hood, b. 1 July 1804, d. 13 Mch. 1890, m. 27 Apl. 1825.
15. Matilda Ann Haughey, b. 15 June 1807, d. 3 July 1866.

Fourth Generation
20. Robert Dutton, b. 26 Aug. 1713, d. 9 Sept. 1770, m. 24 Feb. 1757.
21. Susannah Howard, b. 18 Sept. 1735, d. 25 Nov. 1769.
22. John Hughston, m. 10 Dec. 1771.
23. Hannah Waltham.
24. James Walker, b. Dec. 1744, d. 5 July 1791, m. 1 Sept. 1782.
25. Margaret Owens, b. 2 July 1763.
26. Samuel Joiner.
27. Elizabeth ——.
28. Benjamin Hood, b. 30 Sept. 1776, d. 31 May 1848, m. 5 June 1797.
29. Sarah Wayman, b. 15 Apl. 1778, d. 28 Aug. 1864.
30. Francis Haughey.
31. Sarah Thompson, b. 1776.

Fifth Generation
40. Robert Dutton, m. 13 Sept. 1707.
41. Ann Brown, b. 1 Oct. 1687.
42. Lemuel Howard, b. 1696, d. 17 May 1759, m. 11 Jan. 1730.
43. Ann (——) Ward, d. 26 June 1777. Second Wife.
46. Thomas Waltham, m. 21 June 1756.
47. Elizabeth Maxwell, b. 3 June 1727.
48. John Walker, d. 1754.
49. Jane ——.
50. Isaac Owens.
51. Priscilla ——.
56. John Hood, Jr., b. 1742, d. 8 Dec. 1794, m. 10 Feb. 1774.
57. Rachel Howard, d. 10 Mch. 1786. Second Wife.
58. John Wayman.
59. Ann Warfield.
60. Robert Haughey.
61. Christiana King.
62. Richard Thompson. Of Cecil Co., Md. and Del.

Sixth Generation
80. John Dutton. Of Overton, Eng.
81. Mary Darlington.
82. William Brown,* d. 23 July 1746.
83. Ann Mercer. Of Penna.
84. John Howard, d. 1702.
85. Susannah ——.
92. John Waltham.
93. Hannah Brereton.
94. James Maxwell.
95. Mary Marsh.
112. John Hood, d. 1786.
113. Elizabeth Shipley.
114. Cornelius Howard, bp. 1 Feb. 1717, d. 1772.
115. Rachel Worthington, b. 28 Feb. 1722, d. 1801.
116. Leonard Wayman.
117. Ann Rutland.
118. John Warfield.
119. Rachel Dorsey.
122. Peter King.

Seventh Generation
168. Matthew Howard, d. 1692.
169. Sarah Dorsey, d. ante 1691.
186. William Brereton.
187. Sarah Smith.
188. James Maxwell.
189. Mary Harmer.
190. Dr. John Marsh.
191. Mary ——.
224. Benjamin Hood.
226. Robert Shipley.
228. Joseph Howard, d. 1736, m. 28 Sept. 1708.
229. Margery Keith. Second Wife.
230. Thomas Worthington, b. 8 Jan. 1692, d. 12 Mch. 1753, m. 23 July 1711.
231. Elizabeth Ridgely, d. 8 Dec. 1734.
232. Leonard Wayman.
233. Dorcas Abbott.
234. Thomas Rutland.
236. John Warfield, b. circa 1675, d. 1718, m. 16 Feb. 1696.
237. Ruth Gaither, b. 8 Sept. 1679.

326

238. Joshua Dorsey, b. circa 1686, d. 8 Nov. 1747, m. 16 May 1711.
239. Ann Ridgely, d. 1771.

EIGHTH GENERATION

336. Matthew Howard.*
337. Ann (Hall?).
338. Edward Dorsey.*
374. Samuel Smith.* Of Northumberland, Va.
378. Godfrey Harmer.
379. Mary Sprye.
448. Samuel Hood.
456. Cornelius Howard, d. 1680.
457. Elizabeth ——.
460. John Worthington,* b. 1650, d. 9 Apl. 1701.
461. Sarah Howard, d. 1725.
462. Henry Ridgely, b. 3 Oct. 1669, d. 19 Mch. 1700, m. circa 1692.
463. Katherine Greenberry, b. 1674, d. ante 1703.
472. Richard Warfield,* d. 1704.
473. Eleanor ——.
474. John Gaither,* d. Nov. 1702.
475. Ruth ——.
476. Edward Dorsey, d. 1705.
477. Sarah Wyatt. First Wife.
478. Henry Ridgely, b. 3 Oct. 1669, d. 19 Mch. 1700, m. circa 1692.
479. Katherine Greenberry, b. 1674, d. ante 1703.

NINTH GENERATION

758. Oliver Sprye.
759. Johanna ——.
912. Matthew Howard.*
913. Ann (Hall?).
922. Matthew Howard, d. 1692.
923. Sarah Dorsey, d. ante 1691.
924. Henry Ridgely,* d. 13 July 1710.
925. Elizabeth ——.
926. Nicholas Greenberry,* b. 1627, d. 17 Dec. 1697.
927. Ann ——, b. 1648, d. 27 Apl. 1698.
952. Edward Dorsey.*
954. Nicholas Wyatt,* d. 1673.
955. Damaris ——.
956. Henry Ridgely,* d. 13 July 1710.
957. Elizabeth ——.
958. Nicholas Greenberry,* b. 1627, d. 17 Dec. 1697.
959. Ann ——, b. 1648, d. 27 Apl. 1698.

TENTH GENERATION

1844. Matthew Howard.*
1845. Ann (Hall?).
1846. Edward Dorsey.*

1. CHARLES MERVYN YOUNG

FIRST GENERATION

2. Charles Mervyn Young, b. 1848, d. 29 Dec. 1889, m. 18 Sept. 1874.
3. Mary Lydia Edmund, b. 15 Feb. 1841, d. 5 May 1919.

SECOND GENERATION

6. Dr. Thomas H. Edmund, b. 16 Aug. 1818, d. 1856, m. 16 Apl. 1840.
7. Mary Dorset Crane, b. 29 May 1814, d. 24 Dec. 1866.

THIRD GENERATION

14. William Crane, b. 6 May 1790, d. 1866, m. 1812.
15. Lydia Dorset, d. 1866. First Wife.

FOURTH GENERATION

28. Rufus Crane, b. 1744, d. 1814, m. 1779.
29. Charity Campbell.

FIFTH GENERATION

56. Jonas Crane, b. 1718, d. 24 Jan. 1745.
57. Hannah Lyon, d. 1745.

SIXTH GENERATION

112. John Crane, b. 1695, d. 5 Sept. 1776, m. circa 1717.
113. Abigail ——, b. 1700, d. 25 June 1744. First Wife.

SEVENTH GENERATION

224. Azariah Crane, b. 1647, d. 5 Nov. 1730.
225. Mary Treat, b. 23 May 1652, d. 12 Nov. 1704.

EIGHTH GENERATION

448. Jasper Crane,* b. circa 1605, d. 1681.
449. Alice ——.
450. Robert Treat,* b. 1622, d. 10 July 1710.
451. Jane Tapp, d. 1703.

NINTH GENERATION

900. Richard Treat,* bp. 28 Aug. 1584, d. 3 Mch. 1670, m. 27 Apl. 1615.
901. Alice Gaylord,* bp. 10 May 1594. Second Wife.

SERVICES OF ANCESTORS

SERVICES OF ANCESTORS

Under the name of each ancestor, the service record which qualifies for Colonial Wars Society membership is shown first. Other services or honors appertaining to the ancestor's career are bracketed.

In this Index an asterisk, following a member's name, indicates that the ancestor's name will be found in a chart of the family heretofore published in the 1905 Pedigree Book of the Maryland Society.

Adams, Thomas, 1612-1688 (Mass.)
Member of Ancient and Honorable Artillery Company, 1644; Chief Sergeant, Concord, Mass., Train Band, 1660; Ensign, 1678; Lieutenant, 1682; In Capt. Samuel Adams' Company, King Philip's War. Deputy, 1673. [Commissioner, 1661-'74].

Hill, John Boynton Philip Clayton.
Hodgdon, Alexander Lewis.
Hodgdon, Anderson Dana.

Addison, John, ——1705 (Md.)
Captain, Charles County, Md., militia, 1692, 1694; Colonel, Prince George County militia, 1695. Member of Council of Maryland, 1691-1705. [Chancellor and Keeper of the Great Seal, 1696-'99].

Harrison, Edmund Pendleton Hunter, Jr.
Howard, Charles Morris.
Owen, Franklin Buchanan.
Pennington, Josias.
Pennington, Pleasants.
Pitts, Tilghman Goldsborough.
Semmes, Raphael.
Smith, Henry Lee.
Smith, Henry Lee, Jr.
Smith, Robert Lee.
Smith, Robert White.
Smith, Thomas Marshall.
Steele, Samuel Tagart, D.D.

Addison, Thomas, 1679-1727 (Md.)
Member of Council of Maryland, 1721-'27.

Harrison, Edmund Pendleton Hunter, Jr.
Howard, Charles Morris.
Owen, Franklin Buchanan.
Pennington, Josias.
Pennington, Pleasants.
Pitts, Tilghman Goldsborough.
Semmes, Raphael.
Smith, Henry Lee.
Smith, Henry Lee, Jr.
Smith, Robert Lee.
Smith, Robert White.
Smith, Thomas Marshall.
Steele, Samuel Tagart, D.D.

Alden, John, 1599-1686 (Mass.)
Governor's Assistant, Plymouth Colony, 1632-'40, 1650-'86; Deputy, 1641-'49; Member of Councils of War, 1646 et seq.; Acting Deputy Governor, 1665, 1667. Member of Capt. Myles Standish' Duxbury Company, 1643. [Signer of Mayflower Compact. Treasurer, 1656-'59].

Parsons, Charles Lathrop, Jr.
Ridgely, Julian White.

Alden, Jonathan, 1627-1698 (Mass.)
Ensign, Lieutenant and Captain, Duxbury Company, Mass. In King Philip's War.

Parsons, Charles Lathrop, Jr.

Alexander, James, 1693-1756 (N. Y., N. J.)
Member of Council of New York, 1721; Member of Council of New Jersey, 1722. [Secretary, Province of N. Y.; Surveyor-General of East and West Jersey].

Johnson, Charles William Leverett.

Alexander, John, ——1677 (Va.)
Captain, Stafford County, Va., Forces, 1664. [Justice, Stafford County, 1664-'66].

MacDonnell, Austin MacCarthy.
McDonnell, Edward Orrick.
Payne, George Houson, Jr.
Waters, John Seymour Taliaferro.

Alexander, John, 1735-1775 (Va.)
Member of Va. House of Burgesses, 1765-'75. [Signer of the Va. Association, 1769-'70].

Waters, John Seymour Taliaferro.

Alexander, William, 1744-1814 (Va.)
Soldier in the Virginia Troops, French and Indian War.

MacDonnell, Austin MacCarthy.
McDonnell, Edward Orrick.
Payne, George Houson, Jr.

SERVICES OF ANCESTORS

Allyn, Thomas, ——1680 (Conn.)
Member and Secretary, General Court of Connecticut, 1657. [In military company, Barnstable, Mass., under Lieut. Thomas Dymoke (Dimmock) in 1643].

Lloyd, William Henry.

Alricks, Peter, 1630–1697 (Pa.)
Commander in Chief of Town and Fort, New Amstel, 1660; Councillor under Duke of York, 1667; Deputy Governor of Colonies on the Delaware, 1673, '74; Member of Provincial Assembly of Penna., 1682, '83; Provincial Councillor, 1684, 1687, 1694. [Justice, 1677, '78, '80, '82, '84, '89, '90, '93; Judge of Supreme Court, 1690–'93].

Cottman, Lewis Warrington.

Amos, William, 1718–1814 (Md.)
Lieutenant, Harford County, Md., militia, 1737.

Tyson, Anthony Morris.

Annable, Anthony, 1599–1674 (Mass.)
Deputy from Scituate, Mass., 1639 and from Barnstable, Mass., 1640–'57 to Mass. General Court. [In military company, Barnstable, Mass., under Lieut. Thomas Dymoke (Dimmock) in 1643].

Lloyd, William Henry.

Appleton, Samuel, 1586–1670 (Mass.)
Deputy for Ipswich to Mass. General Court, 1637. [Associate Justice of the Quarter Court, 1637].

Goodenow, Rufus King, Jr.

Appleton, Samuel, 1624–1696 (Mass.)
Deputy for Ipswich to Mass. General Court, 1668, 1671–'80; Assistant, 1681–'86; Councillor, 1689–'92. Major in Command of Mass. Troops at Springfield, Hatfield and Great Swamp Fight, 1675; Sergeant-Major of South Regiment in Essex, 1682.

Goodenow, Rufus King, Jr.

Appleton, Isaac, 1664–1747 (Mass.)
Lieutenant in Port Royal expedition, 1707; Major of Essex, Mass., regiment.

Goodenow, Rufus King, Jr.

Armistead, John, ——1698 (Va.)
Lieut.-Colonel of Horse, 1680; Colonel and County Lieutenant, 1685. Burgess for Gloucester County, Va., 1685; member of Virginia Council, 1688–'98. [Justice before 1675; High Sheriff, 1675].

Dallam, Corbin Braxton.
Harrison, Edmund Pendleton Hunter, Jr.
Smith, Henry Lee.
Smith, Henry Lee, Jr.
Smith, Robert Lee.
Smith, Robert White.
Smith, Thomas Marshall.

Ashby, Robert, ca. 1710–1792 (Va.)
Captain, Fauquier County, Va., Militia, 1761.

Ashby, Bernard.

Ashton, Henry, 1671–1731 (Va.)
County Lieutenant, Westmoreland County, Va., 1700–'02. [Sheriff, 1717–'18].

Freeman, Coleman Randall.
Keyser, Henry Irvine, 2nd.

Aston, Walter, 1584–1639 (Va.)
Burgess for Shirley Hundred Island, Va., 1629–30; for Shirley Hundred (main and island), 1631–'32; for Shirley Hundred (main) and Causey's Care, 1632–'33.

Brent, Duncan Kenner, Jr.
Brent, Joseph Lancaster.
Morton, Samuel Packwood, Jr.
Smith, Henry Lee.
Smith, Henry Lee, Jr.
Smith, Robert Lee.
Smith, Robert White.
Smith, Thomas Marshall.
Stewart, Charles Morton
Warfield, Frederick Howard.
Warfield, John Ogle, Jr.

Aston, Walter, 1607–1656 (Va.)
Burgess for Charles City, Va., 1641–'43.

Morton, Samuel Packwood, Jr.
Smith, Henry Lee.
Smith, Henry Lee, Jr.
Smith, Robert Lee.
Smith, Robert White.
Smith, Thomas Marshall.
Stewart, Charles Morton.
Warfield, Frederick Howard.
Warfield, John Ogle, Jr.

Atherton, Humphrey, ——1661 (Mass.)
Sill, James Mather.*

Avery, John, ——1682 (Del.).
Lieutenant of Foot Militia Company at the Whorekill, 1675; Captain, 1676. [President of the Court in Delaware; Justice, 1678–'82].

Poe, Philip Livingston.

Aylett, William, ——1760 (Va.)
Burgess for King William County, Va., 1723, 1726.

SERVICES OF ANCESTORS   333

Freeman, Coleman Randall.
Keyser, Henry Irvine, 2nd.

Backus, William, 1637-1721 (Conn.)
Sergeant, Norwich, Conn., Militia; Ensign, 1680-'89; Lieutenant, 1693. Deputy, 1680-'89.
Culver, Francis Barnum.

Baker, Henry, ——ca. 1701 (Pa.)
Member of Penna. Assembly, 1685, 1687-'90, 1698. [Justice, Bucks County, 1689-'90].
Hanson, Benedict Henry, Jr.

Baker, Samuel, 1676–ante 1760 (Pa.).
Member of Penna. Assembly, 1710, 1711. [Justice, Bucks County, 1708, 1710; Commissioner, 1722].
Hanson, Benedict Henry, Jr.

Ball, Joseph, 1649-1711 (Va.)
Burgess for Lancaster County, Va., 1695, 1698, 1701-'02. Lieut.-Colonel of Lancaster County, 1710.
Freeman, Coleman Randall.
Keyser, Henry Irvine, 2nd.
Reid, Francis Fielding.

Ball, Thomas, ——1722 (Md.)
Lieutenant, Talbot County, Md., Militia, 1694. [On Committee to purchase site for Town of Oxford, Md., 1694].
Culver, Francis Barnum.

Ball, William ca. 1615-1680 (Va.)
Member of Va. House of Burgesses, 1668, 1670-'74, 1677. Colonel of Lancaster County, Va., Militia and empowered by the Assembly of 1675 to impress men and horses for the defense of Lancaster County.
Dallam, Corbin Braxton.
Freeman, Coleman Randall.
Hull, John Baker Thompson.
Keyser, Henry Irvine, 2nd.
Reid, Francis Fielding.

Ball, William, 1641-1694 (Va.)
Captain of Lancaster County, Va., Militia; Member of Va. House of Burgesses, 1682-'83, 1685, 1688, 1692. [Justice for Lancaster County, 1680].
Dallam, Corbin Braxton.

Ballard, William, 1617-1689 (Mass.)
Member of A. and H. A. Company, 1636; in Garrison at Chelmsford, Mass., King Philip's War.
Wood, Frederick William.

Bancroft, Ebenezer, 1667-1717 (Mass.)
Lieutenant, Mass. Foot Company, 1689; Captain, 1706-'07.
Hill, John Boynton Philip Clayton.

Bancroft, Ebenezer, 1738-1827 (Mass.)
Corporal, from Dunstable, Mass., in Capt. Butterfield's Company, Crown Point Expedition, 1755; Sergeant, at Fort Edward, 1756; Second Lieutenant, 1759; Lieutenant, 1761.
Hill, John Boynton Philip Clayton.

Bancroft, Thomas, 1622-1691 (Mass.)
Soldier in King Philip's War; Lieutenant in Reading, Mass., Foot Company.
Hill, John Boynton Philip Clayton.

Bancroft, Timothy, 1709-1772 (Mass.)
Second Lieutenant, from Dunstable, Mass., under Col. Eleazur Tyng, 1754.
Hill, John Boynton Philip Clayton.

Bangs, Edward, 1592-1678 (Mass.)
Member of Plymouth Military Company, and Captain of Guard against Indians, 1643. Deputy from Eastham, Mass., to General Court, 1647-'50, 1652-'56, 1663-'70. [First Treasurer of Eastham, Mass., 1646-'65].
Lloyd, William Henry.

Barbour, James, ——1775 (Va.)
Member of Va. House of Burgesses, 1761-'65.
Waters, John Seymour Taliaferro.

Barbour, Thomas, 1735-1825 (Va.)
Member of Va. House of Burgesses, 1769-'75. [Signer of the Va. Association, 1769-'70].
Waters, John Seymour Taliaferro.

Barnwell, John, 1671-1724 (S. C.)
Member of Assembly of South Carolina, 1707; Member of Council. Commanded first expedition against the Tuscaroras, 1712. [Deputy Secretary of S. C.; Deputy Surveyor-General].
Parsons, Charles Lathrop, Jr.

Barron, Ellis, ca. 1606-1676 (Mass.)
Soldier, from Watertown, Mass., in King Philip's War, 1675-'76.
Hill, John Boynton Philip Clayton.

Bartlett, Benjamin, 1638-1691 (Mass.)
Lieutenant of Militia. Deputy for Duxbury, Mass., 1685.
Parsons, Charles Lathrop, Jr.

Bartlett, George, ——1669 (Conn.)
Sergeant under Captain Seely against the Dutch, 1654; Lieutenant, Guilford, Conn., Train Band, 1665. Deputy, New Haven General Court, 1663-'64; Deputy to Conn. General Court, 1665.
Smith, Mark Alexander Herbert.

Bartlett, Robert, 1603-1676 (Mass.)
Mass. Soldier under Captain Turner, Killed by Indians in the assault upon Northampton, Mass., King Philip's War.
Parsons, Charles Lathrop, Jr.

Barton, William, —— (Md.)
Burgess for St. Mary's County, Md., 1661. [Justice, St. Mary's County, 1655, 1664-'65].
Gregg, Maurice.

Barton, William, 1634-1717 (Md.)
"Captain Lieutenant" in Provincial Forces against the Indians, 1676; Captain, Charles County, Md., Militia, 1681, 1689. [Justice, Charles County, 1672, 1681, 1685, 1687, 1689, 1692, 1694, 1698].
Gregg, Maurice.

Bassett, William, 1670-1723 (Va.)
Member of Va. House of Burgesses, 1692-'96, 1702; Member of the Council, 1707-'11. County Lieutenant of New Kent County, Va., 1715.
Bonsal, Leigh.

Batcheller, Breed, 1740-1785 (N. H.)
Served under Gen. Abercrombie in Ticonderoga expedition, 1758: Major in the Provincial Militia of New Hampshire. [Tory and Captain in British Army; wounded at Bennington and died at Annapolis, Nova Scotia in 1785].
Johnson, Charles William Leverett.

Battle, Elisha, 1723-1799 (N. C.)
Member of Assembly of North Carolina, 1773-1775.
Dancy, Bryan Grimes.
Dancy, Frank Battle.
Dancy, Frank Battle, Jr.
Dancy, William Grimes.

Bayard, Nicholas, ca. 1644-1707 (N. Y.)
Member of Council of New York. Commander-in-Chief of N. Y. Provincial Militia. [Mayor of New York, 1686. Tried for treason in 1701 and acquitted. Died 1707 in New York City].
Johnson, Charles William Leverett.

Beal, John, 1588-ante 1688 (Mass.)
Deputy from Hingham to Mass. General Court, 1649-'59.
Vickers, William Handy Collins.

Beall, George, 1695-1780 (Md.)
Captain, Prince George's County, Md., Militia, 1748.
Freeman, Coleman Randall.
Keyser, Henry Irvine, 2nd.

Beall, Ninian, 1624/30-1717 (Md.)
Lieutenant of Lord Baltimore's yacht *Loyall Charles*, 1676; Captain of the Provincial Forces of Maryland, 1678; Major of Calvert County, Md., Militia, ante 1688 and served against the Susquehannocks, 1688-'89; Colonel, 1693/4. Burgess for Prince George County, Md., 1696-'99. [One of Commissioners for regulating affairs in Md., 1690. High Sheriff of Calvert County, 1692-'93].
Freeman, Coleman Randall.
Hollyday, Guy Tilghman Orme.
Keyser, Henry Irvine, 2nd.
Passano, Edward Boteler
Passano, Edward Magruder
Tilghman, James Donnell.

Beard, Richard, —— ca. 1675/81 (Md.)
Burgess for Anne Arundel County, Md., 1662-'63, 1666.
Hanson, Benedict Henry, Jr.
Parr, Charles McKew.
Smith, Mark Alexander Herbert.
Warfield, Frederick Howard.
Warfield, John Ogle, Jr.

Bedford, Gunning, 1720-1802 (Pa.)
Ensign and Lieutenant in Pennsylvania Colonial Militia, 1758-'60.
Barroll, Hope Horsey, Jr.
Barroll, Lewin Wethered.

Beers, Richard, 1612-1675 (Mass.)
Captain of Mass. Troops, in King Philip's War; Killed at Northfield, 1675.
Hill, John Boynton Philip Clayton.

Bell, David ——1770 (Va.)
Captain in Col. George Washington's Va. Regiment at Fort Cumberland, 17 September 1755.
Branch, Rev. Henry, D. D.

Bell, Henry, 1745-1811 (Va.)
Member of Virginia House of Burgesses, 1773-'74.
Branch, Rev. Henry, D.D.

Belt, Joseph, 1680-1761 (Md.)
Burgess for Prince George County, Md., 1725-'37. Lieut.-Colonel, Md. Militia, 1725; Colonel, 1728. [Justice, Prince George County, 1726-'28].
Steuart, Richard Dennis.
Tilghman, James Donnell.

Bennett, Richard, ——1676 (Va.)
Member of Va. House of Burgesses, 1629-'31; Member of Council of Virginia, 1642-'49, 1658-'75; Governor of Virginia, 1652-'55. Major-General of Va. Forces, 1666. [Head of Parliamentary Commission for reducing Virginia and Maryland, 1652].
Steuart, Richard Dennis.

Benson, James, ——1709 (Md.)
Captain of Horse, Talbot County, Md., Militia, 1689, 1693.
Duke, Charles Clarke.

Bernard, Thomas, —— ca. 1651 (Va.)
Burgess for Warwick County, Va., 1644, 1649.
Hanson, Benedict Henry, Jr.
Nicklin, Benjamin Patten.
Nicklin, John Bailey, Jr.

Bernard, William, —— ca. 1668 (Va.)
Member of Va. Council, 1642-'43, 1659-'60.
Holloway, Charles Thomas.

Berry, James, ——1657 (Md.)
Member of Md. Assembly, 1654.
Berry, Jasper Mauduit, Jr.
Berry, Thomas Lansdale.
Morgan, John Hurst.
Morgan, Philip Sidney.
Waring, William Emory, Jr.

Berry, William, 1635-1691 (Md.)
Burgess for Calvert County, Md., 1671-'74.
Berry, Jasper Mauduit.
Berry, Thomas Lansdale.
Morgan, John Hurst.
Morgan, Philip Sidney.
Skinner, Maurice Edward.
Skinner, William Howser.
Waring, William Emory, Jr.

Besson, Thomas, 1616-1679 (Md.)
Burgess for Anne Arundel County, 1666. Captain commanding militia of Anne Arundel County between Severn and South rivers, 1661. Ordered to Scout for Indians 1665. [Justice, Anne Arundel County, 1661-'65. On Commission to Govern Maryland, 1657.]
Gassaway, Louis Dorsey.

Bethel, John, ——1708 (Pa.)
Member of Provincial Assembly of Pennsylvania, 1707.
Bonsal, Leigh.

Biles, William, 1650-1710 (Pa.)
Member of Pa. Assembly, 1686, 1689, 1694, 1696, 1704, 1707-'08, 1710; Member of Council, 1683, 1695, 1698-1700. [Justice, Bucks County, Pa., 1681, 1685, 1689].
Hanson, Benedict Henry, Jr.

Blackiston, Ebenezer, ——1746 (Md.)
Burgess for Kent County, Md., 1724, 1727-'34. [Justice, Kent County, 1733-'46].
Vickers, William Handy Collins.

Blackwell, Joseph, 1715-ca. 1787 (Va.)
Member of Virginia House of Burgesses, 1749-'54.
MacDonnell, Austin MacCarthy.
McDonnell, Edward Orrick.

Blake, Thomas, ——1702 (Md.)
Captain of Calvert County, Md., Militia. [Sheriff of Calvert County].
Blake, Benson, Jr.

Blakiston, Nehemiah, ——1693 (Md.)
Captain of Horse, St. Mary's County, Md., 1689; Colonel, 1692. Member of Council, 1691-'93. [Clerk of the Customs for Wicomico and Potomac rivers, 1685. President of Committee for governing Maryland and Acting Governor, 1690. Chief Justice of Provincial Court, 1691].
Norris, Bennet Biscoe.

Blanchard, John, ——1694 (Mass.)
In garrison at Dunstable, Mass., 1689.
Wood, Frederick William.

Blanchard, Samuel, ——1707 (Mass.)
Served under Capt. John Cutler, Mass. Troops, in King Philip's War, 1675.
Randall, Daniel Richard.
Randall, Richard Harding.

Blancjean, Mathese, ——1695 (N. Y.)
Served in the rescuing expedition after the massacre of Esopus. Member of Hurley Military Company, Captain Pauling, 1670.
O'Donovan, Charles.
Shriver, Alfred Jenkins.
Shriver, Edward Jenkins.
Shriver, Robert Hickley.

Blodget, Samuel, 1635–1725 (Mass.)
Deputy from Woburn, Mass., to the General Court of Massachusetts, 1693.
Stickney, George Lewis.

Blodget, Samuel, 1724–1807 (Mass.)
Served in the French Wars. At Louisburg (1745), Crown Point and Lake George. At Fort William Henry, 1755. [Judge, Court of Common Pleas, Hillsboro County, N. H., 1770].
Stickney, George Lewis.

Boarman, William, ——1709 (Md.)
Captain, St. Mary's County, Md., Militia, 1661; Major, 1676. Burgess for St. Mary's County, 1671–'75. [Justice, St. Mary's County, 1663–'78; High Sheriff, 1678–'79, 1681].
Freeman, Coleman Randall.
Torney, Alfred Jenkins.

Boggs, Andrew, ——1765 (Pa.)
Ensign in the Associated Regiment of Lancaster County, Penna., 1747–'48; Served in French and Indian War, 1754.
Cottman, Lewis Warrington.

Bolling, John, 1676–1729 (Va.)
Members of Va. House of Burgesses, 1714. Major of Henrico County Militia, 1714. [Justice from 1699; High Sheriff of Henrico County, Va. 1706–'07.]
Branch, Rev. Henry, D.D.
Harrison, Edmund Pendleton Hunter, Jr.
Smith, Mark Alexander Herbert.

Bolling, Robert, 1646–1709 (Va.)
Member of Va. House of Burgesses, 1704. Colonel and County Lieutenant of Prince George County, Va., 1705–1709. [Justice of Charles City County ante 1698; High Sheriff, 1699; Surveyor, 1702].
Branch, Rev. Henry, D.D.
Harrison, Edmund Pendleton Hunter, Jr.
Hazall, John Triplett.
Smith, Mark Alexander Herbert.
Warfield, Frederick Howard.
Warfield, John Ogle, Jr.

Bolling, Robert, 1682–1749 (Va.)
Member of Va. House of Burgesses, 1723, 1726, 1730. [Surveyor of Charles City County, 1714 and Justice].
Hazall, John Triplett.
Warfield, Frederick Howard.
Warfield, John Ogle, Jr.

Bond, Joseph, 1679–1749 (Pa.)
Member from Bucks County to the Penna. General Assembly 1714–'20.
Lloyd, William Henry.

Bond, Samuel, 1717—— (Pa.)
Served as private in Burd's Battalion, Penna. Provincial Forces, 1754–'60, French and Indian War.
Lloyd, William Henry.

Bonham, Nicholas, ca. 1638–1684 (N. J.)
Sergeant of local military company of New Jersey, under Capt. Drake, 1681.
Coriell, Louis Duncan.

Boone, Humphrey, ——1709 (Md.)
Captain of Foot, Anne Arundel County, Md., under Col. Nicholas Greenberry, 1693–'95.
Hancock, James Etchberger.

Borden, Joseph, 1719–1791 (N. J.)
Member of Stamp Act Congress, 1765. Colonel, New Jersey Militia, 1775. [Colonel of First Regiment, N. J. Troops, 1775–'76; Quartermaster, 1776. Judge of Common Pleas, 1776].
Owen, Franklin Buchanan.

Borden, Richard, 1601–1671 (R. I.)
Governor's Assistant, Providence Plantations, 1653–'54; Deputy for Portsmouth to the General Assembly of R. I., 1667–'70. [General Treasurer under Parliamentary patent, 1654–'55; Commissioner for Portsmouth to the Court of Commissioners, 1654, 1656–'57. One of the original purchasers of land in New Jersey].
Lloyd, William Henry.
Owen, Franklin Buchanan.

SERVICES OF ANCESTORS 337

Bourne, Thomas, 1581-1664 (Mass.)
Deputy for Marshfield, Plymouth Colony, 1642-'45.
Parsons, Charles Lathrop, Jr.
Penniman, Nicholas Griffith III.
Penniman, Thomas Dobbin.

Bowen, Henry, 1633-1724 (Mass.)
In the Great Swamp Fight.
Wood, Frederick William.

Bowles, James, ——1727/9 (Md.)
Member of Council of Maryland, 1720-'27.
Smith, Henry Lee.
Smith, Henry Lee, Jr.
Smith, Robert Lee.
Smith, Robert White.
Smith, Thomas Marshall.

Bowman, Edmund, 1625-1691 (Va.)
Member of Va. House of Burgesses, and Major of Accomac County, Va., Militia, *post* 1663. [Justice, Lower Norfolk County, Va., 1655, 1659 and of Accomac County, 1663].
Dennis, John McPherson.
Dennis, Samuel King.
Handy, John Custis.
Waters, John Seymour Taliaferro.

Bozman, John, 1649-1716 (Md.)
Burgess for Somerset County, Md., 1694.
Shreve, Levin Gale.
Tilghman, Harrison.

Bozman, Thomas, 1693-1752 (Md.)
Burgess for Talbot County, Md., 1723. [High Sheriff, Talbot County, 1720].
Shreve, Levin Gale.
Tilghman, Harrison.

Brackett, Richard, 1611-1691 (Mass.)
Member of A. and H. A. Company, 1636; Commander, Braintree, Mass., Militia. Deputy to Mass. General Court, 1655-'80.
Wood, Frederick William.

Bradford, William, 1589-1657 (Mass.)
Governor of Plymouth Plantation, 1621-'33, 1635, 1637, 1639-'43, 1645-'56; Assistant, 1634, 1636, 1638, 1644. [Member of the Councils of War, 1642 and President of same, 1643, 1653. A Founder of Plymouth Plantation].
Mathews, Edward Bennett.
Smith, Mark Alexander Herbert.

Bradford, William, 1624-1704 (Mass.)
Deputy-Governor of Plymouth Colony, 1682-'86; Deputy for Plymouth to the General Court, 1657; Assistant, 1658-'81; Commissioner of the United Colonies, 1682-'86; Councillor, 1686-'89, 1692, 1693-'98. Ensign, Plymouth Company, 1648; Captain, 1659; Major, 1685. [Member of Councils of War, 1657-'58, 1667; Treasurer, 1679-'86, 1689-'92].
Mathews, Edward Bennett.
Smith, Mark Alexander Herbert.

Branch, Christopher, ca. 1595-1681 (Va.)
Burgess for Henrico Co., Va., 1639-1641. [Justice of Henrico County, 1639-'57].
Branch, Rev. Henry, D.D.
Harrison, Edmund Pendleton Hunter, Jr.

Braxton, Carter, 1736-1797 (Va.)
Member of Va. House of Burgesses, 1761. [Signer of Declaration of Independence].
Dallam, Corbin Braxton.

Brent, George, ——1699 (Va.)
Captain of Stafford County, Va., Troop of Horse, 1667; Ranger-General of the Northern Neck of Virginia, 1690. [Receiver General North of the Rappahannock, 1683].
Brent, Duncan Kenner, Jr.
Brent, Joseph Lancaster.

Brereton, Thomas, ——1688 (Va.)
Member of Va. House of Burgesses, 1680. Chief military officer of Northumberland County, Va., 1680.
Brent, Duncan Kenner, Jr.
Brent, Joseph Lancaster.

Brewer, Daniel, 1624-1708 (Mass.)
Member of A. and H. A. Company, 1666.
Wood, Frederick William.

Brewer, John, —— ante 1667 (Md.)
Burgess for Anne Arundel County, Md., 1661. [Justice and County Commissioner, 1658].
Hill, John Boynton Philip Clayton.
Roberts, Thomas Carroll.

Brewster, Jonathan, 1593-1659 (Mass.)
Member of Capt. Myles Standish's Duxbury Company; Military Commissioner, Pequot War, 1637. Deputy to Plymouth General Court, 1639-'44; Deputy from New London to Conn. General Court, 1650, 1655-'58.
Walker, John Moseley.

Brewster, Love, ——1650 (Mass.)
Member of Duxbury, Mass., Military Company, 1643.

Parsons, Charles Lathrop, Jr.

Brewster, William, 1566-1644 (Mass.)
Member and Chaplain of the first Military Company organized at Plymouth under Capt. Myles Standish and Served against the Indians. [Drafted the Mayflower Compact].

Parsons, Charles Lathrop, Jr.
Walker, John Moseley.

Briscoe, Philip, ——1724 (Md.)
Burgess for Charles County, Md., 1699-1700. [Justice, St. Mary's County, 1694; Justice, Charles County, 1696-'98].

Magruder, Rev. James Mitchell, D.D.

Bronson, John, 1600-1680 (Conn.)
Soldier, from Hartford, Conn., in Pequot War, 1637. Deputy for Farmington, Conn., 1651 *et seq.*

Griswold, Benjamin Howell, Jr.
Griswold, Robertson.

Brooke, Baker, 1628-1679 (Md.)
Member of the Council of Maryland, 1658-'79. Colonel of Calvert County, Md., Militia. [Surveyor-General, 1671-'79].

Brent, Duncan Kenner, Jr.
Brent, Joseph Lancaster.
Freeman, Coleman Randall.
Tormey, Alfred Jenkins.

Brooke, Robert, 1602-1655 (Md.)
Member of the Council of Maryland, and Commander of Charles County, 1650-'54; President of Council and Acting Governor, 1652.

Brent, Duncan Kenner, Jr.
Brent, Joseph Lancaster.
Dawkins, Walter Ireland.
Freeman, Coleman Randall.
Johnston, Christopher, (Jr.)
Keyser, Henry Irvine, 2nd.
McKaig, W. Wallace.
Mackall, Charles O'Donnell.
Mackall, Robert McGill.
Owen, Franklin Buchanan.
Roberts, Thomas Carroll.
Steele, Samuel Tagart, D.D.
Tormey, Alfred Jenkins.
Waring, William Emory, Jr.
Williams, Mason Locke Weems.

Brooke, Thomas, 1632-1676 (Md.)
Captain, Calvert County, Md., Militia, 1658; Major, 1660. Burgess for Calvert County, 1663-'66, 1671-'76. [High Sheriff, 1666-'69; Chief Justice, Calvert County, 1687].

Freeman, Coleman Randall.
Johnston, Christopher (Jr.)
Keyser, Henry Irvine, 2nd.
McKaig, W. Wallace.
Mackall, Charles O'Donnell.
Mackall, Robert McGill.
Owen, Franklin Buchanan.
Roberts, Thomas Carroll.
Steele, Samuel Tagart, D.D.
Waring, William Emory, Jr.
Williams, Mason Locke Weems.

Brooke, Thomas, 1660-1731 (Md.)
Member of Council of Maryland, 1692-1707, 1715-'24; President of Council and Acting Governor, 1720. [Justice of Provincial Court, 1694; Deputy Secretary of Md., 1695; Commissary General, 1701].

Freeman, Coleman Randall.
Johnston, Christopher (Jr.)
Keyser, Henry Irvine, 2nd.
McKaig, W. Wallace.
Mackall, Charles O'Donnell.
Mackall, Robert McGill.
Roberts, Thomas Carroll.
Steele, Samuel Tagart, D.D.
Waring, William Emory, Jr.
Williams, Mason Locke Weems.

Brooks, Thomas, ——1667 (Mass.)
Captain, Concord, Mass., Troops, 1643. Deputy, 1642-'62.

Hill, John Boynton Philip Clayton.

Brown, John, ——1662 (Mass.)
Assistant, 1636 *et seq.*; member of Mass. Council of War, 1642. Commissioner to the United Colonies, 1644, 1656.

Johnson, Charles William Leverett.

Browne, Henry, ——1661 (Va.)
Member of Council of Virginia, 1634-'60.

Warfield, Frederick Howard.
Warfield, John Ogle, Jr.

Browne, Jabez, 1644-1692 (Mass.)
Deputy, Mass. General Court, 1692.

Hill, John Boynton Philip Clayton.

Browne, Thomas, 1609-1688 (Mass.)
Soldier, from Newbury, Mass., in Captain Samuel Appleton's Company, King Philip's War, 1675.

Hill, John Boynton Philip Clayton.

Browne, William, —— —— (Va.)
　Burgess for Surry County, Va., 1677–'79, 1682. Major, Surry County Militia, 1679; County Lieutenant of Surry County, 1687.

Warfield, Frederick Howard.
Warfield, John Ogle, Jr.

Buchanan, George, 1698–1750 (Md.)
　Member of Maryland Assembly, 1745–'50. [Justice of Baltimore County Court, 1732–'33, 1739, 1741–'45 and of the Quorum. Member of Commission for laying out the Town of Baltimore, 1729].

Baldwin, Francis Joseph.
Owen, Franklin Buchanan.
Vickers, William Handy Collins.

Buck, Henry, 1626–1712 (Conn.)
　Deputy, from Wethersfield, to Conn. General Court, 1667.

Hill, Norman Alan.
Hill, Thomas Gardner.

Buckner, John, ——1695 (Va.)
　Burgess for Gloucester County, Va., 1683. [Clerk of Gloucester County. Brought the first printing press to Va.].

Johnston, Christopher (Jr.)

Buckner, William, ——1716 (Va.)
　Burgess for York County, Va., 1698–'99, 1714. Major of York County Militia. [High Sheriff, 1695–'96; Collector of Customs for York River, 1699, 1702, 1714].

Johnston, Christopher, Jr.

Budd, William, 1649–1722 (N. J.)
　Member of New Jersey Colonial Assembly, 1685.

Sheib, Samuel Henry.

Budd, Thomas, ——1698 (N. J.)
　Member of Colonial Assembly of New Jersey, 1682, 1683, 1685; member of the Council, West Jersey, 1683. [Land Commissioner, 1681–'83; Treasurer, 1683].

Scott, Townsend IV.

Buell, John, 1671–1746 (Conn.)
　Representative to the General Court of Connecticut.

Parsons, Charles Lathrop, Jr.

Buell, Samuel, 1641–1720 (Conn.)
　Ensign, Killingworth, Conn., Militia, 1708; Captain, 1718.

Parsons, Charles Lathrop, Jr.

Bulkeley, Edward, 1677–1748 (Conn.)
　Deputy to Conn. General Court, 1714–'16, 1721–'24. Captain, Conn. Militia.

Stanton, Robert Field.

Bulkeley, Gershom, 1636–1713 (Conn.)
　Surgeon and Chaplain, Conn. Troops, King Philip's War, 1675–'76. Member from Wethersfield, Conn. Assembly, 1679.

Stanton, Robert Field.

Burford, Thomas, ——1687 (Md.)
　Burgess for Charles County, Md., 1682–'87. [Attorney-General of Md., 1681; Justice and County Commissioner, 1685].

Howard, Charles Morris.
Owen, Franklin Buchanan.
Pennington, Josias.
Pennington, Pleasants.
Pitts, Tilghman Goldsborough.

Burgess, Edward, 1651–1722 (Md.)
　Captain of Foot Militia, Anne Arundel County, Md., 1689. [Justice, Anne Arundel County and of the Quorum, 1685].

Falconer, Harry Willson.
Hoff, Charles Worthington.
Israel, Rogers.
Paca, John Philemon.
Paca, John Philemon, 5th.
Rodgers, Maurice Falconer.

Burgess, William, 1622–1686 (Md.)
　Burgess for Anne Arundel County, Md., 1660, 1669–'82; Member of the Council, 1682–'86; Deputy-Governor of Maryland, 1684–'86. Major, 1675; Colonel, 1676; Commander in Chief of Md. Forces against the Eastern Shore Indians, 1677. [Justice, Anne Arundel County, 1664–'65, 1674–'80; High Sheriff, 1664].

Falconer, Harry Willson.
Hoff, Charles Worthington.
Israel, Rogers.
Johnston, Christopher (Jr.).
McKaig, W. Wallace.
Owen, Franklin Buchanan.
Paca, John Philemon.
Paca, John Philemon, 5th.
Pennington, Josias.
Pennington, Pleasants.
Rodgers, Maurice Falconer.
Shreve, Levin Gale.
Sioussat, St. George Leakin.
Tilghman, Harrison.
Williams, Mason Locke Weems.

Burr, Benjamin, 1610-1681 (Conn.)
Soldier in Pequot War, 1637, enrolled from Hartford under Capt. John Mason.
Culver, Francis Barnum.

Burwell, Lewis, ca. 1621-1653 (Va.)
Burgess for Gloucester County, Va., and Major of the County Militia.
Bonsal, Leigh.
Harrison, Edmund Pendleton Hunter, Jr.
Smith, Henry Lee.
Smith, Henry Lee, Jr.
Smith, Robert Lee.
Smith, Robert White.
Smith, Thomas Marshall.

Burwell, Lewis, ca. 1650-1710 (Va.)
Member of the Council of Virginia, 1702-'10. Colonel of Militia for Gloucester County, Va.
Bonsal, Leigh.
Harrison, Edward Pendleton Hunter, Jr.
Smith, Henry Lee.
Smith, Henry Lee, Jr.
Smith, Robert Lee.
Smith, Robert White.
Smith, Thomas Marshall.

Burwell, Lewis, 1710-1752 (Va.)
Member of Va. House of Burgesses; President of the Council and Acting Governor, 1750.
Smith, Henry Lee.
Smith, Henry Lee, Jr.
Smith, Robert Lee.
Smith, Robert White.
Smith, Thomas Marshall.

Burwell, Nathaniel, ——1721 (Va.)
Member of Va. House of Burgesses, 1710.
Smith, Henry Lee.
Smith, Henry Lee, Jr.
Smith, Robert Lee.
Smith, Robert White.
Smith, Thomas Marshall.

Butler, Richard, ——1684 (Conn.)
Representative, 1656-'60 and Clerk of the General Court of Conn., 1658.
Culver, Francis Barnum.
Davis, Septimus.
Stanton, Robert Field.

Butler, Samuel, 1639-1692 (Conn.)
Deputy to General Court of Connecticut, 1668.
Davis, Septimus.
Stanton, Robert Field.

Butler, Thomas, 1636-1688 (Conn.)
Sergeant in Hartford, Conn., Militia.
Culver, Francis Barnum.

Cadwell, Thomas, ——1694 (Conn.)
Sergeant in Connecticut Militia, 1669.
Culver, Francis Barnum.

Cadwell, Thomas, 1662-1740 (Conn.)
Lieutenant in Connecticut Militia, 1714.
Culver, Francis Barnum.

Calvert, Benedict, 1724-1788 (Md.)
Member of Council of Maryland, 1770-'74. [Judge of the Land Office; Collector of Customs].
Steuart, Richard Dennis.

Calvert, Charles, 1637-1715 (Md.)
Governor of Maryland, 1661-'76; Lord Proprietary and Governor of Maryland, 1676-'84.
Steuart, Richard Dennis.

Calvert, Charles, ca. 1690-1734 (Md.)
Governor of Maryland, 1720-'27.
Steuart, Richard Dennis.

Calvert, Sir George, 1579-1632 (Eng.)
Grantee and Lord Proprietary of the Province of Maryland, 1632. [Member of the Virginia Company, 1609; Councillor of the New England Company, 1622 and Founder of the Colony of Avalon in Newfoundland, 1623].
Baughman, Edwin Austin.
Brent, Duncan Kenner, Jr.
Brent, Joseph Lancaster.
Campbell, Howard Mohler.
Freeman, Coleman Randall.
Nicklin, Benjamin Patten.
Nicklin, John Bailey, Jr.
Steuart, Richard Dennis.
Tormey, Alfred Jenkins.

Calvert, Leonard, 1610-1647 (Md.)
First Governor of the Palatinate of Maryland, 1633-'47. Defeated Claiborne in a naval engagement, 1639 and reduced Kent Island, 1647. [Arrived in Md. with the vessels *The Ark* and *The Dove*, 1634 and founded the first capital, St. Mary's City].
Baughman, Edwin Austin.
Brent, Duncan Kenner, Jr.
Brent, Joseph Lancaster.
Campbell, Howard Mohler.
Freeman, Coleman Randall.
Nicklin, Benjamin Patten.
Nicklin, John Bailey, Jr.
Tormey, Alfred Jenkins.

Calvert, William, ca. 1642-1682/3 (Md.)
Member of the Md. Assembly from St. Mary's County, 1664-'69; member of the Council, 1669; Deputy Governor of Maryland, 1670. [Principal Secretary of the Province, 1673-'82].
Campbell, Howard Mohler.
Nicklin, Benjamin Patten.
Nicklin, John Bailey, Jr.

Carr, Dabney, 1743-1773 (Va.)
Burgess for Louisa County, Va., 1772-'73. [Member, Va. Committee of Correspondence].
Harrison, Edmund Pendleton Hunter, Jr.

Carr, Thomas, 1678-1737 (Va.)
Captain, King William County, Va., Militia, 1724; Major, Caroline County Militia, 1730. [Justice, King William County, 1711-'27 and Caroline County, 1728-'37].
Harrison, Edmund Pendleton Hunter, Jr.

Carroll, Charles, 1691-1755 (Md.)
Burgess for Anne Arundel County, Md., 1739-'55.
Hammond, Edward.
Hammond, Edward Cuyler.

Carter, Charles, 1707-1764 (Va.)
Member of Va. House of Burgesses, 1736, 1748-'64. Colonel of King George County, Va., Militia.
Dallam, Corbin Braxton

Carter, John, ca. 1615-ca. 1670 (Va.)
Member of Va. House of Burgesses, 1642-'49, 1653-'58; member of Council of Va., 1658-'69. Commanded against Rappahannock Indians, 1654. Colonel of Lancaster County, Va., 1656.
Dallam, Corbin Braxton.
Harrison, Edmund Pendleton Hunter, Jr.
Smith, Henry Lee.
Smith, Henry Lee, Jr.
Smith, Robert Lee.
Smith, Robert White.
Smith, Thomas Marshall.

Carter, John, 1690-1742 (Va.)
Member of the Council of Virginia, 1724, 1737. [Secretary of the Colony of Va.]
Dallam, Corbin Braxton.

Carter, Robert, 1663-1732 (Va.)
Member of the Va. House of Burgesses, 1690 and Speaker of the House, 1695-'99; member of the Council, 1704-'32; President of Council and Acting Governor, 1726-'27. Colonel and Commander in Chief, Lancaster and Northumberland counties, 1699. [Treasurer of the Colony, 1699-1705].
Dallam, Corbin Braxton.
Harrison, Edmund Pendleton Hunter, Jr.
Smith, Henry Lee.
Smith, Henry Lee, Jr.
Smith, Robert Lee.
Smith, Robert White.
Smith, Thomas Marshall.

Carville, John, ——1709 (Md.)
Burgess for St. Mary's County, Md., 1692; for Cecil County, 1698-'99 and for Kent County, 1708-'09. [High Sheriff of Cecil County, 1694-'96, 1699-1700; Justice of Cecil County, 1698. Styled "Major"].
Brent, Duncan Kenner, Jr.
Brent, Joseph Lancaster.
Hill, Norman Alan.
Hill, Thomas Gardner.

Cary, Miles, ——1667 (Va.)
Member of Va. House of Burgesses, 1659-'63; Member of Council, 1663-'67. Major of Militia, Warwick County, 1654; Lieut.-Colonel, 1657; Colonel and County Lieutenant, 1659-'67 and killed in action with the Dutch, 10 June, 1667.
Bonsal Leigh.
Branch, Rev. Henry, D.D.
Harrison, Edmund Pendleton Hunter, Jr.
Smith, Henry Lee.
Smith, Henry Lee, Jr.
Smith, Robert Lee.
Smith, Mark Alexander Herbert.
Smith, Robert White.
Smith, Thomas Marshall.

Cattell, William, 1682-1752 (S. C.)
Member of Provincial Council of So. Carolina, 1724.
Iglehart, Iredell Waddell.

Cave, Benjamin, ——1762 (Va.)
Burgess for Orange County, Va., 1752-'56.
Waters, John Seymour Taliaferro.

Chamberlaine, Samuel, 1697-1773 (Md.)
Burgess for Talbot County, 1728-'31; Member of Council of Maryland, 1740-'68. [Justice, Talbot County, 1726-'38; Justice of Provincial Court, 1738-'42].
Shreve, Levin Gale.
Tilghman, Harrison.

Chappell, George, 1615–1709 (Conn.)
Served from Wethersfield, Conn., in Pequot War; at Fort Fight, 1637.
Parsons, Charles Lathrop, Jr.

Chew, Benjamin, 1722–1810 (Md., Pa.)
Speaker of Penna. Assembly from New Castle, Kent and Sussex on Delaware ("the three Lower Counties of Penna."), 1753–'58; Member of the Council, 1754–'69. [Attorney-General of Penna., 1754–'69; Register-General of Wills, 1765–'76; Chief Justice of Pa. Supreme Court, 1774–'76; Judge and President of the High Court of Errors and Appeals, 1791–1806].
Howard, Charles Morris.
Howard, John Duvall.

Chew, John, ca 1590–ante 1668 (Va.)
Burgess for Hog Island, Va., 1623–'24, 1629 and for York County, Va., 1642–'44. [Justice, York County, 1634, '52].
Freeman, Coleman Randall.
Hoff, Charles Worthington.
Howard, Charles Morris.
Howard, John Duvall.
Israel, Rogers.
Keyser, Henry Irvine, 2nd.
Paca, John Philemon.
Paca, John Philemon, 5th.
Randall, Daniel Richard.
Randall, Richard Harding.
Rodgers, Maurice Falconer.
Williams, Mason Locke Weems.

Chew, Samuel, ——1677 (Md.)
Burgess for Anne Arundel County, Md., 1661; Member of the Council, 1669–77. Colonel, Anne Arundel County Militia, 1675 and Member of the Council of War 20 July 1676. [High Sheriff of Anne Arundel County, 1663 and a Justice in 1665, 1668].
Freeman, Coleman Randall.
Hoff, Charles Worthington.
Howard, Charles Morris.
Howard, John Duvall.
Israel, Rogers.
Keyser, Henry Irvine, 2nd.
Paca, John Philemon.
Paca, John Philemon, 5th.
Randall, Daniel Richard.
Randall, Richard Harding.
Rodgers, Maurice Falconer.
Williams, Mason Locke Weems.

Chilton, John, 1739–1777 (Va.)
Captain, Third Virginia Regiment, 1775. [Served in American Revolution and was killed at battle of Brandywine, 1777].
MacDonnell, Austin MacCarthy.
McDonnell, Edward Orrick.

Churchill, Armistead, 1704–1763 (Va.)
Colonel of Fauquier County, Va., Militia, 1759.
Dallam, Corbin Braxton.

Churchill, Josiah, ——1687 (Conn.)
Soldier, in Wethersfield, Conn., Troop, in Pequot War, 1637.
Hill, Norman Alan.
Hill, Thomas Gardner.

Churchill, William, 1649–1710 (Va.)
Private in Middlesex County, Va. Militia, 1687. Burgess, 1691, 1704; Member of Council of Virginia, 1705.
Dallam, Corbin Braxton.

Clagett, Thomas, 1635/40–1703 (Md.)
Captain, Calvert County, Md., Militia, 1683–'96. [Commissioner, Calvert County, 1680].
Berry, Jasper Mauduit.
Berry, Thomas Lansdale.
Morgan, John Hurst.
Morgan, Philip Sidney.
Roberts, Thomas Carroll.
Waring, William Emory, Jr.
Williams, Mason Locke Weems.

Claiborne, Thomas, 1647–1683 (Va.)
Served against Indians in Virginia. Styled "Lieut.-Colonel."
King, Thomson.

Claiborne, William, 1589–1676 (Va.)
Burgess, New Kent County, Va., 1663, 1666; Member of Council, 1625–'60. [Secretary of the Colony, 1625–'35, 1652–'60; Treasurer, 1642, 1660; Surveyor-General].
Brent, Duncan Kenner, Jr.
Brent, Joseph Lancaster.
King, Thomson.
Thomas, Howell Harris.
Thomas, John Benjamin.

Clapham, Josias, ——1803 (Va.)
Lieutenant, Fairfax County, Va., Militia, 1758. [Trustee for Leesburg, Va., at its incorporation, 1758; Member of Committee of Observation, Loudoun County and Commissioner for regulating Militia affairs, 1775; Member of Va. Conventions 1775–'76; Member of Assembly, 1777].
Johnston, Christopher, (Jr.).

Clark, George, 1610–1690 (Conn.)
Sill, James Mather.*

Clark, John, ca. 1598–1673 (Conn.)
Sill, James Mather.*

Clark, Jonas, 1684-1770 (Mass.)
Captain, Chelmsford, Mass. Militia, 1725; later, Colonel.
Wood, Frederick William.

Clark, Rev. Thomas, 1653-1704 (Mass.)
In Narragansett War, 1676.
Wood, Frederick William.

Clarke, William, 1609-1690 (Mass.)
Served in King Philip's War, 1675-'76.
Hill, John Boynton Philip Clayton.

Clement, Samuel, ——1765 (N. J.)
Member of N. J. Assembly.
Griswold, Benjamin Howell, Jr.
Griswold, Robertson.

Cliff, John, —— ca. 1697 (Md.)
Sergeant in Talbot County, Md. Militia, 1696.
Hopkins, Granville Bowdle.

Clifton, Robert, ——(Del.)
Member of Pa. Assembly, from Sussex County, Del., 1685-92; Member of Pa. Council, 1695.
Hubbard, Wilbur Ross.
Hubbard, Wilbur Watson.

Clifton, Thomas, ——1708 (Del.)
Member of Pa. Council, from Sussex County, Delaware, 1690.
Hubbard, Wilbur Ross.
Hubbard, Wilbur Watson.

Cobb, Henry, 1596-1679 (Mass.)
Deputy for Barnstable to the Mass. General Court, 1644-1662.
Lloyd, William Henry.

Cocke, Richard, 1600-1665 (Va.)
Member of Va. House of Burgesses, Henrico County, 1632, 1644, '54.
Brent, Duncan Kenner, Jr.
Brent, Joseph Lancaster.
Morton, Samuel Packwood, Jr.
Smith, Henry Lee.
Smith, Henry Lee, Jr.
Smith, Robert Lee.
Smith, Robert White.
Smith, Thomas Marshall.
Stewart, Charles Morton.
Warfield, Frederick Howard.
Warfield, John Ogle, Jr.

Cocke, Thomas, 1638-1696 (Va.)
Member of Va. House of Burgesses, 1667.
Brent, Duncan Kenner, Jr.
Brent, Joseph Lancaster.
Smith, Henry Lee.
Smith, Henry Lee, Jr.
Smith, Robert Lee.
Smith, Robert White.
Smith, Thomas Marshall.

Cocke, William, 1672-1720 (Va.)
Member of Council of Va., 1713-'20. [Secretary of the Colony of Virginia].
Latané, John Holladay.

Coe, John, 1658-1741 (Conn.)
Deputy, from Stratford, to Conn. Assembly, 1701-'15. Ensign, 1698; Lieutenant, 1706; Captain of Stratford Train Band, 1709; active in French and Indian Wars.
Hodgdon, Alexander Lewis.
Hodgdon, Anderson Dana.

Coe, Robert, 1596-1672 (Conn., N. Y.)
Deputy to Conn. Assembly, ante 1652. [Magistrate, Jamaica, L. I., 1662].
Hodgdon, Alexander Lewis.
Hodgdon, Anderson Dana.

Colburn, Edward, 1618-1710 (Mass.)
Served in King William's War.
Wood, Frederick William.

Cole, Samuel, ——1693 (N. J.)
Member of New Jersey Colonial Assembly, 1683-'85.
Sheib, Samuel Henry.

Cole, Samuel, ——1728 (N. J.)
Member of New Jersey Colonial Assembly, 1721-'23.
Sheib, Samuel Henry.

Coleman, Thomas, ca. 1600-1674 (Conn.)
Deputy to Conn. General Court, 1651-'54, 1656. Appointed to procure men and necessaries for the expedition against Ninigret, in Narragansett War, 1654.
Stanton, Robert Field.

Collier, William, ——1670 (Mass.)
Governor's Assistant, Plymouth Colony, 1634-'65. Member of Councils of War, 1642 et seq. [Commissioner to the United Colonies, 1643].
Parsons, Charles Lathrop, Jr.

Collins, Edward, 1603-1689 (Mass.)
Deputy, Mass. General Court, 1654-'70.
Griswold, Benjamin Howell, Jr.
Griswold, Robertson.

Collins, Francis, 1635-1720 (N. J.)
Member of N. J. Assembly, 1683-'84 and of Gov. Jennings' Council, 1683. [Judge of West Jersey Court, 1684 et seq.]

Griswold, Benjamin Howell, Jr.
Griswold, Robertson.
Scott, Townsend IV.

Colton, George, ——1699 (Mass.)
Quartermaster, Hampshire County, Mass., Troops, 1663; in King Philip's War. Deputy to Mass. General Court. 1669, 1671, 1677.

Parsons, Charles Lathrop, Jr.

Combes, William, ——1690 (Md.)
Lieutenant, Talbot County, Md., Militia, 1678; Major of Horse, 1689. [County Commissioner, 1680-'81, 1685].

Hopkins, Granville Bowdle.
Sheib, Samuel Henry.

Conner (Conier), Philip, —————— (Md.)
Commander of Kent, Maryland, 1647. Burgess for Kent County, Md., 1658. [Sat in the Md. Assembly, as a "Freeman" from Kent, 1647, 1649; Justice, Kent County, 1649, 1650-'52, 1655; Commander and Commissioner for Kent County, 1647 et seq.].

Constable, George Webb.
Steuart, Richard Dennis.

Converse, Edward, 1590-1663 (Mass.)
Deputy for Woburn, to Mass. General Court, 1660.

Hill, John Boynton Philip Clayton.

Converse, Josiah, 1660-1717 (Mass.)
Captain of Mass. Troops, 1707; Of the company raised for intended expedition to Canada.

Hill, John Boynton Philip Clayton.

Corbin, Henry, 1629-1675 (Va.)
Member of Va. House of Burgesses, 1658-'59; Member of the Council, 1663-'67.

Dallam, Corbin Braxton.
Freeman, Coleman Randall.
Howard, Charles Morris.
Keyser, Henry Irvine, 2nd.
Owen, Franklin Buchanan.
Packard, Charles Lee.
Packard, Joseph.
Pennington, Josias.
Pennington, Pleasants.
Pitts, Tilghman Goldsborough.
Smith, Henry Lee.
Smith, Henry Lee, Jr.
Smith, Robert Lee.
Smith, Robert White.
Smith, Thomas Marshall.
Tilghman, James Donnell.

Corbin, Richard, 1708-ca. 1787 (Va.)
Burgess for King and Queen County, Va., 1750. [Receiver-General of the Colony, 1754-1776].

Dallam, Corbin Braxton.

Cornell, Thomas, ——1656 (R. I., N. Y.)
Ensign, Portsmouth, R. I., Militia, 1642-44. Served under Gov. Kieft against Indians.

Johnson, Charles William Leverett.

Coursey, Henry, ——1696 (Md.)
Member of Council of Maryland, 1660-'70, 1676-'84; Burgess for Talbot County, Md., 1694-'95. Colonel commanding Foot Forces of Cecil and Kent counties, 1676, 1678-'81. [Secretary of the Province, 1660-'61; Chief Justice of the Provincial Court, 1684-'85. Commissioner to negotiate with Northern Indians at Albany, 1677, 1682].

Brent, Duncan Kenner, Jr.
Brent, Joseph Lancaster.

Courtney, Thomas, 1641-1706 (Md.)
Cornet, 1676; Lieutenant, 1678, in Troop of Horse, St. Mary's County, Md.

O'Donovan, Charles
Shriver, Alfred Jenkins.
Shriver, Edward Jenkins.
Shriver, Robert Hickley.
Tormey, Alfred Jenkins.

Cowdrey, William, 1602-1687 (Mass.)
Deputy from Reading to Mass. General Court, 1651-'53, 1658, 1661.

Hill, John Boynton Philip Clayton.

Crabb Ralph, 1694-1734 (Md.)
Burgess for Prince George County, Md., 1719-'33.

Sill, James Mather.

Crabb, Thomas, ——1720 (Md.)
Burgess for Charles County, Md., 1708, 1711. [Styled Captain in 1709-'11].

Dawkins, Walter Ireland.
Tilghman, James Donnell.

Crane, Azariah, 1647-1730 (N. J.)
Deputy to New Jersey Assembly, 1693-'95.

Young, Charles Mervyn.

Crane, Jasper, ——1681 (N. J.)
Deputy to New Jersey Assembly, 1653–'58; Governor's Assistant, 1662–'67; Deputy to Provincial Assembly, East Jersey, 1667–'73.
Young, Charles Mervyn.

Crane, Jonathan, 1658–1736 (Conn.)
Ensign, Windham, Conn., Militia, 1695; Lieutenant, 1703–'04. Deputy to Conn. General Court, 1701, 1703, 1705, 1707–'14, 1717–'18, 1721–'22.
Turner, Arthur Gordon.
Turner, Edward Raymond.
Turner, James Flynn.

Crosby, Simon, 1637–1725 (Mass.)
In garrison at Billerica, and scouting, King Philip's War. In Captain Lane's Troop, 1706. Deputy, 1691 et seq.
Wood, Frederick William.

Croshaw, Joseph, ——1667 (Va.)
Member of Va. House of Burgesses, 1659–'60. Major, York County, Va., Militia. [Justice, York County, 1655].
King, Thomson.
Evans, Gustavus Warfield.

Crowell, John, ——1673 (Mass.)
Deputy for Yarmouth to the General Court, 1641–'43. [Magistrate, 1644].
Lloyd, William Henry.

Cruttenden, Abraham, ——1683 (Conn.)
Governor's Assistant, Colony of New Haven, 1639. [Treasurer of Conn., 1675–'80].
Smith, Mark Alexander Herbert.

Culver, Edward, 1654–1732 (Conn.)
Volunteer in Narragansett campaign, 1675–'76. Lieutenant, in command of partisan forces of Connecticut in 1712. [On Committee to establish bounds between towns of Windham and Lebanon, Conn.].
Culver, Francis Barnum.

Culver, Samuel, 1691–1770 (Conn.)
Deputy from Litchfield to the Conn. General Assembly, 1741. [Styled "Mr." and "Sargeant" in the records].
Culver, Francis Barnum.

Curtis, John, 1615–1707 (Conn.)
Sergeant, Stratford, Conn., 1675; in King Philip's War; Ensign.
Smith, Mark Alexander Herbert.
Stanton, Robert Field.

Curtis, Richard, ——1695 (Pa.)
Member of Provincial Assembly of Pennsylvania, from Kent County, Delaware, 1690.
Tyson, Malcolm Van Vechten.

Curtis, Thomas, 1649–1736 (Conn.)
Deputy from Wallingford to Conn. General Court, 1689, 1717–'18. Ensign, Wallingford Train Band, 1704.
Stanton, Robert Field.

Cushing, Daniel, ca. 1619–1700 (Mass.)
Deputy for Hingham to General Court of Massachusetts, 1680, '82, '85.
Robinson, George David Francis, Jr.
Sloan, Francis Burns.
Sloan, Francis Eugene.
Sloan, George Frederick.

Custis, John, 1630–1696 (Va.)
Member of Council of Virginia, 1677 et seq. Major-General, Virginia Forces, 1676.
Muñoz, William Parke Custis.

Custis, John, 1653–1713 (Va.)
Burgess for Northampton County, Va., 1685, 1692–93, 1696; Member of Council of Virginia, 1699. Colonel, commanding Militia of the Eastern Shore.
Muñoz, William Parke Custis.

Custis, William, 1633–1726 (Va.)
Captain, Accomac County, Va., Militia, 1678–93; Colonel, 1715–'26. [Justice and of the Quorum; Judge of Court of Chancery].
Muñoz, William Parke Custis.

Cutler, Ebenezer, 1700–1777 (Mass.)
Captain of Lincoln Company, 3d Mass. Regiment, under Col. Elisha Jones, 1757.
Hill, John Boynton Philip Clayton.

Cutler, James, 1606–1694 (Mass.)
Ensign in Lexington, Mass., Military Company. Served in King Philip's War.
Hill, John Boynton Philip Clayton.

Cuyler, Hendrick, 1637–1690 (N. Y.)
Major of all Foot Companies in the City and County of New York, French and Indian War, 1689. [Justice, Town and County of Albany, 1685].
Hammond, Edward.
Hammond, Edward Cuyler.
Johnson, Charles William Leverett.
Poe, Philip Livingston.

Dalton, Samuel, 1629–1681 (Mass.)
Deputy to Mass. Bay Colony, 1662–'66, 1669–'71, 1673–'76, 1678–'79. Member of N. H. Council, 1680.
Wood, Frederick William.

Dandridge, Nathaniel West, 1729–1786 (Va.)
Burgess for Hanover County, Va., 1758.
Evans, Gustavus Warfield.

Dandridge, William, ——1743 (Va.)
Member of Council of Virginia, 1727. Captain in the Royal Navy, 1737–'43. [Commissioner on the boundary of Virginia and North Carolina, 1727].
Evans, Gustavus Warfield.

Danforth, Jonathan, 1628–1712 (Mass.)
Lieutenant, Billerica, Mass., Militia, 1675; Captain, 1683. House used as a garrison, King Philip's War. Deputy to Mass. General Court, 1685.
Wood, Frederick William.

Danforth, Nicholas, 1585–1638 (Mass.)
Deputy to Mass. General Court, 1636–'37.
Wood, Frederick William.

Darnall, Henry, ——1711 (Md.)
Member of Council of Maryland, 1679–'89; Councillor and Deputy-Governor, 1684–'89. Captain,1676;Lieut.-Colonel, 1679; Colonel, 1681. [High Sheriff of Calvert County, Md., 1674–'76, 1677–'79].
Carroll, James Butterworth Randol.

Dashiell, Henry, 1702–1756 (Md.)
Company Clerk under Capt. John Handy, Somerset County, Md., Militia, 1748.
Dashiell, Nicholas Leeke.
Phillips, John Fowler.

Dashiell, James, 1634–1697 (Md.)
Burgess for Somerset County, Md., 1681–'82.
Dashiell, Nicholas Leeke.
Howard, Charles Morris.
Le Viness, Charles Thabor, III.
Pennington, Josias.
Pennington, Pleasants.
Phillips, John Fowler.
Robinson, Ralph.
Whitham, Lloyd Bankson.

Dashiell, Thomas, 1666–1755/6 (Md.)
Burgess for Somerset County, Md., 1715–'16.
Dashiell, Nicholas Leeke.
Phillips, John Fowler.
Whitham, Lloyd Bankson.

Dashiell, Thomas, 1726–1773/8 (Md.)
Member of Md. Assembly, 1768.
Dashiell, Nicholas Leeke.

Davis, John, 1654–1717 (Md.)
Captain of Foot, Talbot County, Md., Militia, 1689–'96.
Sheib, Samuel Henry.

Denison, George, ca. 1620–1694 (Conn.)
Deputy from Stonington to Conn. General Assembly, 1654, '56, '71, '74–'75, '78, '82–'87, '89, '93–'94. Captain, New London County forces, in King Philip's War; Captain of Volunteers, 1689. [Chosen with Major Mason to assist Pequot Chiefs to govern their tribes].
Stanton, Robert Field.

Denison, William, ——1653 (Mass.)
Deputy to Mass. General Court, 1634. Member of Roxbury militia, 1636.
Stanton, Robert Field.

Dennis, John, 1704–1766 (Md.)
Burgess for Somerset County, Md., 1754–'57.
Dennis, John McPherson.
Dennis, Samuel King.
Handy, John Custis.

Dennis, Robert, —— ——(N. J.)
Member of New Jersey Assembly, 1668–'69. [A founder of Woodbridge, N. J.].
Rodgers, Maurice Falconer.

Denson, William, —— ——(Va.)
Burgess for Upper Norfolk County, Va., 1650–'59.
Hendrick, Calvin Wheeler.
Hendrick, Herring de la Porte.

Dent, John, ——1712 (Md.)
Captain of Chaptico Hundred, Charles County, Md., 1689; Captain of Foot, 1694.
Duke, William Bernard.
Harrison, George.

Dent, Thomas, ——1676 (Md.)
Burgess for St. Mary's County, Md., 1669, 1674–'76. [Justice, St. Mary's County, 1661–'68; High Sheriff, 1664].
Freeman, Coleman Randall.
Johnston, Christopher (Jr.).
Keyser, Henry Irvine, 2nd.

McKaig, W. Wallace.
Magruder, Rev. James Mitchell, D.D.
Norris, Bennet Biscoe.
Steele, Samuel Tagart, D.D.

Dent, William, ——1704 (Md.)
Burgess for Charles County, Md., 1692-'97; Speaker of the House, 1704. Captain of Foot, 1694; Major, 1697; Lieut.-Colonel, 1704. [Attorney-General, 1698-1700].

Norris, Bennet Biscoe.

De Wolf, Bathazar, 1623-1696 (Conn.)
Sill, James Mather.*

Dexter, Thomas, ——1677 (Mass.)
Ensign of Militia, Boston, Mass., 1655.

Lloyd, William Henry.

Digges, Edward, 1621 ——1675 (Va.)
Member of Council of Virginia, 1654-'75; Governor of Virginia, 1656-'58.

Steuart, Richard Dennis.
Tormey, Alfred Jenkins.

Digges, William, ——1695 (Va., Md.)
Captain of Horse, Va. Forces, 1674; in active service in Bacon's Rebellion, 1676; member of Council of Maryland, 1680-'89; one of the Md. Deputy-Governors, 1685. [Justice, York County, Va., 1671; High Sheriff, York County, 1679].

Steuart, Richard Dennis.
Tormey, Alfred Jenkins.

Dorsey, Edward, ——1705 (Md.)
Captain, Anne Arundel County, Md., Militia, 1686; Major, 1687; Major of Horse, 1689; Colonel, 1702. Burgess for Anne Arundel County, 1694-'97 and for Baltimore County, 1701-'05. [Justice, Anne Arundel County, 1679-'89; Judge of High Court of Chancery, 1694-'96].

Brent, Duncan Kenner, Jr.
Brent, Joseph Lancaster.
Brown, James Dorsey, Jr.
Evans, Gustavus Warfield.
Evans, Henry Cotheal.
Hoff, Charles Worthington.
Israel, Rogers.
Lee, Howard Hall Macy.
Penniman, Nicholas Griffith III.
Penniman, Thomas Dobbin.
Pennington, Pleasants.
Pitts, Tilghman Goldsborough.
Roberts, Thomas Carroll.
Scott, Townsend IV.
Smith, Mark Alexander Herbert.

Warfield, Frederick Howard.
Warfield, John Ogle, Jr.
Worthington, Richard Walker.
Worthington, Thomas Chew.
Young, Andrew Jackson, Jr.

Dorsey, John, ——ca. 1714 (Md.)
Burgess for Anne Arundel County, Md., 1692-'93, 1701-'04; member of Council, 1710-'15. Military Officer, 1694/6. [Justice, Anne Arundel County, 1694-'97; commissioner for laying out Annapolis, 1694. Styled "Captain."].

Baldwin, Francis Joseph.
Brent, Duncan Kenner, Jr.
Brent, Joseph Lancaster.
Brown, James Dorsey, Jr.
Hammond, Edward.
Hammond, Edward Cuyler.
Hoff, Charles Worthington.
Holloway, Charles Thomas.
Maynadier, Thomas Murray.
Morgan, John Hurst.
Morgan, Philip Sidney.
Morgan, Tilghman Vickers.
Penniman, Nicholas Griffith, III.
Penniman, Thomas Dobbin.
Pitts, Tilghman Goldsborough.
Roberts, Thomas Carroll.
Shreve, Levin Gale.
Waring, William Emory, Jr.
Williams, Mason Locke Weems.

Dorsey, John, ——1760 (Md.)
Ensign in Capt. Robert Chesley's Company, St. Mary's County, Md., 1748.

Richardson, Dorsey.

Dorsey, Joshua, ca 1686-1747 (Md.)
Captain of Baltimore County, Md., militia, 1742. [Justice, Baltimore County, 1712-'14].

Brent, Duncan Kenner, Jr.
Brent, Joseph Lancaster.
Evans, Gustavus Warfield.
Evans, Henry Cotheal.
Fisher, John Ridgely.
Lee, Howard Hall Macy.
Penniman, Nicholas Griffith III.
Penniman, Thomas Dobbin.
Pennington, Pleasants.
Scott, Townsend, IV.
Smith, Mark Alexander Herbert.
Warfield, Frederick Howard.
Warfield, John Ogle, Jr.
Young, Andrew Jackson, Jr.

Douglas, George, 1698-1758 (Va.)
Burgess for Accomac County, Va., 1742-'55.

Muñoz, William Parke Custis.

Downing, Emanuel, ——1658 (Mass.)
Assistant, Massachusetts, 1639-'49.

Johnson, Charles William Leverett.

Du Bois, Abraham, 1657-1731 (N. Y.)
Served in Second Canadian Expedition.
O'Donovan, Charles.
Shriver, Alfred Jenkins.
Shriver, Edward Jenkins.
Shriver, Robert Hickley.

Du Bois, Louis, 1626-ante 1696 (N. Y.)
Led expedition against Indians, 1663; in New York Colonial Forces against Indians, 1670.
O'Donovan, Charles.
Shriver, Alfred Jenkins.
Shriver, Edward Jenkins.
Shriver, Robert Hickley.

Dudley, Thomas, 1576-1653 (Mass.)
Deputy Governor, Mass. Bay Colony, 1630-'34, 1637-'40, 1646-'49, 1651-'52; Governor, 1634, 1640, 1645, 1650; Assistant (in England, 1629) 1635-'36, 1641-'45; Commissioner of the United Colonies, 1642, 1647, 1649. Lieut.-Colonel, Suffolk County, Mass., regiment, 1636; Sergeant-Major-General, 1644; Ancient and Honorable Artillery Company.
Johnston, Christopher (Jr.)

Dunn, Robert, 1630-1676 (Md.)
Burgess for Kent County, Md., 1663-'69. [Justice, Kent County, 1664-'69; High Sheriff, 1673-'76].
Brent, Duncan Kenner, Jr.
Brent, Joseph Lancaster.
Constable, George Webb.
Wickes, Joseph Lee.

Dunn, Robert, 1674-1729 (Md.)
Burgess for Kent County, Md., 1722-'24.
Brent, Duncan Kenner, Jr.
Brent, Joseph Lancaster.
Constable, George Webb.
Wickes, Joseph Lee.

Dwight, Timothy, 1639-1718 (Mass.)
Cornet of Horse and Captain of Foot, Dedham, Mass., Deputy to Mass. General Court.
Johnson, Charles William Leverett.

Dwight, Timothy, 1694-1771 (Mass.)
Captain in Mass. Forces, 1724; built and commanded Fort Dummer, 1724-'26; Colonel, Mass. militia. [Judge, Hampshire County, 1737-'41, 1748-'57; Chief Justice, 1757].
Johnson, Charles William Leverett.

Dyer, William, ——ca. 1677 (R. I.)
Captain and "Commander in Chief upon the sea "against the Dutch, 1653. Deputy to R. I. Assembly, 1664-'66. [Secretary for Towns of Portsmouth and Newport, 1640-'47; General Recorder, 1648; Attorney-General, 1650-'53; Commissioner, 1661-'62; General Solicitor, 1665-'66, 1668; Secretary to the Council, 1669].
Shreve, Levin Gale.

Eager, George, ——1706 (Md.)
Officer in Anne Arundel County, Md., Militia, 1696.
Howard, Charles Morris.

Eaton, Theophilus, 1590-1657 (Conn.)
Governor, New Haven Colony, 1639-'57.
Smith, Mark Alexander Herbert.

Edmonds, Robert, ——1706 (Del.)
Member of Pa. Assembly, from Kent County, Del., 1698.
Hubbard, Wilbur Ross.
Hubbard, Wilbur Watson.

Edmonds, William, 1734-1816 (Va.)
Captain, Virginia Militia, in French and Indian War, 1761; in service against Indians, under Col. John Bell, in 1764.
Payne, George Houson, Jr.

Edmondson, John, ——1698 (Md.)
Burgess for Talbot County, Md., 1681-'92.
Giffen, Wallis.
Hopkins, Granville Bowdle.

Edmondson, Pollard, ——(Md.)
Burgess for Talbot County, Md., 1759-'63. [Represented Talbot County in the Constitutional Convention of 1776].
Giffen, Wallis.

Edmondston, Archibald, ——ca. 1734 (Md.)
Colonel in Prince George's County, Md., militia, post 1700.
Freeman, Coleman Randall.
Hollyday, Guy Tilghman Orme.
Keyser, Henry Irvine, 2nd.
Passano, Edward Boteler
Passano, Edward Magruder

Edwards, Rev. Timothy, 1669-1758 (Conn.)
Chaplain, Conn. Colonial Forces, in Expedition to Canada, 1711.
Johnson, Charles William Leverett.

SERVICES OF ANCESTORS 349

Egleston, James, 1620-1679 (Conn.)
Served in Pequot War, 1637.
Woodruff, Caldwell.

Egleston, Joseph, 1700-1774 (Mass.)
Marched under Major John Ashley to relief of Fort William Henry, 1757.
Woodruff, Caldwell.

Egleston, Seth, 1731-1772 (Mass.)
Marched to relief of Fort William Henry, 1757.
Woodruff, Caldwell.

Ellis, John, ——1677 (Mass.)
Served in Militia of Plymouth Colony, King Philip's War, 1676.
Steele, Samuel Tagart.

Ely, William, 1647-1717 (Conn.)
*Sill, James Mather.**

Ennalls, Bartholomew, ——1688 (Md.)
Burgess for Dorchester County, Maryland, 1678-'82.
Owen, Franklin Buchanan.
Pennington, Josias.
Pennington, Pleasants.
Pitts, Tilghman Goldsborough.
Skinner, Maurice Edward.
Skinner, William Howser.
Steele, Samuel Tagart, D.D.

Ennalls, Henry, 1675-1734 (Md.)
Burgess for Dorchester County, Maryland, 1712-'13. [Justice, Dorchester County, 1726].
Owen, Franklin Buchanan.
Pennington, Josias.
Pennington, Pleasants.
Pitts, Tilghman Goldsborough.
Steele, Samuel Tagart, D.D.

Evans, George, 1732-1818 (Pa.)
Member of Provincial Council of Penna., 1757-'61.
Lloyd, William Henry.

Evans, John, 1677 ——(Pa.)
Member of Penna. Assembly, 1703-'06; Lieutenant-Governor of Penn., 1698, 1704-'09; Deputy Governor, 1709-'17.
Lloyd, William Henry.

Evans, John, Jr., 1700-1772 (Pa.)
Member Penna. Assembly from Chester County, 1734-'37; member of Governor's Council, 1764-'72. [Justice, Chester County, 1737].
Lloyd, William Henry.

Ewen, Richard, ——1660 (Md.)
Member of Md. Assembly, 1654; Speaker, 1657; Burgess for Anne Arundel County, Md., 1659-'60. Captain, Anne Arundel County Militia, 1655; Major, 1658. [Commissioner for regulating affairs in Maryland and Member of the Provincial Court, 1654-'55].
Gregg, Maurice.
Hanson, Benedict Henry, Jr.
Hoff, Charles Worthington.
Roberts, Thomas Carroll.
Shreve, Levin Gale.
Williams, Mason Locke Weems.

Fairlamb, Nicholas, ——1722 (Pa.)
Member of the Penna. Assembly, from Chester County, 1704-'13.
Bonsal, Leigh.

Farwell, Henry, 1674-1738 (Mass.)
Captain of Dunstable, Mass., Militia.
Hill, John Boynton Philip Clayton.

Farwell, Joseph, 1642-1722 (Mass.)
Ensign, Chelmsford, Mass., Military Company, 1667-'95.
Hill, John Boynton Philip Clayton.

Fauntleroy, Moore, ——1665 (Va.)
Burgess for Upper Norfolk County, Va., 1644-47; for Lancaster County, 1653 and for Old Rappahannock, 1656-'59. Colonel of Va. Militia, 1656.
Dallam, Corbin Braxton.

Fauntleroy, William, 1684-1757 (Va.)
Member of Va. House of Burgesses, 1736-'57.
Dallam, Corbin Braxton.

Fendall, John, ca. 1674-1734 (Md.)
Member of Maryland Assembly, 1712-'16, 1719, 1728-'29, 1731.
Denmead, Garner Wood.

Fenwick, Cuthbert, 1614-1655 (Md.)
Member of the Md. Assembly, 1638, 1641.
Brent, Duncan Kenner, Jr.
Brent, Joseph Lancaster.

Field, Peter, 1647-1707 (Va.)
Captain, Henrico County, Va., Militia, 1693; Major, New Kent County, 1705. Burgess for Henrico County, 1693. [Justice, Henrico County, 1678; High Sheriff, 1682].
Harrison, Edmund Pendleton Hunter, Jr.

Filmer, Henry, ——(Va.).
Burgess for James City County, Va., 1642-'43.
Warfield, Frederick Howard.
Warfield, John Ogle, Jr.

Fiske, Nathaniel, 1653-1735 (Mass.)
Served in Capt. John Cutler's Company, King Philip's War.
Hill, John Boynton Philip Clayton.

Fitch, James, 1622-1702 (Conn.)
Chaplain of Conn. Forces in King Philip's War, under Major Treat, 1675 and Major John Talcott, 1676.
Smith, Mark Alexander Herbert.

Fitch, James, 1649-1727 (Conn.)
Governor's Assistant, Connecticut, 1681-1706. Captain of Militia, 1680; Sergeant-Major of New London, 1696, commanding all the Troops in that County; in French and Indian Wars, 1702.
Mathews, Edward Bennett.
Smith, Mark Alexander Herbert.

Fitz Randolph, John, 1653-1727 (N. J.)
Deputy to General Assembly, East New Jersey, 1693.
Coriell, Louis Duncan.

Fitz Randolph, Nathaniel, 1642-1713 (N. J.)
Member of New Jersey General Assembly, 1693-'94. [High Sheriff of Middlesex County, 1699].
Tyson, Anthony Morris.

Flagg, Thomas, 1616-1698 (Mass.)
In Watertown, Mass., Train Band until 1681.
Hill, John Boynton Philip Clayton.

Fleete, Henry, 1595-1661 (Md., Va.)
Member of Maryland Assembly, 1637-'38; Burgess for Lancaster County, Va., 1652. Captain-General, to make treaty of peace with the Susquehannas, 1644. [He rendered valuable services to the two Colonies as Indian interpreter].
Hanson, Benedict Henry, Jr.

Fletcher, William, 1622-1677 (Mass.)
Ensign in Chelmsford, Mass., Militia, King Philip's War, 1676.
Hill, John Boynton Philip Clayton.

Flint, John, ——1686 (Mass.)
Lieutenant in Capt. Thomas Hinchman's Company, 1677. Deputy for Concord to Mass. General Court, 1677-'82.
Pennington, Josias.
Pennington, Pleasants.

Floyd, Richard, Jr., 1665-1728 (Mass.)
Lieutenant, 1700; Colonel, Suffolk County, Mass., Militia in Canadian Expedition, 1709.
Johnson, Charles William Leverett.

Fonda, Douw Jellise, ——1700 (N. Y.)
Served in colonial wars on frontiers of Albany County, N. Y., in Captain Wendell's Company, 1689.
Tyson, Malcolm Van Vechten.

Foote, Nathaniel, ca. 1593-1644 (Conn.)
Deputy, from Wethersfield, Conn., to the General Court at Hartford, 1641-'44.
Griswold, Benjamin Howell, Jr.
Griswold, Robertson.
Hill, Norman Alan.
Hill, Thomas Gardner.

Forrest, Patrick, 1625-1675 (Md.)
Member of Md. Assembly, 1649-'50.
Harrison, Edmund Pendleton Hunter, Jr.

Fowke, Gerard, ——1669 (Va., Md.)
Captain, Westmoreland County, Va., Militia, 1658; Colonel, 1661. Burgess for Westmoreland County, 1663; for Charles County, Md., 1666.
Baldwin, Francis Joseph.
Waters, John Seymour Taliaferro.

Fowke, Gerard, 1662-1734 (Md.).
Burgess for Charles County, Md., 1704-'07.
Waters, John Seymour Taliaferro.

Fox, Henry, —— —— (Va.)
Burgess for King William County, Va., 1710.
King, Thomson.

Francis, Tench, ——1758 (Md., Pa.).
Burgess for Talbot County, Md., 1734-'37. [Attorney-General of Penna., 1742-'52; member Common Council of Philadelphia, 1747; Master of Rolls, 1750-'54].
Shreve, Levin Gale.
Tilghman, Harrison.

Franklin, Robert, ——1681 (Md.)
Burgess for Anne Arundel County, Md., 1671-'75. [Justice, 1674-'76; High Sheriff, Anne Arundel County, 1679-'82].
Keyser, Henry Irvine, 2nd.

Freeman, Edmund, ——1682 (Mass.).
Assistant, Plymouth Colony, 1640-'45; Deputy for Sandwich to General Court of Plymouth, 1646. [Member of the Councils of War, 1642, 1647].
Steele, Samuel Tagart, D.D.

French, John, 1635-1712 (Mass.)
Wounded at Quaboag, 1675.
Wood, Frederick William.

French, Philip, 1667-1707 (N. Y.).
Member of Colonial Assembly of New York, 1702, 1704-'05, 1707; Speaker of the House, 1698. [Mayor, 1702].
Sill, James Mather.

French, William, 1603-1681 (Mass.)
Member of A. and H. A. Company, 1638. Ensign, Mass. Militia, 1650; Lieutenant in King Philip's War, garrison duty, 1675; Captain, 1681. Deputy to Mass. General Court, 1660-'63.
Wood, Frederick William.

Frisby, James, 1651-1704 (Md.)
Burgess for Cecil County, Md., 1676, 1678, 1681-'84; member of the Governor's Council, 1693-1703. [Justice of Cecil County Court, 1676-'77, 1679-'83; of the Quorum, 1681-'83. Styled "captain," 1683].
Constable, George Webb.
Dallam, Corbin Braxton.
Hanson, Benedict Henry, Jr.
Pennington, Josias.
Pennington, Pleasants.
Shreve, Levin Gale.
Steuart, Richard Dennis.
Tilghman, Harrison.
Veazey, George Ross.

Frisby, James, 1684-1719 (Md.).
Burgess for Cecil County, Md., 1715-'19.
Constable, George Webb.
Steuart, Richard Dennis.

Frisby, Peregrine, 1688-1738 (Md.)
Burgess for Cecil County, Md., 1713-'14.
Pennington, Josias.
Pennington, Pleasants.
Shreve, Levin Gale.
Tilghman, Harrison.

Fullam, Jacob, 1692-1725 (Mass.)
Soldier in Capt. John Lovewell's Company, Weston, Mass., in campaign against the Indians; killed 1725.
Fullam, William Freeland.

Gale, George, 1670-1712 (Md.).
Burgess for Somerset County, Md., 1709. [Styled, "Colonel."]
Shreve, Levin Gale.

Gallup, Benadam, 1655-1727 (Conn.)
With volunteers to Vineyard Harbor, captured a private sloop, 1689.
Randolph, Francis F.
Randolph, George F.

Gallup, John, 1590-1650 (Mass., Conn.)
In fight with the Pequot Indians off Block Island, called the first naval engagement in New England Waters, 1636.
Randolph, Francis F.
Randolph, George F.

Gallup, John, 1616-1675 (Conn.)
Captain of First Company, Conn. Forces, under Major Robert Treat, in Great Swamp Fight, 1675.
Haynes, Nathan Williams.
Randolph, Francis F.
Randolph, George F.

Gallup, William, 1723-1803 (Mass.)
In Col. Daniel Appleton's Mass. regiment, 1759 and later enlisted in Capt. Israel Herrick's Company.
Randolph, Francis F.
Randolph, George F.

Gantt, Edward, ca. 1720 ——(Md.)
Captain, Calvert County, Md., Militia, 1747-'48. [Member of Committee of Observation, Calvert County, 1774; member of Provincial Council, 1775; member of Associated Freemen and of Committee of Safety.
Roberts, Thomas Carroll.

Gantt, Thomas, 1686-ca. 1765 (Md.)
Burgess for Prince George County, Md., 1722-'28. [Justice, Prince George County, 1726-'33 and of the Quorum, 1728; Sheriff, Prince George County, 1730; Judge of Oyer and Terminer, 1748].
Roberts, Thomas Carroll.

Gardiner, Luke, ——1674 (Md.)
Burgess for St. Mary's County, Md., 1660-'62, 1671. Lieutenant, St. Mary's

County Militia, 1661; Captain, 1664.
[Justice, 1661, 1664–'66; High Sheriff 1672–'74].

Howard, Charles Morris.
Key, Edward.

Gardiner, Richard, ——1649 (Md.)
Burgess for St. Mary's County, Md., 1641/2.

Howard, Charles Morris
Key, Edward.

Gardiner, Richard, ——1687 (Md.)
Burgess for St. Mary's County, Md., 1681–'87. [Justice and County Commissioner, 1677–'87].

Howard, Charles Morris.
Key, Edward.

Garnett, James, 1692–1765 (Va.)
Member of Va. House of Burgesses, 1741–'47.

Waters, John Seymour Taliaferro.

Gassaway, Nicholas, ——1691 (Md.)
Captain, Anne Arundel County, Md., Militia, 1681; Major, 1685–'89; Colonel, 1690. [Justice, Anne Arundel County, 1679–'80, 1685–'89; on Committee of Twenty for administering affairs in Md., 1690; Judge of Provincial Court, 1691].

Gassaway, Louis Dorsey.

Gaylord, William, 1585–1673 (Conn.)
Deputy, Mass. Bay, 1635 *et seq.*, and Conn., 1639 *et seq.*

Griswold, Benjamin Howell, Jr.
Griswold, Robertson.

Gerard, Thomas, 1600–1673 (Md.)
Member of Md. Assembly from St. Mary's Hundred, 1641; member of the Council, 1643 *et seq.* [Commissioner of the Proprietary and Lord of St. Clement's Manor].

Brent, Duncan Kenner, Jr.
Brent, Joseph Lancaster
Freeman, Coleman Randall.
Keyser, Henry Irvine, 2nd.
Norris, Bennet Biscoe.
Steuart, Richard Dennis.

Gillet, Jonathan, 1720–1779 (Conn.)
First Lieutenant of Train band, Wintonbury Parish, Conn., 1758; Captain, First Regiment, Wintonbury Township, 1761.

Gillet, Charles Berkley.
Gillet, Francis Warrington.

Gillet, George Martin.
Gillet, George Martin, Jr.
Gillet, James McClure.

Gilpin, Samuel, 1694–1767 (Pa., Md.)
Member of Penna. Assembly from Chester County, 1729–'30. [Justice, Cecil County, Md., 1740].

Lloyd, William Henry.

Gilson, Andrew, 1628 ——(Va.).
One of the Military and Civil Officers of Stafford County, Va.

Nicklin, Benjamin Patten.
Nicklin, John Bailey, Jr.

Glen, James, 1701–1777 (S. C.)
First Royal Governor of South Carolina (appointed, 1738), 1743–1756.

Hammond, Edward.
Hammond, Edward Cuyler.

Glen, Johannes, 1648–1731 (N. Y.)
Captain, 1st Foot Company, Schenectady, N. Y., 1700. At massacre in Indian War, 1689 and Major in command, 1690. In expedition to Canada, 1711.

Freeman, Coleman Randall.

Glen, Sander Leendertse, 1610–1685 (N. Y.)
In service of the Dutch West India Company, at Fort Nassau, on the South River, 1633. [He was otherwise known as Alexander Lindsay Glen].

Freeman, Coleman Randall.

Glenn, Robert, 1722–1799 (Md.)
Soldier in Capt. Peter Bayard's Company, Cecil County, Md., enrolled for War with Spain, 1740.

Hubbard, Wilbur Ross.
Hubbard, Wilbur Watson.

Glover, Henry, 1610–1689 (Conn.)
Member of New Haven, Conn., Train Band, 1643. Commissioner of Fortifications, 1643.

Woodruff, Caldwell.

Goldsborough, Charles, 1707–1767 (Md.)
Burgess for Dorchester County, Md., 1752, 1763; Member of Council of Maryland, 1766. [Clerk of Dorchester County, 1728; Commissary General].

Pitts, Tilghman Goldsborough.

Goldsborough, Robert, 1660–1746 (Md.)
Burgess for Talbot County, Md., 1706–'07.

Pitts, Tilghman Goldsborough.

SERVICES OF ANCESTORS 353

Goldsborough, Robert, 1733-1788 (Md.)
Burgess for Dorchester County, Md., 1765. [Member of Md. Convention, 1774; Delegate to Continental Congress, 1774-'75; Member of Constitutional Convention, 1776; Attorney-General of Maryland, 1776].

Pitts, Tilghman Goldsborough.

Goodrich, William, ——1676 (Conn.)
Ensign under Capt. Samuel Welles, in the Great Swamp Fight, 1676. Deputy, 1660-1666.

Davis, Septimus.
Stanton, Robert Field.

Goodwin, William, 1606-1673 (Conn.)
Deputy, from Cambridge, Mass., 1634.

Johnson, Charles William Leverett.

Gorham, John, 1621-1675 (Mass.)
Deputy for Plymouth Colony, 1653. Lieutenant, 1673; Captain, 2nd Barnstable Company, under Major William Bradford, in Great Swamp Fight.

Parsons, Charles Lathrop, Jr.
Williamson, John Laughlin.

Gouldsmith, George, ——1666 (Md.)
Burgess for Baltimore County, Md., 1660. Captain of Militia, 1664, *et seq.* [Justice, Baltimore County, 1664-'66 and of the Quorum; High Sheriff of Baltimore County, 1664].

Dallam, Corbin Braxton.
Davis, Septimus.

Gouldsmith, Samuel, ——1671 (Va., Md.)
Captain at Nandue, Northampton County, Va., 1651; Major, Baltimore County, Md., Militia, 1661-'63, *et seq.* Burgess for Baltimore County, 1660, 1663. [Emigrated from Va. to Md., 1658. One of three delegates from Md. to New Amstel, 1659].

Hanson, Benedict Henry, Jr.

Gracy, Patrick, ——1810 (N. C.)
Private in Capt. Alexander Osburn's Company, of Mecklenburg County, N. C., 1759.

Woodruff, Caldwell.

Green, Samuel, *ca.* 1615-1702 (Mass.)
Ensign in King Philips War; Captain in Colonial Forces of Massachusetts.

Pennington, Josias.
Pennington, Pleasants.

Greenberry, Nicholas, 1627-1697 (Md.)
Captain of Foot, Anne Arundel County, Md., 1689; Colonel of Militia of Anne Arundel and Baltimore Counties, 1694. Member of the Governor's Council, 1691-'97; President of the Council and Acting Governor of Maryland, 1693. [Justice, Anne Arundel County, 1686, 1689; of the Quorum, 1689; Member of "Committee of Twenty," 1690; Chancellor and Keeper of the Great Seal, 1694; Judge of Admiralty for the Western Shore, 1694].

Baldwin, Francis Joseph.
Brent, Duncan Kenner, Jr.
Brent, Joseph Lancaster.
Brown, James Dorsey, Jr.
Eareckson, William Winchester.
Evans, Gustavus Warfield.
Evans, Henry Cotheal.
Hanson, Benedict Henry, Jr.
Hoff, Charles Worthington.
Jones, Arthur Lafayette.
Jones, Edward Crozall.
Lee, Howard Hall Macy.
Penniman, Nicholas Griffith III.
Penniman, Thomas Dobbin.
Pennington, Pleasants.
Pitts, Tilghman Goldsborough.
Scott, Townsend IV.
Shreve, Levin Gale.
Smith, Mark Alexander Herbert.
Vickers, William Handy Collins.
Warfield, Frederick Howard.
Warfield, John Ogle, Jr.
Young, Andrew Jackson, Jr.

Greenfield, Thomas, *ca.* 1649-1715 (Md.)
Burgess for Calvert County, Md., 1692-'96 and for Prince Georges County, 1701-'07; member of Council, 1708-'15. [Justice, Calvert County, 1689-'92, 1694; High Sheriff of Prince Georges County, 1695-'96].

Duvall, Richard Mareen.
Waring, William Emory, Jr.

Gregory, John, ——1689 (Conn.)
Deputy to General Court of Conn., 1665.

Lloyd, William Henry.

Griffith, Henry, 1720-1794 (Md.)
Member of Md. Assembly for Frederick County, 1773-'75. [Member of Md. Convention, 1775; member of Committee of Correspondence for Frederick and, later, Montgomery County, 1775-'76. Justice, Anne Arundel County, 1755-'61].

Brent, Duncan Kenner, Jr.
Brent, Joseph Lancaster.
Brown, James Dorsey, Jr.

Evans, Gustavus Warfield.
Penniman, Nicholas Griffith III.
Penniman, Thomas Dobbin.
Pitts, Tilghman Goldsborough.
Worthington, Richard Walker.
Worthington, Thomas Chew.

Griswold, Ebenezer, 1702-1779 (Conn.)
Second Lieutenant, 1st Company, 3d Conn. Regiment, Crown Point Expedition, 1755.

Griswold, Benjamin Howell, Jr.
Griswold, Robertson.

Griswold, Edward, 1607-1691 (Conn.)
Deputy, from Windsor, to Conn. General Court, 1656, 1658-'60 and from Killingworth, 1667-'89.

Hodgdon, Alexander Lewis.
Hodgdon, Anderson Dana.
Parsons, Charles Lathrop, Jr.

Griswold, Matthew, ca. 1620-1698 (Conn.)
Sill, James Mather.*

Gwynn, David, ——1705 (Va.)
Burgess for Richmond County, Va.; 1702-'03, 1705. [Justice, Northumberland County, Va., 1669; Justice and of the Quorum, Richmond County, 1699; Coroner, 1702].

Dallam, Corbin Braxton.
Howard, Charles Morris.
Owen, Franklin Buchanan.
Pennington, Josias.
Pennington, Pleasants.
Pitts, Tilghman Goldsborough.

Hall, Edward, ——1670 (Mass.)
From Duxbury, Mass., in the Narragansett Expedition, 1654.

Wood, Frederick William.

Hall, Elisha, 1663-1717 (Md.)
Burgess for Calvert County, Md., 1698-1704.

Hall, Charles Chauncey.
Hanson, Benedict Henry, Jr.
Williams, Mason Locke Weems.

Hall, John, 1658-1737 (Md.)
Captain, Baltimore County, Md., Militia, 1696. Burgess for Baltimore County, 1696-1703, 1707; Member of Council, 1709-'37. [Justice, Baltimore County, 1694-'97; High Sheriff, 1692-'93].

Iglehart, Iredell Waddell.

Hall, John, 1701-1774 (Md.)
Burgess for Baltimore County, Md., 1745-'48. Colonel of Baltimore County Militia, 1757. [High Sheriff, Baltimore County, 1730].

Iglehart, Iredell Waddell.

Hall, Richard, 1635-1688 (Md.)
Burgess for Calvert County, Md., 1666-'70, 1674-'85. [Commissioner for laying out Ports and Towns in Calvert County, 1683].

Hall, Charles Chauncey.
Hanson, Benedict Henry, Jr.
Harrison, Edmund Pendleton Hunter, Jr.
Johnston, Christopher (Jr.).
McKaig, W. Wallace.
Mackall, Charles O'Donnell.
Mackall, Robert McGill.
Owen, Franklin Buchanan.
Semmes, Raphael.
Steele, Samuel Tagart, D.D.
Tilghman, James Donnell.
Williams, Mason Locke Weems.

Hambleton, William, 1636-1677 (Md.)
Burgess for Talbot County, Md., 1666, 1669, 1671, 1674-'75.

Hambleton, Thomas Edward.
Skinner, Maurice Edward.
Skinner, William Howser.

Hammond, Charles, ——1713 (Md.)
Burgess for Anne Arundel County, Md., 1710-'13. Military Officer, 1696; Major of Colonial Troops; Lieut.-Colonel and Colonel, 1705.

Brown, James Dorsey, Jr.
Evans, Gustavus Warfield.
Hammond, Edward.
Hammond, Edward Cuyler.
Hammond, Edward Mackubin.
Pennington, Pleasants.
Pitts, Tilghman Goldsborough.
Shreve, Levin Gale.
Smith, Mark Alexander Herbert.
Worthington, Richard Walker.
Worthington, Thomas Chew.

Hammond, John, 1643-1707 (Md.)
Burgess for Anne Arundel County, Md., 1692-'98; Member of the Council, 1698-1707. Captain, 1692; Captain of Horse, 1694; Major, 1694; Colonel, 1699; Major-General commanding Militia of Western Shore, 1707. [Judge of the High Court of Admiralty in the Province of Maryland, 1702].

Baldwin, Francis Joseph.
Brown, James Dorsey, Jr.
Eareckson, William Winchester.
Evans, Gustavus Warfield.
Evans, Henry Cotheal.
Hall, Charles Chauncey.
Hammond, Edward.
Hammond, Edward Cuyler.

SERVICES OF ANCESTORS 355

Hammond, Edward Mackubin.
Hanson, Benedict Henry, Jr.
Jones, Arthur Lafayette.
Jones, Edward Croxall.
Pennington, Pleasants.
Pitts, Tilghman Goldsborough.
Scott, Townsend IV.
Shreve, Levin Gale.
Smith, Mark Alexander Herbert.
Vickers, William Handy Collins.
Worthington, Richard Walker.
Worthington, Thomas Chew.

Hammond, John, 1670-1743 (Md.)
Burgess for Anne Arundel County, Md., 1715.

Baldwin, Francis Joseph.
Hanson, Benedict Henry, Jr.
Jones, Arthur Lafayette.
Jones, Edward Croxall.
Shreve, Levin Gale.
Vickers, William Handy Collins.

Hammond, Thomas, ca. 1666-1724 (Md.)
Captain of Horse, Baltimore County, Md., 1694; Major, 1704; Colonel, 1714-'22. Member of Assembly, 1701-'04, 1712-'14. [Justice, Baltimore County, 1694].

Evans, Gustavus Warfield.
Evans, Henry Cotheal.
Hall, Charles Chauncey.
Hammond, Edward.
Hammond, Edward Cuyler.
Scott, Townsend IV.
Shreve, Levin Gale.
Worthington, Richard Walker.
Worthington, Thomas Chew.

Hance, John, ——1709 (Md.)
Captain, Calvert County, Md., Militia, in active service against Indians, 1697. [Justice, Calvert County, 1689, 1695-1700].

Mackall, Charles O'Donnell.
Mackall, Robert McGill.

Hance, John, 1635-1710 (N. J.)
Deputy to General Assembly of New Jersey, 1680 et seq. [Justice 1682-'83].

Lloyd, William Henry.

Hancock, Stephen, ——(Md.)
One of the Military Officers for Anne Arundel County, Md., 1694/6.

Hancock, James Etchberger.

Handy, Samuel, ——1755 (Md.)
Private in Capt. John Williams' Company, Somerset County, Md., Militia.

Handy, John Custis.

Hanslap, Henry, 1635-1698 (Md.)
Captain of Foot, Anne Arundel County, Md., 1689. [High Sheriff of Anne Arundel County, 1685 et seq. Clerk of the County Court.]

Gassaway, Louis Dorsey.

Hanson, Hans, 1646-1703 (Md.)
Burgess for Kent County, Md., 1692-'97 and for Cecil County, 1698-1700. Captain of Horse, Kent County, 1694; Lieut.-Colonel, 1694. [Justice, Kent County, 1685-'89].

Bernard, Richard Constable.

Hanson, Samuel, 1685-1740 (Md.)
Burgess for Charles County, Md., 1716-'17, 1728-'31. [Commissary, 1734 and Clerk of the Provincial Court, 1739].

Freeman, Coleman Randall.

Hapgood, Shadrack, 1642-1675 (Mass.)
In Capt. Edward Hutchinson's Company, Expedition to Brookfield, Mass., to treat with Indians; Killed in King Philip's War, 1675.

Hill, John Boynton Philip Clayton.

Harmanson, George, ——1734 (Va.)
Burgess for Northampton County, Va., 1723. [Justice and of the Quorum, 1699].

Chisolm, William Garnett.

Harris, James, ——1743 (Md.)
Burgess for Kent County, Md., 1715-'16, 1728, 1734 [Commissioner, and Surveyor-General for the Eastern Shore of Maryland].

Constable, George Webb.

Harris, William, 1650-1712 (Md.)
Burgess for Kent County, Md., 1688, 1692-'94 and for Cecil County, 1698-1704. [Justice, Kent County, 1686-'89; Justice, Cecil County, 1694-'98. Military Officer of Cecil County, 1696].

Brent, Duncan Kenner, Jr.
Brent, Joseph Lancaster.
Constable, George Webb.
Hill, Norman Alan.
Hill, Thomas Gardner.
Vickers, William Handy Collins.
Wickes, Joseph Lee.

Harrison, Benjamin, ——1643/7 (Va.)
Clerk of Council of Virginia, 1630-'40; Member of the House of Burgesses, 1642.

Dallam, Corbin Braxton.
Harrison, Edmund Pendleton Hunter, Jr.

Harrison, Benjamin, 1645-1713 (Va.)
Member of Council of Virginia, 1699-1712.
Dallam, Corbin Braxton.
Harrison, Edmund Pendleton Hunter, Jr.

Harrison, Benjamin, 1673-1710 (Va.)
Speaker, Va. House of Burgesses, 1706-10. [Attorney-General and Treasurer of Va.]
Harrison, Edmund, Pendleton Hunter, Jr.

Harrison, Burr, 1637-1710 (Va.)
Member of Virginia House of Burgesses, 1699.
Nicklin, Benjamin Patten.
Nicklin, John Bailey, Jr.

Harrison, James, 1625-1687 (Pa.)
Member of Council of Pennsylvania, 1683-'84. [Associate Justice of Supreme Court of Penna., 1686-'90].
Middleton, Nathan Atherton.
Pennington, Pleasants.

Harrison, Nathaniel, 1677-1727 (Va.)
Member of Va. House of Burgesses, 1706; Member of Council, 1713-'27. County Lieutenant of Surry and Prince George Counties, 1715. [Auditor-General, and Naval Officer for the lower James river, 1713].
Dallam, Corbin Braxton.

Hart, Stephen, 1606-1683 (Conn.)
Served under Major John Mason in Pequot War, 1636. Deputy from Farmington to Conn. General Court, 1647 et seq.
Woodruff, Caldwell.

Hartshorne, Richard, 1641-1722 (N. J.)
Member of Provincial Assembly, East Jersey, 1682-'83, 1685-1702; Speaker, 1686-'93, 1696-'98; Member of the Council, East Jersey, 1684, 1695, 1698-1702; Member of New Jersey Assembly, 1703-'04; Member of Council 1698-1703. [High Sheriff, Monmouth County, N. J., 1683].
Meeker, William Painter.
Tyson, Anthony Morris.

Hartwell, Samuel, 1645-1725 (Mass.)
Served in Mass. Troops, under Capt. Nicholas Manning, in King Philip's War, 1675-'76.
Hill, John Boynton Philip Clayton.

Hasell, Samuel, ——1751 (Pa.)
Member of Council of Penna, 1728-'51.
Lloyd, William Henry.

Hawkins, Anthony, ——1674 (Conn.)
Deputy from Farmington to Conn. General Court, 1665-'67; Governor's Assistant, 1668-'70. [One of the Patentees under Conn. Charter of 1662].
Smith, Mark Alexander Herbert.

Hawkins, Henry, ——1699 (Md.)
Burgess for Charles County, Md., 1688-'92. Captain of Horse, Charles County Militia, 1694 et seq. [Justice, Charles County, 1687-'94].
Magruder, Rev. James Mitchell, D.D.

Hawkins, John, 1713-1757 (Md.)
Burgess for Prince George County, Maryland, 1753-'57.
Magruder, Rev. James Mitchell, D.D.

Hawley, Joseph, 1603-1690 (Conn.)
Deputy, from Stratford to Conn. General Court, 1658, 1665, 1667-'71, 1673-'75, 1677-'78, 1680-'85, 1687.
Hodgdon, Alexander Lewis.
Hodgdon, Anderson Dana.

Haynes, Walter, ——1665 (Mass.)
Deputy from Sudbury, Mass., 1641, 1644, 1646, 1648, 1651.
Hill, John Boynton Philip Clayton.

Hayward, Francis, 1700-1757 (Md.)
Captain, Dorchester County, Md., Troop of Horse, 1748.
Marine, Richard Elliott.

Heard, John, 1681-1757 (N. J.)
Captain, Woodbridge, N. J., Militia, 1745. Member of N. J. Colonial Assembly, 1746.
Smith, Henry Lee, Jr.
Smith, Robert Lee.

Heard, William, 1714-1756 (N. J.)
Adjutant, N. J. Colonial Militia, 1741; Captain, 1753; Major, 1755.
Smith, Henry Lee, Jr.
Smith, Robert Lee.

Heaton, Robert, ——1716 (Pa.)
Member of Penna. Colonial Assembly, 1698, 1700.
Sheib, Samuel Henry.

SERVICES OF ANCESTORS 357

Henry, Patrick, 1736-1799 (Va.)
Member of Va. House of Burgesses, 1765-'75. [Governor of Virginia, 1776].
Evans, Gustavus Warfield.

Hicks, Robert, ——1647 (Mass.)
Member of the General Court of Plymouth Colony, 1633.
Lloyd, William Henry.

Hicks, Thomas, 1659-1722 (Md.)
Burgess for Dorchester County, Md., 1694. [Justice, Dorchester County, and of the Quorum, 1694].
Steele, Samuel Tagart, D.D.

Higginson, Robert, ——1649 (Va.)
Commander of His Majesty's Forces in Virginia, 1646.
Bonsal, Leigh.
Harrison, Edmund Pendleton Hunter, Jr.
Smith, Henry Lee.
Smith, Henry Lee, Jr.
Smith, Robert Lee.
Smith, Robert White.
Smith, Thomas Marshall.

Hildreth, Richard, 1605-1693 (Mass.)
Of Woburn and Chelmsford, Mass. Sergeant in the Military Company, prior to 1663 and served to 1664.
Hill, John Boynton Philip Clayton
Stanton, Robert Field.

Hill, Edward, ——1663 (Va.)
Burgess for Charles City, 1639, 1642, 1644-'45, 1647, 1649-'54; Speaker of the House, 1644, 1654; Member of the Council from 1654.
Dallam, Corbin Braxton.

Hill, Edward, 1638-1700 (Va.)
Colonel of Charles City and Surry Counties, Va., 1679.
Dallam, Corbin Braxton.

Hill, Ralph, ——1695 (Mass.)
Sergeant in King Philip's War, 1675; Ensign of the Billerica Company, 1683; Captain, 1692. Deputy to Mass. General Court, 1689-'90, 1692-'94.
Hill, John Boynton Philip Clayton.

Hill, Richard, 1640-1700 (Md.)
Captain, Anne Arundel County, Md., Militia, 1675-'89. Burgess for Anne Arundel County, 1681-'89, 1694-1700. [Justice, Anne Arundel County, 1674-'86 and Presiding Justice, 1685-'86; Judge Provincial Court, 1694-'96; Naval Officer for "Anne Arundel Town", 1694-'96].
Penniman, Nicholas Griffith III.
Penniman, Thomas Dobbin.

Hill, Samuel, 1716-1798 (Mass.)
Private in Colonel Brattle's regiment for relief of Fort William Henry, 1757; in Captain Lane's Company, 1762; in Captain Hannant's Company, 1763.
Hill, John Boynton Philip Clayton.

Hills, Joseph, 1602-1687 (Mass.)
Deputy from Charlestown to Mass. General Court and Speaker of the House, 1647; from Malden, 1650-'56, 1660-'64; from Newbury, 1667, 1669. Captain of Malden Military Company.
Wood, Frederick William.

Hills, William, ——1683 (Conn.)
Captain of first Train Band on Eastside of Connecticut river, 1653; was in King Philip's War, 1675 and was wounded by Indians.
Davis, Septimus.
Stanton, Robert Field.

Hinman, Edward, ——1681 (Conn.)
From Stratford, Conn., Served as Sergeant with Capt. John Underhill, under Stuyvesant, against the Indians, 1644. [Reputed an officer in the Army of King Charles I, of England].
Culver, Francis Barnum.

Hinman, Samuel, 1705-1784 (Conn.)
Ensign of Goshen, Conn., Train Band, 1751; Lieutenant, 1752; Captain, 1756.
Culver, Francis Barnum.

Hinsdale, Robert, ca. 1617-1675 (Mass.)
In Captain Lothrop's Company, King Philip's War. Killed at Bloody Brook, Deerfield, Mass., together with three Sons.
Parsons, Charles Lathrop, Jr.

Hinsdale, Samuel, 1642-1675 (Mass.)
In Captain Lothrop's Company, King Philip's War. Killed at Bloody Brook, Deerfield, Mass.
Parsons, Charles Lathrop, Jr.

Hoar, John, ——1704 (Mass.)
Member of Scituate Company, Mass., in King Philip's War, 1676.
Stanton, Robert Field.

Hobart, Edmund, ——1646 (Mass.)
Deputy to General Court of Mass. Bay, 1639-'40, 1642.
Vickers, William Handy Collins.

Holland, William, ——1732 (Md.)
Captain of Foot, Anne Arundel County, Md., 1693-'96; later styled "Lieut.-Colonel" and "Colonel". Member of the House of Burgesses, 1701; Member of Council, 1701-'32 and President of Council, 1721, 1724-'27. [Justice, Anne Arundel County, 1692-'95, 1697, 1701 and of the Quorum, 1697; High Sheriff of Anne Arundel County, 1694, 1696; Justice of the Provincial Court, 1707-'08, 1711-'13; Judge of the Prerogative Court, 1721-'25, 1727].
Hanson, Benedict Henry, Jr.

Hollingsworth, Henry, 1658-1721 (Pa., Md.)
Member of Assembly from New Castle County, Del., 1695. [Deputy Master of the Rolls, 1700; Surveyor of Cecil County, Md., 1712].
Howard, Charles Morris.

Hollingsworth, Valentine, 1632-1710 (Pa., Md.)
Member of Assembly from New Castle County, Del., 1683, 1687, 1695.
Howard, Charles Morris.

Hollister, John, 1612-1665 (Conn.)
Deputy, Mass., 1644; Conn., 1645-'56; Lieutenant, Hartford Militia, 1657.
Davis, Septimus.
Stanton, Robert Field.

Hollister, John, ca. 1642-1711 (Conn.)
Lieutenant, Hartford County Militia, 1676.
Davis, Septimus.
Stanton, Robert Field.

Holly, Increase, ——1726 (Conn.)
Ensign, Stamford, Conn., Train Band, 1699; Lieutenant, 1707. Served in King Philip's War, 1676.
Lloyd, William Henry.

Holly, John, 1618-1681 (Conn.)
Deputy to General Court of New Haven, 1654-'55, 1663; Deputy to General Court of Conn., 1670. [Marshall of Stamford, 1647; Associate Judge, 1654; Commissioner from Stamford, 1667-70].
Lloyd, William Henry.

Hollyday, Henry, 1725-1789 (Md.)
Burgess for Talbot County, Md., 1765-'66. [Sheriff, Queen Anne's County, 1748-'51].
Shreve, Levin Gale.
Tilghman, Harrison.

Hollyday, James, 1696-1747 (Md.)
Burgess for Talbot County, Md., 1725-'32.
Hollyday, Thomas Worthington.
Shreve, Levin Gale.
Tilghman, Harrison.

Hollyday, Thomas, ——1703 (Md.)
Captain, Prince George County, Md., Militia, 1694; Lieut.-Colonel, 1696 et seq. [Justice, Prince George County, 1696-1703].
Mackall, Charles O'Donnell.
Mackall, Robert McGill.
Magruder, Rev. James Mitchell, D.D.
Shreve, Levin Gale.
Tilghman, Harrison.

Holton, William, 1611-1691 (Mass.)
Deputy from Northampton to Mass. General Court, 1664-'67, 1669-'71.
Parsons, Charles Lathrop, Jr.

Holyoke, Edward, ——1660 (Mass.)
Deputy for Lynn, Mass., 1639, 1643, 1647, 1649-'50.
Davis, Septimus.
Keyser, Henry Irvine, 2nd*.
Stanton, Robert Field.

Holyoke, Elizur, 1618-1676 (Mass.)
Ensign, 1653; Lieutenant, 1657; Captain, 1663. Deputy, 1656. Second in command at Springfield and Hadley, King Philip's War.
Davis, Septimus.
Stanton, Robert Field.

Hooe, Rice, 1599-1665 (Va.)
Burgess for Shirley Hundred, Va., 1632-'33 and for Charles City County Va., 1644-'47.
MacDonnell, Austin MacCarthy.
McDonnell, Edward Orrick.
Payne, George Houson, Jr.
Waters, John Seymour Taliaferro.

Hooper, Henry, ——1676 (Md.)
Captain, Calvert County, Md., Militia, 1658. [Justice, Dorchester County, Md., 1669].
Hanson, Benedict Henry, Jr.
Pitts, Tilghman Goldsborough.
Williams, Mason Locke Weems.

SERVICES OF ANCESTORS 359

Hooper, Henry, 1643-1720 (Md.)
Burgess for Dorchester County, Maryland, 1694.
Owen, Franklin Buchanan.
Pennington, Josias.
Pennington, Pleasants.
Pitts, Tilghman Goldsborough.
Steele, Samuel Tagart, D.D.

Hoopes, Daniel, ca. 1670-1746+ (Pa.)
Member of Penna. Assembly, from Chester County, 1708-'09.
Bonsal, Leigh.

Hoopes, Joshua, ——ca. 1723 (Pa.)
Member of Penna. Assembly from Bucks County, 1686 et seq.
Bonsal, Leigh.

Hopper, William, 1707-1772 (Md.)
Burgess for Queen Anne County, Md., 1745-'54, 1758-'61. Captain, Queen Anne County Militia, 1746-'54; Colonel, 1758. [Justice, Queen Anne County, 1743-'72 and Presiding Justice from 1760; High Sheriff, 1754-'57].
Paca, John Philemon.
Paca, John Philemon, 5th.

Horsey, Stephen, ——1671 (Va., Md.)
Burgess for Northampton County, Va., 1653. [Justice, Somerset County, Md., 1662; High Sheriff, 1666].
Muñoz, William Parke Custis.

Hosier, Henry, ——1686 (Md.)
Burgess for Kent County, Md., 1678-'86. [Justice and County Commissioner, 1671-'83].
Hanson, Benedict Henry, Jr.
Skinner, Maurice Edward.
Skinner, William Howser.

Hoskins, Philip, ca. 1657-1716 (Md.)
Member of Maryland Assembly, 1712-'14, 1716.
Denmead, Garner Wood.

Hosmer, James, 1637-1676 (Mass.)
Soldier, from Concord, Mass., in King Philip's War, 1675-'76. Killed at the Haines Garrison House, in the Sudbury Fight.
Hill, John Boynton Philip Clayton.

Howard, Cornelius, ——1680 (Md.)
Ensign of Anne Arundel County, Md., Militia, 1661. Burgess for Anne Arundel County, 1671-'75. [Justice, Anne Arundel County, 1679].
Young, Andrew Jackson, Jr.

Howard, John, 1625-1700 (Mass.)
Ensign, Bridgewater, Mass., Military Company, 1664; Lieutenant, 1689. Deputy to Mass. General Court, 1678-'83.
Parsons, Charles Lathrop, Jr.

Howell, Jacob, 1687-1768 (Pa.)
Member of Penna. Assembly, 1752.
Griswold, Benjamin Howell, Jr.
Griswold, Robertson.
Hanson, Benedict Henry, Jr.

Howland, John, 1592-1673 (Mass.)
In the "First Encounter," at Great Meadow Creek, 1620. Governor's Assistant, 1633-'35; Deputy to Mass. General Court, 1641-'69. [In command of Kennebec Trading Post, 1634. Signer of Mayflower Compact].
Parsons, Charles Lathrop, Jr.
Williamson, John Laughlin.

Hungerford, William, —— ante 1662 (Md.)
Soldier in Maryland Forces, 1647-'48.
Gregg, Maurice.

Hunt, Samuel, 1657-1742 (Mass.)
In Captain John Lane's Company of Militia, Major Jonathan Tyng's Regiment, for relief of Lancaster, Mass., 1702. His house at Wameset, Lowell, Mass., was used as a garrison, 1689-'97 and 1700-'12.
Wood, Frederick William.

Huntington, Simon, 1629-1706 (Conn.)
Deputy, from Norwich, to Conn. General Court, 1674, 1677, 1685.
Hodgdon, Alexander Lewis.
Hodgdon, Anderson Dana.

Huston, Alexander, ——1777 (Pa.)
Private in Philadelphia, Penna., Troop of Horse, 1756. [Killed at Battle of Brandywine].
Lloyd, William Henry.

Hutchins, Charles, ——1700 (Md.)
Member of the Council of Maryland, 1691, 1698-'99. Colonel, Dorchester County Militia, 1694. [Justice, Dorchester County, 1671; Justice, Provincial Court, 1694. One of the Founders of King William's School, Annapolis, Md., 1696].
Steele, Samuel Tagart.

Hutchins, Francis, ——1699 (Md.)
Burgess for Calvert County, Md., 1682–'84, 1694–'97. [Justice, Calvert County, 1679–'98].

Mackall, Charles O'Donnell.
Mackall, Robert McGill.
Smith, Mark Alexander Herbert.

Hynson, Charles, 1662–1711 (Md.)
Burgess for Kent County, Md., 1700. [Justice, Kent County, 1694, 1697, 1701–'02].

Brent, Duncan Kenner, Jr.
Brent, Joseph Lancaster.
Constable, George Webb.
Hill, Norman Alan.
Hill, Thomas Gardner.
Vickers, William Handy Collins.

Hynson, Charles, 1713–1782 (Md.)
Burgess for Kent County, Md., 1739–'40.

Brent, Duncan Kenner, Jr.
Brent, Joseph Lancaster.

Hynson, John, ——1705 (Md.)
Burgess for Kent County, Md., 1681–'83, 1694–'97, 1701–'02. Lieutenant, Kent County Militia, 1681; Captain, 1689; Colonel, 1694. [Justice, Kent County, 1674–'89, 1694–'96, 1701; of the Quorum, 1688–'89, 1696; High Sheriff, 1683].

Freeman, Coleman Randall.
Keyser, Henry Irvine, 2nd.
Owen, Franklin Buchanan.
Paca, John Philemon.
Paca, John Philemon, 5th.
Pennington, Josias.
Pennington, Pleasants.
Pitts, Tilghman Goldsborough.
Vickers, William Handy Collins.
Williams, George Washington.

Hynson, Thomas, 1619–1667 (Md.)
Member of Md. Assembly, 1654; Burgess for Kent County, 1659–'60. [Clerk of the Isle of Kent County, 1652; High Sheriff of Kent County, 1655–'56; Justice, 1652–'57].

Brent, Duncan Kenner, Jr.
Brent, Joseph Lancaster.
Constable, George Webb.
Freeman, Coleman Randall.
Hill, Norman Alan.
Hill, Thomas Gardner.
Keyser, Henry Irvine, 2nd.
Owen, Franklin Buchanan.
Paca, John Philemon.
Paca, John Philemon, 5th.
Pennington, Josias.
Pennington, Pleasants.

Pitts, Tilghman Goldsborough.
Vickers, William Handy Collins.
Wickers, Joseph Lee.
Williams, George Washington.

Isham, Henry, ca. 1626–ca. 1676 (Va.)
Captain, Henrico County, Va., Militia, 1668–'69. [High Sheriff, Henrico County, 1669–'70].

Harrison, Edmund Pendleton Hunter, Jr.
Smith, Henry Lee.
Smith, Henry Lee, Jr.
Smith, Robert Lee.
Smith, Robert White.
Smith, Thomas Marshall.

Jackson, Michael, 1708–1789 (N. Y.)
Adjutant, Orange County, N. Y., regiment of Infantry, 1738; Soldier in French and Indian War.

Ashbury, Howard Elmer.

Jacob, Nicholas, ——1657 (Mass.)
Deputy, from Hingham to Mass. General Court, 1648–'49.

Parsons, Charles Lathrop, Jr.

Janney, Abel, 1671—— (Pa.)
Member of Penna. Assembly, 1700–'21.

Tyson, Malcolm Van Vechten.

Janney, Thomas, 1634–1696 (Pa.)
Member of Council of Pennsylvania, 1683, 1686, 1691.

Hanson, Benedict Henry, Jr.

Jaquelin, Edward, 1668–1730 (Va.)
Member of Va. House of Burgesses, 1714.

Smith, Henry Lee.
Smith, Henry Lee, Jr.
Smith, Robert Lee.
Smith, Mark Alexander Herbert.
Smith, Robert White.
Smith, Thomas Marshall.

Jarboe, John, ——1674 (Md.)
Lieutenant, St. Mary's County, Md., Militia, 1658; Lieut.-Colonel, 1660. Burgess for St. Mary's County, 1674–'75. [Justice, St. Mary's County, 1663–'65; High Sheriff, 1667–'68, 1670–'72].

Freeman, Coleman Randall.
Tormey, Alfred Jenkins.

Jefferson, Peter, 1708–1757 (Va.)
Lieut.-Colonel, Albemarle County, Va., 1745; Colonel, 1752; County Lieutenant, 1754. Member of Va. House of Burgesses, 1755 et seq. [High Sheriff, Goochland County, Va., 1737–'40].

Harrison, Edmund Pendleton Hunter, Jr.

Jefferson, Thomas, 1679–1731 (Va.)
  Captain, Henrico County, Va., Militia, 1706 et seq. [Justice, Henrico County, 1706-'18; High Sheriff, 1718-'19].
Harrison, Edmund Pendleton Hunter, Jr.

Jenkins, William, 1648–1712 (Pa.)
  Member of Penna. Assembly, 1690-'95; Member of the Council, 1691-'92.
Griswold, Benjamin Howell, Jr.
Griswold, Robertson.

Johnson, Edward, 1599–1672 (Mass.)
  One of the founders of the A. and H. Artillery Company, 1637. Ensign in Capt. George Cooke's Company, 1638; Lieutenant of Middlesex County, Mass., Troops, 1643; Captain, 1644. Surveyor-General of the Military Stores of the Colony, 1659. Deputy to Mass. General Court, 1643-'47, 1649-'70; Speaker, 1655.
Stickney, George Lewis.

Johnson, Henry, ——1689 (Md.)
  Burgess for Baltimore County, Md., 1683. [Justice, Baltimore County, 1683-'86].
Dallam, Corbin Braxton.

Johnson, Humphrey, 1603–1676 (Mass.)
  Sergeant, from Hingham, Mass., in King Philip's War, 1675.
Parsons, Charles Lathrop, Jr.

Johnson, Isaac, 1615–1675 (Mass.)
  Captain of Roxbury, Mass., Militia, 1653 and of the A. and H. A. Company, 1667. Killed in the Narragansett Fight.
Wood, Frederick William.

Johnson, Thomas, 1732–1819 (Md.)
  Burgess for Anne Arundel County, Md., 1765. [Delegate from Md. to the Continental Congress, 1774; Brigadier-General, Md. Forces, 1776; Governor of Maryland, 1777; Justice of U. S. Supreme Court, 1791].
Dennis, John McPherson.

Johnson, William, 1629–1704 (Mass.)
  Deputy to Mass. General Court, 1674 et seq. Assistant, Mass. Bay Colony, 1684-'86, 1689-'91. Major of Militia under Lieut.-Colonel Joseph Lynde, in King William's War.
Stickney, George Lewis.

Johnson, William Samuel, 1727–1819 (Conn.)
  Lieutenant, Stratford, Conn., Company, 1754 and later Captain. Member of Conn.-Assembly, 1761, 1765 and of the Upper House, 1765, 1772. [Member, Colonial Congress at N. Y., 1765. Special Agent for Conn. in the Mohegan Cause, at London, 1765-'71; Judge of Superior Court of Conn. 1772].
Johnson, Charles William Leverett.

Jones, Griffith, ——1720 (Pa.)
  Member of the first Assembly of Penna., 1682.
Lloyd, William Henry.

Jones, Noble, 1702–1775 (Ga.)
  Colonel, Georgia Colonial Troops, 1751-'62. Member of Council, 1754 and President of the Upper House, 1768. [Justice of the Ga. Supreme Court, 1755; Treasurer of the Colony, 1775].
Hammond, Edward.
Hammond, Edward Cuyler.

Jones, Noble Wymberlay, 1732–1805 (Ga.)
  Cadet in his father's regiment, 1751. Member and Speaker of the Ga. Lower House of Assembly, 1768, 1770, 1772. [Delegate to the Continental Congress, 1774; Member of Council of Safety, 1775; Member of Continental Congress, 1775, 1781].
Hammond, Edward.
Hammond, Edward Cuyler.

Jones, William, 1624–1706 (Conn.)
  Assistant, 1662-'64; Deputy Governor, New Haven Colony, 1664-'65. Assistant, 1665-'91; Deputy Governor, colony of Conn., 1691-'98.
Smith, Mark Alexander Herbert.

Kendall, William, ——1686 (Va.)
  Burgess for Northampton County, Virginia, 1657/8, 1663, 1666-'76, 1683-'85; Speaker of the House, 1685. Colonel, 1683. [Collector of Revenue, Northampton County, 1660; Sent to Albany as Commissioner to treat with the Northern Indians, 1679].
Lürman, Gustav Wilhelm.
Lürman, Richard Lloyd Tilghman.
Lürman, Theodor Gerhard.
Tilghman, James Donnell.

Kenner, Richard, —— (Va.)
  Member of Va. Assembly, 1688, 1691.
Brent, Duncan Kenner, Jr.
Brent, Joseph Lancaster.

Kennon, Richard, ——1696 (Va.)
Burgess for Henrico County, Va., 1685-'86. [Justice, Henrico County, 1678 et seq.].
Branch, Rev. Henry, D.D.
Harrison, Edmund Pendleton Hunter, Jr.
Smith, Mark Alexander Herbert.

Key, Philip, 1697-1764 (Md.)
Burgess for St. Mary's County, Md., 1728-'32, 1735-'38, 1746-'54; Member of Council, 1763-'64.
Howard, Charles Morris.
Key, Edward.

Kidder, Enoch, 1664-1752 (Mass.)
Deputy from Billerica to Mass. General Court, 1743-'44, 1752.
Wood, Frederick William.

Kidder, James, 1626-1676 (Mass.)
Ensign in Lieutenant Danforth's Company, Middlesex regiment, 1675. His house used as a garrison in King Philip's War.
Wood, Frederick William.

Kilbourn, John, 1624-1723 (Conn.)
Sergeant, Wethersfield, Conn., Troops, 1657-'75.
Griswold, Benjamin Howell, Jr.
Griswold, Robertson.

King, Francis, 1690—— post 1755 (Md.)
Soldier in Capt. Samuel Magruder's Company, Prince George's County, Md., 1749.
Baldwin, Charles Gambrill.
Baldwin, Summerfield, Jr.
Duvall, Richard Mareen.

King, John, ca. 1629-1703 (Mass.)
Lieutenant, Northampton, Mass., Troops under Capt. Preserved Clapp, in Indian attack on Quabogue 1692; later, Captain. Deputy to Mass General Court.
Johnson, Charles William Leverett.

Kirkbride, Joseph, —— (Pa.)
Member of first Penna. Assembly, and Served ten years.
Pennington, Pleasants.

Kittredge, John, ——1676 (Mass.)
In Capt. Thomas Wheeler's Company, in fight at Brookfield, Mass., 1675; on Scouting Service, 1676.
Wood, Frederick William.

Knight, Stephen, ——1745 (Md.)
Member of Md. Assembly, 1720-'21, 1728-'31. [Clerk of Cecil County Court, 1726; Justice, Kent County, 1733; Justice of the Provincial Court, 1735, 1737-'45].
Dallam, Corbin Braxton.
Veazey, George Ross.

Knowles, John, ——1675 (Mass.)
Served in King Philip's War and was Killed by Indians at Taunton, Mass., in 1675.
Lloyd, William Henry.

Knowles, Richard, 1622—— (Mass.)
Member of Plymouth Military Company, 1643; in Command of bark for transporting military stores, 1653.
Lloyd, William Henry.

Kollock, Jacob, 1692-1772 (Del.)
Lieutenant in Capt. John Shannon's Company 1746; Colonel of Sussex, Del., regiment in French and Indian War, 1756. Member of Assembly for the three lower Delaware Counties, 1732-'72 and Speaker, 1759-'65. [Justice, Sussex County, 1726-'27, 1764].
Poe, Philip Livingston.

Lawson, John, ——1668 (Md.)
Member of Council of Maryland, 1666. [One of the Commissioners to govern Maryland, 1654; Justice, St. Mary's County, 1665-'66; High Sheriff].
McIntyre, Edward LeRoy.

Learned, Isaac, ——1657 (Mass.)
Sergeant of the Chelmsford, Mass., Train Band, 1656.
Hill, John Boynton Philip Clayton.

Lee, Josiah, 1710-1797 (Conn.)
Captain, Farmington, Conn., Train Band, in Campaign of 1757; in Service on alarm for Fort William Henry, etc.
Woodruff, Caldwell.

Lee, Philip, 1683-1744 (Va.)
Burgess for Prince George's County, Md., 1708, 1711, 1719, 1722; Member of the Council, 1725-'44.
Freeman, Coleman Randall.
Smith, Henry Lee.
Smith, Henry Lee, Jr.
Smith, Robert Lee.
Smith, Mark Alexander Herbert.
Smith, Robert White.
Smith, Thomas Marshall.
Tilghman, James Donnell.

SERVICES OF ANCESTORS 363

Lee, Richard, ——1664 (Va.)
    Burgess for York County, Va., 1647 and for Northumberland County, 1651; Member of the Council, 1651-'64. Colonel of Militia, 1651. [Attorney-General of Virginia, 1643 and Secretary of the Colony, 1649-'52].

Freeman, Coleman Randall.
Packard, Charles Lee.
Packard, Joseph.
Smith, Henry Lee.
Smith, Henry Lee, Jr.
Smith, Robert Lee.
Smith, Mark Alexander Herbert.
Smith, Robert White.
Smith, Thomas Marshall.
Tilghman, James Donnell.

Lee, Richard, 1647-1714 (Va.)
    Member of the Council of Virginia, 1675, '80, '83, '88, '92-'98; Burgess, 1677. Colonel of Horse, 1680. [Naval Officer for Potomac River, 1699].

Freeman, Coleman Randall.
Packard, Charles Lee.
Packard, Joseph.
Smith, Henry Lee.
Smith, Henry Lee, Jr.
Smith, Robert Lee.
Smith, Mark Alexander Herbert.
Smith, Robert White.
Smith, Thomas Marshall.
Tilghman, James Donnell.

Lee, Stephen, 1669-1753 (Conn.)
    Lieutenant, Farmington, Conn., Train Band, 1714; Captain, 1723.

Woodruff, Caldwell.

Lee, Thomas, ——1705 (Conn.)
Sill, James Mather.*

Lee, Thomas, 1690-1750 (Va.)
    Member of Council of Virginia, 1742; President of Council and Acting Governor in 1749. [One of the incorporators of the Ohio Company, 1748; a Judge of the Supreme Court of Judicature in the Colony of Va.].

Packard, Charles Lee.
Packard, Joseph.

Leech, Tobias, 1652-1726 (Pa.)
    Member of Penna. Assembly, 1713-'14, 1717, 1719.

Gibson, George Thornburgh Macaulay.
Rodgers, Maurice Falconer.
Tyson, Anthony Morris.

Leeds, William, ——1688 (Md.)
    Captain, Kent County, Md., Militia, 1660. Burgess for Kent County 1661, 1669. [Justice, Kent County, 1661].

Shreve, Levin Gale.
Tilghman, Harrison.

Leisler, Jacob, ——1691 (N. Y.)
    Soldier from Frankfort to New Netherland, 1660. Captain of the Fort and Military Commandant. Lieut.-Governor 1689; Governor, Province of New York, 1689-'91.

Johnson, Charles William Leverett.

Leverett, Sir John, 1618-1679 (Mass.)
    Member, Ancient and Honorable Artillery Company, 1639; Sergeant, 1642; Lieutenant, 1652. Captain, Parliamentary Army, 1644-'45. Major General, Mass. Forces, 1666-'73. Member of General Court, 1663-'65; Speaker, 1663-'64; Governor's Assistant, 1665-'71; Deputy Governor, 1671-1673, Governor of Mass., 1673-1679. [Agent of Mass. Bay Colony to the English Court].

Johnson, Charles William Leverett.

Lewis, Fielding, 1725-1782 (Va.)
    County Lieutenant of Spotsylvania County, Va., 1761. Member of Assembly of Virginia, 1761-'68.

Reid, Francis Fielding.

Lewis, John, ca., 1640-1705 (Va.)
    Captain of Horse, New Kent County, Va., 1680; Major of Infantry.

Reid, Francis Fielding.
Smith, Henry Lee.
Smith, Henry Lee, Jr.
Smith, Robert Lee.
Smith, Robert White.
Smith, Thomas Marshall.

Lewis, John, 1669-1725 (Va.)
    Member of Council of Virginia, 1704.

Reid, Francis Fielding.
Smith, Henry Lee.
Smith, Henry Lee, Jr.
Smith, Robert Lee.
Smith, Robert White.
Smith, Thomas Marshall.

Lewis, John, 1692-1752 (Va.)
    Member of Council of Virginia, 1748.

Reid, Francis Fielding.
Smith, Henry Lee.
Smith, Henry Lee, Jr.
Smith, Robert Lee.
Smith, Robert White.
Smith, Thomas Marshall.

Lingan, George, ——1708 (Md.)
Burgess for Calvert County, Md., 1695-'96. [Justice, Calvert County, 1679-'85 et seq.; of the Quorum, 1694].

Magruder, Warren Keach.
Passano, Edward Boteler.
Passano, Edward Magruder.
Rodgers, Maurice Falconer.

Lippincott, Richard, ——1683 (N. J.)
Deputy from Shrewsbury to the General Assembly of New Jersey, 1669-'77.

Lloyd, William Henry.

Litchfield, Lawrence, ca. 1614-1657 (Mass.)
Member of the Ancient and Honorable Artillery Company, 1640 and of Capt. Thomas Dymoke's Company, Barnstable, Mass., in active Service, 1643-'44.

Focke, Walter David.

Littlefield, Francis, ——1712 (Mass.)
Deputy from York, Me., to Mass. General Court, 1660; from Wells, 1665-'76.

Wood, Frederick William.

Littleton, Nathaniel, ——1654 (Va.)
Member of Council of Virginia, 1652. [Chief Justice, Accomac County, Va., 1640].

Carey, Lee Cummins.
Dennis, John McPherson.
Dennis, Samuel King.
Handy, John Custis.
Shreve, Levin Gale.
Waters, John Seymour Taliaferro.

Littleton, Southey, 1645-1679 (Va.)
Colonel of Virginia Forces, 1676; served against the Indians, and under Governor Berkeley in Bacon's Rebellion.

Dennis, John McPherson.
Dennis, Samuel King.
Handy, John Custis.
Shreve, Levin Gale.
Waters, John Seymour Taliaferro.

Livingston, Philip, 1686-1749 (N. Y.)
At capture of Port Royal, 1710. Colonel, N. Y. Provincial Forces. Member of Council, 1725-'49. [Secretary for Indian Affairs, Province of N. Y., 1721-'49. Second Lord of Livingston Manor].

Johnson, Charles William Leverett.
Poe, Philip Livingston.

Livingston, Robert, 1654-1728 (N. Y.)
Member of Council, Province of N. Y., 1698-1701; Member of Assembly, 1709-'11. [First Lord of Livingston Manor].

Johnson, Charles William Leverett.
Poe, Philip Livingston.

Livingston, Robert, 1708-1790 (N. Y.)
Captain, New York Militia, in "Seven Years' War." Served on Frontier and at Fort William Henry. Member of New York Assembly, 1737-'58. [Third Lord of Livingston Manor].

Poe, Philip Livingston.

Lloyd, Edward, ——1695 (Va., Md.)
Burgess for Lower Norfolk County, Va., 1644-'46 and for Anne Arundel County, Md., 1654, 1658; Member of Council of Md., 1658-66. Commander of Anne Arundel County, 1650. [Commissioner to treat with Indians, 1652 and one of the High Commissioners for Maryland, 1654-'58].

Hammond, Edward.
Hammond, Edward Cuyler.
Howard, Charles Morris.
Johnston, Christopher (Jr.)
Lürman, Gustav Wilhelm.
Lürman, Richard Lloyd Tilghman.
Lürman, Theodor Gerhard.
Owen, Franklin Buchanan.
Paca, John Philemon.
Paca, John Philemon, 5th.
Pennington, Josias.
Pennington, Pleasants.
Pitts, Tilghman Goldsborough.
Robinson, Ralph.
Shreve, Levin Gale.
Tilghman, Harrison.
Tilghman, James Donnell.

Lloyd, Edward, 1670-1719 (Md.)
Burgess for Talbot County, Md., 1697-1701; Member of the Council, 1702-18; President of Council and Acting Governor of Md., 1709-'14. Major General commanding militia of the Eastern Shore, 1707.

Howard, Charles Morris.
Owen, Franklin Buchanan.
Pennington, Josias.
Pennington, Pleasants.
Pitts, Tilghman Goldsborough.

Lloyd, Edward, 1711-1770 (Md.)
Burgess for Talbot County, Md., 1738-'41; Member of Md. Council, 1743-'67. Colonel of Talbot County Militia, 1741. [Treasurer of the Eastern Shore of Md., 1748-'66; Agent and Receiver-General of the Lord Proprietary, 1760-'68].

SERVICES OF ANCESTORS 365

Howard, Charles Morris.
Owen, Franklin Buchanan.
Pennington, Josias.
Pennington, Pleasants.
Pitts, Tilghman Goldsborough.

Lloyd, Edward, 1744-1796 (Md.)
Burgess for Talbot County, Md., 1771-'74. [Member of Md. Convention and of Council of Safety, 1775. Styled "Colonel," 1775].

Howard, Charles Morris.
Owen, Franklin Buchanan.
Pennington, Josias.
Pennington, Pleasants.
Pitts, Tilghman Goldsborough.

Lloyd, James, 1680-1723 (Md.)
Burgess for Talbot County, Md., 1712-'14, 1716-22; Member of Council of Maryland, 1722-'23.

Johnston, Christopher (Jr.).
Lürman, Gustav Wilhelm.
Lürman, Richard Lloyd Tilghman.
Lürman, Theodor Gerhard.
Owen, Franklin Buchanan.
Paca, John Philemon.
Paca, John Philemon, 5th.
Pitts, Tilghman Goldsborough.
Shreve, Levin Gale.
Tilghman, Harrison.
Tilghman, James Donnell.

Lloyd, Philemon, 1646-1685 (Md.)
Captain of Horse in Chester and Wye rivers, Md., 1667; Colonel commanding Horse of Talbot, Kent and Cecil counties, Md. Burgess for Talbot County, 1671-'85; Speaker, 1678-'85. [Justice, Talbot County, 1675-'81. Commissioner to treat with Northern Indians at Fort Albany, 1682].

Hammond, Edward.
Hammond, Edward Cuyler.
Howard, Charles Morris.
Johnston, Christopher (Jr.).
Lürman, Gustav Wilhelm.
Lürman, Richard Lloyd Tilghman.
Lürman, Theodor Gerhard.
Owen, Franklin Buchanan.
Paca, John Philemon.
Paca, John Philemon, 5th.
Pennington, Josias.
Pennington, Pleasants.
Pitts, Tilghman Goldsborough.
Robinson, Ralph.
Shreve, Levin Gale.
Tilghman, Harrison.
Tilghman, James Donnell.

Lloyd, Philemon, 1672-1732 (Md.)
Burgess for Talbot County, Maryland, 1701-'02; Member of Council of Maryland, 1712-'32.

Paca, John Philemon.
Paca, John Philemon, 5th.

Lloyd, Thomas, 1698-1781 (Pa.)
Aide de Camp, Third Battalion, Philadelphia, 1756; "Lieut.-Colonel," Second Battalion, 1758.

Lloyd, William Henry.

Long, David, ca., 1714/15-1783 (Md.)
Private in Capt. John Evans' Company, Worcester County, Maryland Militia, 1748.

Long, John Dudley.

Loomis, John, 1622-1688 (Conn.)
Deputy from Windsor to Conn. General Court.

Parsons, Charles Lathrop, Jr.

Loomis, Joseph, ca., 1590-1658 (Conn.)
Deputy from Windsor to Conn. General Court, 1643-44.

Stanton, Robert Field.

Lord, Richard, 1647-1727 (Conn.)
Sill, James Mather.*

Lothrop, Samuel, ——1700 (Mass.)
Member of Barnstable, Mass., Company, 1643; in Major Willard's Expedition against Ninigret, 1654; and in relief of Uncas, under Lieut. James Avery, 1657. [Judge of the Court at Pequot (New London), Conn., 1649].

Parsons, Charles Lathrop, Jr.
Woodruff, Caldwell.

Lowe, Henry, ——1717 (Md.)
Commanded St. Mary's County, Md., Militia, 1696. Burgess for St. Mary's City, 1701-'02. [Judge of Provincial Court, 1694, 1696-'97; Deputy Commissary, 1695-'97; Treasurer and Receiver-General, 1684; High Sheriff, St. Mary's County, 1698-1700].

Steuart, Richard Dennis.

Lucas, Basil, 1718-1779 (Md.)
Soldier in Capt. George Beall's Company, Prince George's County, Md., Militia, 1748.

Gregg, Maurice.

Lunt, Henry, 1653—— (Mass.)
In Sir William Phipps' Expedition to Quebec.

Stickney, George Lewis.

Lux, Darby, 1696-1750 (Md.)
Burgess for Baltimore County, Md., 1748-'50. [County Commissioner, 1749-'50].
Dennis, John McPherson.
Thompson, Eustis.

Lynde, Simon, 1624-1687 (Mass.)
Sill, James Mather.*

Mackall, Benjamin, 1675-1761 (Md.)
Burgess for Calvert County, Md., 1719-'38. [Justice, Calvert County, 1726-'31].
Mackall, Charles O'Donnell.
Mackall, Robert McGill.

Mackall, Benjamin, 1723-1795 (Md.)
Burgess for Calvert County, Md., 1749-'65. [Justice, Calvert County, 1766-'73].
Mackall, Charles O'Donnell.
Mackall, Robert McGill.

Mackall, James, 1677-1717 (Md.)
Burgess for Calvert County, Md., 1712-'16.
Dawkins, Walter Ireland.

Magruder, Alexander, 1718-1795 (Md.)
Member of Capt. James Wilson's Troop of Horse, Prince George County, Md., and Clerk of the Company, 1748-'49.
Magruder, Rev. James Mitchell, D.D.

Magruder, Samuel, ——1711 (Md.)
Captain, Prince George's County, Md., Militia, 1696. Burgess for Prince George's County, 1704-'07. [Justice, 1696-1705].
Duvall, Richard Mareen.
Magruder, Warren Keach.
Passano, Edward Boteler.
Passano, Edward Magruder.

Magruder, Samuel, 1708-1790 (Md.)
Captain, Prince George County, Md., Militia, 1748.
Magruder, Warren Keach.
Passano, Edward Boteler.
Passano, Edward Magruder.

Marsh, John, ca. 1643-1727 (Conn.)
Soldier in King Philip's War, 1675-'76. Deputy to Conn. General Court, 1693.
Hodgdon, Alexander Lewis.
Hodgdon, Anderson Dana.
Parsons, Charles Lathrop, Jr.

Marsh, John, 1668-1744 (Conn.)
Lieutenant, Hartford, Conn., Troops, 1717; Captain, Litchfield, Conn., Train Band, 1722; Member of Council of War, 1740, 1743-'44. Deputy, from Hartford, to Conn. General Assembly, 1730-'44; Member of Governor's Council, 1725.
Hodgdon, Alexander Lewis.
Hodgdon, Anderson Dana.
Parsons, Charles Lathrop, Jr.

Marshall, John, ca. 1700-1752 (Va.)
Captain of Virginia Troops in French and Indian War.
Barton, Carlyle.
Barton, Randolph, Jr.
MacDonnell, Austin MacCarthy.
McDonnell, Edward Orrick.
Smith, Henry Lee.
Smith, Henry Lee, Jr.
Smith, Robert Lee.
Smith, Mark Alexander Herbert.
Smith, Robert White.
Smith, Thomas Marshall.

Marshall, Thomas, 1730-1802 (Va.)
Lieutenant of Va. Volunteers in French and Indian War, 1755. Member of Va. House of Burgesses, 1762-'65, 1768-'74. [Colonel of 2nd Va. Regiment in the Revolution].
Barton, Carlyle.
Barton, Randolph, Jr.
Smith, Henry Lee.
Smith, Henry Lee, Jr.
Smith, Robert Lee.
Smith, Robert White.
Smith, Thomas Marshall.

Marshfield, Samuel, ca. 1626-1692 (Mass.)
Deputy from Springfield to Mass. General Court, 1680-'84.
Parsons, Charles Lathrop, Jr.

Martiau, Nicholas, ca. 1591-1657 (Va.)
Member of Va. House of Burgesses, 1623, 1631-'33. [Justice, York County, 1633-'57].
Chisolm, William Garnett.
Freeman, Coleman Randall.
Keyser, Henry Irvine, 2nd.
Reid, Francis Fielding.
Smith, Henry Lee.
Smith, Henry Lee, Jr.
Smith, Robert Lee.
Smith, Robert White.
Smith, Thomas Marshall.

Marvin, Matthew, 1600-1687 (Conn.)
One of Winthrop's outposts on the Connecticut River, 1636/7. Deputy, 1653.

SERVICES OF ANCESTORS

Davis, Septimus.
Stanton, Robert Field.

Mason, George, ca. 1629–1686 (Va.)
Colonel and County Lieutenant of Stafford County, Va., 1675; Captain of Militia 1655–'58. Burgess for Stafford County, 1676 et seq. [Justice of Stafford County; Sheriff, 1670].
Baldwin, Francis Joseph.
Colston, Frederick Morgan.

Mason, George, ca. 1670–1716 (Va.)
Captain of Potomac Rangers, 1699–1700; Colonel and County Lieutenant of Stafford County, Va., under Nicholson in Indian Wars; Burgess for Stafford County, 1702 et seq. [Justice of Stafford County, 1689–'92; High Sheriff, 1698–'99, 1705–'06].
Baldwin, Francis Joseph.
Colston, Frederick Morgan.

Mason, George, ca. 1690–1735 (Va.)
Colonel and County Lieutenant of Stafford County, Va., 1719. Burgess for Stafford County, 1718, 1723, 1726. [Justice of Stafford County, 1713; High Sheriff, 1713–'14; one of Gov. Spotswoods' "Knights" in 1716].
Baldwin, Francis Joseph.
Colston, Frederick Morgan.

Mason, George, 1725–1792 (Va.)
Burgess for Fairfax County, Va., 1759. [Member of Committee of Safety, 1775; author of Va. "Bill of Rights," 1776 and drafted Virginia's Constitution. Styled "of Gunston Hall," which he built in 1750].
Baldwin, Francis Joseph.

Mason, Hugh, 1605–1678 (Mass.)
Lieutenant, Waterbury, Mass., Troops, 1645; Captain, 1652–'78; Of the Council of War, 1676. Commander of Volunteers against Manhattoes, 1664; Commanded a Company in Sudbury Fight, King Philip's War. Deputy, Mass. General Court, 1635 et seq.
Hill, John Boynton Philip Clayton.

Mason, Thomson, 1730/33–1785 (Va.)
Member of Va. House of Burgesses, 1758–'59, 1761, 1767–'71, 1774 for Stafford and Loudoun Counties. [Member of the first Supreme Court of Va., in 1778 and, later, Judge of the General Court].
Colston, Frederick Morgan.

Maxwell, James, ——1728 (Md.)
Captain, Baltimore County, Md., Rangers, 1692; Major, 1702; Lieut.-Colonel and Colonel, 1716. Burgess for Baltimore County, 1694. [Sheriff, Baltimore County, 1693].
Reifsnider, John Milton.
Young, Andrew Jackson, Jr.

Mayo, William, ca. 1684–1744 (Va.)
Major, 1730 and Colonel, 1740 in Goochland County, Va., Militia. [In Barbadoes, 1716; in Virginia, 1723; ran dividing line between Va. and N. C., 1728; laid out City of Richmond, Va., 1737].
Mayo, Robert William Bainbridge.
Warfield, Frederick Howard.
Warfield, John Ogle, Jr.

McCall, George, 1724–1756 (Pa.)
Member of Phila. Independent Company of Foot, 1756.
Iglehart, Iredell Waddell.

McKean, Thomas, 1734–1817 (Del.)
Member of the Assembly of Delaware, 1762–'79; Speaker, 1772. Delegate to the Stamp Act Congress in N. Y., 1765.
Owen, Franklin Buchanan.

McPherson, Robert, 1730–1789 (Pa.)
Captain, 3d Penna. Battalion, 1758 and in Forbes' expedition against Fort Duquesne. Member of Penna. Assembly 1765–'67. [Sheriff of York County, Pa., 1762–'65; Justice, 1764–'75; County Treasurer, 1755, 1768. Colonel of Penna. Militia in the Revolution].
Dennis, John McPherson.

Meriwether, Nicholas, ——1744 (Va.)
Burgess for New Kent County, Va., 1710–'16 and for Hanover County, 1743.
Hammond, Edward.
Hammond, Edward Cuyler.

Merriman, Nathaniel, ca. 1614–1694 (Conn.)
Sergeant, New Haven, Conn., Militia, 1665; Lieutenant, at Wallingford, 1672; Captain of Troop, New Haven County, 1675. In Pequot and King Philip's Wars. Deputy from Wallingford to Conn. General Assembly, 1674 et seq.
Stanton, Robert Field.

Merry, Cornelius, ca. 1640—— (Mass.)
Soldier under Capt. William Turner, in King Philip's War, 1675–'76.
Culver, Francis Barnum.

Merryman, Charles, ——1725 (Md.)
Captain, Baltimore County, Md., Militia, 1696.
Penniman, Nicholas Griffith III.
Penniman, Thomas Dobbin.
Perkins, William Henry, Jr.

Miller, Michael, 1644–1699 (Md.)
Burgess for Kent County, Md., 1698–'99. [High Sheriff of Kent County, 1678, 1681–'82].
Brent, Duncan Kenner, Jr.
Brent, Joseph Lancaster.
Constable, George Webb.
Wickes, Joseph Lee.

Mitchell, Matthew, 1590–1645 (Conn.)
Served in garrison at Saybrook Fort, under Lieut. Lion Gardiner, Pequot War, and in Indian fight at Connecticut River, 1636. Deputy, 1637; Assistant, 1638.
Smith, Mark Alexander Herbert.

Moale, John, 1695–1740 (Md.)
Burgess for Baltimore County, Md., 1735–'40.
Baldwin, Francis Joseph.
Eareckson, William Winchester.
Jones, Arthur Lafayette.
Jones, Edward Croxall.
Vickers, William Handy Collins.

Moore, Samuel, ——1688 (N. J.)
Member of New Jersey Assembly, 1668–'71, 1682–'83, 1688. [Treasurer of Woodbridge, N. J., 1678; Sheriff, Middlesex County, N. J., 1682].
Rodgers, Maurice Falconer.

Moore, William, 1699–1783 (Pa.)
Member of Penna. Assembly, 1733–'39. Colonel, First Associated Regiment, Chester County, 1747–'48, 1755. In French and Indian War. [President of Chester County Court, 1741].
Pitts, Tilghman Goldsborough.

Morgan, Henry, ——1663 (Md.)
Burgess for Kent County, Md., 1659–'60. [High Sheriff and Commander of Militia of Isle of Kent County, 1648; Commissioner, Kent County, 1650–'59].
Howard, Charles Morris.
Owen, Franklin Buchanan.
Pennington, Josias.
Pennington, Pleasants.
Pitts, Tilghman Goldsborough.

Morgan, Thomas, ——1697 (Md.)
Captain, Maryland Militia, 1694.
Howard, Charles Morris.
Nicklin, Benjamin Patten.
Nicklin, James Bailey, Jr.
Skinner, Maurice Edward.
Skinner, William Howser.

Morrill, Isaac, 1588–1661 (Mass.)
Member of A. and H. A. Company, 1638.
Wood, Frederick William.

Morris, Anthony, 1654–1721 (Pa.)
Member of Pa. Council, 1695–'97; Member of Assembly, 1698–1703. [Justice, Phila., Pa., 1692, '93, '97, '98; Judge of Supreme Court, 1694–'98; Mayor of Philadelphia, 1703–'04].
Carey, Lee Cummins.
Tyson, Anthony Morris.

Morris, Anthony, 1682–1763 (Pa.)
Member of Penna. Assembly, 1723–'24.
Tyson, Anthony Morris.

Morse, Anthony, 1606–1686 (Mass.)
Lieutenant, Newbury, Mass. Troops, 1655–'56.
Stickney, George Lewis.

Morton, John, 1730–1796 (Va.)
Lieutenant, Prince Edward County, Va., Militia in French and Indian War.
Morton, Samuel Packwood, Jr.
Stewart, Charles Morton.

Mottrom, John, 1610–1655 (Va.)
Burgess for Northumberland County, Va., 1645, 1652, 1655.
Hanson, Benedict Henry, Jr.

Mount, George, ——1705 (N. J.)
Deputy to first General Assembly of New Jersey, held at Portland Point, 1668.
Sheib, Samuel Henry.

Mount, Richard, ca. 1670–post 1725 (N. J.)
Lieutenant in 5th Company, Col. Thomas Harmer's regiment, Middlesex County, N. J., Militia, 1715.
Sheib, Samuel Henry.

Murdock, William, 1710–1769 (Md.)
Burgess for Prince George County, Md., 1749–'69. [Member of Committee to represent Maryland in the Stamp Act Congress in New York, 1765].
Steele, Samuel Tagart, D.D.

Neale, Anthony, 1659-1723 (Md.)
Lieutenant of Charles County, Md., Militia, 1687.

Brent, Duncan Kenner, Jr.
Brent, Joseph Lancaster.
Freeman, Coleman Randall.
Grindall, Charles Sylvester.
Tormey, Alfred Jenkins.

Neale, James, ——1684 (Md.)
Member of Council of Md., 1643-'44, 1661-'62; Burgess for Charles County, Md., 1665-'66. Captain, to raise Troops against the Dutch, 1661. [Commissioner of the Treasury, 1643].

Brent, Duncan Kenner, Jr.
Brent, Joseph Lancaster.
Freeman, Coleman Randall.
Grindall, Charles Sylvester.
Hammond, Edward.
Hammond, Edward Cuyler.
Howard, Charles Morris.
Johnston, Christopher (Jr.)
Lürman, Gustav Wilhelm.
Lürman, Richard Lloyd Tilghman.
Lürman, Theodor Gerhard.
Owen, Franklin Buchanan.
Paca, John Philemon.
Paca, John Philemon, 5th.
Pennington, Josias.
Pennington, Pleasants.
Pitts, Tilghman Goldsborough.
Robinson, Ralph.
Shreve, Levin Gale.
Steuart, Richard Dennis.
Tilghman, Harrison.
Tilghman, James Donnell.
Tormey, Alfred Jenkins.

Newbold, Michael, 1668-1721 (N. J.)
Officer in New Jersey Colonial Militia. [Justice, Burlington County, N. J.].

Scott, Townsend, IV.

Newman, William, 1610-post 1676 (Conn.)
Deputy from Stamford to the General Court of Conn., 1653.

Lloyd, William Henry.

Nichols, Francis, ——1650 (Conn.)
Training Sergeant for Stratford, Conn., 1639.

Smith, Mark Alexander Herbert.

Nichols, Isaac, ——1695 (Conn.)
Deputy from Stratford to Conn. General Court, 1662-'65.

Smith, Mark Alexander Herbert.

Nicoll, Francis, 1739-1817 (N. Y.)
Sill, James Mather*.

Nicoll, Matthias, 1621-1687 (N. Y.)
Member of Council, Province of N. Y., 1667-'80; Speaker, Provincial Assembly, 1683. [Judge, Court of Admiralty, 1686; Secretary, Province of N. Y., 1664-'80].

Johnson, Charles William Leverett.
Sill, James Mather*.

Nicoll, Rensselaer, —— (N. Y.)
Sill, James Mather*.

Nicoll, William, 1657-1723 (N. Y.)
Sill, James Mather*.

Norwood, John, ——1673 (Md.)
Captain, Anne Arundel County, Md., Militia, 1661. [Justice, Anne Arundel County, 1664-'65; High Sheriff, 1657-'58, 1661-'62].

Baldwin, Francis Joseph.
Rodgers, Maurice Falconer.

Noyes, Nicholas, 1614-1701 (Mass.)
Deputy to Mass. General Court, 1660 et seq.

Wood, Frederick William.

Noyes, Peter, ——1657 (Mass.)
Deputy, from Sudbury, Mass., 1640-'41, 1650.

Hill, John Boynton Philip Clayton.

Olmsted, Nicholas, 1612-1684 (Conn.)
Corporal, first Troop, under Capt. Richard Lord, Major John Mason, 1657-'58. Deputy for Hartford, 1672. Lieutenant, Train Band, 1673; Captain of Militia, in defence of New London and Stonington, 1675.

Davis, Septimus.
Stanton, Robert Field.

Otis, John, 1620-1684 (Mass.)
Served in King Philip's War, under Captains Henchman and Moseley, 1675.

Parsons, Charles Lathrop, Jr.

Otis, Joseph, 1665-1754 (Mass.)
Deputy to Mass. General Court, 1700-'13. [Judge of Common Pleas, Plymouth County, 1703-'14].

Parsons, Charles Lathrop, Jr.

Overton, James, 1688-1749 (Va.)
Captain, Hanover County, Va., Militia.

Harrison, Edmund Pendleton Hunter, Jr.

370 SERVICES OF ANCESTORS

Owings, Samuel, 1702-1775 (Md.)
Burgess for Baltimore County, Md., 1758-'61. [Justice and County Commissioner, 1744-'68].
Hoff, Charles Worthington.

Paca, John, 1712-1785 (Md.)
Captain of Horse, Baltimore County, Md., Militia, 1735. Burgess for Baltimore County, 1745-'50, 1753-'57, 1762-'63, 1770-'71. [Commissioner of Baltimore County, 1744-'53; Chief Justice of Harford County, 1774].
Davidson, James Philemon.
Paca, John Philemon.
Paca, John Philemon, 5th.

Paca, William, 1740-1799 (Md.)
Member of the Maryland Assembly, 1771-1773. [Signer of the Declaration of Independence and Governor of Maryland].
Davidson, James Philemon.
Paca, John Philemon.
Paca, John Philemon, 5th.

Parramore, Thomas, ——1774 (Va.)
Burgess for Accomac County, Va., 1748-'49, 1758-'59, 1760-'70, 1770-'72.
Muñoz, William Parke Custis.

Parrott, Francis, ——1656 (Mass.)
Deputy to Mass. General Court, 1640, 1642.
Wood, Frederick William.

Parrott William, ——ca. 1668 (Md.)
Commissioner appointed by Parliamentary authority for the Government of Maryland, 1654-'57.
Hopkins, Granville Bowdle.

Parsons, Benjamin, 1720-1777 (Mass.)
In Capt. William Williams' Company at Siege of Louisburg, 1745. Garrisoned at Fort Massachusetts, 1747-'48. Lieutenant in French and Indian War.
Parsons, Charles Lathrop, Jr.

Parsons, Ebenezer, 1675-1744 (Mass.)
Ensign, Northampton, Mass., Company, 1723 and, later, Captain.
Parsons, Charles Lathrop, Jr.

Parsons, Joseph, 1617-1683 (Mass.)
Cornet, in Capt. John Pynchon's Hampshire County Troop, 1672-'78. In early French and Indian Wars. Member of Ancient and Honorable Artillery Company.
Parsons, Charles Lathrop, Jr.

Parsons, Joseph, 1647-1729 (Mass.)
Deputy to Mass. General Court, 1693-1710. Captain in Regiment of Foot, 1711. [Justice, Northampton and Springfield, Mass., 1696, 1699, 1702, 1729; Commissioner of Oyer and Terminer, 1718. Judge of Common Pleas, 1696-1720].
Parsons, Charles Lathrop, Jr.

Parsons, Thomas, 1605-ca.1661 (Conn.)
Soldier, from Windsor, Conn., in the Pequot War, 1637.
Finley, Charles Beatty.
Finley, Charles Beatty, Jr.

Partridge, Samuel, 1645-1740 (Mass.)
Deputy, Mass. General Court, 1683 et seq. Quartermaster, Major John Pynchon's Troops, 1688.
Johnson, Charles William Leverett.

Paschall, Thomas, 1634-1718 (Pa.)
Member of Penna. Assembly, 1685-'89. [Member of Phila., Pa., Common Council, 1701, 1704].
Griswold, Benjamin Howell, Jr.
Griswold, Robertson.

Paschall, Thomas, ca. 1666-1743 (Pa.)
Member of Penna. Assembly, 1717.
Griswold, Benjamin Howell, Jr.
Griswold, Robertson.

Paterson, John, 1708-1762 (Conn.)
Lieutenant, 1740; Captain, 1759. Served under Wolfe in Expedition against Crown Point and was with Wolfe on the Plains of Abraham; Captain, 1st Conn. Regiment, against West Indies, 1762.
Woodruff, Caldwell.

Paterson, John, 1744-1808 (Mass.)
Commissioned in Berkshire County, Mass., regiment, 1774.
Woodruff, Caldwell.

Patten, Thomas, 1636-1690 (Mass.)
Member of Billerica, Mass., Militia, 1664 et seq. In war against the Weymesit Indians, his house used as garrison, 1675.
Wood, Frederick William.

Patten, William, ——1668 (Mass.)
Member of Cambridge, Mass., Militia, 1636-'42; in Pequot War; Member of A. and H. A. Company, 1642.
Wood, Frederick William.

SERVICES OF ANCESTORS 371

Patterson, James, ——1701 (Mass.)
House used for Garrison in King Philip's War, 1675-'76.
Hill, John Boynton Philip Clayton.

Peabody, Francis, 1614-1698 (Mass.)
Lieutenant of Topsfield, Mass., Militia, 1668.
Brush, Murray Peabody.

Pearson, John, ——1693 (Mass.)
Deputy from Rowley to Mass. General Court, 1678 *et seq.*
Wood, Frederick William.

Pemberton, Israel, 1715-1779 (Pa.)
Member of Penna. Assembly, 1750.
Pennington, Pleasants.

Pemberton, Phinehas, 1650-1702 (Pa.)
Member of Council of Pennsylvania, 1685-'87, 1695, 1697-'99, 1701; Member of Penna. Assembly, 1689, 1694, 1698, 1700; Speaker, 1698. [Master of the Rolls, 1696].
Middleton, Nathan Atherton.
Pennington, Pleasants.

Penniman, Joseph, 1639-1705 (Mass.)
In Suffolk, Mass., Troop under Capt. Thomas Prentice, King Philip's War.
Brent, Duncan Kenner, Jr.
Brent, Joseph Lancaster.
Penniman, Nicholas Griffith III.
Penniman, Thomas Dobbin.

Perin, Jesse, 1726-1801 (Mass.)
Ensign in Capt. Timothy Walker's Company, Crown Point Expedition, 1755.
Perin, Bradford.

Phillipse, Frederick, 1627-1702 (N. Y.)
Member of the Colonial Council of New York, 1675 *et seq.* [Secretary of the Province of New York, 1688. First Lord of Phillipse Manor].
Sill, James Mather.

Pierce, Michael, 1615-1676 (Mass.)
Ensign under Capt. James Cudworth, for service against the Dutch, 1673; Captain in command of whites and friendly Indians; killed in King Philip's War.
Brent, Duncan Kenner, Jr.
Brent, Joseph Lancaster.
Penniman, Nicholas Griffith III.
Penniman, Thomas Dobbin.

Pierpont, John, 1619-1682 (Mass.)
Deputy to Mass. General Court, from Roxbury, 1672.
Johnson, Charles William Leverett.

Pile, John, ——*ca.* 1675 (Md.)
Member of Council of Maryland, 1648-'52.
Brent, Duncan Kenner, Jr.
Brent, Joseph Lancaster.
Tormey, Alfred Jenkins.

Pile, Joseph, ——1692 (Md.)
Burgess for St. Mary's County, Md., 1688. Captain of Militia. [Commissioner, St. Mary's County, 1675-'85].
Brent, Duncan Kenner, Jr.
Brent, Joseph Lancaster.
Tormey, Alfred Jenkins.

Pitkin, William, 1636-1694 (Conn.)
Member of Conn. General Assembly, 1675-'90; Member of the Council, 1690-94. [Attorney-General, 1664; Treasurer, 1675-'76. Commissioner for the Colony, 1678].
Hodgdon, Alexander Lewis.
Hodgdon, Anderson Dana.
Parsons, Charles Lathrop, Jr.

Plater, George, 1695-1755 (Md.)
Member of Council of Maryland, 1732-'55. [Collector for Pocomoke District, 1728; Naval Officer for Patuxent, 1755; Secretary of Md., 1755].
Howard, Charles Morris.
Owen, Franklin Buchanan.
Pennington, Josias.
Pennington, Pleasants.
Pitts, Tilghman Goldsborough.

Poe, George, *ca.* 1742-1823 (Md.)
Private in Maryland Troops, French and Indian War, 1758.
Poe, Philip Livingston.

Polly, John, 1618-1689 (Mass.)
Soldier, from Roxbury, Mass., in Capt. Daniel Henchman's Company, King Philip's War.
Hill, John Boynton Philip Clayton.

Pomeroy, Medad, 1638-1716 (Mass.)
Served from Northampton, Mass., under Captain Turner in the Falls Fight. Deputy to Mass. General Court, 1677 *et seq.*
Johnson, Charles William Leverett.

Pope, Nathaniel, ——1660 (Va.)
Lieut. Colonel of Westmoreland County, Va., Militia, 1655. [Agent to

Kent Island, Md., 1647. Removed to Virginia, 1650].
Chisolm, William Garnett.
Freeman, Coleman Randall.
Keyser, Henry Irvine, 2nd.
Reid, Francis Fielding.
Whitham, Lloyd Bankson.

Pratt, William, ——1678 (Conn.)
Sill, James Mather*.

Prescott, Jonathan, ——1721 (Mass.)
Deputy to Mass. General Court, 1692. Captain in Mass. Militia.
Stanton, Robert Field.

Presley, Peter, ——1693 (Va.)
Member of Va. House of Burgesses, 1677-'81, 1684, 1691.
Hanson, Benedict Henry, Jr.

Presley, William, ——1655 (Va.)
Member of Va. House of Burgesses, 1647.
Hanson, Benedict Henry, Jr.

Preston, Richard, 1621-1669 (Md.)
Member of Council of Maryland, 1653; Burgess for Anne Arundel County and Speaker of the House, 1654. [One of the six Parliamentary Commissioners to govern Maryland, 1652].
Skinner, Maurice Edward.
Skinner, William Howser.

Price, Thomas, 1732-1795 (Pa., Md.)
Captain in Col. William Clapham's Pa. regiment, 1759, 1760. [Justice, Frederick County, Md., 1762-'76. Captain, Md. Rifle Company, at siege of Boston; Major of Smallwood's Md. Regiment, Jan. 1776; Colonel, 2d Md. Regiment, Md. Line, from Dec. 1776 to 21 Apl. 1780].
Johnston, Christopher (Jr.).
McKaig, W. Wallace.

Prioleau, Samuel, ca. 1690-1752 (S. C.)
Member of Council of South Carolina, 1732; Colonel of Horse Militia, 1732-'40.
Chisolm, William Garnett.

Proctor, Robert, ——1697 (Mass.)
Soldier in King Philip's War, 1675-76; in garrison at Chelmsford, Mass., 1691-'92.
Hill, John Boynton Philip Clayton.

Provoost, David, 1608-1656 (N. Y.)
Sill, James Mather*.
Veazey, George Ross*.

Provoost, David, 1642-post 1708 (N. Y.)
Sill, James Mather*.

Provoost, David, 1670-1724 (N. Y.)
Member of Colonial Assembly of New York, 1702-11; Member of Council, 1708-'10. Captain in Col. Abraham de Peyster's regiment, N. Y. City, 1700; Major, 1710; Lieut-Colonel, 1716; Colonel, 1718.
Veazey, George Ross.

Purefoy, Thomas, ——1656 (Va.)
Burgess for Elizabeth City County, Virginia, 1629-'30; Member of Council, 1631-'37.
Warfield, Frederick Howard.
Warfield, John Ogle, Jr.

Purnell, John, ——ca. 1755 (Md.)
Burgess for Worcester County, Md., 1744-'48, 1751-'54. Captain of Militia, 1746; Major, 1752. [County Commissioner 1743-'54].
Carey, Lee Cummins.

Purnell, Thomas, ——1723 (Md.)
Burgess for Somerset County, Md., 1712-'14, 1722-'23.
Carey, Lee Cummins.

Putnam, Thomas, 1614-1686 (Mass.)
Lieutenant, Troop of Horse, Lynn, Mass., 1662. In King Philip's War.
Keyser, Henry Irvine, 2nd*.

Pynchon, William, ca. 1585-1662 (Conn.)
Governor of Springfield, 1641-'50. [Assistant Treasurer, 1632-34; Governing Magistrate of Conn., 1637-'38].
Davis, Septimus.
Stanton, Robert Field.

Randolph, Isham, 1687-1742 (Va.)
Member of Va. House of Burgesses, 1738-'40. Colonel of Militia, 1740; Adjutant-General of Militia, 1738-'42.
Harrison, Edmund Pendleton Hunter, Jr.

Randolph, Richard, 1691-1748 (Va.)
Burgess for Goochland County, Va., 1728 and for Henrico County, 1736-'42. Colonel, 1742-'48. [Treasurer of Virginia, 1738].
Harrison, Edmund Pendleton Hunter, Jr.

SERVICES OF ANCESTORS 373

Randolph, Thomas, 1689-1730 (Va.)
Member of Va. House of Burgesses, 1720-'22. County Lieutenant of Goochland County 1727; Colonel of Virginia Militia. [Justice, Henrico County, Va., 1714 et seq.].
Smith, Henry Lee.
Smith, Henry Lee, Jr.
Smith, Robert Lee.
Smith, Robert White.
Smith, Thomas Marshall.

Randolph, William, 1650-1711 (Va.)
Burgess for Henrico County, Va., 1685-'99, 1703-'05 and Speaker of the House 1698. Captain, Henrico County, Militia, 1680 and Lieut.-Colonel, 1699. [Attorney-General of Va., 1696].
Harrison, Edmund Pendleton Hunter, Jr.
Marbury, William Luke.
Smith, Henry Lee.
Smith, Henry Lee, Jr.
Smith, Robert Lee.
Smith, Robert White.
Smith, Thomas Marshall.

Reade, George, 1608-1671 (Va.)
Colonel of Va. Militia. Burgess for James City County, Va., 1649 and for York County, 1655-'56; Member of Council, 1657-'71 [Secretary of the Colony of Va., 1637].
Chisolm, William Garnett.
Freeman, Coleman Randall.
Keyser, Henry Irvine, 2nd.
Reid, Francis Fielding.
Smith, Henry Lee.
Smith, Henry Lee, Jr.
Smith, Robert Lee.
Smith, Mark Alexander Herbert.
Smith, Robert White.
Smith, Thomas Marshall.
Whitham, Lloyd Bankson.

Rees, John, 1718-1807 (Pa.)
First Lieutenant, Penna. Troops, French and Indian War, 1748.
Jackson, Lloyd Lowndes.

Rencher, Underwood, 1692 —— (Md.)
Served in Maryland Provincial Militia under Capt. Thomas Gilliss, Somerset County, 1748.
Dashiell, Nicholas Leeke.

Revell, Edward, ——1687 (Va.)
Burgess for Accomac County, Va., 1683-'84. [Commissioner for Accomac, 1664].
Dennis, John McPherson.
Dennis, Samuel King.
Muñoz, William Parke Custis.

Revell, Randall, ca. 1611-1685 (Md., Va.)
Burgess for Accomac County, Va., 1660.
Dennis, John McPherson.
Dennis, Samuel King.
Muñoz, William Parke Custis.

Richardson, Ezekiel, 1602-1647 (Mass.)
Deputy to General Court, Mass., 1635.
Hill, John Boynton Philip Clayton.
Wood, Frederick William.

Richardson, James, 1641-1677 (Mass.)
In King Philip's War, 1675; in command of fort at West Chelmsford, Mass., April, 1676. Lieutenant under Capt. Benjamin Swett, of force sent by Mass. Bay to protect Me. Settlements. Killed at Scarborough, 28 June 1677.
Wood, Frederick William.

Richardson, Jonathan, 1720-1768 (Mass.)
Lieutenant in Capt. Timothy Coburn's Company, Mass. Troops, 1762.
Wood, Frederick William.

Richardson, Josiah, 1635-1695 (Mass.)
Captain, in West Regiment, Middlesex County, Mass., Militia, during portion of King William's War, 1689-'95; in garrison at Chelmsford, Mass., 1691-'92.
Hill, John Boynton Philip Clayton.
Wood, Frederick William.

Richardson, Josiah, 1665-1711 (Mass.)
Member of West Middlesex regiment, in garrison, King William's War, 1691-'92. Lieutenant.
Wood, Frederick William.

Richardson, Josiah, 1691-1776 (Mass.)
Captain, Dracut, Mass., Militia Company.
Wood, Frederick William.

Richardson, Samuel, 1643-1719 (Pa.)
Member of Penna. Assembly, 1692-'94, 1696-'98, 1700-'01, 1703, 1706-'07, 1709; Member of Council, 1688-'90, 1695. [Justice, 1692, 1697, 1701, 1704].
Griswold, Benjamin Howell, Jr.
Griswold, Robertson.

Richardson, William, ——1697 (Md.)
Burgess for Anne Arundel County, Md., 1678-'84.
Williams, Mason Locke Weems.

Rider, John, 1686-1740 (Md.)
Burgess for Dorchester County, Md., 1719; Member of Md. Council, 1729.
Steele, Samuel Tagart, D.D.

Ridgely, Charles, 1702-1772 (Md.)
Burgess for Baltimore County, Md., 1751-'54. [Justice and Commissioner for Baltimore County, 1741-'54].
Baldwin, Francis Joseph.
Maynadier, Thomas Murray.

Ridgely, Henry, ——1710 (Md.)
Captain of Foot, Anne Arundel County, Md., 1669; Major, 1694; Lieut. Colonel, 1694. Burgess for Anne Arundel County, 1692-'93. [Justice, Anne Arundel County, 1679-'95].
Brent, Duncan Kenner, Jr.
Brent, Joseph Lancaster.
Evans, Gustavus Warfield.
Evans, Henry Cotheal.
Fisher, John Ridgely.
Hill, John Boynton Philip Clayton.
Hoff, Charles Worthington.
Lee, Howard Hall Macy.
Penniman, Nicholas Griffith, III.
Penniman, Thomas Dobbin.
Pennington, Pleasants.
Pitts, Tilghman Goldsborough.
Roberts, Thomas Carroll.
Scott, Townsend IV.
Smith, Mark Alexander Herbert.
Warfield, Frederick Howard.
Warfield, John Ogle, Jr.
Young, Andrew Jackson, Jr.

Ridgely, Henry, ——ca. 1750 (Md.)
Colonel, Anne Arundel County, Md., Militia, 1742. [Justice, Anne Arundel County, 1726-'43 and Presiding Justice from 1738].
Brent, Duncan Kenner, Jr.
Brent, Joseph Lancaster.
Penniman, Nicholas Griffith, III.
Penniman, Thomas Dobbin.

Ridgely, Henry, 1728-1790 (Md.)
Commanded Rangers in French and Indian War, 1755; Major of Anne Arundel County, Md., Militia, 1761-'73.
Evans, Gustavus Warfield.

Ridgely, John, 1723-1771 (Md.)
Burgess for Baltimore County, Md., 1767. [Justice, 1750 et seq. and of the Quorum, 1752-'53].
Baldwin, Francis Joseph.

Ringgold, James, ——1686 (Md.)
Major of Kent County, Md., Militia, 1678-'83. [Justice, Kent County, 1661, 1674-'80].
Freeman, Coleman Randall.
Keyser, Henry Irvine, 2nd.
Veazey, George Ross.

Ringgold, Thomas, ——1711 (Md.)
Burgess for Kent County, Md., 1710. [Justice, Kent County, 1695, '97, 1703].

Freeman, Coleman Randall.
Keyser, Henry Irvine, 2nd.

Robbins, John, ——1660 (Conn.)
Deputy to General Court of Connecticut, 1643, 1656, 1657, 1659.
Davis, Septimus.
Robbins, Ernest Ames, Jr.
Stanton, Robert Field.

Robbins, Nathaniel, 1649-1719 (Mass.)
Soldier in Mass. Troops, under Captain Poole, King Philip's War, 1675-'76.
Hill, John Boynton Philip Clayton.

Roberts, Hugh, ——1702 (Pa.)
Member of Council of Pennsylvania, under Gov. Penn.
Hanson, Benedict Henry, Jr.
Roberts, Thomas Carroll.
Tyson, Anthony Morris.

Robins, George, 1698-1742 (Md.)
Burgess for Talbot County, Md., 1729-'31. [Justice, Talbot County, 1726-'42].
Shreve, Levin Gale.
Tilghman, Harrison.

Robins, Obedience, 1602-1662 (Va.)
Burgess for Accomac County, Va., 1629-'30, 1644, 1652; Member of Council of Virginia, 1656-'59. [Styled "Colonel," 1656].
Carey, Lee Cummins.

Robins, Thomas, 1672-1721 (Md.)
Burgess for Talbot County, Md., 1709-'17. [Justice, Talbot County, 1695].
Shreve, Levin Gale.
Tilghman, Harrison.

Robinson, Christopher, 1645-1693 (Va.)
Member of Va. House of Burgesses, 1685-'86, 1688; Member of Council, 1691. [Secretary of Colony of Virginia, 1692-'93].
Tinsley, Thomas Garland.

Robinson, Henry, ——1756 (Va.)
Member of Va. House of Burgesses, 1752-'56.
Tinsley, Thomas Garland.

Robinson, John, 1683-1749 (Va.).
Member of Va. House of Burgesses, 1714; Member of Council of Virginia, 1720. [Acting Governor of Va., 1749].
Tinsley, Thomas Garland.

Robinson, Tully, 1658-1723 (Va.)
Burgess for Accomac County, Va., 1702, 1718, 1722-'23. County Lieutenant, 1715; Colonel of Militia, 1722. [Justice, Accomac County, 1680; Sheriff, 1706-'10].
Muñoz, William Parke Custis.

Robinson, William, 1599-1666 (Mass.)
Member of Ancient and Honorable Artillery Company, 1643.
Brent, Duncan Kenner, Jr.
Brent, Joseph Lancaster.
Penniman, Nicholas Griffith III.
Penniman, Thomas Dobbin.

Roby, William, 1648-1718 (Mass.)
Member of A. and H. A. Company, Boston, 1685, 1691-'96; Lieutenant, 1693.
Marston, James Graham.

Rolfe, John, 1585 ――1622 (Va.)
Member of Council of Virginia, 1619. [Secretary of the Colony and Recorder-General, 1617-'19].
Branch, Rev. Henry, D.D.
Harrison, Edmund Pendleton Hunter, Jr.
Smith, Mark Alexander Herbert.

Rolfe, Thomas, 1615 ――post 1663 (Va.)
Henrico and James City Counties, Va. Lieutenant in command of the garrison of Fort Chickahominy, 1646.
Branch, Rev. Henry, D.D.
Harrison, Edmund Pendleton Hunter, Jr.
Smith, Mark Alexander Herbert.

Roscoe, William, ―― 1753 (Va.)
Burgess for Warwick Co., Va., 1736.
Bonsal, Leigh.

Ross, Hugh, ―― ca. 1780 (Md.)
Soldier in Capt. Zebulon Hollingsworth's Company, Cecil County, Md., 1740.
Hubbard, Wilbur Ross.
Hubbard, Wilbur Watson.

Ross, William, 1737-1818 (Pa.)
Private, in Colonial Militia of York County, Pa., 1775.
Hubbard, Wilbur Ross.
Hubbard, Wilbur Watson.

Rossiter, Edward, ―― 1630 (Mass.)
Governor's Assistant, Colony of Mass. Bay, 1629-'30.
Smith, Mark Alexander Herbert.

Rossiter, Josiah, ――1716 (Conn.)
Governor's Assistant, Colony of Connecticut, 1701-'11.
Smith, Mark Alexander Herbert.

Rousby, John, ――1685 (Md.)
Burgess for Calvert County, Md., 1681-'84. [Clerk of the Upper House of Assembly, 1671].
Howard, Charles Morris.
Owen, Franklin Buchanan.
Pennington, Josias.
Pennington, Pleasants.
Pitts, Tilghman Goldsborough.

Rousby, John, ――1744 (Md.)
Burgess for Calvert County, Md., 1714-'21; Member of Md. Council, 1721-'44.
Howard, Charles Morris.
Owen, Franklin Buchanan.
Pennington, Josias.
Pennington, Pleasants.
Pitts, Tilghman Goldsborough.

Royce, Robert, ――1676 (Conn.)
Deputy from New London County to Conn. General Court, 1661.
Woodruff, Caldwell.

Rumsey, William, 1698-1742 (Md.)
Member of a Company of Troopers from Cecil County, Md.
Rumsey, Charles Leslie.

Rush, Joseph, 1720 ――(Pa.)
Lieutenant, Northern Liberties Company, Pa., under Capt. William Parr, in French and Indian War, 1755.
Dunton, Henry Hurd.
Dunton, William Rush, Jr.

Russell, John, 1608-1687 (Mass.)
Deputy to the "Old Colony" (Plymouth) Court, 1665; Deputy for Dartmouth, Mass., 1665, 1667-'72, 1674-'83
Wood, Henry.

Rutter, Thomas, ―― ――(Pa.)
Member of Penna. Assembly for Philadelphia County, 1713-'14.
Penniman, Nicholas Griffith III.
Penniman, Thomas Dobbin.

Rutter, Thomas, 1690-1734 (Pa.)
Member of Penna. Assembly for Philadelphia County, 1728-'29.
Penniman, Nicholas Griffith III.
Penniman, Thomas Dobbin.

Salisbury, Sylvester, 1629-1680 (N. Y.)
Sill, James Mather.

Salter, John, ——1715 (Md.)
Burgess for Kent County, Md., 1701-'02 and for Queen Anne County, 1708-'11. [Justice, Kent County, 1703, 1705; Justice of Queen Anne County and of the Quorum, 1709].
Wickes, Joseph Lee.

Saltonstall, Gurdon, 1666-1724 (Conn.)
Governor of Colony of Connecticut, 1708-'24.
Walker, John Moseley.

Saltonstall, Nathaniel, 1639-1707 (Mass.)
Member of Council and Assistant, Mass. Bay Colony, 1679-'86. Commanded troops sent to Boston to prevent usurpation of Governor Andros and to quiet the people at Casco Bay, 1680.
Walker, John Moseley.

Saltonstall, Sir Richard, 1586-*ca.*1658 (Mass.)
Governor's Assistant, Mass., 1630. [One of the Grantees of the Massachusetts Company, 1629 and a Patentee of Connecticut; Ambassador to Holland, 1644].
Walker, John Moseley.

Saltonstall, Richard, 1610-1694 (Mass.)
Sergeant-Major of Col. Endicott's regiment, 1641. Deputy to Mass. General Court, 1635-'37; Assistant, 1637-'49, 1664.
Walker, John Moseley.

Sampson, Zabdiel, 1727-1776 (Mass.)
From Duxbury, Mass., in French and Indian War, 1756.
Ridgely, Julian White.

Saunders, James, ——1707 (Md.)
Burgess for Anne Arundel County, Md., 1692-1701; Member of the Council of Maryland, 1701-'07. [Justice, Anne Arundel County, 1692, 1696. One of the Commissioners to lay out Annapolis, 1694-'96].
Dennis, John McPherson.
Thompson, Eustis.
Thompson, Henry Oliver.

Savage, Anthony, —— ——(Va.)
Burgess for Gloucester County, Va., 1660 and for Rappahannock County, 1680. Captain of Militia.

Hendrick, Calvin Wheeler.
Hendrick, Herring de la Porte.
Nicklin, Benjamin Patten.
Nicklin, John Bailey, Jr.
Whitham, Lloyd Bankson.

Scarborough, Edmund, 1588-1635 (Va.)
Burgess for Accomac County, Va., 1629-'33. [Justice, 1632-'33. Styled "Captain"].
Lūrman, Gustav Wilhelm.
Lūrman, Richard Lloyd Tilghman.
Lūrman, Theodor Gerhard.
Muñoz, William Parke Custis.
Tilghman, James Donnell.

Scarborough, Edmund, 1617-1671 (Va.)
Burgess for Northampton County, Virginia, 1642, 1644-45, 1652, 1655-'56, 1659-'60 and for Accomac County, 1666. In command of Expedition against Assateague Indians, 1659. Styled "Colonel." [High Sheriff, Northampton County, 1660-'61; Surveyor-General of Virginia, 1655-'71].
Lūrman, Gustav Wilhelm.
Lūrman, Richard Lloyd Tilghman.
Lūrman, Theodor Gerhard.
Muñoz, William Parke Custis.
Tilghman, James Donnell.

Schencking, Bernard, ——(S. C.)
Deputy and Member of the Grand Council of South Carolina *post* 1685. [High Sheriff of Berkeley County, S. C.].
Parsons, Charles Lathrop, Jr.

Schuyler, Philip Pieterse, 1628-1683 (N. Y.)
Captain, Albany, N. Y., Militia, 1667; Captain of Foot, at Schenectady, 1669.
Johnson, Charles William Leverett.
Poe, Philip Livingston.

Scott, Daniel, 1655-1724 (Md.)
Ensign, Baltimore County, Md., Militia, 1694/6.
Hall, Charles Chauncey.
Hambleton, Thomas Edward.
Hurst, John Edward.
Jenkins, Benjamin Wheeler.
O'Donovan, Charles.
Pennington, Pleasants.
Rodgers, Maurice Falconer.
Shriver, Alfred Jenkins.
Shriver, Edward Jenkins.
Shriver, Robert Hickley.
Tormey, Alfred Jenkins.

Scott, Daniel, 1680-1745 (Md.)
Burgess for Baltimore County, Md., 1725-'28, 1741.

Hall, Charles Chauncey.
Hambleton, Thomas Edward.
Hurst, John Edward.
Jenkins, Benjamin Wheeler.
O'Donovan, Charles.
Pennington, Pleasants.
Rodgers, Maurice Falconer.
Shriver, Alfred Jenkins.
Shriver, Edward Jenkins.
Shriver, Robert Hickley.
Tormey, Alfred Jenkins.

Sebring, Cornelis, 1652-1723 (N. Y.)
Member of New York Assembly, 1695-1723. Major of Kings County, N. Y. Troops, 1720.

Coriell, Louis Duncan.

Sewall, Henry, ——1665 (Md.)
Member of Council of Maryland, 1661. [Secretary of the Province and Judge of Probate, 1661-'65].

Brent, Duncan Kenner, Jr.
Brent, Joseph Lancaster.
Freeman, Coleman Randall.
Johnston, Christopher (Jr.)
McKaig, W. Wallace.
Owen, Franklin Buchanan.
Paca, John Philemon.
Paca, John Philemon, 5th.
Pennington, Josias.
Pennington, Pleasants.
Shreve, Levin Gale.
Steuart, Richard Dennis.
Tilghman, Harrison.
Tormey, Alfred Jenkins.
Williams, Mason Locke Weems.

Sewall, Nicholas, 1655-1737 (Md.)
Member of Council of Maryland, 1683-'89; Deputy Governor, 1689. [Secretary of the Province].

Johnston, Christopher (Jr.)
McKaig, W. Wallace.
Owen, Franklin Buchanan.
Paca, John Philemon.
Paca, John Philemon, 5th.
Pennington, Josias.
Pennington, Pleasants.
Shreve, Levin Gale.
Sioussat, St. George Leakin.
Tilghman, Harrison.
Williams, Mason Locke Weems.

Sexton, Daniel, ca. 1660 ——*post* 1743 (N. Y.)
Member of the Brookhaven Company, Long Island Militia, 1715.

Sheib, Samuel Henry.

Shapleigh, Nicholas, 1680 ——(Mass.)
Deputy from York County, Me., to Mass. General Court, 1733. Captain and Major of York County Troops, 1733 *et seq.*

Peirce, William Henry.

Shed, Daniel, 1620/5-1708 (Mass.)
In Billerica, Mass., garrison, King Philip's War, 1675; Corporal, 1679

Wood, Frederick William.

Shepard, John, 1627-1707 (Conn.)
Sergeant in Connecticut Militia, 1679.

Culver, Francis Barnum.

Shepheard, Hercules, ——*ca.* 1706 (Pa.)
Member of Penna. Assembly for Sussex County (Del.), 1683-'84. [Justice, Sussex County, 1683-'85].

Poe, Philip Livingston.

Sherman, Samuel, 1618-1684 (Conn.)
Deputy to General Court of Conn., 1637; Assistant, 1663-'68. [On Committee to defend the coast against the Dutch].

Smith, Mark Alexander Herbert.

Sherwood, Daniel, 1668-1738 (Md.)
Burgess for Talbot County, Md., 1722-'24.

Hambleton, Thomas Edward.
Tilghman, Harrison.

Sherwood, Hugh, 1632-1710 (Md.)
Burgess for Talbot County, Md., 1692-'93. [Justice and Commissioner, Talbot County, 1694-'96].

Hambleton, Thomas Edward.
Skinner, Maurice Edward.
Skinner, William Howser.
Tilghman, Harrison.

Sill, Joseph, 1636-1696 (Conn.)
Sill, James Mather.*

Skinner, Robert, ——*ca.* 1713 (Md.)
Burgess for Calvert County, Md., 1704-'11. One of the Military Officers, Calvert County, 1696.

Magruder, Rev. James Mitchell, D.D.

Slecht, Cornelis Barentse, ——1671 (N. Y.)
Sergeant of military company which built Esopus stockade; at Indian attack on Wiltwyck, 1663. Member of first Board of Schepens, 1661.

Coriell, Louis Duncan.
O'Donovan, Charles.
Shriver, Alfred Jenkins.
Shriver, Edward Jenkins.
Shriver, Robert Hickley.

378 SERVICES OF ANCESTORS

Slingerland, Cornelise, ——1753 (N. Y.)
Served in Colonial Wars on frontiers of Albany County, N. Y., in Captain Wendell's Company, 1689.
Tyson, Malcolm Van Vechten.

Slye, Robert, 1615-1670 (Md.)
One of the Commissioners of the Province and Member of the Council of Maryland, 1655; Burgess for St. Mary's County, 1658. Captain of Militia.
Brent, Duncan Kenner, Jr.
Brent, Joseph Lancaster.

Smallwood, James, ——ca. 1715 (Md.)
Major of Foot, Charles County, Maryland, 1689; Lieut.-Colonel, 1700; later, Colonel. [Justice, Charles County, 1683; of the Quorum, 1694; High Sheriff, 1694].
Long, John Dudley.

Smith, Henry, 1678 ——(N. Y.)
Colonel, Suffolk County, N. Y., regiment, 1707.
Johnson, Charles William Leverett.

Smith, James, 1683-1760 (Md.)
Burgess for Kent County, Maryland, 1719-'21. [Clerk of the County, ante 1760].
Owen, Franklin Buchanan.
Paca, John Philemon.
Paca, John Philemon, 5th.
Pennington, Josias.
Pennington, Pleasants.
Pitts, Tilghman Goldsborough

Smith, John, 1662-1698 (Va.)
Captain in Colonial Service, Gloucester County, Va. [Known as "John Smith of Purton"].
Smith, Mark Alexander Herbert.

Smith, John, 1715-1771 (Va.)
Member of Va. House of Burgesses, 1737-'68. [Styled "Major"].
Smith, Mark Alexander Herbert.

Smith, Lawrence, ——1700 (Va.)
Commanded forty at Falls of Rappahannock, 1675-'76. Led forces against Bacon's Rebellion.
Waters, John Seymour Taliaferro.

Smith, Philip, 1633-1685 (Mass.)
Lieutenant, Hadley Town Troop and Hampshire County, Mass., Militia, 1678. Deputy to Mass. General Court, 1680-'84.
Stockbridge, Henry, 3rd.

Smith, Richard, ——ca. 1689 (Md.)
Lieutenant, Calvert County, Md., Militia, 1650. Burgess for Calvert County, 1661-'67. [Attorney-General of Maryland, 1657-'60].
Dawkins, Walter Ireland.
Harrison, Edmund Pendleton Hunter, Jr.
Johnston, Christopher (Jr.).
McKing, W. Wallace.
Mackall, Charles O'Donnell.
Mackall, Robert McGill.
Owen, Franklin Buchanan.
Parran, Dalrymple.
Parran, Francis Joseph.
Semmes, Raphael.
Steele, Samuel Tagart, D.D.
Tilghman, James Donnell.
Williams, Mason Locke Weems.

Smith, Richard, ——1714 (Md.)
Captain, Calvert County, Militia, 1689. [Surveyor-General, 1693].
Dawkins, Walter Ireland.
Parran, Dalrymple.
Parran, Francis Joseph.
Tilghman, James Donnell.

Smith, Samuel, 1602-1680 (Mass.)
Sergeant, Wethersfield, Conn., Militia, and Deputy, 1640-'61. Lieutenant, Hadley, Mass., Troops, 1663-'78. Deputy to Mass. General Court, 1661-'73. [Commissioner to the Mohawks, 1667].
Stockbridge, Henry, 3rd.

Smith, Thomas, 1648-1694 (S. C.)
First Governor of South Carolina, 1690-'94; also, of North and South Carolina, 1693.
Parsons, Charles Lathrop, Jr.

Smith, Thomas, 1669-1738 (S. C.)
Member of Council of S. C., 1693; Speaker of the Assembly 1700. [Judge of Berkeley County Court].
Parsons, Charles Lathrop, Jr.

Smith, Walter, 1652-1711 (Md.)
Burgess for Calvert County, Md., 1696-1704, 1708-'11. Captain of Foot, Calvert County, 1689; Major, 1695; Colonel, 1707. [Justice, 1694 and of the Quorum, 1696; Chief Judge, Calvert County Court, 1699].
Harrison, Edmund Pendleton Hunter, Jr.
Johnston, Christopher (Jr.).
McKaig, W. Wallace.
Mackall, Charles O'Donnell.
Mackall, Robert McGill.
Owen, Franklin Buchanan.
Semmes, Raphael

Steele, Samuel Tagart, D.D.
Tilghman, James Donnell.
Williams, Mason Locke Weems.

Smith, Walter, ca. 1692-1734 (Md.)
Burgess for Calvert County, Md., 1719-'22. [Deputy Commissary, Calvert County, 1722-'30; High Sheriff, 1725; Justice, Calvert County, 1726-'34].

Johnston, Christopher (Jr.).
McKaig, W. Wallace.
Owen, Franklin Buchanan.
Williams, Mason Locke Weems.

Smith, William, 1655-1705 (N. Y.)
Member, N. Y. Provincial Council, 1691-1704; Governor of New York, 1701. Commander, Suffolk County, N. Y., Forces, 1693. [Governor of Tangier, 1675-'83; Judge, Court of Admiralty, N. Y., N. J., and Conn., 1693-'97].

Johnson, Charles William Leverett.

Smoot, Thomas, 1630-1704 (Md.)
Captain, Charles County, Md., Militia. [Sheriff, Charles County, 1703].

Iglehart, James Davidson.

Snow, Anthony, ——post 1680 (Mass.)
Deputy from Marshfield, Mass., 1656 et seq., and from Plymouth, 1679-'80.

Parsons, Charles Lathrop, Jr.

Snowden, Richard, ca. 1640-1711 (Md.)
Captain, Anne Arundel County, Md., Militia, 1696-1703.

Smith, Mark Alexander Herbert.

Snowden, Richard, ca. 1666-1724 (Md.)
One of the Military Officers of Anne Arundel County, Md., with rank of Captain, 1695 et seq.

Smith, Mark Alexander Herbert.

Soane, Henry, ——1662 (Va.)
Burgess for Charles City County, Va., 1652 and for James City County, 1652-'62; Speaker, 1661-'62. [Justice, James City County, 1652 et seq.].

Harrison, Edmund Pendleton Hunter, Jr.

Sollers, John, ——1699 (Md.)
Member of Council of Maryland, from Anne Arundel County, 1679-'80, 1685-'86.

McIntyre, Edward LeRoy.

Soule, George, ——1680 (Mass.)
From Duxbury, Mass., in Lieut. William Holmes' Company, Pequot War. Deputy from Duxbury to Mass. General Court, 1642, 1645-'46, 1650-'51, 1654.

Ridgely, Julian White.

Spotswood, Alexander, 1676-1740 (Va.)
Governor of Virginia, 1710-'22. Appointed in 1740, Major-General to command the forces raised in America to cooperate with Admiral Vernon in the West Indies, but died before taking command. [Founder of the Knights of the Horseshoe].

Evans, Gustavus Warfield.

Sprigg, Edward, ca. 1695-1751 (Md.)
Burgess for Prince George's County, Md., 1728-'51; Speaker, 1742-'48. Captain of Militia, 1730-'35; Major, 1735; Colonel, 1742-'51. [Justice, Prince George's County, 1726-'32; Presiding Justice, 1747-'51; Judge of Provincial Court, 1732].

Bowie, Clarence Keating.
Bowie, Robert Richardson.

Sprigg, Osborne, 1706-1750 (Md.)
Burgess for Prince George County, Md., 1739-'44. [High Sheriff, 1747-'50].

Mackall, Charles O'Donnell.
Mackall, Robert McGill.
Tilghman, James Donnell.

Sprigg, Thomas, ca. 1668-post 1736 (Md.)
Burgess for Prince George's County, Md., 1713-'15. Major of Militia, 1713; Lieut.-Colonel, 1714; Colonel, 1715-'16.

Baldwin, Charles Gambrill.
Baldwin, Summerfield, Jr.
Bowie, Clarence Keating.
Bowie, Robert Richardson.
Duvall, Richard Mareen.
Mackall, Charles O'Donnell.
Mackall, Robert McGill.
Sill, James Mather.
Smith, Mark Alexander Herbert.
Tilghman, James Donnell.

Squire, George, 1618-1691 (Conn.)
Sergeant, Fairfield, Conn., Train Band.

Stanton, Robert Field.

Standish, Myles, 1584-1656 (Mass.)
Captain and Commander of the Military Forces of Plymouth Colony, 1620-'56; Appointed General in Chief all the Companies in the Colony, 1649. Assistant, 1624 et seq. [Signer of the Mayflower Compact. Founder of Duxbury, Mass., 1627].

Ridgely, Julian White.

Stansbury, Tobias, 1652-1709 (Md.)
Ranger, under Capt. John Oldton, in Baltimore County, Md., serving actively against the Indians, 1695.
Hambleton, Thomas Edward.
Skinner, Maurice Edward.
Skinner, William Howser.
Watts, Philip Bartley.

Stanton, John, 1641-1713 (Conn.)
Soldier in King Philip's War, 1676. [First Recorder of Stonington, Conn.].
Stanton, Robert Field.

Stanton, Thomas, 1616-1677 (Conn.)
In Pequot War, at Fort Saybrook and Fairfield Swamp. Member of Conn. General Assembly, 1666-'73. [Interpreter-General for United Colonies. Judge of New London County Court, 1665-'77].
Stanton, Robert Field.

Starr, Comfort, 1585-1659 (Mass.)
Deputy to General Court of Mass., 1642.
Focke, Walter David.

Starr, John, ca. 1633-1704 (Mass.)
Soldier under Capt. Samuel Wadsworth, in garrison at Mendon and Wrentham, Mass., in King Philip's War, 1676.
Focke, Walter David.

Stebbins, Edward, ——1665 (Conn.)
Officer of the first organized General Court of Conn., in April, 1639; Deputy to the General Court at sundry sessions, 1639-'58. [On Committee at Boston in May, 1635 to consider John Endicott's "defacing of the Colors"].
Culver, Francis Barnum.

Stebbins, John, 1626-1679 (Mass.)
In Capt. Samuel Moseley's Company, Mass., in King Philip's War.
Parsons, Charles Lathrop, Jr.

Steele, Henry, ——1782 (Md.)
Burgess for Dorchester County, Md., 1763. [Justice, Dorchester County, 1757].
Steele, Samuel Tagart, D.D.

Steuart, George, ca. 1700-1784 (Md.)
Captain of Anne Arundel County, Md., Militia, 1642-'61. Member of Council of Maryland, 1769-'74. [Justice, Anne Arundel County, 1746-'49; Justice of Provincial Court, 1749-'66; Commissioner of the Land Office, 1747-1757; Mayor of Annapolis, Md., 1759-'60, 1763-'64].
Steuart, Richard Dennis.

Stickney, Abraham, 1703-1783 (Mass.)
Under Lieut. Peter Abbott, for relief of Fort William Henry, 1722; Ensign in Colonel Tyng's Mass. regiment, 1757-'58.
Wood, Frederick William.

Stickney, Moses, 1677-1756 (Mass.)
Private in Captain Noyes' Company, North Regiment, Essex, Mass.
Stickney, George Lewis.

Stickney, William, 1592-1665 (Mass.)
Lieutenant, Rowley, Mass., Troops, 1661. [A founder of Rowley, Mass., 1639].
Stickney, George Lewis.
Wood, Frederick William.

Stith, Drury, ——1770 (Va.)
Major of Horse, Brunswick County, Va., 1746; Colonel of Foot, 1756; Colonel of County Militia, 1759. Burgess for Brunswick County, 1748-'54. [Surveyor, 1740, 1751; Justice, 1747, 1756, 1765; High Sheriff, 1757].
Johnston, Christopher (Jr.).

Stith, John, —— post 1693 (Va.)
Captain, Charles City County, Va., Militia, 1676; Major, 1680. Burgess for Charles City County, 1685, 1692-'93. [High Sheriff, Charles City County, 1691]
Johnston, Christopher (Jr.)
Warfield, Frederick Howard.
Warfield, John Ogle, Jr.

Stockett, Thomas, ——1671 (Md.)
Burgess for Baltimore County, Md., 1661-'64. Captain of Militia, 1661-'71. [Justice, Baltimore County, 1661; High Sheriff of Anne Arundel County, Md., 1660-'70; Deputy Surveyor-General of Maryland, 1670].
Duvall, Richard Mareen.
Hill, John Boynton Philip Clayton.
Roberts, Thomas Carroll.

Stockton, Richard, ——1707 (N. Y., N. J.)
Lieutenant, Flushing, L. I., Troop of Horse, 1665.
Scott, Townsend IV.
Sheib, Samuel Henry.

SERVICES OF ANCESTORS 381

Stoddard, Anthony, ——1687 (Mass.)
Clerk, 1642 *et seq.*, and 3d Sergeant, Ancient and Honorable Artillery Company, 1650. Deputy to Mass. General Court, 1650, 1659-'60, 1665-'84.
Johnson, Charles William Everett.

Stone, Rev. Samuel, 1602-1663 (Conn.)
Militant Chaplain to the troops under Capt. John Mason in the Pequot War, 1637. [With the Rev. Mr. Hooker, a founder of the First Church of Hartford, Conn., in 1636].
Culver, Francis Barnum.

Stone, Simon, 1585-1665 (Mass.)
Deputy from Watertown, Mass., to the General Court, 1636-'56.
Hill, John Boynton Philip Clayton.

Stone, William, *ca.* 1604-1660 (Md.)
Governor of Maryland, 1648-'54.
Campbell, Howard Mohler.
Nicklin, Benjamin Patten.
Nicklin, John Bailey, Jr.

Story, Walter, 1666-1726 (Md.)
Burgess for Charles County, Md., 1708-'14. [Justice and County Commissioner, 1717-'26].
Freeman, Coleman Randall.

Stow, John, ——1643 (Mass.)
Member, Ancient and Honorable Artillery Company, 1638. Deputy to Mass. General Court, 1639.
Johnson, Charles William Leverett.

Stratton, Samuel, 1592-1672 (Mass.)
Member of Watertown, Mass., Train Band, 1652.
Wood, Frederick William.

Strong, Ebenezer, 1643-1729 (Mass.)
Ensign, Northampton, Mass., Company, 1689.
Parsons, Charles Lathrop, Jr.

Strong, Jedidiah, 1667-1709 (Mass.)
In Queen Anne's War, and slain by Indians.
Parsons, Charles Lathrop, Jr.

Strong, John, 1605-1699 (Mass.)
Deputy from Taunton, Mass., to the General Court, 1641-'44. [Styled "Elder"].
Parsons, Charles Lathrop, Jr.
Strong, Frederick Steele.

Strycker, Jan (Van), 1615-1697 (N. Y.)
Member of Great Landtag, New Amsterdam, 1664; Schepen, 1673. Captain, Military Company at Midwout, L. I. [Member of Hempstead Convention, 1665; Deputy to Great Conference at New Orange, 1674].
Veazey, George Ross.

Sutton, Richard, 1736-1825 (Mass.)
In expedition against Crown Point, in Col. William Brattle's command, 1755; in French and Indian War, under General Braddock at the taking of Quebec.
Eben, Sutton.

Swan, Richard, ——1678 (Mass.)
In King Philip's War and Expedition to Canada. Deputy to Mass. General Court, 1666-'77.
Wood, Frederick William.

Swift, John, 1661-1735 (Pa.)
Member of Penna. Assembly, for Bucks County 1689, 1692-'93, 1695, 1699-1701, 1704-'07, 1712-'16, 1718; and for Philadelphia, 1720-'30. [Justice, 1685, 1715, 1717-'19, 1722, 1725-'27].
Poe, Philip Livingston.

Tabb, Humphrey, ——circa 1659 (Va.)
Burgess for Elizabeth City County, Va., 1652.
Warfield, Frederick Howard.
Warfield, John Ogle, Jr.

Talcott, John, *ca.* 1600-1660 (Conn.)
Deputy, Mass., 1634-'36. Deputy to Conn. first General Court, 1637-'54; Assistant, 1654-'60. [Treasurer, 1652-'60].
Davis, Septimus.
Stanton, Robert Field.

Talcott, Nathaniel, 1678-1758 (Conn.)
Lieutenant, 1723; Captain, 1738. Member of Conn. General Court, 1735.
Davis, Septimus.
Stanton, Robert Field.

Talcott, Samuel, 1635-1691 (Conn.)
Captain, Hartford troops in King Philip's War; Lieutenant, 1677; Captain, 1681. Deputy, 1669-'84; Assistant, 1685-'91.
Davis, Septimus.
Stanton, Robert Field.

Taliaferro, Francis, ——1758 (Va.)
Colonel in Virginia Forces, Commissioned in 1752.
Waters, John Seymour Taliaferro.

Taliaferro, John, 1656-1720 (Va.)
Lieutenant Commanding a Company of Rangers against the Indians, 1692. Member of Va. House of Burgesses, 1699.

Waters, John Seymour Taliaferro.

Taliaferro, Lawrence, 1683-1726 (Va.)
Member of Va. House of Burgesses.

Waters, John Seymour Taliaferro.

Tasker, Thomas, ——1700 (Md.)
Captain, Calvert County, Md., Militia, 1689. Burgess for Calvert County, Md., 1692-'97; Member of Council of Md., 1698-1700. [Justice of Provincial Court, 1694; Treasurer of the Western Shore, 1695].

Howard, Charles Morris.
Owen, Franklin Buchanan.
Pennington, Josias.
Pennington, Pleasants.
Pitts, Tilghman Goldsborough.
Semmes, Raphael.
Smith, Henry Lee.
Smith, Henry Lee, Jr.
Smith, Robert Lee.
Smith, Robert White.
Smith, Thomas Marshall.

Tayloe, John, 1687-1747 (Va.)
Member of Council of Virginia, 1732. [Sheriff, Richmond County, 1713].

Dallam, Corbin Braxton.
Howard, Charles Morris.
Owen, Franklin Buchanan.
Pennington, Josias.
Pennington, Pleasants.
Pitts, Tilghman Goldsborough

Tayloe, John, 1721-1779 (Va.)
Member of Council of Va., 1772. [Councillor of State, 1776].

Howard, Charles Morris.
Owen, Franklin Buchanan.
Pennington, Josias.
Pennington, Pleasants.
Pitts, Tilghman Goldsborough.

Tayloe, William, ——1710 (Va.)
County Lieutenant of Richmond County, Va., 1705. Burgess for Richmond County, 1705-'10. [Justice, Rappahannock County, 1686; High Sheriff, 1688-'89, 1705-'07].

Dallam, Corbin Braxton.
Howard, Charles Morris.
Owen, Franklin Buchanan.
Pennington, Josias.
Pennington, Pleasants.
Pitts, Tilghman Goldsborough.

Taylor, John, ——1737 (Md.)
Burgess for Baltimore County, Maryland, 1721-'22.

McIntyre, Edward LeRoy.

Taylor, Thomas, ——1656 (Va.)
Burgess for Warwick County, Va., 1646. [Justice, Warwick County, 1645-'56].

Branch, Rev. Henry, D.D.
Harrison, Edmund Pendleton Hunter, Jr.
Smith, Henry Lee.
Smith, Henry Lee, Jr.
Smith, Robert Lee.
Smith, Mark Alexander Herbert.
Smith, Robert White.
Smith, Thomas Marshall.

Teackle, John, 1678-1721 (Va.)
Member of Va. House of Burgesses, 1721.

Giffen, Wallis.
Tilghman, James Donnell.

Thatcher, John, ——1713 (Mass.)
Ensign, Yarmouth Military Company 1674; in King Philip's War, 1675; Lieutenant, 1681; Captain, 1685; Major, 1697; Colonel, 1697-1704. Deputy, 1668-'71, 1673-'80, 1692-'93. Governor's Assistant, 1682-'86, 1689-'91; Councillor, 1694-1707.

Parsons, Charles Lathrop, Jr.

Thayer, Ferdinando, ——1713 (Mass.)
Member of Mendon, Mass., Committee of Militia, King Philip's War, 1675.

Steele, Samuel Tagart, D.D.

Thomas, Christopher, 1609-1670 (Md.)
Burgess for "Isle of Kent," Md., 1638. [He sat as a "Freeman" in the first assembly of 1637].

Hopkins, Granville Bowdle.
Williamson, Thomas Wilson.

Thomas, Nathaniel, 1606-1674 (Mass.)
Ensign, Plymouth Company, under Capt. Myles Standish, 1640; Lieutenant, 1643; Captain, 1644. Served in Pequot War, 1636.

Parsons, Charles Lathrop, Jr.

Thomas, Nathaniel 1643-1718 (Mass.)
Deputy from Marshfield to the General Court, 1672 et seq.; Member of Governor's Council. Captain in King Philip's War.

Parsons, Charles Lathrop, Jr.

SERVICES OF ANCESTORS 383

Thomas, Philip, ——1676 (Md.)
Lieutenant of Maryland Provincial Forces *ante* 1656. [High Commissioner governing Maryland, 1656-'58].
Dallam, Corbin Braxton.
Duvall, Richard Mareen.
Roberts, Thomas Carroll.
Skinner, Maurice Edward.
Skinner, William Howser.
Smith, Mark Alexander Herbert.

Thompson, Anthony, 1612-1648 (Conn.)
Soldier in Indian troubles, 1642. [Signer of "Compact" with Gov. Eaton and Rev. John Davenport at New Haven, 1639].
Stanton, Robert Field.

Thompson, Augustine, 1691-1739 (Md.)
Burgess for Queen Anne County, Md., 1728-'31. [Justice, Queen Anne County, and of the Quorum, 1726-'39].
Wickes, Joseph Lee.

Thompson, John, ——ca. 1702 (Md.)
Captain and Major, Cecil County, Md., Militia, 1694; Colonel, 1698. Burgess for Cecil County, 1694-1702. [Clerk of Cecil County, 1681-'92; Naval Officer for Cecil County, 1695. Commissioner to Indians at head of Chesapeake Bay, 1697].
Wickes, Joseph Lee.
Williams, George Washington.

Thompson, William, 1599-1666 (Mass.)
Chaplain of Braintree's quota of 200 men in Narragansett Campaign.
Brent, Duncan Kenner, Jr.
Brent, Joseph Lancaster.
Penniman, Nicholas Griffith III.
Penniman, Thomas Dobbin.

Thornton, Francis, 1682-post 1750 (Va.)
Member of Va. House of Burgesses, 1723, 1726. [Justice, Caroline County, Va.]
Whitham, Lloyd Bankson.

Thornton, Francis, ca. 1715-1749 (Va.)
Colonel, Virginia Militia, 1742. Member of Va. House of Burgesses, 1744-'45. [Justice, Spotsylvania County, Va.].
Whitham, Lloyd Bankson.

Thorowgood, Adam, 1602-1641 (Va.)
Burgess for Elizabeth City County, Va., 1629-'32; Member of Council of Virginia, 1637-'40.

Baldwin, Francis Joseph.
Chisolm, William Garnett.
Tilghman, James Donnell.
Waters, John Seymour Taliaferro.

Tilden, Joseph, 1615-1670 (Mass.)
Ensign of Scituate, Mass., Military Company, 1652.
Brent, Duncan Kenner, Jr.
Brent, Joseph Lancaster.
Penniman, Nicholas Griffith III.
Penniman, Thomas Dobbin.

Tilghman, Edward, 1713-1785 (Md.)
Burgess for Queen Anne County, Maryland, 1746-'50, 1754-'71; Speaker of the House, 1770-'71. Colonel, Queen Anne County Militia, 1756. [High Sheriff, 1739-'42; on the County Commission, 1743-'49].
Paca, John Philemon.
Paca, John Philemon, 5th.

Tilghman, James, 1716-1793 (Md., Pa.)
Burgess for Talbot County Md., 1762-'63. Member of Council of Penna., 1767-'76. [Member Common Council of Philadelphia 1764; Secretary Penna. Land Office, 1769].
Shreve, Levin Gale.
Tilghman, Harrison.

Tilghman, Matthew, 1718-1790 (Md.)
Burgess for Talbot County, Md., 1751-'58; for Queen Anne County, 1760-'61; for Talbot County, 1768-'74. [Justice, Talbot County, 1741-'45 and Presiding Justice, 1769. Chairman, Committee of Correspondence, 1774 and of Council of Safety, 1775; President of Md. Conventions, 1774-'76; Member of Congress, 1774-'76; Senator for Talbot County, 1777-'81].
Paca, John Philemon.
Paca, John Philemon, 5th.
Shreve, Levin Gale.
Tilghman, Harrison.

Tilghman, Richard, 1672-1738 (Md.)
Burgess for Talbot County, Md., 1698-1702; Member of the Council of Md., 1711-'38. [Chancellor of Md., 1725].
Johnston, Christopher (Jr.)
Lürman, Gustav Wilhelm.
Lürman, Richard Lloyd Tilghman.
Lürman, Theodor Gerhard.
Owen, Franklin Buchanan.
Paca, John Philemon.
Paca, John Philemon, 5th.
Pennington, Josias.
Pennington, Pleasants.
Pitts, Tilghman Goldsborough.

Robinson, Ralph.
Shreve, Levin Gale.
Tilghman, Harrison.
Tilghman, James Donnell.

Tilghman, William, 1711-1782 (Md.)
Burgess for Queen Anne County, Md., 1734–'38. [Justice, Queen Anne County, 1734–'39, 1743–'45, 1747–'51; Presiding Justice, 1755–'60].

Johnston, Christopher (Jr.)
Lürman, Gustav Wilhelm.
Lürman, Richard Lloyd Tilghman.
Lürman, Theodor Gerhard.
Owen, Franklin Buchanan.
Pitts, Tilghman Goldsborough.
Tilghman, James Donnell.

Tilley, John, ——1621 (Mass.)
In "First Encounter" with the Indians at Great Meadow Creek, 1620. [Signer of Mayflower Compact].

Parsons, Charles Lathrop, Jr.
Williamson, John Laughlin.

Titherton, Daniel, ——1661 (Conn.)
Deputy from Stratford to Conn. General Court, 1647, 1649, 1652, 1654.

Smith, Mark Alexander Herbert.
Stanton, Robert Field.

Tobey, Thomas, 1651-1676 (Mass.)
In King Philip's War and on Council of War for Sandwich, Mass., 1676.

Lloyd, William Henry.

Todd, Thomas, 1620-1676 (Va.-Md.)
Burgess for Baltimore County, Md., 1674–'75.

Dallam, Corbin Braxton.
Holloway, Charles Thomas.
Penniman, Nicholas Griffith III.
Penniman, Thomas Dobbin.

Tong, Walter, ——1724 (N. Y.)
Ensign, New York City Militia, 1710; Lieutenant, Queens County Militia.

Poe, Philip Livingston.

Tower, John, 1609-1702 (Mass.)
Commander of Tower's Garrison House, Mass., in King Philip's War.

Vickers, William Handy Collins.

Townshend, Richard, 1596-1648 (Va.)
Burgess for the plantations between Archer's Hope and Martin's Hundred, Va., 1629; Burgess, 1641–'42; Member of the Va. Council, 1642–'46. Captain of Militia.

MacDonnell, Austin MacCarthy.
McDonnell, Edward Orrick.

Payne, George Houson, Jr.
Waters, John Seymour Taliaferro.

Tracey, Thomas, 1610-1685 (Conn.)
Deputy, from Norwich, to Conn. General Court, 1662–'63, 1667, 1670, 1672, 1675–'78, 1682–'84. Ensign, First Company, Conn. Militia, 1666; Lieutenant, New London County Dragoons, in King Philip's War, and Quartermaster.

Hodgdon, Alexander Lewis.
Hodgdon, Anderson Dana.

Treat, Richard, 1584-1670 (Conn.)
Deputy for Wethersfield, 1637–'44; Assistant, 1657–'65; Member of Gov. John Winthrop's Council, 1663–'65. [One of the Patentees, under King Charles II, of the Connecticut Charter of 1662].

Davis, Septimus.
Stanton, Robert Field.
Young, Charles Mervyn.

Treat, Richard, 1623-1693 (Conn.)
Corporal, Wethersfield, Conn., Train Band, 1657.

Stanton, Robert Field.
Young, Charles Mervyn.

Treat, Robert, 1622-1710 (Conn.)
Lieutenant, 1654; Captain, 1661. In command at Great Swamp Fight. Major commanding Conn. Troops at Hadley and Springfield, 1673. In encounter with Indians at Bloody Brook, 1675. Colonel, 1687. Deputy Governor, 1676–'82; Governor of Connecticut, 1683.

Young, Charles Mervyn.

Treat, Thomas, 1668-1713 (Conn.)
Deputy to Conn. General Court, 1703, 1706–'07, 1712. Lieutenant of Train Band, 1711.

Stanton, Robert Field.

Trippe, Henry, 1632-ante 1698 (Md.)
Burgess for Dorchester County, Md., 1671–'81. Captain of Foot, Dorchester County, 1676; Major of Horse, 1689; Lieut.-Colonel, 1694. [Justice, and Presiding Justice, Dorchester County].

Trippe, Andrew Noel.

Turbutt, Foster, 1679-1720 (Md.)
Burgess for Talbot County, Md., 1715–'16. [Justice, Talbot County, 1709].

Shreve, Levin Gale.
Tilghman, Harrison.

Turner, William, ——1675 (Mass.)
Captain in King Philip's War; Killed in the "Falls Fight," 1675.
Steele, Samuel Tagart, D.D.

Turpin, William, 1728-1782 (Md.)
Cornet in Maryland Troop of Horse, 1748.
Dashiell, Nicholas Leeke.

Tyler, Robert, 1671-1738 (Md.)
Burgess for Prince George County, Md., 1704-'25. [Justice, Prince George County, 1696-1708; Chief Justice, 1728].
Sill, James Mather.

Utie, George, ——1678 (Md.)
Burgess for Baltimore County, Md., 1661. [One of three deputies from Md. to New Amstel, 1659; Justice, Baltimore County, and of the Quorum, 1669; Presiding Justice, 1674, 1676; High Sheriff, 1666, 1668].
Hanson, Benedict Henry, Jr.

Van Brugh, Johannes Pieterse, 1624-1697 (N. Y.)
Corporal, Blue Flag Company, Burgher Corps, New Amsterdam, 1652-'53; Captain, New Orange Militia, 1673-'74. [President of the Bench, 1662; Provincial Envoy to Amsterdam, 1664; Burgomaster, 1673-'74].
*Johnson, Charles William Leverett.
Poe, Philip Livingston.
Sill, James Mather.**

Van Brugh, Pieter, 1666-1740 (N. Y.)
Member of N. Y. Provincial Assembly, 1705 *et seq.* Captain at Fort Orange, 1715-'22. [Mayor of Albany, N. Y., 1699-1700, 1720-'23].
*Johnson, Charles William Leverett.
Poe, Philip Livingston.*

Van Brunt, Cornelis, ——1754 (N. Y.)
Member of New York Provincial Assembly, 1690-1711. Major, King's County, N. Y., Militia, 1700.
Warner, Culbreth Hopewell.

Van Cleef, Jan, 1628-1698? (N. Y.)
Representative from New Utrecht, L. I., to General Assembly of New Amsterdam, 10 April 1664.
Coriell, Louis Duncan.

Van Cortlandt, Olaff Stevensen, 1600-1684 (N. Y.)
Colonel of the Burgher Corps, 1649, 1655-'64. Schepen, 1654; Member of Governor's Council, 1674. [One of the "Eight Men" to adopt measures against the Indians, 1645; Burgomaster, New Amsterdam, 1655-'56, 1658-'63. Commissioner to surrender New Netherland to the English, 1664].
*Johnson, Charles William Leverett.
Sill, James Mather.*

Van Cortlandt, Stephen, 1643-1700 (N. Y.)
Member of Council of N. Y., 1680-1700. Colonel, King's County regiment, to 1693. [Mayor of New York, 1677].
Johnson, Charles William Leverett.

Van Dam, Rip, 1660-1749 (N. Y.)
Member of Governor's Council, 1702-1735; Acting Governor of the Province of New York, as President of the Council, 1731. [Commissioner of Indian Affairs, 1706; Master in Chancery 1711, 1720].
Poe, Philip Livingston.

Van der Bogaert, Harman Myndertse, 1612-1647 (N. Y.)
Commissary at Fort Orange, N. Y., 1645. [Surgeon, West India Company's Ship *Endraght* at New Amsterdam, 1630-'33].
Tyson, Malcolm Van Vechten.

Vanderheyden, Matthias, —— (Md.)
Burgess for Cecil County, Md., 1709, 1713, 1715, 1716.
*Constable, George Webb.
Steuart, Richard Dennis.*

Van Dyke, Jan, 1680-1764 (N. J.)
Private in 6th Company, New Jersey Militia, 1715. [Founder of New Brunswick, N. J.].
Coriell, Louis Duncan.

Van Dyke, Jan Janse, 1652-1736 (N. Y.)
Lieutenant of New Utrecht, King's County, N. Y., Militia, 1689; Captain, 1700.
*Coriell, Louis Duncan.
Day, Lester Tilton Wiggins.*

Van Dyck, Jan Thomasse, ——1673 (N. Y.)
Sergeant in Esopus War, 1659. Commissioner to the first Court. [Magistrate for Fort Orange and New Utrecht N. Y., 1654, 1657-'63, 1673].
Coriell, Louis Duncan.

Van Horne, Philip, 1719-*post* 1778 (N. J.)
Colonel, in command of a New Jersey regiment of Militia, 1771.
Sill, James Mather.

SERVICES OF ANCESTORS

Van Rensselaer, Hendrick, 1667-1740 (N. Y.)
   Sill, James Mather.*

Van Rensselaer, Jeremias, ——1674 (N. Y.)
   Sill, James Mather.*

Van Schaick, Goosen Gerrittse, ——1676 (N. Y.)
   Lieutenant of Militia at Albany and Rensselaerwyck, N. Y., 1670 and at Schenectady, 1672; Captain, during Dutch occupation of New Netherlands, 1673.
   Tyson, Malcolm Van Vechten.

Van Slichtenhorst, Brant Arentse, 1610-1668 (N. Y.)
   Commander of Fort at Rensselaerwyck. [First Resident Director of the Colony of Rensselaerwyck, 1646-'48; Director, Superintendent and Chief Magistrate of Beverwyck].
   Johnson, Charles William Leverett.
   Poe, Philip Livingston.

Van Swearingen, Gerritt, 1636-1698 (Md.)
   Member of Council from Amsterdam to New Amstel, 1659. [Commissary General, 1659; High Sheriff of St. Mary's County, 1686-'87].
   Brown, James Dorsey, Jr.
   Johnston, Christopher (Jr.).
   Lürman, Gustav Wilhelm.
   Lürman, Richard Lloyd Tilghman.
   Lürman, Theodor Gerhard.
   Owen, Franklin Buchanan.
   Tilghman, James Donnell.

Vaughan, Robert, ——1668 (Md.)
   Sergeant of Train Band, St. Mary's County, Md., 1637; Commander of Palmer's Island, 1637; Lieutenant, 1640 and Captain, Maryland Provincial Forces, 1647. Member of Maryland Assembly, 1638, 1640-'42, 1650, 1662. Member of Council of Maryland, 1648-'50. Commander of Kent, 1647-'52. [Justice, 1642, '44, '61-'68].
   Veazey, George Ross.

Veazey, John, 1701-1777 (Md.)
   Captain, Cecil County, Md., Militia, 1743-'46; Major, 1749-'55; Colonel and County Lieutenant of Cecil County, 1755-'58. [Justice, Cecil County, 1734-'57; Judge of Assize, 1749-'52].
   Ferguson, J. Henry.
   Veazey, George Ross.

Vernon, Randal, 1640-1725 (Pa.)
   Member of Penna. Assembly, 1687.
   Bonsal, Leigh.
   Griswold, Benjamin Howell, Jr.
   Griswold, Robertson.
   Hanson, Benedict Henry, Jr.

Vickers, George, ——1679 (Mass.)
   In Captain Johnson's Company, Mass. Troops, King Philip's War.
   Vickers, William Handy Collins.

Vrooman, Adam, 1649-1730 (N. Y.)
   Lieutenant of Foot, Schenectady, N. Y., 1700.
   Tyson, Malcolm Van Vechten.

Wade, Jonathan, ——1684 (Mass.)
   Deputy to the General Court of Mass., 1669, 1681-'82.
   Johnston, Christopher, (Jr.).
   Stickney, George Lewis.

Wade, Jonathan, 1637-1689 (Mass.)
   Captain, from Ipswich, Mass., of the Three County Troop, King Philip's War, 1677. Later, Styled "Major."
   Johnston, Christopher, (Jr.).

Wade, Robert, ——1714 (Md.).
   Captain of Horse, Prince George County, Md., Militia, 1695. [Justice, Prince George County, 1696-'97; County Commissioner, 1706].
   Magruder, Warren Keach.
   Passano, Edward Boteler.
   Passano, Edward Magruder.

Wakeman, John, 1601-1661 (Conn.)
   Deputy, New Haven Colony, 1641 *et seq.* Captain of Colonial Forces. [Signer of New Haven Compact, 1639. Treasurer, 1655-'60].
   Doebler, Valentine Sherman.

Wakeman, Joseph, 1670-1726 (Conn.)
   Lieutenant, Conn. Militia, 1704; Captain, 1708. Assistant, 1724-'25.
   Doebler, Valentine Sherman.

Walker, John, ——1668 (Va.)
   Burgess for Warwick County, Va., 1644-'46; Member of Council of Virginia, 1656-'60.
   Dallam, Corbin Braxton.

Ward, John, ca. 1673-1747 (Md.)
   Burgess for Cecil County, Md., 1708-'09, 1711, 1715-'16, 1722-'27, 1732-'36. [Colonel, Cecil County Militia, 1717].
   Ferguson, J. Henry.
   Veazey, George Ross.

SERVICES OF ANCESTORS 387

Ward, William, 1727-1776 (Md.)
Burgess for Cecil County, Md., 1762-'74. [Member of Maryland Convention, 1774].
Veazey, George Ross.

Warfield, Richard, ——1704 (Md.)
Military Officer, Anne Arundel County Militia, 1689 *et seq.*
Baldwin, Charles Gambrill.
Baldwin, Francis Joseph.
Baldwin, Summerfield, Jr.
Brent, Duncan Kenner, Jr.
Brent, Joseph Lancaster.
Brown, James Dorsey, Jr.
Duvall, Richard Mareen.
Eareckson, William Winchester.
Evans, Gustavus Warfield.
Hammond, Edward.
Hammond, Edward Cuyler.
Holloway, Charles Thomas.
Maynadier, Thomas Murray.
Penniman, Nicholas Griffith III.
Penniman, Thomas Dobbin.
Pennington, Pleasants.
Pitts, Tilghman Goldsborough.
Shreve, Levin Gale.
Smith, Mark Alexander Herbert.
Warfield, Frederick Howard.
Warfield, John Ogle, Jr.
Young, Andrew Jackson, Jr.

Warfield, Richard, 1676-1755 (Md.)
Burgess for Anne Arundel County, Md., 1716-'37. [Justice of Anne Arundel County, 1714-'15, 1718-'19, 1722, 1732-'37].
Baldwin, Charles Gambrill.
Baldwin, Summerfield, Jr.
Eareckson, William Winchester.
Evans, Gustavus Warfield.
Warfield, Frederick Howard.
Warfield, John Ogle, Jr.

Waring, Basil, *ca.* 1683-1733 (Md.)
Captain of Dragoons, Prince George County, Md., Militia, 1715.
Duvall, Richard Mareen.
Waring, William Emory, Jr.

Waring, Sampson, *ca.* 1618-*ca.* 1670 (Md.)
Commander of Military Forces on Herring Bay, Md., 1655. Member of Md. Assembly, 1654; Burgess for Calvert County, 1659-'60. [Sheriff of St. Mary's, Potomac and Patuxent, 1655-'56; Justice of the Provincial Court, 1654-'55 and of Calvert County, 1658. Commissioned to treat with Indians, 1654].
Duvall, Richard Mareen.
Waring, William Emory, Jr.

Warner, Augustine, 1611-1674 (Va.)
Burgess for York County, Va., 1652 and for Gloucester County, 1655; Member of Council of Virginia, 1659-'74.
Chisolm, William Garnett.
Freeman, Coleman Randall.
Keyser, Henry Irvine, 2nd.
Reid, Francis Fielding.
Smith, Henry Lee.
Smith, Henry Lee, Jr.
Smith, Robert Lee.
Smith, Mark Alexander Herbert.
Smith, Robert White.
Smith, Thomas Marshall.

Warner, Augustine, 1643-1681 (Va.)
Colonel Commanding Virginia Forces, 1676. Speaker of the House of Burgesses, 1675-'77; Member of Council of Virginia, 1680.
Chisolm, William Garnett.
Freeman, Coleman Randall.
Keyser, Henry Irvine, 2nd.
Reid, Francis Fielding.
Smith, Henry Lee.
Smith, Henry Lee, Jr.
Smith, Robert Lee.
Smith, Mark Alexander Herbert.
Whitham, Lloyd Bankson.

Warren, Benjamin, 1729-1772 (Del.)
Ensign, Kent County, Del., Militia, in French and Indian War, 1756-'58.
Hubbard, Wilbur Ross.
Hubbard, Wilbur Watson.

Warren, Daniel, 1628-1715 (Mass.)
Member of Watertown, Mass., Train Band, 1653; in Capt. Nathaniel Davenport's Company, King Philip's War; in Great Swamp Fight, 1675 and in Sudbury Fight, 1676.
Hill, John Boynton Philip Clayton.

Warren, Jacob, 1642-1722 (Mass.)
Member of garrison of West Regiment of Middlesex county, at Chelmsford, 1692-'93.
Stanton, Robert Field.

Warren, Jacob, 1668-1727 (Mass., Conn.)
Member of garrison of West Regiment of Middlesex County, at Chelmsford, 1692-'93. Deputy from Plainfield to Conn. General Court, 1709-'10.
Stanton, Robert Field.

Warren, Richard, ——1628 (Mass.)
In "First Encounter" with Indians at Great Meadow Creek, near Eastham, Mass., 1620. [Signer of *Mayflower*

Compact and a Founder of Plymouth Plantation].

Brent, Duncan Kenner, Jr.
Brent, Joseph Lancaster.
Parsons, Charles Lathrop, Jr.
Penniman, Nicholas Griffith III.
Penniman, Thomas Dobbin.

Washington, John, 1632-1677 (Va.)
Member of Va. House of Burgesses, 1666, 1675-'77, for Westmoreland County. Commander of Va. Troops against the Indians, 1675. [Justice, Westmoreland County, 1662].

Chisolm, William Garnett.
Freeman, Coleman Randall.
Keyser, Henry Irvine, 2nd.
Reid, Francis Fielding.
Whitham, Lloyd Bankson.

Washington, Lawrence, 1659-1698 (Va.)
Burgess for Westmoreland County, Va., 1685. [Styled "Captain" in 1690].

Freeman, Coleman Randall.
Keyser, Henry Irvine, 2nd.
Reid, Francis Fielding.
Whitham, Lloyd Bankson.

Waterman, Robert, ——1652 (Mass.)
Deputy from Marshfield to the Plymouth General Court, 1643-'50. Served in Plymouth Militia.

Parsons, Charles Lathrop, Jr.

Waters, Edward, 1585-1630 (Va.)
Member of the Council for Bermuda, 1614-'15; Member of the Va. House of Burgesses, 1627-'28. Lieutenant and Commander of the district of Elizabeth City, Va., Commissioned 20 Mch. 1629. [Member of Virginia Convention, 1625; Justice, Elizabeth City and of the Quorum].

Waters, John Seymour Taliaferro.

Waters, James, ——1771 (Md.)
Private in Capt. Pearis' Company, French and Indian War.

Harrison, George.

Waters, William, ——1689 (Va.)
Lieut.-Colonel in Virginia Forces. Burgess for Northampton County, Va., 1654, 1659-'60.

Waters, John Seymour Taliaferro.

Watkins, Francis, ——1696 (Md.)
Member of Maryland Assembly, 1693-'95.

McIntyre, Edward LeRoy.

Watson, Bethuel, 1725-1797 (Del.)
Lieutenant, Sussex County, Del., Militia, 1756-'58.

Hubbard, Wilbur Ross.
Hubbard, Wilbur Watson.

Watson, Luke, 1630-1705 (Pa., Del.)
Member of Pa. Assembly, from Sussex County, Del., 1682-'83, 1687, 1694, 1697-'98; Member of Pa. Provincial Council, 1685 and Representative from Delaware to Governor's Council of Pa., 1683-'88. [High Sheriff, 1705. Styled "Captain," 1705].

Hubbard, Wilbur Ross.
Hubbard, Wilbur Watson.

Webb, Christopher, ca. 1630-1694 (Mass.)
Soldier in King Philip's War, Punckapauge, Mass., Garrison, 1676. Deputy to Mass. General Court, 1698.

Webb. Rev. William Rollins.

Webb, James, 1708-1785 (Pa.)
Member of Penna. Assembly for Lancaster County, 1747-'50, 1755-'69, 1772-'75.

Rowland, Charles Ransom.
Rowland, Samuel Carson.

Webb, Richard, ——1675 (Conn.)
Deputy from Stamford to the General Court of Connecticut, 1667. In Captain Turner's Company, at Great Falls Fight, King Philip's War.

Lloyd William Henry.

Webb, Samuel, —— (Conn.)
Deputy from Stamford to the General Court of Conn., 1702.

Lloyd, William Henry.

Webster, John, 1590-1661 (Conn.)
Deputy, from Hartford to Conn. General Court, 1637; Governor's Assistant, 1639-'55; Deputy-Governor, 1655; Governor, 1656. [Commissioner for Conn., 1654; Chief Magistrate, 1639-'54, 1657-'59; Judge of the Court, Hadley, Mass., 1660].

Hodgdon, Alexander Lewis.
Hodgdon, Anderson Dana.
Larned, Charles Willis.
Parsons, Charles Lathrop, Jr.

Weire, John, ——1675 (Va.)
Burgess for Rappahannock County, Va., 1658-'60, 1663-'66. Captain of Rappahannock County Militia, 1663; Major, 1666.

Howard, Charles Morris.
Key, Edward.

SERVICES OF ANCESTORS

Weller, Eleazer, 1650-1684 (Conn.)
Served at Turner's Falls fight.
Woodruff, Caldwell.

Welles, Thomas, 1598-1660 (Conn.)
Deputy-Governor of Conn., 1654, 1656-'57, 1659; Governor, 1655, 1658. Commissioner of the United Colonies, 1649. [Member of Court of Magistrates, 1637-'54; Treasurer, 1639; Secretary of the Colony, 1640-'49].
Smith, Mark Alexander Herbert.

Wells, George, ——1696 (Md.)
Captain, Baltimore County, Md., Militia, 1667; Colonel of Foot, 1678. Burgess for Baltimore County, 1675. [Justice, Baltimore County, 1674-'89 and Presiding Justice, 1680-'89; Judge of the Provincial Court, 1694].
Hanson, Benedict Henry, Jr.

Wells, Richard, ——1667 (Va., Md.)
Burgess for Norfolk County, Va., 1645; Member of Md. Assembly, 1654. [One of the Commissioners for governing Maryland, 1654-'57; Justice, Anne Arundel County, 1658 and Presiding Justice, 1661].
Duvall, Richard Mareen.
Hanson, Benedict Henry, Jr.
Hill, John Boynton Philip Clayton.
Roberts, Thomas Carroll.

West, John, 1590-1659 (Va.)
Member of Va. House of Burgesses, 1629; Member of Council, 1631-'59; Governor of Virginia, 1635-'37; Quartermaster-General, 1641. [Justice, York County, Va., 1634].
King, Thomson.
Evans, Gustavus Warfield.

West, John, ——1689 (Va.)
Major, Virginia Forces, 1678; Colonel, 1680. [Senior Justice, New Kent County, Va., 1680].
King, Thomson.
Evans, Gustavus Warfield.

West, John, ca. 1639-1703 (Va.).
Captain, Accomac County, Va., Militia, 1665; Major, 1675; Lieut.-Colonel, 1679. Burgess, 1680. [High Sheriff, Accomac County, 1664, 1667; Justice, 1663-1703].
Lürman, Gustav Wilhelm.
Lürman, Richard Lloyd Tilghman.
Lürman, Theodor Gerhard.
Muñoz, William Parke Custis.
Tilghman, James Donnell.

West, Nathaniel, ——1727 (Va.)
Member of the Virginia House of Burgesses, 1702.
Evans, Gustavus Warfield.

Westcott, Daniel, ——1702 (Conn.)
Deputy, from Stamford, to Conn. General Court, 1691-'92, 1694.
Hill, Norman Alan.
Hill, Thomas Gardner.

Wetherbee, Ephraim, 1682-1745 (Mass.)
Lieutenant, 1737; Captain, 7th Company, 9th Mass. Regiment, under Col. Jos. Dwight, on Expedition to Cape Breton, 1745.
Hill, John Boynton Philip Clayton.

Wetherbee, John, ——1711 (Mass.)
Soldier, from Marlborough, Mass., in garrison, King Philip's War, 1675-'76.
Hill, John Boynton Philip Clayton.

Wharton, Jesse, ——1677 (Md.)
Member and President of the Council of Maryland, 1672-'76; Deputy-Governor, 1676.
Brent, Duncan Kenner, Jr.
Brent, Joseph Lancaster.

Wheeler, John, 1630-1694 (Md.)
Captain, Charles County, Md., Militia, 1676; Major, 1689. [Justice, Charles County, 1685].
Jenkins, Benjamin Wheeler.
Lilly, Austin Jenkins.
O'Donovan, Charles.
Shriver, Alfred Jenkins.
Shriver, Edward Jenkins.
Shriver, Robert Hickley.
Tormey, Alfred Jenkins.

Wheeler, Thomas, 1625-1704 (Mass.)
Sergeant in Company of Foot, Concord, Mass., 1662.
Wood, Frederick William.

White, John, 1595-ca. 1684 (Mass., Conn.)
Deputy from Hadley to General Court of Mass. Bay, 1664, 1669.
Stanton, Robert Field.

White, John, 1684-1725 (Mass.)
Captain commanding Mass. Volunteers against the Indians, 1724-'25.
Houghton, Ira Holden.

White, Joseph, ——1706 (Mass.)
Sergeant in command of scouts in King Philip's War, 1676; Sergeant, 1681-'88; Captain, 1689.
Steele, Samuel Tagart, D.D.

White, Nathaniel, 1629-1711 (Conn.)
Deputy to Conn. General Court, 1659, 1661-1710. Served in King Philip's War; Lieutenant, 1679; Captain, 1690.
Stanton, Robert Field.

White, Thomas, 1599-1679 (Mass.)
Captain, Weymouth, Mass., Military Company, 1635. Deputy from Weymouth to Mass. General Court, 1637, 1640, 1657, 1670-'71.
Steele, Samuel Tagart, D.D.

Whiting, Oliver, 1665-1736 (Mass.)
Deputy from Billerica to Mass. General Court, 1719-'20, 1728.
Wood, Frederick William.

Whitney, David, 1682-1769 (Conn.)
Captain, Conn. Militia, 1736; Major, 1754; Lieut.-Colonel, 1757; Colonel, 1767. Lieutenant in Crown Point Expedition, 1755. Deputy to the Conn. General Court.
Stanton, Robert Field.

Whitney, Jonathan, 1634-1702 (Mass.)
Soldier in King Philip's War, 1675-'76.
Hill, John Boynton Philip Clayton.

Whitney, Jonathan, 1658-1735 (Mass.)
Soldier, from Concord, Mass., in Capt. Joseph Sill's Company, King Philip's War, 1676.
Hill, John Boynton Philip Clayton.

Whitney, Joshua, 1635-1719 (Conn., Mass.)
Soldier in King Philip's War.
Stanton, Robert Field.

Whittington, William, 1650-1720 (Va., Md.)
Burgess for Accomac County, Va., 1680 and for Somerset County, Md., 1692-'95, 1700-'04; Member of Council of Maryland, 1708-'16. Captain of Horse, Northampton County, Va., 1680; Captain of Foot, Somerset County, Md., 1694; Major, 1696-1700; Lieut.-Colonel, 1701. [High Sheriff of Somerset County, 1689, 1696-'97].
Lürman, Gustav Wilhelm.
Lürman, Richard Lloyd Tilghman.
Lürman, Theodor Gerhard.
Muñoz, William Parke Custis.
Tilghman, James Donnell.

Wickes, Joseph, 1620-1692 (Md.)
Burgess for Kent County, Md., 1654-'57, 1659-'60; for Talbot County, 1669-'76 and for Kent County, 1678-'84. Captain of Kent County Militia, 1655 and Major, 1678. [Justice and County Commissioner, 1651-'83, and Presiding Justice for Kent County, from 1675].
Brent, Duncan Kenner, Jr.
Brent, Joseph Lancaster.
Constable, George Webb.
Merritt, James Alfred.
Merritt, Robert Gwathmey.
Wickes, Joseph Lee.

Wilcoxen, William, ——1652 (Conn.)
Representative at Hartford, Conn., 1647.
Johnson, Charles William Leverett.
Smith, Mark Alexander Herbert.
Stanton, Robert Field.

Willard, Simon, ca. 1605-1676 (Mass.)
Deputy, Mass. General Court, 1636-'54; Assistant, 1654-'76. Captain, 1646; Sergeant-Major, 1653; Major and Commander-in-Chief of the Expedition against Ninigret, 1655; commanded the Middlesex, Mass., Regiment in King Philip's War.
Hodgdon, Alexander Lewis.
Hodgdon, Anderson Dana.
Wood, Frederick William.

Willett, Thomas, 1610-1674 (N. Y.)
Captain, Plymouth Colony Militia, 1648; Member of Council of War, 1653. Served on Expedition which captured N. Y. from the Dutch, 1664. Member of General Council, 1672. [First English Mayor of New York, 1665].
Johnson, Charles William Leverett.

Williams, Roger, ca. 1599-1683 (R. I.)
Assistant, 1647-48 et seq.; Governor of "Providence" (R. I.) Colony, 1654-'57; Deputy, 1667. Participant in King Philip's War, 1676. [Minister at Plymouth and Salem, 1631-'33 et seq. Appointed Agent to England to obtain a Charter, 1642, for Providence Plantation, which he brought back in 1644].
Randall, Daniel Richard.
Randall, Richard Harding.

Williamson, Duncan (Dirck), —— (N. Y.)
Soldier in the Netherlands' service against the Indians, at Esopus, N. Y., 29 Mch. 1660.
Williamson, Thomas Wilson.

Willis, Thomas, 1638-1725 (Mass.)
Deputy from Medford to the General Court of Mass., 1703-'05.
Focke, Walter David.

SERVICES OF ANCESTORS

Willoughby, Francis, 1613-1671 (Mass.)
Sill, James Mather.*

Wilmer, Simon, ——1699 (Md.)
Burgess for Kent County, Md., 1698-'99. [Justice, Kent County, 1687-'89].
Brent, Duncan Kenner, Jr.
Brent, Joseph Lancaster.
Dallam, Corbin Braxton.
Freeman, Coleman Randall.
Keyser, Henry Irvine, 2nd.
Lee, Howard Hall Macy.
Vickers, William Handy Collins.
Wickes, Joseph Lee.

Wilson, William, ——1713 (Va.)
Member of Va. House of Burgesses, 1685, 1691-'92, 1702-'05. Major, 1691; Colonel and County Lieutenant of Elizabeth City County, Va., 1698. [Presiding Justice of County Court; High Sheriff, 1693-'94; Naval Officer for lower James River, 1699, 1711].
Bonsal, Leigh.

Winchester, William, 1710-1790 (Md.)
Soldier in Maryland Troops, French and Indian War, 1758.
Winchester, William.

Winder, John, ——1698 (Md.)
Captain, Somerset County, Md., Militia, 1687; Lieut.-Colonel, 1697. [Justice, Somerset County, 1666-'80].
Robinson, Ralph.
Slemons, James William.

Wingate, Joshua, 1680-1769 (N. H.).
Member of New Hampshire Assembly, 1715, 1727-'31. Captain in Colonel Hawkins' regiment, 1716; Major, 1730; Colonel, 1745.
Stickney, George Lewis.

Winne, Pieter, ——1696 (N. Y.)
Major in Militia, Albany, N. Y., 1689. [Magistrate, 1650. Commissioner to treat with Indians, 1690].
Tyson, Malcolm Van Vechten.

Winsor, Samuel, 1644-1705 (R. I.)
Deputy to Rhode Island Assembly, 1674. Served in King Philip's War, 1676.
Randall, Daniel Richard.
Randall, Richard Harding.

Winston, William, ca. 1700—— (Va.)
Lieutenant, Virginia Troops, in French and Indian Wars.

Hendrick, Calvin Wheeler.
Hendrick, Herring de la Porte.

Wise, John, 1723-1770 (Va.)
Lieutenant of Accomac County, Va.
Muñoz, William Parke Custis.

Wolcott, Henry, 1578-1655 (Conn.)
Sill, James Mather.*

Wood, John, 1656-1735 (Mass.)
Soldier in King Philip's War.
Wood, Frederick William.

Wood, Thomas, 1635-1687 (Mass.)
Soldier in King Philip's War.
Wood, Frederick William.

Wood, William, ——1722 (N. J.)
Member of Colonial Assembly of New Jersey, 1686-'87, 1697.
Scott, Townsend I V.

Woodruff, Joseph, 1735-1799 (Ga.)
Captain of 6th Company, 1st Regiment, Georgia Foot Militia, 1772.
Woodruff, Caldwell.

Woodward, Peter, 1603-1685 (Mass.)
Deputy from Dedham to Mass. General Court, 1665, 1669-'70.
Parsons, Charles Lathrop, Jr.

Woolford, Roger, ——1702 (Md.)
Burgess for Somerset County, Md., 1671, 1674-'75, 1678, 1681-'82. [Justice, Somerset County, 1676, 1678, 1680, 1689, 1694].
Skinner, Maurice Edward.
Skinner, William Howser.

Woolford, Roger, ca. 1670-1730 (Md.)
Burgess for Dorchester County, Md., 1707-'15, 1719-'20. [Justice, Dorchester County, 1694; Judge, Provincial Court, 1729].
Skinner, Maurice Edward.
Skinner, William Howser.

Woolman, Richard, ——1681 (Md.)
Burgess for Anne Arundel County, Md., 1660 and for Talbot County, 1662-'81. Captain of Foot, Talbot County, 1662, et seq. [Chief Judge, Talbot County, 1661-'81].
Johnston, Christopher (Jr.).
Owen, Franklin Buchanan.
Tilghman, James Donnell.

Woolsey, George, 1610-1698 (N. Y.)
Cadet in Burgher Corps. [Born at Yarmouth; came from Holland in 1623 to New Amsterdam; was at Plymouth, Mass., until 1647; removed to Flushing, L. I., New York].

Johnson, Charles William Leverett.

Woolsey, George, 1652-1740 (N. Y.)
Captain, Queen's County, N. Y., Militia, 1715.

Johnson, Charles William Leverett.

Worcester, Samuel, ——1680 (Mass.)
Deputy from Bradford to Mass. General Court, 1679-'81.

Wood, Frederick William.

Worthington, John, 1650-1701 (Md.)
Burgess for Anne Arundel County, Md., 1699-1700. Captain of Horse, 1694 et seq. [Justice, Anne Arundel County, 1692-'97].

Evans, Gustavus Warfield.
Evans, Henry Cotheal.
Hammond, Edward.
Hammond, Edward Cuyler.
Hanson, Benedict Henry, Jr.
Hoff, Charles Worthington.
Lee, Howard Hall Macy.
Pitts, Tilghman Goldsborough.
Scott, Townsend I V.
Shreve, Levin Gale.
Warfield, Frederick Howard.
Warfield, John Ogle, Jr.
Worthington, Richard Walker.
Worthington, Thomas Chew.
Young, Andrew Jackson, Jr.

Worthington, Thomas, 1691-1753 (Md.)
Burgess for Anne Arundel County, Md., 1725, 1727-'31, 1742, 1744-'52.

Hoff, Charles Worthington.
Pitts, Tilghman Goldsborough.
Warfield, Frederick Howard.
Warfield, John Ogle, Jr.
Young, Andrew Jackson, Jr.

Wright, Francis, 1661-1713 (Va.)
Major of Va. Militia, 1699. [Justice, 1682-1703; Sheriff, 1690; Surveyor of Highways, 1694].

Hanson, Benedict Henry, Jr.

Wyman, Francis, 1617-1699 (Mass.)
Keyser, Henry Irvine, 2nd.

Wyman, John, 1621-1684 (Mass.)
Cornet in Capt. Thomas Prentiss' Mass. Troop, Mount Hope Campaign, 1675; Lieutenant, Narragansett Fight.

Stickney, George Lewis.

Wyman, Seth, 1663-1715 (Mass.)
Lieutenant, Woburn, Mass., Militia, 1705-'12; Captain, 1712-'15.

Stickney, George Lewis.

Wynne, Thomas, 1630-1692 (Pa.)
Speaker of the first Provincial Assembly of Penna., 1682-'83; President of the Assembly, 1687-88. [Judge of Supreme Court of Penna., 1686-'90].

Freeman, Coleman Randall.
Keyser, Henry Irvine, 2nd.

Yeardley, Argall, ca. 1621-1656 (Va.)
Commander of Northampton County, Va., 1642-'44. Member of Council of Virginia, 1644, 1652. [Justice of Northampton County, 1640].

Chisolm, William Garnett.
Lűrman, Gustav Wilhelm.
Lűrman, Richard Lloyd Tilghman.
Lűrman, Theodor Gerhard.
Tilghman, James Donnell.

Yeardley, Sir George, ca. 1580-1627 (Va.)
Deputy-Governor of Virginia, 1616-'17; Governor, 1618-'26. [In 1619, he presided over the first Legislative Assembly held in America].

Chisolm, William Garnett.
Lűrman, Gustav Wilhelm.
Lűrman, Richard Lloyd Tilghman.
Lűrman, Theodor Gerhard.
Tilghman, James Donnell.

SERVICES OF ANCESTORS
Enrolled too late for the preceding classification

Angell, John, 1646-1720 (R. I.)
Soldier in King Philip's War, 1676.
Deputy from Providence, R. I., 1686.
Randall, Daniel Richard.
Randall, Richard Harding.

Angell, Thomas, ca. 1618-1694 (R. I.)
Deputy from Providence to R. I. Assembly, 1652-'53 [Town Clerk, 1658-'75].
Randall, Daniel Richard.
Randall, Richard Harding.

Dresser, Richard, 1714-1797 (Mass.)
Captain of Charlton, Mass., Company, Colonel Chandler's regiment, at relief of Fort William Henry, 1758.
Parsons, Charles Lathrop, Jr.

Edmonds, Andrew, 1639-1695 (R. I.)
Captain, Providence, R. I., Troops in King Philip's War and other Indian Campaigns, 1676-1690.
Randall, Daniel Richard.
Randall, Richard Harding.

Eskridge, George, ——1748 (Va.)
Burgess for Westmoreland County, Va., 1705-'06, 1710-'14, 1718-'20, 1722-'23, 1726-'28, 1730, 1732, 1734.
Hanson, Benedict Henry, Jr.

Field, John, ——1686 (R. I.)
Commissioner to the R. I. General Assembly, 1663; Deputy, 1676.
Randall, Daniel Richard.
Randall, Richard Harding.

Gale, Levin, ca. 1703-1744 (Md.)
Burgess for Somerset County, Md.; Member of the Council, ante 1744. [Chief Justice, Md. Provincial Court].
Shreve, Levin Gale.

Gilson, Andrew, 1628-1698 (Va.)
Major, Stafford County, Va., Militia, 1680. [Justice, 1656, 1664 and High Sheriff of Rappahannock County, Va., 1660].
Hanson, Benedict Henry, Jr.

Hanson, Robert, 1680-1748 (Md.)
Burgess for Charles County, Md., 1720-'40 (ad interim).
Denmead, Garner Wood.

Opdyke, Gysbert, 1605—— (N. Y.)
Commander at Fort Good Hope, Succeeding Sergt. David Provoost.
Parsons, Charles Lathrop, Jr.

Parker, William, ——1673 (Md.).
Burgess for the Patuxent, 1654.
Brent, Duncan Kenner, Jr.
Brent, Joseph Lancaster.

Stark, Aaron, ca. 1608-1685 (Conn.)
Soldier in King Philip's War.
Parsons, Charles Lathrop, Jr.

Thatcher, Anthony, 1589-1667 (Mass.) Representative for Yarmouth to Mass. General Court, 1643, et seq. Member of Militia and Council of War, 1642.
Parsons, Charles Lathrop, Jr.

Thomas, William, 1573-1651 (Mass.)
Governor's Assistant, Plymouth Colony, 1642-'44, 1647, 1651; Deputy, 1640, 1644. Member of Council of War.
Parsons, Charles Lathrop, Jr.

Thompson, George,—— (Md.)
Burgess for St. Mary's County, Md., 1679.
Brent, Duncan Kenner, Jr.
Brent, Joseph Lancaster.

Whipple, John, ca. 1617-1685 (R. I.)
Soldier in King Philip's War, 1676.
Randall, Daniel Richard.
Randall, Richard Harding.

MARYLAND SOCIETY COLONIAL WARS PEDIGREE BOOK (1905)

INDEX OF MEMBERS

Armstrong, Horatio Gates
Arthurs, Edward Ferguson
Balch, Francis DuPont
Barton, Randolph
Baughman, Louis Victor
Bowie, Washington, Jr.
Brent, Joseph Lancaster
Browne, Bennet Bernard, M.D.
Burton, Robert
Cary, Wilson Miles
Chew, Samuel Claggett, M.D.
Chew, Thomas John
Clark, William Bullock
Coleman, William Wheeler
Cottman, James Hough
Dashiell, Nicholas Leeke
Daves, John Collins
Dennis, James Teackle
Duer, Henry Lay
Ellicott, William Miller
Fisher, Charles David
Gill, William Harrison
Gilman, Daniel Coit
Griswold, Benjamin Howell
Hall, Clayton Colman
Hall, Thomas William
Hambleton, Frank Sherwood
Hayden, William Mozart
Hill, John Philip
Hill, Malcolm Westcott
Hoffman, Richard Curzon
Howard, McHenry
Jacobs, Henry Barton, M.D.
Jenkins, Austin Lowe
Jenkins, Spalding Lowe
Jenkins, Edward Austin
Jenkins, Frances De Sales
Jenkins, Thomas Courtney
Johnson, Rev. Elias Henry
Johnson, Charles William Leverett
Johnston, Christopher
Keyser, Robert Brent
Knott, Aloysius Leo
Lee, Hillyard Cameron
Lee, Julian Henry
Mackenzie, Geo. Norbury, 2nd
Mackenzie, Geo. Norbury, 3rd
Manning, William Thruston
Meeker, Richard Carson
Merritt, Simon Wickes
Merritt, William Alfred
Middleton, Harvey

Minis, John Livingston
Moale, William Armistead
Mullikin, Howard
Myers, William Starr
Neff, Peter
Ober, Gustavus
Orrick, Henry Abert
Paca, John Philemon
Page, Louis Rodman
Patterson, James Wilson
Pennington, William Clapham
Perin, Nelson
Platt, Walter Brewster
Poultney, Walter De Curzon
Reed, John Ludovicus
Rose, John Carter
Royce, Rev. Alfred Lee
Sharp, George Matthews
Sill, Howard
Smith, Thomas Marsh
Stanley, James Gordon
Stickney, George Henry
Stockbridge, Henry
Stockbridge, Henry, Jr.
Strong, Richard Polk
Tapscott, John Shurman
Thom, Wm. Henry De Courcy Wright
Thomas, Douglas Hamilton
Thomas, Douglas Hamilton, Jr.
Thomsen, Alonzo Lilly
Thomsen, Herman Ivah
Thomsen, John Jacob
Tiernan, Charles Bernard
Trippe, Andrew Cross
Trippe, James McConky
Tuck, Philemon Hallam
Tyson, Anthony Morris
Tyson, Matthew Smith
Tyson, Malcolm Van Vechten
Veazey, Duncan
Warner, Culbreth Hopewell
Whitridge, William, M.D.
Williams, John Savage
Williams, Mason Locke Weems
Williams, Nathan Winslow
Williams, Wm. Smith Gittings
Wilson, James Gulian
Wilson, Marshall Gulian
Wilson, John Appleton
Wilson, William Bowly
Wilson, William Thomas

395

MARYLAND SOCIETY, COLONIAL WARS PEDIGREE BOOK (1905)
CORRIGENDA ET ADDENDA
(Italicized words indicate the correct reading)

Page
4. Thomas Marshall (1730-1802) married Mary *Randolph* Keith.
7. Susannah Seymour, daughter of Daniel Seymour. See p. *56, infra*. Robert Cole married *widow* Rebecca Knott (d. 1662).
   Edward Cole (d. 1717) married (2) Elizabeth *Slye, dau. of Robert and Susannah (Gerard) Slye*.
   Michael Taney (d. 1743) married (2) Sarah *Brooke, dau. of John Brooke (1687-1735) and Sarah —*.
   Raphael Neale (1683-1743?) married Mary *Brooke, dau. of Baker Brooke (1628-1679) and Anne Calvert*.
8. Christopher Thomas (d. 1670). Delete "Elizabeth Higgens, widow."
10. Edmund Scarborough (d. 1671) married Mary. Delete "Littleton."
12. Thomas Jefferson (d. 1697) married *Martha* Branch.
13. Levin Denwood, *son of Levin and Mary Denwood*.
    Elizabeth Gantt, *dau. of Thomas Gantt (d. 1765) and Priscilla Brooke*.
    Charles Ridgely (1702-1772) married Rachel Howard, *dau. of John and Mary (Warfield) Howard*. See p. 128.
14. Thomas Claggett (1640-1703) married *Sarah —*.
18. Hannah Stewart, *dau. of James Stewart, son of Peter and Mary (Vokes) Stewart, dau. of Bartholomew Vokes*.
    Pieter Alricks (2nd), to be deleted. See p. 25.
    Ann West *(1733-1791)*, daughter of "Judge Francis" West. No proof! See p. 25.
19. Thomas Dashiell (1666-1756) married Elizabeth *Mitchell*. See new Pedigree Book.
21. Donnack Dennis (1645-1716) married *Elise Nehulain*.
    Edward Revell married *Frances —*.
    Randall Revell (d. 1685). Delete "Katherine Scarburgh."
22. John Teackle (b. *1678?*). See p. 26.
    John Michael married Elizabeth *(Thorowgood?)*; Maj. Gen. John Custis married (1) *Elizabeth Robinson*.
    Thomas Eyre married Susanna *Baker*; Thomas Stansbury *(1678-1768)* married Jane *Hayes*.
26. William Ball (1641-1694) married *Margaret Williamson, first wife*.

Page
32. William Stickney (b. 1592), died *1665*.
    Joshua Wingate (1679-1769) married Mary *Lunt*. See p. 98.
33. Hugh Sherwood (1632-1710) married Mary *[Brooke]*.
    Thomas Hopkins (d. 1701) married Elizabeth *Lowe*.
    Thomas Bond (b. *circa 1733*), son of Thomas Bond *(1704-1787) and Elizabeth Scott*.
    Thomas Stansbury *(1678-1768)* married Jane *Hayes*.
37. Samuel Clayton *(1680-1735)*, who married Elizabeth Pendleton, was son of *Samuel* Clayton *and Susanna —*.
39. James Phillips (d. 1689) married Susannah, *widow of William Orchard*.
42. John Gardiner (d. 1717) *married (1) Susannah Barton*, who was mother of Susannah (Gardiner) Key. See p. 47.
46. William Spalding (ca. 1754-1803), who married Mary Lilly, was not *the son of "William and Ann (Jenkins) Spalding"*.
55. Ruth Davis (d. 1864) was dau. of *Adam* Davis.
56. See p. 7. *Supra*.
    John Dorsey (d. 1764) married *Honor —?*
    Christian Ohrendorf (1726-1797) was son of *Christian Ohrendorf (1692-1772) and Elizabeth von Müller*.
    Elizabeth Ann (Hofman) Ohrendorf died 19 July 1829 in the 97th year of her age.
60. Sir Richard Saltonstall (1586-c. 1658) married Grace *Kaye*.
61. James Duke (d. post 1694), son of *James Duke (wife Margaret), son of Richard Duke, l*.
67. Michael Miller (1675-1738), married Martha *Wickes, daughter of Joseph Wickes (1620-1692)*.
68. James Frisby (d. 1704) married Sarah *Read*.
    Robert Grundy (d. 1720) married widow Deborah *(Shrigley)* Boyden. See p. 80.
71. Roeloffse Janse married Anneke *Webber, who married (2) Rev. Everardus Wilhelmus Bogardus*.
72. Thomas Todd (1660-1725) married Elizabeth *Bernard, dau. of William Bernard (d. 1665)*.

397

CORRIGENDA ET ADDENDA (1905 BOOK)

Page
Thomas Tasker (d. 1700) married widow Elizabeth *(Thompson)* Brooke.

74. John Mullikin (1659-1736) married Jane Abbott, dau. of *Samuel Abbott (d. 1703).*
George Parrott (d. 1719) married Hannah Martin, dau. of *Thomas Martin (d. 1705).* See p. 75.

76. Edward Norris (*1749*-1793), son of Edward Norris (*1701*-1763) married Hannah Scott, dau. of *Daniel Scott, Jr. (1680-1745).*
Elizabeth Amos (1752-*1805*) was dau. of William Amos who married (1) Hannah McComas (*1723-1764*).

80. Dominick Carroll (d. 1737) married Mary *(Sewall)* Frisby, dau. of *Nicholas and Susanna (Burgess) Sewall.*

82. Thomas Stansbury (*1678-1768*) married Jane Hayes. See pp. 129, 130, 136.

83. Richard Tilghman (1672-*1738*), son of Richard Tilghman (*bp. 27 Sept. 1627*). See p. 80.

90. Thomas Yale (1616-*1704*) married Mary Turner (*d. 1663*).

109. John Hanson, born *3 April 1721*, died 15 Nov. 1783 in the 63 year of his age.

121. Edward Veazey (d. 1731) married Susanna *Broccas*, dau. of *William Broccas.*
David Ross (d. 1710), son of *Andrew* Ross, of Rosshire, Scotland.

123. Hugh Hopewell, 1735-1777 (*married Elizabeth Biscoe*), *son of Hugh Hopewell and Agnes —.*

Page
126. Thomas Claggett (d. 1703) married Sarah — (*1663-post 1718*). It was his son Thomas (1678-1733), who married Mary, widow of Richard Hooper.
Samuel Harrison (d. 1733) married Sarah *Hall (1694-1747)*, dau. of *Elisha Hall (1668-1716).*

128. James Gittings (*1771-1820*) married *23 Apl. 1793* Harriet Sterett (*1775-1822*).
James Gittings (*1735*-1823) married Elizabeth Buchanan (*1742-1818*).
James Lee (d. 1732) married Margaret (—) *Wilson*, widow of John Wilson.
George Buchanan (1698-1750), *son of Mungo Buchanan (d. 1710) of Auchentoroly, Scotland.*
Nicholas Rogers (d. 1720) married Eleanor (b. 1687), *Step-dau. of Jabez Pierpont (d. 1721).*
John Sterett (d. 1787), son of James Sterett (d. 1796) and Mary *McLure*, dau. of *David McLure (d. 1749) and Margaret Chambers who was dau. of Randle Chambers (d. 1746) of Lancaster County, Pa. and Elizabeth —,* his wife.
Caleb Dorsey, b. 11 Nov. *1685.* His wife was Eleanor Warfield, b. 10 July *1683.*

133. Thomas Coleman (1600-1674) married Sarah —, *first wife.*

135. Thomas Stansbury (1714-1798) married Hannah *Gorsuch.*
Thomas Stansbury (d. *1768*) married Jane *Hayes.*

EXPLANATION

The numbering system used throughout this book is shown graphically in these circle diagrams. The circle at the left, with the figure 2 in the center, shows ancestors in the father's line. The circle at the right, with the figure 3 in the center, shows ancestors in the mother's line.

All even numbers represent males. All odd numbers represent females. Thus, numbers 4, 12, 166, 288, etc. represent males and numbers 5, 39, 163, 787, etc. females.

A wife is given by the number of her husband *plus one*. Conversely, a husband is given by the number of his wife *minus one*. Thus, number 485 is the wife of number 484 and number 1434 is the husband of number 1435.

The number of a father is *double* that of his child. Conversely, the number of a child is *half* that of its father. Thus, number 84 is the father of number 42 (son) and number 321 is the offspring (daughter) of number 642.

The number of a mother is *double* that of her child *plus one*. Conversely, the number of a child is *half* that of its mother *minus one*. Thus, number 47 is the mother of number 23 (daughter) and number 114 is the offspring (son) of number 229.

The direct male line is given by the geometric progression 2, 4, 8, 16, 32, 64, etc.

For permission to include these diagrams, thanks are due the New York Genealogical and Biographical Society, 124 East 58th Street, New York City, who publish genealogical charts for individual use.

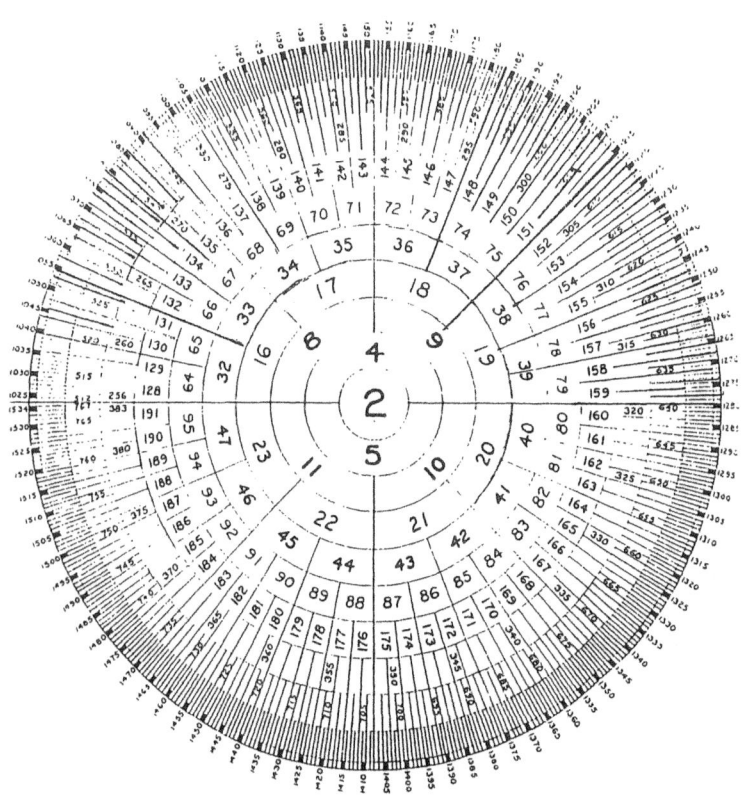

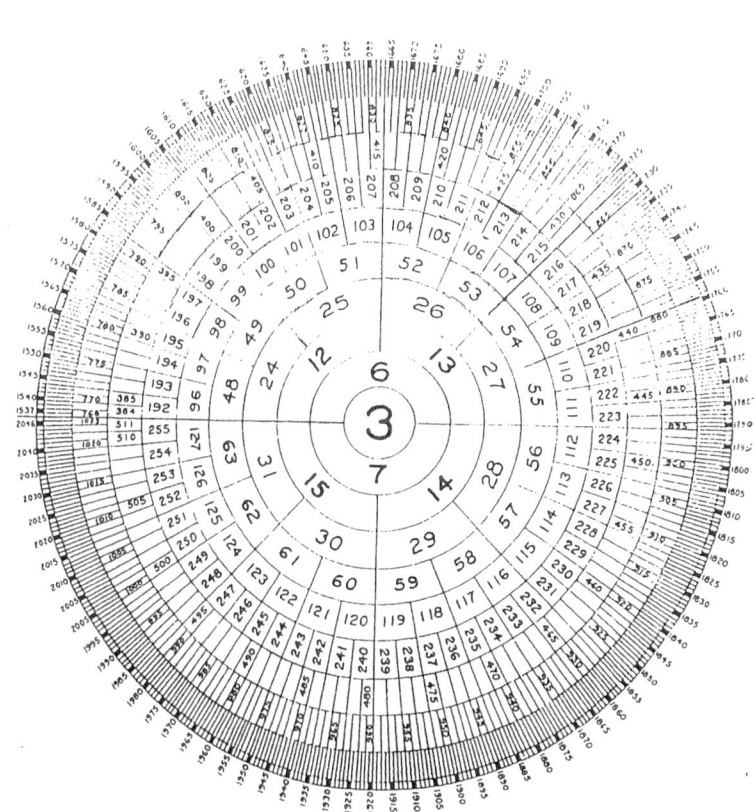

www.ingramcontent.com/pod-product-compliance
Lightning Source LLC
Chambersburg PA
CBHW050832230426
43667CB00012B/1973